Robert Gerwarth

Die Besiegten

Das blutige Erbe des Ersten Weltkriegs

Aus dem Englischen
von Alexander Weber

Pantheon

Die Originalausgabe erschien 2016 unter dem Titel *The Vanquished. Why the First World War Failed to End, 1917–1923,* bei Allen Lane, einem Imprint von Penguin Books, London. Für die deutsche Ausgabe wurde der Text vom Autor überarbeitet.

Klimaneutral
Druckprodukt
ClimatePartner.com/14044-1912-1001

FSC www.fsc.org
MIX
Papier aus verantwortungsvollen Quellen
FSC® C083411

Penguin Random House Verlagsgruppe FSC® N001967

2. Auflage
Pantheon-Ausgabe Mai 2018

Umschlaggestaltung: Büro Jorge Schmidt, München, unter Verwendung einer Vorlage von Rothfos & Gabler, Hamburg
Umschlagmotiv: Süddeutsche Zeitung Photo
Lektorat und Satz: Peter Palm, Berlin
Karten: Peter Palm, Berlin
Reproduktionen: Aigner, Berlin
Druck und Bindung: CPI books GmbH, Leck
Printed in Germany
ISBN 978-3-570-55322-0

www.pantheon-verlag.de

Für Oscar und Lucian

Inhalt

EINLEITUNG

Die Illusion vom Frieden

Beide Seiten, Sieger und Besiegte, lagen am Boden. Alle Herrscher oder ihre Nachfolger waren ermordet oder abgesetzt … Alle waren geschlagen, alle geschwächt; alles, was sie gegeben hatten, umsonst gewesen. Niemand hatte etwas gewonnen … Wer überlebt hatte, die Veteranen zahlloser Kriegstage, kehrten, ob mit Siegerkränzen oder Hiobsbotschaften, zurück in ihre Heimatländer, die bereits erneut im Chaos versanken.

WINSTON CHURCHILL, *The Unknown War* (1931)

Dieser Krieg ist nicht das Ende, sondern der Auftakt der Gewalt. Er ist die Hammerschmiede, in der die neue Welt in neue Grenzen und neue Gemeinschaften zerschlagen wird. Neue Formen wollen mit Blut gefüllt werden, und die Macht will gepackt werden mit eiserner Faust.

ERNST JÜNGER, *Der Kampf als inneres Erlebnis* (1928)

AM 9. SEPTEMBER 1922 ENTLUDEN SICH die in einem Jahrzehnt des Krieges aufgepeitschten Emotionen in der Stadt Smyrna. In angespannter Stimmung verfolgte die christliche Mehrheit an diesem Tag den Einzug der türkischen Kavallerie in die einst wohlhabendste und weltoffenste Stadt des Osmanischen Reiches. In Smyrna, wo Muslime, Juden, Armenier und griechisch-orthodoxe Christen über Jahrhunderte mehr oder weniger friedlich zusammengelebt hatten, war nun, nach fast zehn Kriegsjahren, das Verhältnis zwischen den Volksgruppen nachhaltig zerrüttet. Das Osmanische Reich, das in den Balkankriegen der Jahre 1912/13 fast alle seine europäischen Besitzungen eingebüßt hatte und 1914 als Verbündeter Deutschlands in den Ersten Weltkrieg eingetreten war, hatte sich 1918 ein weiteres Mal auf der Verliererseite wiedergefunden. Der arabischen Territorien im Nahen Osten beraubt, sah sich das unterlegene ehemalige Großreich mit seiner gedemütigten muslimisch-türkischen Bevölkerung schon im folgenden Jahr einer neuen Bedrohung gegenüber: Ermutigt vom britischen Premierminister David Lloyd George, landete 1919 ein griechisches Invasionsheer in Smyrna, fest entschlossen, Griechenland und die zumindest zum Teil christlich besiedelten Gebiete in Westanatolien in einem neuen Reich zu vereinen.[1]

Der folgende dreijährige Krieg richtete sich von Anfang an nicht nur gegen die feindlichen Soldaten. Beide Seiten schreckten vor dem systematischen Einsatz von massiver Gewalt gegen Zivilisten nicht zurück – ein Trend, der sich im Verlauf des Krieges noch verstärken sollte. 1922 gelang es Mustafa Kemal, dem fähigen Führer der türkischen Nationalisten – besser bekannt unter seinem späteren Ehrennamen Atatürk (»Vater der Türken«) –, gegen die mittlerweile tief in Zentralanatolien stehenden gegnerischen Truppen eine erfolgreiche Gegenoffensive einzuleiten. Diesem Angriff hatte die hoffnungslos überdehnte und schlecht befehligte griechische Armee nichts entgegenzusetzen und fiel in sich zusammen. Der übereilte Rückzug der demoralisierten griechischen Truppen war von Plünderungen, Brandschatzungen und Morden an der muslimischen Bevölkerung Westanatoliens begleitet, was unter der christlichen Bevölkerung Smyrnas die durchaus berechtigte Angst vor türkischer Vergeltung auslöste.

Irreführende Zusicherungen der griechischen Besatzungsverwaltung und vor allem die Präsenz von nicht weniger als 21 alliierten Kriegsschiffen im Hafen von Smyrna hatten bei Griechen und Armeniern in der Stadt aber Zuversicht aufkommen lassen, dass die westlichen Alliierten – allen voran Großbritannien, das Athen zur Besetzung Smyrnas ermutigt hatte – gewiss einschreiten und die christlichen Einwohner vor der Rache der Muslime schützen würden. Aber sie taten es nicht – und so kam es zu einer furchtbaren Tragödie in dieser einst so blühenden Handelsstadt.

Kaum hatten die türkischen Truppen Smyrna eingenommen, verhafteten Soldaten den orthodoxen Erzbischof Chrysostomos, einen lautstarken Befürworter der griechischen Invasion, und führten ihn dem befehlshabenden Offizier General Nureddin Pascha vor. Dieser überließ den Gefangenen dem aufgebrachten türkischen Mob, der sich vor dem Hauptquartier eingefunden hatte und den Kopf des Metropoliten forderte. Nach dem Augenzeugenbericht eines französischen Matrosen »fiel die Menge mit gellendem Gekreische über Chrysostomos her und schleifte ihn die Straße hinunter bis zu einem Frisörladen, aus dessen Tür Ismael, der jüdische Besitzer, nervös hervorspähte. Jemand stieß den Frisör beiseite, griff sich ein weißes Tuch, band es Chrysostomos um den Hals und rief: ›Verpasst ihm eine Rasur!‹ Sie rissen dem Prälaten den Bart ab, stachen ihm mit Messern die Augen aus und schnitten ihm Ohren, Nase und Hände ab.« Keine Ordnungsmacht setzte dem grausamen Schauspiel ein Ende. Schließlich zerrte man Chrysostomos in eine Seitenstraße und ließ den geschundenen Körper dort in einer Ecke verbluten.[2]

Die Ermordung des orthodoxen Metropoliten von Smyrna war der Auftakt zu einer Gewaltorgie, die an die Plünderung feindlicher Städte in den Religionskriegen des 17. Jahrhunderts erinnerte. Nach Schätzungen wurden im Laufe der folgenden vierzehn Tage bis zu 30 000 Griechen und Armenier ermordet und unzählige weitere von marodierenden Soldaten, Milizionären oder Mitgliedern einheimischer Jugendbanden beraubt, verprügelt und vergewaltigt.[3] Am späten Nachmittag des 13. September brannten im armenischen Viertel die ersten Häuser. Bis zum nächsten Morgen standen fast sämtliche

Kurz nach der Wiedereinnahme Smyrnas durch die kemalistischen Truppen eskalierte die Gewalt gegen christliche Zivilisten. Die Brände in den armenischen Vierteln erfassten bald auch andere Teile der Stadt.

christlichen Viertel Smyrnas in Flammen. Tausende Männer, Frauen und Kinder flüchteten panisch zum Hafen, weil sie hofften, dieser Hölle auf einem der dort vor Anker liegenden Schiffe entkommen zu können. Von Bord eines der alliierten Kriegsschiffe verfolgte der britische Journalist George Ward Prize das mörderische Schauspiel und suchte die »unbeschreiblichen« Szenen in Worte zu fassen:

> Was ich hier vom Deck der *Iron Guard* aus erblicke, ist eine ununterbrochene, etwa zwei Meilen breite Feuersbrunst, in der zwanzig deutlich erkennbare Vulkane tobender Flammen ihre scharfen Feuerszungen bis zu einer Höhe von hundert Fuß emporspeien … Das Meer glüht kupferrot, und, was am schlimmsten ist, von der dicht gepackten Schar Tausender Flüchtlinge, die sich auf dem schmalen Kai drängen, eingezwängt zwischen dem nahenden Feuertod hinter ihnen und dem tiefen Wasser vor ihnen, dringt ein solch andauerndes, markerschütterndes Geschrei blanken Entsetzens, dass es noch Meilen entfernt zu vernehmen ist.[4]

Als die türkischen Truppen den Hafen abriegelten, erkannten die Griechen, dass sie in der Falle saßen und die Alliierten weder eingreifen noch versuchen würden, die christliche Bevölkerung übers Meer in Sicherheit zu bringen. Verzweiflung brach aus. Kinder und Greise wurden zu Tode getrampelt, als die panische Masse sich in Bewegung setzte. Viele wählten den Freitod, indem sie sich ins Wasser stürzten. Andere versuchten, schwimmend eines der Schiffe zu erreichen. Dem Vieh, das die Menschen auf der Flucht vor dem Feuer zum Meer getrieben hatten, brach man die Vorderbeine, bevor man es ins Wasser stieß, damit es dem Feind nicht in die Hände fiel – eine Szene, die der damals noch wenig bekannte Auslandskorrespondent des *Toronto Star,* Ernest Hemingway, in der Kurzgeschichte »Auf dem Quai in Smyrna« schilderte.[5] Hemingway war einer der vielen internationalen Reporter, die über den Untergang Smyrnas berichteten. Tagelang beherrschte das Schicksal der Stadt die Schlagzeilen in aller Welt. Der britische Kolonialminister Winston Churchill nannte die Zerstörung Smyrnas in einem Brief an die Premierminister der Dominions gar eine »Höllenorgie«, die »in der Geschichte der Menschheitsverbrechen kaum Parallelen kennt«.[6]

*

Die Grausamkeiten, die an den christlichen Bewohnern Smyrnas verübt wurden, und die vorausgegangenen Massaker an den muslimischen Türken belegen eindrücklich, dass auf den Ersten Weltkrieg nicht umgehend eine Zeit des Friedens folgte. So einzigartig, wie Churchill behauptet hat, waren die Gräueltaten von Smyrna keineswegs. In den häufig irreführend als Teil der »Zwischenkriegszeit« bezeichneten Jahren von 1918 bis 1923 waren erschütternde Gewalttaten wie jene in Westanatolien durchaus keine Seltenheit. Eine sogenannte Zwischenkriegszeit, die mit dem Waffenstillstand am 11. November 1918 begann und mit Hitlers Angriff auf Polen am 1. September 1939 endete und somit klar begrenzt war, hat es in Europa nur in sehr wenigen Staaten gegeben. Diese Periodisierung ist im Grunde nur sinnvoll für die primären Siegerstaaten des Ersten Weltkriegs, also für

Großbritannien – sieht man vom irischen Unabhängigkeitskrieg einmal ab – und für Frankreich. In diesen Staaten begann mit dem Ende der Kampfhandlungen an der Westfront tatsächlich die Nachkriegszeit. Für all jene aber, die in Riga, Kiew, Smyrna und anderen Orten Ost-, Mittel- und Südosteuropas lebten, brachten die Jahre 1918/19 keinen Frieden, sondern ein Kontinuum der Gewalt. »Der Weltkrieg endete formal mit dem Abschluss des Waffenstillstandsvertrages«, erklärte der russische Philosoph und Universalgelehrte Pjotr Struve. Aber was dieser zeitgenössische Intellektuelle und einstige Marxist, der während des blutigen Bürgerkriegs in seinem Land Anhänger der Weißen Bewegung war, wahrnahm, war etwas ganz anderes: »Tatsächlich ist alles, was wir seither erlebt haben und noch immer erleben, eine Fortsetzung des Weltkriegs.«[7]

Struve registrierte nach 1918 eine allgegenwärtige Gewalt in Europa. Streitkräfte unterschiedlicher Größe und politischer Ausrichtung prallten an vielen Stellen Ost- und Mitteleuropas aufeinander, neue Regierungen kamen und gingen, und fast immer floss dabei viel Blut. Allein zwischen 1917 und 1920 gab es in Europa nicht weniger als 27 gewaltsame Regimewechsel, oftmals begleitet von schwelenden oder offenen Bürgerkriegen.[8] Am dramatischsten war die Lage in Russland, wo Lenins bolschewistischer Putsch im Jahr 1917 in einen Bürgerkrieg von historisch nie dagewesenen Ausmaßen mündete, der über drei Millionen Menschen das Leben kostete.

Aber selbst in Staaten, in denen die Gewalt weit weniger offen zutage trat, teilten viele Zeitgenossen Struves Ansicht, dass das Ende des Weltkriegs keine Stabilität gebracht, sondern eine hochbrisante Situation heraufbeschworen hatte, in der bestenfalls eine prekäre Befriedung erreicht war, der dauerhafte Friede aber Illusion blieb. Im nachrevolutionären Österreich, das vom Kernland eines der größten europäischen Landimperien zu einer kleinen, verarmten Alpenrepublik herabgesunken war, wurde dieser Befund im Mai 1919 in einer auflagenstarken konservativen Zeitung unter der Überschrift »Krieg im Frieden« vertreten: Immer noch herrsche beträchtliche Gewalt auf dem Gebiet der unterlegenen europäischen Großmächte, zögen sich gewaltsame, kriegerische Auseinandersetzungen in einem weiten

Bogen von Finnland und den baltischen Staaten über Russland, die Ukraine, Polen, Österreich, Ungarn und Deutschland bis auf den Balkan und weit hinein nach Anatolien und den Kaukasus.[9]

Merkwürdigerweise wurde in dem Artikel mit keinem Wort auf Irland verwiesen, den einzigen im Entstehen begriffenen Staat Westeuropas, der – zumindest während des Irischen Unabhängigkeitskrieges (1919–1921) und dem nachfolgenden Bürgerkrieg der Jahre 1922/23 – eine ähnliche, wenngleich weniger gewaltsame Entwicklung zu nehmen schien wie die zentral- und osteuropäischen Staaten zwischen 1918 und 1922.[10] Aufmerksamen Beobachtern in Dublin entgingen die Gemeinsamkeiten dagegen nicht. Sie sahen die Umwälzungen in Irland als Teil einer viel umfassenderen europäischen Malaise, einem anhaltenden gewaltsamen Konflikt, der seinen Ursprung in der weltweiten Krise der Jahre 1914 bis 1918 hatte, aber einer eigenen Gewaltlogik folgte. So schrieb etwa der Nobelpreisträger William Butler Yeats in seinem berühmten Gedicht »Das zweite Kommen« (1919):

Things fall apart; the centre cannot hold;
Mere anarchy is loosed upon the world,
The blood-dimmed tide is loosed …
And what rough beast, its hour come round at last,
Slouches towards Bethlehem to be born?

(Alles zerfällt; die Mitte hält es nicht.
Ein Chaos, losgelassen auf die Welt,
Die Flut, bluttrüb, ist los, und überall …
Bloß welches derbe Tier, ist reif die Zeit erst,
Schlurft bethlehemwärts, um zur Welt zu kommen?)[11]

Europas gewaltsamer Übergang vom Ersten Weltkrieg zum chaotischen »Frieden« der 1920er Jahre ist das Thema dieses Buches. Jenseits der bekannten Geschichte des Ersten Weltkriegs an der Westfront sollen dabei die Erfahrungen derjenigen im Mittelpunkt stehen, die sich 1918 auf der Verliererseite wiederfanden: die Bewohner der untergegangenen multi-ethnischen Reiche der Habsburger, der Romanows, der Hohenzollern sowie des Osmanischen Reiches mit seinen Nachfolgestaaten und Bulgariens. Aber auch Griechenland und Italien dürfen hier nicht vergessen werden, denn obgleich diese Länder im Herbst 1918 zu den Siegern zählten, sollten sie bald das Schicksal der Verlierer teilen. Für Athen war es der Griechisch-Türkische Krieg, der den Sieg des Jahres 1918 in die »Große Katastrophe« von 1922/23 verwandelte, während viele Italiener angesichts der Pariser Friedensverhandlungen von 1919 den Eindruck gewannen, für den teuer erkämpften Sieg an der Alpenfront nicht gebührend belohnt worden zu sein. Der Verdruss über die vermeintlich unzureichende Wiedergutmachung für rund 600 000 Weltkriegstote war so gewaltig, dass er alles überschattete und nicht nur in der verbreiteten Vorstellung des *vittoria mutilata* (des »verstümmelten« Sieges) seinen Niederschlag fand, sondern zudem einen radikalen Nationalismus befeuerte. Gleichzeitig erzeugten schwere Arbeitskämpfe und gewaltsame Landnahmen bei vielen den Eindruck, Italien stehe kurz vor einer bolschewistischen Revolution. In mancher Hinsicht glich Italiens Nachkriegserfahrung, die 1922 in der Ernennung Benito Mussolinis zum ersten faschistischen Ministerpräsidenten Europas gipfelte, viel mehr jener der mittel- und osteuropäischen Verliererstaaten als der Frankreichs oder Großbritanniens.

Da der Schwerpunkt in diesem Buch auf den besiegten europäischen Landimperien und deren politischer Entwicklung nach dem Ersten Weltkrieg ruht, geraten hier Staaten in den Blick, die lange Zeit vorwiegend durch die Brille der Kriegspropaganda oder aus der Perspektive des Jahres 1918 betrachtet wurden, als die Legitimation der neu entstandenen osteuropäischen Nationalstaaten eine Dämonisierung jener Großreiche erforderte, aus denen sie hervorgegangen waren. Das hat einige westliche Historiker in den folgenden Jahrzehnten dazu verleitet, den Weltkrieg als epischen Kampf zwischen den demokratischen Westalliierten einerseits und den autokratischen Mittelmächten andererseits darzustellen und geflissentlich zu übersehen, dass der despotischste Staat von allen kriegführenden Nationen, nämlich das zaristische Russland, der Triple Entente angehörte. Erst in jüngerer Zeit wird in wissenschaftlichen Arbeiten über das Osmanische Reich und die Reiche der Habsburger und Hohenzollern die Legenda Negra, wonach es sich bei den Mittelmächten in erster Linie um »Schurkenstaaten« und anachronistische »Völkergefängnisse« gehandelt habe, zunehmend korrigiert. Diese Neubewertung betrifft insbesondere das deutsche Kaiserreich und die Donaumonarchie, die beide von Historikern inzwischen milder als in den ersten acht Jahrzehnten nach 1918 betrachtet werden, zumindest aber deutlich ambivalenter als noch vor wenigen Jahren.[12]

Selbst im Falle des Osmanischen Reiches, wo der während des Krieges begangene Völkermord an den Armeniern die kriminelle Natur eines Staates zu bestätigen schien, der seine Minderheiten erbarmungslos unterdrückte und teilweise ermordete, wird das Bild allmählich differenzierter. Unlängst haben Historiker darauf hingewiesen, dass zumindest bis 1911/12 nicht ausgeschlossen war, dass sich das Osmanische Reich zu einem Staat mit Gleichberechtigung und Bürgerrechten für alle in seinen Grenzen lebenden ethnischen und religiösen Gruppen entwickeln würde.[13] Denn das für den Genozid an den Armeniern letztlich verantwortliche Komitee für Einheit und Fortschritt (KEF), das durch die Revolution von 1908 in Konstantinopel an die Macht gelangt war, hatte bis 1911 bereits einen Großteil seines öffentlichen Rückhalts eingebüßt, und sein Nationalismus stand ohnehin in scharfem Kontrast zum traditionell eher inklusiven Staatsbürgerverständnis im Osmanischen Reich.[14] Doch nach dem italienischen Einmarsch in die osmanischen Großprovinzen (Vilâyets) Tripolitanien und Cyrenaika (zwei der drei historischen Großprovinzen Libyens) im Jahr 1911 und dem Ersten Balkankrieg von 1912 gelang dem KEF die Errichtung einer Diktatur. Vor allem während des Ersten Balkankriegs, in dem es zur massenhaften Ermordung und Vertreibung osmanischer Muslime kam, verschlechterten sich die Beziehungen zwischen den muslimischen und christlichen Volksgruppen des Reiches dramatisch. Viele muslimische Osmanen fühlten sich nun als Opfer christlicher Aggression, denn allein infolge des Ersten Balkankriegs waren bis zu 300 000 Muslime, darunter die Familien einiger führender KEF-Funktionäre, gewaltsam aus ihrer Heimat auf dem Balkan vertrieben worden, was eine Flüchtlingskrise und die politische Radikalisierung weiter Bevölkerungskreise auslöste.[15]

Selbst wenn man die jüngste wissenschaftliche »Rehabilitierung« der Vorkriegsreiche für übertrieben hält, wird man kaum behaupten, das postimperiale Europa nach 1918 sei für seine Bürger ein besserer oder sichererer Ort gewesen als das Europa vor Ausbruch des Ersten Weltkriegs. Seit dem Dreißigjährigen Krieg im 17. Jahrhundert hatte Europa keine solch verheerenden, sich gegenseitig befeuernden Bürgerkriege mehr erlebt wie die in den Jahren nach 1917/18. Mit den Bürgerkriegen, Revolutionen, Gegenrevolutionen und Grenzkonflikten zwischen neu gegründeten Staaten ohne klar definierte Grenzen oder international anerkannte Regierungen war Europa nach dem offiziellen Ende des Ersten Weltkriegs und dem Lausanner Abkommen von 1923 die mit Abstand gewalttätigste Region der Welt. Abgesehen von den Millionen, die zwischen 1918 und 1920 von der Spanischen Grippe dahingerafft wurden, und den Hunderttausenden, die infolge der alliierten Entscheidung, die Wirtschaftsblockade gegen die Mittelmächte nach Ende der Kampfhandlungen aufrechtzuerhalten, verhungerten, kamen bei bewaffneten Konflikten im Nachkriegseuropa weit über vier Millionen Menschen ums Leben – also mehr, als der Erste Weltkrieg von Großbritannien, Frankreich und den Vereinigten Staaten zusammen an Opfern gefordert hatte. Durch die kriegsgeschundenen Gebiete Europas zogen zudem Millionen verarmter Flüchtlinge und Vertriebene auf der Suche nach Sicherheit und einem besseren Leben.[16] Mit gutem Grund haben Historiker Osteuropas die ersten Jahre nach 1918 daher als Zeit eines »erweiterten europäischen Bürgerkriegs« gedeutet.[17]

Das Elend und die grausamen Konflikte im »Nachkriegseuropa« haben in Westeuropa längst nicht so viel Beachtung gefunden wie das Kriegsgeschehen an der Westfront in den vier Jahren davor. Zeitgenössische britische Beobachter wie Winston Churchill haben die Auseinandersetzungen nach 1918 als »Kriege der Pygmäen« abgetan – eine herablassende Bemerkung, welche die orientalisierende und implizit koloniale Wahrnehmung Osteuropas offenbart, die noch Jahrzehnte später in westeuropäischen Schulbüchern anzutreffen war.[18] Zudem spiegelt sie die sich seit der Balkankrise der 1870er Jahre und erst recht seit den zwei Balkankriegen von 1912/13 ausbreitende

Vorstellung, Osteuropa sei im Gegensatz zum zivilisierten und friedliebenden Westen gewissermaßen »inhärent« gewalttätig. Derartige Vorurteile und die allgemeine Verrohung des Diskurses zwischen 1914 und 1918 machten die britischen und französischen Entscheidungsträger weitgehend blind oder gleichgültig gegenüber den sich in Mittel-, Ost- und Südosteuropa abspielenden Katastrophen, selbst wenn diese Gegenden erfassten, die vor dem Weltkrieg politisch stabil, kulturell hochentwickelt und friedlich gewesen waren.

Während westeuropäischen Lesern die Zeit des Übergangs vom Krieg zum Frieden in Europa weit weniger vertraut ist als die des Weltkriegs selbst, prägen die bitteren Jahre zwischen 1917 und 1923 das kollektive Gedächtnis Ost- und Südeuropas wie auch des Nahen Ostens und Irlands. Diese Erinnerung überlagert die Geschichte des Ersten Weltkriegs, und bisweilen verdrängen die Erzählungen von Staatsgründungen, Unabhängigkeitskriegen, nationalen Befreiungsbewegungen und revolutionären Umwälzungen sie sogar.[19] In der Sowjetunion etwa war Lenins bolschewistische Revolution von 1917 – und nicht der vorangegangene »imperialistische Krieg« – jahrzehntelang der zentrale historische Bezugspunkt. Und in der heutigen Ukraine ist die – ausgesprochen kurze – Phase staatlicher Unabhängigkeit im Jahr 1918 in den politischen Debatten über die geopolitische Gefährdung des Landes durch Putins Russland noch immer allgegenwärtig. In manchen postimperialen Staaten – insbesondere in Polen, der Tschechoslowakei und dem Königreich der Serben, Kroaten und Slowenen, dem späteren Jugoslawien – schienen die Bürger über der Erinnerung an die triumphale Geburt – oder »Wiedergeburt« – des Nationalstaats im Jahr 1918 sogar »vergessen« zu haben, dass Millionen ihrer Landsleute in den unterlegenen Armeen der Mittelmächte gekämpft hatten.

Es gibt auch Länder, in denen die Jahre nach 1917 im kollektiven Gedächtnis so präsent sind, weil sie mit traumatischen historischen Ereignissen verbunden werden: In Finnland, das im Ersten Weltkrieg seine Neutralität wahrte, überschattet der extrem blutige Bürgerkrieg von 1918, der in wenig mehr als drei Monaten etwa ein Prozent der Bevölkerung hinwegraffte, noch immer viele politische Diskussionen, während in Irland die Allianzen und Dilemmata des Bürgerkriegs von 1922/23 das parteipolitische System bis heute prägen. Denn nur ihre Gegnerschaft während des Bürgerkriegs vermag zu erklären, warum die zwei programmatisch nahezu identischen konservativen Volksparteien Irlands – Fianna Fáil und Fine Gael – sich bis heute strikt weigern, eine Koalition auf nationaler Ebene miteinander einzugehen. Im Nahen Osten spielt der Erste Weltkrieg in der kollektiven Erinnerung seit 1918 im Grunde keine Rolle und ist nur insofern von Interesse, weil mit ihm die entscheidenden Ereignisse der Zeit danach zusammenhängen: das Ende der osmanischen Herrschaft, die »Erfindung« neuer Staaten wie Irak, Jordanien oder Syrien, die vom Völkerbund verhängte Mandatsverwaltung und der Ausbruch des Konflikts um Palästina. Dieser geht nach Ansicht vieler Araber auf Lord Arthur Balfours Deklaration von 1917 zurück, in der die britische Unterstützung für die »Errichtung einer nationalen Heimstätte für das jüdische Volk in Palästina« verkündet wurde.[20]

Das komplexe Bild Europas am Ende des Ersten Weltkriegs, der fast zehn Millionen Tote und über zwanzig Millionen Verletzte forderte, macht die Kategorisierung oder Definition der darauffolgenden gewaltsamen Erschütterungen ausgesprochen schwierig. Dennoch ist es möglich, zumindest drei voneinander verschiedene, sich gegenseitig jedoch verstärkende und oftmals überlappende Konflikttypen innerhalb des einsetzenden »europäischen Bürgerkriegs« zu identifizieren. Erstens: Europa erlebte in der »Nachkriegszeit« neu aufflammende Auseinandersetzungen zwischen regulären oder im Entstehen begriffenen nationalen Armeen, also zwischenstaatliche Kriege – etwa den Polnisch-Sowjetischen Krieg, den Griechisch-Türkischen Krieg oder den Einmarsch der Rumänen in Ungarn. Solche Konflikte, häufig ausgetragen mit Waffen aus dem Weltkrieg, spielten sich vor allem dort ab, wo der Zerfall der alten Großreiche die Entstehung neuer und oftmals nervös-aggressiver Nationalstaaten begünstigte. Diese suchten ihre Territorien mit aller Macht und Gewalt zu behaupten oder gar zu vergrößern. Der im Zuge solcher Bestrebungen in den Jahren 1919 bis 1921 zwischen Russland und Polen tobende Krieg hinterließ schließlich 250 000 Tote und Vermisste, und im militärischen Ringen zwischen Griechen und Türken in den Jahren 1919 bis 1922 dürfte es ähnlich viele Opfer – nämlich bis zu 200 000 Tote – gegeben haben.[21]

Zweitens: Zwischen 1917 und 1923 brachen allenthalben Bürgerkriege aus – in Finnland, Ungarn, Irland, in Teilen Deutschlands und vor allem in Russland, auch wenn auf dem Territorium des ehemaligen Zarenreichs, wo sich verschiedene miteinander verwobene Konflikte überlagerten und dadurch noch verschärften, reguläre zwischenstaatliche Kriege von Bürgerkriegen kaum noch zu unterscheiden waren. Die Rote Armee führte Krieg gegen Polen und versuchte zugleich, die Loslösung der abtrünnigen Republiken in den westlichen Grenzgebieten und im Kaukasus mit aller Gewalt zu verhindern. Darüber hinaus befand Lenin sich in einem erbitterten Kampf gegen seine »weißen« Widersacher und eine ganze Reihe weiterer realer und eingebildeter Feinde – von den Kulaken bis hin zu Anarchisten und gemäßigten Sozialisten, die er allesamt verdächtigte, die bolschewistische Revolution zu unterwandern. Die Einmischung externer Kräfte machte die Lage in Russland noch unübersichtlicher, egal ob es sich um die alliierte Intervention aufseiten der Weißen oder deutsche Freikorpsmilizionäre handelte, die nach 1918 auf der Suche nach Land, Ruhm oder Abenteuern marodierend durch das Baltikum zogen, wobei sie zunächst an der Seite lettischer und estnischer Nationalisten kämpften und später gegen diese.

Drittens: Die Bürgerkriege, von denen Europa zwischen 1917 und 1923 heimgesucht wurde, waren in aller Regel die Folge sozial oder national motivierter Revolutionen, die diese Periode entscheidend prägten. Nachdem es in der Endphase des Krieges aufgrund von Mangelversorgung und Kriegsmüdigkeit in vielen Ländern bereits zu Arbeitsniederlegungen und Streiks gekommen war, ging das Kriegsende in allen europäischen Verliererstaaten mit offenen Revolutionen und gewaltsamen Machtwechseln einher. Diese zwischen 1917 und 1923 ausbrechenden Revolutionen waren entweder soziopolitischer Natur, sprich auf die Neuverteilung von Land, Macht oder Vermögen ausgerichtet – wie in Russland, Ungarn, Bulgarien und Teilen Deutschlands –, oder es waren »nationale« Revolutionen auf den Trümmern besiegter Imperien wie den Reichen der Habsburger, der Romanows und der Osmanen. Auf diesen Trümmern suchten sich neue oder zu neuem Leben erweckte Staaten zu etablieren, deren Bürger angetrieben waren vom Verlangen nach nationaler Selbstbestimmung.[22] Dass *zwei* revolutionäre Strömungen gleichzeitig wirkten und sich immer wieder überschnitten, stellt eine Besonderheit der Zeit zwischen 1917 und 1923 dar.

Nur wenige Zeitgenossen dürften 1914 die Dauer und die Grausamkeit des Weltkriegs geahnt haben und erst recht nicht die revolutionären Verwerfungen, die er nach sich ziehen würde. Auch dürfte kaum jemand vorhergesehen haben, dass es den Vertretern von zwei besonders radikalen Varianten revolutionärer Ideologien, nämlich Bolschewismus und Faschismus, bis 1923 gelingen würde, in Russland beziehungsweise in Italien die Macht an sich zu reißen. Vielmehr hofften viele vor allem im Westen, der Erste Weltkrieg werde »alle Kriege beenden« und die Welt »für die Demokratie sicher machen«.[23] Tatsächlich trat das Gegenteil ein. Die durch den Krieg und die Friedensverträge der Jahre 1919/20 aufgeworfenen, aber nie ausgeräumten Fragen schufen ein Machtungleichgewicht, das viel gefährlicher war als jenes, das vor 1914 existiert hatte. Zumindest im Nachhinein erscheint die europäische Ordnung am Vorabend des Krieges doch bemerkenswert stabil. Gewiss gab es in den Landimperien, die Kontinentaleuropa und den Nahen Osten beherrschten, mitunter gewaltsame Konflikte, wie die Hamidischen Massaker zwischen 1894 und 1896 oder die Niederschlagung der russischen Revolution von 1905 offenbaren, doch dass der Weltkrieg revolutionäre Machtwechsel und den kompletten Zerfall der kontinentaleuropäischen Reiche mit sich bringen würde, dafür gab es im Sommer 1914 keinerlei Anzeichen.

Immer wieder sind Untergang und Zerfall der europäischen Landimperien vom Standpunkt der Jahre 1918/19 als historische Zwangsläufigkeit gedeutet worden. Dabei machten die herrschenden Dynastien der Vorkriegsordnung durchaus einen gefestigten Eindruck und hatten die gewaltigen Landmassen ihrer Imperien im Großen und Ganzen unter Kontrolle.[24] Dieser Eindruck relativer Stabilität wurde gefestigt durch das beachtliche Wirtschaftswachstum, das insbesondere in Russland und Deutschland, deren Regime von den Revolutionen der Jahre

1917 und 1918 hinweggefegt werden sollten, bis 1914 zu verzeichnen war. Die wirtschaftliche Entwicklung in beiden Staaten hatte steigende Einkommen sowie höhere Lebensstandards zur Folge, wobei der wachsende Wohlstand allerdings sehr ungleich verteilt war. Dennoch stand Europa im Jahr 1914 keineswegs am Rande eines revolutionären Wandels, weder in der nationalen noch in der soziopolitischen Variante.[25]

Dieses Bild eines insgesamt friedlichen Europas vor 1914, eines Kontinents auf dem Weg zum politischen, wirtschaftlichen und sozialen Fortschritt, bietet sich allerdings nicht auf dem Balkan und im Osmanischen Reich. In Südosteuropa und dem Mittelmeerraum begann der Krieg bereits 1911, als Italien die vormals osmanischen nordafrikanischen Provinzen Tripolitanien und Cyrenaika sowie die Inseln der Dodekanes annektierte. Im Jahr darauf vertrieb eine Koalition mehrerer Balkanstaaten die Osmanen aus ihren europäischen Besitzungen mit Ausnahme eines kleinen Brückenkopfs in Ostthrakien. Im Zuge dieser kriegerischen Verwerfungen hatten insbesondere muslimische Zivilisten massive Gewalt in Form von Massenmorden, Zwangsbekehrungen und Vertreibungen erlitten.[26] In West- oder Mitteleuropa geschah dagegen nichts dergleichen. Vielmehr erlebte der Großteil Europas zwischen 1871 und 1914 eine historisch beispiellose Friedensperiode. Dass die Balkankriege Formen der Gewalt erzeugten, die in den folgenden Jahrzehnten ganz Europa heimsuchen sollten, war vor diesem Hintergrund ganz und gar unvorhersehbar. Erst der Kriegsausbruch im August 1914, nach George Kennans vielzitierten Worten die »Urkatastrophe« des 20. Jahrhunderts, sollte in diesen Teilen Europas eine ungewöhnlich lange Friedenszeit beenden.[27]

Kennan und viele andere haben argumentiert, der Erste Weltkrieg markiere den Beginn eines »Zeitalters der Extreme« (Eric Hobsbawm), einer Periode jahrzehntelanger gewaltsamer Umbrüche. Der folgende, noch verheerendere Konflikt nach 1939 hat dann die Frage aufgeworfen, ob die aggressiven Diktaturen Stalins, Hitlers und Mussolinis nicht unmittelbar auf die Ereignisse der Jahre 1914 bis 1918 zurückzuführen seien. Viele waren davon überzeugt, der Weltkrieg habe destruktive Kräfte freigesetzt, die mit den Pariser Verträgen von 1919/20 nicht zu beherrschen waren. Die berühmte »Brutalisierungsthese« –

für den deutschen Fall formuliert in George Mosses Klassiker *Gefallen für das Vaterland* und seither auf ganz Europa ausgeweitet – lief darauf hinaus, dass die Front- und Grabenkampferfahrungen des Ersten Weltkriegs zu einer Verrohung des Krieges wie der Gesellschaft geführt habe. Dadurch habe sich ein neues und bis dahin beispiellos hohes Maß akzeptabler Gewalt etabliert und den Weg geebnet für die noch weit größeren Schrecken des Zweiten Weltkriegs, in dem unter den Zivilisten weit mehr Opfer zu beklagen waren als unter den Soldaten.[28]

Diese »Brutalisierungsthese« wird mittlerweile zunehmend kritisch gesehen, vor allem weil mit dem Kriegserlebnis an sich nicht hinreichend erklärt werden kann, wieso sich Politik und Gesellschaft nur in *einigen* der ehemaligen Kombattantenstaaten »brutalisiert« haben, in anderen hingegen nicht. Schließlich unterschied sich das Fronterlebnis der alliierten Soldaten nicht fundamental von dem der Teilnehmer aufseiten der Mittelmächte – sieht man vom Ausgang des Krieges einmal ab. Gegen die These spricht auch, dass die meisten Veteranen, die für die Mittelmächte gekämpft und überlebt hatten, nach dem Krieg in ein friedliches, ziviles Leben zurückfanden. Nicht jeder, der im Weltkrieg gekämpft hatte, wurde zum Protofaschisten oder Bolschewiken oder sehnte sich danach, nach der offiziellen Beendigung der Kampfhandlungen im November 1918 weiterzukämpfen.[29] Doch selbst wenn sich tatsächlich keiner der Gewaltausbrüche der Nachkriegszeit ohne Rückgriff auf den Ersten Weltkrieg erklären lässt, scheint es sinnvoller, diesen Konflikt als unbeabsichtigten Katalysator der sozialen wie nationalen Revolutionen zu betrachten, die Europas politisches, soziales und kulturelles Gefüge in den kommenden Dekaden prägen sollten.

Folgten die Julikrise und der Kriegsausbruch im August 1914 noch einer stark dem 19. Jahrhundert verhafteten Logik des begrenzten Krieges, so sollte der Weltkrieg in seinem langen und unvorhergesenen Verlauf – insbesondere zum Ende hin – seinen Charakter ändern. Bereits im Herbst 1914 war allen Beteiligten klar, dass die industrielle Feuerkraft der kriegführenden Nationen den Charakter zwischenstaatlicher Kriege nachhaltig verändert hatte und die Stagnation an der Westfront die Mobilisierung von ganzen Bevölkerungen in bis dahin ungekanntem Maße erforderte. Die Dauer des Krieges führte von 1916 an verstärkt zu Spannungen an den Heimatfronten und unter den Soldaten. Vor allem aber sollte das Jahr 1917 einschneidende Veränderungen bringen, als die Oktoberrevolution das Ausscheiden Russlands aus dem Völkerringen zur Folge hatte und die Westalliierten – gestärkt durch den Kriegseintritt Amerikas – die Zerschlagung der europäischen Landimperien zunehmend offen als Kriegsziel formulierten. Gerade die Geschehnisse in Russland wirkten sich dramatisch aus, und zwar auf zweierlei Weise: Petrograds Eingeständnis der Niederlage schürte Anfang 1918 bei den Mittelmächten die Hoffnung auf einen baldigen Sieg – und das nur wenige Monate, bevor der militärische Zusammenbruch an mehreren Fronten erfolgte. In ihrer verblendeten Siegeszuversicht mobilisierten die Mittelmächte vorübergehend neue Kräfte auf dem kriegsgeschundenen Kontinent und schürten überhöhte Erwartungen für die Friedensverhandlungen mit dem Westen. Erst in dieser letzten Phase erwuchsen aus einem besonders erbitterten und hochtechnisierten, letztlich aber konventionellen zwischenstaatlichen Konflikt verschiedene miteinander verknüpfte Auseinandersetzungen. Diese waren aufgrund ihrer Logik und Zielsetzung weitaus gefährlicher als der Erste Weltkrieg, in dem es letztlich darum gegangen war, den Feind zur Annahme von Friedensbedingungen – die durchaus drastisch sein mochten – zu zwingen. Die Gewalt in den Auseinandersetzungen nach 1917 war dagegen kaum noch beherrschbar, denn hier drehte es sich um vermeintlich existenzielle Fragen – den Fortbestand oder die »Wiederauferstehung« der eigenen Nation oder Klasse – und darum, den Gegner auszulöschen, ganz gleich ob es sich dabei um Mitglieder einer anderen Ethnie oder um »Klassenfeinde« handelte. Diese genozidale Logik sollte in den Jahren zwischen 1939 und 1945 in Mittel- und Osteuropa schließlich die Oberhand gewinnen.

Ebenso bemerkenswert ist in Bezug auf die nach 1917/18 aufbrechenden Konflikte, dass es den europäischen Nationalstaaten zuvor über ein Jahrhundert recht erfolgreich gelungen war, ihr Monopol auf legitime Gewalt durchzusetzen. Die Nationalarmee war zur Regel erklärt und die elementare Unterscheidung zwischen Kombattanten und Nichtkombattanten in internationalen Verträgen festgeschrieben worden – wobei es in der Praxis allerdings häufig zu Verstößen kam. Die Nachkriegskonflikte liefen diesem Trend vollkommen entgegen: In Ermangelung funktionstüchtiger Staaten auf dem Gebiet der ehemaligen europäischen Landimperien maßen sich Milizen unterschiedlichster politischer Couleur die Rolle von Nationalheeren an, und die Trennlinien zwischen Freund und Feind, Soldaten und Zivilisten verschwammen zusehends, was fatale Folgen haben sollte.[30]

In diesem Buch werden einige Thesen über diese Zeit des Übergangs vom Krieg zum Frieden in Europa formuliert, die im Gegensatz zu Mosses allumfassender, aber letztlich irreführender »Brutalisierungsthese« stehen. Der Schlüssel zum Verständnis des weiteren gewaltsamen Verlaufs der europäischen Geschichte im 20. Jahrhundert – Russland und die ehemals osmanischen Provinzen des Nahen Ostens inbegriffen – ist nämlich nicht zwingend in den Kriegserfahrungen der Jahre 1914 bis 1918 zu finden, sondern in der Art und Weise, wie dieser Krieg für die europäischen Verliererstaaten zu Ende ging: mit Niederlagen, dem Zusammenbruch ihrer Großreiche und Revolutionswirren.

Zwar sind die Revolutionen der Nachkriegszeit für einzelne Staaten umfassend untersucht worden – speziell für Russland und Deutschland –, doch die Veröffentlichungen zu diesem Thema sind erstaunlich länderzentriert, als handle es sich bei den revolutionären Ereignissen, die Europa zwischen 1917 und den frühen 1920er Jahren erschütterten, um vollkommen unverbundene nationale Phänomene.[31] Auch zur deutschen »Kultur der Niederlage«, die seit einigen Jahren Gegenstand der historischen Forschung ist, gibt es bisher keine Studie, welche die deutsche Erfahrung in einen breiteren Kontext aller europäischen Verliererstaaten einbettet.[32] Das ist höchst erstaunlich, da einer der offensichtlichen Gründe für die Gewalteskalation der Nachkriegszeit gerade in der Mobilisierungskraft der Niederlage von 1918 – oder im Falle Italien dem Eindruck eines »verstümmelten Sieges« – zu liegen scheint.[33] Sieht man von Italien und dem irischen Teil Großbritanniens ab, kam es bei den Siegermächten Europas nach 1918 nämlich zu keinem wesentlichen Anstieg politischer Gewalt, was zumindest zum Teil darauf zurückzuführen ist, dass der militärische Triumph die Opfer der Kriegszeit rechtfertigte und nach innen die Legitimität jener Staaten stärkte, die siegreich aus dem Konflikt hervorgegangen waren.[34] Zwar gab es in den britischen und französischen Imperien der Zwischenkriegszeit gelegentlich Gewaltausbrüche, doch diese unterschieden sich quantitativ kaum von den Kolonialrevolten der Vorkriegszeit. Auf die Besiegten trifft das nicht zu. In keinem der im Ersten Weltkrieg unterlegenen Staaten gelang die Rückkehr zur Stabilität und zum inneren Frieden der Vorkriegszeit auch nur annähernd.

Zu den Schrecken des Krieges und der Erfahrung der Niederlage kam als ein weiterer maßgeblicher Faktor für den Anstieg der Gewalt nach 1918 der plötzliche Zerfall der europäischen Landimperien und die schwere Geburt ihrer Nachfolgestaaten. Die Pariser Friedensverträge wiesen Millionen von Menschen – vornehmlich der deutschstämmigen Bevölkerung (für die die Nationalsozialisten später die Bezeichnung »Volksdeutsche« einführten) in der Tschechoslowakei, in Italien und Polen, den Ungarn in der Tschechoslowakei, Jugoslawien und Rumänien sowie den Bulgaren in Rumänien und Griechenland – neu geschaffenen Nationalstaaten zu, die sich einem fundamentalen Dilemma gegenübersahen: Obgleich sie danach strebten, »Einvölkerstaaten« zu sein, handelte es sich bei Polen, Jugoslawien und der Tschechoslowakei um Vielvölkerreiche im Miniaturformat. Der wesentliche Unterschied zwischen ihnen und ihren imperialen Vorgängern, der k.u.k. Monarchie oder dem Romanow-Reich, bestand nicht in der erhofften »ethnischen Reinheit«, sondern vielmehr darin, dass sie wesentlich kleiner waren und die ethnischen Hierarchien sich umgekehrt hatten.[35] So lag das Epizentrum des territorialen Revisionismus in Europa in den folgenden Jahrzehnten nicht von ungefähr auf dem Gebiet der alten multinationalen Imperien, deren Auflösung neue Gewalträume schuf.[36]

Das »Heimholen« von 1918 verlorenen Volksgruppen und die Rückgewinnung »historischer« Gebiete spielte bis zum Ende des Zweiten Weltkriegs und zuweilen auch noch nach 1945 eine entscheidende Rolle in der Außen- und Innenpolitik Ostmitteleuropas – insbesondere in Ungarn, Bulgarien und Deutschland. Das galt ebenso für Russland, das nicht nur seine zeitweiligen Eroberungen des Ersten Weltkriegs eingebüßt hatte, sondern auch die westlichen Grenzgebiete des Zarenreichs. Moskaus Bemühungen um Wiederaneignung »verlorenen Landes« und die Festigung seines Einflusses in Osteuropa im Allgemeinen – oft mit Gewalt – sollten sich bis in die 1940er Jahre und darüber hinaus hinziehen.

Die diversen Revolutionen, die Niederlage der Mittelmächte und die territoriale Neuordnung eines ehedem von Großreichen beherrschten Kontinents schufen ideale Bedingungen für neue und anhaltende Auseinandersetzungen. Selbstverständlich muss jede Erklärung für die Eskalation der Konflikte auch die Bedeutung regionaler, oft auf viel ältere Gegensätze zurückgehender Traditionen und Umstände im Blick behalten, da aus diesen ebenfalls die Gewalt erwachsen konnte, die sich nach dem Krieg vielerorts Bahn brach. Als typische Beispiele für derartige Einflüsse können hier etwa die Tschetnik-Tradition des Guerillakriegs auf dem Balkan, die republikanische Bewegung in Irland vor 1914 und die revolutionären Spannungen im Russland der Vorkriegszeit gelten, die sich 1905 gewaltsam entladen hatten.[37] Zusammengenommen waren aber Revolution, Niederlage und nationale »Wiedergeburt« aus den Trümmern der untergegangenen Reiche Europas die entscheidenden Auslöser der länderübergreifenden Welle bewaffneter Auseinandersetzungen, die sich in einigen Teilen Europas bis 1923 hinzogen. Einen vorläufigen Schlusspunkt bildete der Vertrag von Lausanne. Dieser schrieb das Staatsgebiet der neuen Türkischen Republik fest und beseitigte die griechischen Gebietsansprüche in Kleinasien durch einen erzwungenen Bevölkerungsaustausch enormen Ausmaßes.

Nach Lausanne erfuhr Europa zwischen 1924 und 1929 eine kurze Phase der Stabilisierung, doch dann sollten die zwischen 1917 und 1923 aufgeworfenen, aber nicht gelösten Probleme nach Ausbruch der Weltwirtschaftskrise 1929 mit aller Macht auf die außen- und innenpolitische Agenda zurückdrängen. Die Entwicklungen im Europa der

Jahre 1917 und 1923 sind also entscheidend für das Verständnis jener Gewaltzyklen, die den Kontinent im 20. Jahrhundert prägten. Als Ausgangspunkt dieser Entwicklungen müssen die verheerenden Ereignisse in Russland zu Beginn des Jahres 1917 gelten, als der bevölkerungsreichste der Kombattantenstaaten als erster im Chaos von Revolution und militärischer Niederlage versank.

TEIL I
Niederlage

Der Friede mit Russland … und der große Sieg dieser Tage über die Engländer sind die zwei mächtig hallenden Hammerschläge an alle deutschen Herzen … Wer am deutschen Siege kleinmütig verzweifelte und auch wer nie an ihn geglaubt hat, sieht ihn nun als greifbare Möglichkeit vor sich und muss sich dem Gedanken des Sieges beugen.

ALFRED HUGENBERG an Paul von Hindenburg, 26. März 1918

Ein siegreicher Ausgang des Krieges würde eine deutsche Revolution nie gebracht haben, und noch ein rechtzeitiger Friedensschluß hätte sie verhindert. Alle sind wir Söhne der Niederlage.

HEINRICH MANN, »Sinn und Idee der Revolution«, *Münchner Neueste Nachrichten*, 1. Dezember 1918

Eine Zugfahrt im Frühling

Der »Siegeszug« des Bolschewismus begann mit einer Bahnfahrt am Ostersonntag des Jahres 1917. Am Spätnachmittag des 9. April bestiegen der russische Bolschewik Wladimir Iljitsch Uljanow, seine Frau und Mitstreiterin Nadeschda Krupskaja sowie dreißig seiner engsten Mitarbeiter im Züricher Hauptbahnhof einen Zug in Richtung Deutschland.[1] Das Auswärtige Amt in Berlin, das sich die geheime Reise aus der neutralen Schweiz durch deutsches Staatsgebiet von der Obersten Heeresleitung hatte genehmigen lassen und die Weiterfahrt nach Russland organisierte, setzte große Hoffnungen in diesen Mann, von dem bis dahin außerhalb der Sozialistischen Internationale nur wenige gehört hatten. Der Mann schmiedete Umsturzpläne und verdiente sich ein Zubrot mit journalistischen Artikeln, die er in obskuren linksradikalen Blättern mit Kleinstauflage unter dem Pseudonym »Lenin« veröffentlichte. Ausgestattet mit falschen Papieren und einer beträchtlichen Geldsumme sollte dieser Lenin nun die Führung der nach wie vor eher kleinen bolschewistischen Bewegung in seinem Heimatland übernehmen, die Februarrevolution, durch die kurz zuvor der Zar gestürzt worden war, radikalisieren und den Krieg Russlands gegen die Mittelmächte beenden.[2]

Schon seit Kriegsbeginn im Jahr 1914 hatte das Auswärtige Amt geheime Pläne geschmiedet mit dem Ziel, die Alliierten an der Heimatfront zu destabilisieren. Aus diesem Grund hatte es revolutionäre Bewegungen unterschiedlicher politischer Couleur gefördert: irische Republikaner, die sich von London lossagen wollten, Dschihadisten in den britischen und französischen Kolonialreichen und russische Revolutionäre, die sich gegen das autokratische Regime in Petrograd verschworen hatten.[3] Den innenpolitischen Zielen all dieser Bewegungen stand Berlin zumeist gleichgültig bis ablehnend gegenüber, aber man sah in ihnen Partner in dem gemeinsamen Bemühen, die Alliierten von innen heraus zu schwächen.[4] Zum Leidwesen der Strategen in der deutschen Hauptstadt schienen diese Anstrengungen aber kaum Früchte zu tragen. Den rund 3000 muslimischen Kriegsgefangenen etwa, die zunächst in einem eigens geschaffenen »Halbmondlager« in

Wünsdorf bei Zossen interniert und dann zur Propaganda hinter die Mesopotamienfront oder nach Persien geschickt wurden, gelang es nie, nennenswerte Zahlen von Dschihadisten für einen Heiligen Krieg gegen London oder Paris zu mobilisieren. Im Frühjahr 1916 erlitt Berlin einen weiteren Rückschlag, als der von Deutschland unterstützte Osteraufstand in Dublin nicht zur erhofften landesweiten Revolution in Irland führte. Roger Casement, der die ersten beiden Kriegsjahre im Reich verbracht und versucht hatte, unter seinen Landsleuten in deutscher Gefangenschaft eine »Irische Brigade« zu rekrutieren, wurde unmittelbar nach seiner von der deutschen Kriegsmarine ermöglichten Landung an der Küste von Kerry verhaftet und später hingerichtet.[5]

Dennoch entschloss sich Berlin, die subversive Strategie weiterzuführen. Nachdem der Zar im Februar 1917 gestürzt worden war, suchte man Revolutionäre nach Russland einzuschleusen. Bereits 1914 hatten sich deutsche Diplomaten in den neutralen europäischen Staaten mit Unterstützung von Informanten darangemacht, Namenslisten geeigneter Kandidaten aus den wachsenden linksradikalen Exilgemeinden zu erstellen. Lenins Name tauchte 1915 erstmals auf einer dieser Listen auf. Nach der Abdankung des Zaren informierte das Auswärtige Amt die deutsche Regierung und die Oberste Heeresleitung (OHL) darüber, dass es in der neutralen Schweiz eine ganze Reihe radikaler Marxisten gebe, die in Petrograd die bolschewistische Fraktion der extremen Linken, die den Krieg ablehnte, erheblich stärken könnten. Die politischen und militärischen Entscheidungsträger in Berlin billigten den Plan, für die Rückkehr dieser Exilanten nach Petrograd zu sorgen.[6]

Als Lenin im April 1917 die Zugfahrt antrat, war er 47 Jahre alt und hatte bereits mehrere Jahrzehnte revolutionärer Agitation hinter sich. Die Familie, die ursprünglich aus der Wolgastadt Simbirsk (dem heutigen Uljanowsk) stammte, zog nach dem Tod des Vaters, eines Erbadligen und staatlichen Schulinspektors, im Jahr 1886 auf das mütterliche Familiengut in der Nähe von Kasan. Schon im Mai 1887 traf sie ein weiterer Schicksalsschlag: Wladimirs älterer Bruder Alexander wurde wegen der Beteiligung an einem vereitelten Attentat auf Zar Alexander III. verhaftet und hingerichtet. Nach dem Tod des älteren Bruders engagierte sich der jüngere immer stärker in marxistischen

Kreisen. Nachdem er wegen der Teilnahme an antizaristischen Studentenprotesten von der Kasaner Universität verwiesen worden war, verfolgte er als Jurastudent in Moskau seine politischen Interessen. Nach dem Examen arbeitete der junge Anwalt intensiv für die revolutionäre Bewegung und pflegte Kontakte zu führenden russischen Sozialdemokraten. Als er 1897 von einer Europareise zurückkehrte, wurde er verhaftet und wegen politischer Agitation für drei Jahre nach Sibirien verbannt.[7] In der Verbannung gab er sich – womöglich nach dem sibirischen Fluss Lena – den Kampfnamen »Lenin«.[8]

Nach der Verbannung lebte Lenin in Westeuropa, zunächst in der Schweiz, dann in München, wo er die Zeitung *Iskra* (Der Funke) herausgab, in der auch seine bekannte programmatische Schrift »Was tun?« (1902) erschien. Zwar gründete sein Denken fest auf Marx' Analyse des Kapitalismus, doch zumindest in einem wichtigen Punkt wichen Lenins Überlegungen zum Aufbau einer kommunistischen Gesellschaft von dessen Theorien ab: Nach Marx würde es im Endstadium der bürgerlichen Gesellschaft und des kapitalistischen Wirtschaftssystems aufgrund von Klassengegensätzen zwangsläufig zu einer spontanen Erhebung des Volkes kommen. Auf diesen »natürlichen« revolutionären Moment wollte Lenin nicht warten, denn dieser würde nur eintreten in einer hochentwickelten Industriegesellschaft, in der die Industriearbeiter ein ausgeprägtes Klassenbewusstsein besaßen. Diese Vorausssetzungen erfüllte Russland nicht im Entferntesten. Daher plante Lenin die gewaltsame Machtübernahme mit einem Staatsstreich, durchgeführt von einer entschlossenen und straff organisierten Elite aus Berufsrevolutionären.[9] Unter diesen sollten sogenannte Sowjets die zweite Ebene der neuen Machtstruktur bilden – Arbeiterräte, wie sie sich im Verlauf der Revolution von 1905 spontan in vielen großen Städten des Zarenreichs gegründet hatten. Diese hatten die Aufgabe, die Verbreitung des Klassenbewusstseins unter den Bauern und Arbeitern zu fördern, die mehrheitlich weder lesen noch schreiben konnten.[10]

Nach den revolutionären Umbrüchen des Jahres 1905 und dem Oktobermanifest, mit dem Zar Nikolaus II. einige Zugeständnisse abgerungen werden konnten, war Lenin nach Russland zurückgekehrt, musste aber schon im Dezember desselben Jahres erneut vor der Polizei fliehen und weitere 14 Jahre im Exil verbringen. Während dieser Zeit lebte er in verschiedenen europäischen Metropolen – Genf, Paris, London, Krakau und von 1914 an in Zürich. Die größte Stadt der Schweiz war zu jener Zeit eine besonders beliebte Zufluchtsstätte, denn dort herrschte kein Krieg. Zudem verfügte man an der Limmat über eine lange Tradition in der Beherbergung von Dissidenten – und über gute Nachrichtenverbindungen. Zürich war die Geburtsstätte des Dadaismus, der avantgardistischen Kunstbewegung um Hugo Ball und Tristan Tzara im *Cabaret Voltaire* und zu dieser Zeit das Zuhause etlicher Radikaler der europäischen Linken, die auf eine Revolution hofften, sich aber nicht einig waren, wie diese zu bewerkstelligen sei.[11]

Reibereien innerhalb der radikalen Linken gab es seit der Gründung der Zweiten Sozialistischen Internationale im Jahr 1889. Seitdem stritten sich die verschiedenen Lager über den richtigen Weg zur Verwirklichung des idealen proletarischen Staates, wobei die Gräben zwischen den Befürwortern von Reformen und jenen, die eine Revolution für unumgänglich hielten, zu Beginn des 20. Jahrhunderts immer tiefer wurden. Im Fall der russischen Sozialdemokraten standen sich als wichtigste Fraktionen Lenins radikale Bolschewiki und die moderateren Menschewiki gegenüber, die – im Einklang mit Marx' Theorien – zunächst eine bürgerlich-demokratische Neuordnung Russlands anstrebten, da es erst danach zu einer proletarischen Revolution kommen könne.[12] Die Unvereinbarkeit dieser Positionen führte 1903 schließlich zur Spaltung der Partei.

Der Kriegsausbruch 1914 verschärfte die Zerwürfnisse innerhalb der europäischen Arbeiterbewegung. Ein Großteil der sozialdemokratischen Parteien des Jahres 1914 stimmte den Kriegskrediten ihrer Länder zu und stellte somit Landestreue über internationale Klassensolidarität.[13] Nicht so Lenin. Er war ein kompromissloser Kritiker der reformorientierten Linken, glühender Verfechter eines radikalen Umsturzes der bestehenden Ordnung und Befürworter eines unmittelbaren Separatfriedens. Diese Position machte ihn aus Sicht der deutschen Regierung zum idealen Kandidaten, denn Berlin ging es schließlich darum, die innenpolitische Lage in Russland weiter zu destabilisieren. Unter Mithilfe des umtriebigen und bestens vernetzten russischen Exilmarxisten Alexander Parvus wurde ein Kontakt zu Lenin hergestellt.[14]

Lenin, der in recht bescheidenen Verhältnissen lebte und seine Zeit zumeist schreibend in den öffentlichen Bibliotheken Zürichs verbrachte, wurde vom Ausbruch der Februarrevolution gegen die Romanow-Dynastie in Petrograd überrascht. Die Züricher Emigranten, die von den Ereignissen in Russland lediglich über die Presse erfuhren, erreichten die Nachrichten von den Unruhen dort erst nach einigen Tagen. Lenin las nun, dass der Zar auf Drängen einer Duma-Abordnung sowie ranghoher Generäle abgedankt und auch sein Bruder Michail dem Thron entsagt hatte. Obwohl der Ausgang der Revolution noch völlig offen schien, witterte er sofort seine Chance. Anders als 1905, als es ihm nicht mehr gelungen war, noch in die Revolution einzugreifen, wollte er diesmal keine Zeit verlieren. Er musste so rasch wie möglich nach Russland zurückkehren, um vor Ort die Dinge selbst in die Hand zu nehmen.[15]

Dass Lenin nur mit deutscher Hilfe über den kriegsgeschüttelten Kontinent nach Russland gelangen konnte, war offensichtlich, denn die westlichen Alliierten würden schwerlich irgendetwas billigen, was den Kriegsaustritt Russlands beförderte. Und die Deutschen würden nur helfen, weil das ihren eigenen Interessen diente. Lenin wusste das, glaubte aber, dass in diesem Fall der Zweck – eine womöglich erfolgreiche bolschewistische Revolution in Russland – die Mittel heiligte. In den Verhandlungen mit der deutschen Abordnung forderte er, dass sein Waggon und der seiner Mitreisenden als extraterritoriales Gebiet zu gelten hätten und als solches gekennzeichnet sein müssten; mit einem Stück Tafelkreide wurde daraufhin »deutsches Hoheitsgebiet« von »russischem Hoheitsgebiet« getrennt; ferner bestand Lenin darauf, dass es zwischen den begleitenden deutschen Offizieren und den russischen Revolutionären zu keinem Kontakt kommen dürfe.[16]

Nachdem der Zug die deutsche Grenze passiert hatte, sahen die Reisenden aus der neutralen Schweiz auf den Bahnhöfen, die der Zug durchfuhr, erstmals ausgemergelte Soldaten und abgezehrte Zivilisten, was Lenin in der Hoffnung bestärkte, die Kriegsfolgen würden bald auch in Deutschland eine Revolution auslösen. Auf Rügen ging er mit seiner Entourage an Bord eines Schiffes, das die Revolutionäre nach Trelleborg brachte. Von dort ging es nach Stockholm, wo sie einen Zug nach Petrograd bestiegen. Entgegen seinen Befürchtungen gab es bei der Einreise nach Russland keine Probleme. Nach zwölf Jahren im Exil kehrte Lenin am 16. April 1917 in die russische Hauptstadt zurück, wo er von einer begeisterten Menge bolschewistischer Anhänger mit Blumen empfangen wurde. Sie spielten die Marseillaise und schwenkten rote Fahnen, während der Zug in den Finnischen Bahnhof von Petrograd einfuhr.[17] Lenin war wieder daheim.

Russische Revolutionen

Das Russland, in das Lenin 1917 zurückkehrte, glich kaum noch dem Land, das er 1905 verlassen hatte. Vor dem Krieg war das zaristische Riesenreich im politischen Sinne fraglos der autoritärste Staat Europas gewesen, ein Land, das sozial und wirtschaftlich voll enormer Gegensätze war. Trotz der Emanzipation der Leibeigenen im 19. Jahrhundert war das Zarenreich weiterhin semifeudalistisch geprägt, verzeichnete inzwischen aber – wenn auch von einem niedrigen Niveau ausgehend – ein beachtliches Industriewachstum. Insbesondere auf dem Öl- und Stahlsektor übersprang der wirtschaftliche Nachzügler auf dem Weg in die Moderne gleich mehrere Entwicklungsstufen und wies höhere Wachstumsraten auf (ebenfalls auf niedrigem Niveau) als die Vereinigten Staaten, Deutschland und Großbritannien zur Jahrhundertwende.[18] Doch große Teile der russischen Gesellschaft verspürten nichts von dem rasanten Wirtschaftswachstum. Überhaupt lag vieles im Argen im Reich der Romanows, das sich von Ostpolen im Westen bis zur Küste Sibiriens im fernen Osten erstreckte. Die Gesellschaftsstruktur »glich einer Pyramide mit einem großen Sockel« – den vor allem Kleinbauern und das wachsende städtische Industrieproletariat bildeten –, »die sich allmählich zu einer schmalen Spitze verjüngte«.[19] Ganz oben thronte Zar Nikolaus II., der wie schon sein

Vater Alexander III. die moskowitische Tradition wiederbelebt hatte. Nach dieser Tradition war der Herrscher der »barmherzige Vater« seiner Untertanen, die Verkörperung Gottes auf Erden – in Wahrheit eben ein Regent, der wie ein mittelalterlicher Feudalherr über sämtliche russischen Ländereien gebot.

Die gesellschaftliche Elite war größtenteils adlig – am Vorabend des Ersten Weltkriegs gehörten der russischen Aristokratie 1,9 Millionen Menschen an –, stellte aber alles andere als eine homogene gesellschaftliche Klasse mit einheitlichen politischen Vorstellungen dar.[20] Was die meisten adligen Landbesitzer in den Jahrzehnten vor dem Kriegsausbruch 1914 allerdings verband, war das Gefühl des Niedergangs, die Überzeugung, dass die wirtschaftlichen Modernisierungskräfte ihre traditionelle aristokratische Lebensweise tiefgreifend verändern würden. Anton Tschechows gesellschaftskritisches Theaterstück *Der Kirschgarten* (1904), in dem die tragische Heldin Ljubow Andrejewna Ranjewskaja wegen ihrer Weigerung, den geliebten Kirschgarten in eine Feriensiedlung zu verwandeln, ihr Familiengut verliert, fängt diese Krisenstimmung auf eindrückliche Weise ein.[21] Die im Schwinden begriffene Vorkriegswelt des Adels und dessen Ahnungen vom drohenden Verfall prägten auch das Werk des ersten russischen Literaturnobelpreisträgers Iwan Bunin. Dieser Nachkomme einer alten und ehemals wohlhabenden Adelsfamilie, dessen alkoholkranker Vater einen Großteil des Familienvermögens verzecht und verspielt hatte, entwarf in seiner Novelle *Suchodol* (1911) eine düster-prophetische Vision: Die Besitztümer des einst reichen Aristokratengeschlechts der Chruschtschows schwinden stetig, bis am Ende der Erzählung so gut wie nichts mehr an diese einst so mächtige und einflussreiche Familie erinnert.[22]

Noch sehr viel schlechter als dem Landadel, der unter dem Gefühl von Bedeutungsverlust und Niedergang litt, ging es dem großen Heer der russischen Kleinbauern am unteren Ende der gesellschaftlichen Hierarchie. Die Abschaffung der Leibeigenschaft im Jahr 1861 hatte am harten Los dieser Schicht wenig geändert. Die Armut auf dem Land trieb mit Beginn der Industrialisierung viele landlose Bauern in die Städte, wo neue Fabriken entstanden und Industriearbeiter benötigt wurden. Die Arbeitsbedingungen waren auch hier hart, der Lohn niedrig und durch Inflation entwertet. Kriminalität und Prostitution gediehen prächtig unter den erbärmlichen Verhältnissen, in denen die Arbeiter mit ihren Familien lebten, während der ständige Mangel der Gesundheit wenig zuträglich war.[23] Eingepfercht in Mietskasernen mit unzureichenden sanitären Anlagen, waren diese Menschen besonders anfällig für Krankheiten wie Typhus, Cholera und Tuberkulose.[24]

Zu Beginn des 20. Jahrhunderts hatte die Unfähigkeit des Staates, etwas gegen die soziale Ungleichheit zu tun, und die Weigerung des Zaren, den Forderungen nach politischen Reformen nachzukommen, die alltägliche Gewalt deutlich anschwellen lassen. In der Revolution von 1905 hatten sich die gesellschaftlichen Spannungen dann erstmals entladen: die Schmach des verlorenen Krieges gegen Japan in Fernost sowie zahlreiche innere Konflikte von den Arbeiterunruhen bis zu ethnischen Konflikten in den westlichen Grenzgebieten wie im Kaukasus.[25] Nachdem der Zar mit dem Oktobermanifest einige Zugeständnisse gemacht hatte – Bildung eines Parlaments, der Staatsduma, und Annahme einer Verfassung –, stabilisierte sich die Lage im Reich zwar ein wenig, doch die revolutionäre Gewalt konnte die zaristische Polizei trotz aller Bemühungen nicht unter Kontrolle bringen.[26] Allein zwischen Januar 1908 und Mai 1910 wurden über 700 Staatsbedienstete und 3000 Zivilisten ermordet und weitere 4000 verletzt.[27] Als die Regierungstruppen zwei Jahre später, im Frühjahr 1912, mit äußerster Brutalität gegen einen Großstreik auf den Goldfeldern der südostsibirischen Lenaregion vorgingen und dabei rund 500 Menschen töteten oder verletzten, kam es zu Solidaritätsstreiks im gesamten Reich.[28] Dennoch ist kaum denkbar, dass die sozialen und politischen Unruhen oder die gegen die Staatsmacht gerichteten Gewalttaten ohne den Ersten Weltkrieg zum völligen Zusammenbruch des Zarenregimes geführt hätten.[29]

Am Vorabend des Krieges schien die Herrschaft der Romanows gefestigter als noch wenige Jahre zuvor.[30] 1913 richtete Zar Nikolaus prunkvolle Feiern anlässlich der 300-jährigen Herrschaft der Romanow-Dynastie aus und würdigte ausgiebig den Anteil seiner Familie am Aufstieg des einst bescheidenen Fürstentums Moskau zur europäischen Großmacht – eines Reiches, das nun ein Sechstel der Landfläche des Planeten umspannte.[31] Der Krieg, der 1914 ausbrach, sollte diesem russischen Riesenreich einen festen Platz unter den Großmächten sichern. Bei allen Kriegsteilnehmern überlagerte die einsetzende Welle des Patriotismus zunächst die tiefgreifenden gesellschaftlichen und politischen Spannungen, doch nirgends verflog diese Kriegseuphorie so schnell wie in Russland.

Nachdem die russischen Truppen eine erfolgreiche Offensive in Ostpreußen unternommen und die durch den Kaukasus vorrückenden osmanischen Truppen zurückgeschlagen hatten, wendete sich das Blatt rasch. Die Niederlagen, die das deutsche Heer der Zarenarmee 1914 und 1915 beibrachte, führten zum »Großen Rückzug« der russischen Streitkräfte durch die westlichen Grenzgebiete des Imperiums und lösten dabei innere Unruhen aus. Die allgemeine politische und soziale Unzufriedenheit entlud sich in umfangreichen Streiks der Textil- und Metallarbeiter. 1916 kam es außerdem im Kaukasus zu massiven Protesten gegen die Ausweitung der Wehrpflicht, die gewaltsam niedergeschlagen wurden.[32]

Nikolaus' umstrittene Entscheidung, den Oberbefehl über die russischen Armeen an sich zu reißen, verschlechterte die Lage im Innern weiter. Denn während er fern der Hauptstadt an der Front weilte, entstand in der Bevölkerung der Eindruck, die Regierungsgeschäfte würden nun von seiner unbeliebten Frau, der in Deutschland geborenen Zarin Alexandra Fjodorowna, und ihren Vertrauten, insbesondere dem undurchsichtigen sibirischen Mönch Grigori Rasputin geführt. Rasputins brutale Ermordung durch zwei russische Adlige und einen rechtsgerichteten Duma-Abgeordneten am 30. Dezember 1916 war ein Beleg dafür, dass der Zar und sein Führungszirkel selbst in den höheren Kreisen der russischen Gesellschaft an Rückhalt verloren hatten.[33]

Unter dem Oberbefehl des Zaren verbesserte sich die militärische Situation indes nicht. Zwar fügte die Brussilow-Offensive von 1916 der schlecht vorbereiteten k.u.k. Armee in Galizien hohe Verluste zu und zwang die Deutschen, zur Stabilisierung der Ostfront größere Verbände aus Verdun abzuziehen, doch diese Erfolge waren teuer erkauft: Fast eine Million russische Soldaten kamen bei der Offensive gegen die Mittelmächte ums Leben oder wurden verwundet, so dass sich die russischen Weltkriegsverluste Anfang 1917 auf rund 2,7 Millionen Soldaten beliefen. Darüber hinaus befanden sich bereits zwischen vier und fünf Millionen russische Soldaten in Kriegsgefangenschaft.[34] In den Kasernen, wo die häufig unter massivem Druck zum Kriegsdienst gezwungenen rund 2,3 Millionen neuen Rekruten auf desillusionierte und zunehmend politisierte Soldaten trafen, erzeugten der hohe Blutzoll und das nicht absehbare Ende des Krieges eine explosive Stimmung. Insbesondere die Garnisonen rund um Petrograd (wie St. Petersburg seit September 1914 mit patriotisch russifiziertem Namen hieß) sollten sich in den nächsten Monaten zu Brennpunkten revolutionärer Aktivität entwickeln.[35]

Die militärischen Misserfolge und die sich ausbreitende Kriegsmüdigkeit verschärften die ohnehin angespannte innenpolitische Situation ohne Zweifel noch, doch den Ausschlag für den Ausbruch der Revolution von 1917 gab die wirtschaftliche Lage. Russland stand vor dem Ersten Weltkrieg in dem Ruf, der bedeutendste Getreideexporteur Europas zu sein, doch in Wahrheit war es ein Land mit erstaunlich geringer landwirtschaftlicher Produktivität. Mit Kriegsausbruch erhöhte sich die Gefahr einer Hungersnot, da der Landwirtschaft Arbeitskräfte und Vieh entzogen wurden. 18 Millionen russische Männer, von denen die meisten Bauern waren, wurden einberufen, zwei Millionen Pferde eingezogen. Je länger der Krieg dauerte, desto schlechter gestaltete sich die Ernährungslage. Von 1916 an litten die Einwohner der größeren russischen Städte Hunger, ja waren nicht selten vom Hungertod bedroht.[36] Ein Bericht der zaristischen Geheimpolizei »Ochranka« warnte Ende 1916, dass die Heimatfront zusammenzubrechen drohe. Die drastische Kürzung der Lebensmittelzuteilungen könne eine Hungerrevolte und die »wildesten Exzesse« auslösen. Es bestehe die akute Gefahr einer Revolution.[37]

Je länger der Krieg sich hinzog, desto teurer und spärlicher wurden die Nahrungsmittel.[38] Die Hungerkrise wurde dann tatsächlich zum Auslöser jener Revolution, die den Zaren und sein Regime im Februar 1917 hinwegfegte. Der Funke, der das Pulverfass zur Explosion brachte, waren durch Brotknappheit verursachte Unruhen in der russischen Hauptstadt, die mit Streiks und Aussperrungen in den Putilow-Rüstungsbetrieben zusammenfielen.

Petrograd, damals die fünftgrößte Stadt Europas, stellte eine ideale Brutstätte für revolutionäre Bewegungen dar. Siebzig Prozent der dortigen Arbeiter waren in großen Fabriken beschäftigt. Der Lohn war erbärmlich und ebenso die Lebensverhältnisse. Etwa die Hälfte der Unterkünfte hatte weder fließendes Wasser noch Kanalisation. Der Kontrast zwischen den Fabrikarbeitersiedlungen im Wyborger Distrikt und dem prachtvollen Newski-Prospekt mit dem Zarenpalast auf der gegenüberliegenden Newaseite hätte kaum größer sein können. Am Morgen des 8. März 1917 (nach dem damals in Russland geltenden julianischen Kalender der 23. Februar; erst im folgenden Jahr sollten die Bolschewiki die gregorianische Zeitrechnung einführen) legten mehr als 7000 Frauen in den Textilfabriken des Wyborger Distrikts die Arbeit nieder, um gegen die viel zu knappen Lebensmittelzuteilungen zu protestieren. Die permanent steigenden Preise hatten ihre Lage schier ausweglos gemacht: Sie froren, sie waren hungrig – und sie waren verzweifelt. Schon in den ersten beiden Monaten des Jahres hatte die Krise zu einer Welle von Streiks und Demonstrationen im ganzen Reich geführt. Als die Streikenden nun durch Petrograd marschierten, strömten immer mehr Arbeiter aus den umliegenden Fabriken herbei und schlossen sich den Frauen an. Gegen Mittag waren es mehr als 50 000, und bis zum Abend zogen zwischen 80 000 und 120 000 Menschen durch die Straßen.[39]

Zunächst zeigten sich die Verantwortlichen wenig besorgt und hielten es nicht einmal für nötig, den im militärischen Hauptquartier in Mogilew weilenden Zaren zu unterrichten. Doch am nächsten Morgen hatte sich die Zahl der Protestierenden, die durch Petrograds wohlhabende Innenstadtbezirke marschierten, verdoppelt, und sie stieg weiter an. Am Samstag, dem 10. März, gingen rund 300 000 Arbeiter auf die Straße.[40] Und was noch schlimmer war: Die Demonstranten, die sich aus Protest gegen die Mangelversorgung zusammenfanden, erhoben zunehmend auch politische Forderungen. Das Volk verlangte nach Demokratie, forderte das Ende des Krieges und geißelte die Inkompetenz des Zarenregimes, ja sogar des Herrschers selbst.[41]

An jenem Samstagabend erfuhr endlich auch der Zar von den Unruhen in der Hauptstadt. Ohne jedes Verständnis für seine verzweifelten Untertanen, die nach Brot und Frieden riefen, befahl er dem Kommandanten des Petrograder Militärdistrikts, die Proteste unverzüglich zu beenden, wenn nötig mit Gewalt. An Truppen, die diesen Befehl ausführen konnten, mangelte es nicht, schließlich war Petrograd ein bedeutender Militärstützpunkt mit über 300 000 Soldaten, die in der Stadt und den umliegenden Kasernen stationiert waren.[42]

Am Morgen des 11. März führten regierungstreue Truppen den Befehl des Zaren aus und eröffneten das Feuer auf die protestierende Menge, wobei Dutzende von Demonstranten erschossen wurden. Dies sollte sich als fataler Fehler erweisen, denn im Laufe des Tages widersetzten sich immer mehr Soldaten anderer Einheiten dem Befehl, auf unbewaffnete Demonstranten zu schießen, und kündigten damit dem Regime die Treue auf.[43] Am folgenden Tag zogen bereits aufständische Soldaten und Arbeiter gemeinsam zu den städtischen Gefängnissen und befreiten die Insassen, stürmten Polizeistationen und das Innenministerium und besetzten das Hauptquartier der Ochranka. Als der befehlshabende General Chabalow dem Zaren schließlich offenbarte, dass die Lage in Petrograd außer Kontrolle sei, erwog der Herrscher die Entsendung loyaler Truppen in die Hauptstadt.[44] Aber dafür war es längst zu spät. Während in Petrograd die Minister des Zaren bereits ihre Ämter niederlegten und schleunigst die Flucht ergriffen, ließ sich Nikolaus II. in Mogilew nur mit Mühe überreden, zugunsten seines Bruders, des Großfürsten Michail Alexandrowitsch, abzudanken. Doch dieser wies den vergifteten Kelch aus Angst um sein Leben zurück und machte damit den Weg frei für die Demokratisierung Russlands.[45]

Die Abdankung des Zaren besiegelte das Ende der Romanow-Dynastie und der tausendjährigen monarchistischen Herrschaft in Russland. Die Schockwellen dieses Regimewechsels waren auch jenseits der russischen Grenzen deutlich spürbar. Mit der Februarrevolution erfasste eine kaum zu überschätzende Dynamik das kriegsgebeutelte Europa. Ein Land nach dem anderen sollte am Ende vor der grundlegenden Frage nach der Art seiner zukünftigen politischer Legitimation stehen. 1917 war noch nicht abzusehen, in welche Richtung sich die russische Revolution entwickeln würde, aber eines stand fest: Erstmals nach 1789 war ein bedeutendes autoritäres Regime in Europa durch eine Revolution gestürzt worden.

Während in Petrograd, Moskau und anderen Städten im Reich unter dem Jubel der begeisterten Massen die alte Ordnung zusammenbrach, bildeten Duma-Mitglieder ein Gremium, das als »Provisorische Regierung« in die Geschichte eingehen sollte. An seiner Spitze stand als Ministerpräsident der liberale Fürst Georgi Jewgenjewitsch Lwow. Andere bedeutende Mitglieder dieser Exekutive waren der Duma-Präsident Michail Rodsjanko, der Historiker und Führer der konstitutionellen Demokraten (»Kadetten«) Pawel Miljukow sowie der sozialistische Anwalt Alexander Kerenski als stellvertretender Vorsitzender.[46] Gleichzeitig formierten sich mit den örtlichen Sowjets »Volksvertretungen«, die nach dem Vorbild der Revolution von 1905 geschaffen worden waren, um den Massen auf der Straße eine Stimme zu geben. Diese Sowjets bildeten eine starke politische Gegenkraft.[47] Im wichtigsten, dem Petrograder Sowjet, waren bereits mehr Soldaten als Arbeiter vertreten und das Exekutivkomitee vor allem mit sozialistischen Intellektuellen besetzt, meist Menschewiki, Bolschewiki und Sozialrevolutionäre (SR). Mit der Etablierung der Sowjets begann eine als *dwoewlastije* (Doppelherrschaft) bezeichnete Periode, eine Übergangsphase, die mit der demokratischen Wahl einer verfassunggebenden Versammlung enden sollte. Vorerst gingen die Provisorische Regierung und der Petrograder Sowjet eine informelle Zusammenarbeit ein, die äußerst spannungsreich war, da beide Seiten vom Wesen und den Endzielen der Revolution völlig unterschiedliche Vorstellungen hatten.[48]

Um sich die Unterstützung der Sowjets zu sichern, musste die Provisorische Regierung acht Bedingungen akzeptieren, darunter die Amnestie aller politischen Gefangenen, Meinungs-, Presse- und Versammlungsfreiheit sowie die Abschaffung jeglicher Diskriminierung aufgrund von Klasse, Religion und Nationalität. Nicht ganz ohne Berechtigung bezeichnete Lenin Russland damals als »das freieste Land der Welt«.[49] Darüber hinaus erklärte sich die Provisorische Regierung zur umgehenden Abschaffung der Ochranka und des Gendarmeriekorps bereit sowie zur Auflösung der zaristischen Provinzbehörden. Diese beide Schritte sollten schwerwiegende Folgen haben, denn ohne neue Ordnungskräfte, die an die Stelle der alten traten, fehlte der Provisorischen Regierung das entscheidene Machtinstrument – nämlich Institutionen zur Durchsetzung des staatlichen Gewaltmonopols –, um das Land überhaupt regieren oder wenigstens befrieden zu können, und dies just zu einem Zeitpunkt, da es immer tiefer im Chaos versank.[50]

Dass sie das staatliche Gewaltmonopol nicht ausüben konnte und mit einem rivalisierenden Machtzentrum koexistieren musste, machte der Provisorischen Regierung das Leben schon schwer genug. Doch es gab noch mehr Probleme. Dass sie dem Druck aus London und Paris nachgab und gegenüber den Alliierten versicherte, das Land werde auch weiterhin seinen militärischen Verpflichtungen nachkommen, bedeutete zwangsläufig eine Fortsetzung des verhassten Krieges. Die Revolution aber hatte die Hoffnung auf einen raschen Frieden und eine Bodenreform geschürt – Hoffnungen, die vorerst nicht zu erfüllen waren. Die Enttäuschung, die dies in weiten Teilen der russischen Gesellschaft auslöste, erschütterte die Glaubwürdigkeit und Autorität der neuen politischen Akteure so sehr, dass sie im Grunde auf verlorenen Posten standen. Mit der Ankündigung, den Krieg fortzusetzen, verlor die Provisorische Regierung die Unterstützung der Soldaten, während die Landbevölkerung ihr das Aufschieben der versprochenen Bodenreform bis nach dem Krieg nicht verzieh.[51]

Bei seiner Rückkehr nach Russland Anfang April profitierte Lenin davon, dass der Machtwechsel bereits erfolgt und die Übergangsregierung nicht in der Lage war, die in sie gesetzten Hoffnungen und Erwartungen zu erfüllen. Das war seine Chance. Während sich die Provisorische Regierung zur Fortführung der russischen Kriegsanstrengungen entschloss, brandmarkte er den Krieg bereits in der ersten seiner berühmten »Aprilthesen« als einen »unbedingten imperialistischen Raubkrieg«, der so rasch wie möglich beendet werden müsse.[52]

Im Gegensatz zu Lenin hoffte der frisch ernannte Kriegsminister Alexander Kerenski, die revolutionäre Energie auf die Streitkräfte lenken zu können, und ordnete im Sommer 1917 eine neue Offensive an.

Vom 1. Juli 1917 an attackierte die russische Armee die österreichisch-ungarischen und deutschen Truppen in Galizien und stieß in Richtung Lemberg vor. Wie schon im Vorjahr bei der Brussilow-Offensive verfolgte man eine doppelte Zielsetzung: die Einnahme Lembergs und das Ausscheiden Österreich-Ungarns aus dem Krieg. Ein massiver Artilleriebeschuss und anschließende Infanterieattacken mit einer großen Zahl von Sturmtruppen bescherten den Russen anfänglich Erfolge. Doch die hartnäckige Gegenwehr vor allem der deutschen Streitkräfte verhinderte den entscheidenden Durchbruch und fügte den angreifenden Russen schließlich schwere Verluste zu.[53]

Die erschreckend hohen Gefallenenzahlen ließen den Kampfgeist der Soldaten rasch erlahmen. Nachdem die ersten gegnerischen Verteidigungslinien unter hohen Verlusten überrannt worden waren, weigerten sich die Infanteristen der 7. und 11. Armee, weiter vorzurücken. Rasch einberufene Soldatenräte diskutierten, was als Nächstes zu tun sei. Es wurde kein Befehl mehr ausgeführt, der nicht zuvor im Divisionskomitee debattiert worden war. Die Weigerung der Soldaten, Befehle strikt zu befolgen, schlechtes Wetter und Versorgungsengpässe brachten die Offensive bald zum Erliegen.[54] Als deutsche und k.u.k. Truppen Mitte Juli zum Gegenangriff übergingen, brach der russische Vorstoß in sich zusammen. Ohne auf nennenswerten Widerstand zu treffen, marschierten die Armeen der Mittelmächte durch Galizien, die Ukraine und das Baltikum. Innerhalb weniger Tage zogen sich die russischen Armeen fast 240 Kilometer zurück. Im August kapitulierte mit Riga die zweitgrößte Hafenstadt des Reiches vor den deutschen Streitkräften.[55] Je weiter die Mittelmächte vorstießen, desto schneller zerfiel die russische Armee. Komplette Einheiten verschwanden, bekämpften sich gegenseitig, plünderten Städte, brannten Gutshäuser nieder oder lösten sich auf, weil die Männer einfach nach Hause gingen. Bis Ende 1917 desertierten etwa 370 000 Soldaten.[56]

Noch größere Sorgen als die Deserteure bereiteten der Provisorischen Regierung die mehr als eine Million Soldaten in den Garnisonen des Hinterlands. Seit dem Frühjahr weigerten sich diese zunehmend, an die Front geschickt zu werden. Militärstandorte in großen Städten stellten daher signifikante politische Machtfaktoren dar. Immer mehr

Nach einem gescheiterten Putsch gegen die Provisorische Regierung im Sommer 1918 floh Lenin aus St. Petersburg und überquerte mit diesem gefälschten Pass die Grenze nach Finnland.

Soldaten schlugen sich auf die Seite der Sowjets, zunehmend auch der Bolschewiki oder der linksgerichteten Sozialrevolutionäre, und versagten den örtlichen Vertretern der Regierung die Unterstützung. Den Ton gab in der Regel die Petrograder Garnison vor, die sich als rechtmäßige Hüterin der Revolution betrachtete und sich nur mit Mühe überreden ließ, überhaupt Truppen an die Front zu entsenden.[57]

Die militärischen Misserfolge hatten somit nicht nur den Zerfall der Streitkräfte selbst zur Folge, sondern beförderten auch die Bemühungen jener innenpolitischen Kräfte, die die Provisorische Regierung stürzen wollten. Mitte Juli unternahmen Mitglieder der bolschewistischen Roten Garden, Soldaten der Petrograder Garnison und Matrosen vom Marinestützpunkt auf der vorgelagerten Insel Kronstadt einen Putschversuch. Bis es den Regierungstruppen endlich gelang, den Tagungsort des Petrograder Sowjets, das Taurische Palais, zu stürmen, hatten die Kämpfe zwischen Regierungstreuen und Bolschewiki bereits rund 400 Opfer gefordert. Noch einmal hatte die Staatsmacht die

Oberhand behalten, noch einmal gingen Lenin und sein enger Vertrauter Grigori Sinowjew vorübergehend ins Exil nach Finnland, aber nur wenige Monate später waren die Bolschewiki in der Lage, einen zweiten, nun erfolgreichen Staatsstreich zu unternehmen.[58]

Die Aussichten der Sowjets sollten sich in diesen wenigen Monaten erheblich verbessern: Kerenski, der nach dem fehlgeschlagenen Juliputsch der Bolschewiki Ministerpräsident geworden war, büßte nach dem desaströsen Scheitern der Sommeroffensive jeglichen Rückhalt bei den Militärs ein. Sechs Tage nach der Einnahme Rigas durch deutsche Truppen entschloss sich der Oberbefehlshaber der Armee, General Lawr Kornilow, zu einem Umsturzversuch, der allerdings an der bewaffneten Gegenwehr der Petrograder und Moskauer Sowjets sowie am passiven Widerstand von Eisenbahnarbeitern und Telegraphisten scheiterte. Kornilow und einige andere Generäle wurden festgenommen.[59] Die großen Nutznießer waren die Bolschewiki. Kerenski hatte ihre Hilfe in Anspruch genommen, um die Revolution vor Kornilow zu »retten«: Nun befreite er ihre inhaftierten Anführer (Lenin selbst blieb vorerst allerdings in Finnland) und ließ eine große Menge Waffen an die Arbeiter in der Hauptstadt verteilen. Damit stärkte er die Bolschewiki, während ihm die Unterstützung der Konservativen und Liberalen wegbrach, ebenso der militärischen Führung und sogar eines Großteils der gemäßigten Linken.[60]

Lenins Partei war somit der unverhoffte Gewinner der Kornilow-Affäre, und sie profitierte darüber hinaus davon, dass ein besonders begnadeter Organisator aus dem amerikanischen Exil zurückkehrte – Leo Trotzki. Lew Bronstein alias Trotzki entstammte einer vergleichsweise wohlhabenden jüdischen Bauernfamilie aus Jankowa und hatte wie Lenin mehrere Jahre im Exil verbracht – zunächst in Sibirien, wo er den Namen eines Wärters annahm, mit dessen gestohlenem Pass ihm 1902 die Flucht gelang, später im Ausland. In New York gab der einstmals linke Menschewik Trotzki mit dem zukünftigen Generalsekretär des Komintern-Exekutivkomitees Nikolai Bucharin eine Emigrantenzeitung heraus. Als er sich zunehmend dem Bolschewismus zuwandte, wurde Lenin auf ihn aufmerksam, der die intellektuelle Fähigkeit und das außergewöhnliche Organisationstalent Trotzkis bald zu schätzen lernte – und ebenso dessen rücksichtslosen Ehrgeiz und die Bereitschaft, mit äußerster Brutalität gegen die Feinde des Bolschewismus vorzugehen. Trotzkis seit 1905 entwickelte Theorie der »permanenten Revolution« hat Lenin überdies in dem Glauben bestärkt, dass die Revolution selbst in einem relativ rückschrittlichen Land wie Russland gelingen und dann von dort »exportiert« werden könne.

Nach seiner Rückkehr aus dem Exil trug Trotzki entscheidend zum Aufbau einer bolschewistischen Kampftruppe bei: der Roten Garden. Er und seine Roten Garden sollten beim Staatsstreich am 25. und 26. Oktober (im westlichen gregorianischen Kalender der 7. und 8. November) eine Schlüsselrolle spielen.[61] Doch noch war es nicht so weit. Lenin hielt sich nach wie vor in Finnland auf und verfasste dort seine programmatische Schrift *Staat und Revolution* (1917), in der er die Kompromissbereitschaft der russischen Sozialdemokraten und Menschewiki scharf attackierte. Er verlangte die Zerschlagung des Staates durch eine revolutionäre »Vorhut« zur Realisierung der Marx'schen Diktatur des Proletariats, die letztlich in eine klassenlose Gesellschaft münden sollte.[62]

In Petrograd gelang es Kerenski unterdessen nicht, die Stimmung im Land zu beruhigen, wenngleich Ende August endlich die lange versprochenen (doch wiederholt verschobenen) Wahlen zur verfassunggebenden Versammlung für den 25. November angekündigt wurden. Aber als der Herbst ins Land zog, wurde die Lage noch instabiler: Die Zentralregierung, die ihr Gewaltmonopol auf dem ausgedehnten Staatsgebiet längst eingebüßt hatte, sah sich nun auch noch mit Autonomieforderungen aus den westlichen Grenzgebieten des einstigen Großreiches sowie aus Zentralasien konfrontiert.[63] Auf dem Lande nahmen die Kleinbauern, die nicht länger auf die Klärung der Bodenfrage durch die konstituierende Versammlung warten wollten, das Heft des Handelns in die eigene Hand, indem sie Gutshöfe besetzten.[64] Zum massivsten Ausbruch bäuerlicher Gewalt kam es in der traditionell unsteten Wolgaregion, vor allem in den Provinzen Saratow, Samara, Pensa und Simbirsk.[65]

Verglichen mit dem gewaltsamen Vorgehen der aufständischen Bauern auf dem Lande verlief die Machtergreifung der Bolschewiki, die Oktoberrevolution, beinahe unblutig. Anders als es in Sergei Eisensteins berühmtem Propagandafilm *Oktober* (1928) dargestellt wird, wurden die Bolschewiki keineswegs von den revolutionären Volksmassen an die Macht gehievt. In Wahrheit stürzten sie die Provisorische Regierung mit einem kleinen, wenn auch gewagten chirurgischen Coup: Militante Bolschewiki brachten lediglich die Petrograder Garnison unter ihre Kontrolle und besetzten einige strategisch bedeutende Punkte in der Hauptstadt, darunter das Elektrizitätswerk, die Hauptpost, die Staatsbank, das zentrale Telegraphenamt sowie die wichtigen Brücken und Bahnhöfe – eine revolutionäre Taktik, die bald in den Verliererstaaten Europas an vielen Orten zum Einsatz kommen sollte. Während die Matrosen des Panzerkreuzers *Aurora* probolschewistischen Truppen mit den Schiffskanonen Feuerschutz gaben, besetzten diese den Winterpalast – den Sitz der völlig isolierten Provisorischen Regierung. Kerenski gelang – als Matrose verkleidet – die Flucht in die amerikanische Botschaft, von wo er sein Heimatland schließlich für immer verließ.[66]

Am folgenden Morgen, dem 26. Oktober (8. November), veröffentlichte Lenin seinen berühmten Aufruf »An die Bürger Russlands«:

> Die Provisorische Regierung ist gestürzt. Die staatliche Gewalt ist in die Hände des Organs des Petrograder Sowjets übergegangen ... Die Sache, für die das Volk gekämpft hat: unverzüglicher Abschluss eines demokratischen Friedens, Abschaffung des Eigentumsrechts der Gutsbesitzer am Lande, Arbeiterkontrolle über die Produktion, Schaffung einer Sowjetregierung – dies alles ist gesichert. Es lebe die Revolution der Arbeiter, Soldaten und Bauern![67]

Verglichen mit den Gewaltexzessen des Bürgerkriegs, der noch folgen sollte, war dies eine beinahe friedliche Revolution. Der Sturm auf den Winterpalast hatte sechs Menschen das Leben gekostet – die einzigen Todesopfer der Oktoberrevolution in der Hauptstadt Petrograd. In Moskau leisteten Offizierskadetten den Bolschewiki noch eine ganze

Woche lang Widerstand, doch auch hier verlief die eigentliche Machtübernahme fast gewaltfrei.[68] Das war ein bemerkenswerter Erfolg, doch Lenin wusste nur zu gut, wie unsicher die damit errungene Machtposition noch war. Er stand mit seinen Bolschewiki vor der Herausforderung, seine Herrschaft über das gesamte ehemalige Reich auszuweiten und zu festigen, was in Anbetracht der riesigen Landmasse und der vielen dort lebenden Völker keine leichte Aufgabe darstellte, auch wenn die Anhängerschaft der Bolschewiki – die es zu diesem Zeitpunkt gerade einmal auf rund 15 000 feste Parteimitglieder brachten – rasant zunahm.

Lenin erkaufte seiner Partei etwas Zeit, indem er die allgemeinen Wahlen zur verfassunggebenden Versammlung wie geplant im November abhalten ließ. Doch die brachten ein für ihn enttäuschendes Ergebnis: Die gemäßigtere Partei der Sozialrevolutionäre ging mit 41 Prozent der Stimmen als Gewinner aus den Wahlen hervor, während die Bolschewiki es nur auf 23,5 Prozent brachten. Als die Versammlung am 5. (18.) Januar 1918 erstmals zusammentrat, wurde sie von Lenin schon nach wenigen Stunden für immer aufgelöst.[69] Um die Bürger über das jähe Ende der kurzlebigen russischen Demokratie hinwegzutrösten, bekräftigte er einige seiner populärsten Versprechen: sofortiger Frieden, völlige Demokratie in der Armee, Selbstbestimmungsrecht aller Völker und Nationalitäten, Kontrolle der Fabriken durch die Arbeiter sowie Überführung des gesamten bisher von Adel, Bürgertum, Kirche und Regierung gehaltenen Grundbesitzes in die Hände des »Volkes«. Kaum hatten Sozialrevolutionäre und Menschewiki aus Protest gegen den bolschewistischen Handstreich die Versammlung verlassen, wurde Lenins Manifest vom Zweiten Allrussischen Sowjetkongress in Petrograd angenommen.[70]

Zunächst erarbeitete die bolschewistische Regierung in Windeseile Gesetze, mit deren Hilfe ihre Versprechen in die Tat umgesetzt werden sollten, vor allem die Grund- und Bodenreform. Das am 8. November 1917 vom Kongress verabschiedete »Dekret über den Boden« stellte dabei einen ersten entscheidenden Schritt dar: Die enteigneten Landbesitzer erhielten keinerlei Entschädigung, es sei denn, es handelte sich um Kleinbauern, die ihren Boden selbst bewirtschafteten.[71] Das »Dekret über den Boden« wiegelte die Bauern nicht auf und zwang sie nicht zur Besetzung der Landgüter, sondern sanktionierte und beförderte vielmehr eine Entwicklung, die längst in vollem Gange war. Bis zum Februar 1918 waren bereits rund 75 Prozent aller Gutshöfe in Russland konfisziert.[72] Diese Maßnahmen trafen nicht nur adlige Grundbesitzer, sondern auch »wohlhabende« Bauern, deren Besitz ebenfalls umverteilt wurde.[73] Die Bolschewiki verstaatlichten zudem die Ländereien der orthodoxen Kirche, darunter über tausend Klöster. Zwischen Mitte November 1917 und Anfang März 1918 erließ Lenin rund dreißig weitere Dekrete zur Nationalisierung von Privatunternehmen, Banken und Fabriken.[74] Ein Versprechen schien damit erfüllt.

Lenins zweites und ebenso populäres Versprechen betraf die Beendigung des Krieges. Als er es gab, wusste er bereits um die Unvermeidbarkeit der russischen Niederlage, doch pragmatisch und berechnend, wie er war, sah er darin auch eine große Chance: Letztlich hatten die militärischen Misserfolge der Provisorischen Regierung den Aufstieg der Bolschewiki an die Macht entscheidend befördert, und nun bot ihm der komplette Rückzug aus dem Krieg die Chance, die bolschewistische Revolution zu retten. Russlands Ausscheiden aus dem Konflikt würde es ihm erlauben, sich voll und ganz seinen zahlreichen internen Gegnern zu widmen. Nicht zuletzt spekulierte er darauf, dass infolge von Kriegsmüdigkeit und materieller Not auch in anderen Kombattantenstaaten Mittel- und Westeuropas in Kürze Revolutionen ausbrechen und den europaweiten, wenn nicht gar weltweiten Sieg des Bolschewismus einläuten würden.

Am 15. Dezember 1917 unterzeichneten Lenins Unterhändler einen Waffenstillstand mit den Mittelmächten, der von deutschen wie russischen Soldaten freudig begrüßt wurde.

Brest-Litowsk

Nur wenige Tage nach Inkrafttreten des Waffenstillstands zwischen Russland und den Mittelmächten begann in der Festungsstadt Brest-Litowsk, dem damaligen Hauptquartier der deutschen Streitkräfte an der Ostfront, eine Friedenskonferenz. Die Bolschewiki hatten darauf gedrungen, dass die Friedensverhandlungen öffentlich stattfanden – aus deutscher Sicht eine unerhörte Maßnahme, dazu gedacht, die bolschewistische Propaganda zu verbreiten und zugleich den deutschen Imperialismus bloßzustellen.[75]

Auch die Zusammensetzung der Verhandlungspartner war neu, prallten hier doch erstmals Vertreter der alten imperialen Kräfte auf die eines jungen, revolutionären Staates. Die vierzehn Delegierten der Mittelmächte (fünf Deutsche, vier aus der Donaumonarchie, drei des Osmanischen Reiches sowie zwei Bulgaren) waren Repräsentanten von Glanz und Gloria des Ancien Régime, etwa der dünnhäutige k.u.k. Außenministers Ottokar Graf Czernin, der sich wiederholt über die schlechten Tischmanieren der Bolschewiki beschwerte, oder Vertreter der neuen Kräfte des extremen Nationalismus wie Talat Pascha, eine Schlüsselfigur des armenischen Genozids. Die bolschewistische Gesandtschaft – zunächst angeführt von Adolf Joffe, dann von Leo Trotzki, dem neu ernannten Volkskommissar des Auswärtigen – machte der Gegenseite von Anfang an unmissverständlich deutlich, wen sie vertrat: jene, denen die Bolschewiki die Macht verdankten. Trotzkis Delegation bestand aus 28 leger gekleideten Vertretern, darunter Arbeiter, Soldaten, Matrosen, Frauen und ein Bauer. Die Deutschen und ihre Verbündeten hatten so etwas noch nie gesehen – jedenfalls nicht im Rahmen formeller diplomatischer Unterredungen.[76]

Die deutsche Delegation, angeführt vom Staatssekretär des Auswärtigen Amtes, Richard von Kühlmann, war bestrebt, einerseits den Krieg an der Ostfront so schnell wie möglich zu beenden und andererseits in Ostmitteleuropa eine Art informelles Imperium zu errichten – eine Reihe von unabhängigen Nationalstaaten an Russlands Westgrenze, deren Geschicke von Deutschland kontrolliert werden konnten. In Berlin und Wien war man insbesondere an einer unab-

Deutsche und russische Soldaten feiern den Waffenstillstand zwischen ihren Ländern – ein friedlicher Moment, der in scharfem Kontrast zur allgemeinen Stimmung während des Krieges und der nachfolgenden Auseinandersetzungen stand.

hängigen Ukraine interessiert, was die umfassenden Getreide- und Erzlieferungen für weitere Kriegsanstrengungen der Mittelmächte an den anderen Fronten sicherte.[77] Es kam zum Eklat, als General Max Hoffmann, der Chef des Generalstabs an der Ostfront, den russischen Delegierten offenbarte, dass die Deutschen die nationale Selbstbestimmung Polens, Litauens und Kurlands billigen würden, wobei klar war, dass es sich um eine Unabhängigkeit von Berlins Gnaden handeln würde. Trotzki echauffierte sich – zu Recht – derart über den kaum verhohlenen deutschen Imperialismus, dass er mit dem Abbruch der Verhandlungen drohte. Diese wurden zunächst unterbrochen und erst zehn Tage später, nachdem die russische Delegation mit der Regierung in Petrograd Rücksprache gehalten hatte, fortgesetzt.[78]

Über das weitere Vorgehen war man sich in Petrograd durchaus nicht einig. Lenin beurteilte die Lage pragmatisch und befürwortete einen Frieden um jeden Preis mit dem Ziel, die Macht der Bolschewiki im Land zu konsolidieren und die Errungenschaften der russischen Revolution innenpolitisch abzusichern. Trotzki und andere im bolschewistischen Führungszirkel waren dagegen überzeugt, dass es nur eine Frage von Wochen sei, bis sich die Massen auch in anderen Teilen Europas erheben würden, weshalb es nun gelte, die Verhandlungen mit den Mittelmächten in die Länge zu ziehen. Zurück in Brest-Litowsk spielte Trotzki daher auf Zeit. Seine leidenschaftlichen Reden gegen die Annexionspläne der Mittelmächte – gespickt mit Appellen an das deutsche Volk und Hinweisen auf dessen Wunsch nach Frieden – schienen Wirkung zu zeigen: Am 14. Januar riefen die österreichischen Sozialdemokraten zu Großdemonstrationen und Streiks auf, die sich bis nach Budapest und Berlin ausbreiteten, wo über 500 000 Beschäftigte die Arbeit niederlegten.[79]

Während die massiven Januarstreiks in Berlin, Wien und anderswo Trotzki in seiner Ansicht bestärkten, die bolschewistische Revolution werde auf den Westen übergreifen, verloren Kühlmann und seine Gesandtschaftskollegen allmählich die Geduld. Am 9. Februar schlossen sie einen separaten Vertrag mit der Ukraine. Im Rahmen dieses sogenannten Brotfriedens verpflichtete sich die Ukraine gegenüber Deutschland und Österreich-Ungarn zur Lieferung von jährlich einer Million Tonnen Brot im Austausch für die Anerkennung der Ukrainischen Volksrepublik (UNR), die kurz zuvor ihre Unabhängigkeit von Russland erklärt hatte.[80]

Als er vom Abschluss dieses Sonderfriedens unterrichtet wurde, stürmte Trotzki aufgebracht aus dem Tagungsraum und brach die Gespräche ab. Die Mittelmächte reagierten prompt mit der Wiederaufnahme der Kriegshandlungen. Vom 18. Februar an rückte eine Million Soldaten deutscher und österreichisch-ungarischer Verbände gen Osten vor. Da sie die Schienenwege nutzten und auf keinen nennenswerten Widerstand der russischen Armee stießen, eroberten sie binnen kurzer Zeit weite Landstriche mit wichtigen Stützpunkten, darunter die strategisch wichtigen Städte Dorpat (Tartu), Reval (Tallinn) und Narva. Die verbliebenen Landesteile Lettlands, Livlands, Estlands und Weißrusslands wurden ebenso überrannt wie die Ukraine, deren Hauptstadt Kiew am 1. März in deutsche Hände fiel.[81]

Nach der erfolgreichen Offensive trafen in Petrograd neue, ultimativ vorgetragene Forderungen der Mittelmächte ein. Kurz nach der Kapitulation von Kiew unterzeichneten die Bolschewiki schließlich den Vertrag von Brest-Litowsk, nachdem Lenin für den Fall, dass die Regierung einen Frieden um jeden Preis ablehne, mit seinem Rücktritt als Parteivorsitzender und Vorsitzender im Rat der Volkskommissare gedroht hatte. Der Vertrag brachte Deutschland seinem Kriegsziel, zur Hegemoniemacht Europas aufzusteigen, so nahe wie noch nie seit 1914. Für die Mittelmächte stellte Brest-Litowsk einen beachtlichen Triumph dar.

Wohl wissend, dass die Bolschewiki keinerlei Entschädigungszahlungen würden leisten können, hatte Berlin sich auf Gebietsabtretungen verlegt und Forderungen gestellt, die die Reparationen des Versailler Vertrags vergleichsweise milde erscheinen lassen. So verlangten die Deutschen von Petrograd, große Teile der rohstoffreichen Regionen des ehemaligen Zarenreichs in die »Unabhängigkeit« (die in vielen Fällen die massive Präsenz deutscher Truppen vorsah) zu entlassen – darunter Finnland, Russlands polnische Gebiete, Estland, Livland, Kurland, Litauen, die Ukraine und Bessarabien. Darüber hinaus forderten sie die Rückgabe der im Russisch-Osmanischen Krieg 1877/78 an Russland gefallenen Provinzen Ardahan, Kars und Batumi an das Osmanische Reich. Petrograd verlor damit die Kontrolle über nahezu alle westlichen nichtrussischen Gebiete des einstigen Romanow-Imperiums, eine Fläche von 1,6 Millionen Quadratkilometern – die doppelte Größe des Deutschen Reiches –, und ein Drittel seiner Vorkriegsbevölkerung. 73 Prozent seiner Eisenerzproduktion, sogar 89 Prozent seiner Kohlevorkommen sowie ein beträchtlicher Teil seiner Industriebetriebe fielen in die Hände der ehemaligen Gegner.[82] Russland wurde damit zum ersten Verliererstaat des Ersten Weltkriegs. Die Bolschewiki versuchten, diese Niederlage von sich fernzuhalten, indem sie nie müde wurden zu betonen, dass es das Zarenregime und die Provisorische Regierung gewesen seien, die den Krieg verloren hatten.

Die drakonischen Bedingungen des Abkommens von Brest-Litowsk lösten innerhalb der bolschewistischen Bewegung heftigen Unwillen aus, doch Lenin wusste, in welchem Maße das politische Überleben seines Regimes vom außenpolitischen Frieden abhing – einem Frieden, der ihm Zeit verschaffen würde, seine inneren Feinde zu bekämpfen und die Diktatur des Proletariats zu etablieren. Wie immer dieser Friede auch aussehen mochte, er löste mit der Unterschrift unter den Friedensvertrag von Brest-Litowsk sein Versprechen ein, den Krieg rasch zu beenden. Auf der anderen Seite würde der Vertrag die imperialistischen Kriegsziele Deutschlands radikal bloßstellen und die Freilassung unzähliger Kriegsgefangener der Mittelmächte womöglich dazu beitragen, die erhofften Revolutionen in Zentraleuropa zu beschleunigen. Lenin sollte mit den meisten seiner Annahmen recht behalten. Die Entlassung Hunderttausender Kriegsgefangener vor allem der österreichisch-ungarischen Armee führte an der Heimatfront zu einer stärkeren Radikalisierung.[83] Auf viele der heimkehrenden Soldaten hatte die bolschewistische Ideologie tatsächlich einen tiefen Eindruck gemacht. Einige dieser ehemaligen Soldaten sollten sich später zu Anführern der mittel- und südosteuropäischen Linken entwickeln, darunter der österreichische Sozialist Otto Bauer, der Ungar Béla Kun und der kroatische Oberfeldwebel Josip Broz, besser bekannt unter seinem späteren kommunistischen Kampfnamen Tito.[84]

Siegeszuversicht

Die russische Niederlage war nicht das einzige Ereignis, das die Armeeführung der Mittelmächte Ende 1917 zuversichtlich stimmte. Kurz vor Weihnachten hatten die Briten zwar das osmanische Jerusalem erobert, doch Lenins Entscheidung, den Krieg für Russland zu beenden, schien eine Wende einzuleiten: Den osmanischen Truppen war durch die Niederlage Petrograds die Wiedereinnahme ganz Ostanatoliens gelungen, und das beförderte sogar neue Pläne eines möglichen Einmarschs in den Kaukasus. »Die russische Revolution«, so war in einer türkischen Zeitung zu lesen, »hat uns vor einer unmittelbaren Gefahr bewahrt. Solange wir die Bedeutung der russischen Ereignisse für unser eigenes Land nicht vergessen und sie aufmerksam verfolgen, können wir nun tief durchatmen.«[85]

Im Dezember hatten die Vereinigten Staaten ihre Kriegserklärung an Deutschland vom April 1917 auf Österreich-Ungarn ausgeweitet, doch bis dahin waren gerade einmal 175 000 US-Soldaten in Europa gelandet – viele davon ohne jede Kampferfahrung.[86] Auch hier schienen die Mittelmächte strategisch im Vorteil – zumindest bis die alliierten Linien an der Westfront mit amerikanischen Soldaten aufgefüllt waren. Nicht zuletzt hatte das Ausscheiden Russlands ein weiteres Mitglied der Entente militärisch isoliert, das sich nun von starken deutschen, österreichisch-ungarischen und bulgarischen Streitkräften umzingelt sah: Rumänien. Am 9. Dezember 1917 stellte sich Bukarest den neuen Realitäten und unterzeichnete den drakonischen Waffenstillstand von Focşani.[87]

Das alles stimmte die Mittelmächte zuversichtlich. Wichtiger noch für diese Wahrnehmung war allerdings die Entwicklung an der Südfront im Alpenvorland entlang des Flusses Isonzo, wo sich habsburgische Truppen und ihre italienischen Gegner seit 1915 in aussichtslosen und verlustreichen Offensiven und Gegenoffensiven aufrieben.[88] Bisher war der Krieg für das Habsburgerreich, das bei der Eskalation des Konflikts in der Julikrise 1914 eine Schlüsselrolle gespielt hatte, nicht allzu gut verlaufen. Immer wieder hatte Wien an diversen Fronten katastrophale Rückschläge hinnehmen müssen: So war die k.u.k. Armee gleich zu Beginn des Krieges bei dem Versuch, in das kleine Serbien einzumarschieren, empfindlich und blamabel zurückgeschlagen worden und erst 1916 mit erheblicher deutscher und bulgarischer Unterstützung in der Lage gewesen, Belgrad zu besiegen. Und der russischen Zarenarmee war es zweimal gelungen, ins österreichisch-ungarische Galizien einzurücken, einmal gleich in der Anfangsphase des Konflikts und ein zweites Mal im Verlauf der desaströsen Brussilow-Offensive von 1916.[89]

Aber im Oktober 1917, in der zwölften Isonzoschlacht – nach der nahegelegenen Stadt auch »Schlacht von Caporetto« genannt –, glückte den Habsburgertruppen gegen die Italiener ein überraschend deutlicher Sieg. Die Angreifer – unterstützt von sechs deutschen Divisionen, darunter eine Kompanie unter dem Befehl eines talentierten jungen Offiziers namens Erwin Rommel – profitierten vom dichten Nebel und konnten den Gegner völlig überrumpeln. Unter heftigem Artilleriefeuer überrannten die vereinten Streitkräfte die Linien der italienischen 2. Armee, und ihre Stoßtrupps drangen bis zum Tagesende beachtliche 25 Kilometer auf feindliches Gebiet vor. Für die Italiener, die sich nach diesem Ansturm bis auf 30 Kilometer vor Venedig zurückzogen, war die Offensive eine vernichtende Niederlage: 30 000 italienische Soldaten wurden getötet oder verwundet, 256 000 gerieten in Gefangenschaft. Der italienische Stabschef Marschall Luigi Cadorna musste nach diesem Debakel den Dienst quittieren und Ministerpräsident Paolo Boselli zurücktreten. Auch wenn die Niederlage von Caporetto nicht zum völligen Zusammenbruch der italienischen Armee geführt hatte, schien es im November 1917 doch, als könne Rom bestenfalls auf einen ehrenvollen Frieden ohne Gebietsverluste hoffen.[90]

Am 11. November 1917 blickte Deutschlands oberster Militärstratege, Generalquartiermeister Erich Ludendorff, also optimistisch in die Zukunft. Alles lief nun auf eine finale Kraftprobe an der Westfront hinaus: »Die Lage in Russland und Italien wird es voraussichtlich ermöglichen, im neuen Jahr einen Schlag auf dem Westkriegsschauplatz zu führen. Das beiderseitige Kräfteverhältnis wird etwa gleich sein. Es können für eine Offensive etwa 35 Divisionen und 1000 schwere Geschütze verfügbar gemacht werden ... Unsere Gesamtlage fordert, möglichst früh zuzuschlagen, möglichst Ende Februar oder Anfang März, ehe die Amerikaner starke Kräfte in die Waagschale werfen können.«[91] Oberst Albrecht von Thaer, einer von Ludendorffs Generalstabsoffizieren, teilte die Zuversicht seines Vorgesetzten und hielt am Silvestertag 1917 in seinem Tagebuch fest:

> Vom rein militärischen Standpunkt gesehen und somit auch vom außenpolitischen war seit Kriegsbeginn unsere Lage eigentlich noch nie so gut. Rußland, diese Riesenmilitärmacht total erledigt, bittet um Frieden; Rumänien desgleichen. Serbien und Montenegro sind einfach weg. Italien wird nur noch mühselig gestützt von England und Frankreich und wir stehen in seiner besten Provinz. England und Frankreich zwar noch kampfbereit, aber doch schon stark abgekämpft (vor allem die Franzosen) und Engländer doch sehr durch den U-Bootkrieg bedrängt.[92]

Der deutsche Führungsstab wusste nur allzu gut, dass die Entscheidung schnell gesucht werden musste.[93] Kriegsmüdigkeit und Disziplinarprobleme hatten in allen kriegführenden Nationen zugenommen, auch bei den Mittelmächten. Die Anzeichen wirtschaftlicher Ermüdung und innenpolitischer Spannungen waren Ende 1917 und Anfang 1918 bereits unübersehbar und entluden sich in den großangelegten Januarstreiks von 1918, als in Wien, Budapest und Berlin Hunderttausende, insbesondere die Arbeiter der kriegswichtigen Munitions- und Metallindustrien, in den Ausstand traten. Doch die Deutschen waren nun plötzlich in der glücklichen Lage, 48 Divisionen aus dem Osten abziehen und gegen die alliierten Soldaten an der Westfront ins Feld führen zu können.[94]

Nicht nur die deutsche Armeeführung glaubte, in einer vorteilhaften Lage zu sein und die Gelegenheit beim Schopf packen zu müssen. Schon kurz vor der Unterzeichnung des Abkommens von Brest-Litowsk hatte Konstantinopel die 3. Osmanische Armee in Marsch gesetzt, um ganz Ostanatolien zurückzuerobern und gegen die kurzlebige Transkaukasische Föderation vorzugehen – eine ungewöhnliche Koalition armenischer, georgischer und aserbaidschanischer Politiker, die nach der Oktoberrevolution ins Leben gerufen worden war. Die in Tiflis sitzende Föderationsregierung hatte sich geweigert, Lenins territoriale Abtretungen von Brest-Litowsk anzuerkennen, und beschlossen, stattdessen den Einmarsch des osmanischen Heeres mit allen Mitteln zu verhindern.[95]

Obwohl die Transkaukasier erbitterten Widerstand leisteten, rückten die osmanischen Einheiten schließlich auf das Gebiet der Föderation vor. Anfang März 1918 standen sie vor den Toren Erzurums und stießen bis zum Schwarzmeerhafen von Trabzon vor. Während Trabzon ohne größere Gegenwehr in die Hände der Osmanen fiel, wurde die Eroberung von Erzurum von grausamen Massakern begleitet. Für die Ermordung von rund 4000 Zivilisten durch die zurückweichenden armenischen Truppen rächten sich die osmanischen Soldaten umgehend: Bei ihrem Eroberungszug entlang der alten Reichsgrenze von 1877 drangsalierten sie die Bevölkerung der eroberten Städte und Dörfer auf grausame Art und Weise. Unter erheblichem Blutvergießen fiel schließlich im April 1918 auch die armenische Hochburg Kars.[96]

Von diesen Erfolgen beflügelt, erneuerten osmanische Militärs und führende Vertreter des Komitees für Einheit und Fortschritt ihre imperialistischen Ansprüche auf den Kaukasus. Anstatt alle verfügbaren Kräfte an die Mesopotamienfront zu werfen, wollten Kriegsminister Enver Pascha und das osmanische Oberkommando nun die Kriegsbemühungen gegen die Briten aufrechterhalten und zugleich weiter in den Kaukasus vorstoßen. Die Mittelmächte, so glaubten sie, hatten das Heft nun in der Hand.[97] Dieser neu aufkeimende Optimismus in den Hauptstädten der Mittelmächte und die Hoffnung auf einen raschen Sieg bestimmten die Entwicklung des letzten Kriegsjahres und die Erwartungen in Berlin, Konstantinopel und Wien. Die Aussicht auf einen anscheinend unmittelbar bevorstehenden Sieg entfachte den Kampfgeist der Truppe, schraubte aber zugleich die Erwartungen in die Höhe und barg die Gefahr maßloser Enttäuschungen und unaufhaltsamer Zersetzung der Heeresmoral.[98] Alles hing nun vom Erfolg der Frühjahrsoffensive ab.

Die Militärs hatten seit 1914 die Erfahrung machen können, dass ein mit maschineller Feuerkraft geführter Krieg die Defensive entscheidend begünstigte, während eine offensive Strategie das Risiko gravierender Verluste barg. Die deutschen Truppen hätten also in ihren gut befestigten Stellungen bleiben und den neu eintreffenden, unerfahrenen amerikanischen Rekruten enorme Verluste zufügen können. Doch das kostete Zeit, und die hatten die Mittelmächte nicht, denn die hungernde und darbende Bevölkerung an der Heimatfront würde den Krieg nicht mehr lange mittragen. Er musste also schnell beendet werden. Hindenburg und Ludendorff hatten damit keine ernsthafte Alternative zur Offensive. Der Plan sah vor, dass Ludendorff das britische Expeditionsheer zunächst zum Ärmelkanal zurückdrängte und dessen Evakuierung erzwang. Dann erst würde man den isolierten Franzosen den entscheidenden Schlag versetzen. Das Hauptziel des Angriffs mit dem Decknamen »Operation Michael« war es, die britischen Linien am Somme-Arras-Frontabschnitt zu durchbrechen, wo die numerische Überlegenheit der Deutschen etwa zwei zu eins betrug.[99]

Die Überraschungsoffensive begann in den frühen Morgenstunden des 21. März mit einem Bombardement von bis dahin nie dagewesener Heftigkeit. Im Verlauf von wenigen Stunden feuerten die deutschen Geschütze über eine Million Granaten auf die britischen Frontstellungen ab. Wie der deutsche Infanterieleutnant Ernst Jünger in seinem Kriegstagebuch (das in überarbeiteter Version unter dem Titel *In Stahlgewittern* zum weltweiten Bestseller avancieren sollte) notierte, verursachte der massive Granatbeschuss einen »Orkan« aus Feuer, der so furchtbar war, »dass auch die größten der überstandenen Schlachten dagegen erschienen wie ein Kinderspiel«. Nach fast fünf Stunden ununterbrochenem Artilleriefeuer erhielt die Infanterie den Befehl, auf die feindlichen Linien loszustürmen. »Der große Augenblick war gekommen. Die Feuerwalze rollte auf die ersten Gräben zu. Wir traten an.«[100]

Die mit 32 Divisionen vorrückende deutsche Infanterie überrannte rasch den südlichen Frontbereich. Allein am ersten Tag machten die drei angreifenden deutschen Armeen 21 000 Gefangene und brachten dem Gegner hohe Verluste von rund 17 500 Mann bei.[101] Die Alliierten packte – zumindest zeitweise – Panik und Entsetzen. Am 24. März gab Feldmarschall Douglas Haig dem französischen Oberkommandierenden Henri-Philippe Pétain zu verstehen, dass sich die britischen Linien nicht länger halten ließen und er die Verteidigung von Amiens aufgeben müsse. Tags darauf, am 25. März, befahl Haig seinen Truppen tatsächlich, sich auf ihre alten Positionen von 1916 zurückzuziehen.[102] Inmitten des chaotischen Rückzugs wurden erste Pläne geschmiedet, das britische Expeditionskorps von den französischen Häfen am Ärmelkanal aus zu evakuieren – genau das hatte Ludendorff erreichen wollen. Die Frühjahrsoffensive war der bitterste Rückschlag, den die Engländer während des gesamten Krieges erlitten. Doch sie zogen daraus eine für die Deutschen verhängnisvolle Konsequenz: Die Alliierten überwanden endlich ihre internen Rivalitäten und richteten ein gemeinsames Oberkommando unter General Ferdinand Foch ein.[103]

Nach den ersten Erfolgen der Frühjahrsoffensive sah sich der deutsche Führungsstab in seinen Hoffnungen und Erwartungen bestä-

Der Sieg an der Ostfront ermöglichte dem deutschen Oberkommando die Durchführung der waghalsigen Frühjahrsoffensive des Jahres 1918. Anfangs rückte die deutsche Armee, angeführt von speziell ausgebildeten Stoßtruppen, rasch vor.

tigt. Alles schien nach Plan zu laufen. Am 23. März zeigte sich Kaiser Wilhelm II. überzeugt: »Die Schlacht ist gewonnen, die Engländer total geschlagen!«[104] Die Annahme, der Sieg sei zum Greifen nahe, breitete sich auch an der Heimatfront aus, was entscheidend dafür war, wie die Deutschen ihre Niederlage später deuteten. Am 26. März übersandte der Vorstandsvorsitzende des Krupp-Konzerns, Alfred Hugenberg, General Hindenburg ein Glückwunschtelegramm voller Siegeszuversicht: »Der Friede mit Rußland … und der große Sieg dieser Tage über die Engländer sind die zwei mächtig hallenden Hammerschläge an alle deutschen Herzen … *Wer am deutschen Siege* kleinmütig verzweifelte und auch wer nie an ihn geglaubt hat, sieht ihn nun als greifbare Möglichkeit vor sich und muss sich dem Gedanken des Sieges beugen.«[105]

In Wahrheit veränderten die durch die »Operation Michael« erzielten beachtlichen deutschen Landgewinne nichts. Als die Operation am 5. April endete, war die 18. deutsche Armee gut fünfzig Kilometer auf feindliches Gebiet vorgestoßen – eine Verschiebung der westlichen Frontlinie, wie es sie seit 1914 nicht mehr gegeben hatte. Etwa 90 000 alliierte Soldaten hatten sich ergeben, 1300 Artilleriegeschütze waren in deutsche Hände gefallen.[106] Strategisch war das alles allerdings kaum entscheidend, denn die Briten waren nur angezählt und längst nicht geschlagen. Die Deutschen hatten beträchtliche Gebietsgewinne erzielt, doch diese bestanden vorwiegend aus verwüstetem, wertlosem Ödland, über das sie nun ihre extrem überdehnten Versorgungslinien ziehen mussten.[107] Was aber noch schlimmer war: Die Deutschen hatten in der Offensive rund 240 000 Mann verloren mit besonders gravierenden Gefallenenraten in den unersetzbaren Elitesturmtruppen.[108] Die Engländer dagegen waren in der Lage, ihre Reihen fast postwendend mit neuen Rekruten aus der Heimat zu schließen – schon bis Ende April sollen 100 000 in französischen Häfen eingetroffen sein.[109]

Letztlich war die Frühjahrsoffensive ohne einen eindeutigen Sieg verpufft, und Ludendorff stand unter zunehmendem Druck. Er beging nun Leichtsinnsfehler. Da er mit der »Operation Michael« das Hauptziel, die Briten aus dem Konflikt zu drängen, nicht erreicht hatte, suchte er sein Glück an einem anderen Frontabschnitt. Schon bei der Planung der »Operation Michael« Ende 1917 hatte er unter dem Decknamen »Operation Georg« als Alternative einen Großangriff in Flandern in Erwägung gezogen. Diese Alternative kam nun wieder aufs Tapet, wenn auch in kleinerem Maßstab, was sich schon im neuen Namen des Unternehmens niederschlug: »Operation Georgette«. Zwei deutsche Armeen erhielten den Auftrag, die neun alliierten Divisionen zu überrennen – acht britische und eine portugiesische –, die zwischen den deutschen Linien und dem strategisch bedeutenden Eisenbahnknotenpunkt von Hazebrouck standen, über den wichtige alliierte Nachschublinien verliefen.

Der Angriff, der am frühen Morgen des 9. April mit schwerem Geschützfeuer begann, schien zunächst abermals erfolgreich zu sein. Deutsche Sturmtruppen durchbrachen die portugiesischen Verteidigungslinien und rückten bis zum Abend rund zehn Kilometer weit vor. Die Offensive wurde in den folgenden Tagen fortgesetzt, scheiterte aber wenige Kilometer vor Hazebrouck am zähen britischen

Widerstand und an der Erschöpfung der deutschen Soldaten, von denen viele bereits an der »Operation Michael« teilgenommen hatten.[110]

Nachdem sich die Briten auch mit der »Operation Georgette« nicht hatten in die Knie zwingen lassen, agierte Ludendorff geradezu kopflos: Er stellte seine Bemühungen ein, zunächst die Briten zu schlagen, und wandte sich erneut einem anderen Frontabschnitt zu. Die Ende Mai eingeleitete Aisne-Offensive gegen die Franzosen, der mit zwei Millionen abgefeuerten Granaten binnen viereinhalb Stunden der schwerste Artilleriebeschuss des gesamten Krieges vorausging, stellte einen geradezu verzweifelten Versuch dar, das Blatt doch noch zu wenden. Nach der erfolgreichen Einnahme des Château-Thierry an der Marne standen deutsche Truppen endlich – wie schon 1914 – wieder in Reichweite der französischen Hauptstadt, wo durch Einschläge deutscher Fernkampfartillerie fast 900 Pariserinnen und Pariser ums Leben kamen.[111] Es war der weiteste Vorstoß deutscher Truppen gen Westen überhaupt.

Wendungen des Schicksals

Die deutschen Offensiven vom Frühjahr und Frühsommer 1918 schufen indes mehr Probleme, als sie lösten. Die Kommunikations- und Versorgungwege waren nun länger, und es wurde zunehmend schwieriger, ausreichend Nachschub an die Front zu befördern. Was die ausgezehrten deutschen Soldaten in den hastig verlassenen feindlichen Schützengräben fanden – Weißbrot, Corned Beef, Gebäck und Wein –, mochte ihren Hunger stillen, steigerte aber zugleich ihre Verzweiflung, denn diese Nahrungsmittel stellten buchstäblich eine Kostprobe der wirtschaftlichen Überlegenheit des Gegners dar. Immer schwerer wogen die immensen deutschen Opferzahlen: Seit Beginn der Offensive im April waren bis Ende Juni 1918 insgesamt 915 000 Männer gefallen, so viele wie seit den ersten zwei Kriegsmonaten 1914 nicht mehr. Der hohe Blutzoll, den Ludendorffs riskante Schachzüge gefordert hatten, zahlte sich nicht aus. Während die deutschen Verluste gerade unter den besten und erfahrensten Kämpfern nicht wettzumachen waren, konnten die Alliierten ihre Reihen mit den 250 000 Amerikanern, die jeden Monat in Europa eintrafen, immer wieder auffüllen und ihre Gesamtzahl sogar vergrößern.[112]

Die Reihen der deutschen Soldaten wurden zudem durch die erste Welle der »Spanischen Grippe« gelichtet, die in dieser Zeit die deutschen Frontlinien heimsuchte – ein besonders aggressives Grippevirus, das letztlich weltweit mehr als 50 Millionen Opfer fordern sollte und die Deutschen merkwürdigerweise gravierender befiel als die alliierten Soldaten.[113] Das Virus, das gewöhnlich nur für Kinder und Alte eine Gefahr darstellte, wütete besonders heftig unter den jungen und gesunden Soldaten der deutschen Angriffsformationen.[114] Allein die deutsche 6. Armee im Elsass meldete in der ersten Julihälfte täglich 10 000 neue Fälle. Insgesamt erkrankten zwischen Mai und Juli 1918 über eine Million deutsche Soldaten. Demgegenüber berichtete die britische Armee während der Monate Juni und Juli von gerade einmal 50 000 Grippefällen.[115] Darüber hinaus trugen Krankheiten wie Lungenentzündung, Ruhr und sogar Malaria zur Schwächung der deutschen Truppen bei.[116]

Vom Sommer an sahen sich die durch die vorangegangenen Offensiven und diverse Krankheiten entkräfteten deutschen Soldaten kontinuierlichen Gegenangriffen der Alliierten ausgesetzt. Die französische Gegenoffensive, die im Juli 1918 die Zweite Schlacht an der Marne einläutete, sowie der Angriff der Briten bei Amiens am 8. August zeigten, dass die Alliierten nun das Heft des Handelns in der Hand hielten und sich das Blatt zu ihren Gunsten gewendet hatte. 16 deutsche Divisionen wurden im Zuge der alliierten Gegenangriffe ausgelöscht. Zwar ließ sich der völlige Zusammenbruch der Front noch vermeiden, doch die deutschen Soldaten waren vollkommen erschöpft, entmutigt und enttäuscht von der eigenen Militärführung, der sie zunehmend die Schuld für ihre fatale Lage gaben.[117] So berichteten die Feldpost-Zensurstellen immer öfter von offener Kritik der Soldaten an der militärischen Führung und sogar am Kaiser selbst.[118]

Ohne Aussicht auf Verstärkung, überfordert und dezimiert, waren die deutschen Truppen nicht mehr in der Lage, den Angriffen der alliierten Streitkräfte effektiv standzuhalten. Schon nach kurzer Zeit

Das letztliche Scheitern der Frühjahrsoffensive und die alliierten Gegenangriffe des Sommers brachen den Kampfgeist der deutschen Soldaten. Zehntausende ergaben sich kampflos und gingen in alliierte Kriegsgefangenschaft.

waren sämtliche bei den Sommeroffensiven eroberten Gebiete wieder verloren. Als die Alliierten die Deutschen dann am 8. August (dem »schwarzen Tag« des deutschen Heeres) auf breiter Front zurückdrängten, brauchte Ludendorff noch eine Woche, bis er dem Kaiser zum Verhandlungsfrieden riet – eine Option, der er sich den gesamten Krieg über strikt verweigert hatte.[119]

Zu diesem Zeitpunkt war Ludendorff nur noch ein Schatten seiner selbst. Seinen kometenhaften Aufstieg im deutschen Generalstab nach 1914 hatte er vor allem seiner Rolle bei der Vertreibung der zaristischen Armee aus Ostpreußen in der Schlacht von Tannenberg (1914) und der Schlacht an den Masurischen Seen (1915) verdankt. Für diese Siege war zwar sein direkter Vorgesetzter Paul von Hindenburg, ein aus dem Ruhestand zurückgekehrter Offizier und Veteran des Deutsch-Französischen Krieges von 1870/71, gefeiert worden, aber dieser wusste, wem der Sieg tatsächlich zu verdanken war, und hatte den talentierten Ludendorff an seiner Seite gehalten. In den darauffolgenden zwei Jahren errichteten Hindenburg und Ludendorff faktisch eine Militärdiktatur, wobei die gesamte strategische Kriegführung praktisch in den Händen Ludendorffs lag, den Hindenburg, nachdem er im August 1916 zum Chef des deutschen Generalstabs aufgestiegen war, zum Generalquartiermeister ernannt hatte. So wie die Siege über Russland und Rumänien Ludendorffs Position gestärkt hatten, untergrub das Scheitern der Offensiven im Westen sein Selbstvertrauen.[120] Das sich hartnäckig haltende Gerücht, wonach er in dieser Zeit einen schweren Nervenzusammenbruch erlitten habe, ist möglicherweise übertrieben, zweifellos machte ihm der enorme Druck aber zu schaffen.[121]

Nicht nur im Westen, auch an den anderen Fronten verschlechterte sich im Spätsommer und Frühherbst 1918 die Lage für die Mittelmächte drastisch. Im Osten starteten die Alliierten am 14. September eine Offensive und schlugen die bulgarische Armee vernichtend. Diese Niederlage kam für viele Beobachter überraschend plötzlich. Seit dem Kriegseintritt 1915 hatte die Armee Bulgariens verbissen gekämpft und zunächst eine ganze Reihe von Siegen erringen können (1915: Niš, Ovçe Polje, Kosovo, Krivolak; 1916: Lerin, Chegan, Bitola, Strumica, Cerna, Tutrakan, Dobritsch, Kobadin und Bukarest).

Bis 1918 hatte die bulgarische Armee keine entscheidende Schlacht verloren und die konzertierten Angriffe der Westalliierten auf die starke bulgarische Verteidigungslinie nahe der mazedonischen Kleinstadt Dojran wiederholt zurückgeschlagen.[122] Der Entente gelang der Durchbruch auch nicht hier, sondern an der mazedonischen Front nördlich von Thessaloniki. Im Laufe des Sommers 1918 hatten die Alliierten dort mehr als 31 Divisionen mit 650 000 Mann zusammengezogen. Der von französischen und serbischen Truppen am 14. September 1918 eröffneten Großoffensive hatten die bulgarischen Verteidiger nichts entgegenzusetzen. Bei Dobro Polje durchbrachen Franzosen und Serben die gegnerischen Linien, während britische und griechische Verbände die bulgarischen Verteidigungsstellungen am Dojransee überrannten. Einige Einheiten leisteten noch erbitterten Widerstand, doch der Großteil der bulgarischen Armee fiel rasch in sich zusammen. Am 25. September ersuchte die bulgarische Führung die Alliierten um Einstellung der Kampfhandlungen.[123]

Als die bulgarische Delegation nur vier Tage später in Thessaloniki den Waffenstillstand unterzeichnete, war das Land, das als letztes an der Seite der Mittelmächte in den Krieg eingetreten war, das erste, das die Koalition wieder verließ. In den Waffenstillstandsvereinbarungen verpflichtete sich Bulgarien zur kompletten Demobilisierung seiner Streitkräfte (mit Ausnahme einer Handvoll Truppen zum Schutz der türkisch-bulgarischen Grenze und der Eisenbahnlinien), der Übergabe seines Militärgeräts an die Entente, zur Stationierung alliierter Verbände an strategischen Punkten sowie – für die Regierung in Sofia wohl die härteste Bedingung – zum kompletten Rückzug seiner Truppen aus allen im Krieg eroberten serbischen und griechischen Territorien, auch aus Mazedonien – einer Region, die Bulgarien seit seiner Unabhängigkeit im späten 19. Jahrhundert für sich beanspruchte. Überdies enthielt das Abkommen Geheimklauseln, die eine zeitweilige alliierte Besetzung vorsahen, falls Bulgarien den Krieg doch nicht beendete. Um das »Wohlverhalten« der Bulgaren zu garantieren, sollte eine beträchtliche Zahl bulgarischer Soldaten (zwischen 86 000 und 112 000) vorerst in alliierter Kriegsgefangenschaft bleiben.[124]

Für Bulgarien und andere Balkanstaaten hatte der Krieg, der 1918 zu Ende ging, nicht erst 1914, sondern bereits zwei Jahre zuvor begonnen. Die Bulgaren, die erst 1878 nach gewaltreichen Auseinandersetzungen mit ihren vormaligen osmanischen Herrschern unabhängig geworden waren, hegten seit langem territoriale Ambitionen auf die verbliebenen europäischen Ländereien unter der Kontrolle Konstantinopels. In dem Wunsch, die Herrschaft Konstantinopels über Südosteuropa ein für alle Mal abzuschütteln, hatten sie sich im Oktober 1912 mit Serben, Griechen und Montenegrinern zusammengetan und das Osmanische Reich angegriffen.[125] Der Erste Balkankrieg, wie man diesen Konflikt bald nannte, endete mit einer raschen und verheerenden Niederlage der Osmanen. Im Zuge der darauffolgenden ethnischen Säuberungen wurden Tausende muslimischer Zivilisten Opfer von Mord und Vertreibung.[126] Doch schon wenige Monate später zerstritt sich die siegreiche Balkankoalition über die Verteilung der Beute und bekriegte sich fortan gegenseitig. Bulgarien, das die osmanischen Regionen Mazedonien und Thrakien für sich beanspruchte, unterlag in diesen Konflikten, während Griechenland, Serbien und Rumänien ihre Territorien auf Kosten Sofias weiter ausdehnen konnten und das

Osmanische Reich Ostthrakien 1913 zurückeroberte.[127] Aus Angst vor Vergeltung flohen ethnische Bulgaren nun in Scharen aus Ostthrakien, wo Konstantinopel als Rache für die 1912 an Muslimen begangenen Massakern Zwangsvertreibungen durchführte. Nach einem Bericht der Carnegie-Kommission, die später die Verbrechen während der Balkankriege aufarbeitete, wurden dabei über 50 000 Menschen ermordet – zwanzig Prozent der damaligen bulgarischstämmigen Bevölkerung Ostthrakiens.[128]

Der Ausgang des Zweiten Balkankriegs 1913, der ersten von mehreren »nationalen Katastrophen« des 20. Jahrhunderts in Bulgarien, begrub vorerst Sofias Hoffnungen auf die Vereinigung aller »ethnischen Bulgaren«. Das als nationale Schmach empfundene Scheitern im Zweiten Balkankrieg erklärt zum gewissen Teil das Verhalten Bulgariens zu Beginn des Ersten Weltkriegs im Sommer 1914. Der nationale Traum von der Rückeroberung der verlorenen Territorien war keineswegs ausgeträumt, und dennoch erklärte Sofia sich beim Ausbruch der Feindseligkeiten zunächst für neutral, da man sich auch gar nicht einig war, auf welcher Seite das Land in den Krieg eintreten sollte. Während der in Wien geborene Zar Ferdinand, ein Fürst aus dem herzoglichen Haus Sachsen-Coburg-Gotha, und Ministerpräsident Wassil Radoslawow den Mittelmächten zuneigten, gab es auch viele Bulgaren, die Sympathien für Russland hegten, und sogar einige bulgarische Offiziere – darunter elf Generäle –, die sich freiwillig zum Dienst in der russischen Armee meldeten.[129]

Die politische Führung erkannte durchaus, dass der neue Krieg eine Gelegenheit war, das unselige Abkommen von Bukarest aus dem Jahr 1913 zu revidieren, wartete jedoch mit der Entscheidung, welchem Bündnis man beitreten sollte, bis abzusehen war, welche Seite mehr zu bieten hatte. Ganz gleich, wie das Land sich entschied, beide Bündnisparteien wussten, dass der Preis für Bulgariens Teilnahme die Rückgabe von mindestens zwei der im Zweiten Balkankrieg verlorenen Gebiete sein würde, nämlich Mazedonien und Ostthrakien, womit Sofia nicht nur die Kontrolle über die Ägäisküste erlangen würde, sondern ebenso über die Bahnstrecken, die Mittel- mit Südeuropa und dem Nahen Osten verbanden. Da die Entente bestenfalls das (damals osmanische) Ostthrakien anbieten konnte, solange sich Serbien standhaft weigerte, auch nur einen Quadratzentimeter mazedonischer Erde preiszugeben, entschied Ferdinand schließlich, sich den Mittelmächten anzuschließen. Seine Wahl dürfte auch dadurch beeinflusst worden sein, dass die Alliierten im Frühjahr 1915 schwere Rückschläge in Galizien und Gallipoli erlitten hatten.

Nachdem die Bulgaren Anfang Oktober 1915 in den Krieg eingetreten waren, unterstützten sie zunächst den österreichisch-deutschen Angriff auf Serbien unter General August von Mackensen mit Einfällen in Mazedonien und im Kosovo.[130] Der von den Deutschen angeführten Invasion konnten sich die Serben bald nicht mehr erwehren und traten den Rückzug an, wobei es rund 150 000 serbischen Soldaten mit Hilfe ihrer französischen Verbündeten gelang, über die albanischen Berge an die Adria zu entkommen, wo sie von den Alliierten mit Schiffen evakuiert wurden.

Im Frühjahr 1916, vermeintlich als Reaktion auf die pro-alliierte Haltung der griechischen Regierung, billigten (und unterstützten) die Deutschen ihrerseits einen Vorstoß bulgarischer Truppen auf griechisches Territorium, was die Einnahme der Festung Rupel an der Struma nordöstlich von Thessaloniki und die Besetzung von Teilen Nordgriechenlands zur Folge hatte.[131] Nach der Kriegserklärung Bukarests an Österreich-Ungarn im August 1916 schloss sich Bulgarien der Offensive der Mittelmächte gegen Rumänien an – jenes Land, das so entscheidend zur bulgarischen Niederlage im Zweiten Balkankrieg beigetragen hatte. Damit war die Zeit der Revanche gekommen: Anfang September rückten bulgarische Truppen in die Dobrudscha ein, wo sie dem Gegner mehrere bittere Niederlagen beibrachten, insbesondere in der auch als »rumänisches Verdun« bekannten Schlacht um die Festung von Tutrakan, wo mehr als 8000 rumänische Soldaten den Tod fanden und die strategische Position Serbiens gravierend geschwächt wurde.[132]

All diese militärischen Erfolge konnten nicht darüber hinwegtäuschen, dass der Krieg im Laufe der Zeit auch von Bulgarien seinen Tribut forderte. Steigende Gefallenenzahlen und der zunehmende Mangel an Arbeitskräften, welche die Wirtschaft an der Heimatfront aufrechterhielten, hatten bereits erhebliche Unzufriedenheit in der Bevölkerung entstehen lassen, da erfasste 1917 eine schwere Lebensmittelkrise die Städte und das Militär. Viele Bulgaren wollten in ihrer Not nicht akzeptieren, dass die knappen Nahrungsmittel und Rohstoffe weiterhin nach Deutschland flossen, um Berlins Kriegsmaschinerie am Laufen zu halten, während sie selbst und ihre Landsleute Hunger litten.[133]

Mitte Juni übersandte Nikola Schekow, der ranghöchste General der bulgarischen Armee, seinem Zaren einen besorgniserregenden Bericht über die Lage an der Front, in dem er ausdrücklich schlechte Organisation und Verwaltungsmängel für die Misere verantwortlich machte: »Die Soldaten kämpfen täglich ums Überleben ... Fleisch bekommen sie nur einmal in der Woche. Bei der Kleidung ist es gar noch schlimmer. Die Soldaten sind nur dürftig angezogen und haben keine Schuhe. Sie müssen dem Feind barfuß über die Felsen entgegenrennen. Statt Uniformmützen tragen sie Kopftücher aus zerrissenen Sandsäcken. Und der Winter steht vor der Tür ... Die derzeitige Regierung hat uns in diese Situation gebracht.«[134] Zar Ferdinand entließ angesichts dieser Krise seinen Ministerpräsidenten Wassil Radoslawow und berief eine neue Regierung unter Aleksandar Malinow.[135]

Die Niederlage Bulgariens im September 1918 war dann ein klares Signal, dass die Mittelmächte den Krieg verlieren würden, denn mit dieser Niederlage veränderten sich die strategischen Verhältnisse entscheidend: Für die Mittelmächte war nun die Landverbindung zum Osmanischen Reich unterbrochen. Um diese Schleuse wieder zu schließen, fehlte es ihnen schlichtweg an Truppen. Auf der anderen Seite konnten die Alliierten von Westen aus auf direktem Weg nach Konstantinopel und aus östlicher Richtung ins österreichisch besetzte Serbien gelangen.[136]

Dass das Kriegsglück die Mittelmächte verließ, hatte sich schon im Sommer an der italienischen Front gezeigt. Dort begann am 15. Juni die sogenannte Zweite Piaveschlacht mit einer unüberlegten und schlecht vorbereiteten Offensive der k.u.k. Truppen auf einem achtzig Kilometer breiten Frontabschnitt.[137] Der Angriff brach unter dem erbitterten Widerstand der Italiener, die nach der verheerenden

Niederlage bei Caporetto im Vorjahr nun unter dem Oberkommando von General Armando Diaz standen, rasch in sich zusammen.[138]

Nach dem Debakel von Caporetto erwiesen sich die italienischen Streitkräfte am Piave als erstaunlich gut erholt, was nicht zuletzt einigen radikalen Veränderungen in der politischen und militärischen Führungsstruktur zuzuschreiben war. Der neue Ministerpräsident Vittorio Emanuele Orlando, einst ein angesehener Juraprofessor, der 1914 für die Neutralität Italiens eingetreten war, hatte das Amt 1917 nach dem erzwungenden Rücktritt von Paolo Boselli übernommen. Von ihm wurde nichts weniger erwartet, als dass er die militärischen Geschicke Italiens zum Positiven wendete. Orlando (der 1919 aus Protest gegen die unzureichenden Fortschritte bei den Pariser Friedensgesprächen von seinem Amt zurücktreten sollte) erwies sich als der richtige Mann für diese Aufgabe. Unter dem Motto *unione sacra* (einer gewollten Anspielung auf die französische *Union sacrée*) rief er eine ehrgeizige Mobilisierungskampagne ins Leben und ließ zugleich die Lebensmittelrationen für Landarbeiter und Veteranen heraufsetzen, um den Durchhaltewillen im Land zu stärken. Orlandos Bemühungen zahlten sich aus. Italien, das 1917 am Rande der Niederlage gestanden hatte, war wachgerüttelt, Politik und Bevölkerung waren bereit, alle Mittel und Energien in die Kriegsanstrengungen zu pumpen. Der Kampfgeist war wiedererwacht – fatalerweise aber auch die Hoffnung auf entsprechende Gebietsgewinne im Falle eines Sieges.[139] Die Zweite Piaveschlacht offenbarte diesen Kampfgeist, und sie markierte zugleich den Anfang vom Ende der Habsburgerarmee: 142 000 österreichungarische Soldaten wurden getötet oder verwundet, 25 000 gerieten in Gefangenschaft.[140]

Die Doppelmonarchie war längst nicht mehr in der Lage, solche Verluste mit neuen Rekrutierungen wettzumachen. Die Entlassung des langgedienten Chefs des Generalstabs Konrad von Hötzendorff Mitte Juli 1918 war nur noch eine Geste ohne jede praktische Relevanz.[141] Als Kaiser Karl I. am 14. September einen Friedensappell an Wilson richtete, reagierten die französische wie die britische Regierung skeptisch, da sie den Appell als Versuch werteten, die Entente zu spalten. Und Washington antwortete kühl, man habe Wien bereits

Italienische Truppen in Vittorio Veneto. Die Schlacht endete mit einem italienischen Sieg, und das bedeutete faktisch auch das Ende des Krieges für die Donaumonarchie. Am 3. November 1918 wurde der Waffenstillstand unterzeichnet.

Friedensbedingungen übermittelt. Jede weitere Diskussion erübrige sich damit.[142]

Rom versuchte unterdessen, den soeben gewonnenen strategischen Vorteil zu nutzen und seine Verhandlungsposition zu stärken, solange die Habsburgerarmee infolge der verhängnisvollen Offensive am Piave noch geschwächt war. Am 24. Oktober eröffneten die italienischen Truppen eine Doppeloffensive am Monte Grappa und an der gegenüberliegenden Piaveseite bei Vittorio Veneto. Fünf Tage später befanden sich die Habsburgertruppen in Auflösung und zogen sich auf ganzer Linie zurück. Mindestens 300 000 Soldaten und 24 Generäle gingen in alliierte Gefangenschaft. Am 30. Oktober nahmen die Italiener Vittorio Veneto ein. Die ungarische Regierung beorderte daraufhin alle ihre Truppen zurück, was die kläglichen Reste der Habsburgerarmee in noch ärgere Bedrängnis brachte und den Kollaps beschleunigte.[143]

Am 2. November ersuchte das österreichische Oberkommando um den Waffenstillstand. Der italienische Stabschef Armando Diaz übermittelte seinen Truppen wenig später eine triumphierende »Bekanntmachung des Sieges«: »Die österreichische-ungarische Armee ist bezwungen … Die Überreste eines der ehemals mächtigsten Heere der Welt kehren in Hoffnungslosigkeit und Chaos zurück in die Bergtäler, aus denen sie einst voll prahlerischer Zuversicht hinabgestiegen waren.«[144] Als die Waffenruhe mit Österreich-Ungarn am 4. November in Kraft trat, hatte nach dem Osmanischen Reich innerhalb weniger Tage ein weiterer Hauptakteur der Mittelmächte seine Niederlage eingeräumt.

Bereits am 30. Oktober war mit der Unterzeichnung des Waffenstillstands von Moudros für die Osmanen ein langer, erbitterter Krieg beendet worden, der bereits im September 1911 begonnen hatte.[145] Damals hatte Italien, die vermeintliche Schwäche des Osmanischen Reiches ausnutzend, die osmanischen Provinzen Tripolitanien und Cyrenaika (das heutige Libyen) sowie die Inselgruppe der Dodekanes im Mittelmeer attackiert und besetzt.[146] Ein Jahr später befand sich Konstantinopel noch immer mit Italien im Krieg und sah sich einer weiteren militärischen Aggression ausgesetzt, als Anfang Oktober 1912 die

Koalition aus bulgarischen, griechischen, montenegrinischen und serbischen Truppen in osmanisches Gebiet einmarschierte.[147] Zwar gelang den Osmanen im Zweiten Balkankrieg 1913 die Wiedereinnahme der einstigen Reichshauptstadt Edirne, doch der Großteil seiner europäischen Besitzungen blieb verloren.

Die Niederlage auf dem Balkan hatte den Sturz der osmanischen Regierung unter Mehmed Kamil Pascha zur Folge. Am 22. Januar 1913 drang eine Gruppe jungtürkischer Offiziere unter der Führung von Oberstleutnant Enver Pascha in das Regierungsgebäude ein und zwang den Großwesir mit vorgehaltener Waffe zum Rücktritt.[148] Die Jungtürken sahen das Reich von allen Seiten durch feindliche christliche Großmächte bedroht: Im Norden und Osten lauerte Russland, im Westen und Süden hatte sich Großbritannien seit dem späten 19. Jahrhundert auf der nahen und strategisch bedeutenden Insel Zypern und ebenso in Ägypten festgesetzt – eine militärische Präsenz, die, so stand zu befürchten, eine Gefahr für die südlichen arabischsprachigen Regionen des Reiches darstellte, falls die Briten ihre asiatischen Kolonialgebiete mit Nordafrika verbanden. Im geographischen Zentrum des Reiches stellte der französische Einfluss auf die autonomen Gebiete in Syrien eine weitere Herausforderung für die Machthaber in Konstantinopel dar, bei denen sich tiefe Verunsicherung und ein Gefühl der Schwäche breitgemacht hatten. Hinzu kam, dass Syrien vom Mittelmeer aus angreifbar und auch Mesopotamien (der heutige Irak) für alliierte Streitkräfte von Persien aus leicht zu erreichen war.

Angesichts dieser geopolitischen Misere hatte die osmanische Führung den Ausbruch des Ersten Weltkriegs als willkommene Gelegenheit begrüßt, sich militärisch mit einer Großmacht wie Deutschland zu verbünden – ein starker Partner, der ihr helfen würde, die Reichsgrenzen langfristig zu schützen und das Imperium im Innern wieder zu festigen.[149] Ohne vorherige Kriegserklärung trat Konstantinopel schon nach wenigen Wochen mit einer spektakulären Aktion in den Krieg ein: Am 29. Oktober 1914 wurden in einer Nachtoperation russische Kriegsschiffe im Schwarzen Meer beschossen, von denen zwei sanken. Außerdem wurden die Schwarzmeerhäfen Sewastopol und Noworossijsk von See bombardiert.[150]

Wie ihre deutschen Waffenbrüder gerieten Zehntausende ehemalige habsburgische Untertanen gegen Kriegsende in alliierte Gefangenschaft – hier ein Lager in Trient im November 1918.

Das Osmanische Reich, das allgemein als schwach galt, sollte sich im Ersten Weltkrieg als erstaunlich schwieriger Gegner erweisen. Denn die inzwischen völlig vom KEF (Komitee für Einheit und Fortschritt) dominierte osmanische Regierung hatte die Streitkräfte in der kurzen Zeitspanne zwischen der Niederlage im Ersten Balkankrieg 1912/13 und dem Überraschungsangriff auf die russische Schwarzmeerflotte grundlegend reformiert. Mit Hilfe deutscher Militärberater und einer neuen Generation hochbegabter junger türkischer Offiziere hatte man die behäbige und altmodische Armee in eine ernstzunehmende Kampftruppe verwandelt.[151] Zwar endete der Kaukasusfeldzug von 1914 noch in einem Debakel, aber ansonsten erfüllte das neu formierte osmanische Heer seine Aufgabe ordentlich, und zwar gleich an mehreren Fronten von Armenien bis zum Sinai und von Bagdad bis zu den Dardanellen. Auf verschiedenen Feldzügen im Nahen Osten mussten die Alliierten schmerzlich erfahren, dass der »kranke Mann am Bosporus« überraschend lebendig war.[152] Der schmachvolle Rückzug der Alliierten bei Gallipoli im Januar 1916 und die Kapitulation von rund 13 000 indischen und britischen Soldaten im rund 160 Kilometer südlich von Bagdad gelegenen Kut-al-Amara im selben Jahr brachten die Regierung Asquith in London sogar ernstlich in Verlegenheit.[153]

Doch je länger der Krieg dauerte, desto weniger war das Osmanische Reich der versorgungstechnischen und zahlenmäßigen Überlegenheit der Entente gewachsen. 1918 breitete sich noch einmal Siegeszuversicht aus, als Konstantinopel von der russischen Revolution und dem folgenden Ausscheiden Petersburgs aus der alliierten Koalition profitierte und zuvor an das Zarenreich verlorenes Territorium zurückeroberte, doch dann sollte sich das Blatt endgültig gegen die Osmanen wenden. Den Verlust der Städte Bagdad und Jerusalem, die im März beziehungsweise Dezember 1917 von britischen Truppen eingenommen wurden, hätte Konstantinopel womöglich noch verkraften können, aber dann endete eine weitere, am 19. September 1918 eingeleitete britische Offensive im Nahen Osten in einer verheerenden Niederlage der Verteidiger und der Vernichtung von drei Armeen in zwölf Tagen. Nun brach das blanke Chaos aus. Osmanische Kämpfer ergaben sich zu Tausenden oder traten in Panik und völlig ungeordnet den Rückzug an. Am 1. Oktober marschierten alliierte Einheiten in Damaskus ein, am 26. Oktober eroberten anglo-indische Verbände mit Unterstützung arabischer Rebellen aus dem Hedschas unter Führung von Hussein ibn Ali, dem Hüter der heiligen Stätten von Mekka und Medina, das nordsyrische Aleppo, und von Norden her rückte eine zweite britische Armee auf die osmanische Hauptstadt vor, nachdem sie bei Thessaloniki die bulgarischen Linien durchbrochen hatte.[154]

Das stark dezimierte, sich teilweise schon in Auflösung befindliche osmanische Heer war zu diesem Zeitpunkt nicht mehr in der Lage, an einer weiteren Front zu kämpfen. Die KEF-Regierung, die das Reich in den Krieg geführt hatte, trat in der ersten Oktoberwoche zurück und verließ auf einem deutschen Kriegsschiff das Land. Eine von Sultan Mehmet VI. ernannte Übergangsregierung ersuchte bei den Briten unverzüglich um einen Waffenstillstand. Der erst kurz zuvor zum Marineminister beförderte Hüseyin Rauf Orbay, ein einstiger Kriegsheld, der schon als osmanischer Delegierter an den Friedensgesprächen von Brest-Litowsk teilgenommen hatte, traf wenig später auf der Ägäisinsel Limnos mit einer britischen Abordnung zusammen. Nach viertägigen Verhandlungen an Bord der HMS *Agamemnon* unterzeichnete Rauf Orbay am 30. Oktober 1918 im Beisein des britischen Kommandanten Admiral Arthur Calthorpe dann jenes Abkommen, das als Waffenstillstand von Moudros (wie die Alliierten die Hafenstadt der Insel Lesbos nannten) in die Geschichte einging.[155]

Der Vertrag von Moudros bestätigte die schlimmsten Befürchtungen all jener, denen die Worte des britischen Premierministers Herbert Asquith noch in den Ohren klangen, der den Konflikt schon bei Kriegsbeginn als Todesstoß für die osmanische Herrschaft bezeichnet hatte. Konkreter wurde diese Drohung im November 1917, als die Bolschewiki schadenfroh das geheime Sykes-Picot-Abkommen (1916) veröffentlichten, das nach einem Sieg über das Osmanische Reich die Aufteilung von dessen arabischen Regionen in Interessengebiete vorsah, die von den Alliierten kontrolliert werden sollten. Am 2. November 1917 hatte Lord Balfour überdies die britische Unterstützung der »Errichtung einer nationalen Heimstätte für das jüdische Volk in Palästina« erklärt – also eine Form der Selbstverwaltung, die offenbar außerhalb des Osmanischen Reiches realisiert werden sollte. Als dann auch noch US-Präsident Woodrow Wilson im Rahmen seiner »Vierzehn Punkte«-Rede vom Januar 1918 allen nichttürkischen Bevölkerungsgruppen des Osmanischen Reiches eine »autonome« Zukunft jenseits der Herrschaft Konstantinopels versprach, war klar, dass eine Kriegsniederlage das Ende des jahrhundertealten Reiches besiegeln würde.[156]

Zum Zeitpunkt der Unterzeichnung des Vertrags von Moudros waren die arabischen Gebiete – von Mesopotamien (wie die Briten die alten osmanischen Provinzen Mosul, Bagdad und Basra unscharf bezeichneten) bis Palästina, von Syrien bis zur Arabischen Halbinsel – für das Omanische Reichs bereits verloren. Im Osten hatte sich Armenien schon im Mai 1918 zur unabhängigen Demokratischen Republik erklärt, und die Kurdenführer forderten ebenfalls einen eigenen Staat. Die neuen Machthaber in Konstantinopel hofften nun, dass ihnen nach dem Wilson'schen Prinzip der Selbstbestimmung wenigstens die ethnisch überwiegend türkischen Kerngebiete Anatolien und Ostthrakien zugestanden würden. Doch es sollte sich herausstellen, dass die siegreichen Alliierten zum Teil ganz andere Pläne hatten.

Im Rahmen des Waffenstillstandsabkommens musste sich die Regierung des Sultans zur vollkommenen Demobilisierung sowie zum Rückzug sämtlicher Truppen aus dem Kaukasus und aus Arabien verpflichten. Die Alliierten behielten sich das Recht vor, nach Gutdünken strategisch bedeutende Punkte in Anatolien zu besetzen – etwa Straßen, Telegraphenstationen, Eisenbahnlinien oder Tunnel. Zwar wurde die Hauptstadt Konstantinopel formell nicht besetzt, doch schon einen Monat nach Beginn der Waffenruhe gingen alliierte Kriegsschiffe am Bosporus vor Anker.[157]

Der Unterzeichner des Abkommens für die Osmanen, Rauf Orbay, hat später offenbart, wie sehr er sich verraten fühlte, als ihm klar wurde, dass es keinen ehrenvollen Frieden geben würde: »In unserem Land herrschte die allgemeine Überzeugung, dass England und Frankreich Länder waren, die nicht nur zu ihren schriftlichen Verträgen, sondern auch zu ihrem Wort stehen würden. Und ich teilte sie ebenso. Welch eine Schande, dass wir uns in unserem Glauben und unseren Überzeugungen so hatten täuschen können!«[158]

Nicht alle hatten sich täuschen lassen. So hatte ein Freund Raufs, der 37-jährige Brigadegeneral Mustafa Kemal, von seinem entlegenen Posten an der syrischen Grenze aus die Regierung eindringlich vor einer übereilten Demobilisierung gewarnt: »Es ist meine feste und aufrichtige Überzeugung, dass, falls wir unsere Truppen jetzt entwaffnen und sämtlichen Forderungen der Briten nachkommen, ohne Schritte zu unternehmen, die Missverständnisse und Fehlinterpretationen des Waffenstillstands zu beenden, wir nie mehr in der Lage sein werden, den Begehrlichkeiten der Briten Einhalt zu gebieten.«[159]

Als Kemal Ende 1918 von der Palästinafront nach Konstantinopel zurückkehrte, erkannte er die Stadt kaum wieder. Es gab keine Kohle zum Heizen und nur sehr wenig zu essen. Trauernde Witwen, verwaiste Kinder und verkrüppelte Veteranen bestimmten das Stadtbild. In den Straßen boten hochdekorierte demobilisierte Offiziere Zitronen feil, kriegsversehrte Soldaten bettelten um Essen, und dazwischen kampierten Zehntausende von Flüchtlingen unter freiem

Himmel – Russen auf der Flucht vor den Bolschewiki, Türken aus dem Nahem Osten und Thrakien. Kemal sah sich außerdem umringt von Nichtmuslimen – vor allem griechisch-orthodoxe Griechen und Armenier, die den Völkermord überlebt hatten und Genugtuung empfanden angesichts der osmanischen Niederlage. Sie begrüßten die alliierten Schlachtschiffe am Bosporus und schwenkten britische und griechische Fahnen zu deren Empfang.[160]

Mit dem Waffenstillstand war für das Osmanische Reich nicht nur der Krieg zu Ende gegangen. Besiegelt war damit im Grunde auch der Untergang eines der am längsten existierenden Großreiche der Geschichte. Das Haus Osman hatte die osmanischen Territorien seit etwa 1299 regiert, das Reich im 14. Jahrhundert in Richtung Südosteuropa erweitert und im 16. Jahrhundert in Ostarabien weitere Gebiete erobert, woraufhin der osmanische Sultan den Titel des Kalifen angenommen hatte – des politischen und religiösen Nachfolgers des Propheten Mohammed und Führers der muslimischen Welt. Als der letzte Sultan der Dynastie, Mehmed VI., Konstantinopel 1922 verließ und ins Exil ging, war das Imperium längst zerfallen. Mehr als ein halbes Jahrhundert lang hatten seine Gegener es als korruptes, repressives Relikt der Vergangenheit angeprangert, als ein »Völkergefängnis« wie die Donaumonarchie der Habsburger. Mit dem Ende des Krieges, so hofften viele, würden die christlichen und arabischen Völkerschaften, die im Osmanischen Reich so lange unterdrückt schienen, endlich ihre Freiheit erhalten.[161]

Anfang November war Deutschland somit die einzige Mittelmacht, die sich noch im Krieg befand. Obwohl die militärische Lage täglich aussichtsloser wurde, gelang es den Deutschen nach der Niederlage ihrer bulgarischen Verbündeten noch anderthalb Monate, die 400 Kilometer lange Frontlinie im Westen zu halten. Kaum jemand auf deutscher Seite zweifelte in dieser Phase an der Niederlage, aber wie diese Niederlage aussah, darauf wollte man Einfluss nehmen. So hatte Ludendorff das Ausscheiden Bulgariens als willkommenen Vorwand genutzt, den Krieg zu beenden, ohne die Verantwortung für die Niederlage zu übernehmen. Am 29. September, dem Tag des Waffenstillstands in Bulgarien, setzten er und Hindenburg dem Kaiser ihre Einschätzung der militärischen Lage auseinander – mit allen politischen Konsequenzen. Bei dem zu erwartenden weiteren Vormarsch der Alliierten und der schlechten Kampfmoral der deutschen Soldaten sei es geboten, die Kampfhandlungen so rasch wie möglich zu beenden. »Auf die Truppen sei *kein* Verlaß mehr«, erklärte er knapp, nachdem er diese wiederholt in waghalsige und verlustreiche Offensiven geschickt hatte.[162] Die Schuld an der deutschen Niederlage, die nach seinen Ausführungen »unvermeidbar« war und unmittelbar bevorstand, sah er indes nicht bei der Armeeführung, sondern bei den Abgeordneten der politischen Linken und der Zentrumspartei im Reichstag: »Ich habe aber Seine Majestät gebeten, jetzt auch diejenigen Kreise an die Regierung zu bringen, denen wir es in der Hauptsache zu verdanken haben, dass wir so weit gekommen sind. Wir werden also diese Herren jetzt in die Ministerien einziehen sehen. Die sollen nun den Frieden schließen, der jetzt geschlossen werden muss. Sie sollen die Suppe jetzt essen, die sie uns eingebrockt haben.«[163] Abgesehen davon, dass die OHL versuchte, die Verantwortung für die Niederlage auf die Linken und das Zentrum abzuwälzen, schien die Taktik der »Revolution von oben« noch einen weiteren Vorteil zu versprechen: Präsident Wilson – derjenige unter den westlichen Staatschefs, der Deutschland wohl am weitesten entgegenkommen würde – wäre einer Friedenslösung auf Basis seiner Vierzehn Punkte gewiss eher zugetan, wenn er mit einer demokratisch legitimierten Berliner Regierung verhandelte.[164]

Gemäß der Empfehlung seiner Obersten Heeresleitung ließ Wilhelm II. am 30. September tatsächlich öffentlich verlauten, dass »Männer, die vom Vertrauen des Volkes getragen sind, in weitem Umfange teilnehmen an den Rechten und Pflichten der Regierung«.[165] Mit diesem Erlass initiierte der Kaiser einen zutiefst zynischen Demokratisierungsprozess, der nicht zuletzt die potenziell revolutionäre Stimmung in Deutschland beruhigen sollte, die immer mehr jener glich, die das Zarenregime in Russland zu Fall gebracht hatte.

Die erste Konsequenz dieses überraschenden Reformwillens war die Ersetzung des Reichskanzlers Georg von Hertling – eines eisernen Reformgegners – durch den 51-jährigen Max von Baden. Prinz Max, ein liberaler Intellektueller aus Süddeutschland, unterschied sich erheblich von seinen Vorgängern, was ebenso für seine Regierung galt, die ein weites Spektrum politischer Parteien umfasste.[166] So konnte der Prinz auf die Unterstützung der Fortschrittlichen Volkspartei, der Nationalliberalen, der katholischen Zentrumspartei sowie der Sozialdemokraten zählen und brachte damit die überwältigende Mehrheit der Abgeordneten im Parlament hinter sich. Schon im Juli 1917 hatten diese Parteien ihre Bereitschaft zur Aufnahme von Friedensgesprächen erklärt – und zwar ohne gegnerische Gebietsabtretungen zu verlangen oder andere politische, wirtschaftliche oder finanzielle Zwangsforderungen zu stellen. Die bevorstehende militärische Niederlage brachte diese Kräfte im Herbst 1918 schließlich an die Macht. Am 28. Oktober 1918 wurde die Umwandlung Deutschlands von einer konstitutionellen Monarchie in eine parlamentarische Demokratie mit einer entsprechenden Änderung der Verfassung von 1871 im Reichstag besiegelt.[167]

Zu diesem Zeitpunkt führte die neue Regierung mit Washington bereits seit einigen Wochen Gepräche über eine baldige Waffenruhe. Noch am Tag seiner Berufung hatte der neue Reichskanzler Max von Baden mit Wilsons Regierung Kontakt aufgenommen und um die umgehende Beendigung der Feindseligkeiten auf Grundlage der Vierzehn Punkte ersucht.[168] Leider verlief der Austausch diplomatischer Noten nicht so reibungslos, wie Prinz Max und seine Regierung gehofft hatten. Die erste Antwort vom 8. Oktober, in der Wilson nachfragte, ob die deutsche Regierung den Willen des Volkes repräsentiere und die Vierzehn Punkte akzeptiere, stimmte noch verhalten optimistisch. Doch nachdem das britische Passagierschiff *Leinster* am 11. Oktober durch ein deutsches U-Boot vor der irischen Küste versenkt worden war, traf eine zweite Note ein, in der der amerikanische Präsident Berlin in scharfem Ton für die Fortsetzung von »ungesetzlichen und unmenschlichen Praktiken« der Kriegführung rügte. Darüber hinaus merkte er an, dass die deutsche Regierung nach seiner Ansicht weiterhin in der Hand demokratisch nicht legitimierter Kräfte liege – womit er vermutlich den Kaiser und die OHL meinte.[169] Obwohl Berlin den U-Boot-Krieg am 20. Oktober einstellte und die Demokratisierung der Reichsverfassung vorantrieb, ließ die dritte

Note des amerikanischen Präsidenten keinen Zweifel daran, dass ihm die Reformen nicht ausreichten. Wilson bestand darauf, dass »die Vereinigten Staaten ausschließlich mit glaubwürdigen Repräsentanten des deutschen Volkes« Gespäche führten. »Sind sie jedoch gezwungen, mit den militärischen Führern und monarchischen Alleinherrschern Deutschlands zu verhandeln … so müssen sie keine Friedensverhandlungen fordern, sondern die Kapitulation.«[170]

Das deutsche Oberkommando reagierte darauf brüsk und befahl den Truppen, sich für einen »Kampf bis zum äußersten« bereit zu machen, um eine schmachvolle Kapitulation zu vermeiden. Aber Max von Baden war fest entschlossen, den Krieg um jeden Preis zu beenden. Und der Kaiser, konfrontiert mit immer lauteren Forderungen nach seiner Abdankung, die Deutschland bessere Friedensbedingungen zusichern würden, sprang seinem neuen Reichskanzler gegen das Oberkommando bei.[171] Am Morgen des 26. Oktober bestellte Wilhelm II. Ludendorff und Hindenburg zu einer Audienz, in deren Verlauf er Ludendorff entließ. Hindenburg, dessen Suspendierung, so fürchtete die Regierung, eine weitere Demoralisierung der Armee zur Folge haben könnte, durfte bleiben, wurde durch die Berufung Wilhelm Groeners zum neuen Ersten Generalquartiermeister der OHL im Grunde aber kaltgestellt.[172]

All diese Maßnahmen bewirkten im Grunde nichts, denn sie kamen viel zu spät. Die aussichtslose Lage auf dem Schlachtfeld hatte den Durchhaltewillen der Bevölkerung und der Soldaten längst erlahmen lassen. Wie zuvor in Russland hatten die militärischen Niederlagen und Verluste, die allgemeine Kriegsmüdigkeit und die wirtschaftliche Not längst den Boden bereitet für den Ausbruch einer Revolution. Dabei führten die revolutionären Ereignisse in Deutschland die Niederlage keineswegs herbei, wie nationale Kreise in den Folgejahren behaupten sollten. Ausgelöst worden waren sie – genau wie in Russland – durch materielle Entbehrungen, Streiks in der Industriearbeiterschaft und Unzufriedenheit unter den Soldaten. Die Strapazen des Krieges untergruben am Ende die Legitimation der kaiserlichen Herrschaft und der De-facto-Militärdiktatur, zu der diese Herrschaft in den letzten beiden Kriegsjahren verkommen war. Das

Regime war schließlich weder in der Lage, die bittere Not der Zivilbevölkerung zu lindern noch den Krieg siegreich zu beenden.[173]

Mit dem militärischen Zusammenbruch im Herbst 1918 hatte das Kaiserreich den letzten Rückhalt im Volk verloren. Der Zerfall der Militärdisziplin, die Zerrüttung des semi-autoritären Regierungssystems, der äußere Druck vonseiten der Alliierten (insbesondere durch die von Wilson proklamierten Vierzehn Punkte), die lähmende Kriegsmüdigkeit an der Heimatfront und das Beispiel Russlands (dem die sich Ende 1918 formierenden Arbeiter- und Soldatenräte nachzueifern schienen) – das alles trug zu der tiefen Legitimitätskrise bei, in die das deutsche Kaiserreich im Herbst 1918 geraten war.[174]

Die deutsche Revolution begann mit einem Aufstand der in der Heimat stationierten Matrosen und Soldaten. Der Funken, der das Pulverfass zur Explosion brachte, war eine Order des Oberkommandos der kaiserlichen Marine: Am 28. Oktober 1918 befahl Admiral Reinhard Scheer der Flotte auszulaufen und der Royal Navy in einer letzten Entscheidungsschlacht entgegenzutreten. »Wenn auch nicht zu erwarten ist, daß hierdurch der Lauf der Dinge eine entscheidende Wendung erfährt«, so heißt es in einem Strategiepapier der Marine von Mitte Oktober, »so ist es doch aus moralischen Gesichtspunkten Ehren- und Existenzfrage der Marine, im letzten Kampf ihr Äußerstes getan zu haben.«[175]

An der Wiederherstellung der »Ehre« war dem Oberkommando der Marine anscheinend besonders gelegen, hatte sich die deutsche Kriegsflotte mit ihren teuren Schiffen doch bis dahin als nahezu nutzlos erwiesen: zu klein, um die Royal Navy entscheidend schlagen zu können, und außerstande, die britische Seeblockade zu durchbrechen, mit der die Alliierten die Deutschen auszuhungern suchten. Seit der unentschiedenen Seeschlacht vor dem Skagerrak Ende Mai 1916 hatte sich die Marine auf den U-Boot-Krieg beschränkt.[176] Nun schienen die Admiräle einen dramatischen Schlusspunkt setzen zu wollen: eine großangelegte Flottenoffensive gegen den britischen Gegner, wohl wissend, dass dies die komplette Zerstörung der deutschen Hochseeflotte bedeuten konnte.[177] Doch dazu wollten die Matrosen sich nicht hergeben. Viele weigerten sich, die diesbezüglichen

Befehle auszuführen, und so kam es auf einigen Schiffen vor Wilhelmshaven zu Meutereien. Die Marineführung ergriff drastische Gegenmaßnahmen, was die Proteste nur weiter anheizte. Die Unruhen sprangen rasch auf den Flottenstützpunkt in Kiel über, wo sich die Werftarbeiter den Matrosen anschlossen. Die Revolte gegen das vermeintliche »Selbstmordkommando« nahm politische Züge an, als die Revolutionäre Frieden um jeden Preis und die umgehende Abdankung des Kaisers verlangten – Forderungen, die denen der russischen Aufständischen in Petrograd Anfang 1917 auf besorgniserregende Weise ähnelten.[178]

In dem Wunsch, die Verhandlungen mit den Alliierten nicht zu gefährden und die Ordnung im Land umgehend wiederherzustellen, entsandte der Reichskanzler seinen Freund Conrad Haußmann, einen Delegierten der liberalen Fortschrittspartei, sowie den gelernten Korbmacher Gustav Noske, einen führenden sozialdemokratischen Abgeordneten, nach Kiel, wo sie die Situation wie die Gemüter der Aufständischen beruhigen sollten. Dort angekommen, begriffen die Politiker rasch, dass es sich bei den Unruhen längst nicht mehr um eine schlichte Meuterei handelte. Bereits am Bahnhof wurden sie von einer großen Menge Protestierender empfangen, die ihre Forderungen wiederholten. Noske hielt eine Rede, in der er allen Meuternden Straffreiheit zusicherte und ankündigte, dass in wenigen Tagen ein Waffenstillstand unterzeichnet werde. Als es ihm am Abend endlich gelang, telefonisch Kontakt zum Kabinett aufzunehmen, war sein Bericht niederschmetternd: Jegliche militärische Disziplin sei zusammengebrochen, und die Meuterer verlangten ultimativ einen sofortigen Waffenstillstand sowie die Abdankung des Kaisers.[179]

Alle Hoffnungen auf Eindämmung der Kieler Meuterei zerschlugen sich in den nächsten Tagen. Die Unruhen griffen auf die Hafenstädte Bremen, Lübeck, Wismar, Cuxhaven, Hamburg und Tilsit über und wuchsen sich zu einer ernstzunehmenden Revolte aus.[180] Am 7. November erfasste der Aufstand auch das Landesinnere. Bei einer sozialistischen Demonstration in München strömten Zehntausende auf die Straße. Am nächsten Morgen rief Kurt Eisner, Mitglied der Unabhängigen Sozialdemokraten, in Bayern eine sozialistische Republik aus. Aufständische Matrosen und Soldaten trugen die Revolution weiter, Arbeiter- und Soldatenräte wurden gegründet.[181] Durch die Straßen Dresdens wälzten sich gewaltige Protestaufmärsche, angeführt von Soldaten, welche die sofortige Beendigung des Krieges forderten und die Stadt schließlich unter ihre Kontrolle brachten. In Berlin schrieb der Kosmopolit und adlige Republikaner Harry Graf Kessler in sein Tagebuch: »Rote strömten mit allen Zügen von Hamburg nach Berlin. Man erwartet für heute Abend hier einen Putsch.«[182]

Die politische Ordnung im Deutschen Reich brach nach wenigen Tagen zusammen. Angefangen hatte es am 8. November mit der Absetzung des alternden Königs Ludwig III., dessen Haus Wittelsbach Bayern ohne Unterbrechung über ein Jahrtausend regiert hatte. Innerhalb von Stunden kam es zur widerstandslosen Absetzung aller 22 weniger bedeutenden deutschen Könige, Fürsten und Herzöge. Gegen Mittag des 9. November saß nur noch der König von Preußen und deutsche Kaiser Wilhelm II. auf dem Thron.[183]

Währenddessen bemühte sich die Regierung verzweifelt, die Revolution irgendwie unter Kontrolle zu bringen oder zumindest ihre Radikalisierung zu vermeiden. Friedrich Ebert, neben Philipp Scheidemann Vorsitzender der SPD, fürchtete einen bolschewistischen Umsturz ebenso sehr wie Max von Baden, war aber zu der Überzeugung gelangt, dass man den Hauptforderungen der Massen nachgeben müsse. Am 7. November warnte Ebert den Reichskanzler: »Wenn der Kaiser nicht abdankt, dann ist die soziale Revolution unvermeidlich.« Am selben Tag traf auch ein alliiertes Ultimatum bei der Regierung ein, in dem die Abdankung des Kaisers und seines Kronprinzen bis zum Mittag des nächsten Tages gefordert wurde. Wilhelm II. dachte indessen nicht daran, sich in das Unvermeidliche zu fügen, sondern erklärte Prinz Max am 8. November telefonisch seine Absicht, an der Spitze kaisertreuer Truppen nach Berlin zurückzukehren und für Ordnung zu sorgen.[184] Dabei war der Kaiser zu diesem Zeitpunkt gar nicht mehr Herr seines politischen Schicksals. Bei einem von General Groener am 9. November einberufenen Treffen von 39 rangmittleren Frontkommandeure an der Westfront zeigte sich, dass die Armee den kaiserlichen Befehl höchstwahrscheinlich verweigern würde, falls der Monarch tatsächlich den Marsch auf die Reichshauptstadt anordnen sollte.[185]

In Berlin hatten die Unabhängigen Sozialdemokraten (USPD) für den nächsten Morgen zu einer Massenkundgebung aufgerufen und die Mehrheitssozialdemokraten (MSPD) den Druck auf Max von Baden so erhöht, dass dieser am Mittag die Abdankung des Kaisers bekannt gab – ohne die Einwilligung des Monarchen abzuwarten. Während Zehntausende auf den Straßen gegen den Kaiser demonstrierten und die Errichtung einer Republik verlangten, bot der Prinz Friedrich Ebert die Kanzlerschaft an.[186]

Eberts Mitvorsitzender der MSPD, Philipp Scheidemann, kam den Forderungen der Massen am Nachmittag desselben Tages nach und rief – gegen den Willen Eberts – vom Balkon des Reichstagsgebäudes die Republik aus. Scheidemann verfolgte mit dieser Proklamation vor allem das Ziel, einer ähnlichen Verlautbarung radikalerer Sozialisten zuvorzukommen. Scheidemann versicherte der begeisterten Menge, dass der neuen Regierung beide sozialistischen Parteien im Reich angehören würden. Darüber hinaus versuchte er, die Geburt der Republik als einen aus der Niederlage geborenen Sieg umzudeuten: »Das deutsche Volk hat auf der ganzen Linie gesiegt. Das alte Morsche ist zusammengebrochen; der Militarismus ist erledigt!«[187]

Am Abend des 9. November war das alte Regime gestürzt. Der Kaiser floh am nächsten Morgen ins niederländische Exil. In Berlin wählten die Räte eine provisorische Regierung für die soeben aus der Taufe gehobene deutschen Republik. Sie erhielt den revolutionären Namen »Rat der Volksbeauftragten« und bestand aus sechs Mitgliedern: drei Mehrheitssozialdemokraten (Friedrich Ebert, Philipp Scheidemann und Otto Landsberg) und drei Unabhängigen Sozialdemokraten (Hugo Haase, Wilhelm Dittmann und Emil Barth). Ebert würde die Regierung führen.[188]

Nun ging es zuallerst darum, den Krieg so schnell wie möglich zu beenden, die Truppen heimzuholen und einen Bürgerkrieg zu vermeiden. Am 11. November 1918, früh morgens um 5 Uhr, unterzeichnete die vom Zentrumsabgeordneten Matthias Erzberger angeführte Abordnung der provisorischen deutschen Regierung in einem Eisen-

Am 9. November 1918 ruft der Vorsitzende der deutschen Mehrheitssozialdemokraten, Philipp Scheidemann, von einem Balkon des Berliner Reichstagsgebäudes die Republik aus.

bahnwaggon im Wald bei Compiègne das Waffenstillstandsabkommen.[189] Für ein Volk, das noch wenige Monate zuvor gedacht hatte, der baldige Sieg würde es für die Opfer und Entbehrungen von vier langen Kriegsjahren entlohnen, waren die Bedingungen nur schwer zu akzeptieren: Die deutsche Armee musste alle besetzten Gebiete an der Westfront umgehend räumen und zugleich große Mengen Kriegsmaterial sowie die Hochseeflotte an die Alliierten aushändigen. Die linksrheinischen deutschen Gebiete sollten besetzt werden und Elsass-Lothringen an Frankreich zurückfallen. Um deutsches Wohlverhalten sicherzustellen, sollte die Seeblockade bestehen bleiben mit der unausweichlichen Folge, dass große Teile der deutschen Zivilbevölkerung weiter Hunger litten. In einer offiziell verlesenen Protestnote warnte Erzberger die Alliierten, dass diese Konditionen Deutschland in Anarchie und Chaos stürzen würden. Dennoch unterzeichnete er den Waffenstillstandsvertrag, der bereits sechs Stunden später, um 11 Uhr vormittags, in Kraft trat. Damit schwiegen auch an der Westfront die Waffen.[190]

TEIL II

Revolution und Konterrevolution

Man redete uns vor, daß der Krieg nun zu Ende sei. Wir lachten darüber. Denn der Krieg, das waren wir selbst. Seine Flamme brannte in uns fort und umzog unser ganzes Tun mit dem glühenden und unheimlichen Bannkreis der Zerstörung.

FRIEDRICH WILHELM HEINZ, *Sprengstoff* (1930)

Überall ringsum herrschen Irrsinn und Gefahr … eine dicke düstere Wolke zieht sich über uns zusammen, und ein großer schwarzer Abgrund tut sich vor uns auf.

SALOMON GRIGOREWITSCH GUREWITSCH
(Smolensk, 1917)

Die bürgerliche Revolution von 1789 – Revolution und Krieg in einem – öffnete dem Bürgertum das Tor zur Welt … Die jetzige Revolution, die ebenso ein Krieg ist, öffnet, wie es scheint, den Massen das Tor zur Zukunft.

BENITO MUSSOLINI in einer Rede in Bologna,
19. Mai 1918

Der Krieg ist nicht zu Ende

Zwei Tage nach dem offiziellen Ende der Kampfhandlungen an der Westfront, am 13. November 1918, startete die Rote Armee mit Unterstützung lettischer Bolschewiki in den baltischen Grenzregionen des einstigen Zarenreichs eine Großoffensive. Lenin und Trotzki wollten die Gelegenheit, die die deutsche Niederlage im Weltkrieg bot, nutzen, um die durch den Vertrag von Brest-Litowsk verlorenen Gebiete zurückzuerobern. Der Zeitpunkt schien Lenin zudem günstig, da die Revolutionen in Berlin, München, Wien und Budapest ihn in der Hoffnung bestärkten, der Bolschewismus werde sich nun nach Westen ausbreiten.[1]

Die Rote Armee und ihre lettischen Verbündeten waren im November 1918 klar im Vorteil: Meuternde und demoralisierte deutsche Soldaten strömten aus ihren Garnisonen im Osten zurück ins Reich, und die neuen nationalen Armeen in Ostmitteleuropa waren noch im Aufbau. Ohne größere Gegenwehr überrannte die Rote Armee die soeben erst unabhängig gewordenen Staaten Estland und Lettland und stieß nach der Wiedereinnahme Rigas am 3. Januar in Richtung Litauen vor. Fünf Tage später fiel Vilnius.

Lenin machte sich umgehend daran, die Revolution in den neu besetzten Gebieten voranzutreiben, schließlich war die Entscheidung, das Abkommen von Brest-Litowsk zu unterzeichnen und so das Überleben des Sozialismus in Russland zu sichern, nur eine vorläufige und rein strategische Abkehr von seinem großen Ziel gewesen: dem Entfachen einer bolschewistischen Weltrevolution. Die von den Bolschewiki gestützten lettischen und litauischen Räteregierungen und ihr erheblich kleineres estnisches Äquivalent – die »Arbeiterkommune« mit Sitz in Narva – begannen umgehend damit, radikale Reformen wie etwa die Enteignung und Verstaatlichung des Sach- und Grundbesitzes der Mittelschichten durchzusetzen. Die Proteste der hungernden Bevölkerung wurden mit brutaler Gewalt unterdrückt.[2]

Keine der baltischen Sowjetrepubliken sollte lange überdauern. Doch während die Kommune in Narva schon nach wenigen Wochen von gegenrevolutionären estnischen Truppen gestürzt wurde, ließen sich die lettischen und litauischen Sowjets nur mit massiver ausländischer Unterstützung entmachteten.

Angesichts der vorrückenden Bolschewiki beschlossen die Westalliierten, die neue deutsche Reichsregierung unter Friedrich Ebert trotz erheblichen Unbehagens aufzufordern, den Rückzug deutscher Truppen aus dem Baltikum zu stoppen, da weder London noch Paris über hinreichende Streitkräfte in der Region verfügten. Schon kurz vor dem Fall Rigas am 29. Dezember hatte die lettische Regierung mit Zustimmung der Briten zur Bildung eines deutsch-baltischen antibolschewistischen Kampfverbandes aufgerufen – der Baltischen Landeswehr, die sich aus Freiwilligen der deutschen Minderheit und Verstärkungstruppen aus dem Reich zusammensetzte. Gemeinsam mit den Resten der noch immer im Baltikum stehenden 8. Armee bildeten deutsche Freiwillige nun die »Eiserne Division« – eine stattliche Kampftruppe, die bald auf eine Gesamtstärke von 16 000 Mann anwuchs. Die Eiserne Division unterstand dem charismatischen und hochdekorierten Major Josef Bischoff, der auf eine lange und wechselvolle militärische Laufbahn zurückblicken konnte. Zwischen 1904 und 1906 hatte er am genozidalen Feldzug gegen die Herero und Nama in Deutsch-Südwestafrika teilgenommen und war seit 1914 an so gut wie jeder Weltkriegsfront im Einsatz gewesen.[3]

Um weitere Freiwillige aus dem Reich gegen die Bolschewiki zu gewinnen, machte die lettische Regierung allen Deutschen, die mindestens vier Wochen gegen die Bolschewiki kämpften, das Angebot, sich danach als Bauern in Lettland niederzulassen. Die Aussicht auf Land war durchaus verlockend für ehemalige Soldaten, die im Deutschland der Nachkriegszeit eine düstere und unsichere Zukunft mit potenziell langfristiger Arbeitslosigkeit erwartete. Überdies beflügelte die Offerte weit verbreitete Expansionsphantasien von der deutschen Besiedlung des Ostens,[4] und so meldeten sich bei den Rekrutierungsstellen in Berlin und in anderen deutschen Städten Tausende von Freiwilligen, als das Angebot der lettischen Regierung am 9. Januar 1919 in Deutschland publik wurde.[5]

Die Aussicht auf »Lebensraum« und Ackerland war allerdings nur einer von vielen Gründen, der deutsche Freiwillige bewog, den Dienst

Deutsches Freikorps im Baltikum, 1919. Die Niederlage Deutschlands im November 1918 hatte den Einmarsch sowjetischer Truppen in die jungen baltischen Staaten zur Folge. Freikorpsverbände kämpften sowohl gegen Bolschewiki wie gegen baltische Nationalisten.

im Osten anzutreten. Einige reizte der nahezu vollständige Zusammenbruch jeglicher staatlichen Ordnung im Baltikum, der ihnen die Chance bot, ihre Gewaltphantasien auszuleben. Sie zogen marodierend umher, ließen sich lange Bärte wachsen und stilisierten sich zu modernen Freibeutern oder Piraten, die im Klima völliger Gesetzlosigkeit eine Gelegenheit zur Selbstbereicherung sahen. Andere wollten einfach nur ihr Soldatenleben fortsetzen, insbesondere den Kampf gegen den Bolschewismus, und sahen in dem Feldzug in Lettland eine Chance, die Niederlage und die Schmach des Waffenstillstandsabkommens zu tilgen. Nicht von ungefähr bezeichneten sich viele dieser Freiwilligenverbände als »Freikorps« – ein Begriff, der seit den Befreiungskriegen gegen Napoleon (1813–1815) positiv besetzt war. Damals hatten deutsche Freiwillige nach der militärischen Demütigung Preußens durch die Franzosen erheblich dazu beigetragen, dass Napoleon am Ende besiegt wurde.

Im Februar 1919 trafen Freikorpssoldaten in großer Zahl im Baltikum ein, um, wie sie glaubten, die Region und ganz Europa gegen den

Bolschewismus zu verteidigen. Baltische Landeswehr und Eiserne Division wurden dem Zentralkommando des vormaligen Infanteriegenerals Rüdiger von der Goltz unterstellt, der schon im Frühjahr 1918 die Weißen im finnischen Bürgerkrieg beim Sieg über ihre linksgerichteten Gegner unterstützt hatte. Mitte Februar rückten die deutschen Streitkräfte – von der Goltz zufolge zwischen 30 000 und 40 000 Mann – von ihrem Hauptquartier in Libau aus auf breiter Front gegen die Bolschewiki vor.[6] Schon nach kurzer Zeit nahmen sie die historisch deutsch besiedelten Städte Goldingen (Kuldīga), Windau (Ventspils) und Mitau (Jelgava) ein. In blutigen Kämpfen wurde die lettische Ostseeküste innerhalb weniger Wochen von den Bolschewiki »befreit«. Kurz darauf trafen die Freikorps Vorbereitungen für den Marsch auf Riga, Lettlands größte Stadt, deren Besetzung das eigentliche Ziel des Baltikumfeldzugs war.[7]

Die Offensive im Baltikum unterschied sich in vielerlei Hinsicht von den Kämpfen der vergangenen vier Jahre, nicht zuletzt weil es sich im Grunde um einen Konflikt ohne klar umrissene Frontlinien oder deutlich identifizierbare Kombattanten handelte.[8] Russische und lettische Kommunisten und sogar einige ehemalige deutsche Kriegsgefangene kämpften hier aufseiten der Bolschewiki, oft in improvisierten Uniformen oder getarnt als Zivilisten. Bei den deutschen Truppen verstärkte das den Eindruck, in einem Guerillakrieg zu stehen, in dem jeder Gegner skrupellos bekämpft und gnadenlos getötet werden müsse. So berichtete etwa der deutschbaltische Freiwillige Alfred von Samson-Himmelstjerna, dass seine Einheit grundsätzlich keine Gefangenen machte: »Am Leben konnte keiner gelassen werden.«[9]

Die drastische Gewalt der Kampagne im Baltikum wird in einer ganzen Reihe autobiographischer Berichte geschildert, etwa in den Erinnerungen des späteren Auschwitz-Kommandanten Rudolf Höss, der nach 1918 als Freiwilliger in Lettland diente: »Die Kämpfe im Baltikum waren von einer Wildheit und Verbissenheit, wie ich sie weder vorher im Weltkrieg noch nachher in all den Freikorpskämpfen erlebt habe. Eine eigentliche Front gab es kaum, der Feind war überall. Und wo es zum Zusammenstoß kam, wurde es eine Metzelei bis zur restlosen Vernichtung.«[10]

Bei Höss, der seinen Bericht kurz vor der Hinrichtung als Kriegsverbrecher 1947 in Polen verfasste, ist sicher Skepsis angebracht, versuchte er doch, die eigene Verrohung als Folge seines Aufwachsens in einer Zeit des Krieges und der Barbarei zu rechtfertigen. Andere ehemalige Freikorpssoldaten, die ihre Berichte während der Zeit des Nationalsozialismus veröffentlichten, suchten sich als frühe Bolschewistenhasser zu stilisieren, weil das im »Dritten Reich« opportun und der Karriere förderlich war.[11] Dennoch ist nicht zu bezweifeln, dass die Kämpfe im Baltikum von extremer Brutalität und gezielter Gewalt gegen Zivilisten, die man für bolschewistische Sympathisanten hielt, geprägt waren. Allein in Mitau (Jelgava) exekutierten Freikorpssoldaten etwa 500 lettische Zivilisten, die im Verdacht standen, den Bolschewiki geholfen zu haben; weitere 325 wurden in den Kleinstädten Tuckum (Tuckums) und Dünamünde (Daugavgrīva) hingerichtet.[12] Gewalt gegen die Zivilbevölkerung hatte es auch in den vorangegangenen vier Jahren schon gegeben, insbesondere an der Ostfront, aber sie war im Rahmen eines großen Konflikts zwischen uniformierten Streitkräften stets eine Ausnahme geblieben. Nach 1918 aber, als die Truppen sich nicht mehr an das allgemeine Kriegsrecht oder andere militärische Vorschriften gebunden fühlten, wurden Übergriffe auf »verdächtige« Zivilisten zur Norm.

Ihre ungezügelte Gewalt gegen Soldaten wie Zivilisten rechtfertigten die marodierenden deutschen Verbände oftmals mit der angeblich ebenso schonungslosen Brutalität des Gegners. Der deutsche Kriegsfreiwillige Erich Balla schilderte auf drastische Weise die Einnahme eines lettischen Dorfes durch Freikorpssoldaten Anfang 1919. Bei der Durchsuchung eines von zwei lettischen Frauen bewohnten Hauses fanden Balla und seine Leute »die Leichen von fünf deutschen Soldaten, die auf das Grauenhafteste verstümmelt sind. Allen sind die Augen ausgestochen, die Nasen, die Zungen und die Geschlechtsteile abgeschnitten.«[13] Das Entsetzen über die Entdeckung der entstellten Soldaten wich rasch unbändiger Wut: »Zwei, drei Mann, vom gleichen Gedanken besessen, stürmen nach oben. Man hört das dumpfe Krachen von Kolbenschlägen, die beiden Weiber liegen tot auf dem Estrich ihrer Stube.«[14]

Für das Zweckbündnis von deutschen Freiwilligenverbänden und lettischer Regierung stellten die Übergriffe der Freikorps auf lettische Zivilisten eine enorme Belastung dar. Kaum war das Ziel des Feldzugs – die Vertreibung der Roten Armee – Ende März größtenteils erreicht, brach es auch infolge der gänzlich unterschiedlichen Interessen auseinander. Denn während Kārlis Ulmanis, der Vorsitzende des lettischen Volksrats, der nach Jahren im amerikanischen Exil 1913 nach Lettland zurückgekehrt war und im November 1918 die Unabhängigkeit seines Landes von Russland erklärt hatte, lange geglaubt hatte, die deutschen Soldaten ließen sich im Laufe der Zeit in friedliebende lettische Bauern verwandeln, verfolgten Goltz und seine Leute ganz andere Pläne. Auf die Forderung der lettischen Führung nach dem Rückzug der deutschen Truppen antworteten sie mit einem Putsch.

Am 16. April 1919 entmachteten Freikorpssoldaten Ulmanis' Kabinett und installierten eine Marionettenregierung unter dem Pastor Andreas Needra, von dem Goltz zu Recht annahm, dass er für deutsche Interessen empfänglicher sein werde.[15] Die Alliierten, die sich durch den Putsch von Berlin getäuscht fühlten, forderten von der Regierung Ebert die sofortige Rückberufung sämtlicher Freikorps nach Deutschland, worauf diese mit dem Hinweis reagierte, dass die Westmächte das Baltikum dann selbst gegen die Bolschewiki verteidigen müssten. Die Alliierten lenkten ein und rückten von ihrer ultimativen Forderung nach dem deutschen Abzug ab.[16]

Ende Mai 1919 gipfelte der Feldzug im Baltikum in der Schlacht von Riga. Die Stadt an der Ostsee war eine multi-ethnische baltische Metropole mit über einer halben Million Einwohner – darunter eine beträchtliche deutsche Minderheit – und vor dem Krieg die viertgrößte des Russischen Reiches.[17] Im Jahr 1915 war sie zur »Frontstadt« geworden und hatte – vor allem aufgrund der russischen Zwangsevakuierungen von Rüstungsarbeitern und deren Familien – viele Einwohner verloren.[18] Im September 1917 waren die Deutschen in die Stadt einmarschiert, hatten sie aber nach ihrer Niederlage im Herbst 1918 wieder geräumt. Anfang Januar 1919 folgte die Besetzung durch russische und lettisch-bolschewistische Truppen. In diesen unruhigen

Kriegsjahren hatte Riga stark gelitten und insgesamt etwa die Hälfte seiner Einwohnerschaft eingebüßt.[19]

Der Angriff der Deutschen im Mai 1919 war ein weiterer Schlag. Unmittelbar nach dem Sieg über die bolschewistischen Streitkräfte übten die Freikorpssoldaten blutige Rache an kommunistischen Sympathisanten, Männern wie Frauen, die man bezichtigte, als Heckenschützen auf deutsche Soldaten gefeuert zu haben. Wie sich einer der Freikorpskämpfer erinnerte, richtete sich der Hass speziell gegen kommunistische »Flintenweiber«, die generell viel Raum in den Memoiren der deutschen Soldaten einnehmen: »Die Wut der [Deutsch] Balten … tobte sich jetzt in den Straßen aus. Sie richtete sich – es ist schrecklich, das auch nur zu sagen – gegen Mädchen zwischen 16 und 20 Jahren. Es waren dies die sogenannten ›Flintenweiber‹, meist bildhübsche Dinger … Sie verbrachten ihre Nächte in der Wollust des Geschlechtsrausches und ihre Tage in der Wollust des Grauens … Die Balten übten keine Gnade, sie sahen nicht die Jugend und den äußeren Liebreiz, sie sahen nur die Teufelsfratze und schlugen, schossen, stachen sie tot, wo immer sie sich zeigte. Vierhundert Flintenweiber lagen am 22. Mai 1919 in den Straßen von Riga in ihrem Blut. Gleichgültig schritt der genagelte Schuh der marschierenden deutschen Freiwilligen über sie hinweg.«[20]

Brutale Gewalt gegen Frauen – von Vergewaltigungen bis hin zu Morden – war in diesem Konflikt alltäglich. In *Der Fangschuss* (1939), einem der bekanntesten Romane der Zwischenkriegszeit, macht Marguerite Yourcenar unter anderem auch dieses Grauen zum Thema. Im Mittelpunkt steht die deutschlettische kommunistische Partisanin Sophie von Reval, die ihren einstigen Liebhaber, den Offizier und Erzähler des Romans, Erich von Lhomond, verrät, bevor sie gefasst und ihm zur Bestrafung ausgeliefert wird: »Er hielt mir einen Revolver hin, ich nahm den meinen und ging automatisch einen Schritt vor … Aber ihre Lippen blieben stumm; mit einer zerstreuten Geste hatte sie begonnen, oben ihre Jacke aufzuknöpften, als ob ich ihr den Revolver direkt aufs Herz drücken wollte. Ich muß gestehen, daß, was so selten geschah, meine Gedanken sich diesem lebendigen und warmen Körper zuwandten … und fühlte mich von einer Art absurden Schmerzes um die Kinder erfüllt, die diese Frau in die Welt hätte setzen können und die ihren Mut und ihre Augen geerbt hätten … Ich wandte den Kopf ab und zielte, etwa wie ein verschrecktes Kind, das in der Silvesternacht einen Knallfrosch explodieren läßt. Nach dem ersten Schuß war nur ein Teil des Gesichtes verschwunden … Beim zweiten Schuß war alles getan.«[21]

Yourcenars fiktive Darstellung wurde von der Realität meist noch übertroffen, wobei sich die Gewalt nicht nur gegen Frauen, sondern in noch stärkerem Maße gegen Männer richtete. Allein in Riga fanden nach einigen Schätzungen während des antibolschewistischen Terrors nach Einnahme der Stadt rund 3000 Menschen den Tod.[22]

Nach der Niederlage von Riga zogen die russischen Bolschewiki aus dem Baltikum ab. Wie berauscht von ihrem Sieg, planten die deutschen Truppen nun die Einnahme Estlands und widersetzten sich damit erneut den Forderungen der Briten, die den sofortigen Abzug der Freikorps verlangten. Da London aber nach wie vor keine Truppen im Baltikum hatte, mussten die Deutschen durch einheimische Verbände aus Estland und Lettland gestoppt werden. In der Schlacht von Wenden am 22. Juni gelang es einer Streitmacht aus estnischen und lettischen Kräften schließlich, die Freiwilligen zu bezwingen. In einer Reihe kleinerer Gefechte wurden die Deutschen bis zum 3. Juli immer weiter zurückgedrängt. Von der Goltz sah sich schließlich zum Eingeständnis der Niederlage und zur Unterzeichnung des Abkommens von Strasdenhof gezwungen und zog mit seinen verbliebenen Männern aus Riga ab. Der im April 1919 im Zuge des Staatsstreichs abgesetzte Ulmanis übernahm daraufhin erneut das Amt des Ministerpräsidenten.[23]

Das wiederholte Scheitern ihrer Offensiven und das Bekanntwerden der alliierten Friedenbedingungen im Mai 1919 ließen die Freikorpsmänner indes noch unberechenbarer werden. Viele meuterten und weigerten sich, dem Befehl der Reichsregierung zur sofortigen Rückkehr nach Deutschland zu folgen.[24] Rund 14 000 schwer bewaffnete und weitgehend enthemmte deutsche Soldaten blieben in Lettland und verbündeten sich mit der westrussischen Weißen Armee unter ihrem exzentrischen Oberkommandierenden Fürst Pawel

Bermondt-Awaloff.[25] Diese deutschen Freiwilligenverbände und Bermondt-Awaloffs Truppen kämpften einige Zeit weiter gegen die Letten. Was sie zum Überleben benötigten, requirierten sie rücksichtslos bei der ländlichen Bevölkerung. Ohne Nachschub an Kriegsmaterial und neue Rekruten aus Berlin büßten sie aber zusehends an Kampfkraft ein. Gleichzeitig verstärkte die Requirierung von Lebensmitteln durch deutsche Soldaten den Widerstandswillen der lettischen Bevölkerung, deren Armeen letztlich die Oberhand gewannen.[26]

Friedrich Wilhelm Heinz, einer der deutschen Freikorpskämpfer, hat später davon berichtet, wie die zurückweichenden deutschen Soldaten ihre Wut und ihren Hass an der lettischen Zivilbevölkerung ausließen. Sie brannten Dörfer nieder, legten Höfe in Schutt und Asche, töteten deren Bewohner und plünderten, was noch übrig war. »So hetzten wir rastlos zum Angriff … die Fäuste niederprasseln lassend in zerstörerischer Lust.«[27] Ein anderer Freiwilliger, Ernst von Salomon, blickte voller Stolz zurück auf die ritualisierte Gewalt, die er während dieses Rückzugs erlebt hatte: »Wir knallten in überraschte Haufen und tobten und schossen und schlugen und jagten. Wir trieben die Letten wie Hasen übers Feld und warfen Feuer in jedes Haus und pulverten jede Brücke zu Staub und knickten jede Telegraphenstange. Wir schmissen die Leichen in die Brunnen und warfen Handgranaten hinterdrein. Wir erschlugen, was uns in die Hände fiel, wir verbrannten, was brennbar war … Wir hatten nichts mehr von menschlichen Gefühlen im Herzen … Eine riesige Rauchfahne bezeichnete unseren Weg. Wir hatten einen Scheiterhaufen angezündet … da brannten die Gesetze und Werte der zivilisierten Welt.«[28]

Die Freischärler, die den Rückzug überlebten, trafen Ende 1919 in Deutschland ein. Nicht wenige trugen die Gewalt zurück ins Reich und schlossen sich Untergrundorganisationen der extremen Rechten wie der »Organisation Consul« (OC) an. 1921 waren ehemalige Freikorpskämpfer und Mitglieder der OC am Mord an Matthias Erzberger, der das Waffenstillstandsabkommen von Compiègne für die deutsche Regierung unterzeichnet hatte, unmittelbar beteiligt und ebenso am Attentat auf den jüdisch-deutschen Außenminister Walther Rathenau im Jahr darauf.[29] Aber es gab auch Freiwillige, die in ihre Heimatstädte und Dörfer zurückkehrten und endlich versuchten, mit den vielen Jahren des ununterbrochenen Kampfes abzuschließen. Die Menschen, die östlich der deutschen Reichsgrenze lebten, hatten diese Option freilich nicht, denn in weiten Teilen Ostmitteleuropas setzte sich die Gewalt nach 1919 unvermindert fort.

Die russischen Bürgerkriege

Ende 1919 versank das einstige Zarenreich im Chaos. Was gemeinhin als »russischer Bürgerkrieg« bezeichnet wird, waren in Wahrheit viele sich überschneidende und gegenseitig befeuernde Konflikte: die rasch eskalierende Auseinandersetzung zwischen Lenins bolschewistischer Regierungsarmee und ihren sehr vielschichtigen »konterrevolutionären« Gegnern, die Bestrebungen diverser westlicher Grenzregionen, unabhängige Staaten zu gründen und sich so von der Herrschaft Petrograds loszusagen, sowie etliche Bauernaufstände infolge der Beschlagnahmungen dringend benötigter Lebensmittel durch die Kommunisten. Überlagert wurden diese drei unterschiedlichen, aber miteinander verzahnten Konfliktlinien von der Einmischung ausländischer Kräfte: Bis zu ihrer Niederlage im November 1918 kontrollierten die Mittelmächte weite Landstriche an den Westgrenzen des ehemaligen Romanow-Imperiums, derweil die Alliierten schon kurz nach Lenins Austritt aus der Entente beträchtliche Truppenkontingente in diversen Hafenstädten wie Murmansk, Archangelsk, Wladiwostok und Odessa angelandet hatten – bis Ende 1919 rund 180 000 Mann. Ursprünglich dazu gedacht, die Einnahme strategisch wichtiger Häfen und Munitionsdepots durch die Mittelmächte zu verhindern, erwies sich die alliierte Intervention bald als militärische Unterstützung der Weißen Armeen im Kampf gegen den Bolschewismus.[30]

Aus dem komplexen Gefüge gewaltsam agierender Parteien auf dem Gebiet des ehemaligen Zarenreichs stachen zwei Gruppen allein aufgrund ihrer Größe hervor: die Rote Armee – ursprünglich bestehend aus versprengten Soldaten und Matrosen der Zarenarmee, Arbeitermilizen und gerade entlassenen österreichisch-ungarischen

Kriegsgefangenen – und ihre noch heterogeneren Kontrahenten, die Weißen, zu denen Monarchisten und Nationalisten ebenso gehörten wie Menschewiki und Sozialrevolutionäre, die seit ihrer Entmachtung durch den bolschewistischen Putsch ebenfalls gegen Lenins Herrschaft kämpften.[31] Was die Weißen einte, war einzig ihr Antibolschewismus, dagegen lagen ihre politischen Ordnungsvorstellungen für die Zukunft weit auseinander.[32] Das schwächte ihre Kampfkraft. Da gegenseitiges Misstrauen und Rivalitäten zwischen den verschiedenen Fraktionen im Lager der Weißen eine einheitliche Strategie unter einem gemeinsamen Oberkommando unmöglich machten, agierten ihre Militärführer in den unterschiedlichen Regionen des riesigen Landes meist unabhängig voneinander: Alexander Koltschak im Osten, Nikolai Judenitsch und Pawel Bermondt-Awaloff im Nordwesten, General Anton Denikin im Nordkaukasus und der Donregion, Pjotr Wrangel auf der Krim sowie selbsternannte »Atamane« wie Grigori Semjonow und Roman von Ungern-Sternberg in Sibirien und Südrussland.[33]

War die Lage infolge der Uneinigkeit aufseiten der Weißen schon höchst unübersichtlich, wurde sie durch das Eingreifen weiterer regionaler Akteure in den bewaffneten Konflikt zwischen Weißen und Roten noch unübersichtlicher. So beförderten Chaos und Gesetzlosigkeit auf dem Land beispielsweise das Aufkommen einer beachtlichen »grünen« bäuerlichen Heimatschutzbewegung. Und in der Ukraine, einem der am heftigsten umkämpften Gebiete im Bürgerkrieg, befehligte der erst 1917 aus einem zaristischen Gefängnis befreite bäuerliche Anarchist Nestor Machno starke Kampftruppen, die sich wiederholt Gefechte mit der Roten wie der Weißen Armee lieferten.[34]

Welches Ausmaß und welche Heftigkeit der russische Bürgerkrieg annehmen sollte, der letztlich weit mehr als drei Millionen Opfer forderte, war in den ersten Wochen nach der bolschewistischen Machtergreifung in Petrograd, Moskau und anderen großen wie auch mittleren Städten Russlands noch kaum abzusehen. Freilich wussten die Bolschewiki, dass es im russischen Imperium weite Landstriche gab, die sich nicht so leicht unterwerfen ließen. Zu den Gebieten, die sich Lenins Herrschaft von Beginn an widersetzten, zählten das weißrussische Mogilew (wo sich das Hauptquartier des Heeres mit vielen zaristischen Offizieren befand), die ost- und südrussischen Kosakengebiete und weite Teile der deutsch besetzten Grenzregionen im Westen – insbesondere die Ukraine und das Baltikum –, wo die bolschewistischen Truppen auf massive Gegenwehr nationaler Unabhängigkeitsbewegungen stießen.[35] Doch als sich 1917 von den Sowjets entsandte Soldaten und Rotgardisten entlang der Eisenbahnstrecke auf den Weg machten, um Mogilew, Kiew und die Kosakenregionen unter ihre Kontrolle zu bringen, trafen sie zunächst nur auf vereinzelten und meist unkoordinierten Widerstand, was Lenin bewog, die ersten Monate nach der Revolution als »Triumphzug« des Bolschewismus zu bezeichnen.[36]

Es schien sich für Lenin auszuzahlen, dass er den Weltkrieg für Russland beendet hatte. Wie demütigend und verlustreich der Vertrag von Brest-Litowsk auch gewesen sein mochte, er erlaubte es seiner Partei, die sich inzwischen in »Kommunistische Partei« umbenannt hatte, ihre Kräfte und Mittel auf die Bekämpfung innerer Feinde zu richten, anstatt einen zutiefst unbeliebten Krieg fortzuführen. Der neue Kriegskommissar Trotzki setzte alles daran, die Rote Armee für diese Aufgabe zu rüsten und zu einer effektiven militärischen Kampftruppe zu formen. Er warb sogar ehemalige zaristische Offiziere an, welche die ständig wachsende Zahl bäuerlicher Rekruten ausbilden und befehligen sollten. Zur strategischen Absicherung der Revolution gehörte auch, dass Lenin das weniger exponierte Moskau zum Sitz der Regierung machte.[37]

Lenin wie Trotzki wussten dennoch nur zu gut, dass ihre Gegner zahlreich waren und zunehmend entschlossen, die bolschewistische Herrschaft gewaltsam zu beenden.[38] Da es ihnen an einer breiten öffentlichen Unterstützung mangelte und sie sich umzingelt sahen von einer Vielzahl realer und eingebildeter Feinde, setzten die Bolschewiki schon früh auf Terrormaßnahmen gegen das breite Spektrum ihrer Gegner: Weiße (und deren ausländische Unterstützer), gemäßigte Sozialisten und Anarchisten, die sich der bolschewistischen Herrschaft nicht fügen wollten, das Bürgertum sowie nebulöse »Kulaken« (»wohlhabende« Bauern), »Plünderer«, »Spekulanten«, »Hamsterer«,

»Schwarzhändler«, »Saboteure« und andere »Kriminelle« – die sie alle rundweg zu »Volksfeinden« erklärten.[39]

Gesteuert wurde der Terror gegen die Feinde der Bolschewiki von der am 20. Dezember 1917 gegründeten »Außerordentlichen Allrussischen Kommission zur Bekämpfung von Konterrevolution, Spekulation und Sabotage« – besser bekannt unter dem russischen Akronym »Tscheka« –, die unter der Leitung des in Polen geborenen Felix E. Dserschinski stand. Wie viele andere zukünftige Tschekisten hatte Dserschinski über die Hälfte seines bisherigen Lebens in Gefängnissen und Arbeitslagern verbracht – Anstalten, die unter dem brutalen Regiment der zaristischen Geheimpolizei Ochranka standen. In der Haft war Dserschinski von seinen Wärtern so brutal geschlagen worden, dass seine Kiefer- und Mundpartie entstellt war. Nach der Entlassung im Zuge der Februarrevolution 1917 sollten er und seine ideologisch gefestigten Gefolgsleute schon bald Gelegenheit erhalten, es ihren Peinigern gleichzutun und den Sieg des Bolschewismus mit harter Hand zu sichern.[40]

Wollte man die Vielzahl von Dekreten zur Verstaatlichung der Wirtschaft, Beschlagnahmung von Rohstoffen und zum Verbot jeder organisierten Opposition durchsetzen, die unter Lenin in rascher Folge verabschiedet wurden, benötigte der neue Staat ein Instrument wie die Tscheka zur Überwachung und Kontrolle seiner Bevölkerung. Die Furcht, die Revolution könne an ihren inneren Feinden scheitern (allerdings nicht, weil sie Terror ausgeübt, sondern weil sie nicht genug davon verbreitet hatte), entwickelte sich allmählich zu einer Art obsessivem Leitmotiv der Revolutionsführer.[41] Bereits zwei Monate nach der Machtübernahme, im Januar 1918, klagte Lenin, dass die Bolschewiki noch viel zu milde mit ihren Klassenfeinden umgingen. »Wenn wir einen Fehler machen«, glaubte er, »dann den, dass wir zu human, zu freundlich gegenüber den monströsen, verräterischen Repräsentanten der bürgerlich-imperialistischen Ordnung sind.«[42]

Diese Ansicht schien sich zu bestätigen, als das bolschewistische Regime im Sommer 1918 in Moskau und Zentralrussland von einem – letztlich gescheiterten – Aufstand der Sozialrevolutionäre erschüttert wurde. Zudem löste eine Reihe von Attentaten und Attentatsversuchen auf führende Bolschewiki Unruhe aus. Zuerst erschoss ein junger Militärkadett, Leonid Kannegisser, den Chef der Petrograder Tscheka, Moissei Urizki. Noch im selben Monat feuerte die ehemalige Anarchistin Fanny Kaplan, die nun den Sozialrevolutionären nahestand, mehrere Schüsse auf Lenin ab, als dieser eine Arbeiterversammlung in Moskau verließ. Zwei Kugeln trafen und verletzten ihn schwer. Kaplan, die unter der Zarenherrschaft wegen Beteiligung an einem Terroranschlag in Kiew 1906 elf Jahre in einem sibirischen Arbeitslager verbracht hatte, wurde am 3. September hingerichtet.[43]

Die Attentate schreckten die Bolschewiki auf und lösten eine Welle noch drastischeren »Roten Terrors« aus. In der Woche nach Kaplans Mordversuch erschoss die Petrograder Tscheka über 500 Geiseln, darunter viele einst hochrangige zaristische Beamte. Und in der Festung Kronstadt exekutierten Bolschewiki in nur einer Nacht weitere 400 Geiseln.[44] Dennoch wäre es falsch, den bolschewistischen Terror lediglich als Reaktion oder als irrationalen Reflex auf einzelne Attentate zu werten. Für die Bolschewiki hatte der Terror eine strategische Funktion. Auf dem steinigen Weg zur Verwirklichung der kommunistischen Utopie war er in zweierlei Hinsicht nützlich: Im Speziellen ließen sich mit Terrormaßnahmen »chirurgische Eingriffe« gegen vermeintliche Klassenfeinde durchführen, im Allgemeinen potenzielle zukünftige Gegner abschrecken.[45]

Je mehr die Terrormaßnahmen ausgedehnt wurden, desto mehr Menschen mussten für die Tscheka angeworben werden. Von Mitte 1918 bis zum Ende des Bürgerkriegs schnellten die Mitarbeiterzahlen rasant in die Höhe – von 2000 auf 140 000. Wenngleich die Tscheka noch nicht so effizient und gut organisiert arbeitete wie ihre Nachfolgeorganisation NKWD, gelang es ihr doch rasch, im ganzen Land ein engmaschiges Netz regionaler Büros aufzubauen und so ziemlich jeden ins Visier zu nehmen, der im Verdacht stand, die bolschewistische Herrschaft wirtschaftlich oder politisch zu sabotieren.[46]

Zu einer weiteren Eskalation der Gewalt kam es, als die Bolschewiki den Klassenkampf ganz bewusst in die Provinz trugen. Nach Jahren kriegsbedingter Nahrungsmittelknappheit, durch die es überhaupt erst zum Ausbruch der russischen Revolution gekommen war, beschloss die bolschewistische Führung im Mai 1918 den Aufbau eines staatliches Monopols auf die Nahrungsmittelverteilung – mit weitreichenden Konsequenzen. Komitees armer Bauern erhielten nun den Auftrag, Ernteüberschüsse »wohlhabenderer« Bauern zu beschlagnahmen. Lenin rief zu einem »Kreuzzug für Brot« auf und kündigte einen »erbarmungslosen und terroristischen Kampf und Krieg« gegen alle an, die »Getreidevorräte horteten«.[47] Militärisch gedrillte Lebensmittelbrigaden und Konfiszierungsabteilungen bestehend aus Bolschewiki, Arbeitern und Soldaten – 1920 fast 300 000 Mann – sollten die neuen Verteilungsgesetze mit Gewalt durchsetzen. Die »Ernährungsarmee« drohte Bauern, die sich ihren Anweisungen widersetzten, mit dem Tod, nahm Familienmitglieder als Geiseln, verhängte empfindliche Geldstrafen, durchsuchte Häuser und schreckte nicht davor zurück, Dörfer niederzubrennen, wenn Teile der Ernte vor ihr versteckt wurden. Jede Weigerung, mit den Behörden zu kooperieren, wurde brutal geahndet.[48]

Trotz ihres martialischen Vorgehens hatten die bolschewistischen Konfiszierungsabteilungen nur sehr mäßigen Erfolg.[49] Als es im August 1918 in der Pensaregion zu größeren Bauernunruhen kam, befahl Lenin seinen Gefolgsleute, unbarmherzig gegen die Rädelsführer vorzugehen: »Die Interesssen der gesamten Revolution erfordern dies, da nun der ›letzte entscheidende Kampf‹ mit den Kulaken überall im Gange ist, man muss ein Exempel statuieren. 1. Hängt (*hängt sie unbedingt*, sodass *die Leute sie sehen*) *mindestens hundert* bekannte Kulaken, Reiche, Blutsauger auf. 2. Veröffentlicht ihre Namen. 3. Beschlagnahmt das *gesamte* Getreide. 4. Benennt Geiseln ... Führt das so durch, dass die Leute ... es sehen, zittern und wissen und ausrufen: Sie hängen und werden die Blutsauger-Kulaken hängen.«[50]

Den Widerstand der Bauern, der vom heimlichen Horten eines Teils der Ernte bis zum offenen bewaffneten Aufstand reichte, konnte Lenin auf diese Weise nicht brechen, im Gegenteil: Der verzweifelte Aufstand der vom Hungertod bedrohten Bauern nahm noch zu.[51] Im Kampf gegen Konfiszierungen und andere Zwangsmaßnahmen übten die Bauern oftmals überaus expressive oder symbolisch aufgeladene Formen der Gewalt aus und übermittelten dem Gegner auf diese Weise

Der russische Bürgerkrieg wurde von sämtlichen Parteien mit äußerster Grausamkeit geführt. Dies galt insbesondere für die sogenannten Bauernkriege, bei denen sich die Landbevölkerung gewaltsam Lenins Kollektivierungsmaßnahmen widersetzte. Das Erhängen gefangen genommener Gegner war an der Tagesordnung.

unmissverständliche Botschaften. So wurden Mitglieder von Konfiszierungstrupps ausgeweidet und ihre Mägen anschließend mit Getreide gefüllt, was sie für jedermann sichtbar als Nahrungsdiebe kenntlich machte. Ältere Hinrichtungsformen und Bestrafungsmethoden für Diebstahl wie Vierteilen und das Abhacken von Gliedmaßen lebten wieder auf. Da die Bauern nur über wenige Schusswaffen verfügten, benutzten sie Messer oder Feldwerkzeuge, schlachteten ihre Feinde also ab wie Vieh. In vielen Fällen schnitten oder brannten sie den bolschewistischen Kommissaren kommunistische Symbole – Sterne oder Hammer und Sichel – in die Leiber. Oder sie wurden mit

Kruzifixen gebrandmarkt, zuweilen auch tatsächlich gekreuzigt, eine letzte Demütigung für die offen atheistischen Bolschewiki.[52] »Im Gouvernement Tambow«, notierte der Schriftsteller Maxim Gorki, »nagelte man Kommunisten mit Eisenbahnbolzen durch die linke Hand und den linken Fuß in Meterhöhe über dem Erdboden an Bäume und beobachtete die Qualen dieser absichtlich falsch gekreuzigten Menschen.«[53]

Die Bolschewiki reagierten auf den Ideenreichtum der Bauern, indem sie beim Foltern, Verstümmeln oder Töten derjenigen, die im Verdacht standen, sich Lenins Dekreten zu widersetzen, ihrer Phantasie gleichfalls freien Lauf ließen. Als die Rote Armee und die Tscheka ihre Felle immer mehr davonschwimmen sahen, schreckten sie nicht einmal mehr vor der Bombardierung von Dörfern aus der Luft und dem Einsatz von Giftgas gegen die eigene Bevölkerung zurück. In diesen sogenannten Brotkriegen waren am Ende schätzungsweise 250 000 Opfer zu beklagen.[54]

Während der Rote Terror auf dem Land sich immer mehr ausweitete, wurde im Bürgerkrieg eine weitere Front eröffnet: Im Mai 1918 rebellierte die Tschechoslowakische Legion gegen die Bolschewiki. Diese Truppe war zu Beginn des Weltkriegs von Tschechen und Slowaken gegründet worden, die in Russland arbeiteten und 1914 gegen die Habsburgermonarchie in den Krieg ziehen wollten. Mit dem Zustrom von Deserteuren und Kriegsgefangenen aus der k.u.k. Armee schwoll die Legion beständig an und erreichte schließlich die Stärke von zwei eigenständigen Divisionen – insgesamt 40 000 gut ausgebildete und schwer bewaffnete Soldaten.[55] Nach dem Frieden von Brest-Litowsk suchte ein Großteil dieser Einheiten, Russland über den sibirischen Hafen Wladiwostok zu verlassen, um sich den alliierten Truppen in Frankreich anzuschließen und dort den Kampf für eine unabhängige Tschechoslowakei fortzuführen. Lenin und Trotzki, die das anfänglich gebilligt hatten, vollzogen bald einen Sinneswandel. Im Grunde konnten sie kein Interesse daran haben, den Westalliierten zu helfen, die dem bolschewistischen System feindselig gegenüberstanden. Außerdem brauchte Trotzki kampferprobte Truppen für den eskalierenden Bürgerkrieg. Vor diesem Hintergrund fürchteten die

Legionäre, von den Bolschewiki an die Deutschen oder Österreicher ausgeliefert zu werden, wenn sie sich weigerten, mit der Roten Armee zu kämpfen. Also rebellierten die Soldaten, wozu sie womöglich von den Alliierten ermutigt wurden. Die Strategie der Tschechoslowaken war so einfach wie wirkungsvoll: Da in einem Land von der Größe Russlands die Kontrolle über die Eisenbahn von höchster militärischer Bedeutung für den Transport von Soldaten und Material war, folgten sie auf dem langen Weg nach Wladiwostok einfach den Schienen der Transsibirischen Eisenbahn und eroberten dabei einen Bahnposten nach dem anderen.[56] Die bolschewistische Führung war alarmiert und wies ihre lokalen Unterstützer telegraphisch an, sämtliche Tschechen aus den Zügen zu holen und zur Roten Armee oder entsprechenden Arbeitsbataillonen einzuziehen. Doch die tschechoslowakischen Soldaten, die den Eisenbahnposten in Tscheljabinsk inzwischen besetzt hatten, fingen das Telegramm ab und ebenso zwei Tage später eine Nachricht, in der Trotzki höchstpersönlich die umgehendene Entwaffnung der Tschechen und Slowaken anordnete. Wenn sie sich weigerten, sollten sie »an Ort und Stelle erschossen werden«.[57]

Die Tschechen ergaben sich nicht, sondern entschlossen sich zum Kampf, und sie führten diesen ebenso brutal wie ihre Gegner. Ein tschechischer Veteran notierte über seine Zeit in der Legion: »Wir jagten die Russen von ihren Posten. Der Befehl lautete: keine Gnade, keine Gefangenen … Und wir fielen wie Bestien über sie her. Wir benutzten Bayonette und Messer. Wir schnitten ihnen die Kehlen durch, als wären es junge Gänse.«[58] Damit zu prahlen, wie man die Bolschewisten misshandelt und ermordet habe, war in den 1920er und 1930er Jahren unter ehemaligen Legionären nicht unüblich. Das meiste dürfte aber kaum erfunden gewesen sein, denn es gibt sichere Belege dafür, dass es während des Aufstands zu einer großen Zahl grausamer Übergriffe kam. So sind etliche öffentliche Hinrichtungen dokumentiert – insbesondere von Bolschewiki und deutschen wie ungarischen Freiwilligen in der Roten Armee –, und es ist ferner belegt, dass die Legionäre nach der Einnahme Samaras im Juni 1918 Massenexekutionen durch Erhängen durchführten und gefangene Rotarmisten bei lebendigem Leibe verbrannten.[59]

Die Meuterei der Tschechoslowakischen Legion ermunterte weitere antibolschewistische Bewegungen, die sich bis dahin auf regionale Scharmützel mit den Bolschewiki beschränkt hatten, nun ebenfalls auf breiter Front loszuschlagen. In kurzer Zeit brachten sie die mittlere Wolgaregion und Sibirien unter ihre Kontrolle und errichteten in Samara am östlichen Wolgaufer eine eigene Regierung.[60] Tonangebend im dortigen »Komitee der Mitglieder der Konstituierenden Versammlung«, auch »Komutsch« genannt, waren die Sozialrevolutionäre. Da sie die Mehrheit in der Russischen Konstituierenden Versammlung errungen hatten, die von Lenin kurzerhand aufgelöst worden war, betrachteten sie sich nicht zu Unrecht als rechtmäßige Regierung Russlands.[61]

Im Sommer 1918 mehrten sich die Gerüchte, antibolschewistische Truppen seien auf dem Weg zur roten Hochburg Jekaterinburg im Uralgebirge, wo man seit einigen Monaten den Zaren und seine Familie festhielt, über deren weiteres Schicksal noch keine Entscheidung gefällt worden war. Allein die Möglichkeit, dass monarchistische Kräfte die Zarenfamilie befreien könnten, machte die schiere Existenz des Zaren zu einer Gefahr für die bolschewistische Seite.[62] Die Sache duldete nun keinen Aufschub mehr. Am 16. Juli 1918 trafen die Anordnungen aus Moskau ein. Eine Gruppe von Bolschewiki unter Führung des Jekaterinburger Tschekaführers Jakow Jurowki riss die Zarenfamilie und ihre Dienerschaft in den frühen Morgenstunden des 17. Juli aus dem Schlaf. Nikolaus, Alexandra, ihre fünf Kinder und vier Mitglieder ihrer Entourage wurden in einen leeren Kellerraum geführt, wo Jurowski, umringt von einem Trupp Bewaffneter, der Romanow-Familie eröffnete, dass sie zum Tode verurteilt sei. Dann richtete er seinen Revolver auf den verdutzten Zaren und feuerte. Die anderen Familienmitglieder und ihre Diener wurden ebenfalls erschossen oder mit Bajonetten ermordet. Nach der Hinrichtung benutzten die Soldaten zur Beseitigung der Leichen Sprengstoff und Säure. Die letzten Überreste verbrannten sie, weil sie sichergehen wollten, dass keine Spuren von den toten Romanows und ihrer Entourage blieben.[63]

Im Westen und unter den royalistisch eingestellten Weißen sorgte die Ermordung des abgesetzten Herrschers und seiner Familie für maßloses Entsetzen. Und die Lage der Kommunisten verbesserte sich nach dem Mord keineswegs, ganz im Gegenteil: Im Sommer 1918 wies vieles darauf hin, dass sich die Herrschaft der Bolschewiki dem Ende zuneigte. Im August nahmen Truppen des Komutsch mit Unterstützung der Tschechoslowakischen Legion die 800 Kilometer von Moskau entfernte Stadt Kasan ein. Die westlichen Grenzregionen befanden sich noch immer unter deutscher Kontrolle, die kaukasischen Gebiete wurden von den Osmanen beansprucht, antikommunistische Streitkräfte und Kriegsfürsten herrschten über weite Landstriche im Süden und Osten, und zudem waren alliierte Eingreiftruppen in Murmansk und Archangelsk gelandet. Lenins Macht schien zu wanken.[64]

Doch die Bolschewiki behielten die Oberhand. Trotzki, dem Volkskommissar für Kriegswesen, gelang es mit einer Kombination aus logistischem Scharfsinn, revolutionärer Rhetorik und drakonischen Strafen für jede Art von Befehlsverweigerung die noch junge Rote Armee zusammenzuhalten und zu einer schlagkräftigen Kampftruppe zu formen. General Gordon-Finlayson, 1918 und 1919 britischer Kommandant in Archangelsk, erkannte das und informierte den Generalstab in London schon frühzeitig darüber: »In Großbritannien scheint der Eindruck vorzuherrschen, bei den bolschewistischen Truppen handle es sich um einen ungeordneten, mit Stöcken, Steinen und Revolvern bewaffneten Haufen Männer, die geifernd vor Wut und dürstend nach Blut umherrennen und sich von ein paar gezielten Gewehrschüssen mühelos in die Flucht schlagen lassen.« Doch die Rote Armee sei in Wahrheit »gut ausgestattet, straff organisiert und recht ordentlich ausgebildet« – kurzum eine Streitmacht, die durchaus in der Lage sei, es mit ihren Gegnern aufzunehmen.[65] Gordon-Finlayson sollte mit dieser Einschätzung recht behalten und das Blatt sich an der Wolga schon bald wenden. Ein bolschewistischer Gegenangriff stoppte den gegnerischen Vormarsch, und im September 1918 folgte die Rückeroberung Kasans, woraufhin sich Legionäre und Komutsch-Truppen bis hinter den Ural zurückzogen.[66]

Das war noch kein Sieg auf der ganzen Linie, denn andernorts bestanden die Probleme fort, vor allem im Nordkaukasus. In den dortigen Talauen des Don, dem angestammten Siedlungsgebiet der

Donkosaken, hatten die Deutschen 1918 den Aufbau einer antibolschewistischen Regierung unterstützt.[67] Diese kontrollierte bald auch das Territorium der Kubankosaken weiter südlich, wo sich allmählich eine kleine, aber kampfstarke russisch-nationalistische Armee formierte: die Freiwilligenarmee. Im Gegensatz zum »demokratischen« Komutsch handelte es sich bei der Freiwilligenarmee ganz offensichtlich um eine genuin »weiße« Bewegung, die von vormals zaristischen Offizieren dominiert wurde. Ihre politische Galionsfigur General Michail Alexejew hatte Nikolaus II. von 1915 bis 1917 als Generalstabschef gedient. Kommandeur war der ehemalige Oberste Befehlshaber des Zaren, General Kornilow, der allerdings Anfang 1918 bei dem Versuch, Jekaterinodar, die Hauptstadt der Provinz Kuban, einzunehmen, in den Gefechten mit der Roten Armee fiel. Von Kornilow ging das Kommando auf General Anton Denikin über, der ebenfalls schon 1917 eine zaristische Heeresgruppe befehligt hatte. Im Laufe des Sommers hatten die Freiwilligen ihre Stellung in der Kubanregion gefestigt, was auch dadurch begünstigt worden war, dass die deutsche Präsenz in der Ukraine sie vor etwaigen Angriffen aus dem Norden schützte.[68]

Im Spätsommer und Frühherbst 1918 – am Ende des ersten Bürgerkriegsjahres – erwies sich die Lage somit als vielschichtig und höchst verwirrend. Lenins Streitkräfte kontrollierten die Mitte und den Norden des europäischen Landesteils bis zum Uralgebirge. Weite Gebiete im Süden und Westen standen dagegen noch unter Kriegsverwaltung der Mittelmächte. In Finnland, in den einstigen baltischen Provinzen, in Polen, Weißrussland, der Ukraine, dem Donbecken und dem Kaukasus rang die Rote Armee mit nationalen Unabhängigkeitsbewegungen, örtlichen Kriegsfürsten und anderen antibolschewistischen Kräften. Im Osten stürzte im November 1918 eine antibolschewistische Regierung unter dem ehemaligen Admiral der Schwarzmeerflotte Alexander Koltschak das von Sozialrevolutionären dominierte Komutsch. Mit Unterstützung der Alliierten, die auf die Einigung der Weißen zielten, wurde Koltschak als »Oberster Führer« eingesetzt. Von seinem Hauptquartier im südwestsibirischen Omsk aus befehligte er nun alle antibolschewistischen Truppen zwischen Wolga und Baikalsee.[69]

Mit der Niederlage der Mittelmächte im November 1918 änderte sich die Lage dann vollkommen – vor allem in den westlichen Grenzregionen, wo der überstürzte Rückzug der deutschen und österreichisch-ungarischen Armee ein gewaltiges Machtvakuum hinterließ, in dem sich nun sämtliche Bürgerkriegsakteure durchzusetzen versuchten. In den Jahren 1919 und 1920 bekriegten sich in diesen westlichen Gebieten hauptsächlich drei Parteien: die Bolschewiki, die Weißen sowie eine ganze Reihe nationalistischer Bewegungen, deren Unabhängigkeitsforderungen weder von den Weißen noch von den Bolschewiki anerkannt wurden. Hinzu kam die Präsenz alliierter Interventionstruppen, was die Lage noch komplizierter machte.[70] Der Einfluss der Alliierten auf den Ausgang des Krieges war allerdings äußerst begrenzt. An keiner der entscheidenden Schlachten waren sie direkt beteiligt, und ein Großteil des Materials, das sie den Weißen zukommen ließen, ging durch Schlendrian und Korruption verloren. So wurden Uniformen für den privaten Gebrauch abgezweigt oder auf dem Schwarzmarkt verkauft, und Denikins Panzer blieben mangels Frostschutzmittel in der Kälte stecken, während es in den Kneipen als Schnapsersatz großen Zuspruch fand.[71]

Dennoch hatte die alliierte Einmischung Auswirkungen, denn sie ließ bei Lenin und den Seinen die Überzeugung wachsen, es mit einer gegen sie gerichteten internationalen Verschwörung zu tun zu haben. Folglich begriffen sie den Konflikt als Überlebenskampf gegen zahllose innere und äußere Feinde, in dem jedes Mittel recht war. Darüber hinaus verstärkte die alliierte Intervention die schon seit der Februarrevolution 1917 vorhandene Tendenz, die Ereignisse in Russland im Lichte der Französischen Revolution von 1789 zu sehen. So wie Kerenski, der Kopf der Provisorischen Regierung, von den Franzosen ermutigt worden war, sich als russischer Danton zu betrachten und die revolutionäre Energie auf die Kriegsanstrengungen gegen Deutschland zu richten, begriffen die Bolschewiki sich nun als die weitaus radikaleren Jakobiner und sahen in den Kosakengebieten das zeitgenössische Pendant zur Vendée, wo sich einst das Zentrum der monarchistischen Opposition gegen die Französische Revolution befunden hatte.[72]

Schon vor der Rückkehr nach Russland hatte Lenin das Jakobinertum wiederholt als eine seiner historischen Inspirationsquellen bezeichnet. Kritikern, welche die Bolschewisten als »moderne Jakobiner« verunglimpften, erwiderte er im Juli 1917: »Die Historiker der Bourgeoisie sehen im Jakobinertum ein Fallen … Die Historiker des Proletariats sehen im Jakobinertum einen der *Höhepunkte* im Befreiungskampf der unterdrückten Klasse … Es liegt in der Natur der Bourgeoisie, das Jakobinertum zu hassen, und in der Natur des Kleinbürgertums, es zu fürchten. Die klassenbewussten Arbeiter und Werktätigen glauben an den Übergang der Macht an die unterdrückte, werktätige Masse, denn *dies* ist das Wesen des Jakobinertums, der einzige Ausweg aus der Krise, die Rettung vor der Zerrüttung und dem Krieg.«[73] Aus der Geschichte zu lernen hieß für Lenin und die Bolschewiki, keinen zweiten »Thermidor« zuzulassen – jenen Putsch vom 27. Juli 1794, in dessen Verlauf Maximilien de Robespierre und sein Sicherheitsausschuss gestürzt wurden, was die Hinrichtung der gesamten Jakobinerführung zur Folge hatte und deren Ersetzung durch das konservative Direktorium. Und dieses war schließlich hinweggefegt worden, als Napoleon die Herrschaft an sich riss.

Um eine Wiederholung dieses Szenarios zu vermeiden, war nicht weniger, sondern *mehr* Terror nötig.[74] Der zunehmende Terror vonseiten des Staates und der drückende Mangel an Nahrungsmitteln trugen erheblich dazu bei, dass die Brutalität des Bürgerkriegs im Laufe der Zeit drastisch zunahm. Das wechselvolle Kriegsglück, wiederholte Regimewechsel in einzelnen Regionen und damit verbundene grausame Vergeltungsmaßnahmen bildeten einen Teufelskreis der Gewalt, aus dem es kein Entrinnen gab, da weder die Weißen noch ihre roten Widersacher den Soldaten Einhalt geboten.[75] Im Gegenteil: Örtliche Machthaber und Generäle befeuerten die Gewalteskalation sogar noch, wie das Beispiel eines besonders berüchtigten Generals der Weißen, Baron Roman von Ungern-Sternberg, anschaulich belegt. Der Spross einer alten deutsch-baltischen Familie war 1882 in Reval (Tallinn) geboren worden und hatte sich als Mitglied eines Kosakenregiments während der russischen Invasion Ostpreußens den Ruf eines tapferen, wenn auch skrupellosen und psychisch labilen Offiziers erworben.[76] Der fanatische Antikommunist und Antisemit schloss sich nach dem Ende des Krieges den weißen Streitkräften in Sibirien an und erlangte wegen seines Hangs zu sinnloser Brutalität rasch traurige Berühmtheit. So befahl er seinen Männern, gefangen genommene bolschewistische Kommissare sowie »verdächtige« Zivilisten nach jeder nur denkbaren barbarischen Methode abzuschlachten oder gar bei lebendigem Leibe zu häuten.[77] Nachdem Koltschak, der Anführer der Weißen im Osten, von den Bolschewiki besiegt und hingerichtet worden war, kam Ungern-Sternberg Anfang 1920 formell unter das Kommando von Ataman Grigori Semjonow, operierte aber die meiste Zeit völlig unabhängig. Mit seiner mehrheitlich nicht aus Russen bestehenden multi-ethnischen Kavalleriedivision, die sich vornehmlich aus Tartaren, Mongolen, Chinesen und Japanern zusammensetzte, überquerte Ungern-Sternberg im Sommer des Jahres 1920 die Grenze zur Mongolei, wo er im Februar 1921 das chinesisch besetzte Urga (Ulan Bator) einnahm.

Zunächst wurden die Soldaten von der Bevölkerung als Befreier vom chinesischen Joch begrüßt, doch Ungern-Sternberg und seine Leute wüteten dermaßen barbarisch, dass die Stimmung rasch umschlug und sich gegen sie wandte.[78] Ein Offizier aus Ungern-Sternbergs Truppe berichtete später von den beispiellosen Gräueltaten bei der Eroberung Urgas, wo die Männer insbesondere »auf die Juden losgingen, die zu Tode gefoltert wurden. Die Demütigung der Frauen war entsetzlich: Ich sah, wie ein Offizier mit einem Rasiermesser in ein Haus marschierte und einem Mädchen riet, sich damit umzubringen, bevor seine Leute über sie herfallen konnten. Sie dankte ihm unter Tränen und schnitt sich die Kehle durch … Drei Tage und Nächte lang dauerte dieser Albtraum an.«[79]

Ungern-Sternbergs grausame Herrschaft in Urga währte nur kurz. Als er im August 1921 angesichts der vorrückenden bolschewistischen Verbände den strategischen Rückzug in die Westmongolei anordnete, meuterten seine enttäuschten Offiziere, setzten den »Weißen Baron« fest und lieferten ihn an die Rote Armee aus. Die Bolschewiki machten ihm den Prozess und ließen ihn danach umgehend von einem Erschießungskommando exekutieren.[80]

Ungern-Sternbergs Taten waren zweifellos besonders exaltiert und sadistisch, aber er war kein Einzelfall. Gerade antisemitische Pogrome waren in den Bürgerkriegsgebieten weit verbreitet, vor allem in den Kleinstädten und Schtetln der westlichen Grenzregionen, da die dort agierenden antibolschewistischen Bewegungen die Oktoberrevolution als Ergebnis einer jüdischen Verschwörung brandmarkten.[81] Als Beleg dafür musste die vergleichsweise starke jüdische Präsenz in der kommunistischen Führung herhalten.[82] So ließ Admiral Koltschak unter seinen Truppen ein Pamphlet mit dem programmatischen Titel »Die Juden haben den Zar ermordet« verteilen, womit er ein im christlichen Antisemitsmus tief verwurzeltes Ressentiment bediente, wonach die Juden für den Tod Jesu verantwortlich waren und angeblich eine Tradition von Mord und Verrat begründet hatten, die über die Jahrhunderte hinweg bis in die Gegenwart reiche.[83]

Die These von der jüdischen Verschwörung im Herzen der Revolution bildete bald den Kern der Propaganda aufseiten der Weißen. Auch wenn beide Parteien im Bürgerkrieg auf Zwangsrekrutierungen setzen mussten, um die Reihen ihrer Kämpfer aufzufüllen, hatten die Roten ihren Rekruten doch wenigstens das Versprechen auf »Land, Brot und Freiheit« zu bieten. Mit der judäo-bolschewistischen Karte hatten die Weißen immerhin einen propagandistischen Trumpf in der Hand, der stach, ein Anliegen, mit dem sie sich identifizieren konnten.[84]

Schon bald kam es überall in den Territorien des einstigen Zarenreichs zum Ausbruch antisemitischer Gewalt. In Kaunas wie in anderen litauischen Städten und ebenso in Lettland schikanierten konterrevolutionäre Truppen die jüdische Bevölkerung, weil man sie mit der kurzlebigen bolschewistischen Diktatur in Riga in Verbindung brachte.[85] In Westrussland und der Ukraine, wo die Juden ebenfalls den mörderischen Hass auf die Bolschewiki zu spüren bekamen, war die Lage noch um einiges schlimmer. Allein zwischen Juni und Dezember wurden dort rund 100 000 Juden ermordet, vor allem – aber nicht ausschließlich – von Denikins Freiwilligenarmee. Aufgestachelt durch Gerüchte, wonach die Juden den Gegner unterstützten und Lebenmittel horteten, beteiligten sich auch ukrainische und polnische Nationalistenverbände sowie diverse Bauernarmeen – nicht selten nach reichlichem Alkoholkonsum – an den Massakern. Weit mehr als tausend solcher Verbrechen, die zwischen Herbst 1918 und dem Jahr 1920 in dieser Region begangen wurden, sind inzwischen dokumentiert.[86]

In der galizischen Hauptstadt Lemberg (Lwiw), einst die viertgrößte Stadt des Habsburgerreiches und nach Kriegsende von polnischen wie ukrainischen Nationalisten für ihre neu entstehenden Staaten beansprucht, kam es Ende November 1918 zu einem schrecklichen Pogrom, kaum dass die polnischen Truppen ihre ukrainischen Gegner aus der Stadt vertrieben hatten. Unter dem Vorwand, den Stadtteil nach Heckenschützen abzusuchen, die den Rückzug der Ukrainer deckten, riegelten die Polen das jüdische Viertel ab. Kleine, mit Messern, Pistolen und Gewehren bewaffnete Einheiten drangen in den Stadtbezirk ein, durchstreiften die Straßen und ermordeten alle Männer im wehrfähigen Alter, derer sie habhaft werden konnten. Während des dreitägigen Massakers wurden 73 Bewohner des Viertels getötet, Hunderte verletzt, viele Geschäfte geplündert und etliche Gebäude in Brand gesteckt.[87]

Unter den Ukrainern erging es den Juden kaum besser – im Gegenteil. Im Februar 1919 verübten Kosaken in Diensten der Ukrainischen Volksrepublik ein ungewöhnlich gut dokumentiertes Pogrom an den Juden in Proskurow, dem 2000 Menschen zum Opfer fielen. Nach einer siegreichen Schlacht gegen bolschewistische Truppen hatte der Kosakenkommandant Ataman Semosenko dem Bericht eines seiner Offiziere zufolge erklärt: »Die schlimmsten Feinde des ukrainischen Volkes und der Kosaken sind die Juden, die allesamt ausgerottet werden müssen, um die Ukraine und unser eigenes Leben zu retten.«[88] Am nächsten Tag fielen Semosenkos Leute über die örtliche jüdische Bevölkerung her. »Sie gingen nicht nur mit Säbeln, sondern auch mit Bajonetten auf sie los. Schusswaffen wurden nur in den wenigen Fällen gebraucht, wenn die Opfer zu flüchten versuchten … Zu Krotschaks Haus kamen sie mit acht Mann, die sofort alle Fensterscheiben einschlugen. Fünf gingen hinein und drei warteten draußen. Die im Haus ergriffen den Alten, zerrten ihn an seinem Bart zum Fenster und warfen ihn hinunter zu den anderen, die ihn umbrachten. Dann töteten sie die alte Frau und ihre beiden Töchter. Ein junges

Mädchen, das im Haus zu Besuch war, wurde an ihrem langen Haar in ein anderes Zimmer geschleift, aus dem Fenster auf die Straße geworfen und dort getötet. Dann gingen die Kosaken zurück ins Haus und verletzten einen 13-jährigen Jungen so schwer, dass er davon ertaubte. Seinem älteren Bruder versetzten sie neun Stiche in den Bauch und in die Seite, nachdem sie ihn gezwungen hatten, sich auf die Leiche seiner toten Mutter zu legen.«[89]

Die Intervention eines örtlichen Vertreters der Kiewer Regierung setzte dem Pogrom schließlich ein Ende, doch schon wenige Tage später wurde das Treiben in der nahegelegenen Stadt Felschtin fortgesetzt, wo Augenzeugen von hundert Toten berichteten. »Fast alle Mädchen wurden vergewaltigt und dann umgebracht – mit Säbeln niedergemetzelt. Ströme von Blut ergossen sich durch die Straßen … Im Haus von Monich Brenman lebte ein galizischer Jude mit seiner Frau. Man trieb sie aus dem Haus, riss der Frau die Kleider vom Leib und zwang sie, splitternackt zu tanzen, dann vergewaltigten sie vier der Banditen vor den Augen ihres Mannes, den Mann zwangen sie, zuzuschauen; danach wurden beide in Stücke gehackt.«[90]

Mit der Zeit wurde aus der Behauptung, Bolschewismus und Judentum seien untrennbar miteinander verbunden, eine vermeintliche Tatsache, deren Richtigkeit gar nicht mehr in Frage gestellt wurde. Lenins Aussagen zur Gleichstellung der Juden und die öffentliche Verurteilung von Antisemitismus und Pogromen suggerierten eine ethnische und religiöse »Farbenblindheit« der Bolschewiki, was naturgemäß viele Juden, aber auch ethnische Minderheiten wie Georgier, Armenier, Letten und Polen anzog.[91] Unter den Minderheiten stellten die Juden eine jener Gruppen dar, die dem Ruf der Bolschewiki in besonders großer Zahl folgten und in die Rote Armee, die Tscheka und die Kommunistische Partei eintraten.[92] Dies hielt Einheiten der Roten Armee allerdings nicht davon ab, sich zuweilen ebenfalls an antisemitischen Pogromen zu beteiligen.[93]

Für Juden bestand während des Bürgerkriegs ganz sicher die größte Gefahr, zum Opfer zu werden, aber es konnte jeden treffen, egal ob Mann oder Frau, jung oder alt, und egal, welcher gesellschaftlichen Gruppe oder Schicht man angehörte. In diesem kontinuierlichen Kreislauf von Gewalt und Vergeltung schaffte es zunächst keine Seite, den Gegner zur Aufgabe zu zwingen. Bis zum Frühjahr 1919 hatten weder die Weißen noch die Roten den entscheidenden Sieg errungen.[94] Diese Pattsituation endete, als die Streitkräfte der Weißen im Frühjahr und Sommer 1919 in großangelegten Offensiven gegen die Rote Armee vorgingen mit dem Ziel, ihre geographisch weit verstreuten Truppen wieder zusammenzuführen. Anfang März 1919 setzten sich zunächst Koltschaks Soldaten im Norden von Sibirien Richtung Archangelsk in Bewegung. Eine zweite Offensive in Richtung Ural schloss sich an, und im Sommer begannen Denikins »Streitkräfte Südrusslands« gen Moskau zu marschieren.

Mitte April gelang es Koltschaks Truppen, sich in Archangelsk mit einem kleinen belagerten Vorauskommando zu vereinigen, derweil seine anderen Armeen die Bolschewiki aus einem 300 000 Quadratkilometer großen Gebiet zurückdrängten. Einen entscheidenden Sieg gegen die erbittert Widerstand leistende Rote Armee konnte er allerdings nicht erringen. Schließlich wurden seine Soldaten wieder bis jenseits des Urals zurückgeworfen. Während des Rückzugs entlang der Transibirischen Eisenbahnstrecke erlitten Koltschaks Truppen durch Kälte, Typhus und Partisanenangriffe enorme Verluste.[95] In feindlicher Umgebung, zudem in einer miserablen Lage, hatten diese Männer kaum noch etwas zu verlieren und scheuten vor keiner Gewalttat zurück. Koltschak wies sie an, keine Gefangenen zu machen, sondern jeden Gegner sofort zu erschießen, zu hängen oder lebendig zu begraben. Allein in der Region Jekaterinburg exekutierten seine Truppen schätzungsweise 25 000 Menschen.[96] Diese entfesselte antibolschewistische Gewalt war ein Vorbote des bevorstehenden Endes: Koltschaks Schicksal und das seiner Armee war längst besiegelt. Im November 1919 fiel seine Hauptstadt Omsk in die Hände der Roten Armee. Er selbst floh nach Irkutsk, wo er schließlich verhaftet, vor Gericht gestellt und hingerichtet wurde.[97]

Den Weißen im Süden erging es kaum besser. Im Sommer und Herbst 1919 drangen Denikins »Streitkräfte Südrusslands«, ein Zusammenschluss aus Freiwilligenarmee und starken Kosakenverbänden, auf ihrem Marsch nach Norden bis zu der rund 400 Kilometer von Moskau entfernten Stadt Orjol vor, wurden dort aber von der Roten Armee zurückgeschlagen. Das Scheitern der Orjol-Offensive und ein politisches Zerwürfnis zwischen Kosaken und Freiwilligen führten schließlich dazu, dass Denikins Armee zwischen November 1919 und Januar 1920 in sich zusammenbrach.[98]

Zu Beginn des Jahres 1920 zeichnete sich deutlich ab, dass die Rote Armee den Bürgerkrieg gewinnen würde. Die Überreste der Freiwilligenarmee, die auf der Halbinsel Krim Zuflucht suchten, gingen in das Kommando von General Pjotr Wrangel über, einem Berufsoffizier der Zarenarmee mit deutsch-baltischen Wurzeln, der während des Ersten Weltkriegs verschiedene Kavalleriedivisionen befehligt hatte.[99] Wrangels Refugium auf der Krim war im Grunde leicht zu verteidigen, da die Halbinsel nur über die Landenge von Perekop mit dem Festland verbunden war. Doch es mangelte den Weißen zunehmend an Kriegsgerät und Soldaten, und die internationale Unterstützung schwand dahin, so dass sie bald in Schwierigkeiten gerieten. Die Briten, die die Niederlage der Weißen mittlerweile für unabwendbar hielten, verweigerten jede weitere Hilfe, während die Franzosen kaum daran interessiert waren, sich erneut zu engagieren, nachdem sie mit Unterstützung griechischer und polnischer Verbände im Dezember 1918 die Schwarzmeerhäfen von Odessa und Sewastopol besetzt, aber nach Meutereien der eigenen Truppen vier Monate später wieder geräumt hatten. Dagegen war die Rote Armee nach Ende des Russisch-Polnischen Krieges (1919–1921) in der Lage, ihre Truppen an der Südfront massiv aufzustocken. Ende 1921 eroberten Lenins Soldaten die letzte Bastion des weißen Widerstands auf der Krim.[100]

Wrangels Niederlage markierte de facto das Ende des russischen Bürgerkriegs, auch wenn es bis 1922 noch zu vereinzelten Bauernaufständen und aufflackerndem Widerstand kam. Für den Sieg der Roten gab es viele Gründe – militärische wie logistische. Sicher dürfte es auch eine Rolle gespielt haben, dass die Bolschewiki vielen Russen im Laufe der Jahre als das geringere Übel erschienen. Ihr Versprechen, für Frieden, Land und Brot zu sorgen, war verlockender und ihre Zukunftsvisionen waren kohärenter als die ihrer weißen Gegner, die kaum imstande waren, sich auf gemeinsame politische Ziele zu einigen – abgesehen von dem einen, die Herrschaft der Bolschewiki zu beenden. Auch die Rote Armee hatte massive Disziplinprobleme und schwer damit zu kämpfen, dass ihre Soldaten massenhaft desertierten. Doch die Bolschewiki behielten das Zentrum der russischen Rüstungsindustrie um Petrograd und Moskau immer unter ihrer Kontrolle, während die heterogenen Gruppierungen ihrer Gegner an der Peripherie operierten und geographisch wie politisch viel zu zersplittert waren, um der Roten Armee mit konzertierten Angriffen die entscheidende Niederlage beizubringen.[101]

Was auch immer den Sieg der Bolschewiki im Bürgerkrieg herbeigeführt haben mag, wichtig war, dass er ein Ende hatte, denn nach zwei Revolutionen und sieben Jahren des ununterbrochenen bewaffneten Kampfes lag Russland 1921 im Trümmern. Zu den 1,7 Millionen russischen Weltkriegstoten waren im Bürgerkrieg mehr als drei Millionen Opfer hinzugekommen. Allein die große Hungersnot von 1921/22 – ausgelöst durch jahrelange Kämpfe und mehrere aufeinanderfolgende Dürreperioden – hatte zudem zwei Millionen Opfer gefordert.[102] Bürgerkrieg, Vertreibung, Emigration und Hunger hatten die Bevölkerung jener Gebiete, die 1922 offiziell die Sowjetunion begründen sollten, um insgesamt zehn Millionen Menschen dezimiert – von 142 Millionen im Jahr 1917 auf 132 Millionen im Jahr 1922 (wobei selbstverständlich auch fallende Geburtenraten eine Rolle spielten).[103]

Die Überlebenden blickten in eine düstere Zukunft, da die russische Wirtschaft in den Kriegsjahren praktisch kollabiert war. Schon 1920 hatte die Industrieproduktion nur noch etwa zwanzig Prozent des Niveaus von 1914 erreicht, und es wurden gerade noch sechzig Prozent der vor dem Krieg genutzten Agrarfläche bewirtschaftet. Lenins 1921 eingeführte Neue Ökonomische Politik (NEP), die den Bauernaufständen ein Ende setzen und dem kriegsgeschüttelten Land neue Impulse geben sollte, kam für viele zu spät.[104] In den Städten waren die Lebensmittel knapp, worunter Kinder und Alte besonders litten, ebenso all jene, deren Berufe in Zeiten des Bürgerkriegs obsolet erschienen – etwa Schriftsteller, Künstler und Geisteswissenschaftler. Nach einem Bericht der American Relief Administration von 1923

Die bolschewistische Regierung bemühte sich, Pflegeeltern für russische Waisenkinder zu finden. Die langen Kriegs- und Bürgerkriegsjahre sowie die damit einhergehenden Hungersnöte hatten zahllose Kinder zu mittellosen Waisen gemacht.

stand zu befürchten, dass die gesamte russische Bildungsschicht dem Hungertod zum Opfer fallen könnte: »Der Tod war nun präsenter als das Leben. Vor meinen Augen starb Professor Fjodor Batjuschkow, der berühmte Philologe, vergiftet durch den Genuss ungenießbaren verdreckten Kohls. Ein anderer, der an Hunger starb, war der Geschichts- und Literaturprofessor S. Wengerow, der dem russischen Volk ganze Werkausgaben Shakespeares, Schillers und Puschkins geschenkt hatte … Ungefähr während dieser Zeit verhungerte in Moskau der Philosoph W. W. Rosanow. Vor seinem Tod war er noch auf der Suche nach Zigarettenkippen durch die Straßen gestreift, um seinen Hunger damit zu lindern.«[105]

Der Bürgerkrieg hatte ein verwüstetes Land hinterlassen, Millionen Männer und Frauen waren Krieg und Hunger zum Opfer gefallen und hatten schätzungsweise sieben Millionen obdachlose Waisenkinder hinterlassen, die auf den Straßen bettelten oder sich prostituierten, um irgendwie zu überleben.[106] Ein Gradmesser für die grassierende Hoffnungslosigkeit in jener Zeit waren die vielen Menschen, die dem einstigen Zarenreich den Rücken kehrten – bis 1922 rund 2,5 Millionen.[107] Der Weltkrieg hatte bereits insgesamt 7,7 Millionen Menschen in Europa aus ihrer Heimat vertrieben, vor allem (aber nicht ausschließlich) in Osteuropa. Der folgende russische Bürgerkrieg löste eine weitere Welle von Flüchtlingen aus, die auf der Suche nach Sicherheit und einem besseren Leben durch die verwüsteten Landschaften Osteuropas streiften.[108] Bis Juli 1921 waren rund 555 000 ehemalige russische Staatsbürger nach Polen geflohen.[109] Weitere 55 000 – darunter auch die Familie Isaiah Berlins, der zu einem der führenden politischen Denker des 20. Jahrhunderts werden sollte – hatten sich bis 1922 in die baltischen Staaten geflüchtet, von wo sie aber schon bald weiter gen Westen zogen.[110]

Zu den begehrtesten europäischen Zielen russischer Emigranten zählten London, Prag und Nizza.[111] Die meisten – darunter die politischen Führer der Emigranten – zog es jedoch nach Deutschland, das nächstgelegene europäische Land, in dem sie sich in Sicherheit wähnten. Im Herbst 1920 waren bereits 560 000 Russen im Deutschen Reich eingetroffen. Berlin – und dort vor allem die Bezirke Schöneberg, Wilmersdorf und Charlottenburg (das damals den Spitznamen »Charlottengrad« erhielt) – entwickelte sich zum Zentrum der russischen Exilgemeinde, deren Mitglieder in der deutschen Hauptstadt bis 1922 nicht weniger als 72 Verlage gründeten.[112]

Während die Flüchtlinge aus den westlichen Grenzgebieten des ehemaligen Zarenreichs nach Westeuropa zu gelangen suchten, wurde die mandschurische Stadt Harbin zur größten Anlaufstelle sibirischer Exilrussen. Sie gründeten dort Theater und eine Musikschule, die unter anderen den zukünftigen Hollywoodstar Yul Brynner hervorbrachte.[113] Zudem waren weitere 120 000 bis 150 000 Weißarmisten und ihre Familien, die die letzten Schlachten des Bürgerkriegs überlebt hatten, in Konstantinopel und Gallipoli gestrandet, wo sie zusammengepfercht in Lagern hausten.[114] Viele waren aus Platznot und aus Furcht vor Epidemien unter erbärmlichen Umständen auf Schiffen untergebracht, die im Marmarameer vor Anker lagen. »An Bord des Schiffes *Wladimir*, das für 600 Passagiere ausgelegt ist, wohnen derzeit über 7000 Menschen!«, berichtete ein Mitarbeiter des Internationalen Roten Kreuzes aus Konstantinopel. »Die meisten von ihnen leben auf dem offenen Deck, andere im Frachtraum, wo sie ersticken.«[115]

Angesichts des Ausmaßes der humanitären Katastrophe und der Entscheidung Lenins, Hunderttausenden von geflüchteten Russen aus politischen Gründen die Staatsbürgerschaft zu entziehen, rief der Völkerbund 1921 ein Hochkommissariat für Flüchtlinge ins Leben, zu dessen erstem Leiter man den legendären norwegischen Abenteurer und Entdecker Fridtjof Nansen bestimmte. Es waren weniger Nansens spektakuläre Polarexpeditionen Mitte der 1890er, die ihn für die Aufgabe qualifizierten, als vielmehr seine Erfahrungen bei der Repatriierung von Kriegsgefangenen nach 1918. In seiner Funktion als Hochkommissar für Flüchtlinge sollte er Bedeutendes leisten. Die größte Errungenschaft seiner Dienstzeit war ein amtliches Reisedokument, das 1922 in Reaktion auf die russische Flüchtlingskrise geschaffen worden war: Der Nansen-Pass erlaubte Staatenlosen das Reisen, so dass sie ihren Aufenthaltsort wechseln und sich unter der Schirmherrschaft des Völkerbunds und des Hochkommissariats für Flüchtlinge in einem anderen Land niederlassen konnten.[116]

Auch wenn die Zukunft der über zwei Millionen Kriegsflüchtlinge aus Russland sehr verschieden sein mochte, je nachdem wie viel Glück sie hatten und wohin es sie verschlug, so trugen sie doch alle eines in sich: einen unerschütterlichen Antibolschewismus. Berlin entwickelte sich damals zu einer regelrechten Brutstätte exilrussischer antibolschewistischer Propaganda. Vertriebene vormalige Unterstützer des Zaren und exilierte Deutschbalten verbreiteten eine Flut von wahren und fiktiven Schauergeschichten über das bolschewistische Regime, die bei der aufkeimenden extremen Rechten, aber auch zunehmend in breiten Bevölkerungsschichten auf fruchtbaren Boden fielen.[117]

In den folgenden Jahren wirkten sich die bolschewistische Revolution und der anschließende Bürgerkrieg in den ehemals zaristischen Gebieten sowie die revolutionären wie konterrevolutionären Strömungen in Europa stark aufeinander aus – entweder als Hoffnungsschimmer für all jene, die sich nach gewaltsamer sozio-ökonomischer oder politischer Veränderung sehnten, oder als albtraumhafte Vision einer drohenden Machtübernahme durch die politisierten Massen.[118] Das »Gespenst des Kommunismus«, das Marx und Engels im Frühjahr 1848 in ihrem *Kommunistischen Manifest* in Europa umgehen sahen, wurde in Wahrheit erst nach 1917 zu einem europaweit relevanten Phänomen. Vor 1914 war marxistisch inspirierte Gewalt vonseiten der extremen Linken meist nur von Untergrundorganisationen ausgegangen, die vereinzelt Attentate auf gekrönte Häupter oder Repräsentanten autokratischer Staaten verübten. Die Oktoberrevolution veränderte dieses Muster, denn zum ersten Mal seit 1789 besaß die Revolution in Europa wieder einen Staat.

Konservative und liberale westliche Politiker, aber auch Sozialdemokraten reagierten auf die Ereignisse in Russland mit Entsetzen. Bezeichnenderweise kaprizierten sich die Pressemeldungen vor allem auf den roten Terror, während die Gräueltaten der Weißen weitgehend verschwiegen wurden. Viele der Geschichten stammten von russischen Emigranten, die alles verloren hatten und verständlicherweise dazu neigten, die bolschewistische Herrschaft in den düstersten Farben zu schildern. In West- und Mitteleuropa fanden sie ein dankbares Publikum, wo – nach einem kurzen Moment des Schocks und der Apathie im Herbst 1918 – allenthalben antikommunistische Strömungen unter den Konservativen an Boden gewannen und Politiker wie Geschäftsleute befürchteten, etwas Vergleichbares wie die russische Revolution könne sich auch in ihren Ländern ereignen.[119] So erklärte etwa der britische Munitionsminister Winston Churchill gegen Ende des Jahres 1918 bei einer Wahlveranstaltung in Dundee, die Gefahr durch die nun besiegten »Hunnen« sei einer neuen Macht im Osten voll moralischer Verkommenheit gewichen, einem Gespenst, das die Werte der freien Welt bedrohe. »Russland«, so führte er aus, »versinkt unter bolschewistischer Herrschaft zusehends in animalischer Barbarei … Die Zivilisation wird in weiten Gebieten völlig ausgelöscht, während Bolschewisten in den Trümmern der Städte zwischen den Leichen ihrer Opfer wie grimmige Paviane herumtoben.«[120]

Zu dieser Zeit gab es in Russland kaum noch westliche Diplomaten oder ausländische Journalisten, die Gerüchte bestätigen oder Wahrheit von Fiktion hätten trennen können. Die Realität des Bürgerkriegs bedurfte gar keiner Ausschmückung, so entsetzlich war sie, aber letztlich waren es vor allem die haarsträubenden Gerüchte über Lenins Regime, die sich in Windeseile im Westen verbreiteten. Es waren Geschichten von einer völlig auf den Kopf gestellten Gesellschaftsordnung, von einem unentrinnbaren Teufelskreis aus Gräueltaten und Vergeltung und vom totalen moralischen Zusammenbruch einer ehemals strahlenden europäischen Großmacht. Mehrere amerikanische Blätter berichteten, die Bolschewiki hätten in Petrograd eine elektrisch betriebene Guillotine errichtet, mit deren Hilfe man pro Stunde 500 Menschen enthaupten könne. Etliche britische Zeitungen druckten apokalyptische Schilderungen vermeintlicher Augenzeugen und enthüllten damit einer großen Öffentlichkeit, zu welch unsäglichen Grausamkeiten die Bolschewiki angeblich fähig waren. Das kommunistische Regime, so hieß es, habe zahllose Frauen aus der Mittel- und Oberschicht »verstaatlicht« und in ehemaligen orthodoxen Kirchen interniert. Diese seien in Bordelle umfunktioniert worden, wo die Frauen als Zwangsprostituierte von einfachen Arbeitern und Soldaten nach Belieben vergewaltigt würden. Und auch besonders unmenschliche Foltermethoden wurden gerne publizistisch verbreitet: Wegen ihres Wissens um uralte orientalische Foltermethoden hätten die Bolschewiki chinesische Scharfrichter angeworben, und so sei es in den berüchtigten Tscheka-Gefängnissen üblich, die Insassen mit dem Kopf in Käfige voll hungriger Ratten zu stecken, um sie zum Reden zu bringen.[121]

Die westlichen Medien wetteiferten förmlich darin, die bolschewistische Führung und ihre Unterstützer möglichst abschreckend darzustellen, als Aussätzige, die vor nichts zurückschreckten. In der internationalen Öffentlichkeit hatte speziell die Ermordung des Zaren und seiner Familie im Sommer 1918 Aufsehen erregt und unliebsame Erinnerungen an die Eskalation der Französischen Revolution nach der Exekution Ludwigs XVI. und seiner Frau Marie Antoinette im Jahr 1793 wachgerufen. Ein journalistisches Flaggschiff wie die *New York Times* bezeichnete Lenin und seine Anhänger in diesem Zusammenhang als »menschlichen Abschaum«, und die konservative Londoner *Morning Post* brandmarkte das bolschewistische Regime als eines, in dem »freigelassene Verbrecher, wild gewordene Idealisten, jüdische Internationalisten, sämtliche Spinner und ein Großteil der Gauner des Landes sich zu einer Orgie der Raserei und Unvernunft zusammengetan haben«.[122] In der deutschen Presse war von »grenzenlosem Terror« gegen »bürgerliche« Werte und Normen die Rede. Der Ton in Deutschland verschärfte sich noch, als der deutsche Botschafter Graf Mirbach im Juli 1918 in seinem Moskauer Amtssitz von Sozialrevolutionären erschossen wurde.[123] Für die Apokalypse wurde der Begriff »russische Verhältnisse« geprägt, was nach allgemeiner Auffassung ein Synonym für die Umkehrung aller »westlichen Werte« war. Politische Plakate rechter Gruppierungen zeigten den Bolschewismus jetzt als geisterhafte oder skelettartige Gestalt mit blutigem Dolch zwischen den Zähnen. Zahlreiche Varianten dieses Motivs waren in Deutschland und Frankreich verbreitet und ebenso in Polen und Ungarn.[124]

Wie die entsetzten europäischen Eliten sich im späten 18. Jahrhundert vor einem »apokalyptischen« jakobinischen Krieg gefürchtet hatten, fürchteten viele Europäer nach 1917, dass der Bolschewismus sich wie eine Epidemie in Windeseile ausbreiten und die übrige Welt »anstecken« könnte, und forderten entschiedenes Handeln und eine gewaltsame Mobilisierung gegen die vermeintliche Bedrohung. Charakteristisch war, dass diese Bedrohung der althergebrachten Ordnung, die in Europa fast überall wahrgenommen wurde, gar kein Gesicht hatte. Sie reichte von den anonymen Massen, die die bürgerlichen Vorstellungen von Eigentum angriffen, bis hin zu jüdisch-bolschewistischen Weltverschwörungen. Immer wieder neue Nahrung erhielten diese abstrakten Ängste durch die in Westeuropa kursierenden Berichte von bolschewistischen Gräueltaten – manche davon wahr, andere übertrieben. Aber alle, die ein mögliches Vordringen des Bolschewismus nach Westen befürchteten, sahen sich in ihren Ahnungen bestätigt, wenn sie von Lenins oder Trotzkis Appellen zur Weltrevolution lasen, von neu gegründeten kommunistischen Parteien überall in Europa hörten oder von bolschewistisch-inspirierten Umstürzen und Bürgerkriegen in Mittel- und Osteuropa erfuhren.[125]

*

Finnland erlebte einen der blutigsten Bürgerkriege der jüngeren europäischen Geschichte, dem ein Prozent der Bevölkerung zum Opfer fiel. In der Schlacht um Tampere fanden die Gefechte ihren Höhepunkt; hier siegreiche Weißgardisten nach den dortigen Kämpfen im Jahr 1918.

Der erste – unmittelbare – Fall einer solchen »Ansteckung« (zumindest wurde es so wahrgenommen) ereignete sich 1918 in Finnland. Wegen seiner Sonderrolle als autonomes Großfürstentum innerhalb des Russischen Reiches war Finnland im Ersten Weltkrieg neutral geblieben. Lediglich 1500 Finnen hatten zwischen 1914 und 1918 freiwillig auf russischer oder deutscher Seite gekämpft. Gemessen an seiner Größe sollte Finnland auch ohne die kriegsbedingte »Brutalisierung« einen der blutigsten Bürgerkriege des 20. Jahrhunderts erleben: In den kaum mehr als drei Monate andauernden Konflikt starben über 36 000 Menschen – ein Prozent der Gesamtbevölkerung.[126] Zu einem Vorspiel war es bereits im November 1917 gekommen, als ein Bündnis aus Gewerkschaftern, Sozialdemokraten und Otto Kuusinens finnischen Bolschewiki im Schatten der russischen Revolution zu einem Generalstreik aufgerufen hatte, bei dem sich Rote Garden und Kämpfer der nationalistischen finnischen Unabhängigkeitsbewegung gegenüberstanden.[127]

Gut einen Monat nachdem die Mitte-rechts-Führung von Pehr Evind Svinhufvud Anfang Dezember 1917 die Loslösung des Landes vom revolutionären Russland bekannt gegeben hatte, stürzten Rotgardisten mit Unterstützung Petrograds die Regierung in der finnischen Hauptstadt. Während Svinhufvud auf einem Eisbrecher über die Ostsee entfloh, formierte sich in Helsinki eine neue Führung – das Volkskommissariat. Die russische Oktoberrevolution wenige Monate zuvor dürfte den Putschisten als Blaupause gedient haben, doch auch wenn sich die Antagonisten im anschließenden Bürgerkrieg als »Rote« und »Weiße« bezeichneten, ist es falsch, die beiden Bürgerkriege als Teile ein und desselben Konflikts zu betrachten, wie Zeitgenossen das häufig getan haben. In Wahrheit unterschieden sich die Auseinandersetzungen erheblich voneinander, und die oft unterstellte »russische Beteiligung« an der finnischen Revolution war nur äußerst gering, denn nur etwa fünf bis zehn Prozent derjenigen, die für die »Roten« kämpften, waren russische Freiwillige, und was noch weitaus bedeutsamer ist: Die finnischen »Roten« waren keine Bolschewiki, zumindest in der Mehrheit nicht. Zwar hatten bolschewistisch inspirierte Rotgardisten im Januar 1918 den Staatsstreich in Helsinki angeführt und somit den Bürgerkrieg ausgelöst, doch die gemäßigteren finnischen Sozialdemokraten brachten die revolutionäre Bewegung fast umgehend unter ihre Kontrolle und übernahmen in den Städten und Industriezentren des Südens zumindest zeitweilig die Macht.[128] Ihre vom konservativ dominierten Senat unterstützten Gegner kontrollierten unterdessen die eher ländlichen Gebiete in der Mitte und im Norden des Landes. Mit tatkräftiger Unterstützung deutscher Truppen trugen die »Weißen« unter dem ehemaligen zaristischen General Carl Mannerheim in den entscheidenden Schlachten von Tampere, Viipuri, Helsinki und Lahti den Sieg davon. Jeder weitere Widerstand wurde so brutal niedergeschlagen, wie es für Bürgerkriege, in denen sich Mitglieder derselben Gemeinden bekämpfen, typisch ist. Beispielsweise ließ Mannerheim, nachdem er mit seinen konterrevolutionären Truppen die »rote Hauptstadt« der Revolution, die südwestfinnische Industriemetropole Tampere, erobert hatte, mehr als 10 000 gefangen genommene »rote« Soldaten hinrichten. Viele weitere starben an Unterernährung in den oft improvisierten und schlecht ausgestatteten Gefangenenlagern.[129]

Obwohl der finnische Bürgerkrieg mit dem Sieg der bürgerlichen »Weißen« endete, blieben westliche Beobachter besorgt. Der »Bolschewismus« war anscheinend keine russische Eigenheit, sondern breitete sich auch nach Westen aus, was die mitteleuropäischen Revolutionen der Jahre 1918/19 klar zu belegen schienen. Unter dem Eindruck der Grippeepidemie, die im Sommer 1918 ausbrach und sich weltweit ausbreitete, verglichen viele Zeitgenossen den Bolschewismus nun mit einer ansteckenden Krankheit, die es dringend einzudämmen gelte – eine Metapher, die sich im Winter 1918/19 rasch verbreitete, als sich die Revolutionen im Herzen Mitteleuropas radikalisierten.

Der scheinbare Sieg der Demokratie

Am 10. November 1918, einen Tag nachdem die erste deutsche Demokratie ausgerufen worden war, schrieb der prominente Chefredakteur des liberalen *Berliner Tageblatts*, Theodor Wolff, voll Begeisterung über die Ereignisse des Vortags, die zur Abdankung Kaiser Wilhelms II. geführt hatten: »Die größte aller Revolutionen hat wie ein plötzlich losbrechender Sturmwind das kaiserliche Regime mit allem, was oben und unten dazu gehörte, gestürzt. Man kann sie die größte aller Revolutionen nennen, weil niemals eine so fest gebaute, mit soliden Mauern umgebene Bastille so in einem Anlauf genommen wurde … Gestern früh war, in Berlin wenigstens, das alles noch da. Gestern Nachmittag existierte nichts mehr davon.«[130]

Nicht alle teilten diese Begeisterung. Die Reaktionen auf die Novemberereignisse von 1918 in Deutschland waren vielmehr äußerst zwiegespalten. Während vor allem Matrosen und Soldaten, die im Hinterland gedient hatten, sich an der Revolution beteiligten, welche die deutsche Monarchie zu Fall brachte, wandten sich die meisten deutschen Frontsoldaten in ihrer Erleichertrung, den Krieg überlebt zu haben, einfach gen Heimat, sobald ihre Einheiten die Reichsgrenze überschritten hatten. Viele Kriegsveteranen wurden Pazifisten und versuchten nach Kräften, anderen das zu ersparen, was sie zwischen 1914 und 1918 durchlitten hatten.[131]

Gerade jene Frontsoldaten und -offiziere, die in den außerordentlich bitteren letzten Kriegswochen die Disziplin gewahrt hatten, standen der Revolution feindselig gegenüber. Was der wohl bekannteste Gefreite des Ersten Weltkriegs, der 29-jährige Adolf Hitler, empfand, war durchaus typisch für viele Frontkämpfer. Als der in den letzten Kriegswochen verwundete und durch Kriegspsychose zeitweise erblindete Hitler am 12. November 1918 im Militärkrankenhaus zu Pasewalk wieder zu Bewusstsein kam, hatte er den Eindruck, die Welt um ihn herum habe sich bis zur Unkenntlichkeit verändert. Die einstmals so mächtige deutsche kaiserliche Armee, in der er als Meldegänger gedient hatte, war zerfallen. Der Kaiser hatte inmitten der Revolutionswirren abgedankt. Sein Heimatland, Österreich-Ungarn, existierte nicht mehr. Auf die Nachricht von der militärischen Niederlage der Mittelmächte reagierte der Verwundete mit einem Nervenzusammenbruch: »[Ich] taumelte … zum Schlafsaal zurück, warf mich auf mein Lager und grub den brennenden Kopf in Decke und Kissen. Seit dem Tage, da ich am Grabe der Mutter gestanden, hatte ich nicht mehr geweint … Nun aber konnte ich nicht mehr anders.«

Die tief empfundene Demütigung von 1918 leitete Hitler in seinem politischen Handeln bis zu seinem gewaltsamem Ende im Führerbunker. Noch in seinen letzten Befehlen vom April 1945 beharrte er darauf, dass sich 1918 nicht wiederholen, es nicht zu einer erneuten »feigen« Kapitulation wie am Ende des Ersten Weltkriegs kommen dürfe – eher sollten Deutschland und die Deutschen untergehen.[132]

An der Heimatfront gingen Ende 1918 ie Empfindungen weit auseinander, wobei die Abgrenzungen meist entlang politischer Parteilinien verliefen. Der Heidelberger Mediävist Karl Hampe schilderte die Novemberrevolution aus Sicht eines bürgerlichen Intellektuellen, der Bismarcks Nationalstaaat von 1871 als Höhepunkt der deutschen Geschichte begriff. Für Hampe war der 9. November der »elendste Tag meines Lebens! Was ist aus Kaiser und Reich geworden! Nach außen steht uns Verstümmelung, Willenlosigkeit, eine Art Schuldknechtschaft bevor; im Innern … Bürgerkrieg, Hungersnot, Chaos.«[133]

Der erzkonservative Politiker Elard von Oldenburg-Januschau (der im Januar 1933 eine unselige Rolle spielen sollte, als er seinem alten Freund, dem Reichspräsidenten Paul von Hindenburg, riet, Hitler zum Kanzler zu ernennen) sprach wohl vielen deutschen Adligen aus dem

Herzen, als er bekannte: »Ich finde keine Worte, um meinen Schmerz über das Geschehen des Novembers 1918 wiederzugeben, um zu schildern, was in mir zerbrach. Ich fühlte eine Welt einstürzen und unter ihren Trümmern alles das begraben, was der Inhalt meines Lebens gewesen war, was meine Eltern mich von Kindesbeinen an zu verehren gelehrt hatten.«[134]

Der ehemalige Reichskanzler Fürst Bernhard von Bülow suchte in seiner Verzweifung vergeblich nach historischen Entsprechungen, die seinem Entsetzen über die Geschehnisse Ausdruck verleihen konnten: »Am 9. November erlebte ich in Berlin den Ausbruch der Revolution. Ach, sie zeigte sich nicht als die herrliche Göttin, die Ferdinand Lassalle in seinen ehrgeizigen Träumen sah, mit wehendem Lockenhaar, eherne Sandalen an den Füßen. Sie glich mehr einer alten Vettel mit kahlem Kopf, triefenden Augen und zahnlosem Mund, schiefgetretenen Pantoffeln an den plumpen Füßen … Sie brachte keinen Danton hervor, wie er auf dem Pariser Boulevard in Erz gebildet steht, mit geballter Faust, neben dem Sockel links ein Sansculotte mit gefälltem Bajonett, rechts ein Tambour, der für die *Levée en masse* die Sturmtrommel schlägt. Sie brachte keinen Gambetta hervor, der den Krieg à outrance proklamiert und Widerstand und Krieg um fünf Monate verlängert, nicht einmal einen Delescluse, der freiwillig auf der Barrikade fällt. Ich habe in meinem Leben nichts Roheres und dabei Gemeineres gesehen als die Leiterwagen und Tanks, die, angefüllt mit betrunkenen Matrosen und aus den Ersatzbataillonen desertierten Soldaten, am 9. November durch die Berliner Straßen zogen … Ich habe nie etwas Ekelhafteres, etwas Empörenderes und dabei Feigeres gesehen als die halbwüchsigen Burschen, die, geziert mit den roten Schleifen der Sozialdemokratie, sich von hinten zu mehreren an Offiziere heranschlichen, an Offiziere, die das Eiserne Kreuz und den *Pour le mérite* trugen, sie an den Ellbogen packten, um sie wehrlos zu machen, und ihnen dann die Achselstücke abrissen.«[135]

Andere gingen in ihrer Verzweiflung noch weiter als von Bülow. Niedergeschlagen vom Zusammenbruch des Kaiserreichs und angesichts einer unsicheren finanziellen Zukunft nahm sich Albert Ballin, der Generaldirektor der einst weltgrößten Reederei HAPAG und enge

Freund Wilhelms II., am 9. November 1918 das Leben. Der jüdische Schiffsmagnat Ballin sah sich schlichtweg außerstande, sich den vermeintlich so trüben Aussichten seines Landes zu stellen.[136]

Das waren tief deprimierende Gefühle und unwiderrufliche Konsequenzen, aber sie waren nicht repräsentativ, denn zumindest im Herbst 1918 und Frühjahr 1919 unterstützte die überwältigende Mehrheit der Deutschen die revolutionäre Umgestaltung Deutschlands von einer konstitutionellen Monarchie mit eingeschränkter parlamentarischer Mitbestimmung in eine moderne Republik. Sie tat dies entweder aus Überzeugung oder weil sie sich von der innenpolitischen Demokratisierung des Landes mildere Konditionen bei der bevorstehenden Friedenskonferenz in Paris versprach.[137]

Als die Monarchie in Deutschland am 9. November 1918 gestürzt wurde, gingen die Entscheidungsbefugnisse auf den Rat der Volksbeauftragten über, der die beiden sozialdemokratischen Parteien – die moderaten Mehrheitssozialdemokraten (MSPD) und die Unabhängigen Sozialdemokraten (USPD) – kurzzeitig wiedervereinte, nachdem sie sich 1917 über ihre Position zum Krieg entzweit hatten. Der Rat umfasste jeweils drei Mitglieder jeder Partei unter dem Vorsitz von Friedrich Ebert, einem langjährigen sozialdemokratischen Parteifunktionär mit vorbildlicher Arbeiterbiographie. Dem ersten »Mann aus dem Volke«, der Deutschland seit der Reichsgründung 1871 regierte, sollte in der Novemberrevolution eine zentrale Rolle zukommen.

Ebert, der zukünftige erste Reichspräsident der Weimarer Republik (ein Amt, das er bis zu seinem frühen Tod 1925 innehatte), entstammte einfachen Verhältnissen. Er wurde 1871 in der Universitätsstadt Heidelberg als Sohn eines Schneiders geboren, hatte eine Lehre als Sattler absolviert und war über sein Engagement in der noch jungen Gewerkschaftsbewegung zur Politik gekommen. Es verschlug ihn zunächst nach Bremen, wo er 1893 eine Stelle als Redakteur der sozialdemokratischen *Bremer Bürger-Zeitung* erhielt. Im Jahr darauf eröffnete er eine Gastwirtschaft, die sich rasch zu einem wichtigen Treffpunkt für politisch Gleichgesinnte entwickelte. Ebert engagierte sich intensiv in der Lokalpolitik, wurde Bremer Parteivorsitzender und 1912 in den Reichstag gewählt, wo die SPD nun die stärkste Fraktion stellte.[138] In vielerlei Hinsicht war Ebert beispielhaft für den Pragmatismus, der die zweite Generation sozialdemokratischer Führer in Deutschland auszeichnete. Obwohl er sich als Marxist verstand, war sein oberstes politisches Ziel die schrittweise Verbesserung der Lebensbedingungen für die Arbeiterklasse durch Reformen. Nach dem Tod des langjährigen Parteiführers August Bebel wurde Ebert zusammen mit dem radikaleren Hugo Haase, einem namhaften Anwalt und sozialistischen Politiker aus dem ostpreußischen Königsberg, zum SPD-Vorsitzenden gewählt.[139]

Der Pazifist Haase hatte sich 1914 noch widerwillig der Parteidisziplin gefügt und für die Kriegsanleihen gestimmt, war 1917 jedoch eigene Wege gegangen und Vorsitzender der neu gegründeten Unabhängigen Sozialdemokraten (USPD) geworden, die einen sofortigen Frieden forderten. Ebert sah es dagegen als seine »verdammte Pflicht und Schuldigkeit« an, mit der Regierung wie auch der eher bürgerlichen Zentrumspartei und der linksliberalen Fortschrittspartei zusammenzuarbeiten. Im November 1918 setzte er diese pragmatische Politik fort, um ein Abgleiten ins Chaos wie in Russland zu vermeiden. Trotz seiner marxistischen Überzeugungen wollte er keine Revolution nach bolschewistischem Vorbild, sondern strebte den friedlichen Übergang des Landes in ein parlamentarisches System an. In einem Gespräch mit dem letzten kaiserlichen Reichskanzler Max von Baden erklärte er: »Wenn der Kaiser nicht abdankt, dann ist die soziale Revolution unvermeidlich. Ich aber will sie nicht, ja, ich hasse sie wie die Sünde.«[140]

Eberts Aussage spiegelt die Tatsache wider, dass die MSPD im Jahr 1918 im traditionellen marxistischen Sinn keine revolutionäre Partei mehr war, denn sie richtete ihre Politik längst auf reformerische Ziele wie den Aufbau einer parlamentarischen Demokratie, die Einführung des Frauenwahlrechts, die Verbesserung der Arbeitsbedingungen in den Fabriken und den Ausbau des Sozialstaats. All dies sollte nicht durch einen Umsturz, sondern durch schrittweise Reformen erreicht werden. Ebert wusste nur zu gut, dass das deutsche Kaiserreich – im Gegensatz zum zaristischen Russland – kein autokratischer Staat war. Ungeachtet seiner semi-autoritären Verfassung, die dem Kaiser, nicht aber dem Parlament das Recht einräumte, Regierungen zu ernennen und zu entlassen, gewährte das Wilhelminische Reich der Arbeiterklasse doch beträchtliche Möglichkeiten, sich gewerkschaftlich zu organisieren und mit dem allgemeinen Wahlrecht für Männer auch ein verbrieftes Recht auf politische Mitbestimmung. Es herrschte Rechtssicherheit und ein Maß an sozialer und wirtschaftlicher Sicherheit, von dem die meisten Russen nur träumen konnten. Gewiss gab es in der deutschen Gesellschaft eine eklatante sozio-ökonomische Ungleichheit, doch im Jahr 1914 stimmten große Teile der Arbeiterschaft weitgehend darin überein, dass man von Reformen deutlich mehr profitieren würde als von einer Revolution. Auch diese Einsicht war es, die die »Ebert-Generation« dazu veranlasste, eine Machtübernahme nach bolschewistischem Vorbild so entschieden abzulehnen.[141]

Nachdem der Rat der Volksbeauftragten unter Eberts Führung gebildet worden war, beruhigte sich die Situation vorübergehend. Doch die brennende Frage nach dem weiteren Kurs der Revolution war damit lediglich vertagt worden. Im Gegensatz zum linken Flügel der USPD wollten sich die Führer der Mehrheitssozialdemokraten nicht auf radikalsozialistische Experimente einlassen, die einen Bürgerkrieg oder den Einmarsch der Alliierten nach sich ziehen konnten. Für die MSPD, die sich schon seit Jahrzehnten für die demokratische Erneuerung Deutschlands einsetzte, musste eine Rückkehr zum orthodox-marxistischen Dogma des »Klassenkampfes« zu Recht wie ein Verrat an dieser reformistischen Agenda erscheinen. Ebert und anderen führenden Sozialdemokraten kam es in diesen entscheidenden Stunden vielmehr darauf an, die drängendsten Probleme anzugehen: die Ausarbeitung eines Friedensvertrags, der den Krieg offiziell beendete, die ausreichende Versorgung der hungernden Bevölkerung mit Nahrungsmitteln sowie die Demobilisierung mehrerer Millionen Soldaten.[142] Jedes dieser Probleme stellte die unerfahrene Regierung vor enorme Herausforderungen. Schließlich hatte Deutschland soeben erst den bis dato blutigsten Krieg der Menschheitsgeschichte verloren, in dem mehr als 13 Millionen deutsche Männer (fast zwanzig Prozent der Bevölkerung des Jahres 1914) unter Waffen gestanden und zwei Millionen ihr Leben gegeben hatten. Darüber hinaus zählte man etwa 2,7 Millionen physisch und psychisch versehrte Veteranen. Anders als in den Siegerstaaten des Ersten Weltkriegs würde die Frage, wie sich die Opfer der Söhne, Brüder und Väter nach einem verlorenen Krieg rechtfertigen ließen, die deutsche Öffentlichkeit auf Jahre beschäftigen – und spalten.

Das Gefühl, dass die vielen Opfer umsonst gebracht worden waren, breitete sich nach dem Krieg in allen Verliererstaaten aus – mit verheerenden Folgen.[143] Vor diesem Hintergrund sind Eberts berühmte Worte zu verstehen, mit denen er die heimkehrenden Frontsoldaten am Brandenburger Tor empfing: »Kein Feind hat euch überwunden.« Eberts Ausspruch zeugte keineswegs von Realitätsverlust, sondern stellte den Versuch dar, die Armee für das neue Regime zu gewinnen. Angesichts der Gefahren, die sowohl von der rechtsnationalen Opposition als auch vonseiten all jener drohten, die eine weitaus radikalere Revolution in Deutschland forderten, waren Eberts Bemühungen nur zu verständlich. Aus demselben Grund hatte Ebert auch mit Ludendorffs Nachfolger, dem Chef der Obersten Heeresleitung, General Wilhelm Groener, eine pragmatische Abmachung getroffen, die oft zu Unrecht als faustischer Pakt mit den alten Mächten des Kaiserreichs abgetan wurde: Am 10. November sicherte Groener dem Vorsitzenden im Rat der Volksbeauftragten die Loyalität der Streitkräfte zu. Im Gegenzug versprach Ebert dem General, die Regierung werde umgehend Maßnahmen gegen potenzielle linksradikale Unruhen ergreifen, Wahlen zur Nationalversammlung abhalten sowie dem alten Offizierskorps weiterhin die Befehlsgewalt über die Streitkräfte überlassen.[144]

Schrittweiser Wandel auf der Basis von Kompromissen, nicht gewaltsamer Umsturz kennzeichnete somit die erste Phase der deutschen Revolution im November 1918. Das traf auf den politischen wie auf den gesellschaftlichen Bereich zu: Am 15. November schlossen führende Unternehmer und Gewerkschafter ein Abkommen, das Tarifverträge, die Einführung des Achtstundentags sowie Arbeitervertretungen in Unternehmen mit mehr als fünfzig Beschäftigten vorsah. Das Stinnes-Legien-Abkommen – benannt nach seinen beiden Hauptunterzeichnern, dem führenden Schwerindustriellen Hugo Stinnes und dem

Vorsitzenden der freien Gewerkschaften Carl Legien – sollte einer möglichen Verstaatlichung durch die Massen oder einer radikalen Umverteilung von Privateigentum zuvorkommen, die weder im Interesse der Arbeitgeber noch der SPD-dominierten freien Gewerkschaften waren.[145]

Über die politische Zukunft Deutschlands sollte indes von einer demokratisch gewählten verfassunggebenen Nationalversammlung entschieden werden – zumindest wollten das Ebert, die MSPD und Teile der Unabhängigen Sozialisten. Aus diesem Grund mussten so rasch wie möglich Wahlen angesetzt werden. Beim Urnengang am 19. Januar 1919 stellte sich dann heraus, dass eine überwältigende Wählermehrheit von 76 Prozent für jene Parteien gestimmt hatte, die einen *demokratischen* Neuanfang in Deutschland anstrebten: die Mehrheitssozialdemokraten, die linksliberale Deutsche Demokratische Partei (DDP) und die katholische Zentrumspartei.[146]

*

Die demokratische Erneuerung Deutschlands ähnelte in vielerlei Hinsicht den Ereignissen im benachbarten Österreich-Ungarn, auch wenn Letztere in einem weitaus komplizierteren multinationalen Kontext stattfanden.[147] Vor dem Krieg war die Doppelmonarchie bevölkerungsmäßig der drittgrößte Staat Europas gewesen – nach dem zaristischen Russland und dem Deutschen Reich – und eines der Reiche mit der größten ethnischen Vielfalt. Nach 1918 herrschte lange die Meinung vor, Zusammenbruch und Zerfall des k.u.k. Imperiums und die folgenden revolutionären Umgestaltungen seien vor allem auf die Fliehkräfte des Nationalismus zurückzuführen – einer Ideologie, die im 19. Jahrhundert massiven Zulauf erhalten hatte. Dieser heute überholten Lesart zufolge eröffnete die militärische Niederlage der Habsburgermonarchie den vielen Völkern des Reiches die Chance auf staatliche Unabhängigkeit, die sie so lange herbeigesehnt hatten.[148] In jüngerer Zeit zeichnen Historiker jedoch ein völlig anderes Bild: Obwohl gerade slawische Nationalismen die Bindungskräfte, die den Vielvölkerstaat zusammenhielten, in den Jahrzehnten vor dem Krieg zunehmend strapaziert hätten, seien die Ursachen für den Zerfall des Imperiums im Ersten Weltkrieg zu finden und lägen weniger bei den kleinen nationalistischen Bewegungen der Vorkriegszeit. Vor allem die akute Nahrungsmittelknappheit der Jahre 1917/18 und die sich abzeichnende Niederlage habe den Boden bereitet für die Revolution in Österreich-Ungarn.[149]

Ende 1917 litten in Östereich-Ungarn große Teile der städtischen Bevölkerung akut an Hunger, was die Gefahr von Unruhen erheblich erhöhte.[150] Die Streiks in Österreich begannen zunächst auch als Proteste gegen zu hohe Preise und zu knappe Lebensmittelrationen. Wie schon 1917 in Russland und 1918 in Deutschland schürten Nahrungsmittelengpässe das Misstrauen gegen die Regierung, und die Forderungen der Demonstranten nach »Brot und Frieden« wuchsen sich zu Aufständen aus, die letztlich in eine Revolution mündeten.

Im Januar 1918 brachen in verschiedenen Teilen des Habsburgerreichs Streiks aus. Binnen Tagen legte fast eine Million Arbeiter in Österreich, Ungarn, Galizien und Mähren die Arbeit nieder; immer mehr Menschen verlangten nach einem sofortigen Waffenstillstand und – zunehmend – auch nach nationaler Selbstbestimmung.[151] Anfang Februar folgte ein kurzlebiger Matrosenaufstand auf den Marinestützpunkten Pola und Cattaro, wo die Seeleute besseres Essen, Demokratie und einen sofortigen Frieden auf Basis der von US-Präsident Wilson proklamierten Vierzehn Punkte forderten.[152] Die Januarstreiks und die Meuterei im Februar lösten die Revolution noch nicht aus, boten aber einen Vorgeschmack auf das, was sich im Laufe des Jahre ereignen würde.

Eine zentrale Rolle beim Zerfall des Habsburgerreichs sollte die Armee spielen, die während des Weltkriegs eine Reihe herber Rückschläge hatte verkraften müssen. Die Verluste durch Gefangennahmen waren gravierend und wären wohl noch größer gewesen, wenn die deutschen Verbündeten dem k.u.k. Heer nicht verschiedentlich beigesprungen wären. Seit 1917 trug die Freilassung und Rückkehr der habsburgischen Soldaten aus russischer Kriegsgefangenschaft nicht unwesentlich zur Verbreitung der revolutionären Botschaften bei. In den letzten Kriegsmonaten war die österreichisch-ungarische Armee, einst eine der Säulen des Vielvölkerstaates, regelrecht in ihre Einzelteile zerfallen. Die Versorgungslage hatte sich derart verschlechtert, dass die Soldaten Hunger litten und in Massen desertierten, so dass viele Einheiten kaum noch in der Lage waren, effektiv zu kämpfen.[153]

Als das Scheitern der letzten österreichischen Offensive in Italien und die deutschen Niederlagen im Westen kaum noch Zweifel daran ließen, dass der Krieg verloren war, brach mit der Militärdisziplin auch das Vielvölkerreich der Habsburger zusammen.[154] In den Reihen der k.u.k. Armee waren viele nicht mehr bereit, für dieses Reich zu kämpfen und zu sterben. Slawische und ungarische Soldaten verweigerten Ende Oktober 1918 ihren Offizieren den Gehorsam, weil sie nicht gewillt waren, einen offensichtlich verlorenen Krieg weiter in die Länge zu ziehen.[155] Diese Aufweichung imperialer Loyalitäten in den letzten Kriegswochen sollte der österreichischen Version der deutschen »Dolchstoßlegende« Vorschub leisten. Dort sollten ranghohe k.u.k. Offiziere wie die beiden Generalstabschefs Conrad von Hötzendorff und Arthur Arz von Straußenburg in den Folgejahren die Behauptung verbreiten, das Reich habe den Krieg allein deshalb verloren, weil sich die slawische Bevölkerung gescheut habe, zu kämpfen.[156]

Wie weit die militärische Disziplin bereits zusammengebrochen war, zeigte sich am 30. Oktober 1918, als sogar die deutschsprachigen Soldaten der Habsburgerarmee in Wien auf die Straße gingen, wobei sich der eine Teil rote, der andere schwarzrotgoldene Kokarden an die Uniformen heftete – die Farben der liberalen deutschen Märzrevolution von 1848. In immer größerer Zahl schlossen sich Soldaten und rangniedere Offiziere den revolutionären Bewegungen in Wien und Budapest, den beiden Metropolen des Reiches, an.[157] Lautstark forderten sie die Gründung einer Republik und die Freilassung des inhaftierten Führers der linken Sozialdemokraten Friedrich Adler. Der Sohn des Gründers und Vorsitzenden der österreichischen Sozialdemokraten hatte zu Beginn des Jahrhunderts als hochbegabter Naturwissenschaftler von sich reden gemacht, den Lehrstuhl für Theoretische Physik an der Universität Zürich aber abgelehnt (einen Posten, den man daraufhin Adlers lebenslangem Freund Albert Einstein anbot), um sich ganz der Politik zu widmen. Im Jahr 1911 wurde er Parteisekretär der Sozialdemokratischen Arbeiterpartei Österreichs, die sein Vater gegründet hatte, überwarf sich aber mit den Genossen, als diese 1914 die Kriegskredite billigten. Mit zunehmender Radikalisierung richtete er in Zeitungsartikeln und Flugblättern scharfe Attacken gegen die Parteiführung – wobei er seinen Vater nicht ausnahm – und die politischen Entscheidungsträger Osterreich-Ungarns. Im Oktober 1916 ging er in seinem Protest gegen den Krieg so weit, dass er den Ministerpräsidenten Karl Graf Stürgkh erschoss. Für den Mord an Stürgkh wurde er zum Tode verurteilt, vom Kaiser jedoch bald begnadigt, der die Strafe in 18 Jahre Zuchthaus umwandelte. Im November 1918 verfügte Karl I. dann sogar die Haftentlassung. Es war eine seiner letzten Amtshandlungen als Kaiser.[158]

Adlers Rückkehr auf die politische Bühne Wiens heizte die Demonstrationen weiter an, bei denen nun auch immer vehementer die Abdankung des Kaisers gefordert wurde. Am 3. November verglich eine österreichische Tageszeitung die revolutionäre Stimmung anschaulich mit dem Fieberwahn der Spanischen Grippe: »In diesen Tagen ist eine andere alte Krankheit, die schleichend und heimlich seit langem das Leben unseres Volkes vergiftete, unter Fiebererscheinungen ›manifest‹ geworden … Fieberglut sprang wie eine rote Flamme hervor. Und wie Geheul der Sturmglocken, an deren Strängen zitternde, erregte Hände reissen, flog ein Wort auf, ein Schrei aus hunderttausend Kehlen: Revolution!«[159]

Angespornt von den Ereignissen in Russland, marschierten sogenannte Rote Garden durch die Stadt und zogen linke Intellektuelle wie den berühmten Journalisten Egon Erwin Kisch und den expressionistischen Schriftsteller Franz Werfel ebenso in ihren Bann wie radikalisierte Soldaten und Arbeiter. Der Austromarxist Otto Bauer, später erster Außenminister im Nachkriegsösterreich, beobachtete die Entwicklung in der Stadt mit zunehmender Sorge: »Und unter die wild erregten Heimkehrer, unter die verzweifelnden Arbeitslosen, unter die von der Romantik der Revolution erfüllten Wehrmänner mischten sich die Invaliden des Krieges, die ihr persönliches Schicksal an der schuldigen Gesellschaftsordnung rächen wollten; mischten sich krankhaft erregte Frauen, deren Männer seit Jahren in Kriegsgefangenschaft schmachteten; mischten sich Intellektuelle und Literaten aller Art, die plötzlich zum Sozialismus stoßend, von dem utopischen Radikalismus der Neophyten erfüllt waren; mischten sich die aus Russland heimgeschickten Agitatoren des Bolschewismus. Jedes Zeitungsblatt brachte Nachrichten über die Kämpfe Spartakus' in Deutschland. Jede Rede verkündete die Glorie der großen russischen Revolution, die mit einem Schlage alle Ausbeutung für immer aufgehoben habe.«[160]

In diesem Stadium hatte der kaiserliche Staat den Protesten kaum noch etwas entgegenzusetzen. Jeder Zug, der in die Wiener Bahnhöfe einfuhr, war vollgepackt mit halbverhungerten, zornigen und schwer bewaffneten Frontheimkehrern.[161]

Freilich begrüßten nicht alle den Zusammenbruch und die Revolution. In ihren Tagebüchern und Memoiren schilderten viele österreichische Exoffiziere den Schock, den sie im Jahr 1918 erlebten, als sie von der Front in jene feindselige Welt voll politischer und gesellschaftlicher Umwälzungen heimkehrten, die nach dem zeitweiligen Zusammenbruch von militärischer Hierarchie und öffentlicher Ordnung heraufgezogen war. Der spätere Höhere SS- und Polizeiführer in den deutsch besetzten Niederlanden im Zweiten Weltkrieg, Hanns Albin Rauter, der 1918 aus dem Krieg ins steirische Graz zurückkehrte, beschrieb seine erste Begegnung mit dem »roten Pöbel« als politisches Erweckungserlebnis: »Als ich endlich wieder in Graz ankam, fand ich dort Bolschewisten vor. Ein paar halbwachsene Burschen wollten mir die Distinktionen herunterreißen. Ich zog meine Pistole und wurde verhaftet. Das war die Begrüßung der Heimat.«[162] Die Verhaftung durch rangniedere Soldaten bestärkte Rauter in dem Gefühl, in eine »verkehrte Welt« heimgekehrt zu sein, eine Welt der Revolution, in der einst unumstößliche Werte und Normen, soziale Hierarchien, Institutionen und Autoritäten mit einem Schlag nichts mehr galten. Konfrontiert mit öffentlichem Aufruhr und persönlichen Anfeindungen, verspürte er den innigen Wunsch, seine Existenz als Soldat fortzusetzen, um gegen innere und äußere Feinde wie diese kämpfen zu können.[163]

In der ersten Phase der Revolution waren solche Stimmen allerdings noch in der Minderheit. Die politische Rechte Mitteleuropas schien von der Niederlage und den Revolutionen wie gelähmt. So konstatierte der Wiener Polizeipräsident Franz Brandl am 11. November, von christlich-sozialen oder deutsch-nationalen Kräften »sieht und hört man nichts. Als ob sie der Erdboden verschluckt hätte! Rot ist Trumpf!«[164]

Obwohl so viele Soldaten und bewaffnete Kämpfer in den Demonstrationszügen mitmarschierten, verlief die österreichische Revolution – wie auch ihr deutsches Pendant – bemerkenswert friedlich und nicht als gewaltsamer Putsch, sondern in den Bahnen demokratischer Massenkundgebungen. Sogar Friedrich Adler, der einen entscheidenen Einfluss auf die politischeLinke ausübte, sprach sich öffentlich gegen eine Revolution nach bolschewistischem Muster aus.[165]

Am 11. November beugte sich Kaiser Karl schließlich dem Unvermeidlichen und veröffentlichte eine sorgfältig formulierte Proklamation, in der er dem österreichischen Volk zugestand, seine zukünftige Staatsform selbst zu wählen, während er auf »jeden Anteil an den Staatsgeschäften« verzichtete. In der Hoffung, seine Untertanen könnten ihn eines Tages zurückholen, vermied er geflissentlich das Wort »Abdankung«. Im kommenden Frühjahr verließen Karl und seine Frau Zita Wien und gingen ins Schweizer Exil. Die Entscheidung vom November 1918 hat Karl dann aber offenbar bedauert, denn er unternahm 1921 zwei ernstzunehmende, aber letztlich erfolglose Anläufe, in Budapest den ungarischen Thron zu besteigen. Nach dem zweiten dieser Restaurationsversuche intervenierten die Alliierten und verbannten Karl auf die abgelegene portugiesische Insel Madeira, wo der letzte Habsburgerkaiser am 1. April 1922 im Alter von nur 34 Jahren an einer Lungenentzündung starb.[166]

Die provisorische Nationalversammlung, die am 12. November, einen Tag nach dem Rückzug des Kaisers aus dem politischen Leben, in Wien zusammenkam, wählte den Sozialdemokraten Karl Renner zum Kanzler. Wie in Deutschland sollte die zukünftige Regierung durch allgemeine Wahlen bestimmt werden. Diese fanden am 16. Februar statt und führten zu einer großen Koalitionsregierung von Sozialdemokraten und konservativen Christlichsozialen, der beiden stärksten demokratischen Parteien. Ungeachtet der Geburtswehen

Die sogenannte Asternrevolution in Budapest am 31. Oktober 1918, benannt nach jenen Blumen, die sich die Soldaten anstelle des habsburgischen Rosenemblems an die Mützen steckten, verwandelte Ungarn in einen unabhängigen Staat und eine kurzlebige Demokratische Republik unter Führung des Grafen Mihály Károlyi.

ihres neuen Staates und der nach wie vor angespannten Versorgungslage fassten viele Österreicher neuen Mut. Sie hofften darauf, dass die geglückte Einführung der Demokratie die Friedensstifter in Paris milde stimmen würde.[167]

Ähnliche Hoffnungen hegte man in Ungarn, wo die Regierungsgewalt Ende Oktober 1918 in die Hände einer demokratischen Koalition unter der Führung von Graf Mihály Károlyi überging – eines Liberalen, dessen politische Vorstellungen tief in der Tradition der Revolution von 1848 wurzelten. Kàrolyi setzte sich schon seit langem für eine Politik ein, die auf eine Unabhängigkeit Ungarns und die Aufkündigung des »Ausgleichs« von 1867 abzielte, der die Grundlage der Doppelmonarchie Österreich-Ungarn bildete. Darüber hinaus plädierte er für ein allgemeines Wahlrecht und eine Bodenreform – was in Anbetracht der Tatsache, dass Károlyi selbst einer der größten privaten Grundbesitzer Ungarns war, durchaus bemerkenswert ist. Um diese Ziele zu erreichen, ging Károlyis Unabhängigkeitspartei ein Bündnis mit den Bürgerlich-Radikalen und den ungarischen Sozialdemokraten ein, die daraufhin den Nationalrat bildeten. In der festen Überzeugung, die territoriale Einheit Ungarns sei einzig durch die Aufkündigung der konstitutionellen Union mit Österreich zu wahren, löste Károlyi am 16. November 1918 alle rechtlichen Bindungen mit Wien. Ungarn, über das die Habsburger seit 1526 regiert hatten, war nun eine unabhängige Republik.[168]

*

Waren die Abspaltung und der Demokratisierungskurs Ungarns ziemlich pragmatisch und nicht zuletzt von dem Wunsch getrieben, dem Land günstige Friedenskonditionen zu sichern, so gestalteten sich die revolutionären Ereignisse in Bulgarien, dem ersten Land der Mittelmächte, das kapituliert hatte, sehr viel chaotischer. Im Gegensatz zu Deutschland und Österreich-Ungarn war Bulgarien seit dem Tag seines Kriegseintritts gegen die Entente im Jahr 1915 von inneren Unruhen erschüttert worden – in der Heimat wie an der Front. Chronische Nahrungsmittelknappheit, Kriegsmüdigkeit und weit verbreitete Vorbehalte gegen den Kriegseintritt an der Seite Deutschlands und des bei vielen Bulgaren verhassten Osmanischen Reiches hatten enorme Disziplinprobleme an der Front zur Folge gehabt. Zwischen 1915 und dem Frühjahr 1918 standen rund 40 000 Soldaten vor Militärgerichten, von denen 1500 standrechtlich erschossen wurden.[169]

Auch an der Heimatfront herrschte große Unzufriedenheit, die sich insbesondere 1916 und 1918 in den Hungerprotesten der Frauen und landesweiten Unruhen entlud. Speziell die Proteste hungernder Frauen in der Heimat schwächten die Kampfmoral der Truppe und lösten eine Welle von Befehlsverweigerungen aus. Die Nachrichten von den Umwälzungen in Russland im Jahr 1917 und die Verkündung von Woodrow Wilsons Vierzehn Punkten im Januar 1918 beförderten weitere antimilitaristische Agitationen unter den Soldaten und verstärkten bei der gesamten Bevölkerung die Sehnsucht nach einem raschen Kriegsende.[170]

Im Sommer 1918 wurde die Lage an der Front nahezu unhaltbar. Erschöpft von den jahrelangen Kämpfen, zermürbt vom moralischen

Zerfall in der Heimat und angestachelt von der Propaganda der Sozialisten und Agrarier, glich die bulgarische Armee einem Pulverfass, das beim kleinsten revolutionären Funken zu explodieren drohte. In Sofia trafen alarmierende Briefe von Frontoffizieren ein, die vor dem völligen Zusammenbruch der Armee warnten, falls bis Mitte September kein Friede geschlossen werde. In dem Brief eines Soldaten von der Front hieß es: »Nie im Leben habe ich so viele ausgemergelte und leidene Menschen derart unzufrieden gesehen.« Und der Oberbefehlshaber der bulgarischen Streitkräfte räumte in einem Schreiben an die Regierung ein: »Die Rollen haben sich verkehrt, die Befehlsgewalt liegt nicht länger bei den Kommandanten, sondern bei den Untergebenen; nun diktieren die Soldaten ihren Vorgesetzten ihren Willen und ihre Auffassungen.«[171]

Die gesellschaftliche und ökonomische Krise setzte die Regierung immer mehr unter Druck. Am 20. Juni 1918 trat Ministerpräsident Radoslawow zurück – angeblich weil es ihm nach der Kapitulation Rumäniens nicht gelungen war, im Abkommen von Bukarest die vollkommene bulgarische Kontrolle über die Dobrudscha festzuschreiben. Auf ihn folgte der gemäßigtere Aleksandar Malinow, dessen Regierung sich im September zu Friedensverhandlungen mit der Entente bereit erklärte, denn der bulgarischen Führung lief die Zeit davon. Noch bevor der vom alliierten Durchbruch an der Makedonienfront erzwungene Waffenstillstand von Thessaloniki unterzeichnet war, machten sich Tausende unzufriedener Soldaten auf den Weg nach Sofia, fest entschlossen, sich an der Regierung wie am König zu rächen, denen sie die Hauptschuld am Kriegseintritt Bulgariens aufseiten der Mittelmächte gaben. In Radomir, einer kleinen Stadt südwestlich der Hauptstadt Sofia, strömten rund 15 000 aufgebrachte Männer zusammen, zu denen sich der charismatische Aleksandar Stambolijski gesellte. Der führende Abgeordnete der Bulgarischen Agrarischen Volksunion (BAVU) und bekennende Republikaner Stambolijski war während des Krieges in Haft gewesen, weil er den König nach dem Pakt mit den Mittelmächten 1915 in einer Privataudienz scharf angegriffen und die Einzelheiten der Auseinandersetzung in einer Zeitung veröffentlicht hatte.

Als die stetig wachsende Schar der Aufständischen am 30. September die Außenbezirke Sofias erreichte, stieß sie auf hastig zusammengestellte bewaffnete Einheiten königstreuer bulgarischer Militärkadetten und deutscher Soldaten. Die monarchistischen Kadetten hatten schon zwei Tage zuvor einen von der Front kommenden Lazarettzug gestürmt und ihrer Wut auf die rebellierenden »Verräter« Luft gemacht, indem sie etwa 500 Verletzte ermordeten, die sie des Defätismus und der bolschewistischen Zersetzung beschuldigten. Nun warfen sie in wenigen Tagen unter schwerem Artilleriebeschuss den Soldatenaufstand vor den Toren Sofias brutal nieder. Es folgten Massenverhaftungen und Massaker, bei denen rund 3000 Unterstützer der Revolte getötet und 10 000 verletzt wurden. Die Überlebenden des Aufstands, darunter der zukünftige bulgarische Ministerpräsident Stambolijski, tauchten unter.[172]

In den Augen der Anhänger des alten Regimes war die Radomir-Rebellion ein Indiz dafür, dass die kommunistische Propaganda die Armee bereits unterwandert hatte. Durch die kommunistischen Aufrührer seien die Soldaten verleitet worden, ihre Waffen niederzulegen und sich gegen die Monarchie zu wenden – also Verrat zu begehen. Von den zutiefst unterschiedlichen Deutungen der Radomir-Revolte – ob als Aufstand verräterischer »Eidbrüchiger« oder als Ereignis, das fatalerweise nicht in eine Revolution nach russischem Muster mündete – sollten noch nach Jahrzehnten tiefe Gräben in der bulgarischen Politik zeugen.[173]

Obwohl sie gescheitert waren, wurden einige der Kernforderungen der Aufständischen – Frieden um jeden Preis und eine Demokratisierung des Landes – mit der Unterzeichnung des Waffenstillstands und der Abdankung Zar Ferdinands am 4. Oktober – eine der Vorbedingungen der Alliierten für den Friedensschluss – tatsächlich erfüllt. Obwohl nach Ferdinand, der auf eines seiner weitläufigen Anwesen im Ausland geflüchtet war, dessen Sohn Boris auf dem Thron folgte, feierte man den Abgang des alten Zaren zu Recht als Beginn einer neuen Ära. Die wirkliche Macht lag von nun an ohnehin bei der Regierung, die nach Malinows Rücktritt im November aus einer Koalition von Sozialdemokraten und BAVU bestand. Unter der Führung

Teodor Teodorows, des ehemaligen Finanzministers, der in Odessa und Paris Jura studiert und sich als liberaler Justizreformer und Finanzminister einen Namen gemacht hatte, stand sie vor der schwierigen Aufgabe, ein nach sechs Kriegsjahren demographisch, materiell und mental völlig am Boden liegendes Land zu befrieden.[174]

Seit Beginn des Ersten Balkankriegs im Jahr 1912 waren die Süddobrudscha, Makedonien und Ostthrakien unter großen Opfern wiederholt erobert und wieder geräumt worden. Die Armee hatte rund 250 000 Mann verloren, darunter 150 000 Verwundete, von denen viele für ihr ganzes Leben gezeichnet blieben. Wie überall in Europa prägten verstümmelte oder erblindete Veteranen in der Zwischenkriegszeit das Straßenbild der Städte und Dörfer. Allein im Jahr 1918 rafften Hunger und Krankheiten 180 000 Menschen an der Heimatfront dahin. Das ganze Ausmaß der bulgarischen Katastrophe erschließt sich allerdings erst, wenn man zu den Verlusten durch den Weltkrieg die der vorangegangenen Balkankriege von 1912/13 hinzurechnet: Bei einer Gesamtbevölkerung von fünf Millionen Menschen hatte das Land zwischen 1912 und 1918 etwa 157 000 tote Soldaten und 154 000 Verletzte zu beklagen, und es waren 100 000 bulgarischstämmige Flüchtlinge aus den verlorenen Gebieten Dobrudscha, Makedonien und Thrakien zu versorgen, was den bankrotten und besiegten Staat vor kaum zu bewältigende Herausforderungen stellte.[175]

*

Konstantinopel erlebte keine sozialistische Revolution wie andere Hauptstädte Europas zwischen 1917 und 1919, aber auch hier bedeutete die militärischen Niederlage das Ende der Regierung. Das Komitee für Einheit und Fortschritt (KEF), welches das Land während des Krieges regiert hatte, war nach Odessa geflohen und die bis dahin oppositionelle Freiheits- und Einigkeitspartei hatte nach der bedingungslosen Kapitulation des Osmanischen Reiches im Hafen von Moudros im Oktober 1918 die Regierung übernommen. Sie sollte das Land während der gesamten Waffenstillstandsperiode (1918–1923) führen.[176] Mit Unterstützung des erst vier Monate vor Kriegsende zum Sultan gekrönten Mehmed VI. machten sich die Liberalen umgehend daran, einen Teil der KEF-Maßnahmen zurückzunehmen. Deportierte Kurden und vertriebene Überlebende des Völkermords an den Armeniern wurden zur Rückkehr ermutigt. Auf internationalen und öffentlichen Druck hin leitete die neue Führung im Januar 1919 sogar eine offizielle strafrechtliche Untersuchung gegen die abgesetzte KEF-Führung ein. Gegen 300 Personen wurde Haftbefehl erlassen und in Konstantinopel eine große Zahl prominenter Unionspolitiker unter dem Vorwurf des Massenmords und der Korruption von der Polizei festgenommen. Nachdem der Sultan seinen liberal gesinnten Schwager Damad Ferid zum Großwesir ernannt hatte, setzten sich die Festnahmen noch das gesamte Frühjahr über fort.[177]

Wie in den mitteleuropäischen Verliererstaaten übernahm auch in Konstantinopel die neue Regierung die politische Verantwortung für ein vom Krieg gezeichnetes Land: Die osmanische Armee hatte rund 800 000 Mann verloren und damit fast ein Viertel ihrer Soldaten.[178] Unter der Zivilbevölkerung waren die Opferzahlen gar noch höher. Neben den rund eine Million Armeniern, die bei den vom KEF angeordneten genozidalen Vertreibungen ums Leben gekommen waren, forderten Hunger und Krankheiten im osmanisch beherrschten Nahen Osten während des Ersten Weltkriegs mindestens weitere 2,5 Millionen Menschenleben, die meisten davon Zivilisten. Eine Ursache für den Tod vieler Osmanen war die englisch-französische Seeblockade und die daraus resultierende mangelhafte Versorgung mit Lebensmitteln, eine andere die gravierende Heuschreckenplage, der allein in Syrien jeder siebte Einwohner zum Opfer fiel.[179]

In dem am Boden liegenden Land genossen die neuen Machthaber – zumindest in der Hauptstadt – zunächst großen Rückhalt in der Bevölkerung. Wie in den mitteleuropäischen Verliererstaaten klammerten sich auch hier die Menschen an die – wie sich zeigen sollte – vergebliche Hoffnung, die neue Regierung sei in der Lage, für das Land einen nicht allzu harschen Friedensvertrag auszuhandeln. Rückblickend erscheint der Optimismus dieses »Traumlands der Waffenstillstandsperiode«, wie der deutsche Theologe und Philosoph Ernst Troeltsch die Monate vom Herbst 1918 bis zum Frühjahr 1919 später bezeichnete, naiv. Tatsache ist allerdings, dass dieser naive Optimismus in den unterlegenen Staaten des Ersten Weltkriegs weit verbreitet war und dabei unrealistische Erwartungen auf einen »Frieden ohne Besiegte« schuf.[180] Immerhin schien es Ende 1918 und Anfang 1919, als habe sich in den Nachfolgestaaten der ehemaligen Mittelmächte die Fraktion der moderaten Reformer durchgesetzt, während die Verfechter einer bolschewistischen Revolution marginalisiert blieben. Die neuen Regierenden mühten sich redlich und ehrlich, die im Januar 1919 zusammengetretenen Mitglieder der Pariser Friedenskonferenz davon zu überzeugen, dass sie mit den autokratischen Traditionen der Vergangenheit gebrochen hatten und die Schlüsselforderung von Wilsons Vierzehn Punkten für einen »gerechten Frieden« erfüllten.

Heute kann man diese Rhetorik leicht als berechnenden oder gar opportunistischen Schachzug im Schatten einer Niederlage abtun, doch ein solches Urteil wäre ungerecht. Denn viele der neuen Entscheidungsträger in den Verliererstaaten – vor allem in Mitteleuropa – glaubten tasächlich fest daran, das vollbracht zu haben, was den liberalen Revolutionären von 1848 nicht gelungen war. Es war kein Zufall, dass die nach dem ersten Tagungsort der verfassunggebenden Nationalversammlung benannte Weimarer Republik die schwarzrotgoldene Fahne der Märzrevolution von 1848 zur neuen deutschen Nationalflagge erkor und die österreichischen Demokraten gerne betonten, dass die Geburt der Republik Deutschösterreich fast mit dem siebzigsten Jahrestag der Niederwerfung des Wiener Oktoberaufstands durch Fürst Windisch-Graetz zuammenfiel.[181] Die historischen Anspielungen und Gesten übermittelten eine klare Botschaft: Die gemäßigten Revolutionäre von 1918 hatten die politischen Fehlentwicklungen seit 1848 korrigiert. Die liberale Demokratie, deren Geburt damals noch vereitelt worden war, so die hoffnungsvoll stimmende Botschaft, hatte endlich triumphiert.

Radikalisierung

Wenn es im Spätherbst 1918 noch so schien, als habe sich die Demokratie als unangefochtene Staatsform in Mitteleuropa durchgesetzt, war die Illusion im Winter bereits verflogen, als sich die aufgestauten Spannungen zwischen moderaten und radikalen Kräften gewaltsam entluden. In Deutschland beharrten die Mehrheitssozialdemokraten weiterhin darauf, dass nur eine demokratisch gewählte Nationalversammlung über die zukünftige Verfassung des Landes entscheiden könne. Doch nicht alle wollten das akzeptieren. Die Vertreter des linken Flügels der USPD, der sich nach dem Führer des größten Sklavenaufstands im Alten Rom »Spartakusbund« nannte, lehnten die Nationalversammlung ab und sprachen sich für ein System aus, in dem alle Macht von Soldaten- und Arbeiterräten ausging. Damit rückten sie in die Nähe linksradikaler Gruppierungen vor allem aus Hamburg und Bremen, die sich als Reaktion auf die Weihnachtskämpfe Ende 1918 zur Kommunistischen Partei Deutschlands (KPD) zusammenschlossen.[182]

Die beiden führenden Persönlichkeiten der kommunistischen Linken im Deutschland jener Zeit waren Rosa Luxemburg und Karl Liebknecht. Liebknecht, der wohl bekannteste Verfechter eines radikalen Umbruchs außerhalb Russlands, entstammte einer prominenten Sozialistenfamilie. Der 1871 in Leipzig geborene Karl war einer der Söhne Wilhelm Liebknechts, eines engen Freundes und Mitstreiters von Karl Marx und – zusammen mit dem langjährigen SPD-Vorsitzenden August Bebel – ein Gründungsvater der deutschen Sozialdemokratie. Karl, der um einiges radikaler war als sein Vater, studierte in Leipzig und Berlin Rechtswissenschaften sowie politische Ökonomie und eröffnete 1899 in Berlin eine Kanzlei, die sich auf die Verteidigung sozialistischer Genossen vor deutschen Gerichten spezialisierte. Im Jahr 1907 musste er sich für eine seiner Streitschriften selbst vor Gericht verantworten und erhielt eine 18-monatige Gefängnisstrafe, was sein Ansehen in linken Kreisen erheblich mehrte. Im Jahr 1912 wurde er für die SPD in den Reichstag gewählt. Dort sorgte er im Dezember 1914 für Aufsehen, als er als einziger Abgeordneter gegen die Bewilligung weitere Kriegsanleihen votierte.[183]

Liebknecht und andere prominente linke Kriegsgegner – darunter Rosa Luxemburg und Clara Zetkin, eine Vorreiterin der sozialistischen Frauenbewegung – gründeten bald ihre eigene Organisation innerhalb der SPD: die »Gruppe Internationale«, die sich 1916 in Spartakusbund umbenannte. In regelmäßig erscheinenden Pamphleten, den *Spartakusbriefen*, riefen Liebknecht und seine Anhänger fortan die arbeitenden Massen zum Aufstand auf und verlangten das sofortige Ende des Krieges. Die Publikationen führten zu Liebknechts Ausschluss aus der sozialdemokratischen Fraktion. Noch schlimmer kam es für ihn, als er am Maifeiertag 1916 auf dem Potsdamer Platz in Berlin eine illegale Antikriegsdemonstration anführte. Diesmal erhielt er wegen Hochverrats vier Jahre Zuchthaus. Erst im Zuge der Amnestie politischer Gefangener unter Prinz Max von Baden kam er Ende Oktober 1918 wieder frei. Liebknecht kehrte umgehend zurück nach Berlin, wo er erneut eine Antikriegskundgebung anführte. Der symbolhaft aufgeladene Marsch endete an der russischen Botschaft, wo die bolschewistischen Gesandten einen Empfang für ihn ausrichteten.[184]

Liebknechts wichtigste Verbündete in den Wochen und Monaten nach dem Krieg war die aus Polen stammende marxistische Aktivistin und Intellektuelle Rosa Luxemburg, mit der er auch das kommunistische Organ *Die Rote Fahne* herausgab. Sie war wie Liebknecht im Jahr 1871 geboren worden, und zwar als Rozalia Luksenburg im damals noch russischen Zamość als jüngstes Kind eines säkularen jüdischen Holzhändlers, der all seinen Töchtern eine umfassende humanistische Bildung angedeihen ließ. Aufgrund einer Wachstumsstörung war sie kleinwüchsig, was sie allerdings nicht davon abhielt, an Demonstrationen und Protestaktionen teilzunehmen.[185]

Schon als Schülerin beteiligte sich Rosa Luxemburg in Warschau an revolutionären Aktionen gegen den Zaren und musste aus der Stadt fliehen, um der Verhaftung durch die zaristische Polizei zu entgehen. Von 1889 an lebte sie in Zürich, dem Sammelpunkt für sozialistische Emigranten aus ganz Europa. Dort studierte sie – finanziell unterstützt von ihrem damaligen Lebensgefährten, dem litauischen Sozialisten Leo Jogiches – an der Züricher Universität Philosophie, Geschichte,

Volkswirtschaft und Mathematik. Jogiches unterstützte sie zudem bei der Gründung der Sozialdemokratischen Partei Polens und Litauens, zu deren Mitgliedern auch der zukünftige Tscheka-Führer Felix Dserschinski gehörte.

Durch die Ehe mit dem einzigen Sohn ihrer Züricher Gastfamilie, Gustav Lübeck, erhielt Rosa Luxemburg 1898 die deutsche Staatsangehörigkeit. Ihre Beziehung zu Jogiches führte sie trotz der Eheschließung weiter. Noch im selben Jahr siedelte sie nach Berlin über, trat in die SPD ein und bezog in der Kontroverse zwischen reformistischen und revolutionären Sozialdemokraten eine eindeutige Stellung. Die radikale Verfechterin der revolutonären Option wurde schon zwischen 1904 und 1906 dreimal inhaftiert und dann erneut während des Krieges. In der Haft verfasste sie eine Reihe von Pamphleten gegen den Krieg, die mit Jogiches' Hilfe aus ihrer Gefängniszelle in Breslau geschmuggelt, gedruckt und unter Arbeitern und Soldaten verteilt wurden. Nach der Haftentlassung Anfang November 1918 stürzte sie sich erneut ins Geschehen.[186]

Unter der Parole »Alle Macht den Räten!« drängten Luxemburg und Liebknecht vor allem in ihren Artikeln in der *Roten Fahne* beharrlich auf eine »zweite Revolution«, obwohl sie dem Bolschewismus in Russland kritisch gegenüberstand. Am 18. November sprach sie sich für eine Weiterführung der Revolution weit über den Sturz des kaiserlichen Regimes hinaus aus: »Scheidemann-Ebert sind die berufene Regierung der deutschen Revolution in ihrem heutigen Stadium. Aber die Revolutionen stehen nicht still. Ihr Lebensgesetz ist rasches Vorwärtsschreiten, über sich selbst Hinauswachsen.«[187]

Wie angespannt das Verhältnis zwischen den Flügeln der Arbeiterbewegung mittlerweile war, sollte sich in den Weihnachtstagen des Jahres 1918 zeigen, als sich ein seit längerem schwelender Konflikt zwischen der linksgerichteten Volksmarinedivision und dem Berliner Stadtkommandanten und Mehrheitssozialdemokraten Otto Wels in Gewalt entlud. Wels empfand die Volksmarinedivision – eine bewaffnete Einheit in der Hauptstadt, die offenbar eine Revolution nach bolschewistischem Muster anstrebte – zunehmend als Bedrohung und bestand auf ihrer massiven Verkleinerung. Um seiner Forderung

Beim Berliner Spartakusaufstand vom Januar 1919 lieferten sich Anhänger der Kommunistischen Partei und der Unabhängigen Sozialdemokraten Schusswechsel mit Regierungstruppen, hier Gefechte im Zeitungsviertel der deutschen Hauptstadt.

Nachdruck zu verleihen, hielt er als Faustpfand den Lohn der Soldaten zurück. Daraufhin nahmen rebellierende Matrosen Wels am 23. Dezember gefangen. Ebert reagierte umgehend: Ohne Rücksprache mit dem Koalitionspartner USPD rief er die Armee zu Hilfe. Die blutigen Kämpfe, die daraufhin rings um das Berliner Stadtschloss der Hohenzollern entbrannten, endeten mit einer blamablen militärischen Niederlage der Regierungstruppen.[188]

Die »Weihnachtsunruhen« schwächten die Regierung Ebert weiter, was sich in verschiedener Hinsicht verhängnisvoll auswirkte: Erstens kam es zum Bruch des kurzlebigen Zweckbündnisses zwischen USPD und MSPD. Am 29. Dezember schieden die drei USPD-Vertreter aus Protest gegen Eberts einseitige Entscheidung, mit der Armee gegen die Matrosen vorzugehen, aus dem Rat der Volksbeauftragten aus. Zweitens entließ der preußische Ministerpräsident Paul Hirsch (MSPD) den Berliner Polizeipräsidenten Emil Eichhorn (USPD), weil dieser der Volksmarinedivision mit der Berliner Sicherheitswehr zu Hilfe geeilt war.[189] Die USPD und andere noch extremere linke Gruppierungen, darunter die neu gegründete KPD, reagierten auf diese in ihren Augen gezielte Provokation mit dem Aufruf zu einer Protestkundgebung gegen Ebert.

Der Protestaufmarsch am 5. Januar geriet rasch außer Kontrolle. Eine Gruppe bewaffneter Demonstranten besetzte das Gebäude des sozialdemokratischen *Vorwärts* und andere Verlagshäuser im Berliner Zeitungsviertel. Diesen spontanen Aktionen folgte am Abend die Bildung eines »Revolutionsausschusses«. Liebknecht heizte die Lage noch weiter an, indem er erneut zum »Sturz der Regierung Ebert-Scheidemann« aufrief. Mit dem folgenden »Spartakusaufstand« verfolgten die Linken zwei Ziele: Verhinderung der Wahlen zur Nationalversammlung Ende Januar und Errichtung einer »Diktatur des Proletariats«.[190]

Zwar war die reale Machtbasis der Spartakusgruppe klein, doch allein ihre Existenz sorgte schon für erhebliche Unruhe unter den Mehrheitssozialdemokraten. Ebert nahm die Bedrohung durchaus ernst und vermutete Lenins langen Arm hinter den Radikalisierungsbestrebungen der extremen Linken – ein Verdacht, der sich mit dem Auftauchen bolschewistischer Vertrauensmänner in Deutschland zu bestätigen schien. Einer von ihnen war Karl Radek. Er hatte Lenin 1917 aus dem schweizerischen Exil nach Petrograd begleitet und hielt sich im Herbst 1918 in Deutschland auf, zweifellos mit dem Auftrag, die »Bolschewisierung« der deutschen Novemberrevolution voranzutreiben.

Ebert hatte genau verfolgt, wie es in Russland einer entschlossenen Minderheit von Radikalen gelungen war, ohne den Rückhalt der Bevölkerungsmehrheit eine gemäßigte Regierung um die Macht zu bringen. Aus seiner Sicht wies der kommunistische »Aufstand« im Januar 1919 mehr als flüchtige Ähnlichkeiten mit der erfolgreichen Machtübernahme der Bolschewiki im Herbst 1917 auf. Er wollte jedenfalls mit allen Mitteln verhindern, dass sich die Ereignisse von Petrograd in Berlin wiederholten, wenn nötig mit Gewalt.[191]

Eine zentrale Rolle spielte dabei der MSPD-Militärexperte Gustav Noske, der nach dem Ausscheiden der USPD aus dem Rat der Volksbeauftragten für Armee und Marine verantwortlich war. Mit dem oft zitierten Ausspruch: »Meinetwegen! Einer muss der Bluthund werden, ich scheue die Verantwortung nicht!«, übernahm Noske nun den Oberbefehl über die Regierungstruppen in und um Berlin.[192] Seine Aufgabe war es, »Ruhe und Ordnung« wiederherzustellen – und zwar mit allen verfügbaren Mitteln. Dabei bediente er sich nicht nur regulärer Truppen, sondern setzte in erheblichem Umfang Freikorpskämpfer ein, die im Winter 1918/19 in Deutschland dienten und von denen einige anschließend zum Feldzug ins Baltikum aufbrachen.[193] Indem er die Bekämpfung des vermeintlich drohenden Bolschewismus in der Hauptstadt den Freiwilligen überließ, rekrutierte er genau jene, die der Revolution mit glühendem Hass gegenüberstanden und nur auf eine Gelegenheit zur Abrechnung warteten. Diese Männer kämpften nicht *für* die Republik, sondern gegen »den Bolschewismus«.

In den Freikorps trafen durch die Niederlage und die anschließende Revolution verbitterte ehemalige Frontsoldaten auf unerfahrene Kadetten und rechtsgerichtete Studenten, die ihren Mangel an Kampferfahrung durch martialisches Auftreten wettzumachen suchten. Den jungen Freiwilligen, die in einer kriegslüsternen, mit Mythen um heldenhafte Blutopfer getränkten Atmosphäre groß geworden waren, aber die »Stahlgewitter« nicht mehr selbst erlebt hatten, boten die Freikorps eine Chance, ihre romantisierten Träume vom Krieg zu verwirklichen. Wie der österreichische Freiwillige Ernst Rüdiger Starhemberg schilderte, suchten gerade jene ihre Vorgesetzten durch besonders raues, militantes Auftreten und einen rüden soldatischen Umgangston zu beeindrucken, die selbst nicht im Krieg gedient hatten.[194] Diese jungen Freiwilligen wollten den ehemaligen Stoßtrupplern unbedingt beweisen, dass sie würdig waren, den Freikorps anzugehören, dieser Gemeinschaft oftmals hochdekorierter Kämpfer und »Kriegshelden«.[195]

Die Verbände aus kampfgestählten Weltkriegsveteranen und jüngeren, »romantischen« Freiwilligen bildeten hochexplosive, rein männliche Subkulturen aus, in denen brutale Gewalt eine akzeptierte, wenn nicht gar gewünschte politische Ausdrucksform war. Durch Taten, nicht durch Worte wollten sie sich auszeichnen. Was sie antrieb, war nicht die revolutionäre Vision einer politischen Utopie, sondern eine zackige Rhetorik, die sich auf die Wiederherstellung von Recht und Ordnung richtete sowie auf eine ganze Reihe korrelierender gesellschaftlicher Feindbilder.[196] Inmitten all der sozialen Verwerfungen der Nachkriegszeit boten die Milizen klar definierte Hierarchien und ein vertrautes Gefühl von Zugehörigkeit und Sinnstiftung. Die paramilitärischen Gruppen waren Trutzburgen soldatischer Kameradschaft und »Ordnung« in einer als feindlich begriffenen Welt des demokratischen Egalitarismus und kommunistischen Internationalismus. Das Gefühl, von Feinden umringt zu sein, schweißte diese Gruppen zusammen und ebenso das Verlangen, Teil einer Bewegung zu sein, die der nun so sinnlos erscheinenden Kriegserfahrung von massenhaftem Tod und Niederlage einen höheren Sinn verlieh. Sie sahen sich als Keimzelle einer »neuen Gesellschaft« der Krieger, die sowohl die ewigen Werte der Nation hochhielt als auch den Neuentwurf eines autoritären Staates vorwegnahm, in dem diese Nation würde gedeihen können.[197]

Ernst von Salomon, der die Revolution als 16-jähriger Kadett erlebte, beschrieb seine Wahrnehmung der Ereignisse in dem stark stilisierten autobiographischen Roman *Die Geächteten:* »Der (roten) Fahne nach wälzten sich müde Haufen, regellos durcheinanderstapfend. Weiber marschierten an der Spitze. Sie schoben sich mit breiten Röcken voran, die graue Haut der Gesichter hing in Falten über spitzen Knochen … Die Männer, alte und junge, Soldaten und Arbeiter und viele Kleinbürger dazwischen, schritten mit stumpfen, zermürbten Gesichtern … So zogen sie, die Streiter der Revolution. Aus diesem schwärzlichen Gewusel da sollte also die glühende Flamme springen, sollte der Traum von Blut und Barrikaden sich verwirklichen? Unmöglich, vor denen da zu kapitulieren … Hohn über ihren Anspruch, der keinen Stolz kennt, keine Siegessicherheit … Ich steifte mich und dachte ›Kanaille‹ und ›Pack‹ und ›Mob‹ und kniff die Augen zusammen und besah diese dumpfen, ausgemergelten Gestalten; wie Ratten, dachte ich, die den Staub der Gosse auf ihren Rücken tragen.«[198]

Wie der junge Salomon empfanden auch viele ehemalige Frontsoldaten. Sie waren tief verbittert über den Ausbruch der Revolution von 1918 und der festen Überzeugung, ihr aufopferungsvoller Kampf sei an der Heimatfront verraten worden. Nicht selten wurden die Einheiten auf dem Weg von der Front in die Heimat von örtlichen Arbeiter- und Bauernräten entwaffnet, beleidigt und ihrer Epauletten beraubt. Oder sie wurden von ihren Familien kühl empfangen, weil die lange Abwesenheit und der entsprechende Einkommensausfall nicht durch einen Sieg gerechtfertigt wurden – ein Thema, das Joseph Roth in seinem berühmten und bemerkenswert hellsichtigen Roman *Das Spinnennetz* (1923) auslotet.

Im Zentrum von Roths Roman stehen die Unruhen im Berlin der Nachkriegszeit: Die Hauptfigur, Leutnant Theodor Lohse, ist einer jener demobilisierten Offiziere der Mittelmächte, für die die Niederlage die maßgebliche Triebfeder ihres Aufbegehrens gegen die Nachkriegsordnung ist. Lohse sieht sich nach der Rückkehr aus dem Krieg gezwungen, seinen Lebensunterhalt vom bescheidenen Einkommen eines Privatlehrers im Hause eines reichen jüdischen Geschäftsmanns zu bestreiten. Die tief empfundene Demütigung des militärischen Zusammenbruchs wie auch die Feindseligkeit, mit der ihn seine Familie bei der Rückkehr von den Schlachtfeldern Flanderns empfangen hat, schmerzen ihn zutiefst: »[S]ie wurden alt und konnten es Theodor nicht verzeihen, dass er nicht seine Pflicht, als Leutnant und zweimal im Heeresbericht genannter Held zu fallen, erfüllt hatte. Ein toter Sohn wäre immer der Stolz der Familie geblieben. Ein abgerüsteter Leutnant und ein Opfer der Revolution war den Frauen lästig … Er hätte den Schwestern sagen können, daß er sein Unglück nicht selbst verschuldete; daß er die Revolution verfluchte; daß er einen Haß gegen Sozialisten und Juden nährte; daß er jeden seiner Tage wie ein schmerzendes Joch über gebeugtem Nacken trug und in seiner Zeit sich eingeschlossen wähnte wie in einem sonnenlosen Kerker.«[199]

Als einziger Fluchtweg aus dem »sonnenlosen Kerker« einer entwerteten Existenz erscheint Lohse die Möglichkeit, den Krieg auf andere Weise fortzuführen. Er schließt sich einer jener paramilitärichen Organisationen an, die überall aus dem Boden schießen und ein nach 1918 in den Ländern Europas verbreitetes Problem offenbaren: Die Unfähigkeit vieler Soldaten, den Krieg hinter sich zu lassen und sich mit dem Frieden abzufinden. So bemerkt Friedrich Wilhelm Heinz in seinen Memoiren treffend: »Man redete uns vor, daß der

Krieg nun zu Ende sei. Wir lachten darüber. Denn der Krieg, das waren wir selbst.«[200]

Da vor dem offiziellen Ende der Kampfhandlungen am 11. November kein einziger alliierter Soldat auf deutschen Boden vorgedrungen war, konnten sich wirkmächtige Verschwörungstheorien ausbreiten, denen zufolge die Mittelmächte in Wahrheit nicht von einem äußeren Feind besiegt, sondern ihr Zusammenbruch durch den »Dolchstoß« zersetzerischer innerer Elemente oder einer »fünften Kolonne« herbeigeführt worden sei. In Deutschland, wo diese Legende am weitesten verbreitet war, konnten prominente Nationalisten wie der Chef der Obersten Heeresleitung (und zukünftige Reichspräsident) Paul von Hindenburg, der maßgebliche Apologet einer »im Felde unbesiegten« deutschen Armee, auf ältere, lang tradierte Erzählungen des Verrats aufbauen, insbesondere auf das mittelalterliche Nibelungenlied, in dem der verratene germanische Held Siegfried feige und hinterrücks mit einem Speer niedergestreckt wird. Die nach 1918 verbreitete Version dieses Mythos, die »Dolchstoßlegende«, sollte sich zu einem Eckpfeiler rechter Gesinnung im Deutschland der Zwischenkriegszeit entwickeln.[201]

Der Dolchstoßmythos basierte auf der zumeist indirekt vermittelten, oft jedoch auch explizit geäußerten Vorstellung, der Verrat müsse an einem »Tag der Abrechnung« gesühnt werden – einem Tag, an dem es gelte, den »inneren Feind« mit allen Mitteln und ohne jede Rücksicht zu bekämpfen. So bekannte etwa Manfred von Killinger, ein berüchtigter deutscher Freikorpsführer, ehemaliger Marineoffizier und zukünftiger Botschafter des «Dritten Reichs» in Bukarest, in einem Brief an seine Familie: »Ich habe einen Schwur getan, Vater. Kampflos habe ich mein Torpedoboot dem Feinde ausgeliefert und kampflos ist meine Flagge niedergegangen. Ich habe geschworen, mich an denen zu rächen, die das verschuldet haben. Diese Halunken sollen Deutschland nicht regieren.«[202]

Mit der Entscheidung, Freikorps zur Bekämpfung der vermeintlichen bolschewistischen Bedrohung anzuwerben, stellte Noske Männern wie Killinger einen staatlich sanktionierten Freibrief aus, ihre gewaltsamen Rachephantasien auszuleben. Bei der Niederschlagung des Berliner »Spartakusaufstands« im Januar 1919 entlud sich deren aufgestauter Hass auf die Novemberrevolution und ihre Vertreter.

Am 11. Januar marschierten die Freikorps auf Berlin zu und stürmten das Zeitungsviertel. Fünf kommunistische Besatzer des *Vorwärts*, die über die Bedingungen eines Abzugs verhandeln wollten, wurden festgenommen und zusammen mit zwei abgefangenen Kurieren erschossen. Insgesamt kamen rund 200 Menschen in den heftigen Straßenschlachten ums Leben, weitere 400 wurden festgenommen. Noch am Nachmittag desselben Tages ließ Noske eine Militärparade in der Berliner Innenstadt veranstalten, um den Sieg der Ordnungskräfte über ihre kommunistischen Widersacher zu feiern.[203]

Rosa Luxemburg und Karl Liebknecht, die beiden prominentesten Mitglieder des Zentralkomitees der Kommunistischen Partei, versuchten den Häschern zu entkommen, indem sie sich in ständig wechselnden Quartieren versteckt hielten. Noch an ihrem letzten Zufluchtsort im wohlhabenden Stadtteil Wilmersdorf verfassten sie Artikel für die *Rote Fahne*. Liebknecht veröffentlichte den feurigen Appell »Trotz alledem!«, in dem er die einstweilige Niederlage einräumte, seine Anhänger aber zum Durchhalten aufrief. Die Zeit sei noch nicht reif gewesen für die kommunistische Revolution, schrieb er: »Und die ungeheure gegenrevolutionäre Schlammflut aus den zurückgebliebenen Volksteilen und den besitzenden Klassen ersäufte sie.« Und dennoch: »Die Geschlagenen von heute werden die Sieger von morgen sein.«[204] Luxemburg sprang ihm in einem glühenden Traktat mit dem sarkastischen Titel »Die Ordnung herrscht in Berlin« bei: »Ihr stumpfen Schergen! Eure ›Ordnung‹ ist auf Sand gebaut. Die Revolution wird sich morgen schon rasselnd wieder in die Höh' richten und zu eurem Schrecken mit Posaunenklang verkünden: Ich war, ich bin, ich werde sein!«[205]

Am Abend des 15. Januar 1919 wurde ihr Versteck aufgespürt. Rechtsgerichtete Milizionäre drangen in die Wohnung ein, in der Liebknecht und Luxemburg sich aufhielten. Die beiden wurden verhaftet und der Garde-Kavallerie-Schützen-Division übergeben, einer Eliteeinheit des alten kaiserlichen Heeres, die jetzt unter dem Kommando von Hauptmann Waldemar Pabst stand, einem berüchtigten Antibol-

Der Spartakusaufstand wurde von Freikorpssoldaten und Regierungstruppen brutal niedergeworfen, hier siegreiche Truppen unweit des Berliner Doms in der Stadtmitte.

schewisten.[206] Im Hauptquartier der Division, dem Nobelhotel Eden, wurde Liebknecht angespuckt, misshandelt und schließlich mit einem Gewehrkolben niedergeschlagen. Gegen 22.45 Uhr fuhr man mit dem bewusstlosen Kommunistenführer in den Berliner Tiergarten, wo man ihn mit drei Schüssen aus nächster Nähe tötete.[207]

Nachdem die Männer ins Hotel zurückgekehrt waren, wurde auch Luxemburg zweimal mit einem Gewehrkolben ins Gesicht geschlagen und dann stark blutend in ein Auto gezerrt. Nach kurzer Fahrt sprang ein Oberleutnant aufs linke Trittbrett und feuerte einen Schuss auf den Kopf des Opfers ab. Dann warf man die Leiche in den Landwehrkanal, wo sie erst Wochen später stark verwest gefunden wurde.[208]

Nach der Niederwerfung des Spartakusaufstands blieb die Lage in der deutschen Hauptstadt weiterhin angespannt, so dass die neu gewählte verfassunggebende Nationalversammlung nicht in Berlin, sondern im abgelegenen Weimar zusammentrat. Während des Frühjahrs flammten in Teilen Deutschlands immer wieder revolutionäre Unruhen auf. In den industriellen Hochburgen des Ruhrgebiets und Mitteldeutschlands streikten die Minenarbeiter und forderten die Verstaatlichung der Zechen. In Dresden wurde der sächsische Kriegsminister Gustav Neuring in die Elbe geworfen und erschossen, als er versuchte, ans Ufer zu gelangen. Da Noske angesichts der zahlreichen Streiks und Proteste den Regierungstruppen am 9. März 1919 befahl, jeden auf der Stelle zu erschießen, der eine Waffe trug, hatten seine Männer freie Hand, die Hauptstadt mit Gewalt und Terror zu überziehen. Mit Maschinengewehren, Panzern und Flugzeugen, von denen einige sogar Bomben abwarfen, gingen die Regierungskräfte gegen ihre Gegner vor und brachten rund tausend Aufständische um. Im Zuge des Märzaufstandes ermordeten Regierungssoldaten auch Luxemburgs ehemaligen Lebensgefährten und Nachfolger als Herausgeber der *Roten Fahne*, Leo Jogiches, sowie 29 Mitglieder der Volksmarinedivision, die ihnen in den Weihnachtskämpfen von 1918 eine schmachvolle Niederlage bereitet hatten.[209]

Die Unruhen erfassten auch München, wo es bei den revolutionären Umbrüchen im Frühjahr 1919 immer häufiger zu blutigen Kämpfen kam. Anfang November 1918 hatten Straßenproteste den bayerischen König Ludwig III. erst zur Abdankung und dann zur Flucht nach Österreich gezwungen. Arbeiter-, Soldaten- und Bauernräte hatten daraufhin eine sozialistische Republik im Freistaat Bayern unter der Führung Kurt Eisners ausgerufen, eines jüdischen Theaterkritikers der *Münchener Post*. Mit seinem wirren Haar und dem zerzaustem Bart entsprach der gebürtige Berliner Eisner perfekt dem Klischeebild des linken Intellektuellen, der sich damals die Zeit in den Kaffeehäusern des Münchner Bohemeviertels Schwabing vertrieb. Eisner war 1899 von Wilhelm Liebknecht zu seinem Nachfolger als Herausgeber des *Vorwärts* erkoren worden, hatte Berlin nach einem Zerwürfnis mit seinen Zeitungskollegen aber 1905 in Richtung Bayern verlassen, wo er zunächst in Nürnberg und dann in München als Journalist arbeitete. Wie viele der linken Sozialisten hatte er sich von den Mehrheitssozialdemokraten losgesagt und im Frühjahr 1917 die bayerische USPD gegründet, deren Programm zunehmend extremistischer wurde. Mit Unabhängigen Sozialisten aus anderen Teilen Deutschlands rief er im Januar 1918 zu einem Generalstreik auf.[210] Die nächsten Monate verbrachte er in Stadelheim, da er als einer der Anführer der Januarstreiks zu einer mehrmonatigen Haftstrafe verurteilt worden war. Nach der überraschenden Entlassung am 15. Oktober entwickelte er sich dann zur treibenden revolutionären Kraft in Bayern.[211]

Eisner war eine exzentrische Persönlichkeit und ein leidenschaftlicher Verfechter des revolutionären Wandels. Als Ministerpräsident gab er amtliche Dokumente an die Presse weiter, die seiner Ansicht nach belegten, dass der Krieg von einer verbrecherischen Elite aus Militaristen, Industriellen und adligen Politikern verschuldet worden war.[212] Bei einer internationalen Sozialistenkonferenz im Februar 1919 in Bern attackierte er die Regierung Ebert scharf, weil diese sich weigere, die Schuld Deutschlands am Kriegsausbruch 1914 anzuerkennen. Sowohl die Botschaft selbst als auch der gewählte Zeitpunkt (die Pariser Friedensgespräche hatten gerade begonnen) waren kaum dazu angetan, Eisner und seine Mitstreiter in konservativen Kreisen sonderlich beliebt zu machen.[213] Trotz aller Radikalität stand Eisner demokratischen Prinzipien keineswegs ablehnend gegenüber. So hatte er für den 12. Januar 1919 allgemeine Wahlen zum bayerischen Parlament angeordnet. An der Urne offenbarte sich dann aber, dass sein radikaler Kurs von der Bevölkerung nicht mitgetragen wurde. Seine Unabhängigen Sozialdemokraten erlitten eine verheerende Niederlage und errangen nur drei von insgesamt 156 Sitzen. Auf dem Weg zum Parlament, wo er seinen Rücktritt einreichen wollte, schoss ihm der 22-jährige nationalistische Jurastudent Anton Graf von Arco auf Valley am 21. Februar von hinten zweimal in den Rücken.[214] Als Reaktion auf den Mord drang der radikale Sozialist Alois Lindner in den bayerischen Landtag ein und eröffnete das Feuer. Der bayerische MSPD-Vorsitzende Eberhard Auer wurde schwer verletzt, zwei andere Abgeordnete starben.[215]

Nach Eisners Ermordung und dem Attentat auf Auer wählte der bayerische Landtag den Mehrheitssozialdemokraten und einstigen Lehrer Johannes Hoffmann zum Ministerpräsidenten. Doch die extreme Linke weigerte sich, die neue Regierung anzuerkennen. Ermutigt durch die jüngsten Ereignisse in Ungarn, wo der Kommunistenführer Béla Kun am 21. März eine Räterepublik ausgerufen und die bayerischen und österreichischen Genossen ermuntert hatte, seinem Beispiel zu folgen, forderten die Sozialisten am 3. April in Augsburg die Errichtung einer bayerischen Räterepublik.[216]

»Am 21. März schlug die Nachricht der Ausrufung der Räterepublik in Ungarn wie einen Bombe ein«, notierte der anarchistische Dichter und Publizist Erich Mühsam in der bayerischen Landeshauptstadt.[217] Bayern versank erneut im revolutionären Chaos. Angeführt von dem USPD-Landtagsabgeordneten Ernst Niekisch verkündete der Zentralrat der Bayerischen Republik das Ende der gewählten Regierung unter Johannes Hoffmann und rief eine Räterepublik aus.

Wie zu erwarten fand der Münchner Rätestaat von Beginn an wenig Rückhalt in der vorwiegend bäuerlichen, konservativen und katholischen Bevölkerung Bayerns. Die Führung des neuen Regimes bestand zu großen Teilen aus urbanen (und oftmals jüdischen) Literaten aus Schwabing wie dem 25-jährigen Bohemien und Poeten Ernst Toller oder dem anarchistischen Schriftsteller und Shakespeare-Übersetzer Gustav Landauer. Ihr revolutionäres Programm war ebenso ambitioniert wie unrealistisch und hätte – wenn überhaupt – wohl nur in einem Land umgesetzt werden können, in dem die Strukturen des Staates und der Gesellschaft durch den Krieg vollends zerstört waren: Banken und große Industriebetriebe sollten verstaatlicht werden; um den Kapitalismus abzuschaffen, würde man »freies Geld« ausgeben; Professoren sollten ihre Titel verlieren und die Universitäten zukünftig von den Studenten geleitet werden. Die Presse sollte der Zensur durch Landauer als Beauftragten für »Volksaufklärung« unterliegen.[218]

Die russischen Bolschewisten nahmen die Kunde aus München mit Begeisterung auf und werteten sie als Zeichen, dass eine kommunistische Revolution in ganz Deutschland unmittelbar bevorstehe. Grigori Sinowjew, Politbüromitglied und Vorsitzender der neu gegründeten Komintern, sandte ein überschwängliches Glückwunschtelegramm: »Wir sind fest davon überzeugt, dass es nicht mehr lange dauert, bis ganz Deutschland zur Räterepublik wird. Die kommunistische Internationale ist sich der Tatsache bewusst, dass Sie in Deutschland nun auf jenen entscheidenden Posten kämpfen, an denen sich das Schicksal der proletarischen Revolution in ganz Europa entscheiden wird.«[219] Selbst einige Zeitgenossen, die den Kommunismus ablehnten, teilten diese Meinung. So glaubte der politisch konservative Thomas Mann, der damals in München lebte, dass die bolschewistische Revolution weiter Kreise ziehen und schon bald ganz Deutschland erfassen werde.[220]

In Paris und anderen westlichen Hauptstädten beobachteten die Alliierten die Vorgänge in Ost- und Mitteleuropa mit wachsender Sorge. US-Außenminister Robert Lansing erklärte am 4. April 1919: »Zentraleuropa versinkt in Anarchie; die Menschen haben keine Hoffnung mehr; die Roten Armeen Russlands marschieren westwärts. Ungarn befindet sich in den Händen der Revolutionäre; in Berlin, Wien und München gewinnen die Bolschewisten die Oberhand … Wir sollten nicht länger wegsehen, wenn die Welt in Flammen steht.«[221]

Johannes Hoffmann, der mit seiner Regierung ins relativ sichere Bamberg geflüchtet war, hatte indes noch nicht aufgegeben und wollte den Putsch keineswegs kampflos hinnehmen. Am Palmsonntag, dem 13. April 1919, unternahm eine ihm ergebene bayerisch-republikanische Miliz den Versuch, die Münchner Räteregierung zu stürzen, scheiterte jedoch am erbitterten Widerstand schwer bewaffneter kommunistischer Soldaten.[222] Die gewaltsame Aktion hatte eine umgehende Radikalisierung aller Akteure zur Folge. In München rückte die bayerische Räterepublik massiv nach links, als Max Levien und Eugen Leviné, zwei in Russland geborene langgediente revolutionäre Aktivisten, die Führung jenes politischen Gebildes übernahmen, das später als Zweite Münchner Räterepublik bezeichnet werden sollte.[223]

Die Niederlage vom Palmsonntag und eine weitere missglückte militärische Intervention im Münchner Vorort Dachau drei Tage später stachelte die Wut der antibolschewistischen Kräfte noch mehr an.[224] Hoffmann, der sich zunächst gescheut hatte, auf republikfeindliche Freiwillige zurückzugreifen oder die Regierung in Berlin um Hilfe zu ersuchen, entschloss sich nun, alle antibolschewistischen Kräfte Bayerns öffentlich zur Zerschlagung der Räterepublik aufzurufen:

> Bayern! Landsleute! In München rast der russische Terror, entfesselt von landfremden Elementen. Die Schmach Bayerns darf keinen Tag, keine Stunde weiter bestehen. Hierzu müssen alle Bayern helfen, ohne Unterschied der Partei, und zwar sofort … München ruft um Hilfe. Auf! Die Münchner Schmach muß verschwinden.«[225]

Mit diesem Appell erreichte Hoffmann vor allem Ultranationalisten und Antidemokraten, welche die Chance witterten, ihre offenen Rechnungen mit den bolschewistischen Kräften zu begleichen. Oft waren sie militante Monarchisten, die darauf erpicht waren, die alte Ordnung wiederherzustellen, etwa der ehemalige Kompaniechef im Bayerischen Infanterie-Leibregiment Generalmajor Franz Ritter von Epp, der das Freikorps Oberland befehligte, oder sein Adjudant, der hochdekorierte 31-jährige Kriegsheld und zukünftige SA-Führer Hauptmann Ernst Röhm. Insgesamt folgten rund 15 000 bayerische Männer Hoffmanns Ruf zu den Waffen.[226]

Zu den vor Ort rekrutierten Streitkräften kamen etwa 15 000 reguläre Soldaten unter dem Kommando des preußischen Generalmajors von Oven hinzu, entsandt von der Regierung in Berlin.[227] Als die Truppen Mitte April in Bayern einmarschierten, um der kommunistischen Herrschaft in München ein Ende zu bereiten, kamen Gerüchte auf, die Räterepublik habe Scharen von Kriminellen aus den Gefängnissen entlassen und bewaffnet sowie ehemalige russische Kriegsgefangene angeworben, um ihre Reihen zu verstärken.[228] Daraufhin wurde noch bevor die Regierungssoldaten München erreicht hatten in einer vom Militär wie von Hoffmanns bayerischer Regierung unterzeichneten Proklamation verkündet: »Wer den Regierungstruppen mit der Waffe in der Hand entgegentritt, wird mit dem Tode bestraft … Jeder Angehörige der Roten Armee wird als Feind des bayerischen Volkes und des Deutschen Reiches behandelt.«[229]

Die Schlacht um München, die am 1. Mai begann, war kurz und blutig. Die Rebellen der Roten Armee hatten am Tag zuvor – während Regierungstruppen und Freikorps die Stadt bereits umzingelten – im Münchner Luitpoldgymnasium zehn Geiseln erschossen, darunter eine Frau, Hella von Westarp. Dass es sich bei dem Opfer um die Verwandte eines beteiligten Freikorpskommandanten handelte, die, wie es gerüchteweise hieß, vor ihrer Exekution Opfer sexueller Übergriffe geworden sei, trug kaum zur Beruhigung der Lage bei. Die Hinrichtung war ein gravierender Fehler, lieferte sie den Konterrevolutionären doch einen vortrefflichen Anlass für rechtschaffene Entrüstung und grausame Rache.[230]

Thomas Mann, der im wohlhabenden Vorort Bogenhausen lebte, ließ sich von der Mutter seiner Frau Katia, die näher am Regierungsviertel wohnte, über die Vorgänge im Stadtzentrum auf dem Laufenden halten: »K's Mutter telephonierte morgens, auf dem Wittelsbacher-Palais wehe die weiße Fahne, um 4 Uhr hätten die Roten kapituliert. Erwies sich als Irrtum. Es ist von Übergabe noch nicht die Rede, u. das Schießen dauert mit Pausen an. In der Stadt, laut Erzählung von K's Mutter, die gegen Mittag kam, mächtige Erregung: In der Nacht sind die im Luitpoldgymnasium internierten bürgerlichen u. adligen Geiseln, man kennt ihre Namen nicht, es sollen 10 sein, unter Verstümmelungen ermordet worden … Ungeheuere Wut der bürgerlichen Bevölkerung. Alle roten Armbinden plötzlich verschwunden.«[231]

Der Literaturprofessor Victor Klemperer, der mit dem Tagebuchbericht seiner Verfolgung als deutscher Jude im »Dritten Reich« später weltweit bekannt werden sollte, berichtete über das Ende der Münchner Räterepublik im Jahre 1919, das er aus nächster Nähe verfolgte: »… heute bis in den späten Nachmittag hinein, wo ich diese Zeilen schreibe, tobt buchstäblich eine donnernde Schlacht. Ein ganzes Fliegergeschwader kreuzt über München, das Feuer lenkend, selber beschossen, Leuchtkugeln abwerfend … immerfort krachen Minen und

Granaten … Infanteriefeuer knattert dazwischen. Und dabei marschieren, fahren, reiten immer neue Truppen mit Minenwerfern, Geschützen, Fouragewagen, Feldküchen durch die Ludwigstraße … und an allen Ecken, wo man gedeckt ist und doch Ausblick hat, drängt sich das Publikum, häufig das Opernglas in der Hand.«[232]

Der Einmarsch von Armee- und Freikorpsverbänden in die Stadt forderte über 600 Todesopfer, darunter viele schaulustige Zivilisten. Massenexekutionen von Gefangenen, denen auch Gustav Landauer sowie der Kriegskommissar der Räterepublik, Rudolf Egelhofer, zum Opfer fielen, zogen sich bis zum 3. Mai hin. Im Münchner Vorort Pasing wurden 53 Russen, die in der Roten Armee gedient hatten, gefoltert und erschossen. Im Laufe der darauffolgenden Wochen verurteilten Gerichte rund 2200 Unterstützer der Räterepublik zum Tode oder zu langen Haftstrafen. Sie sollten sich noch über Jahre mit rund 5000 neu aufgenommenen Verfahren beschäftigen, in denen es um vermeintlich oder tatsächlich während der Räterepublik verübte Straftaten ging.[233]

Die verheerenden Ereignisse in und um München, das bis Kriegsende eine weitgehend friedliche, zutiefst bürgerliche Stadt gewesen war, sollten lange Schatten werfen. Sieht man von den wirtschaftlichen Entbehrungen ab und davon, dass viele Söhne der Stadt an entlegenen Fronten ihr Leben gelassen hatten, war Bayern vom Weltkrieg unberührt geblieben; doch nun hatten die Revolutionswirren mit Straßenkämpfen, Artilleriebeschuss und sogar Luftbombardement auch München erreicht. Wie Thomas Mann am 1. Mai in seinem Tagebuch festhielt, waren die Bürger der damals zweitgrößten deutschen Stadt zutiefst entsetzt. Das Gefühl, in einer Welt zu leben, in der althergebrachte gesellschaftliche Strukturen und Hierarchien auf den Kopf gestellt wurden, hatte in Bayern einen massiven Rechtsruck zur Folge. Vor allem München sollte sich zur unangefochtenen Hochburg des Nationalismus und Antibolschewismus in der Weimarer Republik entwickeln, und es ist kaum ein Zufall, dass die bayerische Hauptstadt zur Geburtsstätte des Nationalsozialismus wurde.

*

Nach dem Fall der Münchner Räterepublik werden gefangen genommene Anhänger des gestürzten Regimes von Freikorpssoldaten und Regierungstruppen durch die Straßen der Stadt getrieben.

Nach dem Fall der bayerischen Räterepublik sah Lenin seine Hoffnungen auf eine Weltrevolution zunehmend schwinden. Das einzige kommunistisch geführte Land in Europa außer Russland war zu diesem Zeitpunkt Ungarn, wo der 32-jährige ehemalige Anwalt und Journalist Béla Kun regierte. Der Sohn eines weltlichen jüdischen Notars aus einem kleinen Dorf in Siebenbürgen hatte sich vor dem Krieg als radikaler Publizist einen Namen gemacht. Von 1914 an kämpfte er in der Habsburgerarmee, geriet an der Ostfront in russische Kriegsgefangenschaft und »konvertierte« während seiner Lagerhaft zum Bolschewismus. Nach der Oktoberrevolution auf freien Fuß gesetzt, kehrte Kun am 17. Oktober 1918 nach Budapest zurück.[234] Der Zeitpunkt seiner Rückkehr hätte nicht günstiger sein können, denn in Ungarn, das vom Nahrungsmittelnachschub abgeschnitten und durch wiederholte territoriale Amputationen gedemütigt war, gedieh zu jener Zeit der Radikalismus.[235]

Als das Land sich im Herbst 1918 von Österreich abspaltete, glaubten viele Ungarn noch naiv, ihr künftiger unabhängiger Nationalstaat werde aus den Ländern der Heiligen Ungarischen Stephanskrone bestehen. Nach dem österreichisch-ungarischen Ausgleich von 1867 und der kroatisch-ungarischen Vereinbarung des Folgejahres umfassten diese das heutige Ungarn und darüber hinaus die Slowakei, Siebenbürgen, die Karpatenukraine, die Wojwodina und Kroatien. Diese Territorien wurden nun aber auch von mehreren im Entstehen begriffenen und miteinander rivalisierenden Nationalstaaten beansprucht. Die von den Sozialdemokraten gestützte liberale Regierung Ungarns unter Graf Mihály Károlyi, die sich zum Ziel gesetzt hatte, die territoriale Integrität des Landes zu wahren und mit einer Reihe dringend benötigter Reformen das Land von einer semifeudalistischen Oligarchie in einen modernen demokratischen Staat zu verwandeln, scheiterte mit ihrem Vorhaben kläglich.[236] Bis Anfang 1919 war schon rund die Hälfte des historischen Hoheitsgebiets, in dem Hunderttausende ethnische Ungarn lebten, an nationale Abspaltungsbewegungen verloren gegangen – alles mit dem Segen der Alliierten und tatkräftiger Unterstützung der Nachbarstaaten. Károlyi richtete nun seine gesamte Energie auf die Innenpolitik und damit auf die längst überfällige Bodenreform. Im Rahmen eines neuen Gesetzes, das er durch die Nationalversammlung gebracht hatte, kündigte er gar die Verteilung seiner privaten Ländereien an besitzlose Bauern an. Mehr als fünf Monate gelang es ihm, zwischen rechten und linken Kräften hindurchzumanövrieren, die ihm vorwarfen, gegenüber ihren jeweiligen Gegnern zu nachsichtig zu sein, und sich darüber hinaus einig waren, dass er den Westalliierten zu wenig Widerstand bot.

Zum Jahreswechsel empfanden Auslandskorrespondenten Budapest als eine Stadt, unter der ein revolutionärer Vulkan zu brodeln schien. »Die russische Seuche des Bolschewismus«, berichtete die *New York Times*, »hat ein virulentes Stadium erreicht. Hunger und Kälte sind ihre treuen Verbündeten. Silvester wurde auf den Straßen der Stadt mit Krawall und Mord begangen.«[237] Den Anlass für diese Unruhen hatte die Schließung einer von Kuns revolutionären Zeitungen durch den neu ernannten Armeeminister Graf Alexander Festetics geliefert. Nach einer ganzen Reihe blutiger Zusammenstöße zwischen Kuns Anhängern und regierungstreuen Truppen wurde Kun mit anderen führenden Kommunisten am 21. Februar verhaftet. Dennoch legte sich die Angst vor einem bolschewistischen Putsch und die allgemeine Unruhe nicht, wozu die Regierung nicht wenig beitrug, die Kun mit der Haft zwar aus dem Verkehr zog, ihm aber erlaubte, in seiner Gefängniszelle ein kommunistisches Parteisekretariat zu unterhalten. Ein weiterer Grund für Unruhe und Unzufriedenheit war die Haltung der westlichen Siegermächte gegenüber Ungarn und seinen Besitzungen, die den Landraub auf ungarische Kosten tolerierten und zuweilen sogar beförderten. Als die Friedensstifter in Paris Rumänien schließlich einen breiten Streifen ungarischen Gebiets zugestanden und Ungarn zum Rückzug seiner Truppen aus einer grenznahen »entmilitarisierten Zone« aufforderten, erkläte Károlyi am 21. März aus Protest gegen diese Forderungen seinen Rücktritt.[238]

Aus Angst vor einem drohenden Bürgerkrieg fanden sich die Sozialdemokraten noch am selben Tag zur Bildung einer Koalition mit Kun bereit und entließen ihn aus der Haft. Tags darauf rief dieser die ungarische Räterepublik aus und machte sich umgehend daran, seine revolutionären Ideen in die Tat umzusetzen. Im Laufe der 133 Tage währenden kommunistischen Herrschaft kündigte Kuns Regierung immer neue drastische Reformen an, die sich größtenteils als undurchführbar erwiesen: der landwirtschaftlich genutzte Grundbesitz sollte zerschlagen und verteilt, Industrieunternehmen mit mehr als 25 Angestellten sollten verstaatlicht werden; Kircheneigentum wollte man konfiszieren lassen und den Schulunterricht so umgestalten, dass nun vor allem Naturwissenschaften und die Prinzipien des Sozialismus im Vordergrund standen; es gab staatlich verordnete Bäder und Sexualkunde für Kinder; der Genuss von Alkohol wurde verboten, Adelstitel wurden abgeschafft; Lebensmittelvorräte auf dem Land ließ Kun beschlagnahmen, um die hungernde Hauptstadt zu versorgen; die gesamte staatliche Gerichtsbarkeit unterlag fortan einem aus Soldaten-, Matrosen- und Arbeiterkomitees gebildeten Rätesystem, das revolutionäre Sondertribunale zur Aburteilung politischer Fälle einberufen konnte.[239]

In Anlehnung an Lenins Kreuzzug gegen die »Klassenfeinde« traten Kun und sein Volkskommissar für militärische Angelegen-

Der ungarische Revolutionsführer Béla Kun spricht 1919 vor einer Versammlung von Studenten und Arbeitern. Der Einmarsch rumänischer Truppen beendet noch im selben Jahr seine kurzlebige Herrschaft.

heiten Tibor Szamuely außerdem eine Welle »revolutionären Terrors« los. Szamuely, wie Kun ein in russischer Kriegsgefangenschaft geschulter Ideologe, schrieb im kommunistischen Kampfblatt *Vörös Újság* (Rote Zeitung): »Die Konterrevolutionäre rennen überall herum und prahlen; schlagt sie nieder! Erschlagt sie, wo ihr sie findet! Gewännen die Konterrevolutionäre auch nur eine Stunde die Oberhand, würden sie mit keinem Proletarier auch nur das geringste Mitleid kennen. Bevor sie die Revolution ersticken können, ertränkt sie in ihrem eigenen Blut.«[240] Gemeinsam mit dem Matrosen József Cserny baute Szamuely die »Lenin-Jungs« auf, eine rund 500 Mann starke Kampftruppe in schwarzen Hosen und Lederjacken, die in einem gepanzerten Zug durchs Land fuhren und »Konterrevolutionäre« aufspürten. In Budapest und den Provinzen verhafteten solche linken Milizen reihenweise vermeintliche oder echte Feinde und töteten dabei schätzungsweise 600 Menschen.[241]

Zwar genoss Kuns Regime unter den Fabrikarbeitern und in der Budapester Intelligenzija große Sympathien. Die linksgerichteten

Intellektuellen aus der Stadt gingen wie selbstverständlich davon aus, dass auch die Bauern – größtenteils unpolitische und an elende Lebensbedingungen gewöhnte Analphabeten – sich den neuen Verordnungen aus der Hauptstadt fügen und die Herrschaft des Proletariats stillschweigend hinnehmen würden.[242] Doch die Kommunisten taten sich äußerst schwer, die Unterstützung der Landbevölkerung zu gewinnen. Als die Lebensmittelversorgung der Hauptstadt ins Stocken geriet und das Regime die ländlichen Gebiete mit einer Welle von Beschlagnahmungen überzog, wandte sich die dem Bolschewismus ohnehin kaum zugeneigte Landbevölkerung endgültig ab.[243] Dass einige von Kuns Regierungsmitgliedern wie József Pogány einem hungernden Volk die Wohltaten des Kommunismus predigten und selbst im mondänen Badeort Siófok ausschweifende Feste gaben, war der kommunistischen Sache ebenfalls wenig zuträglich.[244]

Innenpolitisch zunehmend isoliert, machte sich Kun auf die Suche nach Unterstützung aus dem Ausland. In enger Absprache mit Moskau forderte er die radikalen Revolutionäre in Österreich auf, seinem Beispiel zu folgen und eine kommunistische Regierung zu schaffen.[245] Die Unterstützung Österreichs war für das kommunistische Regime in Budapest entscheidend, denn sein politisches Überleben hing maßgeblich von der Stärke seiner Streitkräfte ab, und Österreich verfügte nach wie vor über beträchtliche Waffenarsenale der einstigen k.u.k. Armee. Deshalb drängten die Ungarn das Exekutivkomitee des Wiener Arbeiterrats am 22. März 1919 zur Ausrufung einer mit Ungarn verbündeten »Räterepublik Österreich«.[246] Als die Wiener Sozialdemokraten sich weigerten, forderte Kun die österreichischen Kommunisten zum Staatsstreich auf. Einige Hundert österreichische Kommunisten stürmten daraufhin am 18. April 1919 das Parlamentsgebäude und steckten es in Brand. Die herbeigerufene Polizei und regierungstreue sozialdemokratische Milizen, die sogenannte Volkswehr, schlugen den Aufstand aber umgehend nieder. Bei der Schießerei starben sechs Sicherheitskräfte.[247]

Etwa einen Monat später traf ein Abgesandter Kuns, Ernst Bettelheim, in Wien ein. Im Namen der kommunistischen Internationale, die er zu vertreten vorgab, setzte er die gesamte Führung der Kom-

Auch Österreich wandelte sich durch eine Revolution zur parlamentarischen Demokratie. Mitte Juni 1919 stellte ein kommunistischer Umsturzversuch die junge Republik auf die Probe. Der Aufstand wurde nach gewaltsamen Auseinandersetzungen schließlich niedergeschlagen.

munistischen Partei Österreichs (KPÖ) ab und beauftragte einen neu berufenen Vorstand mit der Vorbereitung eines weiteren Putschversuchs. Die Kommunisten hofften, ehemalige Rote Garden sowie von der drohenden Verkleinerung des österreichischen Heeres betroffene Volkswehrsoldaten für sich gewinnen zu können. Überdies sollten ungarische Truppen nach Österreich einmarschieren.[248] Doch das Komplott der kommunistischen Verschwörer wurde verraten. Die gewarnte österreichische Regierung mobiliserte loyale Truppen und verhaftete in der Nacht vom 14. auf den 15. Juni die meisten der kommunistischen Anführer. Als tags darauf mehrere Tausend Demonstranten zum Polizeigefängnis marschierten, um die Inhaftierten zu befreien, eröffneten Soldaten der Stadtschutzwache das Feuer. Bei den anschließenden Gefechten kamen zwanzig Menschen ums Leben, achtzig wurden verletzt. Die Putschpläne waren damit gescheitert und Kuns Traum, einen starken Verbündeten in der Region zu finden, geplatzt.[249]

Ohne internationale Unterstützung sah die Zukunft der ungarischen Räterepublik düster aus, und der ohnehin geringe innenpolitische Rückhalt schwand zusehends. Mit seinem radikalen Programm und dessen gewaltsamer Durchsetzung hatte Kun sich mittlerweile fast sämtliche Bevölkerungsgruppen zum Feind gemacht – von den Katholiken, die sich nach mindestens sieben Priestermorden und der geplanten Enteignung der Kirche von ihm abwandten, bis zu den von Zensur, willkürlichen Verhaftungen und den Umtrieben der Geheimpolizei verschreckten Liberalen.[250] Vor allem aber stand das Regime für sein Versagen bei der Bekämpfung der Inflation für mangelhafte Versorgung sowie Korruption in den eigenen Reihen in der Kritik.[251] Eine Mehrheit des Adels, der seinen Vorkriegsprivilegien nachtrauerte, ging nun, was ganz und gar ungewöhnlich war, eine Allianz mit den Bauern ein, die verärgert und verbittert waren, weil die Budapester Räteregierung sich weigerte, den Großgrundbesitz unter ihnen aufzuteilen. Mit dem Anspruch, für das Volk als Ganzes zu sprechen, überschüttete dieses antimoderne und antiurbane Bündnis aus Aristokraten und Bauern die Hauptstadteliten im »Roten Budapest« mit Hohn und Spott.

Am 30. Mai 1919 bildeten antikommunistische Politiker im damals noch französisch besetzten südungarischen Szeged eine konterrevolutionäre Regierung. Ihre Streitkräfte, die »Volksarmee«, wurden dem Kommando Miklós Horthys unterstellt, dem hochdekorierten Weltkriegshelden und letzten Oberbefehlshaber der österreichisch-ungarischen Marine.[252] Wie die Verbände der russischen Weißen war auch Horthys Armee außerordentlich kopflastig: Unter den 6568 Freiwilligen, die dem ersten Rekrutierungsappell vom 5. Juni 1919 folgten, befanden sich fast 3000 ehemalige Offiziere der Habsburgerarmee und weitere 800 Offiziere aus den militärischen Grenztruppen, der sogenannten Königlich Ungarischen Gendarmerie (Magyar Királyi Csendőrség). Viele hatten ländliche Wurzeln und stammten aus den neuen Grenzregionen oder den verlorenen Gebieten Siebenbürgens, wo die aufflammenden Nationalitätenkonflikte viel mehr zu spüren waren als in der Hauptstadt. Aufgrund der ländlichen Prägung dieser Aktivisten zeichnete sich die Bewegung durch eine dezidiert antiurbane Gesinnung aus, die es prominenten Milizionären erleichterte, gegen die »rote Hauptstadt« Budapest mobilzumachen.[253]

Viele von Horthys Männern hatten bei der Heimkehr ähnliche Erfahrungen gemacht wie die abgerüsteten deutschen und österreichischen Offiziere während der Revolution von 1918. Der Husarenoffizier Miklós Kozma war nur einer von vielen Veteranen, die bei der Rückkehr von der Front im Winter 1918 daheim von marodierenden Massen »empfangen«, lauthals beschimpft oder gar körperlich attackiert worden waren.[254] In Kozmas Bericht erscheinen die Revolutionäre – was typisch ist für diese Art von Erzählung – meist als »ungewaschene, schmutzige Menschenmenge, die monatelang keine Wäsche gewechselt hat« und einen »Gestank« verbreitete, der »unerträglich« erschien.[255]

Was Kozma und viele andere erlebten, glich dem Albtraum, dessen Verwirklichung die konservativen Eliten Europas seit der Französischen Revolution von 1789 fürchteten: Dem Sieg einer gesichtslosen – gar von »politisierten Frauen«, also »Roten Amazonen«, angeführten – revolutionären Masse über die Kräfte von Recht und Ordnung.[256] Die Bilder, die sie heraufbeschworen, entsprachen zumindest teilweise ziemlich genau dem, was in *Psychologie der Massen* (1895) von Gustave Le Bon zu lesen war, dessen Ideen in den rechtskonservativen Kreisen Europas damals breit diskutiert wurden. Le Bons Kritik an den »barbarischen« Massen schien sich aus Sicht konservativer Offiziere zu bestätigen, die nicht selten von aufgebrachten Zivilisten oder rangniederen Soldaten ihrer militärischen Abzeichen beraubt wurden. Zahlreiche Exoffiziere, die diese Erfahrung gemacht hatten, fanden sich in Horthys »Volksarmee« wieder.[257]

Am Ende waren es aber weniger die Soldaten der ungarischen »Volksarmee«, die Kuns Regierung zu Fall brachten, als vielmehr die außenpolitischen Gegner des Landes. Wie feindselig die westlichen Verbündeten Kun gegenüberstanden, war bereits im April 1919 deutlich geworden, als eine vom südafrikanischen Premierminister General Jan Christiaan Smuts angeführte alliierte Delegation in Budapest eintraf. Wenn Kun sich von dem Besuch die internationale Anerkennung seiner Regierung versprochen hatte, wurde er bitter enttäuscht. Weder Smuts noch der ihn begleitende hochrangige britische Diplomat Harold Nicolson zeigten sich von Kun oder seinem Regime sonderlich beeindruckt. Nicolson schrieb über Kun: »gedunsenes weißes Gesicht und schlaffe feuchte Lippen; glattgeschorener Kopf; man ahnt rotes Haar; ausweichende, mißtrauische Augen« und verglich dessen Gesichtszüge mit denen »eines mürrischen und unsicheren Verbrechers«. Kuns außenpolitischer Berater kam in Nicolsons von antisemitischen Ressentiments durchdrungenen Notizen kaum besser weg: »Er hat einen kleinen öligen Juden mit – mottenzerfressener Pelz – grüner Schlips, nur noch wie ein Srick – schmutziger Kragen.«[258] Bereits nach zwei Tagen verließen Smuts und Nicolson Budapest, ohne Kun auch nur die geringsten Zugeständnisse gemacht zu haben.[259]

Schon wenige Tage später, Mitte April, marschierte die rumänische Armee mit stillschweigender Billigung Frankreichs in Ungarn ein.[260] Zwar bezeichnete Bukarest die Invasion als Akt der Selbstverteidigung, bekundete aber zugleich die Absicht, die Ordnung wiederherzustellen und den Bolschewismus zu beseitigen. Rumänien bezichtigte die ungarische Regierung, in den Dörfern des nun rumänischen Siebenbürgens seit einigen Monaten eine bolschewistische Hetzkampagne zu organisieren und zu finanzieren mit dem Ziel, die dortige Bevölkerung zu einem Aufstand aufzuwiegeln. Kurz darauf überschritten tschechische Truppen unter ähnlichen Vorwänden von Norden aus die Grenze zur ungarischen Slowakei.[261]

Die Ungarn rückten daraufhin zusammen und scharten sich hinter Kun, den selbst viele seiner Kritiker einer ausländischen Besatzung vorzogen, vor allem einer rumänischen. Das Regime wiederum verbiss sich die proletarische Revolutionsrhetorik und appellierte stattdessen an den Patriotismus der Ungarn.[262] Massenweise traten nun Freiwillige in die Armee ein. Waffen und Munition verkauften ihnen die Italiener, die mit Ungarns anderem feindseligen Nachbarn Jugoslawien rivalisierten. Bis Mitte Mai gelang es den ungarischen Truppen, die Tschechen aus der Slowakei zu vertreiben. Im Juli versuchte Kun, die Rumänen bis hinter die Theiß zurückzudrängen, rund 100 Kilometer östlich von Budapest. Doch diese starteten eine massive Gegenoffensive, woraufhin etliche Regierungstruppen, die mit Admiral Horthys Oppositionsheer sympathisierten, die Waffen niederlegten. Der ungarische Vorstoß brach in sich zusammen. Kun floh nach Österreich und später in die Sowjetunion, wo er 1938 den stalinistischen »Säuberungen« zum Opfer fiel.[263]

Am 3. August 1919 nahmen rumänische Truppen Budapest ein, wo sie bis zum November 1919 blieben.[264] Während der Besatzung kam es zu einer Reihe von Gräueltaten gegen die Zivilbevölkerung und zu massiven Plünderungen in der ungarischen Hauptstadt. Das Gefühl, von den Alliierten ungerecht behandelt zu werden, verstärkte sich dadurch noch. Dass die Taten nicht von den siegreichen Westalliierten selbst begangen wurden, sondern von Soldaten eines Landes, das die Mittelmächte im Jahr 1918 geschlagen hatten, empfanden die Ungarn als besonders demütigend.[265]

Als sich die Rumänen im Herbst auf alliierten Druck hin zurückzogen, ergriffen die konterrevolutionären Truppen ihre Chance: Am 16. November 1919 ritt Horthy auf einem Schimmel an der Tete seiner »Volksarmee« in die Hauptstadt ein. Horthy, der Budapest so lange als revolutionäre »Stadt des Lasters« (ein Ausdruck, der auf den nationalistischen Romancier Dezső Szabó zurückgeht) geschmäht hatte, machte unmissverständlich deutlich, dass er gekommen war, um die Stadt zu bestrafen und zu säubern.[266] Viele seiner Männer und zahlreiche neben der Armee agierende Milizen sahen es als ihre Aufgabe an, die Verbrechen des »Roten Terrors« zu sühnen. Bereits im August hatte einer dieser Männer in seinem Tagebuch vermerkt: »Wir werden sicherstellen … dass die Flamme des Nationalismus hoch auflodert … Außerdem werden wir viele bestrafen. All jene, die monatelang Freveltaten begangen haben, müssen ihre Strafe erhalten. Wahrscheinlich … werden die Kompromissler und alle mit schwachen Mägen jammern und stöhnen, wenn wir ein paar rote Schurken und Terroristen an die Wand stellen. Die verlogenen Parolen des Humanismus und anderer ›Ismen‹ haben schon zuvor ihren Teil dazu beigetragen, das Land in den Ruin zu stürzen. Beim zweiten Mal wird ihr Wehklagen vergeblich sein.«[267]

Wann immer sich den Milizionären eine Gelegenheit bot, ihre gewalttätigen Rachephantasien auszuleben, taten sie es. Prominente intellektuelle Kritiker des ungarischen »Weißen Terrors« wie der

Rumänische Militärparade in der Budapester Innenstadt, 1919. Die Besatzung und Plünderung ihrer Hauptstadt durch ein Land, das sie mit ihren Verbündeten erst ein Jahr zuvor militärisch besiegt hatten, löste bei den Ungarn große Entrüstung aus.

Journalist Béla Bacsó und der Chefredakteur der sozialdemokratischen Tageszeitung *Népszava* (Volksstimme) Béla Somogyi wurden von Paramilitärs entführt und ermordet.[268] Rechtsgerichtete Milizen nahmen sowohl Unterstützer der Linken als auch gänzlich unpolitische Juden aus der Mittelschicht ins Visier. In der zweiten Hälfte des Jahres 1919 bis Anfang 1920 forderte diese politisch motivierte Gewalt bis zu 5000 Todesopfer.[269] Rund 75 000 Ungarn wurden inhaftiert, weitere 100 000 gingen ins Exil.

Da es vielen Anführern der ungarischen Revolution – Kun inbegriffen – gelungen war, sich durch Flucht ins Ausland der Verhaftung zu entziehen, mussten nun andere für die »Verbrechen« des Kommunismus bezahlen.[270] Sozialisten, Juden und Gewerkschafter wurden, wenn man ihrer habhaft wurde, in Kasernen verschleppt und bewusstlos geprügelt. »In diesen Fällen«, erinnerte sich Pál Prónay, der

Während des »Roten Terrors« der Kun-Regierung wurden Hunderte vermeintlicher »Konterrevolutionäre« aufgeknüpft und stolz präsentiert, wie diese Aufnahme vom Mai 1919 belegt. Nach Kuns Sturz übten konterrevolutionäre Truppen blutige Vergeltung.

berüchtigte ungarische Milizenführer und zeitweilige Kommandant von Horthys Leibgarde, »befahl ich weitere fünfzig Stockschläge für diese fanatischen menschlichen Tiere, deren Köpfe berauscht waren mit Marx' verquerer Ideologie«.[271] Der aus dem Landadel stammende Baron Prónay vertrat wie viele rechte Milizenführer die Auffassung, dass der enthumanisierte (»menschliche Tiere«) und entnationalisierte (»Bolschewiki«) Feind erbarmungslos gefoltert und getötet werden dürfe, da solche Taten durch ihre geheiligte Mission legitimiert und geradezu notwendig seien. Schließlich ging es um die Erlösung des von sozialistischer Teufelei und territorialer Verstümmelung bedrohten Vaterlandes. Die rechten Kämpfer waren davon überzeugt, dass der innere Feind, der die Regeln des »zivilisierten« militärischen Verhaltenskodex gebrochen hatte, nur durch eben jene extreme Gewalt gestoppt werden könne, die er selbst während der kurzen Phase des »Roten Terrors« in Bayern und Ungarn ausgeübt hatte. Ob das, was man ihm vorwarf, den Tatsachen entsprach oder nicht, war gar nicht von Belang.[272] Die »Säuberung« des Landes von seinen inneren Feinden galt als notwendige Voraussetzung einer nationalen Wiedergeburt. Diese Form der gewaltsamen Erneuerung würde trotz Niederlage und Revolution die Opfer des Krieges legitimieren. Im Grunde war die abstrakte Hoffnung auf eine nationale Wiedergeburt aus den Trümmern der Großreiche das Einzige, was die hochgradig heterogenen paramilitärischen Gruppen Österreichs und Ungarns zusammenhielt.

Rückblickend erscheint der Siegeszug der rechten Paramilitärs in den Monaten nach Kriegsende im November 1918 eher wie eine gewaltsame Reaktion auf die neuen politischen Führungszirkel und die von den Westalliierten sanktionierten Gebietsabtretungen und nicht wie der koordinierte Versuch, eine – wie auch immer geartete – neue autoritäre Ordnung zu errichten. Zwar teilten die Mitglieder der rechtsgerichteten Milizen die Abneigung gegen die Revolution und die Hoffung auf eine nationale Erweckung, aber sie verfolgten nicht zwangsläufig dieselben ideologischen Ziele. Ganz im Gegenteil: Weil ihre Vorstellungen bezüglich der zukünftigen Staatsform erheblich voneinander abwichen, waren die rechten Paramilitärs in Österreich und Ungarn in Wahrheit tief gespalten. So gab es auf der einen Seite starke »legitimistische« Kräfte – insbesondere in der ungarischen Gemeinde Wiens, wo zwei erfolglose Versuche unternommen wurden, Kaiser Karl wieder auf den Thron des heiligen Stephan zu hieven –, andererseits aber auch eine große Anzahl protofaschistischer Aktivisten, die die Monarchie fast ebenso sehr verachteten wie den Kommunismus. Auch in Österreich forderten einige Paramilitärs die Wiedereinsetzung der Habsburgermonarchie (wenn auch nicht zwangsläufig die des ehemaligen Kaisers) und standen damit gegen jene, die für die Vereinigung Österreichs mit dem Deutschen Reich plädierten.[273]

Derart gravierende Unterschiede in der politischen Zielsetzung mussten starke Spannungen erzeugen. Zunächst galt es aber, einen größeren gemeinsamen Nenner zu finden und einzelne Fraktionen auszuschalten. Das tat Horthy im Oktober 1921, als er einen der gescheiterten Restaurationsversuche Karls nutzte, sich einiger monarchistischer Milizenführer zu entledigen. Unter diesen war auch Anton Lehár, der jüngere Bruder des prominenten Komponisten Franz Lehár. Anton, der 1919 noch Befehlshaber der größten ungarischen Miliz gewesen war, wurde ins Exil gezwungen und startete in Berlin eine zweite Karriere als Verleger für Unterhaltungsmusik. Er und sein ungleich berühmterer Bruder feierten dort während der Naziherrschaft rauschende Erfolge – und das, obwohl Franz Lehárs Frau Jüdin war (ein »Problem«, das die Nationalsozialisten lösten, indem sie sie kurzerhand zur »Ehrenarierin« erklärten).[274]

Nach Kaltstellung der Monarchisten herrschte unter den radikalen Rechten Mitteleuropas immer noch keine Einigkeit darüber, wie die Zukunft aussehen sollte. Sie konnten sich lediglich darauf einigen, was sie *nicht* wollten. Wie der großdeutsche »Bund Oberland« in seinem Pamphlet *Die Politik des deutschen Widerstandes* argumentierte, war eine völkische Wiedergeburt nur möglich, wenn man die Traditionen der Aufklärung, des Humanismus und der »Ideen von 1789« – insbesondere Individualismus und Demokratie – grundsätzlich in Frage stellte und gegebenenfalls verwarf.[275] Waldemar Pabst, der 1919 in Berlin den Befehl zur Ermordung Rosa Luxemburgs und Karl Liebknechts gegeben hatte und dann in Österreich zum obersten militärischen Organisator der »Heimwehr« geworden war, brachte ähnlich abstrakte Ideen zum Audruck, als er forderte, die fehlgeleiteten Prinzipien der Französischen Revolution – Freiheit, Gleichheit, Brüderlichkeit – durch eine neue »Dreifaltigkeit« zu ersetzen, nämlich durch die konservativen Prinzipien »Autorität, Ordnung, Gerechtigkeit«.[276]

Wie beide Schriften eindrucksvoll belegen, war die Welt der rechten Milizionäre in Mitteleuropa nach dem Untergang des k.u.k. Reichs nicht von Ideen, sondern von Aktionismus angetrieben. Gegen wen sie sich in ihrem Tatendrang richten sollten, geriet folglich zu einer der meistdiskutierten Fragen in paramilitärischen Kreisen. Für Alfred Krauss, den ehemaligen Oberbefehlshaber der österreichisch-ungarischen Ostarmee, ging es gegen die »Feinde des deutschen Volkes«, und das waren unter anderen Franzosen, Engländer, Tschechen und Italiener – ein klares Indiz, dass die Weltkriegslogik nach 1918 fortbestand. Viel gefährlicher als die »nationalistischen« Gegner, also andere Staaten, schätzte er jedoch die internationalistischen Feinde (im eigenen Land) ein: »die Rote Internationale«, die »Schwarze Internationale« (politischer Katholizismus), »vor allem« aber die Juden, deren Ziel es sei, das deutsche Volk zu unterwerfen. Alle anderen Gegner, da war sich Krauss sicher, standen letztlich – gegen Bezahlung – in jüdischen Diensten.[277]

In München bemerkte der deutschbaltische Flüchtling (und unter den Nationalsozialisten von 1941 an Reichsminister für die besetzten Ostgebiete) Alfred Rosenberg in einem Artikel vom Mai 1919: »Lenin war fast der einzige Nichtjude unter den Volkskommissaren, gleichsam das russische Aushängeschild des jüdischen Unternehmens ... Aber man konnte es beobachten, und alle neueren Nachrichten stimmen darin überein, daß der Haß gegen die Juden in Rußland, trotz allem Terror, immer größere Kreise zieht ... Wenn die jetzige Regierung fällt, dann bleibt kein Jude lebend in Rußland; das kann man mit Bestimmtheit behaupten: was nicht totgeschlagen wird, wird vertrieben.«[278]

Die Vorstellung, dass »die Juden« die Triebkräfte und primären Nutznießer des Bolschewismus seien, stammte eindeutig aus Russland, wo sie vor allem über die Propaganda der Weißen verbreitet wurde. Doch sie fand auch außerhalb Russlands Anklang und rasch überall in Europa Anhänger. Die Tatsache, dass ein vergleichsweise hoher Anteil an Juden eine wichtige Rolle in den mitteleuropäischen Revolutionen von 1918/19 gespielt hatte – Rosa Luxemburg in Berlin, Kurt Eisner in München, Béla Kun in Ungarn, Victor Adler in Wien –, ließ den Gedankengang durchaus plausibel erscheinen und überzeugte selbst viele Beobachter in Großbritanninen und Frankreich. So schrieb zum Beispiel jede dritte französische Tageszeitung die bolschewistische Oktoberrevolution jüdischem Einfluss zu.[279] In London gelangten die Entscheidungsträger des britischen Außenministeriums zu einem ähnlichen Schluss. »Die Juden tun alles in ihrer Macht Stehende, um die Gründung eines großen und unabhängigen Polens zu vereiteln«, schrieb einer, derweil sich ein anderer zu der abenteuerlichen Behauptung verstieg: »Ich fürchte, es gibt einigen Grund zur Annahme, dass die Juden das Rückgrat des Bolschewismus bilden.«[280] Im Jahr 1920 verfasste Winston Churchill schließlich den berüchtigten Aufsatz, in dem er den Juden die Schuld an den kontinentaleuropäischen Revolutionen gab:

> Von der Zeit Spartacus-Weishaupts über Karl Marx bis hin zu Trotzki (Russland), Bela Kun (Ungarn), Rosa Luxemburg (Deutschland) und Emma Goldman (Vereinigte Staaten) ist die weltweite Verschwörung zum Sturz der Zivilisation und die Umgestaltung der Gesellschaft auf der Basis von Entwicklungsstillstand, neidischer Bosheit und unmöglicher Gleichheit stetig gewachsen … Sie war Hauptquell jeder subversiven Bewegung im 19. Jahrhundert; und nun hat diese Gruppe ungewöhnlicher Persönlichkeiten aus der Unterwelt der Großstädte Europas und Amerikas das russische Volk am Schopf gepackt und sich praktisch zu unbestrittenen Herren des riesigen Reiches aufgeschwungen. Es besteht keine Notwendigkeit, den Anteil zu übertreiben, den diese internationalen und größtenteils atheistischen Juden an der Schaffung des Bolschewismus und dem tatsächlichen Herbeiführen der russischen Revolution hatten. Es ist sicherlich ein sehr großer Anteil; vermutlich überwiegt er alle anderen.[281]

Solche Ansichten erhielten weitere Nahrung durch die weltweite Verbreitung der fingierten *Protokolle der Weisen von Zion* – der angeblichen Mitschrift einer Zusammenkunft jüdischer Führer, die Ende des 19. Jahrhunderts zusammengetroffen sein sollten, um Pläne zur Erlangung der jüdischen Weltherrschaft zu schmieden. Ursprünglich handelte es sich um eine Erfindung der zaristischen Polizei aus der Vorkriegszeit, doch bald wurden die Protokolle für echt gehalten und

»Alles gehört uns!« Ein antisemitisches Plakat, das nach der Absetzung von Kuns Regime kursierte, zeigt einen jüdischen Volkskommissar, der gerade einen versehrten ungarischen Kriegsveteranen beraubt hat.

von 1919 an in verschiedene westeuropäische Sprachen übersetzt – zuweilen mit finanzieller Unterstützung wohlhabender Privatleute wie dem amerikanischen Industriellen Henry Ford, der die Druckkosten für mehr als 500 000 Exemplare übernahm, die wenig später in den USA kursierten. Die Entlarvung der *Protokolle* als Fälschung im Jahr 1921 änderte am nachhaltigen Einfluss auf die konterrevolutionäre Gedankenwelt der Zeit so gut wie nichts. Die unheilige Allianz von Antisemitismus und Antibolschewismus zeitigte unter verschiedenen europäischen Rahmenbedingungen allerdings sehr unterschiedliche Auswirkungen: Nur östlich des Rheins (und in noch viel drastischerem Maße östlich der Elbe) schürte dieser »Anti-Judäo-Bolschewismus« die Pogrome und Massenmorde an Juden, die zu einem grausigen Merkmal der Jahre 1917 bis 1923 (wie später auch der Zeit nach 1939) werden sollten.[282]

Die weit verbreiteten Ressentiments erzeugten nach dem Ersten Weltkrieg eine paramilitärische Gewalt, unter der die mitteleuropäischen Juden, die mit gerade einmal fünf Prozent der Bevölkerung nur eine kleine Minderheit darstellten, am meisten litten. Sie schienen alles zu repräsentieren, was die radikale Rechte verachtete: Sie standen für die panslawische revolutionäre Bedrohung aus »dem Osten«, die das traditionelle Gefüge eines christlichen Mitteleuropas gefährdete, galten als »rote Agenten« Moskaus und zugleich – was im Grunde paradox ist – als Vertreter einer obskuren kapitalistischen »Goldenen Internationale« und Träger einer Demokratisierung nach westlichem Vorbild. Alle diese Anschuldigungen hatten im Kern etwas gemein: die Vorstellung von den Juden als inhärent unverwurzeltes Volk, das beseelt war von einer »natürlichen« internationalistischen Abneigung gegen den Nationalstaat und dessen jeweiliges »Wirtsvolk«.

In Ungarn war die antisemitische Gewalt besonders stark ausgeprägt, und sie wurde – anders als in Deutschösterreich – von den Staatsbehörden geduldet und von der nationalistischen Presse zuweilen unverhohlen begrüßt.[283] In einem 1922 von der jüdischen Gemeinde Wiens veröffentlichten Bericht über antisemitische Gewalt ging man davon aus, dass mehr als 3000 Juden allein in Transdanubien, dem großen ungarischen Landesteil westlich der Donau, ermordet worden seien.[284] Womöglich sind diese Angaben übertrieben, doch es besteht kein Zweifel, dass der Terror der Weißen besonders auf Juden abzielte, die ihm in reicher Zahl zum Opfer fielen. Ein charakteristischer Vorfall antisemitischer Gewalt aus dem Jahr 1919 findet sich in einem von Ignaz Bing aus Bőhőnye zu Protokoll gegebenen Polizeibericht: »In der Nacht zum 1. Oktober kam eine aus 60 Köpfen bestehende Truppe aus Weißgardisten in unsere Gemeinde und ließ austrommeln, dass jeder Jude männlichen Geschlechts unverzüglich auf dem Marktplatze zu erscheinen habe. Die jüdischen Männer, 17 an der Zahl, die am Kommunismus völlig unschuldig waren, haben dem Befehl auch Folge geleistet. Als sie alle beisammen waren, wurden sie geschlagen, misshandelt, und man begann, sie ohne jedes Verhör und ohne zu fragen aufzuhängen.« Es war eines jener Pogrome, das dem doppelten Zweck diente, einerseits die »Wurzel des Bolschewismus« auszurotten und andererseits öffentlich zu demonstrieren, was passiert, wenn ein Feind den Weißgardisten in die Hände fiel.[285]

In Österreich war Judenhass ebenso weit verbreitet wie in Ungarn, wenngleich er dort vor 1938 nie eine solch gewalttätige Ausprägung erfuhr. Schon vor 1914 gehörte der Antisemitismus zum rhetorischen Mittel rechter Politiker, die vehement gegen den Zuzug der vielen

Juden aus Galizien und der Bukowina agitierten, von denen während des Krieges noch mehr in der Hauptstadt Wien eintrafen, nachdem sie ihre zum Frontgebiet gewordene galizische Heimat verlassen hatten. Darüber hinaus beschimpften österreichische Antisemiten wohlhabendere Juden, die im Finanzsektor, in der Rüstungs- oder in der Lebensmittelindustrie arbeiteten, immer offener als »jüdische Kriegsgewinnler«.[286] Als Galizien 1918 an Polen und die Bukowina an Rumänien fiel, schwoll der Zustrom jüdischer Flüchtlinge – auch als Folge einer Vielzahl von Pogromen in Galizien und der Ukraine – ein weiteres Mal an. Bei Kriegsende 1918 lebten in Wien nachweislich rund 125 000 Juden, deutschösterreichische Nationalisten sprachen allerdings von einer »Dunkelziffer« von bis zu 450 000.[287]

Die Juden, die nach dem Weltkrieg vor der Gewalt in den westlichen Territorien des vormaligen Zarenreichs oder im einst österreichisch-ungarischen Galizien geflohen waren, wurden in ihrer neuen Heimat wenig begeistert empfangen. In Deutschland – dem bevorzugten Ziel verfolgter osteuropäischer Juden – sah es kaum anders aus als in Wien. Selbst die alteingesessenen jüdischen Gemeinden im Deutschen Reich betrachteten die orthodoxen Neuankömmlinge als Außenseiter von geringem gesellschaftlichen Status, denen es zudem an Kultiviertheit mangle.[288]

Durch den Zuzug Zehntausender Ostjuden nahm der Antisemitismus bei jenen Deutschen weiter zu, die ihre Mitbürger jüdischen Glaubens schon immer als Bürger zweiter Klasse betrachtet hatten und die ihr Vorurteil, die Juden seien »andersartig«, nun durch die ungewöhnliche Kleidung, die fremden Traditionen und die Sprache der Ostjuden bestätigt und bekräftigt sahen. Als Lina von Osten, die spätere Ehefrau des Cheforganisators der Judenvernichtung, Reinhard Heydrich, zum ersten Mal orthodoxe jüdische Flüchtlinge sah, empfand sie nichts als Ekel. Von Osten, die Heydrich Ende der 1920er mit dem Nationalsozialismus vertraut machte, erklärte in ihren Memoiren, dass sie die nach 1918 in großer Zahl nach Deutschland strömenden Ostjuden als »Eindringlinge und ungebetene Gäste« wahrnahm. Durch deren schiere Anwesenheit habe sie sich derart »provoziert« gefühlt, dass sie sie einfach »hassen musste«: »Das Zusammenleben mit ihnen verglichen wir mit einer erzwungenen Ehe, in der die Partner einander buchstäblich nicht riechen können.«[289]

Diese Denkweise war in rechten Kreisen Deutschlands und Österreichs durchaus verbreitet, wo die Auffassung, »der Jude« habe sich zum »Sklavenhalter« eines wehrlosen deutschen Volkes aufgeschwungen, nach dem Weltkrieg oft geäußert wurde, zumal sie sich gut vertrug mit dem zu Kriegszeiten propagierten Bild der Juden als »Profiteure«. Nach dieser Lesart waren die Juden entschlossen, die temporäre Schwäche des deutschen Volkes auszunutzen, um es bis »auf den letzten Tropfen Blut« auszupressen.[290] Die Gleichsetzung des »jüdischen Volkes« mit den »Drahtziehern« der Revolutionen, die den Niedergang der Großreiche herbeigeführt hatten, verband man in aller Regel mit der Hoffnung, dass »der deutsche Riese« sich eines Tages erheben werde, um sich für die ihm angetanen Verbrechen zu rächen.[291]

Wie ihre ungarischen Gesinnungsgenossen beriefen sich die österreichischen Antisemiten für gewöhnlich auf christliche Prinzipien und verquickten die vermeintliche Schuld der Juden am imperialen Kollaps mit älteren christlichen Stereotypen »jüdischen Verrats«, der nach Sühne verlange.[292] Eine weitere Verschärfung erfuhr der Antisemitismus nach 1918 durch die Auffassung, hinter den Revolutionen von 1918/19 verberge sich eine »jüdische Verschwörung«. Auf die Tatsache, dass Leo Rothziegel, der intellektuelle Kopf der österreichischen Roten Garde, sowie prominente Mitglieder der Sozialdemokratischen Partei wie Victor Adler und Otto Bauer Juden waren, wurde in der rechtsgerichteten Presse immer wieder hingewiesen.

Auch in Ungarn galten sowohl Revolution als auch Roter Terror in den Augen konservativer Offiziere als Werk der Juden – allen voran des Revolutionsführers Béla Kun und seines militärischen Beraters Tibor Szamuely.[293] Antisemitische Nationalisten in Ungarn und anderswo scherten sich kaum darum, dass die allermeisten von Kuns Anhängern keine Juden waren. Anfang August 1919, kurz nach dem Sturz des kommunistischen Regimes, veröffentlichte der Anwalt Oszkár Szőllősy einen vielbeachteten Zeitungsartikel mit dem Titel »Die Verbrecher der Diktatur des Proletariats«, in dem er jüdische »blutbefleckte Ritter des Hasses« als Haupttäter des Roten Terrors und Triebkräfte des Kommunismus ausmachte.[294] In Ungarn (wie in Österreich) erklärte man die Juden zudem verantwortlich dafür, dass der Krieg verloren wurde. Dem späteren ungarischen Ministerpräsidenten Gyula Gömbös zufolge ließ sich die Niederlage unmittelbar auf die Tatsache zurückführen, dass der Anteil von Juden im Habsburgerreich beträchtlich höher lag (»1:56«) als in den Entente-Staaten (»1:227«).[295]

Das öffentliche Bekenntnis zum eigenen Antisemitismus und das Prahlen mit gnadenlosen Gewalttaten gegen jüdische Zivilisten wurden unter den rechten Milizionären Mitteleuropas zu einem verbreiteten Distinktionsmerkmal. In Ungarn, wo die antisemitischen Gräueltaten der Paramilitärs meist mit stillschweigender Duldung der Behörden geschahen, war die Situation besonders verheerend. Pál Prónay beispielsweise sammelte die abgetrennten Ohren seiner jüdischen Opfer als Glücksbringer.[296] Und einer von Prónays Offizieren, György Geszay, merkte bei Tisch während eines Festessens stolz an, dass er einen ausgezeichneten Appetit verspüre, weil er den Nachmittag damit verbracht habe, einen Juden bei lebendigem Leibe in einer Lokomotive zu verbrennen.[297]

In Österreich kam es nicht zu derart brachialer Gewalt. Doch ließ die Sprache der österreichischen Paramilitärs bereits erahnen, was auch hier noch bevorstand. Männer wie Hanns Albin Rauter, der schon in seiner Zeit als Grazer Studentenaktivist das Ziel formulierte, »die Juden so schnell wie möglich loszuwerden«, und der zukünftige Heimwehrführer Ernst Rüdiger Starhemberg, der die »jüdischen Kriegsgewinnler« als »Parasiten« verunglimpfte, begründeten eine Tradition gewaltbetonter antisemitischer Rhetorik, auf die radikale Nationalisten in den Folgejahren aufbauen konnten.[298]

*

Während die Lage in Österreich nach 1918 vergleichsweise ruhig blieb, versank Bulgarien – mit leichter Verzögerung – in revolutionären und konterrevolutionären Wirren, die allerdings keinen ausgeprägt antisemitischen Charakter aufwiesen. Trotz einer Vielzahl innenpolitischer Probleme gelang es den Bulgaren 1919, demokratische Wahlen abzuhalten. Den größten Zuspruch erfuhr dabei einerseits die soeben erst gegründete Kommunistische Partei, die sich eng an Lenins Bolschewiki orientierte, und andererseits die Bulgarische Agrarische Volksunion. Wenngleich die Kommunisten – vor allem in den Städten – über enormen Rückhalt in der Bevölkerung verfügten, gingen die Agrarier mit ihrem charismatischen Vorsitzenden Aleksandar Stambolijski letztlich als stärkste Partei aus dem Urnengang hervor.[299] Stambolijski sicherte sich die Mehrheit im Parlament, indem er die nötige Anzahl kommunistischer Abgeordneter wegen angeblicher Wahlunregelmäßigkeiten ausschließen ließ. Für die nächsten vier Jahre hielt er sich im Amt, wobei er zunehmend diktatorische und gewaltsame Mittel einsetzte, um jedwede Opposition zu ersticken.[300]

Obwohl Stambolijski in Deutschland Landwirtschaft und Philosophie studiert hatte, stellte er sich öffentlich gern als anti-intellektuellen Bauernführer aus schlichten Verhältnissen dar. Mit seiner imposanten Erscheinung, dem struppigen schwarzen Haar und dem buschigen Schnauzbart, erschien er einem zeitgenössischen britischen Beobachter wie ein »Räuber, der sich gerade durch einen Brombeerstrauch schlägt«.[301] Obgleich er sich stets einfach und auch für ein bäuerliches Publikum verständlich ausdrückte, war er nicht der Kommunist, für den ihn viele hielten, sondern eher eine Art bäuerlicher Sozialist, der den Kommunisten wie den Kapitalisten zutiefst misstraute und sich für eine grundlegende Landreform einsetzte – eine attraktive Mischung in einem von Kleinbauern dominierten Land. Vor allem aber gab Stambolijski dem bäuerlichen Argwohn gegenüber Stadtbewohnern und Oberschichten eine Stimme. »Wer hat euch in die Schützengräben geschickt?«, fragte er seine Anhänger. Die urbanen Eliten »waren es. Wer ist schuld daran, dass wir Makedonien, Thrakien und die Dobrudscha verloren haben? Sie sind es.«[302]

Seine rhetorischen Fähigkeiten und seine agrarfreundliche Politik trugen Stambolijski die Unterstützung vieler Kleinbauern ein, verprellten in kurzer Zeit aber nahezu alle anderen. Dass er nach dem Rücktritt des Ministerpräsidenten Teodorow im November 1919 zähneknirschend den Vertrag von Neuilly unterzeichnete, vergaben ihm radikale Nationalisten nicht, auch wenn ihm kaum etwas anderes

Sieger und Besiegte: Der bulgarische Ministerpräsident Stambolijski (Mitte) bei der Unterzeichnung des Vertrags von Neuilly, links von ihm Clemenceau und zu seiner Rechten Lloyd George.

übrig geblieben war, als die Konditionen der Alliierten zu akzeptieren. Probleme bereitete vielen zudem Stambolijskis Bereitschaft, sich mit Bulgariens feindlichen Nachbarn zu verständigen – vor allem mit dem mächtigsten von ihnen, dem Königreich der Serben, Kroaten und Slowenen. Um Bulgariens internationale Isolierung zu durchbrechen, schloss Stambolijski mit der jugoslawischen Regierung im März 1923 in Niš ein Abkommen über die Zusammenarbeit in Makedonien, wo man fortan gemeinsam gegen Terrorakte makedonischer Separatisten vorgehen wollte.

Für die militanten Makedonier stellte die Übereinkunft von Niš – nach der Billigung des verhassten Friedensvertrags von Neuilly – einen weiteren »Dolchstoß« dar, verfolgten sie doch schon seit Ende der osmanischen Herrschaft über den Balkan das Ziel, das zersplitterte Makedonien zum Teil eines bulgarischen Nationalstaats zu machen.[303] Nach dem Weltkrieg hatten die Radikalen unter den Makedoniern die IMRO (Innere Makedonische Revolutionäre Organisation) gegründet und ihre Vorkriegsaktivitäten fortgesetzt, wobei die Schaffung eines von Jugoslawien unabhängigen Makedoniens und der Schutz der bulgarischen Bevölkerung als vorrangige Ziele galten.

Im Februar 1920 wurden die Guerilla-Einheiten der IMRO (sogenannte Tscheti) in Vardar wie im ägäischen Makedonien aktiv – in Gebieten, die nun von Griechenland und dem Königreich der Serben, Kroaten und Slowenen kontrolliert wurden. Obendrein verübten sie Attentate auf bulgarische Politiker, denen auch Abgeordnete von Stambolijskis Bauernpartei zum Opfer fielen. Mit dem Abkommen von Niš, so hoffte man in Bulgarien, würden diese Umtriebe der IMRO endlich ein Ende finden.[304]

Innenpolitisch machte sich Stambolijski weitere Feinde, indem er seine radikale Bodenreform vorantrieb – ein wichtiges Thema in einem Staat voller bäuerlicher Grundbesitzer. In Zukunft durfte jeder Eigentümer nur noch maximal dreißig Hektar besitzen, was es Stambolijskis Regierung erlaubte, Ländereien der Kirche, des Staates und der Kommunen zu konfiszieren. Sein vorrangiges Ziel war es, den Bauern ähnlich große Grundstücke zu verschaffen. Allerdings verstieß die Landreform eklatant gegen verfassungsmäßig garantierte Eigentumsrechte und war in den nichtbäuerlichen Bevölkerungsschichten hoch umstritten.[305]

Auch in anderen Wirtschaftsbereichen verfolgte Stambolijski eine radikale Politik. So ergriff er zahlreiche Maßnahmen, die dazu gedacht waren, die Konzentration des Kapitals in Industrie, Handel und Finanzen einzuschränken. Zudem legte er Obergrenzen für den Grundbesitz in Ballungsgebieten fest und führte einen Arbeitsdienst ein, der sämtliche Bürger, Männer wie Frauen, dazu verpflichtete, für einige Monate bei öffentlichen Projekten wie dem Bau von Straßen und Schulen anzupacken. Indem das Programm Arbeitskräfte für wichtige Infrastrukturmaßnahmen bereitstellte, sollte vor allem der Wiederaufbau nach dem Krieg vorangebracht werden. Das mochte vernünftig sein oder nicht – es war ausgesprochen unbeliebt.

Was den Umbau des politischen Systems betraf, strebte Stambolijski nicht weniger radikale Ziele an. So warb er für die Idee, sämtliche Parteien abzuschaffen und durch drei auf Zunftzugehörigkeit basierende politische Organisationen zu ersetzen: eine Bauernunion, eine Arbeiterorganisation und eine Handwerkervereinigung.[306] Diese Schritte schürten bei den anderen Parteien die berechtigte Angst,

Stambolijski beabsichtige – quasi durch die Hintertür – die Errichtung einer Bauerndiktatur. Letztlich erreichte er, dass die großen liberalen, konservativen und sozialdemokratischen Parteien Bulgariens ihre Differenzen überwanden und sich im Juli 1922 zum sogenannten Konstitutionellen Block *(Konstitutsionen blok)* zusammenschlossen. Von der gemeinsamen Abneigung gegen die Agrarier getrieben, brandmarkten Abgeordnete des Blocks Stambolijskis Herrschaft öffentlich als eine vom Abschaum der bulgarischen Bauernschaft geführte Diktatur, die mit allen Mitteln bekämpft werden müsse.[307]

Stambolijski hatte inzwischen auch die durch die Niederlagen von 1913 und 1918 tief gedemütigte militärische Elite Bulgariens gegen sich aufgebracht. Die Vertreter des traditionellen Militärapparats, die schon schwer mit dem Verlust der politischen Macht und dem damit verbundenen gesellschaftlichen Prestige zu kämpfen hatten, behandelte das neue Regime mit offen zur Schau gestellter Geringschätzung. Was die oberen Militärkreise aber besonders reizte, war der Aufstieg der »Orange-Garden«, Stambolijskis eigener, aus bewaffneten Bauern bestehenden paramilitärischen Organisation, die der Bauernunion (BAVU) und ihrem Führer unterstand.[308] Die Orange-Garden hatten einzig und alleine für die Aufrechterhaltung der »inneren Ordnung« und die Einschüchterung politischer Gegner zu sorgen. Obgleich Stambolijskis Partei noch immer weit entfernt war von der Errichtung einer echten Bauerndiktatur, fühlten sich Regierungsgegner, konservative Eliten und Armeeführung von der Existenz der Orange-Garden bedroht und warteten nur auf den geeigneten Moment, um die Agrarierherrschaft zu Fall zu bringen.[309] Die Militärs hatten sich dazu bereits 1919 in der sogenannten Militärliga zusammengetan – einer zunehmend mächtigeren, von dem Juraprofessor Aleksandar Zankow geleiteten Vereinigung, der viele bulgarische Offiziere angehörten.

Die Gelegenheit zum Angriff ergab sich ausgerechnet nach den Parlamentswahlen vom 1. April 1923, die Stambolijskis Bauernunion für sich entschieden hatte – ein Sieg, der sich größtenteils dem Verbot oppositioneller Parteikundgebungen sowie der Abschaffung des Verhältniswahlrechts verdankte, das sich zuungunsten der Bauernpartei ausgewirkt hätte. Als Reaktion auf die zunehmende Marginalisierung jedweder Opposition schlugen die Verschwörer am 9. Juni 1923 zu. Über Nacht besetzte die Armee alle strategisch wichtigen Orte in der Hauptstadt und verhaftete anschließend Stambolijskis Kabinett und weitere prominente Vertreter der Bauernbewegung. Mit Billigung des Zaren, dessen Verhältnis zu Stambolijski seit je gespannt war, übernahm Aleksandar Zankow, dessen Militärliga den Putsch entscheidend vorangetrieben hatte, das Amt des Ministerpräsidenten.[310]

Stambolijski besuchte zum Zeitpunkt des Staatsstreichs gerade Verwandte in seinem Heimatdorf Slawowiza. Um ihn zu ergreifen, blockierten die Putschisten alle Fluchtwege aus der Region und verteilten Flugblätter, die den ehemaligen Ministerpräsidenten als gesuchten Verbrecher auswiesen. »Jeder Bürger – ob Stadtbewohner oder Bauer – ist verpflichtet, ihn zu ergreifen oder zu erschießen. Wer sich diesem Befehl widersetzt, wird verhaftet.«[311] Schon nach wenigen Tagen wurde der Bauernführer von Mitgliedern der IMRO gestellt, die ihn grausam folterten und schließlich zusammen mit seinem Bruder töteten. Als Kampfansage an alle Gegner eines makedonischen »Anschlusses« an Bulgarien schnitten sie ihm die Hand ab, mit der er die Verträge von Neuilly und Niš unterzeichnet hatte, und schickten seinen abgetrennten Kopf in einer großen Keksschachtel nach Sofia.[312]

Der grausame Mord an ihrem Parteiführer hatte umgehend die gewaltsame Antwort seiner Anhänger zur Folge. Überall auf dem Land kam es zu Volksaufständen; Bauernverbände und Orange-Gardisten machten gegen die Putschisten mobil. Hatten die Agrarier auf die Hilfe der Kommunisten gehofft, so sollten sie allerdings bitter enttäuscht werden, denn die Kommunistische Partei vertrat den Standpunkt, bei dem Konflikt handle es sich um einen Streit zwischen zwei Teilen der Bourgoisie (einem »ländlichen« und einem »städtischen«), und beschloss, neutral zu bleiben. Die Armee ging daraufhin mit äußerster Brutalität gegen die gesellschaftlich isolierten, unzureichend bewaffneten Bauern vor und schlug die Unruhen in kurzer Zeit nieder. Unterdessen versicherte Zankow den besorgten Westmächten, dass seine Regierung sich auch weiterhin an die Vereinbarungen von

Konterrevolution in Bulgarien: Nach dem Sturz der BANU-Regierung wurden Anhänger des brutal ermordeten bulgarischen Ministerpräsidenten Stambolijski in großer Zahl verhaftet und oftmals umgebracht, darunter der hier gezeigte Kammerdiener Stambolijskis.

Neuilly halten und die demokratische Ordnung in Bulgarien wiederherstellen werde.[313]

Zankow erfüllte den ersten Teil seines Versprechens, den zweiten dagegen nicht. Zu demokratischen Verhältnissen kehrte das Land vorerst nicht mehr zurück, und das politische Leben Bulgariens blieb während der 1920er Jahre von Gewalt geprägt. Die Kommunisten, die im Sommer dem Gemetzel auf dem Land tatenlos zugesehen hatten, wurden nun von Moskau angewiesen, ihre Ehre wiederherzustellen. Infolgedessen begehrten Kommunisten, Anarchisten und Bauern im September 1923 gemeinsam gegen die Zankow-Regierung auf. Die vor allem im Nordwesten und in der Landesmitte losbrechende Rebellion endete in einem Desaster. Mindestens 1200 bis 1500 Anhänger der Kommunisten wurden ermordet, viele der Überlebenden erhielten langjährige Haftstrafen. Die Ereignisse läuteten eine Phase ein, die unter dem Begriff »Weißer Terror« in die bulgarische Geschichte einging. Die Grausamkeit, mit der Polizei- und Armee-Einheiten gegen die Aufständischen vorgingen, fand in einer ganzen Reihe von Romanen und Gedichten ihren Niederschlag – am eindrücklichsten vielleicht in Geo Milews berühmtem Gedicht »September« aus dem Jahr 1924:

Blutlachen
morgens
auf Straßen und Plätzen,
Flüche und Kettengeklirr überall!
Kerker mit Menschen gefüllt
bis zum Dach.
Kommandos: »Feuer!«
und – Salvengekrach …
verrammelt sind Türen und Fenster –
sie kommen, sie pochen schon,
die nächtlichen Gespenster!
Niedergestreckt liegt der Sohn
auf der Schwelle;
bevor er verendet
sieht er mit brechendem Blick,
wie sein Mörder
die Schwester schändet,
wie man den Vater
aufhängt am Strick.
Kolonnen von Bauern wanken vorüber,
blutend und krumm,
mit Kolben zur Richtstatt getrieben …[314]

Ein Jahr nachdem er das Gedicht verfasst hatte, wurde Milew wie viele andere linke bulgarische Intellektuelle in Polizeigewahrsam ermordet.

Eine weitere unmittelbare Folge des Aufstands war das Verbot der Kommunistischen Partei und aller dazugehörigen Organisationen. In einem Akt der Vergeltung zündete eine kommunistische Untergrundzelle am 16. April 1925 eine Bombe im Dach der Kathedrale Sweta Nedelja in Sofia, wo gerade der Trauergottesdienst für General Konstantin Georgiew abgehalten wurde, der wenige Tage zuvor von Kommunisten ermordet worden war. Die Explosion brachte das Dach des Gebäudes zum Einsturz, wodurch 130 Trauernde getötet und weitere 500 verletzt wurden – darunter viele hochrangige Offiziere und Politiker. Das Attentat zog eine abermalige Verhaftungswelle von Mitgliedern und Sympathisanten der Kommunistischen Partei nach sich. In den ersten vier Wochen nach dem Anschlag verschwanden rund tausend Inhaftierte spurlos. Wie sich später herausstellte, waren die meisten in Polizeigewahrsam durch Folter zu Tode gekommen.[315]

Die Angst vor dem Bolschewismus und der Aufstieg des Faschismus

Revolutionäre Wirren wie in den besiegten Staaten Mittel-, Ost- und Südosteuropas gab es auch im Westen, wenngleich sie dort verhaltener ausfielen. So kam es in Spanien, das im Weltkrieg neutral geblieben war, während des *Trienio Bolchevique* (den »drei bolschewistischen Jahren«) beinahe zum offenen Bürgerkrieg, als Arbeiterunruhen – bereits vor dem Krieg keine Seltenheit – den ländlichen Süden ergriffen. Auch in den Städten gab es Ausschreitungen, tobten Kämpfe zwischen Gewerkschaftlern, Arbeitgebern und staatlichen Polizeikräften, die über 750 Menschenleben forderten.[316] In Katalonien, vor allem in Barcelona, planten die Anarchosyndikalisten der Nationalen Vereinigung der Arbeit *(Confederación Nacional del Trabajo*, CNT) die Errichtung einer Katalanischen Arbeiterrepublik, die alle Verbindungen mit der ungeliebten Hauptstadt aufkündigen wollte. Bereits im August 1917 hatte die CNT sich dem Aufruf der sozialistischen Allgemeinen Arbeitergewerkschaft *(Unión General de Trabajadores*, UGT) angeschlossen und in Barcelona einen Generalstreik organisiert, dessen gewaltsame Niederschlagung siebzig Tote, Hunderte von Verletzten und die Verhaftung von rund 2000 Gewerkschaftsanhängern zur Folge hatte. Ermutigt durch die Revolutionen in Russland und Zentraleuropa rief die CNT im Frühjahr 1919 einen weiteren Generalstreik aus, woraufhin 100 000 Beschäftigte in Barcelona einen ganzen Monat lang die Arbeit niederlegten.[317] Der Ausstand mündete schließlich in einen prekären Burgfrieden mit den Arbeitgebern, hatte bis dahin aber längst weitere Landesteile erfasst. In den Städten Andalusiens, vornehmlich in Sevilla und Granada, kam es zu weiträumigen Arbeitsniederlegungen, und auf dem Land ließen sich die verarmten Arbeiter auf den großen semifeudalen Gütern in Spaniens tiefstem Süden von jener Radikalität beflügeln, mit der Lenin und die Bolschewiki die Landfrage in Russland gelöst hatten. *La Voz del Cantero* (Die Stimme des Steinbruchs), ein anarchosyndikalistisches Blatt aus Córdoba, veröffentlichte im März 1918 folgenden Aufruf:

> Arbeiter Spaniens, macht euch bereit, dass nun jederzeit die Fanfare der Gerechtigkeit erschallen möge! All ihr Unterdrückten und Verzweifelten, die Stunde ist gekommen, um von unseren Feinden für deren Verbrechen gegen die arbeitenden und produktiven Massen endlich Rechenschaft zu fordern.[318]

Die vermeintlich akute Gefahr einer kommunistischen Rebellion versetzte viele Gutsbesitzer derart in Angst und Schrecken, dass sie in ihre sicheren Stadtvillen flüchteten.[319] Die Furcht vor dem Bolschewismus ließ auch die Regierung nicht unberührt, die 800 russische Staatsangehörige und andere verdächtige ausländische Kommunisten zusammentrieb und diese zwang, auf dem im Frühjahr 1919 auslaufenden Dampfer *Manuel Calvo* Spanien Richtung Odessa zu verlassen.[320] Inmitten wachsender wirtschaftlicher Unsicherheit und innenpolitischer Turbulenzen kamen und gingen zwischen 1917 und 1923 nicht weniger als 15 Regierungen. Im Jahr 1921 kam es zur Gründung der Kommunistischen Partei Spaniens (PCE) durch die extreme Linke. Letztlich sollte die Entwicklung in Spanien aber einem dezidiert mitteleuropäischen Muster folgen: Im September 1923 putschte sich General Miguel Primo de Rivera an die Macht und installierte mit Billigung von König Alfons XIII. eine konservative Diktatur.[321]

In den beiden großen Siegerstaaten des Krieges, Großbritannien und Frankreich, erwies sich die Gefahr einer Revolution als weitaus geringer. Die Herrschaft des »Limerick Soviet« – die kurzlebige Selbstverwaltung der westirischen Stadt in der zweiten Aprilhälfte 1919, unmittelbar nach Ausbruch des Irischen Unabhängigkeitskrieges – war vor allem republikanisch und weniger bolschewistisch motiviert und wurde ohnehin nach zwei Wochen von britischen Truppen beendet. Weder in Großbritannien noch in Frankreich kam es zu ernstzunehmenden kommunistischen Umsturzversuchen, und dennoch waren die Zeitgenossen in beiden Ländern beinahe besessen von der Vorstellung einer drohenden »kommunistischen Infizierung«. Ganz von der Hand zu weisen war das nicht, denn konnten die politischen Entscheidungsträger in Paris das gescheiterte Attentat des Anarchisten Eugène Cottin auf den französischen Ministerpräsident Georges Clemenceau im Februar 1919 noch als Einzelfall abtun, so blieben ihnen die heftigen Streikwellen, die das Land in den letzten beiden Kriegsjahren erschüttert hatten, nur zu gut in Erinnerung.

In der französischen Metallindustrie war es im Juli 1916 und erneut im Mai 1918 zu einigen großflächigen Arbeitsniederlegungen gekommen. Im Frühjahr 1917 weiteten sich die Streiks aus, wurden die Forderungen nach höheren Löhnen und einem Ende des Krieges lauter. Als weit gefährlicher erwiesen sich aber die Meutereien in der Armee, mit denen im Mai und Juni 1917 rund die Hälfte aller französischen Divisionen an der Westfront zu kämpfen hatten.[322] Wenn sich Meutereien und Arbeitsniederlegungen auch nie zu einer Revolution auswuchsen, so wirkte die Erinnerung an 1917 – freilich befeuert von den revolutionären Ereignissen in Russland – noch lange nach. Als Frankreich im Frühjahr 1920 erneut von einer Streikwelle überrollt wurde, die der Allgemeine Gewerkschaftsbund (CGT) initiiert hatte, breitete sich in den politischen Führungszirkeln und der Mittelschicht förmlich über Nacht die Furcht vor einer bolschewistischen »Ansteckung« aus. Die Gründung der Französischen Sektion der Kommunistischen Internationale (die sich bald in Kommunistische Partei Frankreichs umbenennen sollte) im Dezember des Jahres war kaum dazu angetan, solche Ängste zu zerstreuen. Zwar wurden die Deutschen nicht von ihrem Spitzenplatz als größte Gefahr für den geopolitischen Status quo verdrängt, doch das konservative Establishment sah nun *zwei* Bedrohungen im Osten: den deutschen Revisionismus und den russischen Bolschewismus.[323]

Auch in Großbritannien tobten in den 1920er Jahren wiederholt Arbeitskämpfe. Im Oktober 1920 kam es beispielsweise zu einem zweiwöchigen landesweiten Streik der Minenarbeiter, der die Wirtschaft des Landes kurzzeitg lahmlegte. Am heftigsten wirkte sich aber der große Generalstreik des Jahres 1926 aus, bei dem Beschäftigte aus allen Bereichen der britischen Wirtschaft in den Ausstand traten. Diese Arbeitsniederlegungen waren allerdings ökonomisch motiviert und zielten keineswegs darauf, einen revolutionären Umsturz der herrschenden Ordnung herbeizuführen. Die einzige Partei, die offen für den radikalen Wandel eintrat, war die 1920 gegründete Kommunistische

Partei Großbritanniens, die jedoch nie nennenswerten Rückhalt in der Bevölkerung erringen konnte. Dennoch glaubten viele Briten – zumindest zwischen Herbst 1918 und den frühen 1920er Jahren –, dass Ereignisse wie in Russland und Mitteleuropa durchaus auch in ihrer Heimat eintreten könnten. Bereits am 11. November 1918, dem Tag des Waffenstillstands an der Westfront, schrieb die Londoner Intellektuelle und Sozialreformerin Beatrice Webb – mit ihrem Ehemann Begründerin der London School of Economics – in ihr Tagebuch:

> Frieden! Überall stürzen die Herrscher und sind die Begüterten insgeheim am Zittern. Wie lang wird es wohl dauern, bis die Flut der Revolution die Welle des Triumphs einholt? Das ist die Frage, die Whitehall und den Buckingham-Palast derzeit umtreibt und sogar den Umsichtigeren unter den Demokraten größte Sorgen bereitet.[324]

Im folgenden Frühjahr, als Russland in einem blutigen Bürgerkrieg versank und die Revolution sich tatsächlich Richtung Westen ausbreitete, wurde aus der abstrakten Sorge blanke Angst. In seinem Fontainebleau-Memorandum vom März 1919, verfasst unter dem Eindruck der soeben gegründeten Räterepubliken in Ungarn und Bayern, warnte der britische Premierminister David Lloyd George: »Die größte Gefahr, die ich in der gegenwärtigen Lage sehe, ist die, dass sich Deutschland mit dem Bolschewismus zusammentun und seine Hilfsmittel, seinen Verstand, seine große Organisationskraft den revolutionären Fanatikern zur Verfügung stellen könnte, deren Traum es ist, die Welt mit Waffengewalt für den Bolschewismus zu erobern.«[325]

Solche Ängste schlugen sich umgehend in der Populärkultur nieder, wo der Kommunismus bald dem »bösen Hunnen« als größte Gefahr der Zukunft den Rang ablief. So spielte der Kommunismus eine tragende Rolle im 1924 veröffentlichten vierten der fünf Bestseller des beliebten Thrillerautors John Buchan über den *Upperclass*-Protagonisten Richard Hannay. Wie gewohnt erweist sich Hannay auch in dieser Folge als ein Held, der Großbritannien, das Empire und das englische Klassensystem vor heimtückischen, auf allen Seiten lauernden Feinden beschützt. Während die Gefahr in den drei ersten Bänden aber von Deutschland ausging, tritt in *Die drei Geiseln* ein Bösewicht namens Dominick Medina auf, vordergründig Inbegriff des konservativen englischen Hauptstadtpolitikers, aber in Wahrheit ein subversiver Charakter und entwurzelter Ire »mit einem Hauch des Südländischen, was sich nie gut verträgt«. Medina verkörpert eine neue Form des Nihilismus, der die etablierte Ordnung bedroht: den Bolschewismus.[326]

Selbst vor den Vereinigten Staaten machte die Furcht vor der vermeintlich globalen bolschewistischen Gefahr nicht halt. In den Jahren 1919/20 verübten italo-amerikanische Anarchisten dort eine Reihe von Sprengstoffattentaten. Am Mittag des 16. September 1920 kam es zu einem verheerenden Anschlag auf die Wall Street, der 38 Tote und Hunderte von Verletzten forderte. Obwohl die Täter nie gefasst wurden, war man allgemein der Ansicht, dass Anarchisten hinter dem Attentat steckten. In der folgenden Periode des *Red Scare* hielt sich beharrlich die Angst vor weiteren Anschlägen, was erheblich zur Ausbildung einer langfristigen antikommunistischen Mentalität beitrug, die noch in den Kalten Krieg der zweiten Jahrhunderthälfte nachwirkte.[327]

Am größten war die Furcht vor einer bolschewistischen Revolution wohl in Italien, dem schwächsten Siegerstaat unter den europäischen Großmächten. Noch während des Krieges, im Frühjahr und Sommer 1917, hatte Norditalien schwere Unruhen und Proteste erlebt, die sich – oft angeführt von Frauen – gegen die steigenden Preise, die unzureichende Lebensmittelversorgung und die Weiterführung des Krieges richteten und schließlich in der Turiner Brotrevolte vom August 1917 ihren Höhepunkt fanden.[328]

Nach dem katastrophalem Rückschlag von Caporetto 1917 hatte der erstaunlich rasche »Sieg von Vittorio Veneto« im Jahr darauf die innenpolitischen Spannungen zeitweilig gelindert und die tragischen Erinnerungen an den vorangegangenen Herbst verdrängt, als sich Italien am Rande eines fast schon unvermeidlichen Zusammenbruchs befunden hatte. Die Niederlage Österreich-Ungarns markierte den ersten bedeutenden militärischen Sieg in der Geschichte des italienischen Nationalstaats und beflügelte die kühnsten Hoffnungen und

Erwartungen.[329] In den soeben erst »erlösten« Gebieten, insbesondere dem vormals österreichisch-ungarischen Triest, begrüßte die italienischstämmige Bevölkerung den Sieg der italienischen Armee mit unbändiger Freude:

> Vier Tage lang haben 130 000 Menschen jeden Alters, Geschlechts und politischer Gesinnung auf den Straßen und Plätzen Triests gefeiert … Voller Freudentränen umarmen und küssen sich alle, als wären sie allesamt Kinder ein und derselben Mutter. Diese Mutter ist Italien. Ihr Name ist in aller Munde.[330]

In Wahrheit hatte der Krieg ein tief gespaltenes Land hinterlassen, was aufmerksame Zeitgenossen sehr wohl registrierten. So schrieb der italienische Philosoph Benedetto Croce anlässlich des Waffenstillstands mit Wien am 5. November 1918 in dem Essay »La Vittoria« (»Der Sieg«): »Italien geht aus diesem Krieg mit einer ernsthaften und tödlichen Krankheit hervor, mit offenen Wunden und einer gefährlichen Schwachheit des Fleisches.«[331]

Croce sollte recht behalten mit seiner Einschätzung, dass durch den militärischen Sieg kaum die tiefen Gräben überwunden werden würden, die das Land durchzogen. Sie spalteten die italienische Gesellschaft seit 1914, als eine heftige öffentliche Kontroverse zwischen Kriegsbefürwortern und jenen entbrannt war, die Italiens Neutralität forderten. Obwohl das Land dem Dreibund mit Deutschland und Österreich-Ungarn angehörte, drängten die Interventionisten die Regierung zum Kriegseintritt aufseiten der Entente mit dem Ziel, sich bei einem Sieg jene habsburgischen Territorien einzuverleiben, die sie als italienischen Boden betrachteten – vor allem die Provinz Trentino im Nordosten und die Stadt Triest. Wieder andere sahen das skeptisch, und die Sozialistische Partei Italiens sprach sich sogar offen gegen einen Waffengang aus. Als die Regierung im Frühjahr 1915 schließlich entschied, sich den Alliierten anzuschließen, stellte dies das Land vor eine Zerreißprobe.[332]

Nach dem militärischen Debakel von Caporetto griff die Regierung unter Ministerpräsident Orlando Ende 1917 und Anfang 1918 zu rigiden Maßnahmen: Die Zensur wurde verschärft und Friedensaktivitäten wurden kriminalisiert. Darüber hinaus brandmarkte Orlando im Zuge einer großangelegten patriotischen Mobilisierungskampagne Sozialisten, Gewerkschafter, Priester und Pazifisten als »innere Feinde« und machte sie für die Zersetzung der Kampfmoral verantwortlich.[333] Mit diesen Maßnahmen heizte er das »Klima eines ideologischen Bürgerkriegs« weiter auf, das 1914 durch die erbitterten Auseinandersetzungen zwischen »Neutralisten« und »Interventionisten« entstanden war und sich nach Caporetto noch unheilvoller ausgewirkt hatte.[334] Sozialisten und katholische Kriegsgegner sahen sich durch die verheerenden Verluste des italienischen Waffengangs auf makabre Weise bestätigt, während die »Interventionisten« gerade ihnen die Schuld an Italiens militärischem Misserfolg anlasteten und sie als »rote und schwarze Defätisten« oder »böse Brut der *caporettisti*« beschimpften. Die Neutralisten, so hieß es, hätten »die Nation hinterrücks erdolcht«, weil sie den Soldaten den nötige Rückhalt an der Heimatfront vorenthielten.[335]

Die nachhaltigen Verwerfungen, die solche Anschuldigungen zur Folge hatten, waren nicht das einzige innenpolitische Problem, vor dem Italien nach dem gewonnenen Krieg im November 1918 stand. Da man sich während des Krieges bei Großbritannien und den USA enorme Mengen Geld geliehen hatte, wurde das wohl ärmste Land der Siegerstaaten nun von einer schier untragbaren Staatsverschuldung niedergedrückt. Dazu kam die virulente politische Instabilität: Zwischen 1918 und 1922 verschliss Italien nicht weniger als fünf Regierungen. Keiner war es gelungen, mit den drängenden wirtschaftlichen und sozialen Problemen fertigzuwerden. Es herrschte galoppierende Inflation (die Lira war auf ein Fünftel ihres Vorkriegswerts gefallen), der Export lag völlig am Boden, und die Rückkehr der Soldaten von der Front steigerte die ohnehin schon hohe Arbeitslosigkeit noch. Trotz des Sieges blieb die Ernährungslage angespannt, derweil Rom eine längst überfällige Bodenreform immer wieder hinausschob.

Für den Kriegsdienst hatte die italienische Führungsschicht Millionen besitzloser Landarbeiter, die Leib und Leben für ihr Vaterland riskieren sollten, mit einem verlockenden Versprechen geködert: Nach dem Sieg würde ihnen eine Reform bislang unbewirtschaftetes Land übereignen und sie allesamt zu Grundbesitzern machen. Doch als der Krieg gewonnen war, hielten die Machthaber nicht Wort, was in den ländlichen Gegenden die sozialen Konflikte der Vorkriegszeit erneut ausbrechen ließ. Im Schatten der Geschehnisse in Russland verabschiedete die Sozialistische Partei (*Partito Socialista Italiano*, PSI) daraufhin auf ihrem Nationalkongress von 1919 ein Programm, das eine soziale Revolution nach bolschewistischem Vorbild vorsah, und postulierte darüber hinaus die Zugehörigkeit zu Lenins Dritter Internationale. In dem festen Glauben, dass der lang erwartete Zusammenbruch der kapitalistischen Ordnung bevorstehe, und angetrieben von den Ereignissen in Osteuropa, beharrten die Revolutionäre in der Partei darauf, dass die »Diktatur des Proletariats« allein durch eine »gewaltsame Machtergreifung« zu verwirklichen sei, was die bestehende Kluft zwischen dem reformistischen und dem revolutionären Flügel der Partei noch weiter vertiefte.[336]

Die Radikalisierung der Sozialisten schien bei einem nicht unerheblichen Teil der Bevölkerung auf Zustimmung zu stoßen, denn bei den Wahlen vom November 1919 gewannen die Sozialisten über ein Drittel aller Stimmen und stiegen zur stärksten Kraft in der Abgeordnetenkammer auf, gefolgt von der konservativ-katholischen Volkspartei (*Partito Popolare Italiano,* PPI), die sich mit einer sozialreformistischen Agenda rund ein Fünftel der Stimmen sicherte. Die früheren Regierungsparteien, die Liberalen und die Demokraten, mussten schwere Verluste hinnehmen.

Nach der Bildung einer sozialistisch geführten Zentralregierung und weiteren Erfolgen der Sozialisten bei den Kommunalwahlen im Oktober und November 1919 (vor allem in der Poebene), fanden die Parteiführer, es sei an der Zeit für radikale Reformen. Enteignungen und gewaltsame Vorfälle im Zuge dieser Reformen fachten die Angst des Bürgertums vor »russischen Verhältnissen« weiter an. In ländlichen Gegenden der Lombardei schürten die Gewerkschaften im Juni 1920 überdies gewaltsame Proteste gegen einzelne Grundbesitzer, die man beschuldigte, gegen vereinbarte Tarifregelungen verstoßen zu haben. Hunderte von Bauern legten die Arbeit nieder, besetzten Höfe, konfiszierten Nahrungsmittel und übernahmen vereinzelt gar die Privathäuser von Gutsbesitzern, wie ein örtlicher Präfekt seinen Vorgesetzten in Rom besorgt berichtete.[337]

Auch in anderen Landesteilen ereigneten sich Vorfälle, die in Gewalt mündeten. Im April 1920 griffen Landarbeiter in der kleinen apulischen Stadt Nardò die örtliche Polizeistation an, durchtrennten Telegraphenleitungen, sprengten Bahnschienen, errichteten Barrikaden und plünderten schließlich die städtischen Lagerhäuser. Beim Einmarsch der Armee tags darauf kam es zu Zusammenstößen, bei denen drei Bauern und ein Soldat ihr Leben ließen.[338]

Die gewaltsam ausgetragenen Klassenkonflikte und anhaltende Streiks in allen Bereichen des öffentlichen Lebens erreichten im September 1920 ihren Höhepunkt. Als Arbeiter schließlich mehr als 600 Fabriken besetzten und neu gebildete Arbeiterräte in vielen größeren und kleineren Industriestädten die Macht übernahmen, wähnten viele Italiener sich am Rande eines bolschewistischen Coups. Die Unruhen, gepaart mit mangelnder Strafverfolgung und dem offensichtlichen Unwillen der Regierung Giolitti, sich in Arbeitskämpfe einzumischen, versetzten Industrielle und Gutsbesitzer in Angst und Schrecken und ließen sie immer verzweifelter nach jemandem Ausschau halten, der sie vor der roten Gefahr beschützte. Sie sollten ihn schließlich finden: Es war Benito Mussolini mit seiner noch jungen faschistischen Bewegung.

Mussolini hatte soeben erst seine Wandlung vom prominenten Sozialisten der Vorkriegszeit zum radikalen Nationalisten abgeschlossen. Ihren Anfang hatte diese Entwicklung im November 1914 genommen, als er sich – gegen die offizielle Linie der Sozialistischen Partei – für einen Kriegseintritt Italiens starkgemacht hatte.[339] Schon vor dem Krieg war er als einer der Führer des maximalistischen Flügels der Sozialisten hervorgetreten und hatte seine Ansichten von 1912 bis 1914 als Chefredakteur des Zentralorgans *Avanti!* verbreitet. Die Ablehnung der Parteilinie, welche Italiens Neutralität im »kapitalistischen« Krieg vorsah, führte im November 1914 zu seinem Ausschluss. Noch im selben Monat gründete er seine eigene Zeitung *Il Popolo d'Italia.*

Mit seinen rhetorischen Fähigkeiten und dank der finanziellen Hilfe gleichgesinnter Geschäftsleute gelang es ihm, sich zum Sprachrohr jener »Interventionisten« aufzuschwingen, die den Kriegseintritt Italiens aufseiten der Entente verlangten.

Als Italien im Mai 1915 schließlich gegen die Mittelmächte in den Krieg zog, diente Mussolini als Soldat an der Isonzofront, bis er sich im Februar 1917 mit Syphilis infizierte (im faschistischen Italien galt offiziell eine Verletzung durch Granatbeschuss als Grund für das Ende seines aktiven Fronteinsatzes).[340] Das letzte Kriegsjahr verbrachte Mussolini am Redaktionstisch seiner Zeitung *Il Pololo d'Italia*, wo er seine Ansichten über die Zukunft des Landes neu definierte. Das Hauptziel seiner polemischen Attacken waren nun seine ehemaligen sozialistischen Genossen. In seinen Artikeln geißelte er die Sozialistische Partei als einen »noch gefährlicheren Feind als die österreichische Armee«, den es mit »Schwert und Feuer« zu bekämpfen gelte.[341] Nach dem bolschewistischen Umsturz in Russland wurde Mussolinis Rhetorik noch radikaler, wobei er die Oktoberrevolution lediglich als ersten Schritt zu einer weltweiten kommunistischen Machtergreifung betrachtete, die sich einzig mit Gewalt in Schach halten ließe: »Dies ist keine Zeit für Engel, es ist eine Zeit für Teufel. Sie verlangt Grausamkeit, keine Demut … Sie verlangt ein langes Schwert und eine Unmenge Feuer … Entweder das – oder die Niederlage. Entweder das – oder Russland.«[342] Sein Einsatz für die sozialistische Bewegung in der Vorkriegszeit war da kaum noch mehr als eine blasse Erinnerung. Mussolinis erklärtes Ziel war nun eine »nationale Revolution«. Der zukünftige Staat sollte von einer *trincerocrazia* (Schützengrabenaristokratie) geführt werden, einem neuen, aus dem Blut und dem Dreck des Grabenkriegs geborenen Adelsstand.[343]

Im März 1919 gründete Mussolini in Mailand die *Fasci di combattimento* (Kampfverbände). Am Sonntag, dem 23. März, einen Tag nach der kommunistischen Machtübernahme Béla Kuns in Ungarn, sprach er vor ihrer ersten Versammlung. Zunächst erwies sich die Bewegung allerdings als wenig erfolgreich im Anwerben neuer Unterstützer. Bis Ende 1919 hatten die *Fasci* gerade einmal 800 Mitglieder, darunter viele vormalige Kämpfer der *Arditi*, der Sturmtruppen des Weltkriegs, die sich von Mussolinis martialischer Rhetorik angesprochen fühlten.[344] Das exponenzielle Wachstum der Bewegung setzte erst von 1920 an ein und ist zumindest teilweise der verbreiteten Angst vor einer bolschewistischen Revolution geschuldet. Etwa zu dieser Zeit begannen Mussolinis Anhänger mit ihren gewaltsamen Attacken gegen Arbeitervertretungen, sozialistische Räte und Zeitungen – vornehmlich in der sozialistisch dominierten Poebene.[345] Wie die deutschen Freikorps zogen Mussolinis Kampfbünde Männer an, die im Weltkrieg nicht gedient hatten, weil sie zum Fronteinsatz noch zu jung gewesen waren. Ihnen boten die Milizen einen Ersatz für die verpasste, aber heiß ersehnte Kriegserfahrung.[346]

Am 16. Oktober 1920, kurz vor Beginn einer koordinierten Offensive der *Squadristi* (Schwarzhemden) gegen die politische Linke, erklärte das faschistische Zentralorgan dem Sozialismus offen den Krieg: »Wenn ein Bürgerkrieg unvermeidlich ist, dann sei's drum!« In seinen Reden gab sich Mussolini äußerst angriffslustig, wobei er sich gern eingängiger medizinischer Metaphern bediente: Wenn der Bolschewismus ein »Wundbrand«, eine »Infektion« oder ein »Krebsgeschwür« war, das ausgemerzt gehörte, dann stellte der Faschismus das »Skalpell« dar, das mit chirurgischer Präzision geführt werden müsse, um den »Staatskörper« zu heilen.[347]

Der unbarmherzigen Hetze sollten bald brutale Taten folgen. Im sozialistisch regierten Bologna verübten faschistische Milizen Anschläge auf örtliche Verwaltungsgebäude, und am 21. November 1920, als Tausende Menschen auf der Piazza Maggiore die Wahl eines sozialistischen Bürgermeisters feierten, schoss eine Gruppe von Faschisten wahllos in die Menge. Sozialistische Paramilitärs, die »Roten Garden«, erwiderten das Feuer und warfen Granaten. Der Vorfall forderte zehn Todesopfer, rund sechzig Menschen wurden verletzt. Außerstande, die Nachwirkungen der Tragödie zu bewältigen, trat der sozialistische Stadtrat geschlossen zurück. Mussolini und die Faschisten hatten eine wichtige Lektion gelernt: Gewalt zahlt sich aus.[348]

In ländlichen Gegenden trugen die Faschisten entscheidend zur Unterdrückung aller anderen politischen Organisationen und Gewerkschaften bei, insbesondere jener, die der Sozialistischen Partei oder der Volkspartei *(Partito Popolare)* nahestanden. Tausende von *Squadristi* verbreiteten überall im Land Terror, verwüsteten die Büroräume »subversiver« Parteien, besetzten ganze Städte und verprügelten oder demütigten politische Gegner – nicht selten mit Wissen und stillschweigender Billigung der Polizei, in deren Reihen Mussolinis »Ordnungskräfte« oft große Sympathien genossen. Die Lage glich zunehmend einem offenen Bürgerkrieg; die Opferzahlen schnellten in die Höhe. Alles in allem wird geschätzt, dass in Italien zwischen 1919 und 1922 rund 3000 Menschen bei gewalttätigen Zusammenstößen ums Leben kamen.[349] Die meisten Opfer der politischen Gewalt waren Sozialisten und militante Anhänger nichtfaschistischer Parteien. Allein 1920 wurden 172 Sozialisten sowie zehn Mitglieder der Volkspartei, vier Faschisten, 51 unbeteiligte Zuschauer und 51 Polizeibeamte getötet. Die Zahl der Schwerverletzten lag bei etwa 1600.[350]

Vor dem Hintergrund anhaltender Gewalt konnte Mussolinis inzwischen in *Partitio Nazionale Fascista* (PNF) umbenannte Bewegung ihre Mitgliederzahl verzehnfachen. Aus den Wahlen im darauffolgenden Frühjahr ging sie als stärkste Partei hervor.[351] In der Hoffnung, die neue politische Kraft in traditionelle Strukturen einbinden und damit zähmen zu können, nahm der Liberalenführer und langjährige Ministerpräsident Giovanni Giolitti die Faschisten bei den Wahlen vom Mai 1921 in seinen Nationalen Block auf und verlieh Mussolini damit die politische Anerkennung, nach der er verlangte. Davon unberührt führten dessen Milizen ihren von der Polizei kaum noch behelligten Feldzug gegen Andersdenkende fort. Nachdem sie ihre Gegner gründlich eingeschüchtert hatten, regierten die Faschisten in vielen Gegenden Nord- und Mittelitaliens ohne nennenswerte Opposition.[352]

Mussolini profitierte von der weit verbreiteten Bolschewismusfurcht letztlich ebenso wie von der Schwäche der italienischen Zentralregierung. Das Kommen und Gehen von fünf auf wackligen Mehrheiten beruhenden Regierungen zwischen 1919 und 1922 verschärfte die Krise des Parlamentarismus weiter. Die antidemokratische Propaganda der Faschisten, derzufolge »das Jahrhundert der Demokratie vorüber« war, schien sich zu bestätigen, da der vermeintlich unfähige Staat die öffentliche Ordnung kaum noch aufrechterhalten konnte.

Symbolträchtige, allerdings gestellte Aufnahme italienischer Schwarzhemden beim »Marsch auf Rom« im Jahr 1922 – im Zentrum Benito Mussolini und seine engen Vertrauten Emilio de Bono und Italo Balbo.

Gegen alle Vernunft erschienen Mussolinis Faschisten – jene politische Bewegung, die das gewaltsame Chaos weitgehend angerichtet hatte – vielen nun die Einzigen, die mächtig genug waren, die Lage wieder unter Kontrolle zu bringen. Die demokratische Regierung wirkte dagegen völlig hilflos.[353]

In dieser Situation griffen die Faschisten tatsächlich nach der Macht. Am Abend des 27. Oktober 1922 befahl Mussolini seinen Milizionären den »Marsch auf Rom«. Umgehend ersuchte der liberale Ministerpräsident Luigi Facta den König Viktor Emanuel III. um die Ausrufung des landesweiten Notstands. Viktor Emanuel willigte zunächst ein, änderte seine Meinung aber und weigerte sich am nächsten Morgen, das Dekret zu unterzeichnen. Als der König Mussolini schließlich zum Ministerpräsidenten ernannte, war dieser am Ziel. Erst jetzt stieß der Faschistenführer – nicht zu Fuß, sondern mit dem Zug – zu seinen rund 25 000 Milizionären, die vor den Toren der italienischen Hauptstadt kampierten. Zu diesem Zeitpunkt hatten die Faschisten in vielen Provinzstädten des Landes de facto schon die Kontrolle übernommen.[354]

Mussolinis Doppelstrategie – sein Bemühen, sich die Unterstützung des Parlaments und der gesellschaftlichen Eliten zu sichern, zugleich aber mit seinen Squadristen gewaltsam gegen den Staat vorzugehen – war voll und ganz aufgegangen. Der König war nun gezwungen, ihn mit der Bildung einer Koalitionsregierung aus Faschisten, Liberalen, Nationalisten und Katholiken zu betrauen.[355] Mussolini hatte von Lenin und den Bolschewiki mehr gelernt, als er je zugegeben hätte, insbesondere die Lektion, dass parlamentarische Mehrheiten weit weniger wichtig waren als die Fähigkeit und Entschlossenheit, den Gegner einzuschüchtern und rücksichtslos zu handeln, wenn die Situation es erforderte. Nachdem Lenin das demokratisch gewählte russische Parlament 1918 aufgelöst hatte, ging in Europa mit Mussolinis Ernennung zum Ministerpräsidenten zum zweiten Mal innerhalb von fünf Jahren die Macht in die Hände einer Milizenpartei über, die ihre Ziele mit brachialen Mitteln durchsetzte.[356]

Italienische Historiker haben überzeugend dargelegt, dass die italienische Armee die faschistischen Verbände leicht hätte besiegen können. Doch weder der König noch die politischen und wirtschaftlichen Eliten brachten den Willen oder den Mut auf, den Parlamentarismus mit Waffengewalt zu verteidigen, weil sie fürchteten, die Niederschlagung des faschistischen Umsturzes werde einer sozialistischen Revolution Tür und Tor öffnen. Und das galt es um jeden Preis zu verhindern. So gaben sie sich der verhängnisvollen Illusion hin, Mussolini könne durch Einbindung in die Regierungsarbeit gezähmt werden.[357] Nur wenige erkannten damals die Tragweite der Ereignisse vom Oktober 1922 – und die neue Art von Politik, die sie einleiteten. Das liberale Bürgertum glaubte noch immer, dass sich der Faschismus in der alltäglichen Regierungsarbeit durch seine Koalitionspartner zähmen ließ, und die antifaschistischen Parteien hielten ihn für eine kurzlebige Bewegung, die verschwinden würde, sobald sie in ihrer Funktion als bewaffnete Schutztruppe des bürgerlichen Staates versagt hatte. Noch nach dem »Marsch auf Rom« gaben sich viele diesem Trugschluss hin. In Wahrheit hatte Mussolini von Beginn an die Absicht, die parlamentarische Demokratie abzuschaffen und eine Diktatur zu errichten – was ihm 1925 auch gelingen sollte.[358]

Die Lektion, dass sich die Demokratie mit Gewalt oder Gewaltandrohung in die Knie zwingen ließ, lernten auch andere Führer der extremen Rechten in Europa. Aufmerksame Beobachter wie der liberale deutsche Publizist Harry Graf Kessler ahnten, dass Mussolinis Beispiel auch anderswo Schule machen würde. So schrieb er am 29. Oktober 1922 in sein Tagebuch:

> Die Fascisten haben durch einen Staatsstreich die Gewalt an sich gerissen in Italien. Wenn sie sie behalten, so ist das ein geschichtliches Ereignis, das nicht blos für Italien, sondern für ganz Europa unabsehbare Folgen haben kann. Der erste Zug im siegreichen Vormarsch der Gegenrevolution … In einem gewissen Sinne kann man Mussolinis Staatsstreich mit dem Lenins im Oktober 17 vergleichen, natürlich als Gegenbild. Vielleicht leitet er eine neue Periode europäischer Wirren u. Kriege ein.[359]

Im Gegensatz zu Kessler betrachtete die extreme Rechte Mussolinis Coup als Lehrstück, das es nachzuahmen galt. Eben dies versuchte Adolf Hitler, Führer der noch jungen Nationalsozialistischen Partei, als er seine Anhänger am 9. November 1923 zum »Marsch auf die Feldherrnhalle« in München aufrief, der ein geplanter »Marsch auf Berlin« folgen sollte.[360]

In Deutschland dürfte damals kaum jemand Hitler als »zweiten Mussolini« betrachtet haben, dem eine erfolgreiche »nationale Revolution« zuzutrauen war. Der verarmte Sohn eines Zollbeamten aus dem österreichischen Braunau am Inn war nicht einmal deutscher Staatsbürger. Er hatte die Schule ohne Abschluss verlassen, sich in seinen frühen Jahren ziellos herumgetrieben und als erfolgloser Künstler mit einer ganzen Reihe schlecht bezahlter Tätigkeiten über Wasser gehalten, unter anderem als Maler von Postkarten. Um dem Kriegsdienst im österreichisch-ungarischen Heer zu entgehen, übersiedelte er im Mai 1913 von Wien nach München und meldete sich dort bei Kriegsausbruch 1914 als Freiwilliger zur Bayerischen Armee. An der Westfront diente er als Meldegänger, brachte es bis zum Unteroffizier und wurde mit dem Eisernen Kreuz ausgezeichnet. In den unmittelbaren Nachkriegsjahren war er in ideologischer Hinsicht orientierungslos. Der Krieg – besser gesagt: die Niederlage der Mittelmächte im Jahr 1918 – hatte ihn radikalisiert, doch noch stand nicht fest, ob sein Extremismus rechter oder linker Natur war.[361]

Nach der Entlassung aus der Armee arbeitete Hitler in München zunächst einige Zeit in der Propaganda-Abteilung von Eisners Revolutionsregierung, wo er seinen einstigen Armeekameraden die Demokratie näherbringen sollte. Im April 1919 ließ er sich in einen der Soldatenräte der Münchner Räterepublik wählen. Doch seine Begeisterung für den Sozialismus verflog allmählich, und so wandte er sich schließlich der radikalen Rechten zu.[362]

In seiner neuen Funktion als Propagandaredner und V-Mann der Reichswehr besuchte er im September 1919 erstmals eine Versammlung der rechtsradikalen Deutschen Arbeiterpartei (DAP) in einem Münchner Bierkeller. Es dauerte nicht lange, da hatte der Agitator die im Februar 1920 in Nationalsozialistische Arbeiterpartei (NSDAP) umbenannte Gruppierung unter seine Kontrolle gebracht. Hitlers spezifische Weltsicht der späteren Jahre mit den Schwerpunkten Rassenlehre, biologischer Antisemitismus und gewaltsame Expansion war zu diesem Zeitpunkt noch nicht voll ausgeprägt, wenngleich er die Juden schon in den frühen Reden des Jahres 1919 zu den Hauptfeinden Deutschlands erklärte. Was Hitler in dieser Phase am meisten prägte, war die Erfahrung einer anhaltenden Krise – vom Krieg über die Niederlage zur Revolution, von den Friedensverträgen des Jahres 1919 bis zur gängigen zeitgenössischen Annahme, Deutschland befinde sich am Rande eines Bürgerkriegs.[363]

Solche Sichtweisen waren keineswegs unbegründet, hielten die revolutionären und konterrevolutionären Unruhen in Deutschland doch auch nach dem Fall der Münchner Räterepublik 1919 unvermindert an. Schon im Jahr darauf unternahm die deutsche Rechte einen Putschversuch – eine Reaktion auf die im Versailler Vertrag festgeschriebene Verringerung des deutschen Heeres auf 100 000 Mann und die von der Regierung angeordnete Auflösung aller Freikorps. Eine der Schlüsselfiguren des Staatsstreichs, General Lüttwitz, hatte sich geweigert, die Freiwilligenverbände zu entlassen und die Armee zu demobilisieren, woraufhin Noske ihn umgehend seines Postens enthob. Dazu hatten ihn auch belastende Schriftstücke veranlasst, die Lüttwitz mit den Umsturzplänen einer rechten Verschwörung in Verbindung brachten. Doch der General verfügte über einen starken Rückhalt bei den Freikorpskämpfern, insbesondere bei der berüchtigten, nach dem Korvettenkapitän Hermann Ehrhardt benannten »Brigade Ehrhardt«. Nachdem er sich dieser Unterstützung versichert hatte, übersandte Lüttwitz Präsident Ebert ein Ultimatum, in dem er neben einer Rücknahme der Truppenreduzierung bei Armee und Freikorps noch eine ganze Reihe weiterer Dinge forderte, unter anderem Neuwahlen und die gewaltsame Niederschlagung jeglicher Streiks.[364] Als Ebert das Ultimatum zurückwies, setzte sich die Brigade Ehrhardt Richtung Reichshauptstadt in Bewegung. Am 13. März erklärte Lüttwitz mit seinem Mitstreiter Dr. Wolfgang Kapp, einem ostpreußischen Beamten und Mitbegründer der rechtsextremen Deutschen Vaterlandspartei, die Reichsregierung für abgesetzt.[365]

Ebert und sein Kabinett flohen zunächst nach Dresden und von dort weiter nach Stuttgart. Da sich auch der Chef des Generalstabs, Hans von Seeckt, weigerte, den Putsch mit regulären Reichswehreinheiten niederzuschlagen, wählte Ebert eine Waffe, die sich als überaus wirkungsvoll erweisen sollte: Gemeinsam mit Mehrheitssozialisten, Unabhängigen Sozialisten und Gewerkschaftern, die in dieser verzweifelten Lage ausnahmsweise einmal zusammenarbeiteten, rief die Regierung einen Generalstreik aus. In einer von der Parteibasis getragenen beeindruckenden Demonstration sozialdemokratischer Macht brachte der Ausstand das öffentliche Leben in Deutschland abrupt zum Erliegen. Nach viereinhalb Tagen fiel der Putsch in sich zusammen.[366]

Den Streik auszurufen war gar nicht so schwer gewesen, ihn zu beenden und die geweckten Erwartungen der Linken einzuhegen, erwies sich aber als überaus schwierig. Ermutigt durch den Triumph über die Putschisten, witterten die linken Verfechter einer radikalen Umgestaltung nun ihre Chance. Überall im Land loderten die Flammen der Revolution erneut auf. Sozialistische Aufständische gründeten in kürzester Zeit Arbeiterräte und griffen in Leipzig, Hamburg und Chemnitz nach der Macht. Am 19. März vermerkte Graf Kessler in seinem Tagebuch, dass der Kapp-Putsch zwar gescheitert sei, dafür aber in Berlin, Leipzig, Nürnberg, Chemnitz, Dresden und im Ruhrgebiet erbitterte Kämpfe zwischen Arbeitern und Reichswehrtruppen ausgebrochen seien.[367] Tags darauf schrieb er: »In Berlin hat die Menge an verschiedenen Stellen Offiziere der abziehenden Abenteurertruppe gefangen genommen und totgeschlagen. Die Erbitterung der Volksmassen gegen das Militär scheint grenzenlos; ihr Machtgefühl infolge des siegreichen Generalstreiks stark angeschwollen.«[368]

Im industriellen Kernland Deutschlands, dem Ruhrgebiet, taten sich Arbeiter zu einer rund 50 000 Mann starken Kampftruppe zusammen, die sich »Rote Ruhrarmee« nannte. Mit der Unterstützung von 300 000 Bergarbeitern brachten sie das gesamte Ruhrtal unter ihre Kontrolle. Nach den Bestimmungen des Versailler Vertrags war das Ruhrbecken eine neutrale Zone zwischen den alliierten Besatzungsgebieten und Restdeutschland, die Truppenstärke der Reichswehr dort somit strikt begrenzt. Doch Ebert und seine Regierung beriefen sich auf die nationale Notlage und entsandten mehr Soldaten als erlaubt, um den sogenannten Märzaufstand niederzuwerfen. Das Vorgehen der Armee hatte bürgerkriegsähnliche Gefechte zur Folge, bei denen rund 1000 Aufständische sowie 250 Reichswehr- und Freikorpsmitglieder ums Leben kamen. Viele der Freikorpskämpfer begriffen die Niederschlagung der Rebellion als Gelegenheit zur Revanche gegen jene, die sie für das Scheitern des Kapp-Putschs verantwortlich machten. Ein studentischer Freiwilliger, der die Ruhrkämpfe miterlebte, schrieb an seine Eltern: »Pardon wird nicht gegeben. Selbst die Verwundeten erschießen wir noch. Die Begeisterung ist großartig, fast unglaublich. Unser Bataillon hat zwei Tote; die Roten haben 200 bis 300 Tote. Alles, was uns in die Hände kommt, wird mit dem Gewehrkolben zuerst abgefertigt und dann noch eine Kugel … Wir [haben] auch zehn Rote-Kreuz-Schwestern sofort erschossen … von denen hat nämlich jede eine Pistole bei sich. Mit Freude schossen wir auf diese Schandbilder; und wie diese geweint und gebeten haben; aber wer mit einer Waffe getroffen wird, der ist unser Gegner und der muß dran glauben.«[369]

Die erneuten Unruhen an der Ruhr und anderswo lieferten den Franzosen einen Vorwand, in die entmilitarisierte Zone einzumarschieren und kleinere wie größere Städte zu besetzen, darunter Frankfurt, Darmstadt, Hanau und Homburg.[370] Der Status quo wurde schließlich wiederhergestellt, da deutsche wie französische Truppen sich zurückzogen. Doch das brutale Vorgehen der Staatsmacht hinterließ eine Verbitterung, die lange nachwirken und den Nährboden für noch mehr gewaltsamen Extremismus bereiten sollte.[371]

In München hielt sich die Angst vor einem neuerlichen linken Umsturz wie dem von 1919 besonders hartnäckig, weshalb die Stadt zu einem Magneten für Nationalisten aus ganz Deutschland und zu einer Brutstätte rechtsgerichteter Radikaler wurde. Nicht von ungefähr wechselte Hitler in München zur extremen Rechten, fielen gerade hier seine radikalen Botschaften von Antibolschewismus und nationaler Erneuerung auf solch fruchtbaren Boden. Sein Versuch einer Machtergreifung nach Mussolinis Vorbild scheiterte 1923 allerdings kläglich. Als er und seine Anhänger am Mittag des 9. November durch München marschierten, eröffnete die bayerische Polizei das Feuer. Sechzehn Nationalsozialisten starben. Hitler konnte zunächst entkommen, wurde aber zwei Tage später gefasst und verhaftet.[372]

Hitlers stümperhafter Versuch, Mussolinis »Marsch auf Rom« zu imitieren, war letztlich auch daran gescheitert, dass er gar nicht erkannt hatte, in welchem Maße der Erfolg des »Duce« in Italien auf einer dualen Strategie von Legalität und Illegalität zugleich beruhte – dem Einsatz brutaler Gewalt auf der Straße in Kombination mit dem Versprechen der Wiederherstellung von Ordnung und vaterländischen Werten im Parlament.[373] Als Hitler nach Verbüßung einer ungewöhnlich kurzen Haftstrafe für den begangenen Verrat entlassen wurde – er saß gerade einmal neun Monate in Landsberg ein –, da hatte er begriffen, dass er und seine Partei den Weg der Legalität beschreiten mussten, wollten sie auch nur in die Nähe der Macht gelangen. Diese Einsicht sollte bei seiner zweiten, diesmal erfolgreichen Machtergreifung im Januar 1933 von entscheidender Bedeutung sein.

TEIL III

Imperialer Zerfall

Die jüngsten Verträge, welche die Beziehungen unter den Völkern regeln – oder dies zumindest tun sollen –, sind in Wirklichkeit nichts als ein furchtbarer Rückschritt.

FRANCESCO SAVERIO NITTI (italienischer Ministerpräsident bei der Unterzeichnung der Pariser Friedensverträge), *Das friedlose Europa* (1921)

Sobald unser Kaiser die Augen schließt, zerfallen wir in hundert Stücke … Alle Völker werden ihre dreckigen, kleinen Staaten errichten … Die neue Religion ist der Nationalismus.

JOSEPH ROTH, *Radetzkymarsch* (1932)

Paris und das Problem der Großreiche

Inmitten der revolutionären und konterrevolutionären Wirren in Mittel- und Osteuropa trat Mitte Januar 1919 die Pariser Friedenskonferenz zusammen, wo über das weitere Schicksal der Besiegten entschieden werden sollte. Wie der britische Premierminister David Lloyd George rückblickend feststellte, unterschieden sich die Verhandlungen von Paris in vielen maßgeblichen Punkten von der großen europäischen Friedenskonferenz des vorangegangenen Jahrhunderts, des Wiener Kongresses von 1814/15. Der erste und wohl bedeutendste Unterschied bestand darin, dass die unterlegenen Großmächte und ihre Nachfolgestaaten – Deutschland, Österreich, Ungarn, Bulgarien und das Osmanische Reich – nicht an den Verhandlungen beteiligt waren, während das besiegte Frankreich bei den Wiener Beratungen über eine neue europäische Ordnung eine zentrale Rolle gespielt hatte. Die Verliererstaaten sollten erst hinzugezogen werden, wenn die diversen Friedensverträge, die man ihnen auferlegen wollte, bereits im Detail ausgearbeitet waren. Russland, zwischen 1914 und 1917 Großbritanniens und Frankreichs wichtigster Verbündeter im Weltkrieg, war in Paris auch nicht vertreten, da Briten und Franzosen noch immer den Sturz Lenins und seiner bolschewistischen Regierung betrieben, indem sie deren Gegner, die Weißen, logistisch und militärisch unterstützten. Der zweite Unterschied bestand in der Anzahl der vertretenen Länder: Den fünf ausschließlich europäischen Teilnehmerstaaten des Wiener Kongresses standen in Paris mehr als dreißig alliierte oder assoziierte Staaten aus der ganzen Welt gegenüber.[1] Selbstverständlich besaßen nicht alle Teilnehmer das gleiche Mitspracherecht. Ganz oben in der Hierarchie der Siegerstaaten stand der »Rat der Zehn«, aus dem Ende März 1919 ein »Rat der Vier« unter dem Vorsitz des französischen Ministerpräsidenten Georges Clemenceau hervorging. Die weiteren Hauptakteure neben dem Gastgeber Clemenceau waren US-Präsident Woodrow Wilson, der britische Premierminister David Lloyd George und – zumindest in den ersten Monaten der Friedenskonferenz – der italienische Regierungschef Vittorio Emanuele Orlando, der ebenfalls dem »Rat der Vier« angehörte. Von Ende April an aber, als Rom sich zeitweilig aus Protest gegen seine abgewiesenen Gebietsansprüche auf den Adriahafen Fiume zurückzog, wurden die Entscheidungen im Grunde nur noch von den »Großen Drei« getroffen. Als Berater standen ihnen insgesamt 52 Expertenkommissionen zur Seite, die sich mit komplexen Fragen wie den Reparationen und den neuen Grenzverläufen beschäftigten.[2]

Schon bald nach der Eröffnung der Friedenskonferenz wurde deutlich, dass Clemenceau, Wilson und Lloyd George mit Zielen nach Paris angereist waren, die denen der übrigen alliierten Führungsmächte in vielen Fällen diametral entgegenstanden. So rangierte bei den Franzosen mit großem Abstand vor allem anderen die »deutsche Frage«, also das Problem der finanziellen Kompensation der durch die deutsche Invasion erlittenen Schäden und darüber hinaus die künftige Einhegung des mächtigen östlichen Nachbarn. Clemenceau hatte die Konferenz ganz bewusst am 18. Januar beginnen lassen, dem Jahrestag der Gründung des Deutschen Reiches in Versailles nach der schmachvollen Niederlage Frankreichs im Deutsch-Französischen Krieg von 1870/71. Eine Revision der deutschen Annexion von Elsass-Lothringen war im Januar 1919 bereits entschieden, nicht aber wie die neue deutsch-französische Grenzlinie in Zukunft gesichert werden sollte. Die Schaffung einer Pufferzone galt in Paris als zwingende Voraussetzung für die kollektive Sicherheit und territoriale Integrität Frankreichs, während das Thema »Reparationen« grundsätzlich als eine Frage der Gerechtigkeit angesehen wurde: Im Weltkrieg waren zehn französische *départements* direkt durch Kampfhandlungen oder von deutschen Besatzungstruppen verwüstet worden. Große Teile Nordostfrankreichs lagen in Trümmern, und das Land hatte ein Viertel seiner männlichen Bevölkerung zwischen 18 und 27 Jahren verloren. Unter den westlichen Alliierten war Frankreich am schwersten und vor allem unmittelbar von dem Konflikt betroffen. Clemenceau wusste nur zu gut, dass die überwiegende Mehrheit seiner Landsleute nach einer Bestrafung der Besiegten und einer angemessenen Wiedergutmachung für die Sieger – vor allem für Frankreich – verlangte. Um sicherzustellen, dass Deutschland nie wieder eine Gefahr für sein Land darstellen würde, zogen Clemenceau und seine Berater eine

Reihe ganz verschiedener Pläne in Erwägung – darunter die völlige Zerschlagung des Reiches, die Besetzung des gesamten Rheinlands (das in einer unabhängigen rheinischen Staatenföderation künftig einen Puffer zum Rest des Reiches bilden sollte) und die Schaffung starker verbündeter Staaten an der deutschen Ostgrenze.[3]

Den Briten wiederum – denen seit je an einem »Mächtegleichgewicht« auf dem Kontinent gelegen war, so dass London sich ungestört seinen globalen Interessen widmen konnte – bereitete die Aussicht auf eine nun absehbare französische Hegemonie auf dem Kontinent ebenso große Sorgen wie vor 1914 die Gefahr einer deutschen Dominanz auf dem europäischen Festland. Anstatt alle französischen Forderungen zu unterstützen, suchte Lloyd George nach einem Mittelweg zwischen einer aus Sicht der englischen Öffentlichkeit »gerechten« Bestrafung der Mittelmächte einerseits und der nötigen Aufrechterhaltung des wirtschaftlichen Gleichgewichts in Europa andererseits. Zwar sollte die Bedeutung Deutschlands in der Welt gemindert werden (etwa indem man seine Kolonien und seine Flotte konfiszierte), doch durfte die Reduktion nicht ein Ausmaß annehmen, das den englischen Handelsinteressen zuwiderlief. Ein völlig verarmtes, womöglich gar dem Bolschewismus verfallenes Deutschland ließ sich mit Londons Interessen schlichtweg nicht vereinbaren, schließlich war das Deutsche Reich vor dem Weltkrieg ein bedeutender Handelspartner Englands gewesen. Angesichts der im Dezember 1918 anstehenden Parlamentswahlen stand Lloyd George aber zugleich unter immensem Druck aus der Heimat, wo die Bevölkerung von ihm verlangte, den Deutschen harte Friedensbedingungen aufzuzwingen. Vor allem konservative Blätter wie Lord Northcliffes *Daily Mail* und *The Times* forderten umfassende Reparationen sowie ein internationales Gerichtsverfahren gegen Kaiser Wilhelm II., gelegentlich sogar dessen Hinrichtung. Darüber hinaus prallten im Nahen Osten, wo grundlegende strategische und wirtschaftliche Vorteile auf dem Spiel standen, britische und französische Interessen aufeinander.[4]

Der amerikanische Präsident Wilson hatte als Ziel der Konferenz einen »gerechten Frieden« versprochen, der zu einem neu gestalteten

System internationaler Beziehungen auf der Basis einer weltweit geltenden Neuinterpretation nationaler Souveränität führen sollte. Überall auf der Welt – vor allem aber in Europa – sollten rational entscheidende, moralisch verantwortliche Individuen souveräne Regierungen wählen. Ganz oben auf der Agenda stand Wilsons Herzensanliegen – die Verwirklichung des Prinzips der nationalen »Selbstbestimmung« (womit er die Legitimation einer Regierung durch den souveränen Willen des Volkes meinte) sowie die Schaffung eines Völkerbunds, der durch die Wahrung kollektiver Sicherheit und des internationalen Friedens Kriege in Zukunft extrem unwahrscheinlich, wenn nicht gar unmöglich machen würde.[5] Wie so viele amerikanische Präsidenten vor und nach ihm, hatte Wilson das Beispiel der USA im Sinn, deren politische Werte er zu exportieren hoffte, insbesondere nach Europa. Dann könnten, glaubte er, die in den Nachfolgestaaten der europäischen Großreiche herrschenden religiösen und ethnischen Pluralitäten gewahrt bleiben, da die neuen Staaten den Werten der internationalen Staatengemeinschaft verpflichtet seien.[6] Hinter diesem hochfliegenden Idealismus verbarg sich allerdings ein wohlkalkuliertes Ziel: Wenn der Erste Weltkrieg und der alliierte Sieg das Machtgleichgewicht bereits zugunsten der USA – und zuungunsten Europas – verschoben hatte, dann würde die von ihm propagierte neue Weltordnung dazu dienen, die globale Vorherrschaft seines Landes zu festigen – politisch wie wirtschaftlich.[7]

Den widerstrebenden Standpunkten aller Alliierten und Assoziierten gerecht zu werden stellte ein nahezu aussichtsloses Unterfangen dar, denn auch die kleineren Siegerstaaten des Ersten Weltkriegs waren mit ihren eigenen Vorstellungen von einer künftigen Weltordnung nach Paris gereist. Auch wenn die politischen Führer der Westalliierten es öffentlich niemals zugegeben hätten, so wussten sie doch von Anbeginn der Pariser Verhandlungen, dass die Endfassungen der Friedensverträge ein Kompromiss sein würden – allerdings nicht zwischen Gewinnern und Verlierern, sondern zwischen den Hauptakteuren der siegreichen Entente.[8]

Vor dem Hintergrund der hohen Erwartungen auf allen Seiten mussten die Pariser Friedensverträge zwangsläufig alle enttäuschen.

Rückblickend haben Historiker die Abkommen etwas wohlwollender betrachtet als viele Zeitgenossen und den Friedensstiftern von Paris zugutegehalten, dass sie häufig gezwungen waren, vor Ort längst geschaffene neue Tatsachen zu akzeptieren und sich damit zu begnügen, zwischen den widersprüchlichen Forderungen verschiedener Parteien zu vermitteln und Entscheidungen zu fällen.[9] Doch längst nicht alle Historiker sind der Meinung, dass die Friedensmacher aus der ohnehin verfahrenen Lage zumindest das Beste gemacht haben, und weisen darauf hin, dass die Pariser Konferenz ihr oberstes Ziel verfehlt habe: die Schaffung einer sicheren, friedlichen und dauerhaften Weltordnung.[10]

Dass die in Paris errichtete Sicherheitsstruktur in weniger als zwei Jahrzehnten auseinanderbrach, ist in erheblichem Maße auf die Zunahme starker revisionistischer und nationalistischer Strömungen in den europäischen Verliererstaaten zurückzuführen. Dies war nicht zuletzt in Deutschland der Fall, wo die ökonomischen Verwerfungen der Weltwirtschaftskrise nach 1929 Hitlers Nationalsozialisten in die Hände spielten, die nie einen Hehl aus ihrer Absicht gemacht hatten, mit dem »Diktatfrieden« von Versailles zu brechen – wenn nötig mit Gewalt. Gerade dem Aufstieg der Nationalsozialisten ist es zu verdanken, dass Historiker wie auch die Öffentlichkeit dem Versailler Vertrag stets mehr Aufmerksamkeit geschenkt haben als allen anderen Aspekten der Friedensverhandlungen. Doch der einseitige Fokus auf Versailles (und im Speziellen auf die Reparationen und die »Kriegsschuld«-Klausel, nach der Berlin und die deutschen Verbündeten die alleinige Verantwortung für den Ausbruch der Feindseligkeiten trugen) hat unser Verständnis der Pariser Friedenskonferenz möglicherweise eingeschränkt und das damals mit Abstand drängendste Problem zu Unrecht in den Hintergrund treten lassen: die Umwandlung eines ganzen, zuvor von Landimperien beherrschten Erdteils in einen Kontinent der »Nationalstaaten«. Dieser Punkt war erst im Endstadium des Konflikts in den Mittelpunkt gerückt. Weder London noch Paris waren mit der erklärten Absicht in den Krieg gezogen, ein »Europa der Nationalstaaten« zu schaffen. Erst Anfang 1918 wurde die Zerschlagung der europäischen Großreiche überhaupt als Kriegsziel postuliert.[11]

In diesem Zusammenhang lohnt es, sich noch einmal das Ausmaß dieser Transformation ins Gedächtnis zu rufen: Als der Erste Weltkrieg mit dem Sieg der Alliierten formal zu Ende ging, verschwanden drei gewaltige und jahrhundertealte Imperien von der Landkarte – die Reiche der Osmanen, der Habsburger und der Romanows. Ein viertes, das deutsche Kaiserreich, das während des Weltkriegs infolge erheblicher Gebietsgewinne in Ostmitteleuropa zu einem bedeutenden Landimperium aufgestiegen war, hatte stark an Größe eingebüßt und seine Kolonien in Übersee verloren. Darüber hinaus war es zu einer parlamentarischen Demokratie geworden mit einer »blutenden Grenze« im Osten, wie Deutsche jedweder politischen Couleur die neue, durch die Gebietsabtretungen entstandene Demarkationslinie zwischen dem Reich und Polen bezeichneten.[12] Und auch die siegreichen Westimperien waren von den Verheerungen des Krieges nicht verschont geblieben: In Irland kam es 1916 zu einem gescheiterten Volksaufstand, der sich bald nach Kriegsende zu einem blutigen Guerillakrieg der irischen Republikaner gegen die britischen Kolonialherren wandelte, in dem die Iren schließlich die Unabhängigkeit von London erkämpften. Tatsächlich verlor Großbritannien gemessen an seiner Größe auf der irischen Insel mehr Land, als Deutschland im Versailler Vertrag abtreten musste.[13] Auch anderswo, von Indien bis Ägypten, fühlten sich aufkeimende nationale Bewegungen von den öffentlichen Debatten über »autonome Entwicklung« und das »Selbstbestimmungsrecht der Völker« angespornt, das sowohl Woodrow Wilson als auch Lenin, der Führer der russischen Bolschewiki, postulierten – wenn auch aus sehr unterschiedlichen Gründen.[14] Vertreter unterschiedlichster Gruppen – darunter Zionisten, Armenier, und Araber –, die nun alle ihr Recht auf einen eigenen Staat einforderten, reisten nach Paris, um ihren Forderungen nach »Selbstbestimmung« Nachdruck zu verleihen. Neue Akteure wie die Repräsentanten des ersten Pan-Afrikanischen Kongresses verlangten nach rechtlicher Emanzipation und Mitsprache. Zu den Aktivisten in Paris gehörten nicht zuletzt prominente künftige Dekolonialisierungspolitiker und Revolutionäre wie etwa der Vietnamese Nguyễn Sinh Côn (besser bekannt unter seinem späteren Kampfnamen Hô Chi Minh), der Woodrow Wilson in einem Brief um

Unterstützung bat im Kampf für die Unabhängigkeit seiner Heimat und zum Zeitpunkt der Friedensverhandlungen als *Souschef* im Pariser *Ritz* arbeitete.[15]

Am Ende sollte Nguyễn Sinh Côn wie fast alle anderen von den Ergebnissen der Pariser Friedenskonferenz enttäuscht werden. »Nationale Selbstbestimmung« wurde letztlich nur einigen der von den Alliierten protegierten mitteleuropäischen Nachfolgestaaten zugestanden, allen anderen blieb sie verwehrt. Aus dieser Enttäuschung erwuchs bald an vielen Stellen gewaltsamer Aktivismus. In Ägypten, Indien, Irak, Afghanistan und Birma ging Großbritannien mit großer Härte gegen koloniale Unruhen vor, und Frankreich schlug während der kommenden Jahrzehnte Widerstände gegen seine imperialen Ambitionen in Algerien, Syrien, Indochina und Marokko immer wieder mit Gewalt nieder.[16]

Am verheerendsten wirkten sich der verlorene Krieg und die Implosion imperialer Machtstrukturen aber in Ostmitteleuropa und in den ehemaligen Gebieten des besiegten Osmanischen Reiches aus. Nach dem Zerfall der kontinentalen Landimperien entstanden auf dem Territorium, das diese einst umspannt hatten, zehn neue Staaten: Finnland, Estland, Lettland, Litauen, Polen, die Tschechoslowakei, Deutsch-Österreich, Ungarn, Jugoslawien und die Türkei, deren Staatsgebiet nun fast ausschließlich in Asien lag. In den vor allem arabisch besiedelten Gebieten des Nahen Ostens, die über Jahrhunderte unter osmanischer Herrschaft gestanden hatten, »erfanden« Großbritannien und Frankreich zudem eine Reihe neuer Staaten wie Palästina, Transjordanien (Jordanien), Syrien, den Libanon und Mesopotamien (Irak), die zu »Mandatsgebieten« des Völkerbunds unter britischer oder französischer Verwaltung werden sollten, bis man sie zu einem nicht näher bestimmten Zeitpunkt in die staatliche Unabhängigkeit entlassen würde.[17]

Ein gewisser Konstruktionsfehler der Friedenskonferenz lag ohne Zweifel darin, dass sie den selbstbestimmten postimperialen Nationalstaat zur einzig legitimen Staatsform erhob, was alle Seiten zu respektieren hatten – mit Ausnahme der Sieger, deren imperialer Machteinfluss sogar noch ausgeweitet wurde. Das galt nicht nur für

Großbritannien und Frankreich, die ihre Übersee-Imperien durch die Mandate weiter ausdehnen konnten, sondern ebenso für die aufstrebenden Staaten des Mittelmeerraums und Asiens – Italien, Griechenland und Japan –, die in den Jahren nach 1918 allesamt bestrebt waren, ihren kolonialen Nachholbedarf zu befriedigen, und bei der imperialistischen Landnahme kräftig mitmischten. Selbst die Vereinigten Staaten, deren Präsident Wilson ein lautstarker Kritiker imperialer Machtstrukturen war, übten – zumindest informell – imperiale Herrschaft über so unterschiedliche Gebiete wie Puerto Rico, Panama und die Philippinen aus, ganz zu schweigen vom massiven informellen Einfluss auf unabhängige Staaten wie Kuba, Haiti und Mexiko.[18]

Ende 1918, noch bevor eine endgültige Entscheidung zur Zukunft des Nahen Ostens gefallen war, kommentierte der künftige italienische Diktator Benito Mussolini den Zerfall der europäischen Großreiche in apokalyptischen Tönen: Weder der Fall Roms noch die Niederlage Napoleons, so schrieb er in seiner Zeitung *Il Popolo d'Italia*, seien in ihrer historischen Bedeutung mit der derzeitigen Neuordnung der politischen Landkarte Europas zu vergleichen. »Die ganze Welt erbebt … Im alten Europa verschwinden Völker, Systeme zerfallen, Institutionen brechen zusammen.«[19] Damit hatte er nicht ganz Unrecht. Jahrhundertelang war die Geschichte Europas eine Geschichte der multi-ethnischen Imperien gewesen. Am Vorabend des Ersten Weltkriegs gehörte der überwiegende Teil der bewohnten Landfläche des Planeten zu einem der europäischen Imperien oder einem wirtschaftlich von ihnen abhängigen Territorium. Ganz ohne Frage stellte das von nationalistischen Bewegungen seit Beginn des 19. Jahrhunderts propagierte »Erwachen der Völker« eine beträchtliche Herausforderung für die Zukunft dieser Großreiche dar – vor allem auf dem Balkan, wo der Widerstreit nationaler und imperialer Interessen eine lange, dem Weltkrieg weit vorausgehende Vorgeschichte hatte. Doch dies alles ließ keineswegs erahnen, dass sich die Zeit der europäischen Landimperien insgesamt dem Ende zuneigte.

Auf dem Weg zum Territorium unabhängiger Nationalstaaten konnte der Balkan bereits auf ein ganzes Jahrhundert gewaltsamer

Erhebungen gegen die osmanische »Fremdherrschaft« zurückblicken. Diese begannen mit dem Ersten Serbischen Aufstand 1804 bis 1813, dem 1821 die Revolution in Griechenland, die »Balkankrise« Mitte der 1870er Jahre und der Griechisch-Osmanische Krieg von 1897, der Ilinden-Aufstand von 1903, die Jungtürkische Revolution von 1908 und eine nicht abreißende Folge von inneren Unruhen, Aufständen und Bandenkriegen in Albanien zwischen 1909 bis 1912 folgten.[20] Zum heftigsten Aufflammen des Nationalismus kam es während der Balkankriege von 1912/13, als Serbien, Montenegro, Griechenland und Bulgarien sich zusammentaten und die Osmanen zunächst aus ihren letzten europäischen Besitzungen vertrieben, sich dann aber über die Kriegsbeute zerstritten und aufeinander losgingen.[21] Der 1912 einsetzende Zustrom mittelloser und traumatisierter Muslime vom Balkan nach Anatolien sollte eine rapide Verschlechterung der interreligiösen Beziehungen im schrumpfenden Osmanischen Reich zur Folge haben.[22]

Die Lage auf dem Balkan in den Jahren 1912/13 unterschied sich allerdings deutlich von der im übrigen Europa. Ohne Zweifel waren die Rufe nach mehr Autonomie innerhalb der bestehenden imperialen Ordnung lauter geworden, vor allem in Österreich-Ungarn und im Russischen Reich, doch bis zum Kriegsausbruch im August 1914 hatte kaum jemand die gänzliche Auflösung der kontinentalen Landreiche gefordert. Diejenigen, die die existierenden Strukturen der Großreiche offen kritisierten, hatten Reformen, Autonomierechte und mehr Mitbestimmung im Sinn, jedoch nur selten »nationale Revolutionen«. Untergang und Zerfall der europäischen Imperien nach 1918 wurden nach dem Krieg oft als historische Notwendigkeit dargestellt, doch vom Standpunkt des Jahres 1914 aus gesehen, schienen die Herrscherdynastien der Vorkriegswelt vollkommen gefestigt und hatten die gewaltigen Landstriche, die sie kontrollierten, fest im Griff.[23]

Die Komplexität der Großreiche, wie man sie 1914 vorfand, lässt sich wohl am besten am Beispiel Österreich-Ungarns illustrieren. Vor dem Krieg war die Doppelmonarchie bevölkerungsmäßig der drittgrößte Staat Europas (nach dem zaristischen Russland und dem deutschen Kaiserreich) und ethnisch wie sprachlich eines der vielfältigsten Landimperien des Kontinents. Dem offiziellen Zensus des Jahres 1910 zufolge gaben lediglich 23 Prozent der Einwohner Deutsch als Muttersprache an, fast 20 Prozent nannten als Erstsprache Ungarisch. Deutsch und Ungarisch waren damit die meistgesprochenen Sprachen, aber keineswegs die einzigen: Rund 16 Prozent der habsburgischen Untertanen sprachen Tschechisch oder Slowakisch, nahezu zehn Prozent Polnisch, fast neun Prozent Serbisch, Kroatisch oder Bosnisch, acht Prozent Ukrainisch, sechs Prozent Rumänisch, zwei Prozent Slowenisch und immerhin 1,5 Prozent Italienisch. Die restlichen 2,3 Millionen Einwohner verteilten sich auf eine ganze Reihe von anderen Sprachen und Dialekten.[24] Die Loyalität dieser mannigfaltigen ethnisch-sprachlichen Gemeinschaften war im Wesentlichen dynastischer Art, bezog sich also vor allem auf die Figur des außerordentlich langlebigen Kaisers Franz Joseph, der das k.u.k. Reich von 1848 bis 1916 regierte. Infolge der verheerenden Niederlage gegen Preußen 1866 hatte Franz Joseph eine Reihe von Reformen angestoßen, allen voran den »Ausgleich« von 1867, der Ungarn zu einem selbständigen Königreich mit einem eigenen Parlament innerhalb der Doppelmonarchie machte. Die Zugeständnisse an Budapest erregten zwar die Missgunst anderer Minderheiten und weckten insbesondere in Teilen der nunmehr unter ungarischer Herrschaft lebenden tschechischen, polnischen und kroatischen Eliten das Verlangen nach größerer politischer Autonomie, doch Forderungen nach völliger staatlicher Unabhängigkeit blieben die absolute Ausnahme. Die kroatischen und slowenischen Intellektuellen, die in ihren Schriften eine gemeinsame süd-(also »jugo«)-slawische Identität beschworen, die sie mit den Serben teilten, stellten vor 1914 lediglich eine kleine und keineswegs diskursbestimmende Minderheit dar.[25]

Bald nach dem Kriegsausbruch 1914 geriet das hochkomplexe System regionaler Kompromisse in der Donaumonarchie allerdings ins Wanken, als Serbien im Dezember 1914 in der sogenannten Deklaration von Niš die Schaffung eines unabhängigen südslawischen Staates zum offiziellen Kriegsziel erklärte.[26] Zunächst schienen nur wenige der in der Habsburgerarmee kämpfenden Slowenen und Kroaten der Erklärung irgendwelche Beachtung zu schenken. Während des Krieges, in dem Polen, Tschechen und Kroaten Seite an Seite im k.u.k. Heer dienten, überwog die Treue zum existierenden Staat (zweifellos gepaart mit der Angst vor Repressionen und Vergeltung) noch die nationalen Loyalitäten. Bei dem häufig kolportierten Mythos, wonach insbesondere die Tschechen die Kriegsanstrengungen des Habsburgerreichs bestenfalls halbherzig unterstützten – eine Vorstellung, die auch Jaroslaw Hašeks Romanklassiker *Der brave Soldat Schwejk* (1921–1923) widerspiegelt –, handelt es sich im Wesentlichen um eine Erfindung der Nachkriegszeit. Der Mythos von der tschechischen Subversion diente tschechischen Nationalisten erst nach dem Untergang des Kaiserreichs dazu, ihren langjährigen »Widerstand« gegen das »Unrechtssystem« der Habsburgermonarchie zu »beweisen«, und auch von deutschösterreichischen und ungarischen Nationalisten wurde er verwendet, um die Niederlage der k.u.k. Armee als Ergebnis eines inneren Verrats zu deuten.[27]

Der Tod des beliebten und langgedienten Kaisers Franz Joseph am 21. November 1916 schwächte den inneren Zusammenhalt der Doppelmonarchie ganz zweifellos. So vermerkte der ungarische Politiker und Romancier Miklós Bánffy, Verfasser der vielzitierten *Siebenbürgen-Trilogie* (1934–1940) an diesem Novembertag in seinem Tagebuch: »An den meisten Abenden eilten die Bürger Budapests, der Monotonie ewig gleicher Kriegsmeldungen überdrüssig, an den deprimierenden Zeitungskiosken vorüber – doch heute Abend hielten sie an, um zu schauen und zu lesen … Heute stellten sie das tagtägliche Bangen um ihre Lieben an der Front, die Ängste und Sorgen um ihre Ehemänner, Söhne und Brüder in Kriegsgefangenschaft, die Trauer um ihre Toten hintan. Heute überwältigte sie alle das Gefühl einer großen nationalen Katastrophe, die Angst davor, was nun kommen mochte, und der Schrecken einer unbekannten Zukunft. Was sie alle zu diesen grell erleuchteten Zeitungsständen hinzog, war die Nachricht vom Tode des Kaisers Franz Joseph.«[28]

Mit dem Ableben des Kaisers, der Verkörperung von Kontinuität und Stabilität, verlor das Habsburgerreich seine integrative Symbolfigur. Gerade als man dem dritten und kältesten Kriegswinter entgegenging, sorgte sein Tod für tiefe Verunsicherung, doch er leitete keineswegs den Untergang des Reiches ein.[29] Sicher hätte die Doppelmonarchie auch den Übergang der Macht von Franz Joseph auf seinen Neffen, den erst 29-jährigen Karl, schadlos überstanden, wenn die Mittelmächte im Herbst 1918 nicht besiegt worden wären. Was dem Habsburgerreich schließlich den Todesstoß versetzte, waren die Niederlage und die Tatsache, dass die französischen, britischen und amerikanischen Entscheidungsträger die Zerschlagung des Imperiums im Frühjahr 1918 zum Kriegsziel erklärten. Dieser Sinneswandel war zumindest zum Teil das Ergebnis einer immer besser konzertieren Propagandakampagne slawischer Exilkreise und ihrer westlichen Unterstützer, die darauf zielten, das Habsburgerreich als »Völkergefängnis« darzustellen, und hieraus die Forderung nach dessen Zerschlagung ableiteten. Bereits kurz nach Kriegsbeginn hatten sich habsburgische Exilkreise – zumeist mit tschechischen, slowakischen oder südslawischen Wurzeln – dafür starkgemacht und Kontakt zu einer Reihe einflussreicher Mitteleuropa-Experten in England und Frankreich aufgenommen, etwa zu dem außerordentlich gut vernetzten *Times*-Journalisten Henry Wickham Steed (der vor dem Krieg als Korrespondent in Wien gelebt hatte), zu Robert Seton-Watson (von 1916 an Herausgeber der Wochenzeitschrift *The New Europe*) sowie zu dem an der Sorbonne lehrenden Geschichtsprofessor Ernest Denis (der die französische Regierung bezüglich ihrer Kriegsziele auf dem Gebiet Böhmens beriet). Diese drei prägten ganz entscheidend die unter den Alliierten zunehmend Verbreitung findende Vorstellung von der Doppelmonarchie als »Völkergefängnis«, dessen nichtdeutsche und nichtungarische Bevölkerungsteile vom deutsch-magyarischen Joch »befreit« werden müssten.[30]

Die hochgradig tendenziösen Schriften spielten insbesondere Tomáš Garrigue Masaryk in die Hände, einem Ende 1914 aus Prag geflohenen tschechischen Philosophieprofessor und nationalistischen Politiker, der nach 1918 über viele Jahre das Schicksal der neu gegründeten Tschechoslowakei bestimmen sollte. Kurz nach Kriegsausbruch setzte sich Masaryk nach London ab, wo er an der Universität Slawistik unterrichtete und mit hochrangigen Entscheidungsträgern über die Zukunft Mitteleuropas konferierte. Anfang 1918 reiste er in die Vereinigten Staaten, wo er im Weißen Haus mit Präsident Wilson zusammentraf, um für einen unabhängigen tschechoslowakischen Staat zu werben.[31]

Der Historikerin Andrea Orzoff zufolge war die Kernbotschaft Masaryks während des Krieges folgende: »Die Tschechen sind in ihren Werten und in ihren politischen Überzeugungen so westlich wie die westlichen Demokratien selbst: Sie sind aufgeklärte Rationalisten, die mit allen Mitteln danach streben, sich vom österreichischen Joch zu befreien. Sie sollten mit ihren slawischen Brüdern, den Slowaken, vereint werden, um gemeinsam in einem osteuropäischen Staat zu leben, der sich der Toleranz, der Gleichberechtigung und den Menschenrechten verschreiben und in der Lage sein würde, sich dem Westen anzuschließen. Nicht zufällig könnte eben dieser Staat – mit westlicher Hilfe – als Bollwerk gegen deutsche Aggression und zur Eindämmung der Gefahr des radikalen Bolschewismus dienen.«[32]

Bis Anfang des Jahres 1918 sträubten sich die Entscheidungsträger der Entente allerdings, die Zerschlagung der Doppelmonarchie offiziell als Kriegsziel zu formulieren. Die Pläne der Alliierten für das k.u.k. Reich nach dem Krieg konzentrierten sich auf rechtsstaatliche und demokratische Reformen und stärkere Autonomierechte für die nichtdeutschen und nichtungarischen Minderheiten. Die Existenz der Doppelmonarchie an sich wurde noch nicht in Frage gestellt.[33] Im Januar 1918 setzte sich US-Präsident Wilson in seiner Vierzehn-Punkte-Rede für ein Österreich-Ungarn ein, dessen Völkern »die freieste Gelegenheit zu autonomer Entwicklung« zugestanden werden sollte. Doch die Autonomie, die er Tschechen, Slowaken und Südslawen in Aussicht stellte, war eben nicht dasselbe wie die staatliche Unabhängigkeit, die er in derselben Rede den Polen versprach. Bis Juni 1918 änderte sich Wilsons Position, denn nun forderte er, dass »alle Zweige der slawischen Rasse vollständig von deutscher und österreichischer Herrschaft befreit werden« müssten.[34]

In den Reihen der Alliierten begrüßten allerdings nicht alle die Idee eines Auseinanderbrechens der Doppelmonarchie. Noch im August 1918 hielt Robert Cecil, damals Staatssekretär im britischen Außenministerium, in einem internen Memorandum fest: »Dass ein neues Europa mit zwei oder drei zusätzlichen slawischen Staaten tatsächlich friedlicher sein wird als das alte, halte ich zugegebenermaßen für äußerst fragwürdig.«[35] Trotz solcher Bedenken sollten die Befürworter einer territorialen Neuordnung Ostmitteleuropas letztlich ihr Ziel erreichen. Als die Alliierten am 3. September 1918 das Tschechoslowakische Nationalkomitee, Masaryks Exilregierung in Paris, offiziell als legitime Vertretung der tschechoslowakischen Nation anerkannten, war klar, dass die Tage Österreich-Ungarns gezählt waren. Im Gegensatz zu Polen, Tschechen und Slowaken, deren Autonomiewünsche Beachtung fanden, musste das Königreich der Serben, Kroaten und Slowenen allerdings noch bis 1919 auf die Anerkennung durch die Alliierten warten, wobei dessen Grenzen erst im Laufe der Pariser Friedenskonferenz festgelegt wurden.[36]

Schon zu Kriegszeiten hatten Austromarxisten wie Karl Renner, von 1918 bis 1920 erster Kanzler der Republik Österreich, alternative Konzepte für die künftige Neuordnung des Vielvölkerstaates propagiert, wonach die Integrität des Reiches bestehen bleiben sollte. Renner hatte bereits vor dem Krieg für die Bildung eines demokratischen Nationalitäten-Bundesstaates mit national abgegrenzten Selbstverwaltungskörpern plädiert.[37] Gegen Kriegsende schwenkte auch die politische Führung auf einen Reformkurs in diese Richtung ein. Und der Kaiser selbst suchte mit der Veröffentlichung seines »Völkermanifests« am 16. Oktober 1918 der Gefahr nationaler Revolutionen entgegenzutreten (und sich Wilsons Wohlwollen zu sichern). Was Karl vorschwebte, war ein loser imperialer Überbau, unter dessen Dach deutsche, tschechische, südslawische und ukrainische Regionen autonom und von jeweils eigenen Parlamenten regiert wurden. Den polnischen Gebieten der Donaumonarchie würde man sogar erlauben, sich abzuspalten und in dem neuen unabhängigen polnischen Staat aufzugehen, den Wilson in seinen Vierzehn Punkten gefordert hatte.[38]

Das »Völkermanifest« war jedoch eine Totgeburt. Tschechische, slowakische und südslawische Exilpolitiker ließen längst keinen Zweifel mehr daran, dass staatliche Unabhängigkeit für sie die einzige Option darstellte. Im Laufe des Sommers 1918 schlossen sich schließlich auch die Führer der Alliierten dieser Position an.[39] Bereits im Juli kamen tschechische Exilpolitiker in Paris zur Gründung des Tschechoslowakischen Nationalkomitees zusammen.[40] Zwischen 5. und 11. Oktober leiteten andere Gruppierungen ähnliche Schritte ein: In Zagreb wurde ein Nationalrat der Serben, Kroaten und Slowenen ins Leben gerufen, während polnische Sezessionisten ein »freies und unabhängiges Polen« proklamierten, das auch die österreichisch-ungarische Provinz Galizien umfassen sollte.[41]

Was das Osmanische Reich betraf, dessen ethnische und religiöse Zusammensetzung an Komplexität der in Ostmitteleuropa keinesfalls nachstand, war der alliierte Standpunkt seit 1914 sehr viel eindeutiger. Unter westlichen Diplomaten und Staatsmännern galt das Reich, das seine christlichen Minderheiten unterdrücke, lange als »kranker Mann am Bosporus«. Sowohl der Kriegseintritt aufseiten der Mittelmächte als auch das genozidale Vorgehen gegen die Armenier stärkten die Position jener, die (wie Lloyd George) eine Zerschlagung des Osmanischen Reiches befürworteten. Zu dieser radikalen Haltung gegenüber den Osmanen trugen in nicht unerheblichem Maße geostrategische, ökonomische, kulturelle und religiöse Interessen bei. So lagerten in einigen der arabischen Provinzen des Reichs wie in der Region Mosul riesige Ölreserven, während der Bosporus und der Suezkanal von überragender strategischer Bedeutung waren – vor allem für die Briten, die ihre See- und Landwege nach Indien dauerhaft sichern wollten.[42] Im Falle Frankreichs kam neben wirtschaftlichen und geostrategischen Interessen im östlichen Mittelmeer hinzu, dass sich das Land schon lange als Schutzpatron christlicher Minderheiten in Syrien und dem Libanon verstand.[43]

Während des Krieges führten die Alliierten – insbesondere Großbritannien, Frankreich und Russland – eine Reihe von geheimen Verhandlungen über die Zukunft des Osmanenreiches. So wurde Petrograd schon im Frühjahr 1915 von britischer Seite versichert, dass die russischen Interessen am Bosporus und im Kaukasus gewahrt werden würden – ein Versprechen, an das sich Paris und London nach der bolschewistischen Revolution von 1917 allerdings nicht mehr gebunden fühlten. Im Mai 1916 schlossen die Diplomaten Mark Sykes und François Georges-Picot zudem einen Geheimpakt, der die britischen und französischen Einflusssphären im Nahen Osten festlegte. Das

Sykes-Picot-Abkommen sicherte London die Kontrolle über den heutigen Südirak inklusive Bagdad und Basra zu, Paris über den Großteil des heutigen Libanon und die syrische Küste bis hoch nach Kilikien (der südlichen Küstenregion Kleinasiens). Palästina sollte unter internationale Verwaltung gestellt werden, während man die restlichen arabischen Provinzen des Osmanischen Reiches – ein gewaltiges Gebiet, das heute Ostsyrien, den Nordirak sowie Jordanien umfasst – lokalen arabischen Stammesfürsten überlassen wollte, wenn auch im Norden unter britischer und im Süden unter französischer Aufsicht. In Anbetracht der jüngsten Rückschläge Großbritanniens auf der Gallipoli-Halbinsel und an der Mesopotamienfront erschien diese Vereinbarung von 1916 ausgesprochen optimistisch und ambitioniert, und sie offenbarte, wie überaus wichtig es Franzosen wie Briten war, ihre Interessengebiete rechtzeitig abzustecken, wann auch immer der Friedensvertrag ausgehandelt und unterzeichnet werden würde.[44]

Schon vor dem Sykes-Picot-Abkommen – und in Missachtung seiner Bestimmungen – hatte Großbritannien in den trüben Gewässern des arabischen Nationalismus gefischt in der Hoffnung, die einheimischen Völker des Nahen Ostens zu einem Aufstand gegen die osmanische Herrschaft zu bewegen. Als Gegenleistung für eine arabische Revolte, welche die Briten in Mesopotamien entlasten würde, hatte der britische Hochkommissar für Ägypten, Sir Henry McMahon, dem einflussreichen Haschemitenführer und Wächter (Scherifen) der heiligen Stätten von Mekka, Hussein ibn Ali, bereits 1915 die »Unabhängigkeit der Araber« schriftlich zugesichert. Ausgenommen von diesem versprochenen zukünftigen arabischen Staat blieben die Küsten Syriens und des Libanon, etwa von Aleppo bis Damaskus, sowie die alten osmanischen Provinzen Bagdad und Basra. Das britische Versprechen tat die gewünschte Wirkung: Im Juni 1916 brach die arabische Revolte aus.[45] In den folgenden zwei Jahren kämpften irreguläre arabische Verbände, angeführt von Hussein ibn Alis ehrgeizigem Sohn Faisal und dessen britischem Verbindungsoffizier Thomas Edward Lawrence (»Lawrence von Arabien«), auf dem zukünftigen Staatsgebiet Saudi-Arabiens, Jordaniens und Syriens gegen die osmanischen Truppen.[46]

Als die Bolschewiki Ende 1917 alliierte Verträge und brisante diplomatische Schriftstücke des Zarenregimes veröffentlichten, um die »imperialistischen« Staaten und ihre Geheimdiplomatie vor aller Welt zu diskreditieren, wurde offenbar, dass die den Haschemiten gemachten Zusagen sowohl dem geheimen Sykes-Picot-Abkommen als auch der Balfour-Deklaration vom November 1917 klar zuwiderliefen. Mit der Deklaration hatte die britische Regierung bekräftigt, die »Errichtung einer nationalen Heimstätte für das jüdische Volk in Palästina« zu unterstützen unter dem Vorbehalt, dass »nichts geschehen soll, was die bürgerlichen und religiösen Rechte der bestehenden nichtjüdischen Gemeinschaften in Palästina oder die Rechte und den politischen Status der Juden in anderen Ländern in Frage stellen könnte«.[47]

Die Balfour-Deklaration war das Resultat jahrelanger Lobbyarbeit – insbesondere vonseiten Chaim Weizmanns, des zukünftigen ersten Staatspräsidenten Israels (1949–1952), der sich im Laufe des Ersten Weltkriegs zur Führungsfigur der Zionistischen Bewegung in Großbritannien entwickelt hatte. Geboren wurde Weizmann 1847 im entlegenen russischen Schtetl Motal, rund dreißig Kilometer westlich von Pinsk. Wie Zehntausende anderer Juden aus dem Osten war er auf der Flucht vor Armut und russischem Antisemitismus gen Westen gezogen. In Deutschland, wo er Chemie studierte, kam er erstmals mit Theodor Herzls programmatischer Schrift *Der Judenstaat*, der Bibel des Zionismus, in Berührung und setzte sich von da an aktiv für die Verwirklichung von Herzls Utopie ein.[48] Im Juli 1904 ging Weizmann nach einigen Jahren als Dozent in der Schweiz nach Großbritannien, wo er Biochemie an der Universität von Manchester lehrte. Seine politischen Ziele verlor er auch dort nicht aus den Augen, im Gegenteil: Zwei Jahre nach seiner Ankunft in Manchester lernte er über einen Bekannten den ehemaligen britischen Premierminister James Arthur Balfour kennen, der mit Weizmanns Bemühungen um eine Heimat für die Juden sympathisierte. Auch als Balfour ins Kabinett zurückkehrte, blieben die beiden in Kontakt.

Wie rasch es Weizmann gelang, sich als Ausländer Zugang zu den höchsten Kreisen der britischen Gesellschaft und Politik zu verschaffen, war überaus beachtlich. Er pflegte Beziehungen zu einflussreichen jüdischen Familien wie den Rothschilds, angesehenen Journalisten wichtiger Zeitungen wie dem *Manchester Guardian* und traf sogar David Lloyd George und Herbert Asquith auf dem Höhepunkt ihrer Macht. Seine Bemühungen zahlten sich schließlich aus, als Lord Balfour im November 1917 Londons Befürwortung einer »nationalen Heimstätte für das jüdische Volk« in Palästina postulierte. Wie es schien, lag der britischen Regierung das zionistische Anliegen aufrichtig am Herzen, denn rein strategisch betrachtet wäre es wohl besser gewesen, sich mit den Arabern zu verständigen, die eine große Mehrheit in der Region stellten. Freilich war eine »nationale Heimstätte« kein unabhängiger Staat wie jener, den die Alliierten für Polen anstrebten. Was ihnen für den Staat der Juden vorschwebte, glich eher jener »freieste[n] Gelegenheit zu autonomer Entwicklung«, die Woodrow Wilson im Januar 1918 den Tschechen, Slowaken und Südslawen versprochen hatte. Gleichwohl stellte die Erklärung für die Zionisten einen großen Schritt auf dem Weg zur Verwirklichung von Herzls Vision dar.[49]

Bald zeigte sich, dass Balfours Versprechen eine ganze Reihe ernsthafter Probleme verursachte. Nach etlichen Einwanderungswellen – überwiegend aus Europa – waren die Juden in der Region noch immer eine kleine Minderheit. Ein Großteil der 700 000 Einwohner Palästinas waren Araber, die meisten muslimischen, einige christlichen Glaubens.[50] Im Jahr 1914 stellten die Juden gerade einmal sechs Prozent der palästinensischen Bevölkerung. Die überwältigende Mehrheit dieser Gruppe strebte keinen unabhängigen Staat an, zumindest nicht bis 1917, sondern drängte vielmehr auf mehr Autonomierechte im Rahmen der osmanischen Machtstrukturen. Diese Loyalität zum Reich des Sultans spiegelte beispielsweise die patriotische Rede eines jüdischen Soldaten in der osmanischen Armee wider, die in der Zeitung *ha-Herut* (Frieden) 1914 abgedruckt wurde: »Von diesem Augenblick an sind wir keine Individuen mehr. Alle Menschen dieses Landes stehen wie ein Mann zusammen; wir alle wollen unser Land verteidigen und unserem Reich Respekt zollen.«[51] Zu den Anhängern des Osmanentums gehörte auch der spätere erste Ministerpräsident Israels, David Ben-Gurion, der gemeinsam mit dem späteren israelischen Präsidenten Jizchak Ben

Zwi in Konstantinopel studiert und dort zu Kriegsbeginn für das osmanische Heer sogar ein Bataillon jüdischer Freiwilliger rekrutiert hatte. Erst der Verlauf des Krieges und Balfours Versprechen einer »nationalen Heimstätte« für die Juden brachte ihn und andere dazu, die Fronten zu wechseln und sich 1918 der auf alliierter Seite kämpfenden Jüdischen Legion anzuschließen.[52]

Bei den arabischen Palästinensern löste die Balfour-Deklaration hingegen Entrüstung aus. Nach der Einnahme Jerusalems durch General Edmund Allenby im Dezember 1917 erreichte dann die Frage, wie und von wem das jüngst »befreite« Heilige Land denn nun regiert werden solle, höchste Dringlichkeit. Zum großen Verdruss der arabischen Palästinenser, die auf eine baldige Unabhängigkeit gehofft hatten, ermöglichten die Behörden des nun britisch besetzten Palästinas im Frühjahr 1918 einer von Weizmann persönlich angeführten zionistischen Kommission die Einreise ins Land.[53] Die arabischen Bewohner mussten dadurch zwangsläufig den Eindruck gewinnen, die jüngst erst durch den Krieg hinweggefegte osmanische Herrschaft werde postwendend durch eine neue imperiale Machtstruktur ersetzt, deren künftige Form noch nicht feststand. So berichtete der damalige US-Sonderbevollmächtigte für die Region, William Yale, im April 1918:

> Es erscheint durchaus bemerkenswert, dass es in Palästina, wo so viel Leid und Entbehrung geherrscht hat und wo die politische Unzufriedenheit mit dem türkischen Regime 1916 und 1917 derart groß war, dass nahezu jeder Araber offen zum Bruch mit der osmanischen Regierung aufgerufen und sich nach der Befreiung seines Landes vom türkischen Joch gesehnt hat, dass sich im Frühjahr 1918, so bald nach der britischen Besatzung, gerade hier eine Partei formieren sollte, die britischen Politagenten zufolge das Ziel verfolgt, in Zukunft unter türkischer Oberhoheit zu leben. Die Ansichten dieser Partei lassen sich nicht allein mit der angeborenen Abneigung gegenüber Europäern erklären oder dem durchaus natürlichen Wunsch der Muslime, von einem muslimischen Herrscher regiert zu werden. In die Haltung dieser Fraktion spielt zweifelsohne auch die Überzeugung hinein, dass

> man den Zionisten unter türkischer Herrschaft nicht erlauben würde, noch weiter in Palästina Fuß zu fassen, als sie es bereits getan haben.[54]

Kein Jahr später wurde Yales Einschätzung von einer amerikanischen Erkundungsmission in Syrien und Palästina bestätigt. Die sogenannte King-Crane-Kommission, benannt nach ihren beiden amerikanischen Vorsitzenden, dem christlichen Hochschulreformer Henry Churchill King und dem wohlhabenden demokratischen Parteiförderer und Geschäftsmann Charles Crane, meldete im August 1919, die Araber in Palästina seien »entschieden gegen das gesamte zionistische Programm«. Die King-Crane-Kommission empfahl der Pariser Friedenskonferenz dementsprechend, die jüdische Einwanderung zu begrenzen und Abstand zu nehmen von dem Plan, Palästina zur neuen Heimat der Juden zu machen.[55] Die Empfehlungen wurden jedoch ignoriert. Stattdessen kamen Großbritannien und Frankreich im April 1920 bei einer Konferenz in der ligurischen Küstenstadt San Remo darin überein, dass die Briten das Mandat über Palästina übernehmen würden und die Balfour-Deklaration umgesetzt werden solle (eine Entscheidung, die im Juli 1920 vom Völkerbund gebilligt wurde). Die palästinensischen Araber waren in San Remo nicht vertreten, hatten aber bereits Anfang des Monats ihren Gefühlen unmissverständlich Ausdruck verliehen: Am 4. April 1920 war es in den Straßen und Gassen Jerusalems zu antijüdischen Ausschreitungen gekommen, die drei Tage andauerten und fünf Todesopfer sowie Hunderte von Verletzten forderten.[56]

Dass die Versprechen, die man den beteiligten Parteien zwischen 1915 und 1917 gemacht hatte, derart voller Widersprüche – wenn nicht gar mutwilliger Täuschungen – waren, sollte sich in den kommenden Jahrzehnten in Palästina bitter rächen. Während die verschiedenen Erklärungen der Alliierten selten mehr waren als der Ausdruck ihrer kurzfristigen Strategien zur Mobilisierung einheimischer Kräfte, hatten insbesondere die Araber die Zusagen als langfristige Absichtserklärungen aufgefasst. Die Folgen dieses Missverständnisses lassen den Nahen Osten bis heute nicht zur Ruhe kommen.

Die Neuordnung Ostmitteleuropas

Am 31. Oktober 1918 sandte Miklós Horthy, der Befehlshaber der in der Adria stationierten Kriegsmarine der Habsburger, ein Telegramm an Karl I., worin er den Kaiser noch einmal seiner unbedingten Loyalität versicherte. Nur wenige Minuten später übergab er dem Feind das Flaggschiff der Flotte, die SMS *Viribus Unitis*, und entließ die verbliebenen tschechischen, kroatischen, polnischen und deutschösterreichischen Seeleute in eine ungewisse Zukunft als postimperiale Subjekte.[57]

Die nationalen Erhebungen im Reich waren zu diesem Zeitpunkt längst in vollem Gange, wobei es paradoxerweise ausgerechnet Deutsche und Ungarn waren, die in der Donaumonarchie privilegierten Völker, die als Erste den Schritt in die Unabhängigkeit vollzogen. Bereits am 21. Oktober kam in Wien eine Provisorische Nationalversammlung zusammen, und schon einen Monat später, am 21. November – nur einen Tag nach Kaiser Karls Amtsverzicht –, proklamierte diese Versammlung die Republik Deutschösterreich. Zum ersten Kanzler berief man den Sozialdemokraten Karl Renner, der eine große Koalitionsregierung aus Sozialdemokraten, Christlichsozialen und deutschen Nationalisten hinter sich bringen konnte. Unter Berufung auf die von Wilson propagierte nationale Selbstbestimmung beanspruchte die neue Republik sämtliche deutschsprachigen Gebiete des ehemaligen Habsburgerreichs für sich, darunter Österreichisch-Schlesien, Teile Südtirols und die deutschsprachigen Gebiete Böhmens. Darüber hinaus erhob sie den Anspruch auf eine Vereinigung mit dem Deutschen Reich.[58]

In Ungarn verlief die nationale Revolution um einiges turbulenter. Am 16. Oktober verkündete die konservative Kriegsregierung unter Sándor Wekerle, dass sie sich nicht mehr an die Vereinbarungen des Ausgleichs von 1867 gebunden fühle. In den Augen der Oppositionsparteien ging diese Auflehnung gegen das Reich aber nicht weit genug, weshalb sich Sozialdemokraten und Bürgerlich-Radikale am 23. Oktober unter Führung des liberalen Grafen Mihály Károlyi zu einem Nationalrat zusammenschlossen und das alleinige Recht beanspruchten, »für das ungarische Volk zu sprechen und zu handeln«. In seinem Zwölf-Punkte-Programm verlangte dieses Gremium die völlige staatliche Unabhängigkeit Ungarns, die Einführung des allgemeinen Wahlrechts für Männer und Frauen, die Abschaffung jedweder Zensur, das sofortige Ende des Krieges und eine Bodenreform. Forderungen nach Reformen und Unabhängigkeit, so die naive Hoffnung, würden den Bestrebungen förderlich sein, sämtliche angestammten ungarischen Gebiete zu behalten.[59] Unterstützt wurden die Forderungen von Zehntausenden Demonstranten auf den Straßen Budapests und von streikenden Arbeitern, die sich am 28. Oktober gewaltsame Auseinandersetzungen mit der Polizei lieferten, bei denen drei Arbeiter starben und über fünfzig verletzt wurden.[60]

Die Tage der alten Ordnung waren gezählt. Dem Nationalrat zugeneigte ungarische Offiziere hatten bereits einen Soldatenrat gegründet, der die Budapester Garnison aufwiegelte und den Sturz des städtischen Militärkommandanten vorbereitete. Am 30. Oktober schworen aufständische Offiziere und Soldaten dem Rat in dessen Hauptquartier öffentlich die Treue. Am nächsten Morgen wurde Károlyi zum Ministerpräsidenten ernannt und das Exekutivkomitee des Nationalrats als neue Regierung eingesetzt. Doch einigen war das noch nicht genug: Am Nachmittag desselben Tages verschaffte sich eine Gruppe von Soldaten Zutritt zur Villa des ehemaligen Ministerpräsidenten Graf István Tisza – der in den Augen vieler die nun verpönte Treue zu Wien verkörperte und die Verantwortung trug für die Leiden der Kriegszeit – und ermordete diesen vor den Augen seiner Familie.[61] Ansonsten blieb Ungarns nationale Revolution vergleichsweise friedlich. Als die Wappen der Habsburger von den öffentlichen Gebäuden gerissen und stattdessen die rotweißgrüne Trikolore Ungarns gehisst wurde, zogen Hunderttausende jubelnd durch die Straßen Budapests.[62]

Während die Ungarn die Geburtsstunde ihrer Republik feierten, wurde das gesamte Reich von nationalen Revolutionen erfasst. Auslöser war die entscheidende Niederlage der Habsburgerarmee Ende Oktober. Um ihre Position für die kommenden Friedensverhandlungen zu verbessern, hatten die Italiener am 24. Oktober in letzter Minute noch eine Großoffensive gegen die k.u.k. Truppen unternommen. Von dem Angriff völlig überrumpelt und angesichts grassierender Befehlsverweigerungen kaum noch handlungsfähig, bat Wien am 28. Oktober um einen Waffenstillstand.[63]

Vom Wiener Friedensgesuch angespornt, übernahm das tschechoslowakische Nationalkomitee am 28. Oktober in Prag die Macht. Menschen strömten auf die Straßen, schwenkten die rotweiße Fahne Böhmens und sammelten sich auf dem Wenzelsplatz, um ihre Unabhängigkeit zu feiern. Die Alliierten erkannten Masaryk offiziell als Staatsoberhaupt an. Dieser kehrte vier Jahre nach seiner Flucht aus Prag als Präsident einer neuen Republik triumphal in seine Heimat zurück. Er sollte das Amt für die kommenden 17 Jahre innehaben.[64]

Wie in Budapest und Prag waren auch die anderen Revolutionen in der Donaumonarchie eher nationalistisch als sozialistisch oder gar bolschewistisch geprägt, und sie blieben weitgehend friedlich. In der kroatischen Hauptstadt Zagreb, wo das kroatische Parlament am 29. Oktober die Vereinigung der kroatischen Länder und deren Unabhängigkeit von Wien proklamierte, feierten die Revolutionäre an diesem Tag neben der Geburt ihres neuen Staates ausdrücklich auch den Sieg des Wilsonianismus. Stjepan Radić, einer der kroatischen Führer, erklärte am Tag darauf freudig: »Das Volk erhebt sich, um die Freiheit mit seinem Blut zu erstreiten, und in der ganzen Welt triumphieren Wilsons Prinzipien.«[65]

Einen guten Monat später verspürten viele kroatische Nationalisten keine Lust mehr zum Feiern, nachdem sich Kroatien und Serbien am 1. Dezember zum Königreich der Serben, Kroaten und Slowenen vereinigt hatten. Ante Pavelić, im Jahr 1918 Vorsitzender der Kroatischen Partei des Rechts und späterer Führer der kroatischen Ustascha, blickte enttäuscht auf diesen Tag zurück: »Der 1. Dezember war ein trauriger und trüber Tag. Die Menschen schlichen von Übelkeit gezeichnet durch die Straßen, mit ausdruckslosen Gesichtern und einem schalen Geschmack in ihren Mündern ... An diesem Tag wurde Kroatien durch die Politik Großserbiens dem Grabe geweiht, und man war der tiefen Überzeugung, dass es nie wieder auferstehen würde.«[66]

Wie in vielen Teilen des einstigen Habsburgerreichs verlief die eigentliche nationale Revolution in Zagreb relativ unblutig – was allerdings nicht hieß, dass der Zerfall des Vielvölkerreichs in eine Vielzahl kleinerer Nationalstaaten nahtlos und unkompliziert vor sich ging. Bei der hochkomplexen ethnischen Zusammensetzung weiter Regionen verschärfte Wilsons Prinzip der nationalen Selbstbestimmung die Konkurrenz unter den Völkerschaften bald bis zum erbarmungslosen nationalen Überlebenskampf.[67] Die zunächst friedlichen nationalen Revolutionen in der Doppelmonarchie schlugen rasch in gewaltsame Auseinandersetzungen um, die sowohl die Form von zwischenstaatlichen Konflikten als auch von Bürgerkriegen annahmen – Letzteres vor allem in den östlichen Grenzgebieten.

In Galizien etwa besetzten ehemalige Habsburgertruppen, die dem Ukrainischen Nationalkomitee nahestanden, in den frühen Morgenstunden des 1. November öffentliche Gebäude in der Hauptstadt Lemberg (polnisch Lwów; ukrainisch Lwiw) und verhafteten den örtlichen Gouverneur. Neun Tage darauf rief das Nationalkomitee die Westukrainische Volksrepublik aus, deren Hauptstadt Lemberg sein sollte. Umgehend entbrannte nun ein Krieg zwischen der neu gegründeten Westukrainischen Volksrepublik und der Polnischen Republik, die Lemberg und Ostgalizien ebenfalls für sich beanspruchte. Beide Seiten wussten nur zu gut, dass die militärische Kontrolle der umstrittenen Gebiete Tatsachen schaffen würde, die die Verhandlungsführer in Paris nicht ignorieren konnten. Nach zweiwöchigen erbitterten Kämpfen gelang es den polnischen Truppen, Lemberg zu erobern. Der Krieg zog sich aber noch bis Juli 1919 hin, als die Ukrainer schließlich ihre Niederlage eingestanden.[68]

Am Beispiel Polens lässt sich zeigen, wie massiv der abrupte Zerfall der europäischen Landimperien und die Unfähigkeit der Nachfolgestaaten, Gebietsstreitigkeiten mit den Nachbarn friedlich zu regeln, zur Eskalation der Gewalt in der Nachkriegszeit beitrugen. Im Herbst 1917 war Frankreich für die Unabhängigkeit Polens eingetreten, und im dreizehnten seiner Vierzehn Punkte hatte Wilson versprochen, ein wiederhergestelltes Polen solle ein »unbestritten« von polnischer Bevölkerung bewohntes Gebiet werden mit einem »freien und sicheren Zugang zur See«.[69] Beide Versprechen zu erfüllen war unmöglich, denn entlang der Ostseeküste gab es eine dichte deutsche Besiedlung.

Lebensfähige Nationalstaaten mit unangefochtenen Grenzen zu schaffen erwies sich in Ostmitteleuropa an sich schon als ungeheure Herausforderung. Nach vier Jahren des bewaffneten Konflikts an der Ostfront war das Gebiet, auf dem das neue Polen entstehen sollte, zudem stark verwüstet. Hunderttausende Einwohner waren getötet oder von deutschen, österreichischen sowie russischen Besatzern weit nach Osten oder Westen deportiert worden. In den Städten wie auf dem Land grassierten Epidemien und Hungersnöte. Der spätere US-Präsident Herbert Hoover, damals Leiter der American Relief Administration, merkte 1919 an, über weite Landstriche habe es während des Krieges nicht weniger als sieben Invasionen und Rückzüge verschiedener Armeen gegeben, und jede dieser Bewegungen habe massive Zerstörungen ausgelöst und Hunderttausende von Opfern gefordert.[70] Darüber hinaus war Polen innenpolitisch tief gespalten, da die verschiedenen ethnischen Volksgruppen alle einen Teil vom neuen polnischen Staatsgebiet für sich beanspruchten: Deutsche den Westen, Litauer den Norden, Ukrainer und Weißrussen den Osten sowie Tschechen und Slowaken den Süden. Dieses zerrissene Land, das von feindseligen Nachbarn umzingelt war, musste, wenn es bestehen wollte, schnellstmöglich eine Streitmacht aus kampferprobten Soldaten aufbauen. Soldaten gab es zwar, aber sie hatten bisher in drei verschiedenen Armeen gekämpft, oftmals sogar gegeneinander. Und auch die polnische Führung war – anders als etwa die der Tschechen, die auf der Pariser Friedenskonferenz geeint auftraten – in zwei Lager gespalten: Auf der einen stand der Staatschef und Oberbefehlshaber Józef Piłsudski in Warschau, auf der anderen das Polnische Nationalkomitee in Paris unter Führung von Roman Dmowski.[71] Piłsudski sollte den Machtkampf schließlich für sich entscheiden, nicht zuletzt weil er sich darauf konzentrierte, vor Ort Tatsachen zu schaffen, während die Unterhändler in Paris noch über die zukünftigen Grenzen in Osteuropa debattierten.

Piłsudski wurde 1867 im russischen Teil Polens als Sohn eines verarmten polnischlitauischen Adligen aus Vilnius (polnisch Wilno) geboren. Schon früh betätigte er sich politisch, lehnte sich gegen die russische Herrschaft auf, die den gläubigen Katholiken Piłsudski zwang, orthodoxe Gottesdienste zu besuchen und Russisch statt Polnisch zu sprechen. 1887 wurde er wegen seiner Beteiligung an einem von Lenins älterem Bruder geplanten Mordkomplott gegen den Zaren zum ersten Mal verhaftet und für fünf Jahre nach Sibirien verbannt. Nach einer erneuten Verhaftung im Jahr 1900 gelang ihm die Flucht. Die Vorkriegszeit verbrachte er im sozialistischen Untergrund, raubte Banken und Züge aus, um die dringend benötigten Mittel für seine politische Arbeit zu beschaffen.[72] Von 1908 an stellte er im österreichischen Teil Polens Schützenverbände auf.

Bei Ausbruch des Ersten Weltkriegs 1914 ergriff Piłsudski zunächst Partei für die Habsburger und unterstellte seine Polnischen Legionen dem Oberbefehl Wiens. Sein Kalkül war denkbar simpel: Russland stellte aus seiner Sicht die größte Hürde auf dem Weg zu einem polnischen Staat dar. Als das Russische Reich dann Anfang 1918 aus dem Konflikt ausschied, beschlich ihn zunehmend die Sorge, ein siegreiches Deutschland könne ein zu mächtiger Nachbar sein. Folglich weigerte sich Piłsudski, seine Verbände unter deutsches Kommando zu stellen, und landete erneut im Gefängnis.[73] Nach seiner Entlassung und Rückkehr in die polnische Hauptstadt Warschau im November 1918 wurde ihm der Oberbefehl über die polnischen Truppen übertragen. Seine Legionäre verliehen ihm den Ehrentitel »Marschall von Polen«. Allen war klar, dass der Zusammenbruch Russlands, Deutschlands und Österreich-Ungarns die einzigartige historische Gelegenheit bot, den polnischen Staat neu zu erschaffen, der seit dem späten 18. Jahrhundert nicht mehr existierte. Doch wo genau sollten die Grenzen des neuen Polen verlaufen? Die des alten polnischen Staates hatten sich wiederholt verändert, und nach den Teilungen Ende des 18. Jahrhunderts war er vollständig von der Landkarte verschwunden. Ethnische Polen hatten seither unter russischer, deutscher und österreichisch-ungarischer Herrschaft gelebt, und was Bevölkerungsstruktur, Staatsgefüge und Wirtschaftsleistung betraf, hatte das wiederauferstandene Polen mit dem Polnisch-Litauischen Unionsstaat des 18. Jahrhunderts so gut wie nichts mehr gemein.[74]

Unter Piłsudskis Militärherrschaft verharrte Polen in den Jahren 1918 bis 1921 in einem Zustand permanenten (erklärten oder nichterklärten) Krieges gegen Russen, Ukrainer und Weißrussen im Osten,

Litauer im Norden, Deutsche im Westen, Tschechen im Süden sowie »innere Feinde« – sprich Juden – auf dem bereits von den Polen kontrollierten Territorium.[75] Im Osten rückte Piłsudski bereits im November 1918 militärisch gegen die Ukrainer vor, also unmittelbar nach dem Ende der Kampfhandlungen an der Westfront und der Ausrufung der Zweiten Polnischen Republik.[76] Es ging dabei um Galizien, dessen Westhälfte mit der Stadt Krakau eine deutliche polnische Bevölkerungsmehrheit vorzuweisen hatte, im Osten dagegen – sah man von den Städten Lemberg und Tarnopol (ukrainisch Ternopil) ab – stellten Polen nicht einmal ein Drittel der Bevölkerung, die zum überwiegenden Teil aus katholischen Ukrainern beziehungsweise »Ruthenen« bestand, wie die katholischen Ukrainer zur Unterscheidung von den vorwiegend orthodoxen Ukrainern des Altrussischen Staates genannt wurden.[77] Ein Teil dieser Ruthenen erklärte sich im November 1918 von Österreich-Ungarn unabhängig und ging ein Bündnis mit der Ukrainischen Volksrepublik in Kiew ein, die sich bald Angriffen örtlicher Kommunisten und russischer Bolschewiki erwehren musste.[78]

Im Frühjahr 1919 lieferte sich Piłsudskis neu formierte polnische Armee im westlichen Oberschlesien zudem Gefechte mit starken deutschen Freikorpsverbänden und im Osten mit litauischen Bolschewiki, die gerade das umkämpfte Vilnius eingenommen hatten.[79] Der ausschlaggebende Konflikt, von dem das Überleben des neu gegründeten polnischen Staates abhing, war aber der zwischen Frühjahr 1919 und Herbst 1920 ausgetragene Krieg gegen Sowjetrussland. Dieser begann mit einem polnischen Vorstoß nach Weißrussland, dem sich im April 1920 ein zweiter Marsch auf Kiew anschloss. Unter erbitterten Gefechten rückten die Polen nach Osten vor, nahmen im Mai Kiew ein, hatten aber in Ermangelung des erhofften Rückhalts in der Bevölkerung Schwierigkeiten, ihre Stellung zu halten. Im Juni vertrieb die Rote Armee die Polen schließlich aus der ukrainischen Hauptstadt und schlug dann in zwei parallel geführten Angriffen zurück – vom weißrussischen Minsk aus und durch die Westukraine. Lenin, der seine Chance witterte, die vermeintlich bürgerliche polnische Regierung zu stürzen und die Revolution westwärts zu tragen, ordnete schließlich den Vormarsch auf Warschau an.

Ende Juli 1920 wurde in den bereits eroberten polnischen Gebieten eine bolschewistische Marionettenregierung installiert – die »Polnische Sozialistische Sowjetrepublik« unter Führung Felix Dserschinskis. Regierungssitz dieser kurzlebigen Sowjetrepublik war ein gepanzerter Zug, der zwischen Smolensk und Białystok hin- und herpendelte.[80] Über Wochen kam es hier von beiden Seiten zu zahllosen Gräueltaten gegen feindliche Soldaten und Zivilisten, insbesondere gegen Juden.[81] Der deutschjüdische Kriegsveteran und Schriftsteller Arnold Zweig schrieb im Jahr 1920, vermutlich in Reaktion auf ein besonders gut dokumentiertes Pogrom in Pinsk: »Polen und Pogrom ist über das Ostjudenvolk hereingebrochen, das in großen Städte[n] gehäuft wohnt, und das über Dörfer und Städtchen verstreut ist. Aus großen Städten kommen erschütternde Nachrichten, aber die Dörfer und Städtchen, ohne Eisenbahn, ohne Telegraphen, bleiben lange stumm. Langsam hört man, was dort geschieht: Mord oder Metzelung.«[82]

Im August näherte sich die Rote Armee den Vororten Warschaus. Für die Polen sah es schlecht aus. Sie waren von alliierter Unterstützung abgeschnitten – mit Ausnahme eines kleinen französischen Kontingents unter General Maxime Weygand, dem auch ein junger begabter Stabsoffizier namens Charles de Gaulle nach Polen gefolgt war.[83] Während ausländische Diplomaten schon mit der Evakuierung der polnischen Hauptstadt begannen, gewannen die Polen mit einer von Piłsudski meisterlich ausgeführten Gegenoffensive überraschend die Oberhand und fügten der Roten Armee eine vernichtende Niederlage zu, die als »Wunder an der Weichsel« in die Nationalmythologie des Landes einging. Im September ersuchte Lenin um Frieden. Im März 1921 wurde der Vertrag von Riga unterzeichnet, der Polen Teile Weißrusslands und der Ukraine zusprach. Mit diesen Gebieten wurden der ohnehin komplexen ethnischen Zusammensetzung Polens weitere Minoritäten hinzugefügt: Rund vier Millionen Ukrainer sowie eine Million Weißrussen lebten fortan unter der Herrschaft Warschaus, und die jüdische Gemeinde Polens wuchs durch die neuen Grenzziehungen um zwei Millionen Menschen.[84] Ruhe und Frieden kehrten mit dem Vertrag von Riga nicht ein.

Im Süden des neuen polnischen Staates mussten die Alliierten wiederholt zwischen zwei konkurrierenden »Siegerstaaten« vermitteln. Dort lag das winzige vormals habsburgische Herzogtum Teschen (polnisch Cieszyn; tschechisch Těšín), das über bedeutende Kohlevorkommen verfügte, was es – abgesehen von seiner strategischen Bedeutung als wichtiger Eisenbahnknotenpunkt – wirtschaftlich begehrenswert machte. Nach der Volkszählung von 1910 betrug das Verhältnis ethnischer »Polen« zu »Tschechen« dort zwei zu eins. Darüber hinaus gab es einen beträchtlichen »deutschen« Bevölkerungsanteil.[85] Die Tschechoslowakei, das Lieblingskind der Westalliierten, erklärte, dass sie aus ökonomischen und geostrategischen Gründen auf dieses Territorium nicht verzichten könne. Dieser Anspruch kollidierte allerdings mit der Tatsache, dass die Mehrheit der Bevölkerung polnisch war. Noch bevor der Disput in Paris entschieden werden konnte, setzten Prag und Warschau im Januar 1919 ihre Armeen in Bewegung. Da die Pariser Entscheidungsträger sich keinen Rat wussten, wie sie die beiden wichtigsten Verbündeten in Zentraleuropa besänftigen sollten, teilten sie das Herzogtum im Juli 1920 kurzerhand ohne Volksentscheid auf – mit weitreichenden Folgen für die Bevölkerung, deren Lebenswelt durch harte Grenzen innerhalb der Gemeinden zerrissen wurde.[86]

Die Strategie, mit gewaltsamen Landnahmen den alliierten Entscheidungen zuvorzukommen, wandten nicht nur die Polen an. Bis Sommer 1919 – und in manchen Fällen sogar darüber hinaus – suchten sämtliche Nachfolgestaaten des Habsburgerreichs ihre Grenzen mit militärischen Mitteln zu erweitern und auf diese Weise neue »Realitäten« zu schaffen. Allenthalben und speziell in den umstrittenen Randgebieten sorgten irreguläre Milizen oder neu entstehende Nationalarmeen – »nationalisiert« durch imperiale Zusammenbrüche und soeben erst erfolgte Grenzverschiebungen – mit Gewalt für neue Tatsachen. Die junge Tschechoslowakei etwa entsandte gleich nach Kriegsende Truppen ins mehrheitlich deutsch besiedelte Sudetenland – unter lautstarken Protesten der deutschen Minderheit, Österreichs und Deutschlands. Hier endete die bewaffnete Gebietssicherung mit einem Massaker, bei dem 54 Sudetendeutsche, darunter Frauen und Kinder, getötet und mehr als 1000 verletzt wurden, als tschechoslowakische Soldaten am 4. März 1919 das Feuer auf unbewaffnete Demonstranten eröffneten.[87] Allein auf tschechischem Boden kosteten die ethnischen und politischen Unruhen zwischen 1918 und 1920 etwa 150 Zivilisten das Leben, und der reguläre Krieg, den Prag im Frühjahr und Sommer 1919 gegen die ungarische Räterepublik führte, forderte mehr als 1000 Menschenleben.[88] Bei den Übergriffen irregulärer Truppen auf Zivilisten taten sich oft ehemalige tschechoslowakische Legionäre hervor, die nach und nach aus Russland zurückgekehrt waren und nun die Keimzelle der neuen republikanischen Armee bildeten.[89] Die Männer, die zunächst im Krieg und dann im Kampf gegen den russischen Bolschewismus gestanden hatten, hielten es nun für ihre »Pflicht«, den neuen Staat gegen Kommunisten wie gegen deutsche und ungarische »Separatisten« und Juden zu verteidigen.[90] Im Mai 1919 spielten solche Legionäre eine unrühmliche Rolle bei den Plünderungen deutscher und jüdischer Geschäfte und Wohnhäuser in Prag.[91] Zu besonders üblen Gewalttaten kam es in den Grenzregionen, wo die Prager Truppen im Zuge des tschechoslowakischen Einmarsches in die Slowakei – und erst recht nach der Zurückschlagung der Tschechen durch die ungarische Rote Armee und die Gründung der kurzlebigen Slowakischen Sowjetrepublik – Terrorakte gegen Zivilisten, insbesondere gegen Juden, katholische Geistliche und vermeintliche Kommunisten verübten.[92] So wurde in der Region Uschhorod ein katholischer Priester von Soldaten attackiert und am Ende vor den Augen seiner entsetzten Gemeinde mit Bajonetten erdolcht.[93]

Im Moment der Niederlage Österreich-Ungarns stieß auch die serbische Armee auf habsburgisches Territorium vor, zunächst in nördliche und südliche Richtung, von November an auch nach Kroatien und Slowenien.[94] Serbien hatte durch den Krieg viel verloren und meinte, jedes Recht zu haben, seinen Forderungen durch Landraub Gewicht zu verleihen. Rund 400 000 serbische Soldaten hatten auf den Schlachtfeldern den Tod gefunden, die meisten nach der von deutschen Truppen angeführten Offensive des Jahres 1915, bei der schätzungsweise 240 000 Soldaten und Zivilisten beim »Großen Rückzug« durch Albanien ums Leben kamen.[95] In den sechs Jahren seit Beginn

»Nieder mit der tschechischen Tyrannei«: Im März 1919 kam es in Wien zu Protesten gegen die neu gegründete Tschechoslowakische Republik, nachdem diese den Sudetendeutschen die Teilnahme an den österreichischen Parlamentswahlen untersagt hatte.

der Balkankriege hatte Serbien 28 Prozent seiner Bevölkerung eingebüßt (rund 1,2 Millionen), davon zwei Drittel Zivilisten. Überdies hatte der Krieg 72 000 kriegsversehrte Veteranen und 180 000 Kriegswitwen hinterlassen. Nach Schätzungen der serbischen Regierung hatte das Land durch die gewaltsamen Umbrüche in der Region die Hälfte seines Volksvermögens verloren.[96]

Die Serben verlangten nach Kompensation für das Leid, das sie erlitten hatten. Verstärkt durch südslawische Truppen – vor allem kroatische und slowenische Einheiten der einstigen k.u.k. Armee – besetzten schon bald neu formierte jugoslawische Verbände vorwiegend ungarische Gebiete, die dem jungen Königreich der Serben, Kroaten und Slowenen einverleibt wurden, darunter das Banat, die Batschka, die Baranja, Südungarn, Bosnien und die Herzegowina, Dalmatien und Montenegro.[97] Im Herbst 1918 und erneut im Frühjahr 1919 rückten zudem etwa 10 000 serbische und slowenische Soldaten in die österreichische Provinz Kärnten ein, wo sie aber auf erbitterten

Widerstand stießen, wobei auf beiden Seiten viel Gewalt im Spiel war.[98] Das multi-ethnische Kärnten, wo etwa 150 000 Deutsche und Slowenen lebten, stemmte sich mit aller Macht gegen die drohende Annexion, bis es im Referendum vom Oktober 1920 Deutschösterreich zugeschlagen wurde. Dieser »Sieg in der Niederlage« sollte bald eine bedeutende Rolle in der paramilitärischen Erinnerungskultur Österreichs spielen. Er galt als Beleg für den ungebrochenen Widerstandsgeist der Milizionäre – sowohl gegen äußere Feinde als auch gegen die »schwache« Zentralregierung in Wien. In einem zeitgenössischen, damals sehr beliebten Gedicht »Der Sturm auf Völkermarkt am 2. Mai 1919« wird die »Befreiung« der Stadt vom »slawischen Joch« durch »kärntner Fäuste hart wie Eisen« und der Triumph des österreichischen Willens über den »slawischen Verrat« gefeiert.[99]

Trotz der weitgehenden territorialen Konsolidierung ging das Königreich der Serben, Kroaten und Slowenen geschwächter aus den Nachkriegswirren hervor als die anderen großen Gewinner Ostmitteleuropas. Einer der Gründe bestand darin, dass der neue südslawische Staat weniger Freunde in Paris hatte als Polen, die Tschechoslowakei und Rumänien und mit dem Siegerland Italien sogar einen unverhohlen feindseligen Rivalen mit inkompatiblen Territorialansprüchen an der Adriaküste. Eine nicht unerhebliche Rolle spielte auch, dass der Balkan mit seiner komplexen demographischen Mixtur aus Serben, Kroaten, Slowenen, Bulgaren, Makedoniern, Griechen, Rumänen und Albanern sowie katholischen und orthodoxen Christen, Juden und muslimischen Volksgruppen auf die Friedensstifter in Paris zutiefst verwirrend wirkte. Abgesehen von einigen externen Beratern wie Wickham Steed, die sich als Experten aufführten, machten sich auf alliierter Seite nur wenige überhaupt eingehende Gedanken über die Zukunft des Balkans.[100] Während des Krieges hatte Serbien als »Opfer« österreichisch-ungarischer Aggression durchaus eine tragende Rolle in der alliierten Propaganda gespielt, doch im Grunde erachteten die meisten westlichen Kommentatoren und Entscheidungsträger den Balkan als leidgeplagten, aber eben auch leidigen Hort der Gewalt, dessen krisenvolle Geschichte sich seit den 1870er Jahren bis in die Gegenwart hinzog.[101]

Den Hauptgrund für die relative Schwäche des neuen südslawischen Staates stellte allerdings die Ungewissheit bezüglich seiner zukünftigen inneren Verfasstheit dar. Es gab zwei unterschiedliche Zukunftsmodelle, die von den beiden Schlüsselfiguren bei der Gründung des neuen Königreichs verkörpert wurden: dem Serben Nikola Pašić und dem Kroaten Ante Trumbić.[102] Der 1846 geborene Pašić, seit Jahrzehnten eine Führungsgestalt in der serbischen Politik, stammte aus der Kleinstadt Zaječar an der bulgarischen Grenze. Vor dem Weltkrieg hatte er die Radikale Volkspartei mitbegründet, die sich für die Befreiung und Vereinigung aller Serben, den Erhalt der traditionellen bäuerlichen Selbstverwaltung sowie die Beschneidung der Macht des serbischen Königshauses einsetzte. Im Jahr 1904 stieg er zum Ministerpräsidenten auf – ein Amt, das er zwanzig Jahre bekleidete. Für Pašić, der beim Zusammenbruch der Donaumonarchie bereits Mitte siebzig war, stellte der südslawische Staat im Grunde nichts anderes als ein erheblich vergrößertes Serbien dar.[103]

Der Kroate Trumbić, 18 Jahre jünger als Pašić, war in vieler Hinsicht das genaue Gegenteil des Serben. Er kam aus der kosmopolitischen dalmatinischen Mittelmeerstadt Split, promovierte nach dem Jurastudium in Graz und war mit 33 Jahren in den österreichisch-ungarischen Reichsrat gewählt wurde.[104] Obwohl er sich in den letzten Kriegsjahren für die Schaffung eines jugoslawischen Staates einsetzte, dem auch Serbien angehören sollte, hielt er die Serben, die lange Zeit unter osmanischer Herrschaft gestanden hatten, für kulturell minderwertig. »Sie wollen, hoffe ich«, so äußerte er sich gegenüber einem französischen Schriftsteller, »die Kroaten, Slowenen und Dalmatiner, die durch eine jahrhundertelange kulturelle, moralische und geistige Gemeinschaft mit Österreich, Italien und Ungarn zu reinen Abendländern geworden sind, nicht mit diesen halbzivilisierten Serben, diesen Balkanhybriden von Slawen und Türken vergleichen.«[105]

Der Weltkrieg und die Aussicht auf einen südslawischen Staat jenseits imperialer Zwänge brachten Pašić und Trumbić zusammen. Trumbić floh bei Kriegsbeginn zunächst nach Italien, dann nach Paris und schließlich nach London. Er und Pašić arbeiteten im jugoslawischen Nationalkomitee, das im April 1915 in Paris gegründet wurde, eng zusammen.[106] Im Juli 1917 einigten sie sich auf die Deklaration von Korfu, die nach dem Krieg die Vereinigung Serbiens, Kroatiens und Sloweniens zu einem südslawischen Staat vorsah, und zwar als parlamentarische Monarchie mit einem König aus dem serbischen Herrscherhaus Karadjordjević. In dem neuen Staat sollten allen Glaubensgemeinschaften dieselben Rechte zustehen, nur zur künftigen Verfassung war in der Deklaration nichts festgelegt. Die Frage, ob es sich um eine Föderation – was den Kroaten und Slowenen vorschwebte – oder um einen Zentralstaat – den Pašić anstrebte – handeln sollte, wurde nicht entschieden. Das erwies sich nach Kriegsende als schweres Versäumnis.[107]

Dass Kroaten und Serben unterschiedliche Auffassungen hatten, war nicht die einzige Schwierigkeit, die es zu überwinden galt. In Montenegro etwa führte die übereilte Entscheidung für die Vereinigung mit Serbien und die Absetzung der Königsfamilie im Winter 1918 zu bewaffneten Auseinandersetzungen zwischen »Grünen«, die der Union ihre Anerkennung verweigerten, und »Weißen«, die den bedingungslosen Zusammenschluss mit Serbien befürworteten.[108] Italien – bestrebt, den neuen Staat auf jede erdenkliche Art zu schwächen – stachelte die Unruhen noch an, indem es den Montenegrinern bei der Organisation des bewaffneten Widerstands half. So landeten 300 Anhänger des gestürzten Königs Nikola an Bord italienischer Schiffe im montenegrinischen Bar. Nachdem sie etwa 3000 Aufständische um sich geschart hatten, attackierten sie die montenegrinische Hauptstadt Cetinje, wurden jedoch von den »Weißen« zurückgeschlagen und zum Rückzug über die Adria nach Italien gezwungen.[109] Letztlich sollte es dem südslawischen Staat nie gelingen, die Kluft zwischen den verschiedenen Vorstellungen bezüglich des jugoslawischen Projekts zu überwinden.[110] Dabei war das Scheitern Jugoslawiens keineswegs so zwangsläufig, wie oft behauptet wird. Im Grunde war es die Unfähigkeit der Politiker und ihr mangelnder Wille, einen Kompromiss zwischen zentralstaatlichen und föderalen Strukturen zu finden, die den südslawischen Staat der Zwischenkriegszeit dem Untergang weihten. Dieses Unvermögen hatte auch maßgeblichen Anteil an den wiederholten Gewaltausbrüchen zwischen den Volksgruppen der Region.[111]

Vae Victis

Am 28. Juni 1919 um drei Uhr nachmittags wurden zwei Abgesandte Deutschlands – Außenminister Hermann Müller und Verkehrsminister Johannes Bell – von alliierten Soldaten in den Spiegelsaal von Versailles geleitet.[112] Die beiden deutschen Emissäre, die zur Unterzeichnung des Friedensvertrags angereist waren, wurden an einer schier endlosen Reihe vom Krieg entstellter französischer Veteranen entlanggeführt, die man eigens hergebracht hatte als lebende Mahnung des von Deutschland verursachten Unheils.[113] Der betagte französische Ministerpräsident und Gastgeber der Pariser Friedenskonferenz, Georges Clemenceau, hatte diesen Ort mit Bedacht gewählt, denn hier war Wilhelm I. nach der französischen Niederlage von 1870/71 zum ersten Kaiser eines vereinigten deutschen Nationalstaats ausgerufen worden. Der sonst eher für seinen Pragmatismus bekannte preußische Ministerpräsident und baldige Reichskanzler Otto von Bismarck hatte das Schloss Ludwigs XIV. damals zur Bühne der symbolischen Erniedrigung des gerade unterworfenen Frankreich erkoren. Nun, ein halbes Jahrhundert später, hatten die Verhältnisse sich umgekehrt. »Der Vorgang war so erniedrigend wie nur möglich für den Feind veranstaltet worden«, vermerkte Oberst Edward House, der wichtigste außenpolitische Berater des US-Präsidenten.[114] Einem britischen Beobachter zufolge wirkten die deutschen Abgesandten wie »Gefangene, die zur Verkündung ihres Urteil hereingeführt wurden«.[115] Noch am selben Abend kehrten Müller und Bell nach Berlin zurück, während ganz Paris feierte.

Die Bedingungen des Vertrags, der den Besiegten erst wenige Wochen zuvor übermittelt worden war, sorgten im Reich für blankes Entsetzen: Deutschland verlor ein Zehntel seiner Bevölkerung (etwa 6,5 Millionen Einwohner) und 13 Prozent seines Staatsgebiets (rund 43 000 Quadratkilometer). Elsass-Lothringen im Westen, damit hatte man in Berlin bereits fest gerechnet, sollte nach fast einem halben Jahrhundert unter deutscher Herrschaft wieder an Frankreich fallen und das Grenzgebiet Eupen-Malmedy Belgien zugeschlagen werden mit der Folge, dass 200 000 bis 300 000 Deutsche freiwillig oder unter

Zwang Lothringen und das Elsass verließen.[116] Darüber hinaus verlor Deutschland – zumindest für einige Zeit – die Hoheitsgewalt über einen fünfzig Kilometer breiten Landstrich östlich des Rheins, der vollkommen entmilitarisiert und durch drei alliierte Brückenköpfe jenseits des Flusses »gesichert« werden sollte – eine Maßnahme, die in erster Linie französische Sicherheitsbedenken zerstreuen sollte. Wenn Deutschland den Versailler Vertrag pflichtgemäß erfüllte, so wurde in Aussicht gestellt, würden die Alliierten das Gebiet wieder räumen. Das mit seinem Bergbau und anderen Industriebetrieben wirtschaftlich bedeutende Saargebiet wurde dem Völkerbund unterstellt, die dortige Kohleförderung in einer Sonderregelung aber für 15 Jahre den Franzosen zuerkannt – als Kompensation für die von den Deutschen verursachten Zerstörungen in Nord- und Ostfrankreich.[117]

Die größten und am heftigsten umstrittenen Gebietsabtretungen musste Deutschland im Osten hinnehmen. Die Schaffung des neuen polnischen Staates bedeutete für das Reich den Verlust der Provinz Posen *(Poznan)*, fast ganz Westpreußens sowie von Teilen der oberschlesischen Kohlereviere. Die an der Weichselmündung gelegene Hafenstadt Danzig mit ihrer überwiegend deutschen Bevölkerung erhielt den Status einer »Freien Stadt« unter nomineller Kontrolle des neu gegründeten Völkerbunds. Um den Polen den Zugang zum Meer zu verschaffen, den Wilson ihnen versprochen hatte, schufen die Alliierten einen »Korridor«, der Ostpreußen vom Rest des Deutschen Reiches trennte. Von den 1,1 Millionen Deutschen, die 1919 in diesem Korridor lebten, hatten sechs Jahre später 575 000 ihrer Heimat den Rücken gekehrt und waren gen Westen in die neue deutsche Republik gezogen.[118]

Für einige Gebiete sahen die Alliierten Volksabstimmungen vor, in denen die Einwohner der betroffenen Regionen selbst entscheiden durften, zu welchem Staat sie gehören wollten. Das wichtigste dieser Plebiszite fand im kohlereichen Oberschlesien statt, einem der drei umkämpften, ethnisch gemischten deutschen Grenzgebiete, die im Vertrag Erwähnung fanden (bei den anderen handelte es sich um Nordschleswig und die kleinen Distrikte Allenstein und Marienwerder, wo Polen und Deutsche Seite an Seite lebten).[119] Aufgrund seiner Kohle-, Eisen- und Stahlindustrie war Oberschlesien für Berlin wie

In den Jahren nach 1918 verließen Tausende Deutschstämmige die nunmehr polnischen Gebiete Richtung Deutschland.

für Warschau von großer Bedeutung. Fast ein Viertel der jährlichen deutschen Kohleförderung sowie 81 Prozent seiner Zink- und 34 Prozent der Bleigewinnung steuerten schlesische Minen bei. Die deutschen Ansprüche waren nicht von der Hand zu weisen, da die Bevölkerung Oberschlesiens überwiegend deutsch war und das Gebiet seit Jahrhunderten zu Deutschland gehörte. In einer Protestnote wies die Regierung überdies darauf hin, dass der Reichtum der Provinz gänzlich auf deutschem Fleiß und deutschem Kapital beruhe. Sollte Deutschland Oberschlesien verlieren, sei das Land nicht in der Lage, die Bedingungen des Friedensvertrags zu erfüllen.[120]

Das Referendum, das von massiven gewalttätigen Übergriffen beider Seiten begleitet war, wurde am 20. März 1921 abgehalten, die endgültige Entscheidung über die neue deutsch-polnische Grenze erfolgte aber erst im Oktober 1921 durch den Obersten Rat der Pariser Friedenskonferenz. Dieser verabschiedete eine Teilung, nach der Polen ein Drittel des oberschlesischen Gebiets mit 43 Prozent der Bevölkerung zugestanden wurde, darunter die Städte Kattowitz *(Katowice)* und Königshütte *(Chorzow)*, die beide mit überwältigender Mehrheit für den Verbleib bei Deutschland gestimmt hatten, sowie vier Fünftel des Industriedreiecks im Osten. In weiten Teilen Deutschlands wurde diese Regelung als Akt der Siegerjustiz gebrandmarkt.[121]

Die Aufgabe der deutschen Überseekolonien (ein Gebiet von immerhin 1,6 Millionen Quadratkilometern), die nun als Mandatsgebiete des Völkerbunds unter den Siegermächten aufgeteilt wurden, fiel den meisten Deutschen weniger schwer. Ohne Zweifel war mit der Abtretung Deutsch-Kameruns, Togos (die Kolonie umfasste den heutigen Staat Togo und Togoland, das heutige Ghana), Ruanda-Urundis, Deutsch-Südwestafrikas (Namibias) sowie Deutsch-Ostafrikas der Verlust der materiellen Attribute eines Weltreichs verbunden, doch das schien den Deutschen zu diesem Zeitpunkt weniger bedeutend, da sie ganz andere Sorgen hatten.[122] Die deutsche Entrüstung galt vor allem den Artikeln 231 und 232 des Vertrags, nach denen Deutschland die alleinige Schuld für den Kriegsausbruch im Jahr 1914 trug. Artikel 231 wies Deutschland und den Mittelmächten die Verantwortung für die alliierten Kriegsschäden zu, woraus in Artikel 232 gefolgert wurde, dass Deutschland für die verursachten Schäden Reparationen zu leisten habe. Die Deutschen begriffen das als eine Art moralische Verurteilung, die sie zusätzlich zu der demütigenden Niederlage und den territorialen wie materiellen Verlusten treffen sollte.

In Wahrheit hatte der Artikel 231 lediglich den Zweck, die dem Reich von den Alliierten auferlegten Reparationszahlungen zu legitimieren, mit denen die Schäden, die Frankreich und Belgien in den vier Jahren deutscher Besatzung erlitten hatten, kompensiert werden sollten. Mit der »Kriegsschuld« wurde Deutschland die Verantwortung für sämtliche in Belgien verübte Gräueltaten sowie »alle Verluste und Schäden« übertragen, die im Laufe des Krieges entstanden waren – insbesondere während des strategischen Rückzugs des deutschen Heeres auf die massiv befestigte »Siegfriedlinie« zwischen Arras, St. Quentin und Vailly, bei dem das deutsche Heer die Strategie der verbrannten Erde verfolgt hatte. Die Alliierten wussten durchaus, dass eine solch weit gefasste Definition finanzieller Haftung, die theoretisch die Kosten jeder Patrone und jeder Waisenrente einschloss, Deutschland eine Reparationslast aufbürdete, die es niemals würde tragen können. Doch sie wussten eben auch, dass sie durch Zugeständnisse in der Reparationsfrage die vom Trauma des Krieges noch immer tief erschütterten Wähler daheim gegen sich aufbrachten. Speziell die Franzosen hatten nicht vergessen, welch gewaltigen Schadenersatz weit über die materiellen Einbußen des Siegers hinaus Berlin 1871 verlangt hatte.

Da sich die Berechnung eines definitiven Betrags vorerst als unmöglich erwies, wurde die Entscheidung über die exakte Höhe der zu leistenden Reparationen auf einen späteren Zeitpunkt vertagt.[123] Die Summe, auf die man sich im Londoner Zahlungsplan von 1921 schließlich verständigte, betrug 132 Milliarden Goldmark, gegliedert in drei Arten von Schuldverschreibungen (»A-, B- und C-Bonds«). Ein Großteil dieses scheinbar gewaltigen Betrags, nämlich 82 Milliarden Goldmark, fiel allerdings unter die Kategorie der sogenannten C-Bonds, mit deren Rückzahlung die Alliierten gar nicht rechneten. Diese C-Bonds dienten vor allem der Beschwichtigung der Öffentlichkeit in den alliierten Ländern. Im Grunde sollte Deutschland nur die A- und B-Schuldverschreibungen bedienen – eine Summe von insgesamt 50 Milliarden Goldmark, die binnen 36 Jahren zu begleichen war. Obwohl sie es öffentlich nie zugegeben hätten, hielten auch deutsche Fachleute diese Zahlungen für verkraftbar.[124]

Neben den Reparationen war ein weiterer zentraler Punkt das Anliegen der Alliierten, Deutschland militärisch so zu schwächen, dass es nicht noch einmal einen Krieg beginnen konnte. Daher ordneten sie die Beschlagnahmung großer Waffenarsenale an und zwangen Deutschland zur Beschränkung seiner Armee auf maximal 100 000 Mann. Der Besitz von Panzern, Flugzeugen und U-Booten wurde grundsätzlich untersagt, der Bau größerer Schiffe verboten und die Kriegsmarine auf eine Stärke von maximal 15 000 Mann reduziert.[125] Damit war die einst stolze kaiserliche Hochseeflotte, deren Aufrüstung vor 1914 in beträchtlichem Maße zu den deutsch-britischen Spannungen beigetragen hatte, de facto abgeschafft. Seit November 1918 war diese Flotte ohnehin auf dem britischen Flottenstützpunkt Scapa Flow interniert. Dort befahl ihr Kommandant, Konteradmiral Ludwig von Reuter, am 21. Juni 1919, elf Tage vor Unterzeichnung des Versailler Vertrags, vom Schlachtschiff bis zum

Zerstörer alles zu versenken und damit die Aufteilung der 74 Schiffe unter den alliierten Siegermächten zu verhindern.[126]

Als im Mai 1919 der erste Vertragsentwurf aus Paris bei der Regierung in Berlin einging, gab es ein böses Erwachen. Die meisten Deutschen hielten die darin enthaltenen Bestimmungen schlichtweg für inakzeptabel. Was das in so gut wie allen Fragen tief gespaltene Deutschland nach dem Ersten Weltkrieg einte, war einzig die Ablehnung des Vertrags von Versailles. Die Worte, die Philipp Scheidemann am 12. Mai 1919 in der Nationalversammlung sprach, spiegelten die allgemeine Stimmungslage wider: »Welche Hand müsste nicht verdorren, die sich und uns in diese Fesseln legt?« Dem Parlamentsprotokoll zufolge erntete die Rede des ersten demokratisch gewählten deutschen Regierungschefs »lebhaften Beifall« von Parlamentskollegen aus nahezu allen Fraktionen.[127]

Scheidemann und die anderen Parlamentarier hatten guten Grund, bitter enttäuscht zu sein, besonders von Präsident Wilson, in dessen Versprechen eines »gerechten Friedens« sie so große Hoffnungen gesetzt hatten. In seinen Reden wie in den Repliken auf die Friedensangebote der Mittelmächte von 1918 hatte der amerikanische Präsident stets bekräftigt, dass sein Kampf allein gegen die Autokraten gerichtet sei, eine wahrhaftig vom Volk getragene Regierung jedoch mit »Friedensverhandlungen« auf Grundlage seiner Vierzehn Punkte rechnen könne. Ein halbes Jahr später, nachdem eine demokratische Revolution in Deutschland stattgefunden hatte, waren die Vertreter der neuen Regierung aber nicht einmal zu den Friedensgesprächen eingeladen worden. Stattdessen wurde ihnen ein Vertragsentwurf vorgelegt, zu dem die Delegierten kaum hatten Stellung nehmen dürfen, so dass sie auf das finale Urteil der Sieger nicht den geringsten Einfluss ausüben konnten.[128] Am Ende blieb Deutschland keine andere Wahl, als den Vertrag zu akzeptieren. Das Ultimatum der Alliierten vom 22. Juni, in dem sie für den Fall der Ablehnung mit der Fortsetzung des Krieges drohten, setzte die Deutschen derart unter Druck, dass sie der Unterzeichnung schließlich zustimmten – wenn auch unter Protest.[129]

Die Bevölkerung in Berlin wie in der Provinz, ganz gleich ob sie im Industrierevier oder auf dem Gutshof lebte, ganz gleich welche

Schicht oder welche Gesinnung sie vertrat, war außer sich. Überall im Reich gingen Bürger spontan auf die Straße, um gegen einen als zutiefst ungerecht empfundenen Friedensvertrag zu protestieren, der nur ein einziges Ziel zu haben schien: Deutschland ein für alle Mal aus dem Kreis der europäischen Großmächte zu verbannen. Die Tatsache, dass Großbritannien und die Vereinigten Staaten erhebliche Anstrengungen unternommen hatten, um die Einheit und Unabhängigkeit Deutschlands zu wahren – vor allem durch ihren Widerstand gegen die von Frankreich geforderte Abtrennung des Rheinlands –, wurde von den meisten übersehen. Die Begeisterung, mit der so viele Deutsche im Jahr zuvor den Sieg der Demokratie begrüßt hatten, wich nun einem tiefen Gefühl der Enttäuschung und Verbitterung über die Friedensbedingungen.[130] Für einen signifikanten Teil der Deutschen war der Friedensvertrag fortan untrennbar mit der Revolution von 1918 verbunden und mit deren Resultat, der Weimarer Republik. Anhänger der extremem Rechten bezeichneten ihn gar als Geburtsurkunde der Weimarer Demokratie – einer von außen aufgezwungenen »undeutschen« Staatsform, deren einziger Zweck darin bestand, das deutsche Volk über Generationen hinweg zu versklaven.[131]

Bekräftigt wurden solche Ansichten durch John Maynard Keynes' polemische Attacke gegen den Vertrag, die er im Dezember 1919 in dem Buch *Die wirtschaftlichen Folgen des Friedensvertrages* veröffentlichte, das rasch zum internationalen Bestseller wurde. Keynes, der als Vertreter des britischen Schatzamtes an der Pariser Konferenz teilgenommen hatte, wertete den Versailler Vertrag als »karthagischen Frieden«, der darauf abziele, Deutschland ebenso nachhaltig zu ruinieren, wie es die Römer bei der Zerstörung Karthagos im Jahr 146 v. Chr. getan hätten.[132] Was gerne übersehen wird – damals wie heute –, ist die Tatsache, dass Deutschland in Paris im Grunde weniger hart »bestraft« wurde als die anderen Mittelmächte.[133] So musste sich Wien, einst die Hauptstadt des drittgrößten europäischen Landimperiums, im Vertrag von St. Germain-en-Laye, der im September 1919 unterzeichnet wurde, zur Abtretung Südtirols an Italien, der Südsteiermark an das Königreich der Serben, Kroaten und Slowenen sowie von Feldsberg und Böhmzell an die Tschechoslowakei verpflichten. Polen hatte sich längst das habsburgische Galizien einverleibt, während Böhmen mit seinen drei Millionen deutschsprachigen Einwohnern Teil der Tschechoslowakei wurde. Überdies bürdete das Abkommen den Österreichern (gemeinsam mit den Ungarn) zu den Reparationen auch noch einen Großteil der Kriegsschulden des Habsburgerreichs auf. Die exakte Berechnung der Schadenssumme überließ man auch hier einer Reparationskommission, die nach zwei Jahren zu dem Ergebnis kam, dass Österreich zu keinerlei Zahlungen in der Lage sei.[134]

All jene, die in Deutschösterreich auf den Anschluss an Deutschland gehofft hatten – der Traum liberaler Nationalisten in der 1848er Revolution –, wurden ebenfalls enttäuscht.[135] Seit der militärischen Niederlage und dem Zerfall des k.u.k. Imperiums hatte die österreichische Linke (wie ihr deutsches Pendant) sich für den Zusammenschluss der beiden Länder eingesetzt, da dies Wilsons Prinzip der Selbstbestimmung entspreche und der jungen deutschen Republik einen erheblichen Legitimitätsschub bescheren würde. Auch wirtschaftlich sei ein solcher Schritt von Vorteil, denn kaum jemand hielt den seiner fruchtbaren Kornkammern in Ungarn und Böhmen beraubten österreichischen Staat für fähig, seine sechs Millionen Bürger zu ernähren. Die landwirtschaftliche Produktion Österreichs lag kurz nach Kriegsende gerade einmal bei der Hälfte des Vorkriegsniveaus, und die heimische Kohleförderung deckte nur ein Viertel des für den strengen Winter benötigten Bedarfs.[136] Am spürbarsten war der Rohstoffmangel in Wien, das quasi über Nacht von der Metropole des drittgrößten europäischen Staates zu einer Stadt geworden war, in der sich ein Drittel der Gesamtbevölkerung eines kleinen Landes drängte. Schon vor dem Krieg war Wien vollkommen von Nahrungsmittellieferungen aus den ländlichen Provinzen abhängig gewesen. Deren abruptes Versiegen führte nun dazu, dass die Stadtbevölkerung in Angst vor dem Hungertod lebte – die dramatische Auswirkung einer bereits zu Kriegszeiten einsetzenden Entwicklung.[137] »In diesem Winter wirkte Wien wie eine Stadt der Toten, ein riesiges, stilles Mausoleum«, erinnerte sich die Menschenrechtsaktivistin Francesca Wilson, die als ehrenamtliche Helferin mehrere Jahre im Wien der Nachkriegszeit verbrachte. »Nicht, dass man tote Kinder auf der Straße gesehen hätte oder mit Toten beladene Leichenkarren, wie bei der Hungersnot in Russland. Nichts so Dramatisches. Die Wunden der Stadt bluteten eher im Verborgenen. Mir fiel die Stille auf. Die Straßen waren menschenleer, bis auf die Schlangen von Menschen, die für Holz und Sauerbrot anstanden, alle von ihnen, Männer, Frauen und Kinder, zusammengekauert und in alte geflickte Armeemäntel gepackt: alle blass, hungrig, frierend, stumm und wartend. So sah die Niederlage aus: So sah es aus, wenn ein großes Reich endete, nicht mit einem Knall, nicht einmal, so schien es, mit Gewimmer. Da war nichts außer Hunger, Kälte und Hoffnungslosigkeit.«[138]

Die britische Pazifistin Ethel Snowden zeichnete ein ebenso düsteres Bild der Verzweiflung, als sie ihre Eindrücke aus dem Wien der Nachkriegszeit schilderte. In einem Brief schrieb sie: »Uniformierte Offiziere boten in Cafés Rosen feil. Grazile Damen in verschossenem Sonntagsstaat bettelten mit ihren Kindern an den Straßenecken … Edelmütige Ärzte kämpften in den Kliniken und Krankenhäusern um das Leben schwächlicher Kinder mit eiternden Wunden, praktisch ohne Medizin, ohne Seife, ohne Desinfektionsmittel.«[139] Solch beunruhigende Berichte erreichten schließlich auch die Teilnehmer der Pariser Friedenskonferenz. Im Januar 1919 warnte der britische Staatsbeamte (und spätere Begründer des englischen Sozialstaats) William Beveridge, der die Lage vor Ort beurteilen sollte, ohne sofortige Hilfe drohe der völlige Zusammenbruch der österreichischen Gesellschaft.[140]

Ende 1918 und Anfang 1919 setzten viele der verzweifelten Österreicher alle Hoffnung auf einen Frieden im Wilson'schen Sinne. Als der sozialdemokratische Kanzler Karl Renner nach Paris aufbrach, um die Friedensbedingungen für Österreich entgegenzunehmen, wünschte die auf dem Bahnhof versammelte Menge zuversichtlich, »er möge einen guten Frieden heimbringen«.[141] In Paris argumentierte Renner, die Revolution habe Österreich in einen demokratischen Staat verwandelt, der nicht für die Vergehen des untergegangenen Habsburgerreichs haftbar gemacht werden sollte. »Wir stehen vor Ihnen«, unterstrich er, »als einer der Teile des besiegten und untergegangenen Reiches … Unsere junge Republik ist wie alle anderen [neuen Nationalstaaten auf dem Territorium des alten Reiches] entstanden und ist ebenso wenig wie diese der Nachfolger der Monarchie.«[142]

Als die österreichische Delegation den Vertragsentwurf dann endlich in Händen hielt, wurden ihre Mitglieder »sehr traurig, bitter und deprimiert«, denn sie mussten erkennen, »dass Österreich härtere Bedingungen bekommen hatte als Deutschland«, wo sie doch gehofft hatten, »günstigere zu erhalten«.[143] In Österreich waren der Schock und die Ernüchterung nach Bekanntwerden der Konditionen immens.[144] Drei Tage herrschte Staatstrauer, und Außenminister Otto Bauer erklärte in der österreichischen Hauptstadt: »Nicht weniger als zwei Fünftel unseres Volkes sollen ungefragt, sollen gegen ihren unzweifelhaften Willen der Fremdherrschaft unterworfen, des Selbstbestimmungsrechtes beraubt werden.«[145] Am meisten schmerzte Bauer und viele Österreicher das von den Alliierten verhängte Anschlussverbot. Aus Sicht der Regierungen in London und Paris gab es in diesem Punkt allerdings nichts zu verhandeln, denn wie hätten die Sieger der heimischen Öffentlichkeit in Großbritannien, Frankreich oder Italien erklären sollen, dass man nach so vielen Jahren voller Kampf und Leid am Ende einem noch größeren und bevölkerungsreicheren Deutschland gegenüberstand?

Alle Beteiligten wussten nur zu gut, dass das Anschlussverbot eine eklatante Verletzung des nationalen Selbstbestimmungsrechts darstellte. Dass die Alliierten sich dennoch zu diesem Schritt entschlossen, war wohl nicht zu vermeiden, sollte sich aber als verhängnisvoll erweisen: War das Anschlussbegehren in den Jahren 1918/19 ein Projekt der demokratischen Linken gewesen, so war sein Scheitern Wasser auf die Mühlen der extremen Rechten in Österreich wie in Deutschland, die darin einen »Beweis« für die Unfähigkeit des republikanischen Staates sahen, seine Versprechen einzuhalten.[146]

Zu kleineren Zugeständnissen zeigten die Siegermächte sich allerdings bereit. So gab es einen Volksentscheid in der Region Klagenfurt über das von Jugoslawien beanspruchte Südkärnten, in dessen Rahmen sich die Einwohner im Oktober 1920 mit großer Mehrheit für den Verbleib bei Österreich aussprachen. Ferner erklärten sich die Alliierten bereit, den Deutschösterreichern mit dem Burgenland einen überwiegend deutschsprachigen Landstrich im Westen Ungarns zu überlassen – eine Entscheidung, welche die Regierung in Budapest stark verstimmte. Die Spannungen zwischen Wien und Budapest arteten 1920/21 in offene Gewalt aus, als sich ungarische Milizen in der Region Gefechte mit österreichischen Polizeikräften lieferten, bei denen Dutzende Menschen ums Leben kamen. Nach einer im Dezember 1921 abgehaltenen Volksabstimmung im burgenländischen Ödenburg fiel die Stadt an Ungarn zurück. Dabei blieb es trotz der Proteste Wiens, das der Budapester Regierung vorwarf, die Bevölkerung unter Druck gesetzt und das Votum manipuliert zu haben. Das übrige Burgenland fiel an Österreich.[147]

Die Abtretung des Burgenlandes war längst nicht alles, was Ungarn nach der Kriegsniederlage verschmerzen musste. Das Land verlor zwei Drittel seines Vorkriegsterritoriums und über 73 Prozent seiner Bevölkerung, schrumpfte also auf ein Drittel seiner alten Größe. Der Vertrag von Trianon, in dem diese Bestimmungen festgehalten wurden, erhielt aufgrund der politischen Umwälzungen in Budapest und des Einmarschs der rumänischen Armee erst 1920 seine endgültige Form.[148] Da lag das Land nach vier Kriegsjahren, Revolution, Konterrevolution sowie der Invasion ausländischer Truppen wirtschaftlich völlig am Boden. Das Produktionsvolumen der ungarischen Konsumgüterindustrie erreichte gerade noch 15 Prozent des Vorkriegsniveaus.[149]

In Paris führte die ungarische Delegation ähnliche Argumente ins Feld wie die Österreicher: Budapest dürfe nicht für die Sünden der Habsburger büßen. Nach dem Fall des bolschewistischen Regimes in Budapest stelle das Land keinerlei Gefahr mehr dar. Der ungarische Delegationsführer Graf Albert Apponyi wies ferner zu Recht darauf hin, dass Ungarn weit drastischer bestraft werde als alle anderen unterlegenen Mittelmächte. Es nützte nichts. Die Führer der Alliierten und deren wichtigste Berater waren längst zu dem Urteil gelangt, dass Ungarn die Minderheiten in der ungarischen Hälfte der Doppelmonarchie durch seine Magyarisierungspolitik auf sträflichste Weise unterdrückt hatte.[150]

Am 4. Juni 1920 unterzeichneten die ungarischen Delegierten das Abkommen im Schloss Grand Trianon bei Paris – ebenfalls unter

Protest. In Budapest wehten die Fahnen an öffentlichen Gebäuden auf Halbmast, und das von nun an jedes Jahr, bis Nordsiebenbürgen nach zwanzig Jahren unter den Bestimmungen des Zweiten Wiener Schiedsspruchs von 1940 wieder an Ungarn zurückfiel. Ein Jahr später stießen ungarische Truppen mit der deutschen Wehrmacht tief in sowjetisches Territorium vor – was in weiten Teilen der Bevölkerung als »gerechter Krieg« zur Korrektur von Trianon und als notwendiger Schritt im Kampf gegen den Bolschewismus empfunden wurde. Bis dahin (und auch wieder nach 1990) galt »Trianon« in Ungarn als Synonym für die Willkür der Alliierten. Fast alle Ungarn hegten den Wunsch, die Vertragsbestimmungen zu überwinden, sobald sich eine Möglichkeit dazu bot.[151]

Verglichen mit Ungarns Gebietsverlusten waren die Verluste Bulgariens, dem einzigen Balkanstaat, der im Ersten Weltkrieg aufseiten der Mittelmächte gekämpft hatte, weniger niederschmetternd, was die Bulgaren freilich anders sahen. Wie alle Verliererstaaten war Bulgarien auf der Friedenskonferenz nicht vertreten, und wie überall hatte man auch in Sofia zunächst alle Hoffnung auf das Prinzip der nationalen Selbstbestimmung gesetzt. Im Falle Bulgariens gab es drei Regionen außerhalb der neuen Staatsgrenzen, in denen Bulgaren in der Überzahl waren: in der südlichen Dobrudscha entlang der westlichen Schwarzmeerküste, in Westthrakien an der Nordseite der Ägäis und in Teilen Makedoniens. Leider wurden alle drei Gebiete auch von Nationen beansprucht, die als befreundete Staaten der Alliierten galten: Rumänien forderte die Süddobrudscha (obwohl dort gerade einmal 10 000 Rumänen unter den 300 000 Bewohnern lebten), das Königreich der Serben, Kroaten und Slowenen verlangte Makedonien, und Griechenland erhob Ansprüche auf Westthrakien.[152]

Die bulgarische Delegation wurde im Juli 1919 nach Paris zitiert, erhielt den Vertragsentwurf aber erst zweieinhalb Monate später.[153] Die Alliierten begegneten den Bulgaren dort mit unverhohlener Feindseligkeit. Der Diplomat Harold Nicolson, der vor dem Krieg in der britischen Botschaft in Konstantinopel gearbeitet hatte und den Balkan besser als die meisten anderen Mitglieder der alliierten Delegationen kannte, gab sich besonders unversöhnlich: »Ihre Überlieferung, ihre Geschichte, ihre bestehenden Verpflichtungen hätten sich an die Sache Rußlands und der Entente binden müssen. Sie hatten sich schon im Jahre 1913 verräterisch benommen und hatten es im Großen Kriege noch einmal getan. Durch rein materielle Erwerbsmotive bewogen, hatten sie sich an Deutschland angeschlossen und dadurch den Krieg um zwei ganze Jahre verlängert.«[154]

Der bis November 1919 amtierende bulgarische Ministerpräsident Teodor Teodorow bemühte sich, diese Argumente zu entkräften, indem er darauf verwies, dass das bulgarische Volk das Kriegsbündnis mit Deutschland stets abgelehnt habe und die Eliten, die es befürworteten, nicht mehr an der Macht seien. Überdies betonte er, dass viele bulgarische Offiziere mit den Alliierten sympathisiert oder diese gar aktiv unterstützt hätten: »Wenn schon andere Nationen allein für ihr Wohlwollen und ihre Freundschaft der Entente gegenüber belohnt werden … wieso sollte man dann nicht anerkennen, dass auch unser Volk eine ganz ähnliche Gesinnung bekundet hat – belegt durch Tausende Maßregelungen und Hinrichtungen von Soldaten, die sich dem Kampf verweigerten, und der Tatsache, dass 11 Generäle und über 100 bulgarische Offiziere als Freiwillige in der russischen Armee gegen die Deutschen kämpften.«[155]

Als der Vertragsentwurf im September schließlich vorlag, übertraf dessen Inhalt Sofias düsterste Erwartungen. Relativ gesehen enthielt das im November 1919 unterbreitete Abkommen von Neuilly-sur-Seine noch drakonischere Bestimmungen als der Vertrag von Versailles, den man den Deutschen auferlegt hatte. Sofia wurde zur Abtretung einer Fläche von insgesamt 11 000 Quadratkilometern gezwungen; das betraf unter anderem Westthrakien (an Griechenland) sowie vier Grenzregionen mitsamt der strategisch bedeutenden Städte Strumica, Caribrod und Bosilegrad und deren Umland (rund 2500 Quadratkilometer), die an das Königreich der Serben, Kroaten und Slowenen fielen. Der Vertrag bürdete den bankrotten Bulgaren zudem schwindelerregende Reparationen in Höhe von 2250 Millionen Goldfranc auf, die im Laufe von 37 Jahren zu entrichten waren. Ferner musste Sofia sich bereit erklären, Griechenland, Rumänien und dem Königreich der Serben, Kroaten und Slowenen riesige Mengen Vieh und Eisenbahnausrüstung zu übergeben und der südslawischen Monarchie obendrein jährlich 50 000 Tonnen Kohle zu liefern. Gemessen an seiner Größe und seinem Bruttoinlandsprodukt hatte Bulgarien die höchsten Reparationen aller Mittelmächte zu leisten.[156] Überdies wurden die Streitkräfte massiv dezimiert und der bulgarischen Armee gerade einmal 20 000 Mann zugestanden.

Als die Einzelheiten des Abkommens publik wurden, erwog man in Sofia zunächst, den Vertrag abzulehnen, doch Teodorows Amtsnachfolger Aleksandar Stambolijski zeigte sich aus Mangel an Alternativen schließlich bereit, »sogar einen schlechten Frieden« zu unterzeichnen.[157] Das geschah am 27. November 1919 in einer kurzen Zeremonie im Rathaus von Neuilly. Auf einen amerikanischen Beobachter machte es den Eindruck, »als habe man den Laufjungen zu einem Gespräch mit den Direktoren hereingerufen«. Unter den Anwesenden befand sich auch der griechische Ministerpräsident Venizelos, der seinem Land Westthrakien gesichert hatte und sich »bemühte, nicht allzu zufrieden auszusehen«.[158]

In den Augen der meisten Bulgaren war mit dem Vertrag der Tiefpunkt in ihrer Geschichte als unabhängiger Staat erreicht. Mit den neu gezogenen Grenzen verlor Bulgarien seine landwirtschaftlich ertragreichsten Gebiete (wie die Dobrudscha und Thrakien) sowie den Zugang zur Ägäis – ein wesentlicher Aspekt, da der Gütertransport per Schiff für große Teile der bulgarischen Wirtschaft von enormer Bedeutung war.[159] Der neue Grenzverlauf bescherte dem Land überdies einen weiteren Zustrom von Flüchtlingen aus Makedonien, Thrakien und der Dobrudscha (wie auch aus den abgetrennten westlichen Grenzgebieten) – die zweite große Flüchtlingswelle seit 1913. Zwischen 1912 und den frühen 1920er Jahren musste Bulgarien schätzungsweise 280 000 Flüchtlinge und Vertriebene aufnehmen, die nun bis zu fünf Prozent der Gesamtbevölkerung ausmachten. Etwa die Hälfte dieser Menschen kam aus den an Griechenland abgetretenen Gebieten (dem ägäischen Makedonien und Westthrakien), weitere 25 Prozent aus dem Osmanischen Reich (Ostthrakien). Zahlenmäßig geringer, wenn auch nicht minder problematisch war der Zustrom von Flüchtlingen aus den Gegenden, die nun zum Königreich der Serben, Kroaten und Slowenen gehörten (12,5 Prozent) sowie aus Rumänien (11 Prozent).[160] Dieser massive Zuzug in einer gravierenden ökonomischen und sozialen Krise stellte für den bulgarischen Staat in den folgenden Jahren eine ungeheure Herausforderung dar.[161] Stambolijski hatte alles versucht, um das abzuwenden, und dem verständnislosen französischen Ministerpräsidenten Clemenceau am 22. November 1919 in einem eindringlichen Schreiben prophezeit: »Die Bevölkerung Bulgariens lebt heute in tiefster Verzweiflung. Ihr Unglück wird durch die Leiden der zahlreichen Flüchtlinge noch verschlimmert ... Diese zahllosen Flüchtlinge, Heimatlose ohne jedweden Besitz ... werden stets eine offene Wunde in den Beziehungen auf dem Balkan darstellen.«[162]

Stambolijski sollte recht behalten, erlebte die Entwicklungen nach 1923 aber nicht mehr. Fast über die gesamte Zwischenkriegszeit hatte Bulgarien mit den sozialen und finanziellen Kosten des verlorenen Krieges, Wirtschaftskrisen und internationaler Isolation zu kämpfen, was tiefe innenpolitische Zerwürfnisse und gewaltsame Zusammenstöße zwischen Anhängern verschiedener politscher Lager zur Folge hatte und ebenso rasch wechselnde, oft durch Staatsstreiche an die Macht gelangende Regierungen.[163]

Für Bulgariens südöstlichen Nachbarn und Weltkriegsverbündeten, das Osmanische Reich, war der Auflösungsprozess beim Waffenstillstand längst in vollem Gang. Er begann mit dem graduellen Rückzug der osmanischen Armee von der Palästinafront und der »Befreiung« arabischer Regionen durch die vorrückenden Briten und ihre Alliierten, die im entscheidenden Durchbruch der britischen Expeditionstruppen im September 1918 kulminierte. Noch bevor die Pariser Konferenz im Januar 1919 zusammentrat – wobei die Türken als einzige Völkerschaft des Osmanischen Reichs von den Beratungen ausgeschlossen blieben –, war klar, dass das Schicksal des »kranken Mannes« in den Händen Großbritanniens und Frankreichs lag, da US-Präsident Wilson wenig Neigung bekundete, sich beim Aufbau einer Nachkriegsordnung im Nahen Osten zu engagieren. Wilsons Abreise noch am Tag der Unterzeichnung des Versailler Vertrags war typisch für dieses mangelnde Interesse am Friedensabkommen mit Konstantinopel, dem die Vereinigten Staaten nie den Krieg erklärt hatten. Großbritannien und Frankreich aber hatten Ambitionen und waren fest entschlossen, den Großteil der zum Osmanenreich gehörenden arabischen Provinzen unter sich aufzuteilen.[164]

Während die Realisten in Konstantinopel die arabischen Gebiete längst abgeschrieben hatten, hofften einige optimistische Staatsmänner noch immer auf die strikte Anwendung des zwölften von Wilsons Vierzehn Punkten, in dem die »unbedingte Selbständigkeit« der »türkischen Teile des jetzigen Osmanischen Reiches« gefordert wurde,

Geplante Aufsplittung des Osmanischen Reiches durch die Alliierten 1919/20

nämlich des kleinasiatischen Anatoliens und des europäischen Ostthrakiens.[165] Der liberale türkische Ministerpräsident Damad Ferid argumentierte in Paris wie seine Kollegen aus den anderen Verliererstaaten. Am 17. Juni 1919 versicherte er Clemenceau, Lloyd George und Wilson in Paris, dass seine Führung nichts mit dem im Krieg regierenden Komitee für Einheit und Fortschritt zu schaffen habe, welches die Schuld am Kriegseintritt des Osmanischen Reichs wie auch am systematischen Massenmord an den armenischen Christen trage. Wenn man das Wilson'sche Prinzip der Selbstbestimmung anwende, müssten insbesondere Anatolien und Ostthrakien türkisch bleiben. Nur bestand auch hier das Problem, dass Teile Anatoliens von anderen beansprucht wurden. Ermutigt durch vage Versprechungen des britischen Außenministers Sir Edward Grey aus dem Jahr 1915 forderte etwa Griechenland, das in den letzten 18 Kriegsmonaten auf alliierter Seite gekämpft hatte, das teilweise von großen griechischen Gemeinden besiedelte Westanatolien für sich. Als Christen genossen die Griechen im Westen traditionell große Sympathien, während die Osmanen weder aus Großbritannien noch aus Frankreich mit Unterstützung rechnen durften. Lloyd George bezeichnete die Türken in einer Rede gar als »menschliches Krebsgeschwür, ein schleichendes Leiden im Fleische jener Länder, die sie zugrunde richten und in denen sie jedes Leben zum Verrotten bringen«.[166]

Neben Griechenland gab es weitere bereits bestehende oder im Entstehen begriffene Staaten, die es auf Teile Anatoliens abgesehen hatten. So forderte Italien eine Enklave in Südwestanatolien, nachdem es 1912 bereits die einst osmanische Inselgruppe der Dodekanes besetzt hatte. Auf Basis der schwammigen Zusicherungen des Londoner Vertrags von 1915, denen zufolge Rom bei der Zerschlagung des Osmanenreichs seinen »gerechten Anteil« erhalten sollte, drängten italienische Diplomaten nun heftig auf Einfluss in Anatolien. Die Kurden in Südostanatolien wiederum forderten ihre staatliche Unabhängigkeit oder zumindest Autonomie unter internationalem Schutz – aus Angst, wieder als Minderheit unter armenischer, arabischer oder türkischer Herrschaft zu enden. Und das einst russische Armenien, das im Mai 1918 zur Demokratischen Republik Armenien wurde, suchte eine Reihe osmanischer Provinzen im Osten zu annektieren. Im Frühjahr 1918 eskalierte dort die Gewalt, als Überlebende des *Aghet* Vergeltung an muslimischen Zivilisten in der Region verübten. Allein bei den Massakern in Erzinjan und Erzurum zwischen Ende Januar und Mitte Februar 1918 ermordeten armenische Freischärler schätzungsweise 10 000 muslimische Türken.[167]

Die Gebietsansprüche fremder Mächte und die grassierende Gewalt im Innern machten die Lage der Bevölkerung im vom Weltkrieg bereits verwüsteten Anatolien noch verzweifelter, wie britische Erkundungsmissionen klar belegten. Einer der von Konstantinopel aus ins Landesinnere entsandten Offiziere, Leutnant Clarence Palmer, der den Krieg größtenteils in osmanischer Gefangenschaft verbracht hatte, besuchte verschiedene Städte und Dörfer in Nordwestanatolien und erstattete seinen Vorgesetzten Bericht. Bei seiner Reise von Eskişehir nach Konya sah er ein von Hunger, Krankheit und materieller Not gezeichnetes Volk. Heimatlose Armenier, schrieb er, verkauften für ein Stück Brot ihre Kinder, nachdem die Abwesenheit der im Krieg gefallenen oder ermordeten Männer und die Beschlagnahmung von Nutztieren die landwirtschaftliche Produktion wie auch die herstellende Industrie zum Erliegen gebracht hätten.[168]

Im August 1920, über ein Jahr nach Unterzeichnung des Versailler Vertrags, schlossen die siegreichen Alliierten schließlich ein Friedensabkommen mit der Regierung des Sultans unter Damad Ferid. Es sollte der letzte der Pariser Friedensschlüsse sein. Der in der Halle der königlichen Porzellanmanufaktur zu Sèvres unterzeichnete Vertrag ließ den Türken gerade einmal ein Drittel Anatoliens. Die Griechen erhielten Smyrna und dessen Umland, wobei die endgültige Entscheidung innerhalb von fünf Jahren mittels einer Volksabstimmung getroffen werden sollte. Den Armeniern wurde ein gewaltiges Gebiet in Ostanatolien zugesprochen, von Trabzon bis zum Vansee, und Kurdistan sollte eine autonome Region werden. Die Meerenge des Bosporus wurde unter internationale Verwaltung gestellt. Sowohl Frankreich als auch Italien behielten ihre Einflusssphären in Anatolien.[169]

Nicht anders als in den anderen Verliererstaaten riefen die Beschlüsse des Vertrags auch bei den Türken blankes Entsetzen hervor. Aber im Gegensatz zu den anderen Friedensverträgen wurde der Vertrag von Sèvres nie ratifiziert und nach zweieinhalb Jahren durch ein gänzlich anders geartetes Friedensabkommen ersetzt.

Um die anscheinend so rachsüchtige Haltung der Alliierten gegenüber den Besiegten in den Jahren 1918 bis 1920 zu verstehen, muss man sich das moralische Klima der Nachkriegszeit und insbesondere die Gemütslage in den alliierten Ländern vergegenwärtigen.[170] Die schwelende Erinnerung an die deutschen Gräueltaten in Belgien im Jahr 1914, die Verwüstungen, die deutsche Truppen 1917 bei ihrem strategischen Rückzug angerichtet hatten, die Offensiven des Jahres 1918 sowie Trauer und Wut über den Verlust von Verwandten und Freunden auf den Schlachtfeldern lasteten schwer auf den Staatschefs und Diplomaten in Paris. Die vom Krieg erhitzten Gemüter hatten sich noch längst nicht beruhigt. Die demokratisch gewählten Regierungen der Alliierten, abhängig vom Wohlwollen ihrer Landsleute, wussten sehr wohl, dass die ehemaligen Soldaten und deren Familien vom Feind Wiedergutmachung forderten – wenn auch nur, um ihren Opfern durch symbolische wie finanzielle Kompensation einen Sinn zu verleihen. Bei den Alliierten stieß es auf Unverständnis, wenn die Mittelmächte plötzlich nach einem »gerechten Frieden« verlangten, wo sie doch Russland und Rumänien in den Verträgen von Brest-Litowsk und Bukarest nur wenige Monate zuvor äußerst drakonische Bedingungen auferlegt hatten. Und freilich gab es da noch den dringenden Wunsch, dass ein solcher Krieg sich nicht wiederholen sollte. Die siegreichen Alliierten befürchteten durchaus ein militärisches Aufleben ihrer unterlegenen Gegner, insbesondere das Wiedererstarken Deutschlands. Berlin aller Mittel für einen Vergeltungskrieg zu berauben, galt als zentrale Maßnahme zur Sicherung des Friedens im Allgemeinen – und zur Wahrung der territorialen Integrität Frankreichs im Besonderen.

Die Wahrnehmung der Besiegten war naturgemäß eine völlig andere. Der Groll gegen die Pariser Friedensverträge in den Verliererstaaten erwuchs nicht allein aus der Demütigung, die sie angesichts der militärischen Niederlage empfanden. Sie fühlten sich auch betrogen und warfen den Alliierten Doppelzüngigkeit vor, da Wilsons Konzept der Selbstbestimmung den Völkerschaften vorbehalten zu sein schien, die als Verbündete der Entente galten (Polen, Tschechen, Südslawen, Rumänen und Griechen), während er den ehemaligen Gegnern (Österreicher, Deutsche, Ungarn, Bulgaren und Türken) verwehrt blieb. Und was noch schwerer wog: Die Anwendung dieses Prinzips auf Gebiete mit einer komplizierten ethnischen Zusammensetzung war bestenfalls naiv und faktisch meist eine Einladung, die Gewalt des Ersten Weltkriegs in eine Vielzahl von Grenzkonflikten und Bürgerkriegen zu überführen, da nur durch Gewalt neue territoriale Realitäten geschaffen werden konnten. So kam es in Mitteleuropa nach dem Krieg zur gewaltsamen Entladung sowohl alter ethnischer Rivalitäten (etwa zwischen Tschechen und Deutschen in Böhmen) als auch zu einer Reihe von Konflikten, die aus dem Streben neuer Nationalstaaten nach Grenzerweiterung resultierten, wie etwa die Auseinandersetzung zwischen Tschechen und Polen in Teschen.[171]

All diese neuen, angeblich auf dem Prinzip des Selbstbestimmungsrechts der Völker gegründeten Staaten besaßen innerhalb ihrer

Grenzen große und lautstarke nationale Minderheiten, die – vor allem nach dem Einsetzen der Weltwirtschaftskrise – Forderungen nach einer Wiedervereinigung mit ihren »Mutterländern« erhoben. Die Gebietsabtretungen und die Weigerung der Alliierten, auch den deutschsprachigen Völkern das Recht auf Selbstbestimmung einzuräumen, hatten zur Folge, dass sich nach Unterzeichnung der Friedensverträge 13 Millionen Deutsche (Deutschösterreicher inbegriffen) außerhalb der Reichsgrenzen wiederfanden und insgesamt 3,23 Millionen Ungarn als Minorität jenseits der ungarischen Staatsgrenzen lebten. Dazu kamen rund 420 000 Flüchtlinge und Vertriebene aus den an Tschechien, Jugoslawien, Rumänien und Österreich abgetretenen Regionen, die zur Radikalisierung der ungarischen Politik in der Zwischenkriegszeit entscheidend beitrugen, indem sie vehement für die Rückkehr ihrer Heimatregionen in den Machtbereich Budapests stritten.[172]

Der Irredentismus sollte für die europäische Politik über Jahrzehnte ein großes Problem darstellen. Bei vielen der neuen Staaten Mittelosteuropas – insbesondere bei Polen, der Tschechoslowakei und Jugoslawien – handelte es sich de facto um Imperien in Miniaturform, die mindestens ebenso multi-ethnisch waren wie die Großreiche, die sie beerbt hatten, nur mit der zusätzlichen Bürde, dass jahrelange erbitterte Kämpfe die ethnischen Spannungen der Vorkriegszeit drastisch erhöht hatten.[173] Die Minderheiten in den Nachfolgestaaten der einstigen Vielvölkerreiche waren noch anfälliger für nationalistische Hetze. Im ethnisch durchmischten Schlesien etwa entwickelte sich die Breslauer Friedrich-Wilhelms-Universität zu einer Brutstätte deutschnationalistischer Agitation. Der multi-ethnischen Struktur der Stadtbevölkerung entsprechend, war sie traditionell eine der kosmopolitischsten Bildungseinrichtungen Deutschlands gewesen, wo man während des 19. Jahrhunderts polnisch-christliche Burschenschaften ebenso antraf wie eine große Zahl jüdischer Studenten.[174] Mit dem Ersten Weltkrieg schwand die Toleranz, schlug die Stimmung geradezu ins Gegenteil um und richtete sich nun gegen das friedliche Zusammenleben der verschiedenen ethnischen und religiösen Bevölkerungsgruppen. Junge deutsche Nationalisten aus der Region strömten herbei, um Vorlesungen bei Professoren wie Walter Kuhn zu besuchen, einem

»Experten« auf dem zunehmend in Mode kommenden Feld der »Ostforschung«, der über die Erfordernis dozierte, den Versailler Vertrag aufzukündigen und die »verlorene« deutsche Bevölkerung in Polen und Mittelosteuropa allgemein »zurückzuholen«.[175] Solche Ideen fielen auf fruchtbaren Boden, denn im Vergleich zu den Bewohnern der urbanen Zentren weiter westlich neigten Deutsche in ethnisch gemischten Grenzregionen eher dazu, extrem rechte Parteien zu unterstützen – ein Trend der sich in den 1930er Jahren noch verstärkte, als Deutsche aus ethnisch umkämpften Regionen in überproportional hoher Zahl zu Sympathisanten des Nationalsozialismus und seiner Ideologie der gewaltsamen ethnischen »Entmischung« wurden.[176]

Die einzigen ethnisch homogenen Staaten in Ost-, Mittel- und Südosteuropa der Nachkriegszeit waren die Kernstaaten der einstigen Landimperien: die Weimarer Republik, Österreich, Ungarn, Bulgarien und die im Oktober 1923 gegründete Türkische Republik. Jeder dieser neuen Staaten verfügte über kleine Minderheiten (insbesondere Juden in Mitteleuropa und die Reste der christlich-orthodoxen Gemeinde in Konstantinopel, die von den Massenvertreibungen der vorhergehenden Jahre ausgenommen waren), die im Laufe der kommenden Jahrzehnte immer wieder verfolgt oder Opfer von Gewalt werden sollten. In den siegreichen Nachfolgestaaten der Landimperien war die Minoritätenfrage in den 1920er und frühen 1930er Jahren aber viel bedeutsamer. So betrug beispielsweise der Anteil der nichtpolnischen Bevölkerung in der Zweiten Polnischen Republik rund 35 Prozent – darunter beträchtliche ukrainische, weißrussische, litauische und deutsche Minderheiten. Auch das Königreich der Serben, Kroaten und Slowenen trug in seinem Namen der Tatsache keine Rechnung, dass rund zwei Millionen seiner Bürger keiner dieser drei Volksgruppen angehörten, sondern bosnische Muslime (9,6 Prozent), Ungarn (4 Prozent), Albaner (3 Prozent) und Deutsche (14 Prozent) waren. In der Tschechoslowakei gab es neben zahlreichen ruthenischen und ungarischen Gemeinden mit einem Anteil von 23 Prozent an der Gesamtbevölkerung mehr ethnische Deutsche als Slowaken. Und rund drei Millionen Ungarn fanden sich in den neuen Staatsgrenzen Rumäniens wieder – einem Staat, der durch die Eingliederung Siebenbürgens,

Bessarabiens, der Bukowina und eines Großteils des Banats sein Vorkriegsgebiet verdoppelt hatte.[177]

Die zahlenmäßig großen Minoritäten in diesen neuen Nationalstaaten, forderten das Prinzip der »Selbstbestimmung« vergeblich ein. Ebenso wenig waren die Alliierten willens, dieses Prinzip auf Nichteuropäer anzuwenden. In den Kolonien gab es durchaus Nationalisten, die versuchten, sich mit Autonomie- oder gar Unabhängigkeitsforderungen Gehör zu verschaffen, doch Wilson scheute in dieser Frage die Auseinandersetzung mit Großbritannien und Frankreich, die beide ihre Kolonialreiche nach 1918 noch weiter ausgedehnt hatten, vor allem durch Völkerbundmandate im Nahen Osten und anderswo.[178] Dass Wilson sich für die Selbstbestimmung der Kolonialvölker nicht starkmachte, hätte eigentlich niemanden überraschen dürfen, denn entgegen all seiner liberalen Rhetorik über Selbstbestimmung und »moralische Pakte« hatte kein amerikanischer Präsident die Rassentrennung in den Vereinigten Staaten so offen unterstützt wie der ansonsten so fortschrittliche Intellektuelle aus Virginia, der die *segregation* bereits kurz nach seinem Amtsantritt in sämtlichen öffentlichen Einrichtungen erlaubte.[179]

Auf internationaler Ebene war Wilson – wie das Gros der Menschen im Westen zu jener Zeit – zweifellos der Auffassung, dass Rassenunterschiede darüber entscheiden könnten, ob eine betreffende Volksgruppe der »Selbstbestimmung« würdig sei oder nicht. Die Satzung des Völkerbunds, Wilsons Lieblingsprojekt, die allen fünf von der Pariser Friedenskonferenz erarbeiteten Verträgen als Präambel vorangestellt wurde, war jedenfalls erstaunlich wortkarg, wenn es um die Kolonialvölker der siegreichen Imperien ging.[180] Anders als die von weißen Europäern bewohnten Territorien des ehemaligen Habsburgerreichs, so die zutiefst rassistische Logik des gesamten Mandatssystems der Pariser Friedensverträge, seien die dunkelhäutigen Kolonialvölker noch nicht in der Lage, sich selbst um ihre Belange zu kümmern.[181] Folgerichtig verlieh die Völkerbundsatzung den vormals osmanischen Provinzen im Nahen Osten nur den Status von »A-Mandaten«, also von Territorien, »die von solchen Völkern bewohnt sind, die noch nicht imstande sind, sich unter den besonders schwierigen

Bedingungen der heutigen Welt selbst zu leiten«. Erst nachdem ihre Mandatsmacht sie zu voller administrativer Reife geführt habe, sollten sie in die staatliche Unabhängigkeit entlassen werden. Am Ende teilten Briten und Franzosen die »A-Mandate« – Mesopotamien (heute der Irak), Palästina (inklusive dem heutigen Jordanien) und Syrien (mitsamt dem Libanon) – unter sich auf. Nur die Saudischen Provinzen am Roten Meer (Saudi-Arabien) wurden unabhängig. Die sogenannten B-Mandate – die meisten der ehemaligen deutschen Kolonien in Afrika – bedurften, so meinten die westlichen Friedensstifter in Paris, noch engerer Führung durch ihre Mandatsmächte, sollten aber zu einem nicht näher bezeichneten Zeitpunkt ebenfalls in die Selbständigkeit entlassen werden. Wieder andere Gebiete, vor allem das ehemalige Deutsch-Südwestafrika (das heutige Namibia) und die einst deutsch besetzten Inseln im Südpazifik, wurden zu »C-Mandaten«. Diese glichen am ehesten Kolonien alter Schule, die »wohl nicht besser verwaltet werden können, als nach den Gesetzen des Mandatars und als integraler Bestandteil seines Gebiets«.[182]

Dass die Probleme, welche die Nationalitätenkonflikte in den jungen Nationalstaaten auf dem europäischen Kontinent verursachten, dringend angegangen werden mussten, sahen die Großmächte des Westens durchaus. So hatte die territoriale Umverteilung von 1918/19 einigen Schätzungen zufolge die Zahl der Menschen, die als ethnische Minderheiten galten, zwar halbiert – von 60 Millionen auf 25 bis 30 Millionen –, doch in den Nachfolgestaaten existierte keinerlei Rechtsrahmen, um deren Rechte zu schützen.[183] Die Lösung waren sogenannte Minderheitenverträge – eine Reihe bilateraler Abkommen, die jeder der neuen Staaten als Voraussetzung für seine internationale Anerkennung als eigenständiges Mitglied des Völkerbunds unterzeichnen musste.[184]

Als Muster diente das postimperiale Polen. Der polnische Minderheitenvertrag, auch »kleiner Vertrag von Versailles« genannt und am selben Tag unterzeichnet wie sein großes Pendant, sollte die Grundlage sämtlicher Folgeerklärungen der Konferenz zu dem Thema darstellen; nicht weniger als sieben Nachfolgestaaten sollten ähnliche Abkommen abschließen.[185] Diese Minderheitenverträge hatten den Zweck, die kollektiven Rechte aller ethnischen und religiösen Minoritäten in Ostmitteleuropa zu garantieren.[186] Die neuen Nationalstaaten verpflichteten sich, die Rechte der Minoritäten auf politische Betätigung und Repräsentation zu wahren, die Benutzung von Minderheitensprachen vor Gericht und in der Schule zu garantieren und Entschädigungen für Gebietstransfers zu zahlen. In der Tschechoslowakei zum Beispiel garantierten internationale Abkommen den Minderheiten Kollektivrechte. In Gegenden, wo sie mindestens zwanzig Prozent der Bevölkerung stellten, besaßen Deutsche das Recht, in ihrer Muttersprache unterrichtet zu werden und diese im Umgang mit staatlichen Behörden zu sprechen. Da sie sich zumeist in bestimmten Gegenden konzentrierten, bedeutete dies, dass faktisch neunzig Prozent der deutschen Minderheit in den Genuss dieser Zugeständnisse kamen.[187]

Verstöße gegen diese Verträge konnten vor den Völkerbundrat und den Internationalen Gerichtshof gebracht werden. Von erheblicher Bedeutung war, dass auch außerhalb der Landesgrenzen ansässige Parteien das Recht hatten, im Namen unterdrückter Minoritäten Einspruch zu erheben. So durfte beispielsweise die ungarische Regierung im Namen der Magyaren in der Slowakei klagen oder ein Deutscher aus der Weimarer Republik im Namen der Sudetendeutschen. Diese Verträge stellten eine der größten Errungenschaften der Friedenskonferenz dar, da sie einen Rechtsrahmen schufen, der es diskriminierten Minderheiten tatsächlich erlaubte, auf Schadenersatz zu klagen (was diese dann auch taten).[188] Weniger eindeutig war die Lage dagegen für Minderheiten wie die rund sechs Millionen Juden, die im sogenannten Ansiedlungsrayon lebten – den westlichen Grenzregionen des untergegangenen Romanow-Imperiums und der Osthälfte des einstigen Habsburgerreichs (insbesondere Westgalizien und Ungarn). Diese besaßen keinen Nationalstaat, der sich für ihre Interessen starkmachte.

Während die russischen Juden schon vor 1914 regelmäßig unter Pogromen gelitten hatten, waren die Juden in den Ländern des k.u.k. Reiches von Gewalt weitgehend verschont geblieben. Zu Recht hatten sie die Doppelmonarchie als Garant der ihnen als Bürger verbrieften

Rechte angesehen. Kein Wunder also, dass so viele der nostalgischen Habsburgromane der 1920er und 1930er Jahre von jüdischen Autoren wie Stefan Zweig oder Joseph Roth stammen. In Roths berühmtem *Radetzkymarsch* (1932) lässt eine der Hauptfiguren, der polnische Aristokrat Graf Chojnicki aus Galizien, in einer seiner grimmig-prophetischen Tiraden verlauten: »Sobald unser Kaiser die Augen schließt, zerfallen wir in hundert Stücke ... Alle Völker werden ihre dreckigen, kleinen Staaten errichten ... Die neue Religion ist der Nationalismus.«[189]

Jüdische k.u.k. Bürger wie Roth hatten es nicht von ungefähr vorgezogen, in einem weitläufigen Vielvölkerreich zu leben, das seinen Minderheiten Rechtsschutz gewährte, und nicht in einem der kleineren, auf der Vorstellung ethnischer oder religiöser Exklusivität beruhenden Nachfolgestaaten. Nach dem Zerfall der zentraleuropäischen Großreiche sah sich die jüdische Bevölkerung in der Ukraine, dem Baltikum, Polen, Galizien, Böhmen und Mähren sowie in der Bukowina schon bald dem Vorwurf ausgesetzt, entweder obrigkeitstreue Bürger vergangener Reiche (und somit als Patrioten im neuen Nationalstaat unglaubwürdig) oder Anhänger des Bolschewismus zu sein.[190]

Im Großen und Ganzen erwiesen sich die Verträge, die den ethnischen Minderheiten ein gewisses Maß an kultureller Eigenständigkeit und Rechtsschutz gewähren sollten, als wirkungslos. Selbst die Tschechoslowakei, die allgemein als tolerantester und demokratischster der Nachfolgestaaten galt, ging wenig pfleglich mit ihren Minderheiten um. Wenn der als Sohn eines Slowaken geborene tschechische Nationalist Masaryk die kulturellen Unterschiede zwischen Tschechen und Slowaken auch für relativ unbedeutend hielt, existierten doch einige fundamentale Unterschiede, die sich nicht leicht überbrücken ließen. So hatte die Reformation den Großteil der Tschechen zu Protestanten gemacht, während die seit dem 10. Jahrhundert unter ungarischer Herrschaft lebenden Slowaken streng katholisch waren. Die Slowaken, die gehofft hatten, dass Masaryk sein 1918 in der Vereinbarung von Pittsburgh gegebenes Versprechen halten und ihnen im neuen Staat weitreichende kulturelle Autonomie gewähren würde, sollten bald eines Besseren belehrt werden.[191]

In der »deutschen Frage« verfuhren Masaryk und sein Führungszirkel noch weitaus rigider. Zunächst zerschlugen sie die großen (meist in deutschem Besitz befindlichen) Landgüter.[192] Deutsche Beamte, die kein Tschechisch sprachen, wurden entlassen. Einem britischen Diplomaten erklärte Außenminister Edvard Beneš unverblümt: »Vor dem Krieg waren die Deutschen da« (wobei er zur Decke wies) und »wir waren hier« (und zeigte dabei zu Boden). »Jetzt«, sagte er, indem er die Geste umdrehte, »sind wir da und sie sind hier.« Die Bodenreform, beteuerte Beneš, sei »notwendig«, um »den Deutschen eine Lektion zu erteilen«.[193] Aus Sicht der Verlierer waren die Minderheitenverträge letztlich kaum mehr als ein Feigenblatt, das dazu diente, die eklatante Verletzung des Prinzips der Selbstbestimmung zu kaschieren, das, wie sie fälschlich angenommen hatten, der neuen Weltordnung zugrunde liegen würde. Was die Besiegten Europas einte, war der Glaube, dass ihre »verlorenen« Minderheiten um jeden Preis »heimgeholt« werden mussten, wodurch die Revidierung der Verträge schon lange vor dem Aufkommen der Nazis ganz oben auf der politischen Agenda stand. Das war keine gute Voraussetzung für einen dauerhaften Frieden.[194]

Fiume

Nicht nur die Verlierer des Ersten Weltkriegs haderten mit der neuen Weltordnung, die in Paris geschmiedet worden war. Vielmehr sorgte sie auch bei jenen für Verbitterung, die den Krieg gewonnen hatten, aber nun glaubten, von der Friedensordnung benachteiligt zu werden. Japan, das einzige asiatische Mitglied des Alliierten Obersten Kriegsrats und – zumindest theoretisch – eine in alle wichtigen Entscheidungen eingebundene Großmacht, fühlte sich zunehmend an den Rand gedrängt. Wenn dem Land auch einige Gebiete zugesprochen wurden, darunter die ehemalige deutsche Kolonie Kiautschou im Süden der Shandong-Halbinsel sowie die deutschen Pazifikinseln nördlich des Äquators, erzielte es in Bezug auf die Anerkennung als gleichberechtigter Partner der Westalliierten keinerlei Fortschritte. Als ausgesprochen heikel erwies sich hier der alliierte Widerstand gegen das japanische Eintreten für eine Klausel zur »Gleichheit der Rassen« in der Völkerbundsatzung, die darauf ausgerichtet war, speziell Japan den »weißen« Westalliierten gleichzustellen (und weit weniger auf die Rassengleichheit zwischen Weißen und Asiaten im Allgemeinen). Die japanische Forderung verursachte einen tiefen Riss in der britisch-imperialen Delegation, denn die Dominions und insbesondere Australien wehrten sich vehement gegen jede japanische Einwanderung, die ihrer Meinung nach durch das Gleichheitsprinzip weiter befördert würde. Erbost über die Behandlung durch die Alliierten, wandten sich die japanischen Politiker zunehmend vom Westen ab. Zugleich beflügelten die Gebietsgewinne in Shandong und im Pazifik überambitionierte Machtphantasien eines von Japan dominierten »Großostasien«.[195]

Noch stärker verbreitet war das Gefühl, einen »verstümmelten« Sieg errungen zu haben, in Italien – einem Land, das im Krieg mehr Soldaten verloren hatte als Großbritannien und dessen Bevölkerung nun zunehmend den Eindruck gewann, die im Gegenzug für Roms Waffengang geleisteten territorialen Zusagen der Entente würden nicht mehr gelten. Für die Kriegserklärung an ihre ehemaligen Verbündeten, Deutschland und Österreich-Ungarn, waren den Italienern 1915 in der Tat umfangreiche Versprechungen gemacht worden. Der Geheimvertrag von London hatte ihnen erhebliche Ansprüche zugesichert: die Kontrolle über die seit 1912 italienisch besetzten, einst osmanischen Dodekanes und ein »Protektorat« über Albanien; ferner umfasste das in Aussicht gestellte Gebietskonvolut das österreichisch-ungarische Trentino, das mehrheitlich deutsch besiedelte Südtirol bis zum Brenner, Norddalmatien sowie die gesamte habsburgische Adriaküste mitsamt der Hafenstadt Triest. Diese großzügige Offerte war allerdings zu einem Zeitpunkt unterbreitet worden, als noch niemand an die Schaffung eines unabhängigen Jugoslawiens dachte und von »nationaler Selbstbestimmung« keine Rede war. Die Diskrepanz zwischen Wünschenswertem und Möglichem nahm noch zu, weil Roms Expansionshunger bis Ende 1918 noch über die im Jahr 1915 zugesicherten Gebiete hinausging. Italien verlangte nun auch noch den bis Kriegsende von Ungarn verwalteten Adriahafen Fiume (Rijeka).[196]

Rom wartete den Beginn der Friedenskonferenz gar nicht erst ab, sondern nahm einige der versprochenen Gebiete umgehend in Besitz. Kurz nach Unterzeichnung des Waffenstillstands mit Österreich-Ungarn am 3. November 1918 marschierten italienische Truppen in Istrien und Dalmatien ein. Die Ansprüche auf Fiume waren hingegen nicht so leicht durchzusetzen, da Belgrad die Stadt für den im Entstehen begriffenen südslawischen Staat reklamierte, was italienische Diplomaten zum Anstoß einer – letztlich vergeblichen – Kampagne gegen die Anerkennung des Königreichs der Serben, Slowenen und Kroaten durch die Großmächte veranlasste.[197]

Italiens vielkritisierte kompromisslose Haltung in den Jahren 1918/19 bedarf einiger Erklärungen. Wie alle Staatschefs der Zeit stand der italienische Ministerpräsident Vittorio Emanuele Orlando unter enormem Druck, die außerordentlichen Entbehrungen seines Volkes in den Kriegsjahren wie auch den Tod von rund 600 000 italienischen Soldaten zu rechtfertigen. Wie in den anderen Siegerstaaten forderte auch in Italien die Bevölkerung die größtmögliche Wiedergutmachung, finanziell wie territorial.[198] Letztlich lassen sich Orlandos Forderungen aber nur im Kontext der langen liberal-imperialistischen Tradition des Landes begreifen.[199]

Seit der Gründung des italienischen Nationalstaats zwischen 1861 und 1870 spielte die Rückeroberung von Teilen des untergegangenen Römischen Reiches – insbesondere rings um das *mare nostrum* (unser Meer), wie italienische Nationalisten das Mittelmeer nannten – eine wichtige Rolle in der öffentlichen Debatte über Italiens zukünftigen Rang in der Welt. 1911 entschloss man sich schließlich, diese imperialistischen Ambitionen in die Tat umzusetzen, und griff die osmanischen Vilâyets Tripolitanien und Cyrenaika in Nordafrika an, denen die europäischen Invasoren bald den romantisierenden Namen »Libia« gaben (die Bezeichnung, unter der das Territorium einst unter den Cäsaren bekannt war).[200] Die neue Kolonie jenseits des Mittelmeers, so hoffte man zumindest, würde Italien endlich in den Kreis der wahren Großmächte katapultieren und die Erinnerung an die schmachvolle Niederlage in der Schlacht bei Adua tilgen, die ihnen die Äthiopier 1896 beigebracht hatten.[201]

Tatsächlich erwies sich die militärische Intervention in Libyen als außerordentlich verlustreich, nicht zuletzt aufgrund der hartnäckigen Gegenwehr osmanischer Truppen und lokaler Milizen gegen die italienischen Aggressoren. Unter Führung fähiger Offiziere wie Enver Bey – einem zukünftigen Mitglied des jungtürkischen Triumvirats – und der Beteiligung weiterer prominenter Akteure wie dem jungen Mustafa Kemal leisteten die türkischen Streitkräfte erbitterten Widerstand. Bald schloss sich ihnen auch die einheimische Bevölkerung an, die sich der jahrhundertelangen osmanischen »Unterdrückung« anscheinend nicht bewusst war.[202] Der Konflikt zog sich über Monate hin und endete schließlich mit einem unvollendeten Sieg: Im Oktober 1912 waren rund 10 000 italienische Soldaten gefallen, fast doppelt so viele wie in der Schlacht von Adua, und dennoch kontrollierte Italien nur einige Küstenstädte und keineswegs das gesamte Land.[203] Nach dem Friedensvertrag mit den Osmanen führten Guerillagruppen den Kampf gegen die neuen Kolonialherren noch fast zwei Jahrzehnte fort, bis es der italienischen Armee 1931 unter Einsatz von massiver Gewalt endlich gelang, die neuen Gebiete in Nordafrika vollständig zu besetzen.[204]

Orlando stand somit in einer längeren Tradition italienischer Expansionspolitik, als er in den Jahren 1918/19 mit dem Zerfall des k.u.k. Reichs seine liberal-imperialistische Strategie einleitete. Wie viele seiner Landsleute glaubte er, dass es an der Zeit sei, endlich den Traum Giuseppe Mazzinis, Giuseppe Garibaldis und des *risorgimento* zu verwirklichen: den Zusammenschluss aller italienisch bewohnten Gebiete in einem vereinigten Nationalstaat. Das würde auch die tiefen Gräben innerhalb der italienischen Gesellschaft überwinden helfen, die sich aufgetan hatten, als das Land 1915 in den Krieg eingetreten war.[205]

Der Kriegseintritt Italiens und die Entscheidung, aufseiten der Entente gegen die einstigen Alliierten des Dreibunds – Deutschland und Österreich-Ungarn – ins Feld zu ziehen, war keineswegs unumstritten[206] und führte zu einer der tiefsten Spaltungen der italienischen Gesellschaft und Politik in der Geschichte des Landes, und zwar zwischen den Befürwortern der Neutralität und jenen, die sich für die militärische Intervention aufseiten der Entente aussprachen.[207] Der

Kriegserklärung vom Mai 1915 ging über neun Monate eine überaus hitzige – und zuweilen gewaltsam ausgetragene – Debatte voraus, in deren Verlauf es zu einigen ungewöhnlichen Allianzen kam. So fanden sich Nationalisten und Radikaldemokraten auf öffentlichen Plätzen zusammen, um gemeinsam für den Krieg zu demonstrieren. Allerdings taten sie das aus völlig unterschiedlichen Gründen: die Nationalisten, um Italiens Aufstieg zur Großmacht zu befördern, die Radikaldemokraten, um den preußischen Militarismus zu bekämpfen – den Inbegriff des sozialen Konservativismus. Dem Ruf zu den Waffen folgten obendrein Teile der im Grunde neutralistischen Sozialisten, die mehrheitlich die Beteiligung an einem imperialistischen Krieg ablehnten und die Parole der internationalen Arbeitersolidarität ernster nahmen als ihre Genossen in anderen Teilen Europas, was im November 1914 den Ausschluss der von Benito Mussolini angeführten Kriegsbefürworter aus der Sozialistischen Partei zur Folge hatte.[208] Die »interventionistische« Propaganda legte den Grundstein eines überaus wirkmächtigen Narrativs, welches das Land über Jahre in zwei Lager spaltete: den Mythos der »zwei Italien« – das eine jung, mannhaft, vorwärtsblickend und folglich für den Krieg; das andere vermeintlich alternd, verweichlicht, rückwärtsgewandt und feige. Da nach Ansicht der »Interventionisten« erst der Krieg die besten Eigenschaften des »wahren Italiens« zum Vorschein brachte, mussten all jene, die ihn zu vermeiden suchten, aus dem Gemeinwesen des Volkes ausgeschlossen werden.[209]

Orlando wusste, dass er ein Risko einging, als er 1919 in Paris Maximalforderungen stellte und Fiume auf seinen imperialistischen Wunschzettel setzte. Was als Übung in Prestigepolitik für ein heimisches Publikum begonnen hatte, entwickelte rasch eine unberrschbare Eigendynamik.[210] Die Fiume-Frage beflügelte nicht nur die Phantasie von Nationalisten wie dem flamboyanten Kriegerpoeten Gabriele D'Annunzio, der den Begriff des »verstümmelten Sieges« geprägt hatte, sondern inspirierte auch revolutionär gesinnte Aktivisten, die auf eine Ablösung der bürgerlich-konservativen Vorkriegsordnung durch avantgardistische politische und gesellschaftliche Neuerungen drängten.[211]

Das Königreich der Serben, Kroaten und Slowenen, das ganz andere Pläne mit der Stadt hatte, stellte sich den italienischen Ansprüchen vehement entgegen. Belgrad hatte dabei die Rückendeckung Wilsons, der Geheimdiplomatie generell ablehnte – und die Verhandlungen der Briten und Franzosen mit Italien von 1914/15 stellten für ihn ein Musterbeispiel dieser Praxis dar – und außerdem die Legitimität der italienischen, auf Grundlage der »nationalen Selbstbestimmung« erhobenen Forderungen in Zweifel zog, da nur die Hälfte der Einwohner Fiumes mehr oder minder als »Italiener« gelten konnte, während sich die andere Hälfte anderen Volksgruppen zugehörig fühlte.[212]

Die italienischen Delegierten in Paris ließen sich durch solche Vorhaltungen nicht umstimmen und verlangten weiterhin die ihnen im Londoner Abkommen versprochenen Gebiete sowie Fiume. Erbost über Roms kompromisslose Haltung, veröffentlichte Wilson daraufhin eine Erklärung, in der er direkt an das italienische Volk appellierte, auf unberechtigte territoriale Ansprüche zu verzichten. Dass er dabei auf seine Vierzehn Punkte verwies und sie eine »heilige Verpflichtung« nannte, war seiner Sache jedoch wenig zuträglich. Schon am folgenden Tag kam es in Rom zu antiamerikanischen Demonstrationen. Der Kommentator der Zeitung *L'Epoca* fragte sich verwundert: »Wie kann er auch nur einen Moment lang glauben, das italienische Volk werde sich auf sein Geheiß hin gegen die eigene Regierung auflehnen und diese zwingen, das Diktat eines im Elfenbeinturm seiner eigenen Ideen gefangenen Ausländers anzunehmen?«[213] Für besondere Erregung sorgte Wilsons Erklärung bei den extremen Nationalisten, die Orlando mit seinem Beharren auf Fiume eigentlich hatte beschwichtigen wollen.

Auch nach Unterzeichnung des Versailler Vertrags mit Deutschland im Sommer 1919 blieb der Streitpunkt Fiume weiter offen und entwickelte sich zu einer Art Credo aller Italiener, die mit dem Friedensvertrag haderten. Einer von ihnen war Gabriele D'Annunzio, dessen Name heute untrennbar mit dem inneralliierten Streit um Fiume verbunden ist. Als berühmtester italienischer Dichter seiner Zeit genoss D'Annunzio sowohl in Italien als auch international einen ausgezeichneten Ruf, etwa bei Literaten wie James Joyce, Marcel Proust oder Henry James, der ihn zu den größten Schriftstellern des Fin de Siècle zählte. D'Annunzio engagierte sich politisch vor allem als prominenter Wortführer der Irredentistischen Bewegung. Diese strebte die Eingliederung aller »italienischen« Gebiete an, die bei der Vereinigung Italiens zum Nationalstaat in der zweiten Hälfte des 19. Jahrhunderts »unerlöst« *(irredenti)* geblieben waren.[214] Im Jahr 1915, im Alter von 52 Jahren, war D'Annunzio aus Frankreich nach Italien zurückgekehrt, um gegen die Mittelmächte in den Krieg zu ziehen.[215] Als Kampfflieger hatte er sich als außergewöhnlich mutig erwiesen, wobei der Oberstleutnant D'Annunzio seinem Ruf als größter Kriegerpoet Italiens ganz bewusst mit einer Reihe waghalsiger Aktionen nachhalf – darunter ein Luftangriff auf das von k.u.k. Truppen kontrollierte Triest und der Abwurf von Propagandaflugblättern über Wien.[216]

Wie andere Veteranen erwartete auch D'Annunzio den entsprechenden Lohn für seine Opfer. Doch dann kursierte nach Woodrow Wilsons Appell an die Italiener in der Armee das Gerücht, die Regierung stehe kurz davor, dem amerikanischen Druck nachzugeben. Dieser Verdacht schien sich zu erhärten, als Francesco Saverio Nitti, Wirtschaftswissenschaftler und Führer des radikalen Flügels der Liberalen Partei, Orlando am 19. Juni 1919 als Ministerpräsident nachfolgte.[217] Nittis Berufung wurde von den Delegationen der anderen Großmächte in Paris ausdrücklich begrüßt, da sie ihn für einsichtiger hielten als den zurückgetretenen Orlando. Ungeachtet dieses Rufs und der bereitwilligen Unterzeichnung des Versailler Vertrags mit Deutschland Ende des Monats rückte aber auch Nitti in der Fiume-Frage keinen Fingerbreit von der Position seines Vorgängers ab – zu groß war die Angst vor der Reaktion italienischer Nationalisten im Falle eines Einlenkens. Die nationalistische Rechte glaubte jedoch nicht, dass Nitti sich beim Streit um Fiume würde durchsetzen können. Also entschloss sich D'Annunzio zum Handeln. Am frühen Morgen des 11. September brach er von Ronchi (slowenisch Ronke), das rund achtzig Kilometer nordwestlich der umkämpften Adriastadt lag, zu seinem berühmten »Marsch auf Fiume« auf – zunächst mit weniger als 200 Soldaten, denen sich jedoch rasch weitere anschlossen.[218] Als er schließlich in einem knallroten Fiat die Außenbezirke Fiumes erreichte, war seine mittlerweile um gepanzerte Fahrzeuge verstärkte Armee auf 2000 Mann angeschwollen. Ohne eine einzige Kugel abzufeuern, übergab die größtenteils aus Italienern bestehende alliierte Stadtgarnison D'Annunzio die Befehlsgewalt über Fiume.[219]

In den nächsten 15 Monaten herrschte D'Annunzio als unangefochtener Führer *(Duce)* über die Metropole der »Italienischen Regentschaft am Quarnero«, die über eine eigene Verfassung und eigenes Geld verfügte. D'Annunzio war kein Faschist im eigentlichen Sinne, und Fiume blieb nach damaligen Maßstäben auch weiterhin ein erstaunlich friedlicher Ort, doch für italienische Nationalisten sollte sich der neue Stadtstaat schon bald zu einem zentralen Bezugspunkt entwickeln.[220] Mussolini, der dem Fiume-Abenteuer anfänglich eher skeptisch gegenübergestanden hatte, sollte sich später einiges von D'Annunzios politischen Experimenten und Ritualen abschauen und von diesem Elemente des imperialen säkularen Nationalismus sowie so manche symbolische Aktion übernehmen, etwa den »Marsch auf Rom«, der zumindest teilweise D'Annunzios Marsch auf Fiume nachempfunden war.[221]

Die Regierung in Rom verurteilte D'Annunzios Unterfangen und verhängte eine Seeblockade gegen die »Regentschaft am Quarnero«, unternahm aber keinen ernsthaften Versuch, den Duce mit Gewalt abzusetzen. Erst im Dezember 1920, kurz nach der Unterzeichnung des Vertrags von Rapallo, der Fiume zum Freistaat erklärte, entschloss Rom sich endlich zum Eingreifen. Am Heiligen Abend 1920 gaben D'Annunzio und seine Anhänger nach Artilleriebeschuss durch italienische Kriegsschiffe die Stadt schließlich auf. Der Schriftsteller setzte sich in einer Villa am Ufer des Gardasees zur Ruhe, doch sein politisches Vermächtnis wirkte fort, und die Rückgewinnung Fiumes blieb auf der Agenda italienischer Nationalisten. Bald schon widerrief Mussolini, dem populistischen Beispiel D'Annunzios folgend, Teile des Rapallovertrags. Nach dem faschistischen Staatsstreich von 1922 wurde die Stadt abermals italienisch und blieb es, bis sie nach Ende des Zweiten Weltkriegs Teil der Volksrepublik Jugoslawien wurde.[222]

Von Smyrna nach Lausanne

Italiens Großmachtbestrebungen nach 1918 gingen weit über Fiume hinaus. Im Londoner Vertrag von 1915, der Italiens Kriegseintritt aufseiten der Alliierten besiegelte, war Rom ein »gerechter Anteil« des Osmanischen Reiches versprochen worden, sollte dieses nach Kriegsende zerschlagen werden. Um deutlich zu machen, dass man diese vagen, aber aus Sicht Italiens verbindlichen Zusagen nicht vergessen hatte, besetzten italienische Truppen ohne vorherige Rücksprache mit den Alliierten die Hafenstädte Adalia (Antalya) in Südanatolien und Marmaris. In Paris kam überdies das Gerücht auf, ein italienisches Kriegsschiff habe Kurs auf Smyrna genommen – die mehrheitlich christlich besiedelte westanatolische Hafenmetropole, die auch Griechenland für sich beanspruchte.[223]

Um ein weiteres Vordringen Italiens in Anatolien zu verhindern, schlug Lloyd George am 6. Mai vor, einem anderen alliierten Staat, nämlich Griechenland, die Besetzung von Smyrna und dessen Umgebung zu gestatten. Wilson willigte überraschenderweise sofort ein, nicht zuletzt weil er den Italienern Einhalt gebieten wollte. Daraufhin bestellte Lloyd George den griechischen Ministerpräsidenten Eleftherios Venizelos ein und legte ihm nahe, seine Truppen für die Landung in Smyrna bereitzuhalten. Venizelos war begeistert.[224]

Venizelos schien wie gemacht für die Aufgabe, ein neues mediterranes Großreich mit engen Bindungen an London zu errichten. Der studierte Rechtsanwalt und Begründer der Liberalen Partei wurde 1864 als Sohn eines wohlhabenden Händlers auf Kreta geboren. Wegen der Beteiligung des Vaters am Aufstand von 1886 musste die Familie vor den dort herrschenden Osmanen aufs griechische Festland fliehen. 1910 wurde Venizelos Ministerpräsident, 1914 warb er für den Kriegseintritt Griechenlands aufseiten der Alliierten, was ihn in Konflikt mit König Konstantin brachte. Konstantin hatte in Deutschland studiert und war mit Sophie von Preußen, einer Schwester des deutschen Kaisers, verheiratet. Obwohl er aus seinen Sympathien für Deutschland keinen Hehl machte und Schwager Wilhelm ihm den Ehrentitel eines Generalfeldmarschalls der preußischen Armee verliehen hatte, sprach sich der König 1914 für die Neutralität seines Landes aus. Ministerpräsident Venizelos unterstützte kurz darauf gegen den erklärten Willen seines Königs die Landung britischer und französischer Truppen in der früheren osmanischen Hafenstadt Saloniki (Thessaloniki), was zu seiner Entlassung führte. Doch auch der König verhielt sich nicht strikt neutral, da er Anfang 1916 deutschen und bulgarischen Streitkräften den Durchmarsch durch Ostmakedonien und Thrakien gestattete.[225] Draufhin riefen Venizelos und seine Anhänger für den 16. August 1916 zu einer Massendemonstration in Athen auf. Der Kampf zwischen dem König und dem abgesetzten Ministerpräsidenten führte schließlich dazu, dass zwei rivalisierende Lager von Athen beziehungsweise von Saloniki aus über ein de facto geteiltes Land herrschten. Venizelos entschied mit einer alliierten Seeblockade des von Konstantin kontrollierten Staatsgebiets den Machtkampf schließlich für sich und zwang den König im Juni 1917, zugunsten seines jüngeren Sohnes Alexander zurückzutreten und ins Exil zu gehen.

Alexander war der bevorzugte Kandidat der Allierten für die Thronfolge gewesen, da er anders als sein Vater einer Allianz mit dem Westen zugeneigt war. Wie von London und Paris erhofft, berief Alexander Venizelos erneut zum Ministerpräsidenten und verkündete kurze Zeit später den Kriegseintritt seines Landes aufseiten der Alliierten. Nach dem Sieg über die Mittelmächte erwartete nun auch Griechenland den Lohn für seine Treue. Lloyd George versicherte dem griechischen Ministerpräsidenten, die Friedenskonferenz werde einer Eroberung Smyrnas durch die Griechen nicht im Wege stehen. Venizelos hatte also allen Grund zu glauben, dass er in dieser Angelegenheit die uneingeschränkte Unterstützung der britischen Regierung genoss. Er ignorierte die Bedenken des bei dem Treffen anwesenden britischen Feldmarschalls Henry Wilson, der ausführte, die Besetzung könne zu einem neuerlichen Krieg mit ungewissem Ausgang führen, da die osmanische Armee zwar geschlagen, aber nicht völlig vernichtet sei. Diese Einschätzung teilte Lord Curzon, Balfours rechte Hand im Außenministerium, der den griechischen Ministerpräsidenten in mehreren Memoranden eindringlich davor warnte, die Regenerationsfähigkeit der türkischen Streitkräfte zu unterschätzen.[226]

Wilson und Lord Curzon waren nicht die einzigen hochrangigen Militärstrategen, die eine griechische Besetzung Smyrnas entschieden ablehnten. Als Venizelos Anfang 1915 erstmals mit dem Gedanken gespielt hatte, im Austausch für weitreichende Gebietsgewinne in Anatolien der Entente beizutreten, hatte er den Rat von Oberst Ioannis Metaxas eingeholt, Vordenker des militärischen Erfolgs im Ersten Balkankrieg 1912 und später, zwischen 1936 und 1941, Führer der griechischen Militärdiktatur. In zwei Kommuniqués zu Kleinasien wies Metaxas Venizelos explizit darauf hin, dass die von osmanischen Christen bewohnten Küstenregionen schon schwer genug zu verteidigen seien. Weitere Gebiete Westanatoliens zu besetzen sei gefährlich, weil dort viele Muslime lebten, die sich gegen eine Fremdherrschaft erheben könnten, derweil die Ebenen der Region türkischen Gegenoffensiven aus dem anatolischen Hinterland schutzlos ausgeliefert wären. Jede Invasion könne leicht enden wie Napoleons katastrophaler Russlandfeldzug, da die türkischen Verteidiger sicher versuchen würden, die Angreifer ins Landesinnere zu locken, wo im Sommer wie im Winter extreme Temperaturen herrschten.[227]

Venizelos schlug alle diese Warnungen in den Wind. Er sah sich 1918/19 auf der Siegerseite und wollte diese einzigartige historische Gelegenheit nutzen und den Traum von der Wiedergeburt des antiken griechischen Mittelmeerreichs verwirklichen, das ihm zum Greifen nahe schien. Die *megali idea* – die »große Idee« der griechischen Expansion nach Kleinasien, durch die das Kernland mit den verschiedenen irredentistischen Bevölkerungen unter osmanischer Herrschaft wieder vereint werden würde – war seit der Revolution von 1843 ein immer wiederkehrendes Leitmotiv in der politischen Debatte des Landes. Seit Griechenland eine unabhängige konstitutionelle Monarchie war, hatte die stete Ausweitung der griechischen Grenzen und der zunehmende Einbezug vormals irredentistischer griechischer Minderheiten in den Nationalstaat große Hoffnungen auf eine Angliederung der beträchtlichen christlich-orthodoxen Minderheit im Osmanischen Reich geweckt, die vor allem die westanatolische Küste und deren Hinterland sowie den Pontos am Südufer des Schwarzen Meeres besiedelte. Während dieser Zeit war die christlich-orthodoxe Gemeinde Smyrnas, deren Wurzeln bis in die byzantinische Zeit reichten, enorm gewachsen, hatte die florierende Wirtschaft der Stadt und ihrer Umgebung viele mittellose Einwanderer vom griechischen Festland und den östlichen Ägäisinseln angelockt. Obwohl sich dieser Trend mit den ethnisch-religiösen Spannungen infolge des Ersten Balkankriegs von 1912 umkehrte, waren 1914 noch immer 200 000 der insgesamt 350 000 Einwohner Smyrnas griechisch-orthodoxe Christen.[228] Auch die Pontosgriechen stellten eine zahlenmäßig nicht zu unterschätzende Größe dar, vor allem in und um die Schwarzmeerstädte Sampson (Samsun) und Trapezous (Trabzon), wenngleich sie nie die Mehrheit in der vorwiegend muslimisch bevölkerten Region stellten.[229] Nach offiziellen osmanischen Erhebungen betrug die Zahl der Christen des Pontos 530 000, während es die Muslime auf fast eine Million brachten.[230]

Am 15. Mai, nur gut eine Woche nach Venizelos' schicksalhafter Unterredung mit Lloyd George, landeten griechische Invasionstruppen in Smyrna, was von den Christen mit Begeisterung aufgenommen wurde, bei Muslimen jedoch einen Sturm der Entrüstung hervorrief und zur spontanen Gründung des »Nationalkomitees zur Verweigerung der Annexion« *(Redd-i İlhak Heyt-i Milliyesi)* führte, das die türkische Bevölkerung zum Widerstand gegen die Invasoren aufforderte.[231]

Es dauerte nicht lange, bis sich die Spannungen gewaltsam entluden. Hasan Tahsin, ein türkischer Flüchtling aus Saloniki, der während des Krieges in der »Spezialorganisation« der KEF gekämpft hatte, feuerte den ersten Schuss auf die angelandeten griechischen Soldaten ab.[232] Die griechischen Truppen stürmten daraufhin die nahegelegene türkische Kaserne und zwangen die Besatzung, in Reih und Glied zum Hafen zu marschieren – eine Prozession, in deren Verlauf die Gefangenen »die furchtbarsten Demütigungen über sich ergehen lassen mussten«, wie sich der britische Geschäftsmann Donald Whittal erinnerte, der Zeuge der Ereignisse von Smyrna wurde.[233] Ein türkischer Soldat, der ins Straucheln geriet und aus der Reihe stolperte, kam umgehend durch griechische Bajonette zu Tode – ein Mord, dem weitere folgen sollten. Am Hafen stationierte britische Offiziere berichteten, dass die Leichen ermordeter türkischer Soldaten ins Meer geworfen wurden. Örtliche Kriminelle und nationalistische Banden nahmen sich das Verhalten der griechischen Soldaten zum Vorbild. Angeblich aus Vergeltung für die Unterdrückung der Christen während des Weltkriegs zogen sie wahllos mordend, prügelnd, plündernd und vergewaltigend durch die muslimischen Viertel der Stadt. Den Gewaltexzessen fielen an nur einem Tag 300 bis 400 muslimische Zivilisten und Soldaten zum Opfer. Die griechischen Truppen hatten zwei Tote zu beklagen.[234]

Obwohl das Kriegsrecht verhängt wurde und der griechische Militärkommandant öffentlich appellierte, »die persönlichen Freiheiten und religiösen Überzeugungen der [muslimischen] Mitbürger« zu achten, setzte sich die Gewalt unvermindert fort – vor allem in den ländlichen Gebieten der erythräischen Halbinsel, von wo viele griechischstämmige Christen zu Kriegszeiten deportiert worden waren.[235] Ein orthodoxer Christ aus Vourla (Urla) beschrieb in seinem Tagebuch, wie er und seine griechischen Nachbarn »in die umliegenden türkischen Dörfer einfielen und begannen, sie zu plündern« und manche anschließend in Brand zu stecken.[236] Nachrichten von den Gräueltaten in Smyrna und dessen griechisch besetztem Hinterland drangen bald auch nach Paris, wo sie mit Entsetzen aufgenommen wurden. »Die Vorfälle von Smyrna«, merkte ein alliierter General an, »haben zweifellos das Leben eines jeden Christen in der Türkei in höchste Gefahr gebracht, da die Türken die Landung der Griechen dort als vorsätzliche Verletzung ihres Waffenstillstandsvertrags durch die Alliierten und den möglichen Beginn weiterer unberechtigter Übergriffe erachten.«[237]

In Reaktion auf die blutigen Vorfälle ernannte Venizelos seinen ebenfalls aus Kreta stammenden Freund Aristidis Stergiadis zum Hochkommissar und entsandte ihn nach Smyrna. Stergiadis war einer der wenigen griechischen Beamten, die Muslime und muslimische Traditionen mit Respekt behandelten. Ungeachtet des Drucks vonseiten der orthodoxen Kirche und des Ältestenrats der Stadt wandte er sich gegen die Einführung antimuslimischer Gesetze, beharrte auf Rechtsgleichheit und beließ niedere muslimische Verwaltungsangestellte im Amt.[238] Die Bilanz seiner auf Ausgewogenheit zwischen den

Volksgruppen bedachten Administration war durchaus nicht ohne Erfolge, doch in Griechenland leidet sein Andenken bis heute darunter, dass er die Stadt 1922 einen Tag vor der Rückeroberung durch die türkische Armee verließ, nicht ohne seinen Glaubensbrüdern vorher zu versichern, dass sie von den vorrückenden muslimischen Truppen nichts zu befürchten hätten.

Während sich von Mitte 1919 an die Lage in der Stadt unter dem Hochkommissar weitgehend stabilisierte, eskalierte sie im Hinterland weiter, wo die griechische Armee die Kontrolle zu erlangen versuchte. Den gesamten Sommer 1919 über gingen bei den Alliierten Berichte über von griechischen Truppen und türkischen Freischärlern verübte Gräueltaten an der Zivilbevölkerung sowie unzählige Morde und Vergewaltigungen ein. Zu besonders schweren Übergriffen kam es während der Schlacht um Aidini (Aydin) im Juni 1919, in der mal die eine, mal die andere Seite die Oberhand gewann und die Stadt mehrmals in die Hände des Gegners fiel. Kaum hatten griechische Truppen die Stadt erobert, zwangen irreguläre türkische Verbände *(çete)* diese mit einem konzertierten Gegenangriff zum Rückzug, bei dem die Griechen das türkische Stadtviertel in Brand setzten und viele Muslime niedermetzelten.[239] Die Türken rächten sich umgehend, indem sie christliche Zivilisten ermordeten und das griechische Viertel niederbrannten.[240] Bei der Rückeroberung der Stadt durch die griechische Armee setzte eine neue Welle von Gewalt und Vergeltung ein. Ein griechischer Soldat erinnerte sich: »Wir umzingelten die Stadt, und je näher wir kamen, desto lauter vernahmen wir Gebrüll und den Lärm von Gewehren und Granaten. Es war die Hölle. Die reguläre türkische Armee zog sich zurück, doch die *çete* zogen mordend und plündernd durch die Straßen, folterten Griechen und Armenier und trieben Frauen für ihre Harems zusammen … In einer griechischen Wohngegend waren ganze Familien mitsamt der Kinder in ihren Häusern niedergemetzelt worden. Griechische Flaggen waren zerrissen und mit Fäkalien beschmutzt. Einigen der toten Griechen hatte man Fahnenstangen in den Hintern getrieben. Die Brunnen voller Leichen … Dann begannen die Vergeltungsaktionen – Moscheen gingen in Flammen auf, die Bärte der Hodschas wurden angezündet; anderen Muslimen

Griechische Infanteristen rücken im Griechisch-Türkischen Krieg auf der anatolischen Hochebene vor. Trotz anfänglicher Erfolge stießen die Invasoren bald auf erbitterten türkischen Widerstand.

zogen sie die Hosen herunter und feuerten ihnen dann eine Kugel in den After … Ein Priester kam mit einem Säbel in der Hand aus dem Haus und schlachtete jeden wie Vieh ab, der ihm auf der Straße entgegenkam. Die Türken hatten seine Frau und eine seiner Töchter umgebracht … Er ließ niemanden, nicht mal einen Hund, am Leben.«[241]

Eine im Juli 1919 einberufene interalliierte Untersuchungskommission aus hochrangigen britischen, französischen, italienischen und amerikanischen Militärs ging den Berichten über griechische Gräueltaten nach und bestätigte viele der türkischen Vorwürfe. Der Kommission zufolge lag die Schuld an der Eskalation vorwiegend bei den Griechen, was den internationalen Rückhalt der Athener Intervention weiter schwächte.[242] Während Athen seine Verbündeten irritierte, einten die griechischen Übergriffe in Kleinasien den zersplitterten und geographisch weit verteilten türkischen Widerstand, der nun zunehmend unabhängig von der ungeliebten Regierung des Sultans in Konstantinopel operierte. Nur vier Tage nach der griechischen Besetzung Smyrnas war Mustafa Kemal, der künftige Anführer dieses türkischen Widerstands, im Schwarzmeerhafen Samsun von Bord gegangen. Offiziell war er als Armee-Inspekteur im Auftrag des Sultans unterwegs, doch insgeheim verfolgte er den Plan, die türkisch-nationalistische Opposition gegen den griechischen Einmarsch zu organisieren. Da die osmanische Führung offensichtlich unfähig oder nicht willens war, die anatolische Küste zu verteidigen, suchten viele prominente nationalistische Offiziere nach alternativen Möglichkeiten zur Rückkehr ins Soldatenleben, um im Namen einer neugeborenen »muslimischen und türkischen Nation« an der Ägäis gegen die Griechen zu ziehen. Viele von ihnen hofften wohl auch, die schmerzhafte Erinnerung an den verlorenen Krieg durch einen Sieg in diesem Konflikt zu überwinden.[243] Später sollten die Türken den Tag von Kemals Ankunft in Samsun feiern, und zwar unter Bezug auf den Mustafa Kemal 1935 verliehenen Ehrennamen Atatürk (»Vater der Türken«) als Atatürk-Gedenktag.

Vor 1914 hatte kaum jemand von dem ehrgeizigen Offizier aus Saloniki gehört, doch schon bald war Kemal in der Türkei kein Unbekannter mehr.[244] Sein Ruhm gründete auf seiner Schlüsselrolle bei der Verteidigung des Osmanischen Reiches während der verhängnisvollen Landung der Alliierten auf der Gallipoli-Halbinsel im April 1915.[245] Als sich die türkischen Truppen bereits am ersten Tag der Invasion auf einen ungeordneten Rückzug begaben, war er an einen wichtigen Frontabschnitt geeilt, hatte die kopflos flüchtenden Soldaten neu formiert und einen Gegenangriff mit aufgesetzten Bajonetten befohlen. Sein kühner Gegenschlag brachte die alliierte Offensive zum Stillstand und leitete den monatelangen erbitterten Grabenkrieg ein, der mit 340 000 Toten bis zum Abzug der Alliierten von der Halbinsel eine erschreckend hohe Opferzahl forderte.[246]

Die Verteidigung Gallipolis machte Mustafa Kemal zum Helden. Bis Kriegsende brachte er es zunächst zum Brigadegeneral und schließlich zum Befehlshaber der Siebten Armee in Syrien. Zwar musste seine Armee bei der alliierten Offensive Mitte September 1918 eine vernichtende Niederlage hinnehmen, doch für viele seiner Landsleute – auch wenn sie dem zu Kriegszeiten regierenden Komitee für Einheit und Fortschritt (KEF) skeptisch gegenüberstanden – blieb er derjenige, der das Reich 1915 gerettet, 1916 den russischen Vormarsch gestoppt und unter widrigsten Bedingungen den geordneten Rückzug der Truppen aus Syrien bewerkstelligt hatte. Dass er nicht allzu eng mit der nun

Mustafa Kemal und sein Generalstab bei der Strategiebesprechung. Als Reaktion auf die griechische Landung in Westanatolien nahm der von Kemal angeführte türkisch-nationalistische Widerstand massiv zu.

diskreditierten KEF-Führung verbandelt war, ließ Kemals Beliebtheit nach Ende der Kampfhandlungen sogar weiter steigen. Zwar war er KEF-Mitglied und als Verfechter eines nach dem Krieg zu errichtenden türkischen Nationalstaats durchaus auf einer Linie mit den jungtürkischen Idealen, doch aus deren Politik hatte er sich stets herausgehalten und bei den von der KEF-Führung nach 1914 begangenen militärischen Fehlern und zivilen Massakern keinerlei Rolle gespielt.[247]

Ende November 1918 kehrte Mustafa Kemal nach Konstantinopel zurück. Wenig später begann die Besetzung Anatoliens durch die Entente. Auch in Konstantinopel wurden kleinere Garnisonen stationiert, wenn die Hauptstadt auch offiziell vorerst nicht besetzt wurde. Anstatt Bodentruppen schickten die Siegermächte eine Flotte von 55 britischen, französischen, italienischen und griechischen Kriegsschiffen durch den Bosporus, die vor der Hauptstadt ankerte. Sehr zum Ärger vieler muslimischer Osmanen wurde deren Eintreffen von Scharen orthodoxer Christen enthusiastisch begrüßt, insbesondere das griechische Flaggschiff *Georgios Averof*. Die klare Botschaft dieser Geste war, dass die Verletzung der Waffenstillstandsbedingungen eine massive seeseitige Bombardierung Konstantinopels zur Folge haben würde.[248]

Da die führenden KEF-Funktionäre die Hauptstadt schon vor dem Eintreffen der alliierten Flotte fluchtartig verlassen hatten, lag das politische Schicksal des Landes nun in den Händen der Freiheits- und Einigkeitspartei. Die liberalen Erzfeinde der KEF regierten das Reich in der gesamten Waffenstillstandsperiode (1918–1923) und machten die KEF-Politik in vielen Bereichen rückgängig, etwa indem sie versuchten, die deportierten Armenier und Kurden zur Rückkehr zu bewegen – ein letztlich zum Scheitern verurteilter Versuch der Wiederbelebung des Osmanismus. Kemal war wie viele andere Nationalisten überzeugt, dass die Regierung des Sultans nichts unternahm gegen die offensichtlichen Versuche, den türkischen Kern des unterlegenen Imperiums gewaltsam zu zerschlagen. Die weitgehend ungehinderte Landung griechischer Truppen in Smyrna und die Tatsache, dass man den armenischen und kurdischen Unabhängigkeitsbestrebungen in Ostanatolien kaum Beachtung schenkte, schienen diesen Eindruck zu bestätigen. Doch die nationale Opposition war im späten Frühjahr 1919 zutiefst gespalten. Die dezentral und lokal operierenden Widerstandsgruppen waren ausgesprochen heterogen und rekrutierten sich aus örtlichen Kriegsfürsten, ehemaligen jungtürkischen Paramilitärs der »Spezialorganisation«, die im Krieg Armenier massakriert hatten, demobilisierten osmanischen Offizieren, Berufsverbrechern und anderen wenig vertrauenerweckenden Gestalten. Immerhin vermochten sie mit ihrer überlegenen Ortskenntnis und ihrem Rückhalt in der muslimischen Bevölkerung den griechischen Besatzungstruppen immensen Schaden zuzufügen.[249] In dieser Situation sollte Kemal neben seinem militärischen auch sein politisches Können unter Beweis stellen. Gleich nach seiner Ankunft in Samsun gab er sich als Widerstandsführer, erneuerte seine Verbindungen zu alten Kameraden, die nun die Reste des osmanischen Heeres in Ost- und Nordanatolien befehligten, besuchte Versammlungen örtlicher Nationalisten, lobte muslimische Guerilla-Aktivitäten und gab Erklärungen heraus, in denen er die Regierung des Sultans öffentlich kritisierte.[250]

Berichte über Kemals Aktivitäten drangen rasch nach Konstantinopel, woraufhin Großbritannien seine Abberufung forderte. Die osmanische Regierung beorderte ihn daraufhin in die Hauptstadt zurück, doch statt dem Befehl nachzukommen, legte er am 23. Juni 1919 sein offizielles Amt nieder. Unmittelbar danach führte er den Vorsitz eines nationalistischen Kongresses in Erzurum, der am 23. Juli 1919 (nicht zufällig dem elften Jahrestag der jungtürkischen Revolution von 1908) zusammentrat.[251] Damit tat sich zwischen nationalistischer Opposition und Sultansregierung in Konstantinopel eine Kluft auf, die unüberbrückbar war. Bei den für Ende 1919 anberaumten Parlamentswahlen fuhr Kemals »Verteidigung der Rechte«-Bewegung einen erdrutschartigen Sieg ein.

Im Januar 1920 verabschiedete das neue osmanische Parlament einstimmig den sogenannten Nationalpakt *(Misak-i Millî)*, der zwei zentrale Postulate enthielt: Das erste erklärte die bei der Unterzeichnung des Waffenstillstands von Moudros nicht besetzten Gebiete zum unteilbaren Heimatland der nichtarabischen osmanischen Muslime. Das zweite verlangte, dass die Zukunft der besetzten arabischen Gebiete und der vormals russischen Provinzen Kars, Ardahan und Batumi (die den Osmanen durch den Vertrag von Brest-Litowsk zugefallen waren) sowie Westthrakiens (das zwar seit 1912 bulgarisch war, von 1919 an aber zu Griechenland gehörte) durch Volksentscheide geregelt werde.[252] Kein anderes Parlament der im Weltkrieg unterlegenen Staaten hatte seine revisionistische Agenda bis dahin derart offensiv vertreten. Die Briten reagierten mit einer Machtdemonstration: Im März 1920 besetzten sie Konstantinopel und ließen eine Reihe prominenter Nationalisten in Gewahrsam nehmen. Daraufhin löste der Sultan das Parlament auf. Kemal dagegen beugte sich dem Druck nicht, sondern verlegte das Parlament kurzerhand ins entlegene Ankara – eine Stadt fernab der alliierten Truppen und Kriegsschiffe. Er ließ jeden alliierten Soldaten auf dem von ihm kontrollierten Gebiet verhaften, darunter auch den britischen Oberst Alfred Rawlinson, der in geheimer Mission nach Anatolien entsandt worden war, um zu sondieren, welche Friedensbedingungen Kemal womöglich akzeptieren würde.[253]

Was die nationalistischen Gemüter noch mehr aufbrachte als die Besetzung Konstantinopels war die Unterzeichnung des drakonischen Vertrags von Sèvres am 10. August 1920 durch die Regierung des

Sultans. Im letzten Vertrag der Pariser Friedenskonferenz erklärten sich die Delegierten der nun weitgehend isolierten Sultansregierung bereit, maßgebliche Teile der in Kemals »Nationalpakt« genannten Gebiete an Griechen, Armenier und Kurden abzutreten und auch im Rest des Landes fremde Einfluss- und Herrschaftsbereiche zu akzeptieren.[254] Darüber hinaus sollte das Osmanische Reich die Kontrolle über seine Finanzen fast gänzlich einbüßen. Gemäß Artikel 231 des Vertrags hatten die Osmanen »Verluste und Opfer jedweder Art« zu verantworten, »für die sie in vollem Maße reparationspflichtig« seien. Wie im Falle der Weimarer Republik waren sich die Alliierten auch bei der Nachkriegstürkei vollkommen darüber im Klaren, dass das Land niemals zur Zahlung derartiger Reparationen in der Lage sein würde – schon gar nicht nach dem Verlust der arabischsprachigen Landesteile. Deshalb war im Vertrag die Bildung einer Finanzkommission vorgesehen, bestehend aus je einem Vertreter Frankreichs, des Britischen Empire und Italiens sowie – in beratender Funktion – einem türkischen Repräsentanten. Dieses Gremium besaß weitreichende Befugnisse, unter anderem hatte es die vollständige Verfügungsgewalt über die Regierungsausgaben und die Bewilligung künftiger Staatsanleihen. Kein anderes Mitglied der besiegten Mittelmächte musste sich einem solchen Eingriff in seine staatliche Souveränität unterwerfen. Für türkische Nationalisten war dies eine weitere, höchst drastische Form der demütigenden Einmischung Europas in osmanische Angelegenheiten, die im 19. Jahrhundert ihren Anfang genommen hatte.[255]

Die deprimierende Aussicht, dass das Land noch weiter territorial zergliedert wurde und eine jahrzehntelange Schuldknechtschaft bevorstand, verschaffte den Nationalisten um Kemal weiter Auftrieb, zumal das Parlament in Ankara sowohl die Bedingungen des Vertrags von Sèvres als auch den Anspruch der Sultansregierung, das türkische Volk zu vertreten, rigoros ablehnte.[256] Ungeachtet der alliierten Auffassung, dass nun Frieden herrsche, kämpften Kemal und seine Männer einfach weiter. Im September 1920, nicht einmal einen Monat nachdem der Vertrag von Sèvres den Armeniern einen unabhängigen Staat unter Einbeziehung türkischen Gebiets zugesprochen hatte, griffen Kemals Truppen Armenien von Süden aus an. Trotz beharrlicher armenischer Gegenwehr drängten die Türken den Gegner immer weiter zurück, bis dieser am 17. November kapitulierte.[257]

Mit außerordentlichem Geschick gelang es Kemal zudem, die politische Ausgrenzung seines Landes zu überwinden, indem er sich den Beistand der ebenfalls isolierten Moskauer Regierung sicherte. Zwar hegte er kaum Sympathien für den Kommunismus, doch wusste er genau, dass er und die Bolschewiki einen gemeinsamen Feind hatten: Großbritannien. Kemal erkannte, dass allein die von Ankara und Moskau gleichermaßen beanspruchten Territorien der 1918 unabhängig gewordenen Republiken Armenien, Georgien und Aserbaidschan Türken und Bolschewiken davon abhielten, sich gegen die westliche Aggression zusammenzuschließen. Den Bolschewiki gefiel Kemals Vorschlag zu einer Kompromisslösung. Die Verhandlungen mit dem neuen Volkskommissar für Nationalitätenfragen, Josef Stalin, kamen gut voran und mündeten im Abkommen von Moskau, das die türkischen Nationalisten im März 1921 mit der Sowjetregierung schlossen. Danach sollte das Gebiet der im Frühjahr 1918 ausgerufenen unabhängigen Republik Armenien zwischen der Türkei und der Sowjetunion aufgeteilt werden. Zudem erkannte Moskau die neuen türkischen Grenzen an und damit auch, dass die Provinzen Kars und Ardahan nun türkisch waren. Darüber hinaus verpflichteten sich die Russen in einem geheimen Zusatzprotokoll zur Bereitstellung von zehn Millionen Goldrubel sowie ausreichend Waffen und Munition für die türkischen Nationalisten im Kampf gegen den westlichen Imperialismus und die griechischen Aggressoren.[258]

Auch im seit Dezember 1918 französisch besetzten Südostanatolien suchte Kemal die militärische Entscheidung.[259] Anfang 1920 gewannen seine Truppen dort eine Reihe entscheidender Schlachten gegen die Französisch-Armenische Legion und kleinere koloniale Kontingente in den Städten Maraş, Antep und Urfa. Als die französischen Truppen Maraş am 10. Februar 1920 räumten und die Bevölkerung damit ihrem Schicksal überließen, drangen türkische Truppen in die Stadt ein und metzelten rund 10 000 Armenier nieder.[260] Der französische Rückzug aus Südostanatolien kam in den folgenden Monaten kaum voran, doch als Kemals südliche Armee Ende 1920 schließlich einen Großteil der Region kontrollierte, erklärte sich Frankreich im Folgejahr zum vollständigen Abzug seiner Truppen bereit.[261]

Bis zum Frühjahr 1921 war es Mustafa Kemal damit gelungen, einen militärischen Konflikt an verschiedenen Fronten auf einen viel leichter beherrschbaren Krieg gegen die Griechen in Westanatolien zu reduzieren. Ein Vermittlungsversuch zwischen Griechen und Türken, den die britische Regierung auf der Londoner Konferenz im Frühjahr 1921 unternahm, scheiterte, woraufhin Lloyd George die Griechen zu einer neuerlichen Offensive in Anatolien ermutigte – nun mit dem erklärten Ziel, Kemals Gegenregierung in Ankara zu stürzen.

Der Feldzug begann vielversprechend. In den kommenden Monaten sollten griechische Truppen rund 400 Kilometer ins Landesinnere vordringen. Doch der entscheidende Sieg blieb ihnen verwehrt. Auch die Einnahme Ankaras durch die zahlenmäßig überlegene griechische Armee scheiterte. Die Verteidiger, nun unter Mustafa Kemals persönlichem Kommando, hielten den Angriffen stand. Trotz niederschmetternder Verluste, darunter achtzig Prozent des Offizierskorps, leisteten die türkischen Verbände verbissen Widerstand und zwangen die Griechen nach dreiwöchigem Blutvergießen im September 1921 zum Rückzug auf eine Verteidigungslinie westlich des Flusses Sakarya. Im Kampf zwischen Griechen und Türken herrschte nun für fast ein Jahr eine Pattsituation.[262] Doch in dieser Zeit bröckelte an der griechischen Heimatfront die Unterstützung für den Krieg.

Zunächst war der griechische Feldzug in Anatolien vor allem mit alliierten Krediten finanziert worden. Mit zunehmender Dauer sah sich Athen aber gezwungen, die Militärausgaben durch Steuererhöhungen und eine inflationäre Geldpolitik zu decken. Die unmittelbaren Kriegskosten beliefen sich inzwischen auf horrende 56 Prozent der Staatsausgaben. Das Gelddrucken hatte längst zu gefährlichen Inflationsraten geführt und die Preise für Grundnahrungsmittel im Vergleich zu 1914 um fast 600 Prozent emporschnellen lassen.[263] Die von Venizelos zunehmend enttäuschten Wähler hatten der Liberalen Partei bei den Parlamentswahlen vom November 1920 außerdem eine verheerende Niederlage beschert, was die Rückkehr König Konstantins aus dem Exil und Venizelos' zeitweiligen Rückzug aus der Politik zur Folge hatte. Doch entgegen allen Versprechungen, sie werde den Kleinasienfeldzug beenden, antwortete die neue Regierung unter Ministerpräsident Dimitrios Gounaris auf Kemals Weigerung zu verhandeln, im Frühjahr 1921 mit einer Verschärfung des Militäreinsatzes. Am 11. Juni 1921 (nach dem julianischen Kalender der 29. Mai, das symbolträchtige Jubiläum der Einnahme Konstantinopels durch islamische Truppen im Jahr 1453), bestiegen König und Ministerpräsident ein Schiff Richtung Smyrna, wo Konstantin den Oberbefehl über die Armee persönlich übernehmen wollte.

Die Verfechter der *megali idea* setzten große Hoffnungen auf Konstantin – der in Anspielung auf die Nachfolge des letzten byzantinischen Kaisers (Konstantin XI. Palaiologos) oft auch Konstantin XII. genannt wurde. Doch gegen alle Erwartungen schlug sich die Anwesenheit des Königs in Kleinasien kaum in militärischen Erfolgen nieder. Als Konstantin Ende 1921 nach Athen zurückkehrte, war seinen Truppen der entscheidende Durchbruch noch immer nicht gelungen. Stattdessen richteten die frustrierten griechischen Soldaten ihren Zorn zunehmend gegen die muslimische Zivilbevölkerung. Die Folge waren systematische ethnische Säuberungen. Eine Untersuchung des Internationalen Roten Kreuzes aus dem Jahr 1921 kam zu dem Schluss, dass

> Teile der griechischen Besatzungsarmee die Ausrottung der muslimischen Bevölkerung betreiben … Die verbürgten Tatsachen – das Niederbrennen von Dörfern, die Massaker, der Terror gegen die Einwohner, die Orte und Zeitpunkte der Vorgänge – lassen daran keinen Zweifel. Die Gräueltaten, die wir gesehen haben oder mit substanziellen Beweisen belegen können, waren das Werk irregulärer Gruppen *(çete)*, bewaffneter Zivilisten und organisierter Einheiten der regulären Armee. Wir wissen von keinen Fällen, in denen diese Vergehen von der Militärführung verhindert oder bestraft worden wären. Anstatt diese Banden zu entwaffnen und aufzulösen, wurden sie in ihrem Vorgehen stets unterstützt, und die regulären Truppen haben eng mit ihnen zusammengearbeitet.[264]

Während das Rote Kreuz über das Niederbrennen muslimischer Dörfer auf der Izmithalbinsel berichtete, begingen muslimische Paramilitärs in der unbesetzten Pontosregion am Schwarzen Meer Rachemorde. Anstoß zu diesen Gräueltaten gab die unüberlegte seeseitige Bombardierung Trabzons und Samsuns Anfang August 1921 – ein Angriff, der bei den Türken Ängste vor einer zweiten griechischen Front im Norden schürte. In der Folge entschlossen sich die Kemalisten, die Gegend von »unzuverlässigen« Christen zu säubern. Einheiten unter Führung des berüchtigten Milizenführers »Topal« Osman fielen über die griechisch bewohnten Dörfer entlang der Küste her und ermordeten etwa 11 000 Bewohner.[265]

Osman hatte schon in den Balkankriegen als Freiwilliger gekämpft, wo ihm eine Verwundung den Spitznamen Topal Osman bescherte – »hinkender Osman«. Im Ersten Weltkrieg spielte er eine tragende Rolle in der »Spezialorganisation« der KEF und war für zahllose Morde an Armeniern direkt verantwortlich. Der Nachkriegskonflikt eröffnete ihm und seinen Männern die Chance, ihre ethnischen Säuberungen fortzuführen. Ein Pontosgrieche erinnerte sich an jenen Tag im Jahr 1921, als Osman und seine mit Gewehren und Äxten bewaffneten Männer in sein Dorf einmarschierten: »Sie trieben die Menschen in der Dorfmitte zusammen. Sie trennten die Kinder von den Übrigen. Sie zogen sie aus und warfen sie in die Brunnen. Dann schmissen sie Steine hinterher. Die Brunnen seufzten. Sie füllten die Kirche, die Schule und die Scheunen mit den Alten und zündeten sie an.«[266] Auch in anderen Orten der Region verübten Spezialeinheiten unter dem Kommando von Major Emin und Oberst Kemal Bey ähnliche Massaker, insbesondere im Juli 1921 in Bafra.[267]

Obgleich die Regierung in Ankara ausdrücklich ein Ende des »Gemetzels« anordnete und die Truppen anwies, die christliche Zivilbevölkerung »lediglich« zu deportieren, setzte sich die Gewalt noch wochenlang unvermindert fort.[268] Das amerikanische Near East Relief Committee ging in seinem Bericht davon aus, dass von den 30 000 Pontosvertriebenen etwa 8000 infolge von Misshandlungen umkamen.[269] Bald überfielen aus den örtlichen Gemeinden rekrutierte griechische Guerillagruppen von ihren Bergverstecken aus ihrerseits muslimische Dörfer und ermordeten deren Bewohner.[270] Als der Widerstand immer hartnäckiger wurde und die türkischen Verluste spürbar anstiegen, verständigte man sich auf einen Waffenstillstand, der den pontischen Griechen freies Geleit zu den Häfen garantierte, von wo sie nach Griechenland gelangten. Es war das Ende der christlich-orthodoxen Gemeinde in der Schwarzmeerregion, wo ihre Geschichte bis ins 8. vorchristliche Jahrhundert zurückreichte.[271]

Die Strategen in Athen und Smyrna waren sich inzwischen einig: Wenn sie den Anatolienfeldzug gewinnen wollten, mussten sie ihn so rasch wie möglich zu Ende bringen. Da die griechische Armee im Spätsommer 1921 große Landstriche kontrollierte – ein Dreieck zwischen Smyrna, Eskişehir und Afyonkarahisar –, erstreckten sich die Versorgungslinien über Hunderte Kilometer Ödland, ein Gebiet, das weder gegen reguläre türkische Truppen noch gegen lokale Aufständische zu verteidigen war. Weit schlimmer war, dass das Unvermögen der Militärführung, Kemals Truppen den entscheidenden Schlag zu versetzen, die gemeinen griechischen Soldaten desillusionierte. Angesichts des militärischen Patts zwischen Sommer 1921 und August 1922 schrieb einer in sein Tagebuch: »Anstatt Ankara einzunehmen, heben wir nun in Anatolien unsere eigenen Gräber aus.«[272]

Während die Generäle in Athen und Smyrna noch darüber nachsannen, wie die Türken zu schlagen seien, gelang es Kemal, die Griechen außenpolitisch weiter zu isolieren. Im März und Oktober 1921 unterzeichneten die Pariser Regierung und die Nationale Bewegung der Türkei Friedensverträge, die den Konflikt in Kilikien beendeten und Kemal die Verlegung von rund 80 000 Soldaten nach Westen gestatteten, so dass er mit neuen Kräften gegen die griechischen Invasoren vorgehen konnte.[273]

Weitaus besorgniserregender als der Nachschub an Soldaten war für Athen die politische Erkenntnis, die mit dem türkisch-französischen Abkommen verbunden war: Im Hinblick auf das Osmanische Reich gab es keine einheitliche alliierte Politik mehr. Mit Worten hielt Großbritannien den Griechen noch immer die Treue, doch militärische oder finanzielle Hilfe verweigerte man ihnen. Als Kemal Anfang 1922 seine Sommeroffensive vorbereitete, zeichnete sich für das griechische Heer – noch immer eine stattliche Streitmacht von 177 000 Mann – eine Katastrophe ab.[274]

Am 26. August 1922 ging Kemals Armee – verstärkt durch süd- und ostanatolische Truppen, sowjetische Waffen und (via Generalmobilmachung) eine Vielzahl neuer Rekruten – zum Angriff über. Vier Tage später fiel die griechische Front nahe der Stadt Afyon (Afyonkarahişar) in sich zusammen. Die griechischen Soldaten waren nicht in der Lage, unter den ununterbrochenen türkischen Attacken mit über 260 Geschützen, Infanterie und Kavallerie neue Verteidigungslinien aufzubauen. Heilloses Chaos brach aus, doch der inkompetente griechische Befehlshaber der kleinasiatischen Streitkräfte, Georgios Hatzianestis, bestand weiterhin darauf, die Truppen an der völlig überdehnten Front von seinem entfernten Hauptquartier in Smyrna aus zu befehligen. Unter den griechischen Soldaten in Zentralanatolien breitete sich schließlich Panik aus. Unter Missachtung sämtlicher Befehle ließen viele ihr schweres Gerät einfach zurück und ergriffen die Flucht. In einem 650 Kilometer langen Streifen machten die zurückweichenden Truppen zahlreiche Dörfer und kleinere Städte dem Erdboden gleich, darunter Uşak, Alaşehir und Manisa, was einen katholischen Missionar in der Region zu der Bemerkung veranlasste, die Griechen hätten nun »jedes Recht verwirkt, von türkischer Barbarei zu sprechen«.[275]

Hastig entwarf man auf griechischer Seite Evakuierungspläne, um zu retten, was noch zu retten war. Zehntausende griechische Soldaten strömten in Richtung Küste zu den Schiffen, die sie in Sicherheit brachten. Mit der Evakuierung endete ein Feldzug, der mehr griechische Soldaten das Leben gekostet hatte als sämtliche Kriege zwischen 1897 und 1918 zusammen. Die Verluste in Kleinasien beliefen sich auf 23 000 Tote und 50 000 Verwundete, dazu kamen noch 18 000 Soldaten in türkischer Kriegsgefangenschaft. Der Feldzug in Anatolien endete mit der verheerendsten militärischen Niederlage der neueren griechischen Geschichte.[276] Doch während die Soldaten über das Meer in Sicherheit gebracht wurden, blieben die christlichen Zivilisten Anatoliens zurück. Im Gefolge der zurückweichenden Armee strömten Zehntausende Flüchtlinge aus Westanatolien nach Smyrna. Bis zum 3. September trafen täglich rund 30 000 verängstigte Christen in der Stadt ein, die sich vor der in Windeseile vorrückenden türkischen Armee in Sicherheit zu bringen suchten, denn im Hafen von Smyrna stand die alliierte Flotte. Weder die Flüchtlinge noch die Einwohner Smyrnas ahnten, dass die britischen, französischen, amerikanischen und italienischen Kommandeure die Einnahme der Stadt durch die Türken – ungeachtet aller Folgen – nicht verhindern würden, denn sie hatten strikte Order, sich neutral zu verhalten.

Die griechischen Stadtoberen wussten es besser, aber sie ergriffen keinerlei Maßnahmen, den massenhaften Exodus christlicher Zivilisten aus Westanatolien in geordnete Bahnen zu lenken und die Flüchtlinge zu evakuieren. Vielmehr forderte der Hochkommissar Aristidis Stergiadis die griechischen Verwaltungsbeamten am 1. September in einem vertraulichen Dekret auf, ihre Sachen zu packen und sich zur Ausschiffung bereitzuhalten, während er den christlichen Einwohnern Smyrnas weiterhin versicherte, sie hätten nichts zu befürchten. Ein Grund für seine Taktik, die Zivilbevölkerung in Smyrna in falscher Sicherheit zu wiegen, war die Sorge, eine über Athen hereinbrechende Welle verarmter und politisierter Flüchtlinge könne dort womöglich eine Revolution auslösen. Nur wenige Tage vor der Einnahme Smyrnas erklärte er: »Besser, wenn sie hierbleiben und von Kemal abgeschlachtet werden, als dass sie nach Athen kommen und dort alles auf den Kopf stellen.«[277] Er selbst verließ Smyrna an Bord eines britischen Schiffes in den Morgenstunden des 8. September. Damit hatten die Griechen Smyrna preisgegeben. Die christlichen Einwohner und Flüchtlinge konnten nun nur noch auf die Gnade der vorrückenden türkischen Truppen und Milizen hoffen. Diese Hoffnung war, wie wir wissen, vergeblich.[278]

Während Smyrna im Chaos versank – die geschätzte Zahl getöteter Christen liegt zwischen 12 000 und 30 000 –, meuterten die evakuierten Truppen auf den Inseln Lesbos und Chios gegen ihre Regierung, der sie die Schuld an der Niederlage gaben. Am 24. September kam es zum Militärputsch. Anführer des Staatsstreichs waren der befehlshabende Offizier der Ersten Heeresgruppe, Oberst Stylianos Gonatas, sowie Oberst Nikolaos Plastiras, dem ein Eliteregiment der königlichen Leibgarde *(Evzonen)* unterstand, das von den Türken den martialischen Beinamen »Armee des Satans« erhalten hatte, weil es sich durch grausame Massaker an Zivilisten hervorgetan hatte. Die mit einer wild zusammengewürfelten Flotte aus Handels- und Kriegsschiffen in Athen einlaufenden Putschisten forderten die Abdankung des Königs, die Auflösung des Parlaments sowie die sofortige Verstärkung der Front in Ostthrakien, wo noch immer gegen die Türken gekämpft wurde. Tatsächlich verzichtete Konstantin am 27. September zugunsten seines Sohnes Georg II. auf den Thron und ging ins sizilianische Exil, wo er im Jahr darauf starb. Venizelos' Partei kam abermals an die Macht. Sechs der führenden Monarchisten, die man für die kleinasiatische Katastrophe verantwortlich machte, wurden zum Tode verurteilt und hingerichtet – darunter der ehemalige Ministerpräsident Dimitrios Gounaris und der unfähige letzte Kommandeur der griechischen Armee in Kleinasien, General Hatzianestis.[279]

Verzweifelt um Schadensbegrenzung bemüht, schloss die neue griechische Regierung am 11. Oktober 1922 in Mudanya mit Kemals Abgesandten einen Waffenstillstand.[280] Mit dem Abkommen verlor Griechenland Ostthrakien an die Türkei und verpflichtete sich zur Evakuierung der verbliebenen griechischen Truppenteile und der örtlichen christlichen Bevölkerung binnen zwei Wochen – ein Vorgang, den der damalige Auslandskorrespondent des *Toronto Daily Star*, Ernest Hemingway, wie folgt schilderte:

> Über zwanzig Meilen erstrecken sich die Karren, gezogen von Kühen, Ochsen und schlammbespritzten Wasserbüffeln, dazu erschöpfte, taumelnde Männer, Frauen und Kinder mit Decken über den Köpfen, die leeren Blickes im Regen neben ihren irdischen Gütern herstapfen … Den ganzen Tag bin ich an ihnen vorbeigekommen, den dreckigen, müden, unrasierten, windgegerbten Soldaten, die diese Wege durch die braune, hügelige, öde Landschaft Thrakiens entlangwandern … Sie sind das, was von Hellas Glanze bleibt. Dies ist das Ende ihrer zweiten Belagerung Trojas.[281]

Das Scheitern des griechischen Heeres in Kleinasien hatte Auswirkungen weit über die Region hinaus und brachte schließlich auch Venizelos' größten Unterstützer unter den Alliierten zu Fall: David Lloyd George. Als Kemals Truppen im September 1922 auf die neutrale Zone in den Dardanellen vorrückten, schien eine militärische Konfrontation zwischen britischen und türkischen Truppen nahezu unvermeidlich. Lloyd George war bereit zum Krieg, blieb aber innen- wie außenpolitisch weitgehend isoliert. Als Westminister militärische Unterstützung aus den Dominions anforderte, lehnten Kanada und Australien rundweg ab, während Südafrika offiziell nicht einmal reagierte. In London beugten sich die Konservativen der öffentlichen Meinung, die einen Waffengang ebenfalls strikt ablehnte, und bekundeten ihre Absicht, die Koalition zu verlassen.

Als Hauptverlierer der sogenannten Chanakkrise erwies sich Lloyd George – der letzte noch amtierende große Staatenlenker des Weltkriegs, dessen Regierung am 19. Oktober 1922 auseinanderbrach.[282] Nun war es an der konservativen Nachfolgerregierung unter Bonar Law, das zerschlagene Porzellan zu kitten. Der von Law erneut ins Außenamt berufene Lord Curzon brach fast umgehend ins schweizerische Lausanne auf, um dort mit dem neuen Regime in Ankara endlich einen dauerhaften Frieden zu schließen. Curzon und sein französischer Kollege Raymond Poincaré vertraten in Lausanne die Siegermächte des Ersten Weltkriegs, doch anders als 1919 in Paris verhandelten sie nun direkt mit den türkischen Delegierten. Auch andere revisionistische Politiker durften an den Gesprächen teilnehmen, darunter Bulgariens Ministerpräsident Stambolijski, der neu ernannte italienische Regierungschef Benito Mussolini sowie Georgi Tschitscherin, der sowjetische Volkskommissar für Auswärtige Angelegenheiten. Die Zusammensetzung spiegelte die nicht mehr zu übersehenden neuen politischen Realitäten in Europa wider.

Der in Lausanne ausgehandelte Vertrag wurde in der Türkei als diplomatischer Triumph gefeiert, da er die drakonischen Bedingungen des Abkommens von Sèvres grundlegend revidierte. Von einem unabhängigen Armenien oder Kurdistan war keine Rede mehr. Die Grenzen der Türkei umfassten nun so gut wie alle türkischsprachigen Gebiete von Ostthrakien bis Nordsyrien. Der Bosporus blieb in türkischer Hand, wenn auch mit einer internationalen Übereinkunft zu dessen Nutzung.[283] Die griechische Delegation und die türkischen Vertreter unter Führung von Kemals getreuem General (und Nachfolger als Präsident der Türkischen Republik) Ismet Inönü kamen ferner darin überein, dass ein Frieden zwischen beiden Ländern von einem »Bevölkerungsaustausch« begleitet werden solle, der zu Beginn der Konferenz bereits in vollem Gange war: 1,2 Millionen griechisch-orthodoxe Anatolier aus der Türkei mussten nach Griechenland übersiedeln, während fast 400 000 Muslime ungefragt in entgegengesetzter Richtung in Marsch gesetzt wurden. Nach der am 30. Januar 1923 in Lausanne unterzeichneten »Konvention über den Bevölkerungsaustausch« galt Religionszugehörigkeit als einziges Kriterium des »Transfers«.

Die Konvention stellte eine radikale Abkehr von den Intentionen dar, die den Minderheitenverträgen von 1919 zugrunde lagen, nämlich Minderheiten in Vielvölkerstaaten rechtlich zu schützen und ethnisch-religiöse Pluralität im postimperialen Europa zu erhalten. Angekündigt hatte sich diese Wende schon im Rahmen der Balkankriege, als Venizelos die Idee einer Umsiedlung ethnischer Minderheiten ins Spiel gebracht hatte. Später wurde sie im Vertrag von Neuilly aufgegriffen, als sich Sofia und Athen auf einen »freiwilligen« Bevölkerungstausch von 100 000 Bulgaren und Griechen einigten, der dazu dienen sollte, endlich die langjährigen Auseinandersetzungen um Westthrakien beizulegen.[284] Im Grunde blieb vielen Bulgaren tatsächlich gar nichts anderes übrig, als Griechenland zu verlassen, doch anders als 1923 hatte der Transfer keinen *verpflichtenden* Charakter. Das unterschied den Vertrag von Lausanne von allen zuvor geschlossenen Abkommen.[285] In den Augen einer breiten Öffentlichkeit bestätigte dieser Vertrag die immer populärer werdende Vorstellung, dass ein »wahrer« Nationalstaat auf dem Prinzip ethnischer oder religiöser Homogenität gründe – und er untermauerte die Idee, dass diese um so gut wie jeden Preis erreicht werden müsse, um dauerhaften Frieden zu garantieren.

Als der Lausanner Vertrag unterzeichnet wurde, hatten die meisten griechisch-orthodoxen Osmanen ihre Heimatdörfer und -städte

Das Unvermögen der Griechen, Mustafa Kemal zu besiegen, hatte weitere katastrophale Folgen und führte letztlich zum erzwungenen »Bevölkerungsaustausch« von weit über einer Million osmanischer Christen und muslimischer Griechen.

in Kleinasien bereits verlassen, in aller Regel unter extrem widrigen Umständen. Mitte September 1922 räumte der Militärgouverneur von Smyrna, Nureddin Pascha, der orthodoxen Bevölkerung Westanatoliens eine (später bis zum 8. Oktober verlängerte) Frist von zwei Wochen zur kompletten Evakuierung ein. Ausgenommen waren Männer zwischen 18 und 45 Jahren, die in Arbeitskommandos beim Wiederaufbau der von den zurückweichenden Griechen zerstörten Städte und Dörfer helfen mussten. Viele dieser Zwangsarbeiter überlebten die Märsche ins Hinterland nicht. Vor allem jene, die im griechischen Invasionsheer gedient hatten, sowie Priester und Lehrer, die man für glühende Verfechter der *megali idea* hielt, fielen systematischen Vergeltungsaktionen zum Opfer. Evripides Lafazanis, ein türkischsprachiger griechisch-orthodoxer Dorfbewohner aus Horoskioi (Horoz-Köy), der in einem dieser Arbeitsbataillone dienen musste, bestätigte, dass Priester und Lehrer als vermeintliche Rädelsführer des griechischen Nationalismus in Anatolien besonders hart bestraft wurden: »Bei uns gab es sechs Lehrer, sechs Lehrerinnen aus Axos und aus Vourla, zwei

Priester und zwei Psalmensänger … Sie übergossen sie mit Benzin und verbrannten sie bei lebendigem Leibe.«[286]

Auch jene, die Anatolien verließen, sahen sich einer ungewissen Zukunft gegenüber. Wer die Strapazen der Vertreibung überlebte, fand sich in Saloniki, in Athen oder auf den griechischen Inseln wieder. Ein zehnjähriger Junge, der es nach Saloniki geschafft hatte, erinnerte sich später: »Wir hungerten. Als wir zwischendurch in Cavala anlegten, nahmen wir nur Wasser an Bord. Die Älteren und die Jüngeren starben, etwa vier oder fünf von ihnen. Ihre Leichen warf man ins Meer.«[287] Der Vertreter des Amerikanischen Roten Kreuzes in Griechenland, Lane Ross Hill, war von den furchtbaren Zuständen in Saloniki schockiert:

> In der Stadt leben 70 000 Flüchtlinge und in den umliegenden Bezirken weitere 70 000. Täglich sterben fast hundert von ihnen. Malaria ist weitverbreitet in den Lagern, und es gibt kein Essen, keine Kleidung, keine medizinische Versorgung oder Medikamente. Wer erkrankt, stirbt … Jeden Tag kommt es an der einzigen Suppenküche in Saloniki, die 7500 Portionen Suppe an Flüchtlinge ausschenkt, zu Ausschreitungen. Um einen Teller Suppe zu bekommen, gehen die Menschen aufeinander los, reißen sich an den Haaren oder schlagen sich gegenseitig nieder … Eine der größten Tragödien sind die regelmäßigen Selbstmorde derjenigen, die die entsetzlichen Bedingungen nicht länger ertragen können. Die Stadt quillt über von Flüchtlingen, sie drängen sich in Schulen, Moscheen, Lagerhallen, Cafés, Kinos, Ruinen, in den Gängen der öffentlichen Schulen, in Bahnhöfen und am Kai.[288]

In Athen, wo der Flüchtlingsstrom aus Anatolien die Bevölkerung der Stadt aufs Doppelte anschwellen ließ, war die Lage kaum besser. »Vor dem Hereinbrechen der Flüchtlinge hatte die Stadt einen fast verschlafenen Eindruck gemacht«, schrieb Henry Morgenthau, damals Vorsitzender der Umsiedlungskommission für griechische Flüchtlinge. »Jetzt waren die Straße voller neuer Gesichter. Fremde Dialekte des

Griechischen bemächtigten sich dem Ohr. Befremdliche Trachten aus dem Inneren Kleinasiens zogen die Blicke auf sich.«[289]

Mit dem Lausanner Abkommen von 1923 wurde die Vertreibung all dieser Menschen im Nachhinein legitimiert. Die noch in Zentralanatolien verbliebenen orthodoxen Christen – insgesamt 192 356 – wurden im Laufe der folgenden Monate nach Griechenland umgesiedelt, während rund 400 000 rumelische (»Balkan-«)Muslime in entgegengesetzter Richtung die Ägäis überquerten. In Griechenland ging das einst von Muslimen bewohnte Land in den Besitz anatolischer Vertriebener über, was die feindselige Haltung der ansässigen Bevölkerung gegen die Neuankömmlinge weiter schürte. Etwa 30 000 Vertriebene waren türkische Muttersprachler und hatten bei der Arbeitssuche und in Bezug auf ihren sozialen Status immer wieder mit Diskriminierungen zu kämpfen. Den Balkanmuslimen erging es kaum besser. Die Muttersprache vieler Neuankömmlinge war Griechisch oder Albanisch. Zudem waren ihre Sitten und Gewohnheiten der Mehrheit der anatolischen Bevölkerung fremd, weshalb sie vielerorts auf Ablehnung stießen.[290]

Die Vertreibungen veränderten beide Länder grundlegend. Aus dem multi-ethnischen Saloniki wurde das griechische Thessaloniki. Die Provinz Makedonia war nun überwiegend griechisch (1923 zu 89 Prozent gegenüber 43 Prozent im Jahr 1912), während sich in Anatolien das christlich geprägte Smyrna in die rein muslimische Hafenstadt Izmir verwandelte. Griechenland, dessen Bevölkerung infolge der »kleinasiatischen Katastrophe« um ein Viertel anwachsen sollte, wurde zum letzten besiegten Staat der »Nachkriegs«-Periode. Das Land, finanziell ohnehin am Boden, war auf Jahre hinaus hoffnungslos verschuldet und die Regierung in Athen nicht in der Lage, notleidenden Flüchtlingsfamilien menschenwürdigen Wohnraum bereitzustellen, so dass bis weit in die 1920er Jahre hinein viele Vertriebene an behandelbaren Krankheiten starben.[291] Der Traum der *megali idea* hatte sich in den Albtraum der *mikrasiatiki katastrofi* gewandelt – der »Großen Katastrophe«. Die Griechen benötigten zwei Notkredite der Bank of England, um den von der Flüchtlings- und Vertriebenenwelle überforderten Staat vor dem völligen Kollaps zu bewahren.[292]

Das Abkommen von Lausanne hatte Folgen weit über den griechisch-türkischen Rahmen hinaus, auf den es zugeschnitten war, denn es handelte sich um ein international sanktioniertes Abkommen, das zwei Staatsregierungen das Recht zugebilligt hatte, große Teile seiner Bewohner allein aufgrund ihrer »Andersartigkeit« auszuweisen. So untergrub es auf fatale Weise die Vorstellung von kultureller, ethnischer und religiöser Pluralität als erstrebenswertes Ideal, das in den europäischen Landimperien im Laufe der Jahrhunderte gelebte Realität geworden war, eine Realität, mit der sich die meisten Menschen trotz aller Probleme recht gut arrangiert hatten.[293] Von Lausanne ging das verheerende Signal aus, dass die vom Westen bekundeten und in den Minderheitenverträgen festgeschriebenen Erklärungen zum Schutz bedrohter ethnischer Minoritäten im Prinzip null und nichtig waren.[294]

Galt das Zusammenleben unterschiedlicher ethnisch-religiöser Gruppen 1919 noch als schützenswert, so schienen sich nach Lausanne jene durchzusetzen, die ethnische Homogenität zur Grundvoraussetzung für die friedliche Koexistenz von Nationalstaaten erklärten. Die Logik des Lausanner Abkommens, das Gewalt zwischen verschiedenen religiösen Gruppen *verhindern* sollte, erwies sich in der Anwendung auf Osteuropa als desaströs, denn in den multi-ethnischen Gebieten der besiegten mitteleuropäischen Großreiche ließ sich die Utopie einer mono-ethnischen oder mono-religiösen Gemeinschaft nur durch massive Gewaltanwendung verwirklichen. Das sollte sich in den folgenden zweieinhalb Jahrzehnten erweisen. Der gewaltsame Prozess der ethnischen Homogenisierung fand erst in den späten 1940er Jahren mit der millionenfachen Vertreibung sogenannter Volksdeutscher aus Mittelosteuropa ein Ende.[295]

Wenige Politiker verfolgten die Entwicklungen in Anatolien zwischen 1918 und 1923 aufmerksamer als Adolf Hitler, der später freimütig bekannte, Mussolini und er hätten seinerzeit zu Kemal aufgeblickt wie zu einem politischen und militärischen Lehrmeister. Mit seinem kompromisslosen Widerstand gegen den Druck der Alliierten rang Kemal Hitler große Hochachtung ab. Wie dieser aus den Trümmern der Niederlage einen radikal säkularen, nationalistischen und ethnisch homogenen Nationalstaat schuf, verdiente in den Augen Hitlers Respekt. Nicht zuletzt die genozidale KEF-Politik gegenüber den Armeniern zu Kriegszeiten und Kemals skrupellose Vertreibung der osmanischen Christen übten einen nachhaltigen Einfluss auf die nationalsozialistische Vorstellungswelt aus. Die ethnischen Säuberungen aus der Gründungszeit der kemalistischen Türkei wurden zur Inspirationsquelle für Hitlers Ambitionen auf ein wiedererstarktes, ethnisch bereinigtes Deutsches Reich in den Jahren bis zum deutschen Angriff auf Polen im September 1939.[296]

AUSBLICK

Der »Nachkrieg« und die europäische Krise des 20. Jahrhunderts

Solange das deutsche Volk in seiner Geschichte einig war, ist es noch nie besiegt worden. Nur die Uneinigkeit des Jahres 1918 führte zum Zusammenbruch. Wer sich daher jetzt an dieser Einigkeit und Einheit versündigt, hat nichts anderes zu erwarten, als daß er als Feind der Nation vernichtet wird.

ADOLF HITLER, »Aufruf an das deutsche Volk«,
3. September 1939

Wir wurden in Trianon ungerecht behandelt und verloren 72 Prozent unseres tausendjährigen Landes; jeder, der etwas besaß, hat seinen Grund und Boden verloren; und als alle anständigen Männer an der Front waren, zettelten die Juden hier eine Revolution an und brachten den Bolschewismus.

MIKLÓS HORTHY in einem Brief an Adolf Hitler,
Juli 1940

WAR 1923 DAS JAHR, in dem Europa endlich wieder Frieden fand? Das Ende der zwischenstaatlichen Konflikte und Bürgerkriege und die beginnende wirtschaftliche Konsolidierung der meisten europäischen Gesellschaften legen dies nahe.

Die Unterzeichnung des Abkommens von Lausanne Ende 1923, das den Konflikt in Anatolien und Ostthrakien beilegte, läutete in ganz Europa eine Phase relativer Stabilität ein.[1] International kam ein neuer Geist der Annäherung auf, der sich in einer Reihe weiterer Verträge niederschlug: im Dawes-Plan von 1924, der die deutschen Reparationszahlungen auf eine realistische wirtschaftliche Grundlage zu stellen versuchte; im Vertrag von Locarno im Folgejahr, in dem Deutschland seine neuen Westgrenzen anerkannte, was das Verhältnis zu Paris wesentlich entspannte; sowie im Briand-Kellogg-Pakt aus dem Jahr 1928, der Krieg als außenpolitisches Instrument grundsätzlich ächtete und ihn nur zur Selbstverteidigung gestattete.[2] Für diese Zeitenwende in den internationalen Beziehungen wurden die wesentlichen Architekten des Locarno-Vertrags – der britische Außenminister Austen Chamberlain sowie seine Amtskollegen, der Deutsche Gustav Stresemann und der Franzose Aristide Briand – mit den Friedensnobelpreisen des Jahres 1925 beziehungsweise 1926 geehrt. Das allgemeine Klima der Annäherung führte in Venizelos' letzter Amtszeit als Ministerpräsident (1928–1932) sogar zu einer symbolischen Aussöhnung zwischen Ankara und Athen, die 1930 in einen Freundschaftspakt mündete. Dieser regelte die nach wie vor strittige Frage der Entschädigung für Zerstörungen und Beschlagnahmungen während des Griechisch-Türkischen Krieges von 1919 bis 1922. Dazu passte, dass Venizelos, der den Krieg begonnen hatte und dessen Armeen in Westanatolien Massaker durchgeführt hatten, Atatürk bei seinem Staatsbesuch in Ankara im Jahr 1930 für den Friedensnobelpreis vorschlug.[3]

Im Zuge dieser Entwicklungen bemühte sich der Völkerbund, die wichtigste internationale Organisation der 1920er und 1930er Jahre, unermüdlich, das durch die Kriege verursachte Flüchtlingselend zu lindern und die internationale Abrüstung voranzutreiben. Seine diversen Unterorganisationen leisteten Beträchtliches in Bezug auf Gesundheitsversorgung, Drogenkontrolle und wirtschaftliche

Zusammenarbeit sowie Arbeitsrecht und nicht zuletzt im Kampf gegen den Menschenhandel.[4] Das alles waren hoffnungsvolle Ansätze, doch schon 1929 geriet Europa erneut in eine Zeit schwerer Krisen und gewaltsamer Unruhen. Als es im Oktober 1929 zum Börsenkrach an der Wall Street kam, ging die kurze Phase wirtschaftlicher Erholung und verbesserter internationaler Beziehungen in Europa jäh zu Ende.

Der New Yorker Börsencrash wirkte sich unmittelbar und verheerend auf Europa aus, da amerikanische Banken nun jene Darlehen abzogen, mit denen der bescheidene Wirtschaftsaufschwung der vorangegangenen Jahre finanziert worden war. Dies traf insbesondere Deutschland, den Empfänger beträchtlicher US-Kredite, die nun gekündigt wurden, was die betroffenen Unternehmen in den Bankrott trieb oder zu massiven Entlassungen zwang. 1931 war ein Drittel der deutschen Erwerbsbevölkerung arbeitslos, und Millionen andere verdingten sich in prekären, kurzfristigen Beschäftigungsverhältnissen.[5]

Das benachbarte Österreich traf die Wirtschaftskrise ebenfalls hart. In den 1920er Jahren taumelte das Land von einer Krise in die nächste und hielt sich mit kurzfristigen Darlehen der Westalliierten ökonomisch nur mühsam über Wasser. Schon vor dem Kurssturz betrug die Arbeitslosigkeit gut zehn Prozent, nach dem Schwarzen Freitag schnellte sie mit dem Konkurs eines der größten Geldhäuser des Landes, der Creditanstalt, sprunghaft in die Höhe. Diese Pleite erschütterte das gesamte mitteleuropäische Bankensystem und schickte die Wirtschaft erneut auf Talfahrt. Auch Bulgarien und Ungarn, ökonomisch ohnehin stark geschwächt, wurden davon schwer getroffen.[6]

Die wirtschaftlichen und politischen Verwerfungen in Europa nach 1929 zerstörten bei vielen Bürgern das letzte Vertrauen in die Demokratie und verstärkten den Wunsch nach einer neuen Ordnung, die alle Übel des westlichen Kapitalismus überwand und das Unrecht beseitigte, das den besiegten Staaten Europas mit den Friedensverträgen zugefügt worden war. Parteien der extremen Rechten und Linken, die die Demokratie schon lange als »ausländisches«, aufgezwungenes System brandmarkten und behaupteten, sie würden die ökonomische und politische Krise mit ihren radikalen Methoden lösen, erhielten immer mehr Zulauf.[7] In Deutschland profitierten gerade Hitlers Nationalsozialisten von der Großen Depression, durch die sie von einer Splitterpartei am äußersten rechten Rand zur stärksten Kraft im Reichstag wurden. Bei den Parlamentswahlen von 1928 hatte Hitler gerade einmal 2,8 Prozent der Stimmen erhalten – ein Wert, der sich bis zur Reichstagswahl vom Juli 1932 auf über 37 Prozent erhöhen sollte. Die Nazis hatten die wirtschaftliche und politische Krise Deutschlands nicht verursacht, aber sie waren deren Hauptnutznießer, unter anderem weil viele Wähler sie zunehmend als einzige ernsthafte Alternative zur Kommunistischen Partei betrachteten, deren Anhängerschaft in der Krise ebenfalls erheblich zunahm. Das scheinbare Unvermögen der demokratischen Kräfte, die Wirtschaftskrise und die tiefgreifenden gesellschaftlichen Konflikte zu bewältigen, trug entscheidend zu Hitlers Wahlerfolgen zwischen 1929 and 1932 bei.[8]

Auch in anderen Teilen Europas trieb die Rezession die Wähler in die Arme extremistischer Parteien und lieferte vielen Politikern einen Vorwand, im Namen von »Stabilität« und »Ordnung« am Parlament vorbeizuregieren. Entgegen der optimistischen Vorhersage des amerikanischen Präsidenten Wilson, die neue Friedensordnung nach 1918 werde die Welt »sicher für die Demokratie« machen, wurden die demokratischen Regierungen in den meisten der 1918 entstandenen europäischen Staaten nach und nach durch autoritäre Regime der einen oder anderen Art abgelöst.[9] In Bulgarien gewann die von der italienischen und deutschen Rechten beeinflusste Soziale Volksbewegung unter Aleksandar Zankow an Zulauf, und am linken Rand legte die kommunistische Bulgarische Arbeiterpartei (BAP) vor allem in den Städten massiv zu.[10] Im Mai 1934 gelang *Sweno*, einer kleinen und elitären Gruppe antimonarchistischer Nationalisten, mit Unterstützung anderer rechtsgerichteter Gruppen ein Staatsstreich.[11] Die neue Regierung verbot politische Parteien und Gewerkschaften, führte die Zensur ein und zentralisierte die Verwaltung nach dem Vorbild des faschistischen Ständestaats in Italien. Innerhalb eines Jahres wurden die *Swenari* jedoch wieder aus dem Amt gedrängt und ihre Führung durch eine Art Königsdiktatur unter Zar Boris III. und dessen fügsamen Ministerpräsidenten Georgi Iwanow Kjosseiwanow ersetzt.[12]

In Österreich löste Kanzler Engelbert Dollfuß Anfang 1933 das Parlament auf und regierte mit diktatorischer Machtbefugnis, wobei er einerseits strikt gegen die Linke vorging und andererseits ein Parteiverbot gegen die österreichischen Nazis verhängte. Nachdem Dollfuß bei einem nationalsozialistischen Putschversuch im Juli 1934 ermordet worden war, regierte sein Nachfolger Kurt Schuschnigg bis zu dem von Hitler erzwungenen Anschluss Österreichs an das Deutsche Reich im Jahr 1938 per Dekret weiter.[13]

Bis Mitte der 1930er Jahre wurden autoritäre Regime oder unverhohlene Diktaturen unterschiedlicher Prägung in Zentral- und Osteuropa zur vorherrschenden Regierungsform, und es schien, als gehöre die Zukunft des Kontinents ihnen.[14] Ihr gemeinsamer Nenner war einerseits die grundlegende Absage an die parlamentarische Demokratie und den Kapitalismus westlicher Prägung und andererseits der Antibolschewismus. Doch es gab auch gravierende Unterschiede zwischen ihnen. In Polen etwa unternahm Józef Piłsudski, der sein Land 1918 zu Demokratie und Unabhängigkeit geführt hatte, 1926 einen Militärputsch und hielt sich bis zu seinem Tod im Jahr 1935 an der Macht. Das Resultat war allerdings kein faschistischer Einparteienstaat, sondern eine Art gelenkter Parlamentarismus gepaart mit einem ausgeprägten Führerkult.[15] In vielen der jungen Staaten Osteuropas fand diese Entwicklung Nachahmer entweder in Form militärischer Staatsstreiche wie 1934 in Estland und Lettland oder per Dekret eines Monarchen wie in Bulgarien und Jugoslawien. Dort löste der jugoslawische König Alexander die Volksvertretung auf, nachdem im Januar 1929 mehrere Führer der Kroatischen Bauernpartei im Parlament erschossen worden waren. Fünf Jahre später wurde er in Marseille selbst Opfer eines Mordanschlags, der sich als gemeinsame Operation der makedonischen IMRO (Bulgarische Nationale Bewegung) und der kroatischen Ustascha entpuppte.[16]

Die Wirren der Jahre nach 1929 wurden gemeinhin von gewalttätigen Ausschreitungen und politischen Morden begleitet, oftmals begangen von jenen, die bereits zwischen 1917 und 1923 eine tragende Rolle in den Konflikten gespielt hatten. In den Jahren zwischen 1923 und 1929 waren körperliche Attacken zwar weit weniger verbreitet als zuvor, doch die Gegensätze blieben bestehen, und die gewaltbetonte Rhetorik und militarisierte, von uniformierten Bewegungen und Straßenkämpfern gestützte politische Aktionen nahmen stark zu, so dass sie schließlich als normal und alltäglich empfunden wurden. Während im linken Lager die durch die Komintern (die Dritte Internationale 1919–1943) von Moskau gesteuerten europäischen Kommunisten weiterhin die Hoffnung hegten, die bolschewistische Revolution über die sowjetischen Grenzen hinaus zu tragen, wollten die Rechten genau das verhindern. Auf der extremen Rechten florierten auch deshalb paramilitärische Bewegungen wie die Sturmabteilung (SA) der Nationalsozialisten, die ungarischen Pfeilkreuzler, die österreichische Heimwehr, die kroatische Ustascha sowie baltische Bürgerwehren wie die Litauische Schützenunion, die lettische *Aizsargi* und die estnische *Kaitseliit*, die versprachen, der latenten Gefahr einer kommunistischen Revolution entgegenzutreten.

Nach dem Ausbruch der Weltwirtschaftskrise entluden sich diese schwelenden Konflikte immer öfter in Zusammenstößen zwischen militanten politischen Gruppen. Viele Länder fielen dadurch zurück in die bürgerkriegsähnlichen Zustände der unmittelbaren Nachkriegszeit. In Deutschland kamen in der Endphase der Weimarer Republik rund 400 Menschen bei Straßenkämpfen ums Leben, und in der österreichischen Alpenrepublik stellte die Ermordung des Kanzlers Dollfuß im Jahr 1934 nur die Spitze eines viel umfassenderen Eisbergs politisch motivierter Gewalt dar.[17] In Bulgarien war das Gewaltniveau während der gesamten 1920er Jahre außergewöhnlich hoch und stieg in den 1930er Jahren noch weiter an. Zu diesem Zyklus von kommunistischer wie antikommunistischer Gewalt und Repression kamen die Auseinandersetzungen um die immer noch ungelöste Makedonienfrage. Die makedonische IMRO, die eine Schlüsselrolle bei der grausamen Ermordung Stambolijskis 1923 gespielt hatte und von Mussolini gestützt wurde, operierte von bulgarischem Boden aus nahezu ungestraft, wobei sie bis zum Jahr 1934 über 460 bewaffnete Aktionen allein in Jugoslawien durchführte, darunter Hunderte von Morden und Entführungen jugoslawischer Soldaten und Polizisten.[18]

Im Südwesten Europas wendeten sich auch Portugal und Spanien von der Demokratie ab und versanken in Gewalt. Im Jahr 1926 führte ein Staatsstreich in Lissabon zunächst zur Errichtung der *Ditadura Nacional* und später zum *Estado Novo* unter António de Oliveira Salazar, der Portugal von 1932 bis 1968 autoritär regierte.[19] In Madrid etablierte General Miguel Primo de Rivera 1923 eine Militärdiktatur, die sich bis 1930 hielt. Nach dem Sturz der Monarchie kehrte Spanien 1931 für einige turbulente Jahre zur Demokratie zurück, bis die von Februar 1936 an regierende Volksfront-Koalition aus Sozialisten und Kommunisten im Juli des Jahres durch einen Militärputsch angefochten wurde. Dem Staatsstreich folgten fast drei Jahre Bürgerkrieg, der eine halbe Million Menschen das Leben kostete und schließlich in die Diktatur von General Francisco Franco mündete.[20]

Bis Ende der 1930er Jahre überdauerten nur zwei der 1918 neu geschaffenen Staaten – Finnland und die Tschechoslowakei – als freiheitliche Demokratien. Letztere fiel schließlich Hitlers Expansionspolitik zum Opfer, der sich nach der Annexion des Sudetenlands 1938 im März 1939 auch noch den Rest Tschechiens einverleibte und den besetzten Gebieten ihre alten habsburgischen Namen Böhmen und Mähren zurückgab.[21] Finnland gelang es, im extrem brutalen Winterkrieg von 1939/40 seine Unabhängigkeit gegen ein sowjetisches Invasionsheer zu verteidigen, musste im Frieden von Moskau (1940) aber territoriale Einbußen hinnehmen.[22]

Das traurige Fazit all dieser Verwerfungen war, dass es am Vorabend des Zweiten Weltkriegs in Europa noch weniger Demokratien gab als vor Ausbruch des Ersten. Selbst in den beiden großen Siegerstaaten des Weltkriegs, Frankreich und Großbritannien, brachte die wirtschaftliche Instabilität eine Reihe extremistischer Bewegungen hervor. Obwohl sie nie auch nur in die Nähe der Macht gelangte, hatte Oswald Mosleys *British Union of Fascists* auf dem Höhepunkt ihrer Beliebtheit im Jahr 1934 nach eigenem Bekunden immerhin rund 50 000 Mitglieder.[23] In Frankreich wurden derweil die politischen Extremisten, links wie rechts, im Laufe der Jahre immer militanter. Paramilitärische Organisationen wie die monarchistische *Action française* und der rechtsgerichtete Veteranenverband *Croix de Feu* fanden immensen Zulauf, so dass Letzterer es Anfang 1936 auf fast eine halbe Million Mitglieder brachte.[24]

Großbritannien wie Frankreich überstanden die Krise als Demokratien, doch um sie herum wurde die Lage nach 1938/39 immer bedrohlicher. Die wiedererstarkten revisionistischen Mächte Deutschland und Italien sowie Japan in Fernost setzten inzwischen alles daran, auch noch den letzten Rest der maroden Sicherheitsarchitektur, die man 1919 in Paris errichtet hatte, zum Einsturz zu bringen.

Der Krieg, der im September 1939 ausbrach und sich von 1941 an zu einem Weltkrieg von historisch beispiellosen Ausmaßen entwickelte, war nicht unvermeidlich, aber letztlich folgerichtig. Viele seiner Ursachen und die Art und Weise, wie er geführt wurde, lassen sich bis in die Endphase des Ersten Weltkriegs und die unmittelbare Zeit danach zurückverfolgen. Im überwiegenden Teil Kontinentaleuropas hatte vor 1914 relative Rechtssicherheit und Stabilität geherrscht, die die Staaten ihren Bürgern garantierten. Und auch noch während des Ersten Weltkriegs wurde das mittels der Polizei durchgesetzte staatliche Gewaltmonopol abseits der Front weitgehend aufrechterhalten, wenngleich der armenische Genozid bereits einen Vorgeschmack auf jene neue Gewaltlogik gab, die bald in großen Teilen Europas verbreitet sein sollte. Mit der russischen Februarrevolution von 1917 bekam dieses Konstrukt unter der Last des Krieges erste Risse, und bald darauf brach es völlig zusammen. Es waren die Niederlage im Weltkrieg und der Zerfall der Vorkriegsordnung, die neuen Akteuren die Möglichkeit eröffneten, gewaltsam um die Macht zu ringen, und zwar ohne jene Zurückhaltung, die bei sozialen und politischen Auseinandersetzungen vor 1918 üblich gewesen war.

Ein unheilvolles Vermächtnis dieser Zeit war somit die neue Gewaltlogik, die in innen- wie außenpolitischen Konflikten üblich wurde und im deutschen Vorgehen an der Ostfront im Zweiten Weltkrieg ihren Höhepunkt erreichte. Das Ziel des deutschen »Unternehmens Barbarossa« von 1941 war eben nicht nur, den Gegner militärisch zu bezwingen und der unterlegenen Sowjetunion harte Friedensbedingungen aufzuerlegen, sondern das Regime zu stürzen und große Teile der Zivilbevölkerung zu ermorden. Ganze Landstriche Mittel- und

Osteuropas sollten von allen Individuen, die als rassisch oder politisch unerwünscht galten, »gesäubert« werden.[25] Diese Logik, die im Umgang mit den vermeintlich »minderwertigen« nichtweißen Bevölkerungen der Kolonialreiche lange Tradition hatte und bereits in den Balkankriegen wie im Völkermord an den Armeniern ihren Ausdruck gefunden hatte, gelangte in den diversen Konflikten zwischen 1917 und 1923 in großen Teilen Kontinentaleuropas zum Durchbruch. Dies bedeutete die radikale Abkehr von den in Europa seit den Religionskriegen unternommenen Bemühungen, bewaffnete Auseinandersetzungen zwischen weißen Europäern einzuhegen, indem man zwischen Kombattanten und Nichtkombattanten unterschied und den Feind als einen *iustus hostis* (gerechten Feind) entkriminalisierte.[26]

In den nationalen wie internationalen Konflikten, in den Bürgerkriegen und zwischenstaatlichen Auseinandersetzungen der 1930er und 1940er Jahre wurden die Gegner aber wieder kriminalisiert und entmenschlicht dargestellt und wahrgenommen. Ein solcher Gegner hatte keine militärische Zurückhaltung und erst recht keine Gnade zu erwarten. Die schon im Ersten Weltkrieg zunehmend schwindende Unterscheidung zwischen Zivilisten und Kämpfern gab es nur noch bedingt. Nicht von ungefähr war in der Zeit von 1918 bis 1923 – und dann erneut in den 1930er Jahren – die Zahl der zivilen Opfer in bewaffneten Auseinandersetzungen im Allgemeinen höher als die der getöteten Soldaten.

Die Kriminalisierung und Entmenschlichung des Gegners betraf äußere Feinde ebenso wie innenpolitische Gegner jeder Couleur. Diese veränderte Haltung gegenüber »feindlichen Zivilisten« erwuchs aus der zunehmend gefühlten Notwendigkeit, »gemeinschaftsfremde« Elemente zu entfernen, bevor eine utopische neue Gesellschaft entstehen konnte, und all jene auszumerzen, die als schädlich für das Gleichgewicht der Gemeinschaft galten. Aufseiten der politischen Rechten stellte die Überzeugung, dass nur eine ethnisch homogene, von inneren Feinden gereinigte Volksgemeinschaft in der Lage sei, einen weithin als unvermeidlich erachteten zukünftigen Krieg zu gewinnen, ein wirkmächtiges Narrativ radikaler politischer Bewegungen dar, und zwar besonders in jenen Ländern, in denen die Bedingungen der Friedensverträge Revisionsbestrebungen hervorgerufen hatten, die durch die Konflikte der unmittelbaren »Nachkriegszeit« eher noch weiter angeheizt wurden. Für die radikale Linke war die Vorstellung von einer »gesäuberten Gemeinschaft« dagegen eine völlig andere: Ihre Gewalt richtete sich vor allem gegen echte und vermeintliche »Klassenfeinde«. Die politische Verfolgung in der Sowjetunion (die in der Großen Säuberung von 1937/38, der ein Prozent der erwachsenen Bevölkerung des Landes zum Opfer fiel, ihren Höhepunkt fand) zielte daher viel allgemeiner auf verdächtige Bevölkerungsgruppen und potenzielle »fünfte Kolonnen« in einem etwaigen Krieg gegen Nazideutschland ab, den Stalin für die späteren 1940er Jahre erwartete.[27]

In den Verliererstaaten des Ersten Weltkriegs wurden Stoßrichtung und Motivation innenpolitischer Gewalt zudem von dem weit verbreiteten Glauben gesteuert, der Ausgang des Krieges sei bis 1918 völlig offen gewesen und die Niederlage der Mittelmächte allein das Resultat inneren Verrats. Anspielungen auf »Verrat« und »Treulosigkeit« sowie diverse »offene Rechnungen« waren folglich allgegenwärtig.[28] Speziell im »Dritten Reich« wurden jene Bevölkerungsgruppen, die man unter anderem für die Ereignisse vom November 1918 verantwortlich machte (Kommunisten, Juden, Pazifisten), zu Opfern des nationalsozialistischen Terrors. Zugleich bereitete Hitler das Land auf den Krieg vor und versprach, er werde mit allen Mitteln verhindern, dass sich der November 1918 jemals wiederhole. Damals habe, so behauptete er, eine kleine Minderheit von Revolutionären und Juden an der Heimatfront die Kriegsanstrengungen sabotiert und damit den militärischen Zusammenbruch herbeigeführt. Die Besessenheit der Nazis von diesem »inneren Verrat« zeigte sich noch im Frühjahr 1945, als Tausende von Deserteuren und »Defätisten« erschossen oder an Laternenpfählen und Bäumen aufknüpft wurden, während die Alliierten die Reichsgrenze bereits überschritten hatten.[29]

Auch in Italien entlud sich die aus der Zeit des Ersten Weltkriegs herrührende innere Gespaltenheit des Landes von Mitte der 1920er Jahre an in gewaltsamen Aktionen des faschistischen Staates und seines Unterdrückungsapparates. Mussolini scheute sich nicht, tatsächlich oder vermeintlich Andersdenkende zu verhaften, brutal einzuschüchtern oder in entlegene Gegenden Süditaliens zu deportieren. Das italienische Äquivalent der Gestapo, die 1926 gegründete politische Polizei (PolPol), operierte über die »Organisation zur Überwachung und Bekämpfung des Antifaschismus« (OVRA) – die unter anderem für die Überwachung der Korrespondenz von Dissidenten zuständig war – in enger Abstimmung mit den örtlichen Polizeikräften. Ähnlich wie die Gestapo verfügten PolPol und OVRA über ein weitreichendes Netzwerk von Informanten, darunter auch ehemalige Sozialisten und Kommunisten, die man zur Zusammenarbeit gezwungen oder mit finanziellen Anreizen für das Regime gewonnen hatte.[30]

Die Beharrlichkeit derartiger Gewaltlogiken ließ sich in den Ländern des einstigen k.u.k. Reichs ebenfalls beobachten, wo krude Vorstellungen von einer gewaltsamen »Entmischung« ethnisch hochkomplexer Regionen mit militantem Antibolschewismus und radikalem Antisemitismus eine verhängnisvolle Verbindung eingingen. Schon der »Weiße Terror« im Ungarn der Jahre 1919/20 hatte offenbart, wie chauvinistisch und rassistisch die Stimmung bei Kriegsende in großen Teilen des Landes war und welch blutrünstigen Ausdruck die Feindseligkeit gegen die Juden bereits gewonnen hatte. Dieser Furor wütete zu Beginn der 1930er bis Mitte der 1940er Jahre mit noch breiterer Zustimmung der Bevölkerung und führte am Ende zur Kollaboration mancher Ungarn beim systematischen Massenmord an den ungarischen Juden während des Zweiten Weltkriegs.[31] Eine militant antisemitische Geisteshaltung war auch in Österreich zunehmend anzutreffen, wo sich tief verwurzelte antisemitische und antislawische Empfindungen der politischen Rechten während des Ersten Weltkriegs noch verstärkt hatten durch den starken Zustrom osteuropäischer Juden in die Hauptstadt. Diese Gefühle sollten weiter zunehmen, als die kurze Phase relativer Stabilisierung Mitte der 1920er Jahre endete und der wirtschaftliche Niedergang einsetzte. Es war gewiss kein Zufall, dass Österreicher – gemessen an der Größe des Landes – unter den Vollstreckern des Holocaust stark überrepräsentiert waren und mit Männern wie Ernst Kaltenbrunner, Odilo Globocnik oder dem in Österreich sozialisierten Adolf Eichmann Teile des Spitzenpersonals der SS stellten.[32]

Die Konditionen der Pariser Friedensverträge sorgten in sämtlichen besiegten Staaten Europas über viele Jahre hinweg für tiefe Verbitterung. Nirgendwo trat diese deutlicher zutage als in Ungarn – wie bei dieser Demonstration in Budapest im Jahr 1931, mehr als zehn Jahre nach Unterzeichnung des Vertrags.

Art und Ausmaß der Gewalt im Zweiten Weltkrieg waren eben auch deshalb wenig überraschend, da es sich bei den Akteuren der späten 1930er und frühen 1940er Jahre oft um dieselben handelte, die schon für die entfesselte Gewalt zwischen 1917 und 1923 maßgeblich verantwortlich gewesen waren. Für viele der deutschen, österreichischen und ungarischen Nationalsozialisten waren die Erfahrungen von 1918/19 der Auslöser ihrer politischen Radikalisierung gewesen. Von ihren politischen Zielen hatten sie sich in den ruhigeren Jahren zwischen 1923 und 1929 keineswegs abgewendet, sondern lediglich mangels Handlungsoptionen deren Umsetzung aufgeschoben. Einige prominente Paramilitärs der unmittelbaren Nachkriegszeit stiegen in den rechten Diktaturen Zentraleuropas auf, etwa in Italien, wo Veteranen der faschistischen Squadristen einflussreiche Posten in Mussolinis autoritärem Staat bekleideten.[33] In Ungarn, wo ein führender Pfeilkreuzler wie Ferenc Szálasi die Zeit zwischen November 1918 und der Unterzeichnung des Vertrags von Trianon 1920 wiederholt als

Moment des »politischen Erwachens« bezeichnet hatte, gründeten die gefürchtetsten ungarischen Milizenführer der Nachkriegszeit, Pal Prónay und Gyula Ostenburg, 1932 sogar die kurzlebige Ungarische Nationalfaschistische Partei *(Magyar Országos Fascist Párt)*. Als Hitler Szálasis Pfeilkreuzler dann 1944 in Ungarn an die Macht brachte, half Prónay bei der Rekrutierung einer neuen Miliz, die in der letzten Schlacht um Budapest gegen die Rote Armee kämpfte.[34]

In Österreich lassen sich personelle Kontinuitäten von den bewaffneten Konflikten der unmittelbaren Nachkriegsperiode zu deren Fortsetzung von 1939 an gleichfalls unschwer ausmachen. So wurde etwa Robert Ritter von Greim, einst Anführer der Tiroler Abteilung des paramilitärischen »Oberlandbunds«, für kurze Zeit Hermann Görings Nachfolger als Befehlshaber der Deutschen Luftwaffe. Auch andere ehemalige österreichische Freikorpsführer gelangten während des Zweiten Weltkriegs in einflussreiche Positionen: Hanns Albin Rauter, der die Radikalisierung der Steirischen Heimwehr entscheidend vorangetrieben hatte, wurde Höherer SS- und Polizeiführer in den besetzten Niederlanden, und sein politischer Weggefährte und Freund Ernst Kaltenbrunner stieg 1943 nach dem Tod Reinhard Heydrichs zum Leiter des wichtigsten nationalsozialistischen Terrororgans, des Reichssicherheitshauptamtes, auf. Diesen Männern boten die faschistischen Diktaturen die Möglichkeit, alte Rechnungen zu begleichen und jene Probleme zu »lösen«, vor die sie sich nach der schmachvollen Niederlage von 1918 gestellt sahen, als die Landimperien Europas zusammenbrachen und angeblich die Gefahr einer globalen bolschewistischen Revolution heraufzog.

Freilich führte der Weg vom Paramilitarismus der Nachkriegsepoche nicht immer direkt in die faschistischen Bewegungen der 1930er Jahre. Viele bedeutende Milizionäre, die 1918 noch unerschütterliche Antibolschewisten und Antisemiten waren, gelangten später zu der Einsicht, dass ihre politischen Ziele mit denen der Nazis wenig gemein hatten. Der ehemalige Heimwehrführer Ernst Rüdiger Starhemberg etwa, der nach 1919 ein enges persönliches Verhältnis zu Hitler gepflegt hatte (und sogar an dessen gescheitertem Putschversuch vom November 1923 beteiligt gewesen war), wandelte sich in den

1930er Jahren zum entschiedenen Gegner der österreichischen Nationalsozialisten, distanzierte sich von seinem einstigen »unsinnigen« Antisemitismus, setzte sich 1938 für die Unabhängigkeit Österreichs ein und diente im Zweiten Weltkrieg sogar als Kampfpilot in den Britischen und Freien Französischen Streitkräften.[35] Starhemberg war nicht der einzige prominente Paramilitär, der erkannte, dass sein Traum von der nationalen »Wiedergeburt« Österreichs mit den Vorstellungen der Nazis unvereinbar war, doch er war einer der wenigen, die diesen Sinneswandel überlebten. Hauptmann Karl Burian etwa, nach Kriegsende Gründer und Führer der kaisertreuen Untergrundorganisation »Ostara«, bezahlte für seine ungebrochen monarchistische Gesinnung nach der Verhaftung durch die Nazis mit dem Leben.[36]

Auch in Deutschland kam es zu blutigen Säuberungswellen unter den einstigen Paramilitärs der »Nachkriegszeit«, insbesondere 1934 in der »Nacht der langen Messer«, als das Regime zahlreiche ehemalige Freikorpsführer in den Reihen der SA ermorden ließ. Das hielt die Nazis jedoch nicht davon ab, die Freikorps als ihre geistigen Vorläufer zu glorifizieren, als Helden, die den Friedensstiftern von Paris 1919 mannhaft die Stirn geboten hätten. Zentrale Führungspersönlichkeiten des »Dritten Reiches« wie etwa Heinrich Himmler oder Reinhard Heydrich verwiesen gern auf ihre Freikorpsvergangenheit, obwohl sie nach 1918 nur recht begrenzt an Kampfhandlungen teilgenommen hatten. Bezeichnend ist auch, dass das Annaberg-Denkmal in Oberschlesien, eine der größten Gedenkstätten, die während der Diktatur Hitlers errichtet wurden, an den Sieg der Freikorpssoldaten über die polnischen Aufständischen im Jahr 1921 erinnerte. Aus nationalsozialistischer Sicht hatten die Freikorps ihren »Sieg in der Niederlage« in der Schlacht um den »heiligen Berg« Schlesiens für jenen gewaltbereiten Revisionismus errungen, den die Nazis seit Ende der 1930er Jahre in die Tat umsetzten.[37]

Auch der aus dem Wunsch nach »Erlösung« der verlorenen Gebiete und Volksgruppen erwachsende Vertragsrevisionismus war ein Vermächtnis der unmittelbaren Nachkriegszeit. Die Konferenz von Lausanne im Jahr 1923 hatte gezeigt, dass sich ein unterlegener Staat durchaus zum Sieger wandeln konnte, wenn er sich dem »Diktat« der

Alliierten nicht beugte. Mustafa Kemal war es gelungen, den Vertrag von Sèvres in Fetzen zu reißen und sein größtes Ziel Wirklichkeit werden zu lassen: den »türkischen Kern« des Osmanischen Reiches in einen homogenen säkularen Nationalstaat zu überführen. Hitler wie Mussolini ließen sich von Kemals »Erfolg« inspirieren und ebenso von dessen Bereitschaft, den westlichen Großmächten Paroli zu bieten und wenn nötig sogar einen Krieg mit Großbritannien zu riskieren. Der gemeinsame Widerstand gegen das 1919 installierte internationale System war es, was Berlin und Rom zusammenschweißte, von der Intervention im Spanischen Bürgerkrieg bis zum Freundschaftsvertrag von 1936, der später die Grundlage der deutsch-italienischen »Achse« im Zweiten Weltkrieg bilden sollte.[38] Die italienische wie die deutsche Propaganda feierten diesen Freundschaftsvertrag als Zusammenschluss von zwei lange unterdrückten, nun aber wiedererstarkten Staaten, deren Feinde ihnen seit Jahren ihren rechtmäßigen Platz unter den Großmächten der Welt verwehrten.[39]

Das Zweierbündnis erreichte globale Ausmaße, als Hitler ein weiteres Abkommen mit Japan schloss, das bald den Namen »Antikominternpakt« erhielt. Trotz aller rassistischen Vorbehalte gegen die Japaner erkannte Hitler, dass die beiden Länder komplementäre geopolitische Interessen verfolgten, vor allem in ihrem Bestreben, die Hemmnisse des in Paris etablierten internationalen Systems zu überwinden. Und auch in Tokio, wo nie ein Regime herrschte, das man im herkömmlichen Sinne »faschistisch« nennen könnte, entdeckten die Politstrategen im Laufe der 1930er Jahre immer mehr Gemeinsamkeiten mit den geopolitischen Zielen des nationalsozialistischen Deutschland und des faschistischen Italien. Die wichtigsten waren womöglich die ideologische Zurückweisung einer liberalen politischen Grundordnung auf der einen und des Bolschewismus sowjetischer Prägung auf der anderen Seite sowie das Bestreben, diesen beiden Alternativen eine nichtkommunistische autoritäre Regierungsform gegenüberzustellen.[40] Die Entscheidungsträger in Tokio erinnerten sich zudem noch gut daran, dass die Vereinigten Staaten und die britischen Dominions die Aufnahme eines Artikels zur »Rassengleichheit« in die Völkerbundsatzung torpediert hatten – eine der japanischen Schlüsselforderungen 1919 in Paris.

Seit Japan in der zweiten Hälfte des 19. Jahrhunderts zur wirtschaftlichen und militärischen Großmacht in Ostasien aufgestiegen war, stand diese Frage ganz oben auf Tokios politischer Agenda. Die eindrucksvollen Siege über die chinesischen Streitkräfte im Japanisch-Chinesischen Krieg von 1894/95 sowie über Russland zehn Jahre später hatten diesen Wunsch noch verstärkt. Dass man ihnen als Siegermacht des Ersten Weltkriegs noch immer die Anerkennung als ebenbürtiger Partner verwehrte, sorgte bei vielen Japanern für tiefe Verbitterung.[41]

Die vollwertige militärische Allianz zwischen Berlin, Tokio und Rom wurde erst mit dem Dreimächtepakt vom September 1940 (dem später noch andere revisionistische Staaten wie Ungarn und Bulgarien beitraten) hergestellt, doch schon der Freundschaftsvertrag und der Antikominternpakt sandten ein klares und besorgniserregendes Signal an die Großmächte des Westens: Die revisionistischsten Staaten der Welt arbeiteten gemeinsam daran, auch die letzten Überreste der Pariser Friedensverträge zu beseitigen.[42]

Mitte der 1930er Jahre stieg die Wahrscheinlichkeit, dass es erneut zu einem großen Krieg kommen würde, bedrohlich an. Weder Hitler noch Mussolini machten einen Hehl aus ihrer tiefen Überzeugung, dass sie darin einen Weg sahen, die »rassische Essenz« ihrer Völker zum Vorschein zu bringen. Beide hielten eine große Abrechnung mit dem Westen und Sowjetrussland auf lange Sicht für unvermeidlich. Mussolini nannte Italiens militärische Auseinandersetzung mit den Westalliierten, die 1940 begann, einen Krieg gegen »die plutokratischen und reaktionären Demokratien des Westens, die stets das Fortkommen des italienischen Volkes behindert und oft sogar dessen schiere Existenz bedroht haben«.[43]

Hitlers erster Schritt zur Aufkündigung der Pariser Friedensvereinbarung von 1919 war die deutsche Wiederbewaffnung, womit er sich offen über die Bestimmungen des Versailler Vertrags hinwegsetzte. Im März 1936 marschierten deutsche Truppen zudem ohne vorherige Rücksprache mit Paris oder London in das entmilitarisierte Rheinland ein. Zwei Jahre darauf annektierte Hitler sein Heimatland Österreich, ein Schritt, der als »Korrektur« des Vertrags von St. Germain von vielen Österreichern – wenn auch sicher nicht von allen –

begeistert begrüßt wurde. Als Hitler seinen unmittelbar hinter der österreichischen Grenze gelegenen Geburtsort Braunau besuchte, bereiteten seine ehemaligen Landsleute ihm einen triumphalen Empfang, und auch in Wien warfen ihm die jubelnden Massen freudetrunken Blumen zu.

Bis zum Anschluss Österreichs im Jahr 1938 ließen die Siegermächte Hitler die Vertragsverstöße durchgehen, da selbst westeuropäische Zeitgenossen dessen Vorgehen als durchaus nachvollziehbare Korrektur diverser Ungerechtigkeiten der Pariser Friedensschlüsse akzeptierten. Erst mit den Angriffen auf die jungen, 1918 an der Ostgrenze des Reiches gegründeten Staaten schlug die Stimmung um. Auf der Konferenz von München im September 1938 gestatteten London und Paris Nazideutschland noch die Einverleibung des am Rande der Tschechoslowakei gelegenen Sudetenlandes, wo immerhin rund drei Millionen »Volksdeutsche« lebten, machten aber deutlich, dass sie keine weitere Expansion hinnehmen würden. Obwohl ein größerer Krieg in München nur noch knapp vermieden wurde, hatte Hitler nicht vor, seine aggressive Außenpolitik aufzugeben. Er beschleunigte die Aufrüstung seiner Armee sogar noch und erhöhte den Druck auf die osteuropäischen Staaten, sich dem deutschen Machtblock anzuschließen.

Ungarn hatte sich Deutschland und Italien zu diesem Zeitpunkt bereits erheblich angenähert. Nach dem Münchner Abkommen und Hitlers Besetzung der »Rest-Tschechei« im März 1939 erwirkte es mit Erfolg die Rückgabe eines Teils der Slowakei und der gesamten Karpatenukraine. Weitere territoriale Gewinne konnte Budapest verbuchen, als Horthy sich mit deutscher Unterstützung auf Kosten Rumäniens und Jugoslawiens zwei Fünftel Siebenbürgens und einen Teil des Banats sicherte. Diese Gebiete fielen Ungarn zu, nachdem Hitler bereits einen umfassenderen Krieg im Osten enfesselt hatte.

Auch Bulgarien schloss sich schließlich der Allianz der europäischen Revisionisten an. Noch bis 1938 versuchte Zar Boris, jede enge Bindung an eine der rivalisierenden Großmächte zu meiden, um eine etwaige Einbeziehung in einen neuen Krieg zu verhindern. Dabei war ihm das außenpolitische Ziel der deutschen Nationalsozialisten – das

Pariser Vertragssystems zu beseitigen – durchaus sympathisch. Nach dem Anschluss Österreichs und der Konferenz von München geriet die Regierung in Sofia vonseiten deutschfreundlicher Nationalisten dann massiv unter Druck. Diese argumentierten, Bulgarien sei der einzige besiegte Staat des Ersten Weltkriegs, der noch nicht von den territorialen Korrekturen der Pariser Friedensverträge profitiert habe. Während Europa im folgenden Jahr weiter dem Krieg entgegentrieb, näherte sich Bulgarien allmählich der deutschen Seite an. Nachdem Deutschland Rumänien zur Unterzeichnung des Vertrags von Craiova genötigt hatte, erhielt Sofia im September 1940 die Süddobrudscha zurück. Im Frühjahr 1941 – Frankreich war besiegt, die Sowjetunion noch immer Hitlers Verbündeter und Großbritannien belagert und weit entfernt – trat Bulgarien dann offiziell den Achsenmächten bei und entsandte Besatzungstruppen nach Makedonien, Westthrakien und in Teile Ostserbiens, wodurch Wehrmachtstruppen für den bevorstehenden Krieg im Osten frei wurden.[44]

Der europäische Krieg, der 1939 ausbrach und zwei Jahre später zum Weltkrieg wurde, war somit im Grunde nicht nur ein gewaltsamer Zusammenprall unvereinbarer politischer Regime, sondern zugleich ein Versuch, verlorene Gebiete und unter »Fremdherrschaft« lebende Minoritäten zurückzugewinnen. Für Hitler und die Nationalsozialisten hatte die »Heimholung« dieser Minderheiten einen hohen Stellenwert, und das galt ebenso für die Regierungen in Budapest und Sofia.[45] Für Ungarn – Deutschlands einstigen und zukünftigen Verbündeten – stellte der Verlust von drei Millionen Magyaren, die seit 1918 unter rumänischer, tschechoslowakischer und jugoslawischer Herrschaft lebten, eine Ungerechtigkeit dar, die mit allen Mitteln korrigiert werden musste. Sofia erging es bezüglich seiner 1919 »verlorenen« ethnischen Bulgaren (etwa eine Million) ebenso.

Die Expansionsbestrebungen der großen Verbündeten Deutschland, Italien, Sowjetunion und Japan reichten jedoch viel weiter, was eine ganze Reihe neuer und konkurrierender neo-imperialer Projekte zur Folge hatte. Innerhalb Europas waren es vor allem die nichtdeutschen und nichtmagyarischen Territorien der einstigen Großreiche Mittelosteuropas, die 1918 ihre Unabhängigkeit gewonnen hatten, wo sich der Zusammenprall dieser neo-imperialen Bestrebungen in besonders extremer Gewalt entlud.[46]

In Japan forderten derweil führende Geschäftsleute und Armeekreise eine Expansion nach Nordchina, um dem Land Gebiete zur Kolonisation und wirtschaftlichen Ausbeutung zu sichern. Große japanische Konglomerate *(zaibatsu)* betrieben in der Mandschurei seit Jahren große Kohle- und Erzminen, für deren Schutz massive japanische Truppenverbände sorgten, die sogenannte Kwantung-Armee. Die Verschlechterung der Beziehungen zu China und die wachsende Angst vor den Sowjets im Norden führten dazu, dass Tokio seine Interessen in der Mandschurei zunehmend bedroht sah. Zugleich setzte die Weltwirtschaftskrise der japanischen Ökonomie schwer zu. Folglich besetzten japanische Streitkräfte auf Betreiben rechtsgerichteter Kommandeure der Kwantung-Armee schließlich im September 1931 die gesamte Mandschurei und errichteten den Marionettenstaat Mandschukuo.[47]

Die Mandschurei-Krise und die wenig entschlossene Reaktion des Völkerbunds auf ein chinesisches Hilfegesuch boten ein Lehrstück, das die anderen revisionistischen Staaten aufmerksam verfolgten, denn hier fügten sich scheinbar weit entfernte Ereignisse zu Teilen eines eng verwobenen Geflechts von Angriffen auf die zwischen 1918 und 1920 etablierte internationalen Ordnung. Mussolini betrachtete die Antwort des Westens (oder deren Ausbleiben) als Einladung, es Tokio gleichzutun, und schlug seinerseits einen aggressiveren außenpolitischen Kurs ein, um größeren Einfluss im Mittelmeerraum und in Nordafrika zu gewinnen und dabei das kleine koloniale Erbe Italiens (Libyen, Somalia, Eritrea) zu einem zweiten Römischen Reich auszubauen.[48] Bereits 1932 schmiedete das italienische Außenministerium Pläne zur Eroberung Äthiopiens (Abessiniens), eines der wenigen afrikanischen Länder, die während des imperialistischen Wettlaufs um Afrika im 19. Jahrhundert nicht unter Kolonialherrschaft geraten waren. Im Oktober 1935 griffen die italienischen Truppen an und brachten das Land bis zum folgenden Frühjahr unter ihre Kontrolle. Bei der Invasion schreckte Rom selbst vor dem Einsatz von Giftgas und der Flächenbombardierung ziviler Ziele nicht zurück.[49]

Japans gewaltsame Expansion nach China und Südostasien wie auch Mussolinis Traum vom *spazio vitale* in Nordafrika und am Mittelmeer fanden ihre Entsprechung in Hitlers Streben nach »Lebensraum im Osten«.[50] Sein imperiales Projekt eines »ethnisch gesäuberten« Siedlungsraums für das deutsche Volk zwischen Warschau und dem Ural wurzelte in Überlegungen aus der Zeit vor dem Ersten Weltkrieg. »Der Osten« galt schon damals als deutscher Sehnsuchtsort für wirtschaftliche Ausbeutung und Kolonialisierung.[51] Der Vertrag von Brest-Litowsk, mit dem das deutsche Kaiserreich 1918 (wenn auch nur kurzzeitig) zu einem bedeutenden europäischen Landimperium geworden war, hatte die Wahrnehmung Osteuropas als Land ungeahnter Möglichkeiten noch verstärkt. Hitlers Vorstellung vom Osten als künftigem Lebensraum einer vermeintlich wachsenden deutschen Bevölkerung stellte aber eine besonders drastische Version dieser vieldiskutierten Idee dar, erst recht was deren Umsetzung während des Krieges betraf: Die Ermordung oder der bewusst herbeigeführte Hungertod von Millionen unerwünschter Menschen hatte keine Entsprechung in den Kolonialplänen für Osteuropa, die zur Zeit des Ersten Weltkriegs diskutiert wurden. Hitlers Besessenheit von der Idee, mit Gewalt eine neue Rassenordnung in den osteuropäischen Weiten durchzusetzen, war letztlich aber doch eine Konsequenz aus seiner Interpretation der historischen Ereignisse: Wenn es dem kaiserlichen Deutschland vor und im Ersten Weltkrieg nicht gelungen war, Osteuropa zu »zivilisieren« und auf Dauer zu unterwerfen, dann wohl doch, weil die damals gewählten Mittel nicht radikal genug waren. Der Krieg der Zukunft musste nach seiner Auffassung daher ein »totaler Krieg« sein, wie Erich Ludendorff ihn in seinem gleichnamigen, erstmals 1935 veröffentlichten Buch bezeichnet hatte. Nach Hitlers Verständnis war dieser »totale Krieg« nur zu gewinnen, wenn er zugleich gegen innere wie äußere Gegner geführt würde.[52]

Die Triebfeder der expansionistischen und imperialistischen Strategie aller drei Achsenmächte war der Rassismus, der in den Augen ihrer Anführer die Eroberung weiterer, von »minderwertigen Rassen« – seien es nun Slawen, Chinesen oder Afrikaner – bewohnter Gebiete legitimierte und ebenso die willkürliche Ermordung oder

Unterdrückung feindlicher Zivilisten. Während das japanische Regime in Lippenbekenntnissen die Schaffung einer panasiatischen »Wohlstandssphäre« versprach, gestattete es seinen Soldaten, koreanische und chinesische Frauen massenhaft sexuell zu missbrauchen und Männer wie Frauen zu ermorden.[53] Auch Mussolini ging schon vor Ausbruch des Zweiten Weltkriegs dazu über, zwecks »Befriedung« seines neu eroberten Territoriums in Afrika große Teile der äthiopischen Intelligenz zu liquidieren. Die extremste Variante des biologischen Rassismus entwickelte sich allerdings in Deutschland: Der unter Kriegsbedingungen weiter verschärfte Antisemitismus der Nazis, der spätestens von 1942 an darauf zielte, jeden Juden im deutsch besetzten Europa zu ermorden, war einzigartig in der Welt.[54]

Nach dem deutschen Überraschungsangriff auf die Sowjetunion im Jahr 1941 prallte Hitlers Vision eines ethnisch bereinigten Reichs in Osteuropa mit den dortigen nationalen Unabhängigkeitsbestrebungen gewaltsam aufeinander und ebenso mit den bis 1918 zurückreichenden imperialen Großmachtplänen der Sowjets. Diese hatte Lenin unmittelbar nach Ende des Ersten Weltkriegs zeitweilig auf Eis legen müssen. Sein Traum, das Territorium des einstigen Zarenreichs unter der roten Fahne erneut zu einen, schien in weite Ferne zu rücken, als sich die Sowjetregierung im Jahr 1920 zum Abschluss von Friedensverträgen mit Estland und Lettland gezwungen sah, in denen Moskau faktisch allen Ansprüchen auf das Baltikum abschwor. Wenige Monate später, 1921, musste man im polnisch-sowjetischen Vertrag von Riga die Kontrolle über das westliche Weißrussland, Ostgalizien und Wolhynien an Warschau abtreten.

Andernorts waren die Bolschewiki erfolgreicher, wenn es darum ging, die 1917/18 – in den letzten Monaten des Krieges – verlorenen Gebiete zurückzugewinnen. Am Ende des gewonnenen Bürgerkriegs hatte Lenin bereits die Kontrolle über Armenien, Aserbaidschan, Georgien und die Ukraine wiedererlangt.[55] Doch damit gab sich die Moskauer Führung nicht zufrieden. Bis Ende 1939 sicherte sie sich im geheimen Zusatzprotokoll zum Hitler-Stalin-Pakt erneut die Herrschaft über das Baltikum und Ostpolen, so dass Finnland zum einzigen Territorium des ehemaligen Romanow-Reichs wurde, das seine

Unabhängigkeit langfristig behaupten konnte. Als Hitler dann unter Verletzung des Deutsch-Sowjetischen Nichtangriffspakts in die Sowjetunion einmarschierte und damit scheiterte, seine imperialen Träume vom deutschen »Lebensraum« zwischen Warschau und dem Ural zu verwirklichen, bot sich Stalin die Möglichkeit, das Sowjetimperium noch weiter auszudehnen, indem er an seiner Westgrenze eine Reihe von Satellitenstaaten schuf, die später den Ostblock bildeten. Nicht einmal dreißig Jahre nach dem Zusammenbruch des Romanow-Imperiums 1918 war die Sowjetunion damit größer und mächtiger, als es das Zarenreich je gewesen war.[56]

Zeitzeugen, die die unruhigen Jahre von 1917 bis 1923 selbst miterlebt hatten, sahen die Kontinuitäten zwischen dieser Periode und dem Zweiten Weltkrieg ungleich deutlicher, als viele Historiker es seither getan haben. In dem Bestreben, die Welt um sich herum zu deuten oder ihre eigenen geopolitischen Ziele geschichtlich einzuordnen und zu legitimieren, haben führende Politiker vor und während des Zweiten Weltkriegs immer wieder auf die »Nachkriegszeit« verwiesen. In seiner berühmten Rede zum zwanzigsten Jubiläum der *Fasci di combattimento* im Jahr 1939 unterstrich Benito Mussolini beispielsweise die zentrale Bedeutung der Nachkriegsjahre für den Aufstieg des Faschismus und die Notwendigkeit, all jener mit Taten zu gedenken, die in den gewaltsamen Auseinandersetzungen jener Zeit ihr Leben gelassen hatten:

> Am 23. März 1919 haben wir die schwarze Fahne der faschistischen Revolution gehisst, dieser Speerspitze einer europäischen Erneuerung. Veteranen der Schützengräben und junge Männer haben sich um diese Flagge geschart und Gruppen gebildet, die danach trachteten, gegen feige Regierungen und todbringende östliche Ideologien zu marschieren und die Menschen vom bösen Bann des Jahres 1789 zu befreien. Tausende von Kameraden haben, im wahrsten Sinne des lateinischen Wortes, wie Heroen gekämpft und sind rings um diese Fahne gefallen – auf den Straßen und Plätzen Italiens, in Afrika und Spanien. Doch in unseren Herzen wird ihr Andenken stets lebendig sein. Einige mögen

> die Leiden der Nachkriegsjahre vergessen haben *(ein Zwischenruf aus der Menge: »Niemand!«)*, doch die *squadristi* haben nicht vergessen, sie können nicht vergessen *(ein weiterer Zwischenruf: »Niemals!«)*.[57]

Kein Jahr später, im Juni 1940 – Mussolini hatte sein Land gerade aufseiten der Achsenmächte in einen Krieg geführt, in dem italienische Truppen im Mittelmeer, in Nordafrika, auf dem Balkan und in Russland kämpfen sollten –, kam er wieder auf dieses Thema zurück und erklärte, die faschistische nationale »Revolution« sei durch die nun bevorstehende »Abrechnung« Italiens mit seinen äußeren Gegnern in Kürze vollendet. Der Krieg, in den Italien nun eintrete, behauptete er, sei »lediglich ein logischer Schritt in der Weiterentwicklung unserer Revolution«.[58]

Auch Hitler bezog sich in seinen Reden und symbolischen Gesten wiederholt auf die »Nachkriegsjahre«, sei es in seiner Rede an das deutsche Volk am Tag des Angriffs der Wehrmacht auf Polen oder nach dem deutschen Sieg über Frankreich im darauffolgenden Sommer. Seine Entscheidung, den Waffenstillstand mit Frankreich vom Juni 1940 im selben Eisenbahnwaggon im Wald von Compiègne unterzeichnen zu lassen, in dem die Deutschen im November 1918 ihre Niederlage eingestanden hatten, war ein überaus symbolträchtiger Akt, dessen Bedeutung ebenso breit verstanden wurde wie die Annexion Danzigs und Westpreußens im Jahr zuvor: Der »Führer« war im Begriff, das historische Unrecht, das man Deutschland am Ende des Ersten Weltkriegs angetan hatte, zu korrigieren.

In den baltischen Staaten und in der Ukraine weckte der Zweite Weltkrieg ebenfalls Erinnerungen an jene Kriege, die man zwanzig Jahre zuvor gegen die Rote Armee geführt hatte. Zumindest zu Beginn des »Unternehmens Barbarossa« begrüßten viele Nationalisten in der Region den deutschen Angriff auf die Sowjetunion als Chance auf die Rückkehr zur 1918 erstmals erlangten staatlichen Unabhängigkeit. Auch weiter nördlich, in Finnland, betonte der nach dem sowjetischen Angriff von 1939 erneut zum Oberbefehlshaber ernannte Carl Mannerheim in seiner ersten Ansprache an die finnischen Streitkräfte, der

Die Schmach der Niederlage im Ersten Weltkrieg war auch in Hitlers Reden ein zentrales Thema. Deutsche Soldaten schauen 1940 zu, wie der Eisenbahnwaggon, in dem Deutschland den Waffenstillstand von 1918 unterzeichnet hatte, aus einem Museum abtransportiert wird. 22 Jahre später, nach der Niederlage Frankreichs im Jahr 1940, zwang man die französische Delegation, im selben Waggon ihre Niederlage einzugestehen.

bevorstehende Krieg sei lediglich eine Fortführung des 1918 entbrannten Konflikts: »Tapfere Soldaten Finnlands! Wie schon 1918 greift unser Erbfeind wieder unser Land an ... Dieser Krieg ist nichts anderes als der letzte Akt unseres Unabhängigkeitskrieges.«[59] Doch der Winterkrieg sollte sich keineswegs als »letzter Akt« des Dramas erweisen, da auf ihn zwischen 1941 und 1944 der brutale »Fortsetzungskrieg« folgte. Bis zum heutigen Tag behaupten viele finnische Nationalisten daher, ihr Land habe nie am Zweiten Weltkrieg teilgenommen, sondern zwischen 1918 und 1944 einen blutigen Kampf über diverse miteinander verkettete Episoden um seine staatliche Unabhängigkeit geführt.

Wie die Worte Mussolinis und Mannerheims offenbaren, waren die Konflikte, die sich zum Ende des Ersten Weltkriegs und unmittelbar danach gewaltsam Bahn brachen, für Zeitzeugen zu Beginn des

Zweiten Weltkriegs noch immer höchst präsent, denn mit diesen Konflikten wurden alte Strukturen vernichtet und neue geschaffen, historische Entwicklungen beendet und andere angestoßen oder vorangetrieben. Die Nachkriegsepoche hat das kollektive Gedächtnis der europäischen Völker tief geprägt – entweder als Zeit der Revolutionswirren, als Zeit des nationalen Triumphs oder der tief empfundenen nationalen Schmach, die es mit einem weiteren Krieg zu sühnen galt. Damit ist diese Zeit ein Schlüssel zum Verständnis der Logik und Ziele jener Gewaltzyklen, die oft über 1945 hinaus andauerten und sich in Jugoslawien sogar bis in die 1990er Jahre fortsetzten. Als der größtenteils vom politischen Geschick Josip Broz Titos zusammengehaltene Vielvölkerstaat nach dem Fall des Eisernen Vorhangs in einem grausamen Bürgerkrieg versank, führten sämtliche Parteien als Rechtfertigung für die von ihnen begangenen Gräuel Ungerechtigkeiten an, die sie in der ersten Jahrhunderthälfte erlitten hatten.

Auch außerhalb Europas sollten die Vermächtnisse des Ersten Weltkriegs und seiner Nachwehen noch jahrzehntelang wirken. Lenins und Wilsons Reden zur Selbstbestimmung und zu den Rechten kleiner Staaten hatten Anti-Imperialisten von Nordafrika bis nach Fernost beflügelt, denn überall auf der Welt forderten aufkeimende Entkolonialisierungsbewegungen nun Rassengleichheit, Autonomie oder gar völlige Unabhängigkeit. Solche Bewegungen wurden in der Regel gewaltsam unterdrückt, und so verging in der Zwischenkriegszeit kaum ein Jahr, in dem Paris oder London nicht mit der Niederschlagung irgendwelcher Unruhen in ihren Kolonialreichen beschäftigt waren. Es bedurfte jedoch eines weiteren großen Krieges, bis die weltweite Auflösung maritimer imperialer Großreiche in den 1950er und 1960er Jahren zu einem Ende kam, die mit dem »Wilson'schen Moment« des Jahres 1918/19 begonnen hatte.[60]

Als die dauerhaftesten dieser postimperialen Konflikte sollten sich die Auseinandersetzungen in den einst osmanisch beherrschten arabischen Gebieten erweisen. Hier kommt es seit fast einem Jahrhundert mit großer Regelmäßigkeit zum Ausbruch von Gewalt – unter rhetorischem Rückgriff auf die »ungelösten Fragen« und Ungerechtigkeiten der Jahre seit 1918. Und es darf durchaus als bittere Ironie der

Geschichte gelten, dass die verschiedenen hundertsten Jahrestage des Ersten Weltkriegs – vom Kriegsausbruch 1914 bis zum nahenden Jubiläum des »Kriegsendes« von 1918 – von Bürgerkriegen in Syrien und im Irak, der Kernforderung des »Islamischen Staates«, das Sykes-Picot-Abkommen von 1916 zu revidieren, einer Revolution in Ägypten sowie gewaltsamen Zusammenstößen zwischen Juden und Arabern wegen der Palästinafrage begleitet wurden. Das wirkt, als gelte es zu beweisen, dass einige der im »Großen Krieg« und in den nachfolgenden Jahren aufgeworfenen, aber nie gelösten Streitpunkte ihre brennende Aktualität noch immer nicht verloren haben.

Dank

Die Arbeit an einem Buch, das sich dem Thema der Gewalt widmet, kann ebenso einsam wie deprimierend sein. Und dennoch waren trotz des düsteren Themas die Recherche wie der Prozess des Schreibens zutiefst erfüllend und sogar durchaus erfreulich, nicht zuletzt weil ich beides in der angenehmen Gesellschaft vieler anregender Kollegen und Freunde tun durfte, die allesamt auf die eine oder andere Weise zu seiner Vollendung beigetragen haben. Seit ich vor fast einem Jahrzehnt begann, mir über die Themen dieses Buches Gedanken zu machen, habe ich mehr Dankesschulden angehäuft, als ich je in der Lage wäre zu begleichen. Zumindest einigen zu danken, die mir in dieser Zeit auf vielfältige Weise geholfen haben, kann nicht mehr sein als ein öffentliches Eingeständnis dieser Schuld.

In den letzten acht Jahren hatte ich das große Glück, in Dublin leben und arbeiten zu dürfen – einem der wohl dynamischsten Orte für das Studium des Ersten Weltkriegs und moderner Konflikte im Allgemeinen. Unzählige Gespräche mit meinen brillanten Dubliner Kollegen und Freunden – insbesondere John Horne, William Mulligan und Alan Kramer – haben mir maßgeblich dabei geholfen, einige meiner Thesen zuzuspitzen und andere zu verwerfen. Zwischen 2007 und 2009 haben John Horne und ich einem vom Irish Research Council geförderten Projekt zu paramilitärischer Gewalt nach 1918 vorgestanden, das den Ausgangspunkt eingehender Überlegungen darüber bildete, wann genau der Erste Weltkrieg tatsächlich endete. Daran anschließend folgte zwischen 2009 und 2014 ein vom European Research Council finanziertes Projekt über den europäischen »Nachkrieg«, das ich die große Ehre hatte, leiten zu dürfen. In dieser Zeit nahmen die Ideen, die dieses Buch durchziehen, allmählich Gestalt an. Dass daraus dieses Buch entstand, verdanke ich zum Teil der Zusammenarbeit mit zwölf außergewöhnlich begabten Postdoktoranden am Zentrum für Kriegsstudien des University College Dublin – allesamt Fachleute für diese Periode, die seither beachtliche akademische Karrieren eingeschlagen haben: Tomas Balkelis, Julia Eichenberg, Maria Falina, Mark Jones, Matthew Lewis, James Matthews, Matteo Millan, John Paul Newman, Mercedes Peñalba-Sotorrio, Gajendra Singh, Dmitar Tasić und Uğur Ümit Üngör. Ohne die maßgebliche empirische Forschung dieser Postdoktoranden zu Palästina, den baltischen Staaten, Polen, Deutschland, Spanien, Italien, dem Balkan, dem späten Osmanischen Reich und Bulgarien hätte ich dieses Buch niemals schreiben können.

Zum nie abreißenden Strom neuen empirischen Materials aus ihrer Arbeit kamen die Ergebnisse einer Forschungsseminarreihe, die wir in Dublin über Jahre hinweg abhielten und auf der Dutzende internationaler Experten auf dem Gebiet der Geschichte Europas und der Welt vorgetragen haben. Jeder dieser Gastredner hat unsere internen Diskussionen bereichert, ebenso all jene Wissenschaftler, die an den diversen internationalen Tagungen über die »Nachkriegszeit« teilgenommen haben, die in Dublin oder an anderen Universitäten in aller Welt stattfanden. Ganz besonders danke ich meinen beiden Forschungsadministratorinnen in Dublin, Christina Griessler und Suzanne d'Arcy, für die harte Arbeit, die sie in die Organisation dieser Veranstaltungen investiert haben, sowie meinen großzügigen Gastgebern bei den Workshops und Konferenzen zum selben Thema in Moskau (Nikolaus Katzer), Buenos Aires (María Inés Tato) und im westaustralischen Perth (Mark Edele). Rudolf Kučera war des Weiteren so freundlich, mich zur Eröffnung einer Tagung über »Nachkriegs«-Gewalt an der Tschechischen Akademie der Wissenschaften in Prag einzuladen und mir Teile seiner eigenen Forschungsergebnisse zur Tschechoslowakei der Zwischenkriegszeit vor der Veröffentlichung zugänglich zu machen. Für beides bin ich ihm sehr dankbar.

Dankbar bin ich auch der Harry Frank Guggenheim Foundation und dem European Research Council für die Finanzierung der Arbeit einer großen Anzahl herausragender Forschungsassistenten, die mich ständig mit Primärquellen versorgt haben wie auch mit Übersetzungen neuester Veröffentlichungen in Sprachen, deren ich nicht mächtig bin. Jeder Autor, der versucht, eine kompakte Geschichte der besiegten Staaten Europas am Ende des Ersten Weltkriegs zu verfassen, sieht sich vor dem Problem, mit Quellen in vielen verschiedenen Sprachen – von Russisch über Ungarisch, Bulgarisch und Deutsch bis Türkisch – arbeiten zu müssen, die ein einziger Wissenschaftler niemals alle beherrschen kann. Diese Liste wird noch länger, nimmt man Länder wie Italien und Griechenland hinzu, die den Krieg offiziell gewannen, aber das Gefühl hatten, den Frieden verloren zu haben. Ich habe versucht, die oftmals hervorragenden Forschungsarbeiten, die in diesen Sprachen erschienen sind, so weit wie möglich zu berücksichtigen.

Besonders bedanken möchte ich mich an dieser Stelle für die Hilfe von Jan Bockelmann in Berlin, Dmitar Tasić in Belgrad, Nikolai Vukov in Sofia und Spyros Kakouriotis in Athen. Ebenso bei Ursula Falch, die für mich eine große Anzahl von Dokumenten in verschiedenen Archiven in Innsbruck, Wien und Linz zusammengetragen hat, bei Eric Weaver (Budapest) und bei Matteo Pasetti (für seine Expertise und seine Übersetzungen italienischer Schlüsseltexte). Rudolf Mark half mir beim Ausfindigmachen russischer Schlüsseltexte und Bildquellen. Außerordentlich profitiert habe ich zudem von der jahrelangen engen Zusammenarbeit mit Ryan Gingeras und Uğur Ümit Üngör – zwei hervorragenden jüngeren Historikern des späten Osmanischen Reiches. Ayhan Aktar in Istanbul hat mir hilfsbereit und geduldig Dokumente und ergänzende Hinweise zum griechisch-türkischen »Bevölkerungsaustausch« zur Verfügung gestellt. Pieter Judson hat mir das Manuskript seines neuen Buchs über das Habsburgerreich noch vor der Veröffentlichung zukommen lassen und Ronald Suny mir freundlicherweise Einblicke in große Teile seiner publizierten wie unveröffentlichten Forschungsarbeiten gewährt. Mein großer Dank gilt darüber hinaus Peter Lieb in Potsdam, mit dem ich längere Diskussionen über die Truppenstärke der Freikorps im Baltikum geführt habe.

Einige konzeptionelle Vorarbeiten für dieses Buch entstanden am Institute for Advanced Study in Princeton, einem Paradies für jeden Wissenschaftler. Dort durfte ich einige Zeit in der Gesellschaft von Mustafa Aksakal und William Hagen verbringen, mit denen ich so manch anregendes Gespräch über gemeinsame Forschungsinteressen führte. Einige frühe Kapitelentwürfe entstanden 2014 am Europäischen Hochschulinstitut, wo ich als Fernand Braudel Fellow ein paar Monate verbrachte und vom intellektuellen Austausch mit Gelehrten wie Dirk Moses, Pieter Judson, Lucy Riall und Tara Zahra profitierte. Mein aufrichtiger Dank gilt euch allen für die Gastfreundschaft und die kritischen Kommentare zum entstehenden Buch.

Andere Kollegen und Freunde haben großzügig ihre Zeit geopfert und Teile des Manuskripts gelesen: Béla Bodó, Jochen Böhler, Nicholas Doumanis, Roy Foster, John Horne, Stephan Malinowski, Hartmut Pogge von Strandmann, Felix Schnell und Leonard V. Smith haben mir mit ihrem umfassenden Feedback zu früheren Fassungen geholfen, Fehler auszumerzen und so manches Argument entscheidend zuzuspitzen. Selbstverständlich sind alle verbleibenden faktischen Fehler und Fehlurteile allein mir zuzuschreiben.

Die Recherche für dieses Buch hat mich in Archive in ganz Europa geführt, und ich schulde jedem der dortigen Mitarbeiter großen Dank. Besonders verbunden bin ich der Familie Starhemberg dafür, dass sie mir ungehinderten Zugang zu den persönlichen Papieren von Ernst Rüdiger Starhemberg gewährte, die im Oberösterreichischen Landesarchiv in Linz lagern. Im Marburger Herder-Institut, wo ich ein Semester als Alexander-von-Humboldt-Stipendiat verbracht habe, war mir der fachkundige Rat von Dorothee Goeze und Peter Wörster eine unschätzbare Hilfe, da sie mich auf der Suche nach Material zu den Kämpfen im Baltikum nach dem Ersten Weltkrieg sicher durch die umfangreichen Bestände des Instituts gelotst haben. Ihnen wie auch meinem wunderbaren Gastgeber Peter Haslinger, dem Direktor des Herder-Instituts, gilt mein aufrichtiger Dank.

Ich kann mich glücklich schätzen, mit Andrew Wylie einen der besten Literarturagenten der Welt zu haben. Ihm und seinen Mitarbeitern in den New Yorker und Londoner Büros der Wylie Agency, allen voran Stephanie Derbyshire, ist es zu verdanken, dass dieses Buch nicht nur im englischen Sprachraum, sondern weltweit großartige Verlage gefunden hat. In London hat Simon Winder eine frühere Version dieses Buches gelesen und zahlreiche begrüßenswerte Verbesserungsvorschläge gemacht. Ich danke ihm und seinem Team bei Penguin dafür, dass sie das Manuskript mit Effizienz und guter Laune bis zur Publikation betreut haben. In New York haben Eric Chinski und seine Kollegen bei FSG ebenfalls wertvolle Ratschläge und steten Zuspruch beigesteuert.

Im Hinblick auf die deutsche Ausgabe möchte ich mich insbesondere bei Alexander Weber für eine hervorragende Übersetzungsarbeit bedanken. Ebenso großen Dank schulde ich meinen Lektorinnen Karen Guddas und Ditta Ahmadi, mit denen ich mittlerweile drei Bücher für den Siedler Verlag erarbeitet habe. Die deutsche Ausgabe des Buches wäre ohne ihre Hilfe nur schwer denkbar gewesen.

Mein letzter Dank gilt, wie immer, meiner Familie. Meine Eltern haben mich bei meinen häufigen Besuchen in Berlin auf vielerlei Art unterstützt. Und in Dublin hat meine Frau Porscha meine langjährige Beschäftigung mit dem Thema des gewaltsamen europäischen Nachkriegs nicht nur stoisch geduldet, sondern sogar mein Denken und Schreiben aktiv beeinflusst. Trotz ihres eigenen übervollen Terminkalenders fand sie Zeit für kritische Kommentare und stilistische Ratschläge. Glückliche Stunden abseits des Schreibtischs verbrachte ich mit ihr und unseren beiden Söhnen Oscar und Lucian, die von Geburt an mit diesem Buch gelebt und während des Schreibens für wunderbare und reichhaltige Ablenkung gesorgt haben. Ihnen ist dieses Buch gewidmet in liebevoller Erinnerung an die fünf Jahre, die wir bisher miteinander verbringen durften.

Robert Gerwarth
Dublin, im Herbst 2016

ANHANG

Anmerkungen

Einleitung

1 Zur griechischen Besatzung Smyrnas siehe Evangelia Achladi, »De la guerre à l'administration grecque. La fin de la Smyrne cosmopolite«, in Marie-Carmen Smyrnelis (Hg.), *Smyrne, la ville oubliée? 1830–1930, Mémoires d'un grand port ottoman*, Paris 2006, S. 180–195; Michael Llewellyn Smith, *Ionian Vision. Greece in Asia Minor 1919–1922*, London 1973.

2 Zitiert nach Marjorie Housepian Dobkin, *Smyrna 1922. Destruction of a City*, London/York 1972, S. 133f.

3 Eine ausführliche Darstellung der Zerstörung Smyrnas findet sich auch in Giles Milton, *Paradise Lost. Smyrna 1922, the Destruction of Islam's City of Tolerance*, London 2008.

4 *Daily Mail*, 16. September 1922.

5 Ernest Hemingway, »Auf dem Quai in Smyrna«, in Ders., *In unserer Zeit*, Berlin 1932. Hemingway war zu dieser Zeit Korrespondent in Konstantinopel. Matthew Stewart, »It Was All a Pleasant Business. The Historical Context of ›On the Quai at Smyrna‹«, in *Hemingway Review* 23 (2003), S. 58–71.

6 Martin Gilbert, *Winston Churchill*, Bd. IV, Teil 3: *April 1921–November 1922*, London 1977, S. 2070.

7 Struve zitiert in Peter Holquist, *Making War, Forging Revolution. Russia's Continuum of Crisis, 1914–1921*, Cambridge, MA, 2002, S. 2.

8 Peter Calvert, *A Study of Revolution*, Oxford/New York 1970, S. 183f.

9 »Krieg im Frieden«, *Innsbrucker Nachrichten*, 25. Mai 1919.

10 Zu den Parallelen zwischen Irland und Polen siehe Julia Eichenberg, »The Dark Side of Independence. Paramilitary Violence in Ireland and Poland after the First World War«, in *Contemporary European History* 19 (2010), S. 231–248; Tim K. Wilson, *Frontiers of Violence. Conflict and Identity in Ulster and Upper Silesia, 1918–1922*, Oxford/New York 2010.

11 Aus William Butler Yeats, *Die Gedichte*, übersetzt von Mirko Bonné, München 2005, S. 212. Ich danke Yeats' Biograph Roy Foster für den Hinweis, welch große Rolle die gesamteuropäische Krise der Jahre 1917 bis 1923 in Yeats' Denken und Werk spielt – nicht nur in »Das Zweite Kommen«, sondern ebenso in dem Gedichtzyklus »Neunzehnhundertneunzehn« (1921), der ursprünglich den Titel »Gedanken über die derzeitige Lage der Welt« trug.

12 Siehe u.a. Pieter M. Judson, *The Habsburg Empire. A New History*, Cambridge, MA, 2016; John W. Boyer, »Boundaries and Transitions in Modern Austrian History«, in Günter Bischof/Fritz Plasser (Hg.), *From Empire to*

Republic. Post-World War I Austria, New Orleans 2010, S. 13–23; Gary B. Cohen, »Nationalist Politics and the Dynamics of State and Civil Society in the Habsburg Monarchy 1867–1914«, in *Central European History* 40 (2007), S. 241–278; Tara Zahra, *Kidnapped Souls. National Indifference and the Battle for Children in the Bohemian Lands, 1900–1948*, Ithaca 2008; Laurence Cole/Daniel L. Unowsky (Hg.), *The Limits of Loyalty. Imperial Symbolism, Popular Allegiances, and State Patriotism in the late Habsburg Monarchy*, Oxford/New York 2007; John Deak, »The Great War and the Forgotten Realm. The Habsburg Monarchy and the First World War«, in *The Journal of Modern History* 86 (2014), S. 336–380; Maureen Healy, *Vienna and the Fall of the Habsburg Empire. Total War and Everyday Life in World War I*, Cambridge/New York 2004. Zur Kritik an der sehr einseitigen Sonderwegsthese eines besonders ausgeprägten deutschen Nationalismus im deutschen Kaiserreichs siehe bereits den Klassiker von David Blackbourn/Geoff Eley, *The Peculiarities of German History. Bourgeois Society and Politics in Nineteenth-Century Germany*, Oxford/New York 1984; ferner Christopher Clark, *Preußen. Aufstieg und Niedergang 1600–1947*, München 2007; sowie die Aufsätze in Dominik Geppert/Robert Gerwarth (Hg.), *Wilhelmine Germany and Edwardian Britain. Essays on Cultural Affinity*, Oxford/New York 2008.

13 Siehe etwa Michelle U. Campos, *Ottoman Brothers. Muslims, Christians, and Jews in Early Twentieth-Century Palestine*, Stanford 2011, S. 1–19.

14 M. Sükrü Hanioğlu, *A Brief History of the Late Ottoman Empire*, Princeton 2006, S. 187f.

15 Nicholas Doumanis, *Before the Nation. Muslim-Christian Coexistence and its Destruction in Late Ottoman Anatolia*, Oxford/New York 2013, S. 152.

16 Zur Spanischen Grippe siehe Howard Phillips/David Killingray (Hg.), *The Spanish Influenza Pandemic of 1918–19. New Perspectives*, London/New York 2003. Zur Seeblockade und ihren Auswirkungen siehe etwa Nigel Hawkins, *The Starvation Blockades. Naval Blockades of World War I*, Barnsley 2002; Eric W. Osborne, *Britain's Economic Blockade of Germany, 1914–1919*, London/New York 2004; C. Paul Vincent, *The Politics of Hunger. The Allied Blockade of Germany, 1915–1919*, Athens, OH 1985; Nick P. Howard, »The Social and Political Consequences of the Allied Food Blockade of Germany, 1918–19«, in *German History* 11 (1993), S. 161–188.

17 Peter Holquist, »Violent Russia, Deadly Marxism? Russia in the Epoch of Violence, 1905–21«, in *Kritika. Explorations in Russian and Eurasian History* 4 (2003), S. 627–652, hier 645.

18 Churchill zitiert in Norman Davies, *White Eagle, Red Star. The Polish-Soviet War, 1919–20*, London ^{2}2004, S. 21. Eine neuere Darstellung der revolutionären, konterrevolutionären und ethnischen Konflikte aus einer komparativen oder transnationalen Perspektive findet sich u. a. in Robert Gerwarth/John Horne (Hg.), *Krieg im Frieden. Paramilitärische Gewalt nach dem Ersten Weltkrieg*, Göttingen 2013. Siehe auch Sven Reichardts wegweisende Studie *Faschistische Kampfbünde. Gewalt und Gemeinschaft*

im italienischen Squadrismus und in der deutschen SA, Köln/Weimar/Wien 2002.

19 Michael Provence, »Ottoman Modernity, Colonialism, and Insurgency in the Arab Middle East«, in *International Journal of Middle East Studies* 43 (2011), S. 205–225, hier 206; Dietrich Beyrau/Pavel P. Shcherbinin, »Alles für die Front. Russland im Krieg 1914–1922«, in Horst Bauerkämper/Elise Julien (Hg.), *Durchhalten! Krieg und Gesellschaft im Vergleich 1914–1918*, Göttingen 2010, S. 151–177, hier 151.

20 Balfour an Lord Walter Rothschild am 2. November 1917. Zum Kontext siehe Provence, »Ottoman Modernity«, S. 206, sowie Eugene Rogan, *The Fall of the Ottomans. The Great War in the Middle East, 1914–1920*, London 2015.

21 Aussagen zu den Opferzahlen dieser Kriege sind außerordentlich schwer zu treffen, eine seriöse Schätzung findet sich jedoch in Norman Davies, *White Eagle, Red Star*, S. 247; Davies geht von 50 000 getöteten sowie 200 000 verletzten oder vermissten polnischen Soldaten aus. Auf sowjetischer Seite, so schätzt Davies, waren die Verluste sogar noch deutlich höher.

22 Michael A. Reynolds, *Shattering Empires. The Clash and Collapse of the Ottoman and Russian Empires*, Cambridge/New York 2011; Alexander V. Prusin, *The Lands Between. Conflict in the East European Borderlands, 1870–1992*, Oxford/New York 2010, S. 72–97; Piotr Wróbel, »The Seeds of Violence. The Brutalization of an East European Region, 1917–1921«, in *Journal of Modern European History* 1 (2003), S. 125–149; Peter Gatrell, »Wars after the War. Conflicts 1919–1923«, in John Horne (Hg.), *A Companion to World War I*, Chichester 2010, S. 558–575; Richard Bessel, »Revolution«, in Jay Winter (Hg.), *The Cambridge History of the First World War*, Bd. 2, Cambridge/New York 2014, S. 126–144, hier 138.

23 Zu diesen Diskursen siehe William Mulligan, *The Great War for Peace*, London/New Haven 2014.

24 Richard Bessel, »Revolution«, S. 127.

25 Ebd.

26 Richard C. Hall, *The Balkan Wars, 1912–1913. Prelude to the First World War*, London/New York 2000.

27 George F. Kennan, *Bismarcks europäisches System in der Auflösung. Die französisch-russische Annäherung 1875–1890*, Frankfurt M./Berlin/Wien 1981.

28 George L. Mosse, *Gefallen für das Vaterland. Nationales Heldentum und namenloses Sterben*, Stuttgart 1993. Ähnliche Argumente wurden für Italien und Europa als Ganzes formuliert. Zu Italien siehe Adrian Lyttleton, »Fascism and Violence in Post-War Italy. Political Strategy and Social Conflict«, in Wolfgang J. Mommsen/Gerhard Hirschfeld (Hg.), *Social Protest, Violence and Terror in 19th and 20th century Europe*, London 1982, S. 257–274, hier 262f. Für Europa im Allgemeinen siehe Enzo Traverso, *Im Bann der Gewalt. Der europäische Bürgerkrieg 1914–1945*, München 2008.

29 Eine kritische Auseinandersetzung mit George Mosses Studie findet sich in Antoine Prost, »The Impact of War on French and German Political

Cultures«, in *The Historical Journal* 37 (1994), S. 209–217. Siehe ebenso Benjamin Ziemann, *Front und Heimat. Ländliche Kriegserfahrungen im südlichen Bayern 1914–1923*, Essen 1997; Dirk Schumann, »Europa, der Erste Weltkrieg und die Nachkriegszeit. Eine Kontinuität der Gewalt?«, in *Journal of Modern European History* 1 (2003), S. 24–43; Antoine Prost/Jay Winter (Hg.), *The Great War in History. Debates and Controversies, 1914 to the Present*, Cambridge/New York 2005.

30 Robert Gerwarth/John Horne, »Vectors of Violence. Paramilitarism in Europe after the Great War, 1917–1923«, in *The Journal of Modern History* 83 (2011), S. 489–512.

31 Robert Gerwarth/John Horne, »Bolschewismus als Fantasie. Revolutionsangst und konterrevolutionäre Gewalt 1917 bis 1923«, in Dies. (Hg.), *Krieg im Frieden*, S. 94–107.

32 Wolfgang Schivelbusch, *Die Kultur der Niederlage. Der amerikanische Süden 1865, Frankreich 1871, Deutschland 1918*, Berlin 2001.

33 Gerwarth/Horne, »Vectors of Violence«, S. 493.

34 Zu Großbritannien siehe Jon Lawrence, »Forging a Peaceable Kingdom. War, Violence, and Fear of Brutalization in Post-First World War Britain«, in *Journal of Modern History* 75 (2003), S. 557–589. Zum Fall Frankreichs John Horne, »Verteidigung des Sieges. Paramilitärische Politik in Frankreich von 1918 bis 1926. Ein Gegenbeispiel«, in Gerwarth/Horne (Hg.), *Krieg im Frieden*, S. 320–343.

35 Hannah Arendt, *The Origins of Totalitarism*, New York 1951, S. 260 (deutsche, veränderte Ausgabe unter dem Titel *Elemente und Ursprünge totaler Herrschaft*, Frankfurt/M. 1955).

36 Zu diesem Thema siehe Tim K. Wilson, *Frontiers of Violence. Conflict and Identity in Ulster and Upper Silesia, 1918–1922*, Oxford/New York 2010; Annemarie H. Sammartino, *The Impossible Border. Germany and the East, 1914–1922*, Ithaka/London 2010; Eric D. Weitz/Omer Bartov, *Shatterzones of Empires. Coexistence and Violence in the German, Habsburg, Russian, and Ottoman Borderlands*, Bloomington 2013; Gerwarth/Horne (Hg.), *Krieg im Frieden*; Reynolds, *Shattering Empires.*

37 John Paul Newman, »Serbian Integral Nationalism and Mass Violence in the Balkans 1903–1945«, in *Tijdschrift voor Geschiedenis* 124 (2011), S. 448–463, und Ders., *Yugoslavia in the Shadow of War. Veterans and the Limits of State Building, 1903–1945*, Cambridge/New York 2015. Zu Russland siehe Holquist, »Violent Russia«, S. 627–652. Zu Irland siehe Matthew J. Kelly, *The Fenian Ideal and Irish Nationalism, 1882–1916*, Woolbridge 2006.

Teil I

1 Robert Service, *Lenin. Eine Biographie*, München 2000, S. 338–350. Zur Zugreise Lenins siehe auch die detaillierte Studie von Catherine Merridale, *Lenin on the Train*, London 2016.

2 Ebd.

3 Zur deutschen Unterstützung des irischen Republikanismus im Jahr 1916 siehe Jérôme aan de Wiel, *The Irish Factor 1899–1919. Ireland's Strategic and Diplomatic Importance for Foreign Powers*, Dublin 2008; Matthew Plowman, »Irish Republicans and the Indo-German Conspiracy of World War I«, in *New Hibernia Review* 7 (2003), S. 81–105. Zur Unterstützung des islamischen Dschihads siehe Tilman Lüdke, *Jihad made in Germany. Ottoman and German Propaganda and Intelligence Operations in the First World War*, Münster 2005, S. 117–225; Rudolf A. Mark, *Krieg an fernen Fronten. Die Deutschen in Zentralasien und am Hindukusch 1914–1924*, Paderborn 2013, S. 17–42.

4 Jörn Leonhard, *Die Büchse der Pandora. Geschichte des Ersten Weltkriegs*, München 2014, S. 654; Gerd Koenen, *Der Russland-Komplex. Die Deutschen und der Osten, 1900–1945*, München 2005, S. 63ff.

5 Reinhard R. Doerries, *Prelude to the Easter Rising. Sir Roger Casement in Imperial Germany*, London/Portland 2000; Mary E. Daly (Hg.), *Roger Casement in Irish and World History*, Dublin 2005.

6 Willi Gautschi, *Lenin als Emigrant in der Schweiz*, Zürich 1973, S. 249–256; Helen Rappaport, *Conspirator. Lenin in Exile*, New York 2010, S. 286–298.

7 Christopher Read, *Lenin. A Revolutionary Life*, Abingdon/New York 2005, S. 30; Hélène Carrère D'Encausse, *Lenin*, München/Zürich 2000; Service, *Lenin*, S. 153.

8 Service, *Lenin*, S. 180f.

9 Ebd., S. 135–142; Leonhard, *Pandora*, S. 652; Read, *Lenin*, S. 56f.

10 Leonhard, *Pandora*, S. 652.

11 Ebd. Zur Rolle Zürichs und der Schweiz während dieser Zeit siehe Georg Kreis, *Insel der unsicheren Geborgenheit. Die Schweiz in den Kriegsjahren 1914–1918*, Zürich 2014; Roman Rossfeld/Thomas Buomberger/Patrick Kury (Hg.), *14/18. Die Schweiz und der Grosse Krieg*, Baden 2014.

12 Zu dieser Debatte siehe David Priestland, *Weltgeschichte des Kommunismus. Von der Französischen Revolution bis heute*, München 2009, S. 84–93; Robert Service, *Comrades! World History of Communism*, Cambridge, MA, 2007, S. 36–57.

13 Zum Sozialismus im Jahr 1914 siehe Georges Haupts Standardwerk *Socialism and the Great War. The Collapse of the Second International*, Oxford 1972.

14 Read, *Lenin*, S. 36–42.

15 Leonhard, *Pandora, S.* 654; Service, *Lenin*, S. 338–340.

16 Leonhard, *Pandora*, S. 655; Merridale, *Lenin on the Train*, S. 7.

17 Ebd.; Service, *Lenin*, S. 348f.

18 Zum »Überspringen« ökonomischer Entwicklungsstufen, dem sogenannten *leapfrogging*, siehe Alexander Gerschenkrons Klassiker *Economic Backwardness in Historical Perspective. A Book of Essays*, Cambridge, MA, 1962, insbesondere Kapitel 2; ferner Hans Rogger, *Russia in the Age of Modernization and Revolution, 1881–1917*, London 1983, S. 102–107; Malcolm E. Falkus, *The Industrialization of Russia, 1700–1914*, London 1972, S. 61–74.

19 Douglas Smith, *Der letzte Tanz. Der Untergang der russischen Aristokratie*, Frankfurt/M. 2014, S. 49. Siehe ebenso W. Bruce Lincoln, *In War's Dark Shadow. The Russians Before the Great War*, London 1983, S. 35; Orlando Figes, *Die Tragödie eines Volkes. Die Epoche der russischen Revolution 1891 bis 1924*, Berlin 1998, S. 102f.

20 Smith, *Letzter Tanz*, S. 53. Zum russischen Adel siehe ferner Dominic C. B. Lieven, *Russian Rulers under the Old Regime*, London/New Haven 1989; Elise Kimerling Wirtschafter, *Social Identity in Imperial Russia*, DeKalb 1997, S. 21–37; Andreas Grenzer, *Adel und Landbesitz im ausgehenden Zarenreich*, Stuttgart 1995; Roberta Thompson Manning, *The Crisis of the Old Order in Russia. Gentry and Government*, Princeton 1983; Manfred Hildermeier, »Der russische Adel von 1700 bis 1917«, in Hans-Ulrich Wehler (Hg.). *Europäischer Adel 1750–1950*, Göttingen 1990, S. 166–216; Seymour Becker, *Nobility and Privilege in Late Imperial Russia*, DeKalb 1985.

21 Anton Tschechow, *Der Kirschgarten*, München 2009; Smith, *Letzter Tanz*, S. 56.

22 Zu Bunins *Suchodol* siehe Katherine Bowers/Ani Kokobobo, *Russian Writers and the Fin de Siècle. The Twilight of Realism*, Cambridge/New York 2015, S. 154ff.; Smith, *Letzter Tanz*, S. 91f.

23 Rogger, *Russia*, S. 109–111; Smith, *Letzter Tanz*, S. 58; Carsten Goehrke, *Russischer Alltag. Geschichte in neun Zeitbildern*, Bd. 2, Zürich 2003, S. 365–368.

24 Lincoln, *War's Dark Shadow*, S. 103–134; Smith, *Letzter Tanz, S.* 59.

25 Dietrich Beyrau, »Brutalization Revisited. The Case of Bolshevik Russia«, in *Journal of Contemporary History* 50 (2015), S. 15–37, hier 20. Zu den verschiedenen Dimensionen der Revolution von 1905 siehe ebenfalls Toivo U. Raun, »The Revolution of 1905 in the Baltic Provinces and Finland«, in *Slavic Review* 43 (1984), S. 453–467; Jan Kusber, *Krieg und Revolution in Russland 1904–1906. Das Militär im Verhältnis zu Wirtschaft, Autokratie und Gesellschaft*, Stuttgart 1997.

26 Zur Polizeigewalt in Moskau während dieser Periode siehe Felix Schnell, *Ordnungshüter auf Abwegen? Herrschaft und illegitime polizeiliche Gewalt in Moskau, 1905–1914*, Wiesbaden 2006.

27 Anna Geifman, *Thou Shalt Kill. Revolutionary Terrorism in Russia, 1894–1917*, Princeton 1993, S. 18–21; Peter Holquist, »Violent Russia, Deadly Marxism? Russia in the Epoch of Violence, 1905–1921«, in *Kritika. Explorations in Russian and Eurasian History* 4 (2003), S. 627–652.

28 Leopold Haimson, »The Problem of Stability in Urban Russia, 1905–1917«, in *Slavic Review* 23 (1964), S. 619–642, und 24 (1965), S. 1–22; Michael S. Melancon, *The Lena Goldfields Massacre and the Crisis of the Late Tsarist State*, College Station 2006; Ludmilla Thomas, *Geschichte Sibiriens. Von den Anfängen bis zur Gegenwart*, Berlin 1982, S. 115f.

29 Beyrau, »Brutalization Revisited«, S. 21; David Saunders, »The First World War and the End of Tsarism«, in Ian D. Thatcher (Hg.), *Reinterpreting Revolutionary Russia. Essays in Honour of James D. White*, Houndmills 2006, S. 55–71.

30 Figes, *Tragödie*, S. 23–26; Wayne Dowler, *Russia in 1913*, DeKalb 2010.

31 Beyrau, »Brutalization Revisited«, S. 15–37.

32 Zu Letzterem siehe Joshua A. Sanborn, *Drafting the Russian Nation. Military Conscriptio, Total War, and Mass Politics, 1905–1925*, DeKalb 2003.

33 Heinrich August Winkler, *Geschichte des Westens*, Bd. 2: *Die Zeit der Weltkriege 1914–1945*, München ²2015, S. 39. Zur Zarin siehe Detlef Jena, *Die Zarinnen Rußlands (1547–1918)*, Graz 1999, S. 326f.

34 David Stone, *The Russian Army in the Great War. The Eastern Front, 1914–1917*, Lawrence 2015; zu den Gefallenenzahlen Rüdiger Overmans, »Kriegsverluste«, in Gerhard Hirschfeld/Gerd Krumeich/Irina Renz (Hg.), *Enzyklopädie Erster Weltkrieg*, Paderborn ²2014, S. 663–666; zur Zahl der Kriegsgefangenen Reinhard Nachtigal, *Kriegsgefangenschaft an der Ostfront 1914–1918. Literaturbericht zu einem neuen Forschungsfeld*, Frankfurt/M. 2003, S. 15–19.

35 Beyrau, »Brutalization Revisited«, S. 22.

36 Peter Holquist, *Making War, Forging Revolution. Russia's Continuum of Crisis*, Cambridge, MA, 2002, S. 30 und 44.

37 Polizeibericht zitiert nach Smith, *Letzter Tanz*, S. 100.

38 Stephen Smith, *Red Petrograd. Revolution in the Factories, 1917–1918*, Cambridge 1983.

39 Zur Februarrevolution siehe Helmut Altrichter, *Rußland 1917. Ein Land auf der Suche nach sich selbst*, Paderborn 1997, S. 110–140; Manfred Hildermeier, *Geschichte der Sowjetunion 1917–1991. Entstehung und Niedergang des ersten sozialistischen Staates*, München 1998, S. 64–80; Peter Gatrell, *Russia's First World War, 1914–1917. A Social and Economic History*, London 2005, S. 197–220; Rex A. Wade, *The Russian Revolution, 1917*, Cambridge/New York 2000; Stephen Smith, *The Russian Revolution. A Very Short Introduction*, Oxford/New York 2002, Kapitel 1; Christopher Read, *From Tsar to Soviets. The Russian People and their Revolution, 1917–1921*, Oxford/New York 1996; Tsuyoshi Hasegawa, »The February Revolution«, in Edward Acton/Vladimir Iu. Cherniaev/William G. Rosenberg (Hg.), *Critical Companion to the Russian Revolution 1914–1921*, London 1997, S. 48–61; Barbara Alpern Engel, »Not by Bread Alone. Subsistence Riots in Russia during World War I«, in *Journal of Modern History* 69 (1997), S. 696–721; Allan K. Wildman, *The End of the Russian Imperial Army*, Bd. 1: *The Old Army and the Soldiers' Revolt (March–April 1917)*, Princeton 1980.

40 W. Bruce Lincoln, *Passage through Armageddon. The Russians in War and Revolution 1914–1918*, New York 1986, S. 321–325; Richard Pipes, *Die russische Revolution*, 3 Bde., Berlin 1992f., hier Bd. 1, S. 476–478; Rogger, *Russia*, S. 266f.

41 Dominic Lieven, *Nicholas II. Emperor of all the Russians*, London 1994, S. 226.

42 Wildman, *End of the Russian Imperial*, Bd. 1, S. 123f.

43 Lincoln, *Passage*, S. 327–331; Rogger, *Russia*, S. 266f.; Figes, *Tragödie*, S. 337–346.

44 Smith, *Letzter Tanz*, S. 107; Lincoln, *Passage*, S. 331–333; Pipes, *Die russische Revolution*, Bd. 1, S. 485–488; Figes, *Tragödie*, S. 346f.
45 Pipes, *Die russische Revolution*, Bd. 1, S. 528–544; Lincoln, *Passage*, S. 337–345.
46 Lincoln, *Passage*, S. 334–344; Figes, *Tragödie*, S. 353–375; Robert Paul Browder/Alexander F. Kerensky (Hg.), *The Russian Provisional Government 1917. Documents*, 3 Bd., Stanford 1961; William G. Rosenberg, *The Liberals in the Russian Revolution. The Constitutional Democratic Party, 1917–1921*, Princeton 1974, S. 114–116.
47 Marc Ferro, *La révolution de 1917*, Bd. 2: *Octobre. Naissance d'une sociéte*, Paris 1976.
48 Figes, *Tragödie*, S. 349–356.
49 Lenin zitiert in Service, *Lenin*, S. 356.
50 Figes, *Tragödie*, S. 360f.; Pipes, *Die russische Revolution*, Bd. 1, S. 549–553.
51 Figes, *Tragödie*, S. 386–409.
52 Lincoln, *Passage*, S. 346–371; Altrichter, *Rußland 1917*, S. 166–170.
53 Joshua A. Sanborn, *Imperial Apocalypse. The Great War and the Destruction of the Russian Empire*, Oxford/New York 2014, S. 205–211.
54 Ebd., S. 209.
55 Andrejs Plakans, *The Latvians. A Short History*, Stanford 1995, S. 108.
56 Wildman, *End of the Russian Imperial*, S. 369; Mark von Hagen, *War in a European Borderland. Occupations and Occupation Plans in Galicia and Ukraine, 1914–1918*, Seattle 2007, S. 84f.
57 Allan K. Wildman, *The End of the Russian Imperial Army*, Bd. 2: *The Road to Soviet Power and Peace*, Princeton 1987, S. 225–231; Sanborn, *Drafting the Russian Nation*, S. 173f.
58 Figes, *Tragödie*, S. 448–461; Ronald Grigor Suny, »Toward a Social History of the October Revolution«, in *American Historical Review* 88 (1983), S. 31–52.
59 George Katkov, *The Kornilov Affair. Kerensky and the Breakup of the Russian Army*, London/New York 1980; Harvey Ascher, »The Kornilov Affair. A Reinterpretation«, in *Russian Review* 29 (1970), S. 286–300.
60 Ebd.; Smith, *Letzer Tanz*, 144.
61 Zu Trotzki siehe Isaac Deutscher, *Trotzki*, Bd. 1: *Der bewaffnete Prophet 1879–1921*, Stuttgart 1962; Robert Service, *Trotzki. Eine Biographie*, Berlin 2012; Geoffrey Swain, *Trotsky and the Russian Revolution*, London/New York 2014; Joshua Rubenstein, *Leon Trotsky. A Revolutionary's Life*, New Haven/London 2006.
62 Wladimir Iljitsch Lenin, »Staat und Revolution«, in *Werke*, Bd. 25 (Juni bis September 1917), Berlin 1974, S. 412–424; Winkler, *Zeit der Weltkriege*, S. 32–35.
63 Pipes, *Die russische Revolution*, Bd. 2, S. 179–225. Zur Bedrohung Sowjetrusslands durch Autonomiebestrebungen siehe Andreas Kappeler, *Rußland als Vielvölkerreich. Entstehung – Geschichte – Zerfall*, München [2]1993; Mark, *Krieg an fernen Fronten*, S. 131–134.
64 Figes, *Tragödie*, S. 487ff.

65 Orlando Figes, *Peasant Russia, Civil War. The Volga Countryside in Revolution, 1917–21*, Oxford/New York 1989, S. 21f.; Graeme J. Gill, *Peasants and Government in the Russian Revolution*, New York 1979, S. 157f.; Altrichter, *1917*, S. 330–358.

66 Lincoln, *Passage*, S. 463–468.

67 Pipes, *Die russische Revolution*, Bd. 2, S. 265f.

68 Leonhard, *Pandora*, S. 679; Hildermeier, *Geschichte*, S. 117; Rex A. Wade, »The October Revolution, the Constituent Assembly, and the End of the Russian Revolution«, in Ian D. Thatcher (Hg.), *Reinterpreting Revolutionary Russia. Essays in Honour of James D. White*, London 2006, S. 72–85.

69 Pipes, *Die russische Revolution*, Bd. 2, S. 343–369.

70 Figes, *Tragödie*, S. 521–527; Alexander Rabinowitch, *Die Sowjetmacht. Das erste Jahr*, Essen 2010, S. 405–409.

71 Smith, *Letzter Tanz*, S. 118; Lincoln, *Passage*, S. 458–461; Pipes, *Die russische Revolution*, Bd. 2, S. 276f.

72 Figes, *Peasant Russia*, S. 296f.

73 Smith, *Letzter Tanz*, S. 178; Gill, *Peasants*, S. 154.

74 Sean McMeekin, *History's Greatest Heist. The Looting of Russia by the Bolsheviks*, London/New Haven 2009, S. 12f., 24f. und 73–91. Eine lokale Fallstudie findet sich bei Donald J. Raleigh, *Experiencing Russia's Civil War. Politics, Society, and Revolutionary Culture in Saratov, 1917–1922*, Princeton 2002.

75 Zu Brest-Litowsk siehe Vejas Gabriel Liulevicius, *War Land on the Eastern Front. Culture, National Identity, and German Occupation in World War I*, Cambridge/New York 2000, S. 204–207; Sanborn, *Imperial Apocalypse*, S. 232ff.; sowie Winfried Baumgarts Klassiker *Deutsche Ostpolitik 1918. Von Brest-Litovsk bis zum Ende des Ersten Weltkriegs*, Wien/München 1966, S. 13–92.

76 Baumgart, *Deutsche Ostpolitik 1918*, S. 16.

77 Siehe Hoffmanns Darstellung in Karl Friedrich Nowak (Hg.), *Die Aufzeichnungen des Generalmajors Max Hoffmann*, 2 Bde., Berlin 1929, hier Bd. 2, S. 190. Siehe dazu auch den Bericht eines weiteren hochrangigen deutschen Diplomaten, Frederic von Rosenberg, der ebenfalls an den Verhandlungen von Brest-Litowsk beteiligt war: Winfried Becker, *Frederic von Rosenberg (1874–1937). Diplomat vom späten Kaiserreich bis zum Dritten Reich, Außenminister der Weimarer Republik*, Göttingen 2011, S. 26–40. Außerdem Baumgart, *Deutsche Ostpolitik 1918*, S. 14.

78 Richard von Kühlmann, *Erinnerungen*, Heidelberg 1948, S. 523ff.; Leo Trotzki, *Mein Leben*, Berlin 1929; Nowak, *Die Erinnerungen des Generalmajors*, S. 207ff.; Werner Hahlweg, *Der Diktatfrieden von Brest-Litowsk 1918 und die bolschewistische Weltrevolution*, Münster 1960; Christian Rust, »Self-determination at the Beginning of 1918 and the German Reaction«, in *Lithuanian Historical Studies* 13 (2008) S. 41–66, hier 43–46.

79 Ottokar Luban, »Die Massenstreiks für Frieden und Demokratie im Ersten Weltkrieg«, in Chaja Boebel/Lothar Wentzel (Hg.), *Streiken gegen den*

Krieg. Die Bedeutung der Massenstreiks in der Metallindustrie vom Januar 1918, Hamburg 2008, S. 11–27.

80 Oleksii Kurayev, *Politika Nimechchini i Avstro-Uhorshchini v Pershii svitovij vijni. Ukrayins'kii napryamok*, Kiew 2009, S. 220–246; Wolfdieter Bihl, *Österreich-Ungarn und die Friedensschlüsse von Brest-Litovsk*, Wien/Köln/Graz 1970, S. 60–62; Caroline Milow, *Die ukrainische Frage 1917–1923 im Spannungsfeld der europäischen Diplomatie*, Wiesbaden 2002, S. 110–115; Stephan M. Horak, *The First Treaty of World War I. Ukraine's Treaty with the Central Powers of February 9, 1918*, Boulder 1988; Frank Golczewski, *Deutsche und Ukrainer 1914–1939*, Paderborn 2010, S. 240–246.

81 Oleh S. Fedyshyn, *Germany's Drive to the East and the Ukrainian Revolution, 1917–1918*, New Brunswick 1971; Peter Borowsky, »Germany's Ukrainian Policy during World War I and the Revolution of 1918–19«, in Hans-Joachim Torke/John-Paul Himka (Hg.), *German-Ukrainian Relations in Historical Perspective*, Edmonton 1994, S. 84–94; Golczewski, *Deutsche und Ukrainer*, S. 289–306; Olavi Arens, »The Estonian Question at Brest-Litovsk«, in *Journal of Baltic Studies* 25 (1994), S. 305–330, hier 309; Gert von Pistohlkors, *Deutsche Geschichte im Osten Europas. Baltische Länder*, Berlin 1994, S. 452–460; Hans-Erich Volkmann, *Die deutsche Baltikumpolitik zwischen Brest-Litovsk und Compiègne. Ein Beitrag zur Kriegszieldiskussion*, Köln/Wien 1970.

82 Baumgart, *Deutsche Ostpolitik 1918*, S. 14f.; Dietmar Neutatz, *Träume und Alpträume. Eine Geschichte Russlands im 20. Jahrhundert*, München 2013, S. 158–160; Werner Hahlweg, *Der Diktatfrieden von Brest-Litowsk 1918 und die bolschewistische Weltrevolution*, Münster 1960, S. 50–52.

83 Hannes Leidinger/Verena Moritz, *Gefangenschaft, Revolution, Heimkehr. Die Bedeutung der Kriegsgefangenproblematik für die Geschichte des Kommunismus in Mittel- und Osteuropa 1917–1920*, Köln/Wien 2003; Reinhard Nachtigal, *Russland und seine österreichisch-ungarischen Kriegsgefangenen (1914–1918)*, Remshalden 2003; Alon Rachamimov, *POWs and the Great War. Captivity on the Eastern Front*, Oxford/New York 2002.

84 Zu den geschätzten zwei Millionen österreichisch-ungarischen Kriegsgefangenen in Russland siehe Nachtigal, *Kriegsgefangene (1914–1918)*; Lawrence Sondhaus, *World War I. The Global Revolution*, Cambridge/New York 2011, S. 421. Zu Tito im Speziellen siehe Vladimir Dedijer, *Novi prilozi za biografiju Josipa Broza Tita 1*, Zagreb/Rijeka 1980, S. 57–59 (Neuauflage der Originalausgabe von 1953).

85 Zitiert in Michael A. Reynolds, *The Ottoman-Russian Struggle for Eastern Anatolia and the Caucasus, 1908–1918. Identity, Ideology and the Geopolitics of World Order*, unveröffentlichte Dissertation, Princeton University 2003, S. 308.

86 David Kennedy, *Over Here. The First World War and American Society*, Oxford/New York 1980, S. 169.

87 Keith Hitchins, *Rumania, 1866–1947*, Oxford/New York 1994, S. 273f.

88 Zu Österreich-Ungarn während des Ersten Weltkriegs siehe Manfried

Rauchensteiner, *Der Tod des Doppeladlers. Österreich-Ungarn und der Erste Weltkrieg*, Graz 1993.

89 Ebd.; zur Brussilow-Offensive siehe Alexander Watson, *Ring of Steel. Germany and Austria-Hungary at War, 1914–18*, London 2014, S. 300–310.

90 Nicola Labanca, »La guerra sul fronte italiano e Caporetto«, in Stéphane Audoin-Rouzeau/Jean-Jacques Becker (Hg.), *La prima guerra mondiale*, Turin 2007, Bd. 1, S. 443–460. Zur Italienfront siehe auch den exzellenten Überblick von Oliver Janz, *14 – Der große Krieg*, Frankfurt/M. 2013.

91 Tagebucheintrag vom 31. Dezember 1917 in Albrecht von Thaer, *Generalstabsdienst an der Front und in der OHL. Aus Briefen und Tagebuchaufzeichnungen, 1915–1919;* Göttingen 1958, S. 150f. Siehe auch Manfred Nebelin, *Ludendorff. Diktator im Ersten Weltkrieg*, München 2010, S. 404.

92 Tagebucheintrag vom 31. Dezember 1917 in von Thaer, *Generalstabsdienst an der Front*, S. 150f.; Watson, *Ring of Steel*, S. 514.

93 Ebd., S. 514ff.

94 Michael S. Neiberg, *The Second Battle of the Marne*, Bloomington 2008, S. 34; Michael Geyer, *Deutsche Rüstungspolitik 1860–1980*, Frankfurt/M. 1984, S. 83–96; Richard Bessel, *Germany After the First World War*, Oxford 1993, S. 5. Zur Verlagerung deutscher Truppen an die Westfront siehe Giordan Fong, »The Movement of German Divisions to the Western Front, Winter 1917–1918«, in *War in History* 7 (2000), S. 225–235, hier 229f.

95 Eugene Rogan, *The Fall of the Ottomans. The Great War in the Middle East, 1914–1920*, London 2015, S. 356–357; Ryan Gingeras, *Fall of the Sultanate. The Great War and the End of the Ottoman Empire, 1908–1922*, Oxford/New York 2016, S. 244f.

96 Rogan, *The Fall of the Ottomans*, S. 356; Gingeras, *Fall of the Sultanate*, S. 244.

97 Ebd., S. 244f.; Mark, *Krieg an fremden Fronten*, S. 164ff.

98 Leonhard, *Pandora*, S. 805.

99 Eine sehr ausführliche Darstellung der Offensive findet sich in David T. Zabecki, *The German 1918 Offensives. A Case Study in the Operational Level of War*, New York 2006, S. 126–133. Eine kompaktere und neuere Analyse liefert Watson, *Ring of Steel*, S. 517ff.

100 Ernst Jünger, *In Stahlgewittern*, historisch-kritische Ausgabe, hg. von Helmuth Kiesel, Bd. 1, Stuttgart 2013, S. 512–519. Die überarbeitete Fassung unterscheidet sich nicht wesentlich vom ursprünglichen Tagebucheintrag, vgl. Ernst Jünger, *Kriegstagebuch 1914–1918*, hg. von Helmuth Kiesel, Stuttgart 2010, S. 375–387 (Tagebucheintrag vom 21. März 1918). Zu Jüngers Leben siehe Helmuth Kiesel, *Ernst Jünger. Die Biographie*, München 2007.

101 Watson, *Ring of Steel*, S. 519f.; Martin Middlebrook, *Der 21. März 1918. Die Kaiserschlacht*, Berlin/Frankfurt/M./Wien 1979.

102 J. Paul Harris, *Douglas Haig and the First World War*, Cambridge/New York 2008, S. 454–456.

103 Alan Kramer, *Dynamic of Destruction. Culture and Mass Killing in the*

First World War, Oxford/New York, 2007, S. 269–271; Holger Herwig, *The First World War. Germany and Austria-Hungary, 1914–1918*, London 1996, S. 400–416. Zur Überwindung der französisch-britischen Rivalität siehe Elizabeth Greenhalgh, *Victory through Coalition. Politics, Command and Supply in Britain and France, 1914–1918*, Cambridge/New York 2005.

104 Georg Alexander von Müller, *Regierte der Kaiser? Kriegstagebücher, Aufzeichnungen und Briefe des Chefs des Marine-Kabinetts Admiral Georg Alexander von Müller 1914–1918*, hg. von Walter Görlitz, Göttingen/Berlin/Frankfurt/M. 1959, S. 365f.

105 Hugenberg zitiert in Nebelin, *Ludendorff*, S. 414f.

106 Watson, *Ring of Steel*, S. 520.

107 Zabecki, *German 1918 Offensives*, S. 139–173; David Stevenson, *With Our Backs to the Wall. Victory and Defeat in 1918*, London 2011, S. 67.

108 Wilhelm Deist, »Verdeckter Militärstreik im Kriegsjahr 1918?«, in Wolfram Wette (Hg.), *Der Krieg des kleinen Mannes. Eine Militärgeschichte von unten*, München/Zürich 1998, S. 146–167, hier 149f.

109 Alexander Watson, *Enduring the Great War. Combat, Morale and Collapse in the German and British Armies, 1914–1918*, Cambridge/New York 2008, S. 181.

110 Zabecki, *German 1918 Offensives*, S. 184–205; Watson, *Ring of Steel*, S. 521; Robert Foley, »From Victory to Defeat. The German Army in 1918«, in Ashley Ekins (Hg.), *1918. Year of Victory*, Auckland/Wollombi 2010, S. 69–88, hier 77.

111 Stevenson, *With Our Backs to the Wall*, S. 78–88.

112 Herwig, *First World War*, S. 414; Stéphane Audoin-Rouzeau/Annette Becker/Leonard V. Smith, *France and the Great War, 1914–1918*, Cambridge/New York 2003, S. 151; Stevenson, *With Our Backs to the Wall*, S. 345.

113 Scott Stephenson, *The Final Battle. Soldiers of the Western Front and the German Revolution of 1918*, Cambridge/New York 2009, S. 25.

114 Ebd.

115 Oliver Haller, »German Defeat in World War I, Influenza and Postwar Memory«, in Klaus Weinhauer/Anthony McElligott/Kirsten Heinsohn (Hg.), *Germany 1916–23. A Revolution in Context*, Bielefeld 2015, S. 151–180, hier 173f.; siehe ebenso Eckard Michels, »Die ›Spanische Grippe‹ 1918/19. Verlauf, Folgen und Deutungen in Deutschland im Kontext des Ersten Weltkriegs«, in *Vierteljahrshefte für Zeitgeschichte* 58 (2010), H. 1, S. 1–33; Frieder Bauer/Jörg Vögele, »Die ›Spanische Grippe‹ in der deutschen Armee 1918. Perspektive der Ärzte und Generäle«, in *Medizinhistorisches Journal* 48 (2013), S. 117–152; Howard Phillips/David Killingray (Hg.), *The Spanish Influenza Pandemic of 1918–19. New Perspectives*, London 2003.

116 Stephenson, *Final Battle*, S. 25.

117 Zum Zustand der Fronteinheiten in den letzten Kriegswochen siehe die Berichte in Albrecht Philipp (Hg.), *Die Ursachen des deutschen Zusammenbruches im Jahre 1918. Zweite Abteilung, Bd. 6: Der innere Zusammenbruch*, Berlin 1928, S. 321–386.

118 Siehe etwa Bernd Ulrich/Benjamin Ziemann (Hg.), *Frontalltag im Ersten Weltkrieg. Wahn und Wirklichkeit. Quellen und Dokumente*, Frankfurt/M. 1994, S. 94 (Bericht vom 4. September 1918).

119 Stevenson, *With Our Backs to the Wall*, S. 112–169.

120 Nebelin, *Ludendorff*, S. 423f.

121 Wolfgang Foerster, *Der Feldherr Ludendorff im Unglück. Eine Studie über seine seelische Haltung in der Endphase des ersten Weltkrieges*, Wiesbaden 1952, S. 73f.

122 Zu den Schlachten von Dojran und dem Gedenken an den Ersten Weltkrieg in Bulgarien siehe Nikolai Vukov, »Commemorating the Dead and the Dynamics of Forgetting. ›Post-Mortem‹ Interpretations of World War I in Bulgaria«, in Oto Luthar (Hg.), *The Great War and Memory in Central and South Eastern Europe*, Leiden 2016, S. 162–187; siehe auch Ivan Metodiev Petrov, *Voynata v Makedonia (1915–1918)*, Sofia 2008; Nikola Nedev/Tsocho Bilyarski, *Doyranskata epopeia, 1915–1918*, Sofia 2009.

123 Zum Durchbruch bei Dobro Polje siehe Richard C. Hall, *Balkan Breakthrough. The Battle of Dobro Pole 1918*, Bloomington 2010; Dimitar Azmanov/Rumen Lechev, »Probivat na Dobro pole prez sptemvri 1918 godina«, in *Voennoistoricheski sbornik* 67 (1998), S. 154–175.

124 Weitere Einzelheiten in Bogdan Kesyakov, *Prinos kym diplomaticheskata istoriya na Bulgaria (1918–1925). Dogovori, konventsii, spogodbi, protokoli i drugi syglashenia i diplomaticheski aktove s kratki belejki*, Sofia 1925; Petrov, *Voynata v Makedonia*, S. 209–211.

125 Zu Bulgariens Beteiligung an den Balkankriegen siehe Minčo Semov, *Pobediteliat prosi mir. Balkanskite voyni 1912–1913*, Sofia 1995; Vasilka Atanasova Tankova u. a., *Balkanskite voyni 1912–1913g. Pamet i istoriya*, Sofia 2012; Georgi Markov, *Bulgaria v Balkanskia sayuz sreshtu Osmanskata imperia, 1911–1913*, Sofia 2012.

126 Richard C. Hall, »Bulgaria in the First World War« – Russia's Great War, abrufbar unter http://russiasgreatwar.org/media/arc/bulgaria.shtml.

127 Ebd.

128 Zur Flüchtlingssituation in Bulgarien nach dem zweiten Balkankrieg siehe Delčo R. Porjazov, *Pogromăt nad trakijskite bălgari prez 1913 g. Razorenie i etničesko iztreblenie*, Sofia 2009; Carnegie Endowment for International Peace (Hg.), *Report of the International Commission to Inquire into the Causes and Conduct of the Balkan Wars*, Neuauflage, Washington 2014, insbesondere S. 123–135.

129 Richard Hall, »Bulgaria«, in *1914–1918 online*, abrufbar unter http://encyclopedia.1914-1918-online.net/article/bulgaria.

130 Zur Beteiligung Bulgariens am Ersten Weltkrieg siehe insbesondere Georgi Markov, *Goljamata vojna i bălgarskijat ključ za evropejskija pogreb (1914–1916)*, Sofia 1995; Ders., *Goljamata vojna i Bălgarskata straža meždu Sredna Evropa i Orienta (1916–1919g.)*, Sofia 2006.

131 Richard C. Hall, »Bulgaria in the First World War«, in *Russia's Great War*, abrufbar unter http://russiasgreatwar.org/media/arc/bulgaria.shtml.

132 Zur nördlichen Front und der Schlacht von Tutrakan im Besonderen siehe Petar Boychev, *Tutrakanska epopeia*, Tutrakan 2003; Petar Boychev/Volodya Milachkov, *Tutrakanskata epopeya i voynata na Severnia front, 1916–1918*, Silistra 2007. Eine der Veröffentlichungen zu den Schlachten um die Dobrudscha (in der bulgarischen Geschichtswissenschaft »Dobrudscha-Epos« genannt) ist Radoslav Simeonov/Velichka Mikhaĭlova/Donka Vasileva, *Dobrichkata epopeia, 1916*, Dobritsch 2006.

133 Hall, »Bulgaria in the First World War«.

134 Kăn'o Kožucharov, *Radomirskata republika 1918–1948*, Sofia 1948, S. 11.

135 Ebd., S. 12.

136 Andrej Mitrović, *Serbia's Great War, 1914–1918*, London 2007, S. 312–319.

137 Gunther Rothenberg, *The Army of Francis Joseph*, West Lafayette 1997, S. 212f.

138 Watson, *Ring of Steel*, S. 538.

139 Mario Isnenghi/Giorgio Rochat, *La Grande Guerra 1914–1918*, Mailand 2000, S. 438–452.

140 Mark Thompson, *The White War. Life and Death on the Italian Front 1915–1919*, London 2009, S. 344–346; Mark Cornwall, *The Undermining of Austria-Hungary. The Battle for Hearts and Minds*, Basingstoke 2000, S. 287–299.

141 Watson, *Ring of Steel*, S. 538.

142 Ebd., S. 540; Arthur May, *The Passing of the Hapsburg Monarchy*, Bd. 2, Philadelphia 1966, S. 760–763.

143 Rudolf Neck (Hg.), *Österreich im Jahre 1918. Berichte und Dokumente*, Wien 1968, S. 104–113.

144 Zitiert in Isnenghi/Rochat, *La Grande Guerra 1914–1918*, S. 463f.

145 Erik-Jan Zürcher, »The Ottoman Empire and the Armistice of Moudros«, in Hugh Cecil/Peter H. Liddle (Hg.), *At the Eleventh Hour. Reflections, Hopes, and Anxieties at the Closing of the Great War, 1918*, London 1998, S. 266–275.

146 Timothy W. Childs, *Italo-Turkish Diplomacy and the War over Libya, 1911–1912*, New York 1990, S. 36.

147 Carnegie Endowment for International Peace (Hg.), *Report of the International Commission to Inquire into the Causes and Conduct of the Balkan Wars*, Neudruck, Washington 2014.

148 M. Sükrü Hanioğlu, *A Brief History of the Late Ottoman Empire*, Princeton 2006, S. 165.

149 Mustafa Aksakal, *The Ottoman Road to War in 1914. The Ottoman Empire and the First World War*, Cambridge/New York 2008, S. 93–118.

150 Ebd., S. 178–187.

151 Edward J. Erickson, *Ordered to Die. A History of the Ottoman Army in the First World War*, Westport/London 2001; Carl Alexander Krethlow, *Generalfeldmarschall Colmar Freiherr von der Goltz Pascha. Eine Biographie*, Paderborn 2012.

152 Aksakal, *The Ottoman Road to War*, S. 94.

153 Hanioğlu, *Brief History of the Late Ottoman Empire*, S. 180f.; David Reynolds, *The Long Shadow. The Great War and the Twentieth Century*, London 2013, S. 88.

154 Charles Harry Clinton Pirie-Gordon (Hg.), *A Brief Record of the Advance of the Egyptian Expeditionary Force under the Command of General Sir Edmund H. H. Allenby, G.C.B., G.C.M.G. July 1917 to October 1918*, London 1919, S. 25–36; James Kitchen, *The British Imperial Army in the Middle East*, London 2014.

155 Gingeras, *Fall of the Sultanate*, S. 248; Gwynne Dyer, »The Turkish Armistice of 1918. 2: A Lost Opportunity: The Armistice Negotiations of Moudros«, in *Middle Eastern Studies* 3 (1972), S. 313–348.

156 Rogan, *Fall of the Ottomans*, S. 285–287 und 359f.

157 »Turquie. Convention d'armistice 30 Octobre 1918«, in *Guerre Europeenne. Documents 1918: Conventions d'armistice passiehes avec la Turquie, la Bulgarie, l'Autriche-Hongrie et l'Allemagne par les puissances Alliees et associees*, Paris 1919, S. 7–9; siehe ebenso Gingeras, *Fall of the Sultanate*, S. 249.

158 Dyer, »The Turkish Armistice of 1918«, S. 319.

159 Zitiert in Patrick Kinross, *Atatürk. A Biography of Mustafa Kemal, Father of Modern Turkey*, London 1964, S. 15.

160 Ryan Gingeras, *Mustafa Kemal Atatürk. Heir to an Empire*, Oxford/New York 2015; İrfan Orga/Margarete Orga, *Atatürk*, London 1962, S. 164.

161 Elie Kedourie, »The End of the Ottoman Empire«, in *Journal of Contemporary History* 2 (1968), S. 19–28, hier 19. Eine umfassende geschichtliche Überblicksdarstellung der Geschichte des Osmanischen Reiches bietet Caroline Finkel, *Osman's Dream. The Story of the Ottoman Empire, 1300–1923*, London 2005.

162 Thaer, *Generalstabsdienst*, S. 235 (Tagebucheintrag vom 1. Oktober 1918).

163 Ebd.

164 Herbert Michaelis/Ernst Schraepler/Günter Scheel (Hg.), *Ursachen und Folgen*, Bd. 2: *Der militärische Zusammenbruch und das Ende des Kaiserreichs*, Berlin 1959, S. 319f. (Dok. 365).

165 Harry Rudolph Rudin, *Armistice 1918*, New Haven 1944, S. 53f.

166 Lothar Machtan, *Prinz Max von Baden. Der letzte Kanzler des Kaisers*, Berlin 2013.

167 Winkler, *Zeit der Weltkriege*, S. 95f. Die aktuellste Studie zu den Oktoberreformen bietet Anthony McElligott, *Rethinking the Weimar Republic. Authority and Authoritarianism, 1916–1936*, London 2014, S. 19–26.

168 Rudin, *Armistice 1918*, S. 53 und 56–80; Watson, *Ring of Steel*, S. 547f.

169 Edmund Marhefka (Hg.), *Der Waffenstillstand 1918–1919. Das Dokumenten-Material der Waffenstillstands-Verhandlungen von Compiègne, Spa, Trier und Brüssel*, Bd. 1. *Der Waffenstillstandsvertrag von Compiègne und seine Verlängerungen nebst den finanziellen Bestimmungen*, Berlin 1928, S. 13.

170 Zitiert in Rudin, *Armistice 1918*, S. 173, und Watson, S. 550f.

171 Nebelin, *Ludendorff*, S. 487.

172 Ebd., S. 497f.

173 Martin Kitchen, *The Silent Dictatorship. The Politics of the German High Command under Hindenburg and Ludendorff, 1916–1918*, New York 1976; Richard Bessel, »Revolution«, in Jay Winter (Hg.), *The Cambridge History of the First World War*, Bd. 2, Cambridge/New York 2014, S. 126–144.

174 Westdeutsche Historiker haben sich insbesondere für die innerhalb Deutschlands gebildeten Soldatenräte interessiert. Jahrelang wurde heftig diskutiert, ob diese Räte nicht die Grundlage eines »dritten Wegs« hätten darstellen können – einer Alternative sowohl zur Weimarer Republik (und ihren fatalen Kompromissen mit den alten Eliten) und einem radikalen Regime nach bolschewistischem Vorbild. Siehe Reinhard Rürup, »Demokratische Revolution und der ›dritte Weg‹. Die deutsche Revolution von 1918/19 in der neueren wissenschaftlichen Diskussion«, in *Geschichte und Gesellschaft* 9 (1983), S. 278–301.

175 Wilhelm Deist, »Die Politik der Seekriegsleitung und die Rebellion der Flotte Ende Oktober 1918«, in *Vierteljahrshefte für Zeitgeschichte* 14 (1966), S. 341–368, hier 355.

176 Gerhard P. Groß, »Eine Frage der Ehre? Die Marineführung und der letzte Flottenvorstoß 1918«, in Jörg Duppler/Ders. (Hg.), *Kriegsende 1918. Ereignis, Wirkung, Nachwirkung*, München 1999, S. 349–365, hier 354–365; Watson, *Ring of Steel*, S. 552.

177 Holger Herwig, *»Luxury« Fleet. The Imperial German Navy 1888–1918*, London ^{2}1987, S. 247 und 250; Watson, *Ring of Steel*, S. 552.

178 Hannes Leidinger, »Der Kieler Aufstand und die deutsche Revolution«, in Ders./Verena Moritz (Hg.), *Die Nacht des Kirpitschnikow. Eine andere Geschichte des Ersten Weltkriegs*, Wien 2006, S. 220–235; Daniel Horn, *Mutiny on the High Seas. Imperial German Naval Mutinies of World War One*, London 1973, S. 234–246; Watson, *Ring of Steel*, S. 553.

179 Ebd., S. 554.

180 Ulrich Kluge, »Militärrevolte und Staatsumsturz. Ausbreitung und Konsolidierung der Räteorganisation im rheinisch-westfälischen Industriegebiet«, in Reinhard Rürup (Hg.), *Arbeiter- und Soldatenräte im rheinisch-westfälischen Industriegebiet. Studien zur Geschichte der Revolution 1918/19*, Wuppertal 1975, S. 39–82.

181 Ulrich Kluge, *Soldatenräte und Revolution. Studien zur Militärpolitik in Deutschland 1918/19*, Göttingen 1975, S. 48–56.

182 Harry Graf Kessler, *Das Tagebuch 1880–1937*, hg. von Roland Kamzelak/Günter Riederer, Bd. 6: *1916–1918*, Stuttgart 2006, S. 616.

183 Eine ausführlichere Darstellung des Endes der deutschen Herrscherdynastien bietet Lothar Machtan, *Die Abdankung. Wie Deutschlands gekrönte Häupter aus der Geschichte fielen*, Berlin 2008.

184 Rudin, *Armistice 1918*, S. 327–329 und 349–351.

185 Stephenson, *The Final Battle*, S. 83–90.

186 Rudin, *Armistice 1918*, S. 345–359; Kluge, *Soldatenräte*, S. 82–87.

187 Manfred Jessen-Klingenberg, »Die Ausrufung der Republik durch Philipp Scheidemann am 9. November 1918«, in *Geschichte in Wissenschaft und Unterricht* 19 (1968), S. 649–656, hier 653.

188 Winkler, *Zeit der Weltkriege*, S. 99f.

189 Watson, *Ring of Steel*, S. 55f.

190 Rudin, *Armistice 1918*, S. 427–432; Watson, *Ring of Steel*, S. 556.

Teil II

1 Siehe dazu Sammartino, *The Impossible Border*, Kapitel 12; Timothy Snyder, *The Reconstruction of Nations. Poland, Ukraine, Lithuania, Belarus, 1569–1999*, New Haven/London 2004, S. 62f.; Liulevicius, *War Land*, S. 228ff. Zu baltischen Paramilitärs, die für die Unabhängigkeit ihres Landes kämpften, siehe Tomas Balkelis, »Von Bürgern zu Soldaten. Baltische paramilitärische Bewegungen nach dem Ersten Weltkrieg«, in Gerwarth/Horne (Hg.), *Krieg im Frieden*, S. 201–225.

2 Dies traf insbesondere auf Estland und Lettland zu. Vgl. James D. White, »National Communism and World Revolution. The Political Consequences of German Military Withdrawal from the Baltic Area in 1918–19«, in *Europe-Asia Studies* 8 (1994), S. 1349–1369. Gute historische Überblicksdarstellungen zum Baltikum liefern Andres Kasekamp, *A History of the Baltic States*, New York 2010; Andrejs Plakans, *A Concise History of the Baltic States*, Cambridge/New York 2011; sowie Georg von Rauchs Standardwerk *The Baltic States. The Years of Independence: Estonia, Latvia, Lithuania, 1917–1940*, Berkeley 1974.

3 Zu Bischoff und der »Eisernen Division« siehe Tanja Bührer, *Die Kaiserliche Schutztruppe für Deutsch-Ostafrika. Koloniale Sicherheitspolitik und transkulturelle Kriegführung, 1885 bis 1918*. München 2011, S. 211; Bernhard Sauer, »Vom ›Mythos eines ewigen Soldatentums‹. Der Feldzug deutscher Freikorps im Baltikum im Jahre 1919«, in *Zeitschrift für Geschichtswissenschaft* 43 (1995), S. 869–902; sowie das Selbstzeugnis von Josef Bischoff, *Die letzte Front. Geschichte der Eisernen Division*, Berlin 1935.

4 Liulevicius, *War Land*, S. 56ff.

5 John Hiden, *The Baltic States and Weimar Ostpolitik*, Cambridge/New York 1987, S. 16; Sammartino, *The Impossible Border*, S. 48.

6 Rüdiger von der Goltz, *Meine Sendung in Finnland und im Baltikum*, Leipzig 1920, S. 156 (Militärstatistiken).

7 Hagen Schulze, *Freikorps und Republik, 1918–1920*, Boppard am Rhein 1969, S. 143.

8 Sammartino, *The Impossible Border*, S. 53.

9 Alfred von Samson-Himmelstjerna, »Meine Erinnerungen an die Landwehrzeit«, Herder-Institut Marburg, DSHI 120 BR BLW 9, S. 20.

10 Rudolf Höss, *Kommandant in Auschwitz. Autobiographische Aufzeichnungen*, eingeleitet und kommentiert von Martin Broszat, Stuttgart 1958, S. 34.

11 Zur Problematik der autobiographischen Freikorpsliteratur siehe Matthias

Sprenger, *Landsknechte auf dem Weg ins Dritte Reich? Zu Genese und Wandel des Freikorpsmythos*, Paderborn 2008.

12 Robert G. L. Waite, *Vanguard of Nazism. The Free Corps Movement in Postwar Germany, 1918–1923*, Cambridge, MA, 1952, S. 118f.

13 Erich Balla, *Landsknechte wurden wir. Abenteuer aus dem Baltikum*, Berlin 1932, S. 111f. Ballas Schilderungen waren ganz speziell dazu gedacht, seine Leserschaft zu schockieren und gewaltsame Vergeltungen zu rechtfertigen.

14 Ebd.

15 John Hiden/Martyn Housden, *Neighbours or Enemies? Germans, the Baltic, and Beyond*, Amsterdam/New York 2008, S. 21.

16 Sammartino, *The Impossible Border*, S. 55.

17 Andrejs Plakans, *The Latvians*, S. 108.

18 Julien Gueslin, »Riga, de la métropole russe à la capitale de la Lettonie 1915–1919«, in Philippe Chassaigne/Jean-Marc Largeaud (Hg.), *Villes en guerre (1914–1945)*, Paris 2004, S. 185–195; Suzanne Pourchier-Plasseraud, »Riga 1905–2005. A City with Conflicting Identities«, in *Nordost-Archiv* 15 (2006), S. 175–194, hier 181.

19 Uldis Ģērmanis, *Oberst Vācietis und die lettischen Schützen im Weltkrieg und in der Oktoberrevolution*, Stockholm 1974, S. 147 und 155.

20 Balla, *Landsknechte*, S. 180f.

21 Marguerite Yourcenar, *Der Fangschuss*, Köln/Berlin 1968, S. 128f.

22 Waite, *Vanguard of Nazism*, S. 118f.

23 Sammartino, *Impossible Border*, 59.

24 Charles L. Sullivan, »The 1919 German Campaign in the Baltic. The Final Phase«, in Stanley Vardys/Romuald Misiunas (Hg.), *The Baltic States in Peace and War, 1917–1945*, London 1978, S. 31–42.

25 Schulze, *Freikorps und Republik*, S. 184; Liulevicius, *War Land*, S. 232; Sammartino, *Impossible Border*, S. 63.

26 Zum Ende des Baltikumfeldzugs siehe auch die umfangreiche, im Marburger Herder Institut zusammengetragene Presseberichterstattung: Herder Institut, Marburg, DSHI 120 BLW/BR 1/2.

27 Friedrich Wilhelm Heinz, *Sprengstoff*, Berlin 1930, S. 8f.

28 Ernst von Salomon, *Die Geächteten*, Berlin 1923, S. 144f.

29 Zur Organisation Consul, die für alle diese Terrorakte verantwortlich war, siehe insbesondere die Materialien im Institut für Zeitgeschichte (München): Fa 163/1 und MA 14412. Siehe ebenso Martin Sabrow, *Die verdrängte Verschwörung. Der Rathenau-Mord und die deutsche Gegenrevolution*, Frankfurt/M. 1999.

30 Evan Mawdesly, *The Russian Civil War*, Boston/London 1987, S. 45ff.; Alexandre Sumpf, »Russian Civil War«, in *1914–18 online. International Encyclopedia of the First World War*, abrufbar unter http://encyclopedia.1914-1918-online.net/article/russian_civil_war; Jonathan D. Smele, *The »Russian« Civil Wars 1916–1926. Ten Years that Shook the World*, Oxford 2015; Holquist, *Making War*.

31 Zu den Roten Garden siehe Rex A. Wade, *Red Guards and Workers' Militias*

in the Russian Revolution, Palo Alto 1984; zum Aufbau der Roten Armee siehe Mark von Hagen, *Soldiers in the Proletarian Dictatorship. The Red Army and the Soviet Socialist State, 1917–1930*, Ithaca 1990.

32 Rosenberg, »Paramilitary Violence in Russia's Civil Wars«, S. 37.

33 Nikolaus Katzer, »Der weiße Mythos. Russischer Antibolschewismus im europäischen Nachkrieg«, in Robert Gerwarth/John Horne (Hg.), *Krieg im Frieden. Paramilitärische Gewalt in Europa nach dem Ersten Weltkrieg*, Göttingen 2013, S. 57–93; Nikolaus Katzer, *Die weiße Bewegung. Herrschaftsbildung, praktische Politik und politische Programmatik im Bürgerkrieg*, Köln/Weimar/Wien 1999.

34 Viktor P. Danilov/Viktor V. Kondrashin/Teodor Shanin (Hg.), *Nestor Makhno. M. Kubanin, Makhnovshchina. Krestyanskoe dvizhenie na Ukraine 1918–1921 gg. Dokumenty i Materialy*, Moskau 2006; Schnell, *Räume des Schreckens*, S. 325–331; Serhy Yekelchyk, »Freischärler als Baumeister der Nation? Rebellion und Ideologie im ukrainischen Bürgerkrieg«, in Gerwarth/Horne (Hg.), *Krieg im Frieden*, S. 177–200, hier 193f. Einen Überblick über die Bauernaufstände der Jahre 1918–1920 in der Ukraine liefert Andrea Graziosi, *The Great Soviet Peasant War. Bolsheviks and Peasants, 1917–1933*, Cambridge, MA, 1996, S. 11–37.

35 Sumpf, »Russian Civil War«.

36 Wladimir Iljitsch Lenin, »Die Hauptaufgabe unserer Tage« (12. März 1918), in Ders., *Werke*, Bd. 27, Berlin 1960, S. 147.

37 Geoffrey Swain, »Trotsky and the Russian Civil War«, in Ian D. Thatcher (Hg.), *Reinterpreting Revolutionary Russia. Essays in Honour of James D. White*, Basingstoke 2006, S. 86–104.

38 Evan Mawdsley, »International Responses to the Russian Civil War (Russian Empire)«, in *1914–1918 online. International Encyclopedia of the First World War*, abrufbar unter http://encyclopedia.1914-1918-online.net/article/international_responses_to_the_russian_civil_war_russian_empire.

39 Mark Levene, *Crisis of Genocide*, Bd. 1: *The European Rimlands 1912–1938*, Oxford/New York 2014, S. 203.

40 Edward Hallett Carr, »The Origins and Status of the Cheka«, in *Soviet Studies* 10 (1958), S. 1–11; George Leggett, *The Cheka. Lenin's Political Police, the All-Russian Extraordinary Commission for Combating Counterrevolution and Sabotage (December 1917 to February 1922)*, Oxford 1981; Semen S. Chromow, *Feliks Dzierżyński. Biographie*, Berlin ^{3}1989.

41 Edward Hallett Carr, *The Bolshevik Revolution 1917–1923*, London 1950, Bd. 1, Kap. 7 (»Consolidating the Dictatorship«).

42 Lenin zitiert in Julie Fedor, *Russia and the Cult of State Security. The Chekist Tradition, from Lenin to Putin*, London 2011, S. 186, Anmerkung 12.

43 Smith, *Letzter Tanz*, S. 188.

44 Ebd.; W. Bruce Lincoln, *Red Victory. A History of the Russian Civil War*, New York 1989, S. 159–161; Vladimir Petrovich Anichkov, *Ekaterinburg – Vladivostok 1917–1922*, Moskau 1998, S. 155.

45 Figes, *Peasant Russia*, S. 332 und 351–353; Jonathan Aves, *Workers Against*

Lenin. Labour Protest and Bolshevik Dictatorship, London 1996; Felix Schnell, »Der Sinn der Gewalt. Der Ataman Volynec und der Dauerpogrom von Gajsyn im russischen Bürgerkrieg«, in *Zeithistorische Forschung* 5 (2008), S. 18–39; Ders., *Räume des Schreckens*, S. 245–365.

46 Arno J. Mayer, *The Furies. Violence and Terror in the French and Russian Revolutions*, Princeton 2000, S. 135, 272–274 und 279f.

47 Lenin zitiert in Bertrand M. Patenaude, *The Big Show in Bololand. The American Relief Expedition to Soviet Russia in the Famine of 1921*, Stanford 2002, S. 20.

48 Bruno Cabanes, *The Great War and the Origins of Humanitarism 1918–1924*, Cambridge/New York 2014, S. 197. Zu den Requisitionsbrigaden in der südlichen Wolgaregion siehe Figes, *Peasant Russia*, S. 262–267.

49 Katzer, *Die weiße Bewegung*, S. 269f.; Martin Krispin, *»Für ein freies Russland …«. Die Bauernaufstände in den Gouvernements Tambov und Tjumen 1920–1922*, Heidelberg 2010, S. 168; James E. Mace, *Communism and the Dilemmas of National Liberation. National Communism in Soviet Ukraine 1918–1933*, Cambridge, MA, 1983, S. 65f.

50 Lenins Brief vom 11. August 1918 zitiert in Ronald Grigor Suny, *The Structure of Soviet History. Essays and Documents*, New York/Oxford 2014, S. 83.

51 Taisia Osipova, »Peasant Rebellions. Origins, Scope, Dynamics, and Consequences«, in Vladimir N. Brovkin (Hg.), *The Bolsheviks in Russian Society. The Revolution and the Civil Wars*, New Haven/London 1997, S. 154–176.

52 Beyrau, »Brutalization Revisited«, S. 36; Figes, *Peasant Russia*, S. 319–328, 333–346; Krispin, *»Für ein freies Russland …«*, S. 181–197, 400–402; Vladimir N. Brovkin, *Behind the Frontlines of the Civil War. Political Parties and Social Movements in Russia, 1918–1922*, Princeton 1994, S. 82–85; Holquist, *Making War*, S. 166–205; Figes, *Tragödie*, S. 799f.

53 Maxim Gorki, *Vom russischen Bauern*, Berlin 1922, S. 11–27, hier 16f.

54 Rudolph Joseph Rummel, *Lethal Politics. Soviet Genocide and Mass Murder since 1917*, Piscataway 1990, S. 38. Zum Einsatz von Giftgas siehe Richard Pipes, *Russia under the Bolshevik Regime*, New York 1993, S. 387–401. Nicolas Werth, »L'ex-Empire russe, 1918–1921. Les mutations d'une guerre prolongée«, in Stéphane Audoin-Rouzeau/Christophe Prochasson (Hg.), *Sortir de la Grande Guerre. Le monde et l'après-1918*, Paris 2008, S. 285–306.

55 David Bullock, *The Czech Legion, 1914–20*, Oxford 2008, S. 17–24; John F. N. Bradley, *The Czechoslovak Legion in Russia, 1914–1920*, Boulder 1991, S. 156; Gerburg Thunig-Nittner, *Die tschechoslowakische Legion in Rußland. Ihre Geschichte und Bedeutung bei der Entstehung der 1. Tschechoslowakischen Republik*, Wiesbaden 1970, S. 73ff.; Victor M. Fic, *The Bolsheviks and the Czechoslovak Legion. The Origins of their Armed Conflict (March–May 1918)*, Neu-Delhi 1978.

56 Thunig-Nittner, *Tschechoslowakische Legion*, S. 61–90. Zu deren Heroisierung in der Tschechoslowakei der Zwischenkriegszeit siehe Natali Stegmann, *Kriegsdeutungen, Staatsgründungen, Sozialpolitik. Der Helden- und Opferdiskurs in der Tschechoslowakei, 1918–1948*, München 2010, S. 69f.

57 Fic, *The Bolsheviks and the Czechoslovak Legion*, S. 284f.

58 Gustav Habrman, *Mé vzpomínky z války*, Prag 1928, S. 46f. Siehe auch Rudolf Kučera, »Exploiting Victory, Sinking into Defeat. Uniformed Violence in the Creation of Order in Czechoslovakia and Austria, 1918–1922«, in *Journal of Modern History* (im Druck). Zur rasch zunehmenden Bereitschaft der Anwendung drastischer Gewalt gegenüber Gefangenen und unbewaffneten Zivilisten siehe Thunig-Nittner, *Tschechoslowakische Legion*, S. 46–57.

59 Hildermeier, *Geschichte der Sowjetunion*, S. 137–139; Winkler, *Zeit der Weltkriege*, S. 126–132.

60 John Channon, »Siberia in Revolution and Civil War, 1917–1921«, in Alan Wood (Hg.), *The History of Siberia. From Russian Conquest to Revolution*, London/New York 1991, S. 158–180, hier 165f.; Brovkin, *Behind the Front Lines of the Civil War*, S. 300ff.

61 Thunig-Nittner, *Tschechoslowakische Legion*, S. 57ff.; Jonathan D. Smele, *Civil War in Siberia. The Anti-Bolshevik Government of Admiral Kolchak, 1918–1920*, Cambridge 1996, S. 33f.; Norman G. O. Pereira, *White Siberia. The Politics of Civil War*, Montreal 1996, S. 67ff.

62 Hélène Carrère d'Encausse, *Nikolaus II. Das Drama des letzten Zaren*, Wien 1998, S. 471; Ėdvard Stanislavovič Radzinskij, *Nikolaus II. Der letzte Zar und seine Zeit*, München 1992, S. 330f.

63 Lieven, *Nicholas II*, S. 244–246.

64 Mawdsley, *The Russian Civil War*, S. 70.

65 Gordon-Finlaysons Bericht zitiert in Catherine Margaret Boylan, *The North Russia Relief Force. A Study of Military Morale and Motivation in the Post-First World War World*, unveröffentlichte Dissertation, King's College London 2015, S. 252.

66 Sumpf, »Russian Civil War«.

67 Baumgart, *Deutsche Ostpolitik*, S. 140ff.; Mawdsley, »International Responses«.

68 Zu Denikin siehe Dimitrij V. Lechovič, *White against Red. The Life of General Anton Denikin*, New York 1974; Yu. N. Gordeev, *Denikin. Voenno-istoricheski Ocherk*, Moskau 1993.

69 Mawdsley, »International Responses«; S. Peter Fleming, *The Fate of Admiral Kolchak*, London 1963; K. Bogdanov, *Admiral Kolchak*, St. Petersburg 1993.

70 Abgesehen von älteren Studien zur alliierten Intervention haben sich eine ganze Reihe jüngerer Dissertationen insbesondere mit dem britischen Engagement beschäftigt. Siehe Lauri Kopisto, *The British Intervention in South Russia 1918–1920*, unveröffentlichte Dissertation, Universität Helsinki, 2011; Boylan, »North Russia Relief Force«; Steven Balbirnie, *British Imperialism in the Arctic. The British Occupation of Archangel and Murmansk, 1918–1919*, unveröffentlichte Dissertation, University College Dublin, 2015.

71 Margaret MacMillan, *Die Friedensmacher. Wie der Versailler Vertrag die Welt veränderte*, Berlin 2015, S. 116.

72 John Keep, »1917. The Tyranny of Paris over Petrograd«, in *Soviet Studies* 20 (1968), S. 22–35.

73 »Kann man die Arbeiterklasse mit dem Jakobinertum schrecken?« (7. Juli 1917), in L. I. Lenin, *Werke*, Bd. 25, Ost-Berlin 1974, S. 113f.

74 Winkler, *Zeit der Weltkriege*, S. 229.

75 William G. Rosenberg, »Paramilitärische Gewalt in Russlands Bürgerkriegen (1918–1920)«, in Gerwarth/Horne (Hg.), *Krieg im Frieden*, S. 31–56, hier 31. Einen Überblick und konkrete Beispiele finden sich in Figes, *Tragödie*. Es gibt zahlreiche herausragende Studien zu verschiedenen geographischen Regionen. Zu Transkaukasien siehe Jörg Baberowski, *Der Feind ist überall. Stalinismus im Kaukasus*, München 2003; zu Zentralasien Hélène Carrère d'Encausse, *Réforme et révolution chez les musulmans de l'empire russe*, Paris [2]1981; zum Westen und der Ukraine Christoph Mick, »Vielerlei Kriege. Osteuropa 1918–1921«, in Dietrich Beyrau u.a. (Hg.), *Formen des Krieges von der Antike bis zur Gegenwart*, Paderborn 2007, S. 311–326; Wróbel, »The Seeds of Violence«; Schnell, *Räume des Schreckens*.

76 Willard Sunderland, *The Baron's Cloak. A History of the Russian Empire in War and Revolution*, Ithaca/London 2014, S. 133ff.

77 Katzer, Die *weiße Bewegung*, S. 285; Anthony Reid, *The World on Fire. 1919 and the Battle with Bolshevism*, London 2009, S. 23.

78 James Palmer, *Der blutige weiße Baron. Die Geschichte eines Adeligen, der zum letzten Khan der Mongolei wurde*, Frankfurt/M. 2010, S. 218–226 (zur Eroberung Urgas), S. 255f. (zur mongolischen Unabhängigkeit von China) und S. 277f. (zum Umschlagen der Stimmung gegen Ungern-Sternberg).

79 D. D. Aleshin, »Aziatskaya Odisseya«, in Sergej L. Kuz'min (Hg.), *Baron Ungern v dokumentach i memuarach*, Moskau 2004, S. 415–430, hier 421.

80 Udo B. Barkmann, *Geschichte der Mongolei oder die »Mongolische Frage«. Die Mongolen auf ihrem Weg zum eigenen Nationalstaat*, Bonn 1999, S. 192–196 und 202–205; Canfield F. Smith, »The Ungernovščina – How and Why?«, in *Jahrbücher für Geschichte Osteuropas* 28 (1980), S. 590–595.

81 Hiroaki Kuromiya, *Freedom and Terror in the Donbas. A Ukrainian-Russian Borderland 1870s–1990s*, Cambridge/New York 1998, S. 95–114; Katzer, *Die weiße Bewegung*, S. 284–291; Oleg Budnitskij, *Russian Jews between the Reds and Whites, 1917–1920*, Philadelphia 2011.

82 Budnitskii, *Jews between Reds and Whites*.

83 Greg King/Penny Wilson, *The Fate of the Romanovs*, Hoboken 2003, S. 352f.; Léon Poliakov, *Geschichte des Antisemitismus*, Bd. 8: *Am Vorabend des Holocaust*, Frankfurt/M. 1988; Levene, *Crisis of Genocide*, Bd. 1, S. 191.

84 Norman Cohn, *Die Protokolle der Weisen von Zion. Der Mythos von der jüdischen Weltverschwörung*, Köln/Berlin 1969.

85 Balkelis, »Baltic Paramilitary Movements«, S. 136; Aivars Stranga, »Communist Dictatorship in Latvia. December 1918–January 1920: Ethnic Policy«, in *Lithuanian Historical Studies* 13 (2008), S. 161–178, 171ff.

86 Levene, *Crisis of Genocide*, Bd. 1, S. 187f.

87 Zum Pogrom von Lwów im Jahr 1918 siehe u.a. William W. Hagen, »The Moral Economy of Ethnic Violence. The Pogrom in Lwów, November 1918«, in *Geschichte und Gesellschaft* 31 (2005), S. 203–226; Ludwik Mroczka, »Przyczynek do kwestii żydowskiej w Galicji u progu Drugiej Rzeczpospolitej«, in Feliksa Kiryka (Hg.), *Żydzi w Małopolsce. Studia z dziejów osadnictwa i życia społecznego*, Przemyśl 1991, S. 297–308, hier 300f. Christoph Mick, *Kriegserfahrungen in einer multiethnischen Stadt. Lemberg 1914–1947*, Wiesbaden 2010; Mark Mazower, »Minorities and the League of Nations in Interwar Europe«, in *Daedulus* 126 (1997), S. 47–63, hier 50; Frank Golczewski, *Polnisch-jüdische Beziehungen 1881–1922. Eine Studie zur Geschichte des Antisemitismus in Osteuropa*, Wiesbaden 1981, S. 205–213.

88 Das Pogrom von Proskurow wurde u.a. von Mitarbeitern des Allukrainischen Hilfskomitees für die Opfer von Pogromen unter Schirmherrschaft des Internationalen Roten Kreuzes untersucht. Das Komitee war im Laufe des Jahres 1919 im Land unterwegs und erarbeitete einen Bericht, der schließlich vom »Jewish People's Relief Committee of America« veröffentlich wurde; siehe Elias Heifetz, *The Slaughter of the Jews in the Ukraine in 1919*, New York 1921. Zudem existieren auch persönliche Schilderungen. Die hier zitierten Augenzeugenberichte sind Auszüge aus dem Bericht von A. I. Hillerson in Committee of the Jewish Delegations (Hg.), *The Pogroms in the Ukraine under the Ukrainian Governments (1917–1920)*, London 1927, S. 176–180.

89 Ebd.

90 Ebd. (»Aussage von Joseph Aptman, Gastwirt in Felschtin«), Anhang Nr. 30, S. 193f.

91 Mayer, *Furies*, S. 524.

92 Siehe Leonard Schapiro, »The Role of Jews in the Russian Revolutionary Movement«, in *The Slavonic and East European Review* 40 (1961), S. 148–167; Zvi Y. Gitelman, *Jewish Nationality and Soviet Politics. The Jewish Sections of the CPSU 1917–1930*, Princeton 1972, S. 114–119 und 163–168.

93 Budnitskii, *Jews between the Reds and the Whites*, S. 397.

94 Baberowski, *Der Feind ist überall*, S. 158–160.

95 Mawdsley, »International Responses«.

96 Beyrau, »Brutalization Revisited«, S. 33.

97 Sumpf, »Russian Civil War«.

98 Mawdsley, »International Responses«.

99 Sumpf, »Russian Civil War«.

100 Mawdsley, »International Responses«.

101 Mawdsley, *Civil War*, S. 377–386; Sumpf, »Russian Civil War«; MacMillan, *Friedensmacher*, S. 127.

102 Zur Hungersnot in Russland siehe Patenaude, *The Big Show in Bololand*. Siehe zudem Robert Conquests Standardwerk *Ernte des Todes. Stalins Holocaust in der Ukraine 1929–1933*, München 1988; sowie die lokale Studie von Mary McAuley, *Bread and Justice. State and Society in Petrograd, 1917–1922*, Oxford 1991, S. 397. Zur demographischen Entwicklung

siehe Sergueï Adamets, *Guerre civile et famine en Russie. Le pouvoir bolchevique et la population face à la catastrophe démographique, 1917–1923*, Paris 2003.

103 Bezüglich dieser Schätzungen vgl. Dietrich Beyrau, »Post-war Societies (Russian Empire)«, in *1914–1918-online. International Encyclopedia of the First World War*, abrufbar unter http://encyclopedia.1914-1918-online.net/article/post-war_societies_russian_empire; Jurij Aleksandrovič Poljakov u.a., *Naselenie Rossii v XX veke. Istoričeskie očerki*, Moskauf 2000, Bd. 1, S. 94f.

104 Conquest, *Harvest of Sorrows*, S. 54f.

105 *American Relief Administration Bulletin*, Dezember 1923, zitiert in Cabanes, *Origins of Humanitarianism*, S. 202f.

106 Mawdsley, *Civil War*, S. 399f.; Nicholas Valentine Riasanovsky/Mark Steinberg, *A History of Russia*, Oxford/New York [7]2005, S. 474f.; Donald J. Raleigh, »The Russian Civil War 1917–1922«, in Ronald Grigor Suny (Hg.), *The Cambridge History of Russia*, Bd. 3, Cambridge 2006, S. 140–167, hier 166f.; Alan Ball, »Building a New State and Society. NEP 1921–1928«, in Ronald Grigor Suny (Hg.), *The Cambridge History of Russia*, Bd. 3, Cambridge 2006, S. 168–191, hier 168–172. Smith, *Letzter Tanz*, S. 267.

107 Schätzungen über genaue Flüchtlingszahlen variieren erheblich; siehe Poljakov, *Naselenie*, Bd. 1, S. 134; Boris Raymond/David R. Jones, *The Russian Diaspora 1917–1941*, Lanham 2000, S. 7–10; Michael Glenny/Norman Stone (Hg.), *The Other Russia. The Experience of Exile*, London 1990, S. XX; Raleigh, »Russian Civil War«, S. 166.

108 Zu den Flüchtlingen zu Kriegszeiten siehe insbesondere Peter Gatrell, *A Whole Empire Walking. Refugees in Russia during World War I*, Bloomington 1999; Nick Baron/Peter Gatrell, »Population Displacement, State-Building and Social Identity in the Lands of the Former Russian Empire, 1917–1923«, in *Kritika. Explorations in Russian and Eurasian History* 4 (2003), S. 51–100; Alan Kramer, »Deportationen«, in Gerhard Hirschfeld/Gerd Krumeich/Irina Renz (Hg.), *Enzyklopädie Erster Weltkrieg*, Paderborn 2009, S. 434f.; Joshua A. Sanborn, »Unsettling the Empire. Violent Migrations and Social Disaster in Russia during World War I«, in *The Journal of Modern History* 77 (2005), S. 290–324, hier 310; Hagen, *War in a European Borderland*. Zu den Vertreibungen an der Westfront siehe Philippe Nivet, *Les réfugiés français de la Grande Guerre, 1914–1920. Les »boches du nord«*, Paris 2004; Pierre Purseigle, »›A Wave on to Our Shores‹. The Exile and Resettlement of Refugees from the Western Front, 1914–1918«, in *Contemporary European History* 16 (2007), S. 427–444.

109 Catherine Goussef, *L'Exil russe. La fabrique du réfugié apatride (1920–1939)*, Paris 2008, S. 60–63.

110 Zu Isaiah Berlin siehe Michael Ignatieff, *Isaiah Berlin. Ein Leben*, München 2000.

111 Mark Raef, *Russia Abroad. A Cultural History of the Russian Emigration, 1919–1939*, Oxford/New York 1990. Zur Lage in Frankreich siehe Goussef,

L'Exil russe, zu Prag siehe Catherine Andreyev/Ivan Savicky, *Russia Abroad. Prague und the Russian Diaspora 1918–1938*, New Haven/London 2004.

112 Robert C. Williams, *Culture in Exile. Russian Emigrés in Germany, 1881–1941*, Ithaca 1972, S. 114; Fritz Mierau, *Russen in Berlin, 1918–1933*, Berlin 1988, S. 298; Karl Schlögel (Hg.), *Chronik russischen Lebens in Deutschland, 1918 bis 1941*, Berlin 1999.

113 Siehe Viktor Petrov, »The Town on the Sungari«, in Norman Stone/Michael Glenny (Hg.), *The Other Russia*, London/Boston 1990, S. 205–221.

114 Paul Robinson, *The White Russian Army in Exile, 1920–1941*, Oxford/New York 2002, S. 41; Cabanes, *Origins of Humanitarianism*, S. 141f.

115 Bericht des Internationalen Roten Kreuzes über russische Flüchtlinge in Konstantinopel, zitiert in Cabanes, *Origins of Humanitarianism*, S. 142.

116 Cabanes, *Origins of Humanitarianism*, S. 155ff. Zu Nansen siehe Roland Huntford, *Nansen. The Explorer as Hero*, New York 1998; Martyn Housden, »When the Baltic Sea was a Bridge for Humanitarian Action. The League of Nations, the Red Cross and the Repatriation of Prisoners of War between Russia and Central Europe, 1920–22«, in *Journal of Baltic Studies* 38 (2007), S. 61–83.

117 Michael Kellogg, *The Russian Roots of Nazism. White Émigrés and the Making of National Socialism, 1917–1945*, Cambridge/New York 2005.

118 Gerwarth/Horne, »Vectors of Violence«, S. 497.

119 Gerwarth/Horne, »Bolshevism as Fantasy«, S. 40ff.

120 Churchill zitiert in MacMillan, *Friedensmacher*, S. 107f.

121 Ein ganzer Katalog solcher vermeintlicher Schreckenstaten findet sich in George Pitt-Rivers, *The World Significance of the Russian Revolution*, London 1920; Read, *World on Fire*, S. 23.

122 *New York Times* zitiert in David Mitchell, *1919. Red Mirage*, London 1970, S. 20f.

123 Zitiert in Mark William Jones, »Violence and Politics in the German Revolution, 1918–19«, unveröffentlichte Dissertation, European University Institute Florence, 2011, S. 89f.

124 Gerwarth/Horne, »Bolshevism as Fantasy«, S. 46–48.

125 Robert Gerwarth/Martin Conway, »Revolution and Counterrevolution«, in Donald Bloxham/Robert Gerwarth (Hg.), *Political Violence in Twentieth-Century Europe*, Cambridge/New York 2011, S. 140–175.

126 Pertti Haapala/Marko Tikka, »Revolution, Bürgerkrieg und Terror in Finnland 1918«, in Gerwarth/Horne (Hg.), *Krieg im Frieden*, S. 134–149.

127 David Kirby, *A Concise History of Finland*, Cambridge/New York 2006, S. 152f.

128 Haapala/Tikka, »Revolution, Bürgerkrieg und Terror in Finnland 1918«.

129 Zum finnischen Bürgerkrieg siehe Anthony Upton, *The Finnish Revolution, 1917–18*, Minneapolis 1980; Risto Alapuro, *State and Revolution in Finland*, Berkeley 1988; Tuomas Hoppu/Pertti Haapala (Hg.), *Tampere 1918. A Town in the Civil War*, Tampere 2010; Jason Lavery, »Finland 1917–19. Three Conflicts, One Country«, in *Scandinavian Review* 94

(2006), S. 6–14; Evan Mawdsley, *The Russian Civil War*, Boston/London 1987, S. 27–29.

130 *Berliner Tageblatt*, 10. November 1918.

131 Adam Seipp, *The Ordeal of Demobilization and the Urban Experience in Britain and Germany, 1917–1921*, Farnham 2009; Stephenson, *Final Battle*; Bessel, *Germany after the First World War*.

132 Ian Kershaw, *Hitler*, Bd. 1: *1889–1936*, München 1998, S. 142–147; Peter Longerich, *Hitler. Biographie*, München 2015, S. 894ff. Siehe auch Joachim Riecker, *Hitlers 9. November: Wie der Erste Weltkrieg zum Holocaust führte*, Berlin 2009.

133 Karl Hampe, *Kriegstagebuch 1914–1919*, hg. von Volker Reichert/Eike Wolgast, München ^{2}2007, S. 775 (Eintrag vom 10. November 1918).

134 Elard von Oldenburg-Januschau zitiert in Stephan Malinowski, *Vom König zum Führer. Sozialer Niedergang und politische Radikalisierung im deutschen Adel zwischen Kaiserreich und NS-Staat*, Frankfurt/M. 2003, S. 207.

135 Bernhard von Bülow, *Denkwürdigkeiten*, Berlin 1931, S. 305–312.

136 Eberhard Straub, *Albert Ballin. Der Reeder des Kaisers*, Berlin 2001, S. 257–261.

137 Heinrich August Winkler, *Weimar 1918–1933. Die Geschichte der ersten deutschen Demokratie*, München 1993, S. 25f. und 87ff.

138 Walter Mühlhausen, *Friedrich Ebert, 1871–1925. Reichspräsident der Weimarer Republik*, Bonn 2006, S. 42f. Siehe ebenso Dieter Dowe/Peter-Christian Witt, *Friedrich Ebert 1871–1925. Vom Arbeiterführer zum Reichspräsidenten*, Bonn 1987.

139 Dieter Engelmann/Horst Naumann, *Hugo Haase. Lebensweg und politisches Vermächtnis eines streitbaren Sozialisten*, Berlin 1999.

140 Zitiert in Heinrich August Winkler, *Von der Revolution zur Stabilisierung. Arbeiter und Arbeiterbewegung in der Weimarer Republik, 1918 bis 1924*, Berlin 1984, S. 39. Zu Eberts Leben siehe Dowe/Witt, *Friedrich Ebert*; Mühlhausen, *Friedrich Ebert. Reichspräsident*.

141 Siehe Bernd Braun, »Die ›Generation Ebert‹«, in Ders./Klaus Schönhoven (Hg.), *Generationen in der Arbeiterbewegung*, München 2005, S. 69–86.

142 Klaus Hock, *Die Gesetzgebung des Rates der Volksbeauftragten*, Pfaffenweiler 1987; Friedrich-Carl Wachs, *Das Verordnungswerk des Reichsdemobilmachungsamtes. Stabilisierender Faktor zu Beginn der Weimarer Republik*, Frankfurt/M. u.a. 1991; Bessel, *Germany after the First World War*.

143 Zur Niederlage als kulturellem Konzept siehe Schivelbusch, *Kultur der Niederlage*. Zur traumatischen Erfahrung der Niederlage und kollektiver Erinnerung siehe Jay Winter, *Sites of Memory, Sites of Mourning. The Great War in European Cultural History*, Cambridge/New York 1995; Stefan Goebel, »Re-Membered and Re-Mobilized. The ›Sleeping Dead‹ in Interwar Germany and Britain«, in *Journal of Contemporary History* 39 (2004), S. 487–501; Benjamin Ziemann, *Veteranen der Republik. Kriegserinnerung und demokratische Politik 1918–1933*, Bonn 2014; Claudia Siebrecht, *The Aesthetics of Loss. German Women's Art of the First World War*, Oxford/New York 2013.

144 Heinz Hürten (Hg.), *Zwischen Revolution und Kapp-Putsch. Militär und Innenpolitik 1918–1920*, Düsseldorf 1977.

145 Gerald D. Feldman, »Das deutsche Unternehmertum zwischen Krieg und Revolution. Die Entstehung des Stinnes-Legien-Abkommens«, in Ders., *Vom Weltkrieg zur Weltwirtschaftskrise. Studien zur deutschen Wirtschafts- und Sozialgeschichte 1914–1932*, Göttingen 1984, S. 100–127; Ders./Irmgard Steinisch, *Industrie und Gewerkschaften 1918–1924. Die überforderte Zentralarbeitsgemeinschaft*, Stuttgart 1985, S. 135–137.

146 Winkler, *Weimar*, S. 69.

147 Zur Endphase Österreich-Ungarns und der dortigen Revolution siehe Herwig, *The First World War*, sowie unlängst Watson, *Ring of Steel*. Eine sehr ausführliche Schilderung findet sich ebenfalls im Standardwerk von Richard Georg Plaschka/Horst Haselsteiner/Arnold Suppan, *Innere Front. Militärassistenz, Widerstand und Umsturz in der Donaumonarchie 1918*, 2 Bde., Wien 1974; sowie in Rauchensteiner, *Der Tod des Doppeladlers*. Eine ausgesprochen hellsichtige Studie der Kriegsfolgen in Wien bietet Healy, *Vienna and the Fall*. Siehe ebenso folgenden Sammelband: Günther Bischof/Fritz Plasser/Peter Berger (Hg.), *From Empire to Republic. Post-World War I Austria*, Innsbruck 2010.

148 Eine gute Erörterung dieser These und deren Dekonstruktion findet sich in Clifford F. Wargelin, »A High Price for Bread. The First Treaty of Brest-Litovsk and the Break-up of Austria-Hungary in 1917–1918«, in *The International History Review* 19 (1997), S. 757–788, hier 757f.

149 Ebd.

150 Ebd., S. 762.

151 Reinhard J. Sieder, »Behind the Lines. Working-Class Family Life in Wartime Vienna«, in Richard Wall/Jay Winter (Hg.), *The Upheaval of War. Family, Work and Welfare in Europe, 1914–1918*, Cambridge/New York 1988, S. 109–138, hier 125–128; Wargelin, »A High Price for Bread«, S. 777. Zu den Streiks siehe Plaschka u.a., *Innere Front*, Bd. 1: S. 59–106 und 251–274.

152 Otto Bauer, *Die österreichische Revolution*, Wien 1923, S. 66; Plaschka u.a., *Innere Front*, Bd. 1, S. 107–148; Wargelin, »A High Price for Bread«, S. 783.

153 Bauer, *Die österreichische Revolution*, S. 71f.; Plaschka u.a., *Innere Front*, S. 62–103. Eine etwas wohlwollendere Darstellung der militärischen Leistung der Habsburgerarmee findet sich in István Deák, *Der K.(u.)K. Offizier 1848–1918*, Wien/Köln/Weimar [2]1995; Greyton A. Tunstall, *Blood on the Snow. The Carpathian Winter War of 1915*, Lawrence 2010.

154 Karel Pichlík, »Der militärische Zusammenbruch der Mittelmächte im Jahre 1918«, in Richard Georg Plaschka/Karlheinz Mack (Hg.), *Die Auflösung des Habsburgerreiches. Zusammenbruch und Neuorientierung im Donauraum*, München 1970, S. 249–265.

155 Bauer, *Die österreichische Revolution*, S. 79, 82, 90–92, 97; Rauchensteiner, *Tod des Doppeladlers*, S. 612–614.

156 Patrick J. Houlihan, »Was There an Austrian Stab-in-the-Back Myth? Interwar Military Interpretations of Defeat«, in Günther Bischof/Fritz

Plasser/Peter Berger (Hg.), *From Empire to Republic. Post-World War I Austria*, Innsbruck 2010, S. 67–89, hier 72. Andere historische Studien zu autoritären Bewegungen in Österreich und Antisemitismus im 20. Jahrhundert erwähnen die Existenz eines österreichischen »Dolchstoßmythos« nur kursorisch, untersuchen ihn aber nicht ausführlicher. Siehe Steven Beller, *A Concise History of Austria*, Cambridge 2006, S. 209. Siehe auch Francis L. Carsten, *Faschismus in Österreich. Von Schönerer zu Hitler*, München 1977, S. 45; Bruce F. Pauley, *Eine Geschichte des österreichischen Antisemitismus. Von der Ausgrenzung zur Auslöschung*, Wien 1993, S. 208f. Eine eingehendere Analyse der Verbreitungswege dieser Legende durch Erinnerungsschriften ehemaliger Offiziere findet sich in Gergely Romsics, *Myth and Remembrance. The Dissolution of the Habsburg Empire in the Memoir Literature of the Austro-Hungarian Political Elite*, New York 2006, S. 37–43 [zunächst auf Ungarisch erschienen unter dem Titel: *Mítosz és emlékezet. A Habsburg birodalom felbomlása az osztrák és a magyar politikai elit emlékirat-irodalomban*, Budapest 2004].

157 Wolfgang Maderthaner, »Utopian Perspectives and Political Restraint. The Austrian Revolution in the Context of Central European Conflicts«, in: Bischof u.a. (Hg.), *From Empire to Republic. Post-World War I Austria*, S. 52–66, hier 53; Francis L. Carsten, *Die Erste Österreichische Republik im Spiegel zeitgenössischer Quellen*, Wien 1988, S. 11ff.

158 Zu Adler siehe Douglas D. Alder, »Friedrich Adler. Evolution of a Revolutionary«, in *German Studies Review* 1 (1978), S. 260–284; John Zimmermann, *»Von der Bluttat eines Unseligen«. Das Attentat Friedrich Adlers und seine Rezeption in der sozialdemokratischen Presse*, Hamburg 2000; zu seiner Beziehung zu Einstein siehe Michaela Maier/Wolfgang Maderthaner (Hg.), *Physik und Revolution. Friedrich Adler – Albert Einstein. Briefe, Dokumente, Stellungnahmen*, Wien 2006.

159 *Neues Wiener Tagblatt*, 3. Nov. 1918. Siehe auch Maderthaner, »The Austrian Revolution«, S. 52f.

160 Otto Bauer, *Die österreichische Revolution*, Wien 1923, S. 121.

161 Maderthaner, »Austrian Revolution«, S. 55.

162 Niederländisches Institut für Kriegs-, Holocaust- und Genozidstudien, Amsterdam [nachfolgend NIOD]: Nachlass Rauter, Doc I 1380, H, 2.

163 Oberösterreichisches Landesarchiv (Linz), Nachlass Ernst Rüdiger Starhemberg, Aufzeichnungen, S. 20ff.

164 Franz Brandl, *Kaiser, Politiker und Menschen. Erinnerungen eines Wiener Polizeipräsidenten*, Wien/Leipzig 1936, S. 265.

165 Maderthaner, »Austrian Revolution«, S. 61.

166 Peter Broucek, *Karl I. (IV.). Der politische Weg des letzten Herrschers der Donaumonarchie*, Wien 1997; Judson, *Habsburg Empire*, S. 338–442.

167 MacMillan, *Friedensmacher*, S. 334 und 338.

168 Maderthaner, »Austrian Revolution«, S. 57.

169 Lyubomir Ognyanov, *Voynishkoto vastanie 1918*, Sofia 1988, S. 74.

170 Nikolai Vukov, »The Aftermaths of Defeat. The Fallen, the Catastrophe, and

the Public Response of Women to the End of the First World War in Bulgaria«, in Ingrid Sharp/Matthew Stibbe (Hg.), *Aftermaths of War. Women's Movements and Female Activists, 1918–1923*, Leiden 2011, S. 29–47.

171 Briefe, zitiert in Ognyanov, *Voynishkoto vastanie 1918*, S. 84 und 89.

172 Zum Soldatenaufstand und der Gewalt im Bulgarien der Nachkriegszeit siehe Ognyanov, *Voynishkoto vastanie 1918*; Boyan Kastelov, *Ot fronta do Vladaya. Dokumentalen ocherk*, Sofia 1978; Boyan Kastelov, *Bulgaria – ot voyna kam vastanie*, Sofia 1988; Ivan Draev, *Bŭlgarskata osemnadeseta godina. Istoricheski ocherk za Vladayskoto vastanie*, Sofia 1970; Tsvetan Grozev, *Voynishkoto vastanie, 1918. Sbornik dokumenti i spomeni*, Sofia 1967.

173 Zu den unterschiedlichen Deutungen dieses Ereignisses in der Historiographie des kommunistischen Bulgariens und nach 1989/90 siehe Georgi Georgiev, *Propusnata pobeda – Voynishkoto vastanie, 1918*, Sofia 1989; Nikolay Mizov, *Vliyanieto na Velikata oktomvriyska sotsialisticheska revolyutsia varhu Vladayskoto vaorazheno vastanie na voynishkite masi u nas prez septembri 1918 godina*, Sofia 1957; Kăn'o Kožucharov, *Radomirskata republika 1918–1948*, Sofia 1948; Kosta Nikolov, *Kletvoprestapnitsite. Vladayskite sabitiya prez septemvri 1918*, Sofia 2002.

174 Richard C. Hall, »Bulgaria in the First World War«.

175 Ebd.

176 Gingeras, *Fall of the Sultanate*, S. 236f.

177 Ebd., S. 253.

178 Erickson, *Ordered to Die*, S. 237–243. Zur Anzahl der Soldaten, die infolge von Krankheiten starben, siehe Erik Jan Zürcher, »The Ottoman Soldier in World War I«, in Ders., *The Young Turk Legacy and Nation Building. From the Ottoman Empire to Atatürk's Turkey*, London 2010, S. 167–187.

179 Mustafa Aksakal, »The Ottoman Empire« in Robert Gerwarth/Erez Manela (Hg.), *Empires at War, 1911–1923*, Oxford/New York 2014, S. 17–33. Zum Völkermord an den Armeniern Donald Bloxham, »The First World War and the Development of the Armenian Genocide«, in Ronald Grigor Suny/Fatma Müge Göçek/Norman M. Naimark (Hg.), *A Question of Genocide. Armenians and Turks at the End of the Ottoman Empire*, Oxford/New York 2011, S. 260–275. Ronald Grigor Suny, »Explaining Genocide. The Fate of the Armenians in the Late Ottoman Empire«, in Richard Bessel/Claudia Haake (Hg.), *Removing Peoples. Forced Removal in the Modern World*, Oxford/New York 2009, S. 209–253, hier 220. Zu den Kriegstoten im Nahen Osten sowie zur Heuschreckenplage und deren bitteren Folgen siehe Salim Tamari (Hg.), *Year of the Locust. A Soldier's Diary and the Erasure of Palestine's Ottoman Past*, Berkeley 2011; Elizabeth F. Thompson, *Colonial Citizens. Republican Rights, Paternal Privilege, and Gender in French Syria and Lebanon*, New York 2000.

180 James Sheehan, *Kontinent der Gewalt. Europas langer Weg zum Frieden*, München 2008, S. 126.

181 Deutsche Beispiele finden sich in Kathleen Canning, »The Politics of Symbols, Semantics, and Sentiments in the Weimar Republic«, in *Central Euro-*

pean History 43 (2010), S. 567–580. Zu Österreich Wolfgang Maderthaner, »Die eigenartige Größe der Beschränkung. Österreichs Revolution im mitteleuropäischen Spannungsfeld«, in Helmut Konrad/Ders. (Hg.), *Das Werden der Ersten Republik … der Rest ist Österreich*, 2 Bde., Bd. 1, Wien 2008, S. 187–206, hier 192.

182 Winkler, *Von der Revolution*, S. 122–123; Ders., *Weimar*, S. 58.

183 Zu Karl Liebknecht siehe Helmut Trotnow, *Karl Liebknecht. Eine politische Biographie*, Köln 1980; Heinz Wohlgemuth, *Karl Liebknecht. Eine Biographie*, Berlin 1975; Annelies Laschitza/Elke Keller, *Karl Liebknecht. Eine Biographie in Dokumenten*, Berlin 1982; Annelies Laschitza, *Die Liebknechts. Karl und Sophie, Politik und Familie*, Berlin 2009; Read, *World on Fire*, S. 29.

184 Read, *World on Fire*, S. 29; Jones, »Violence and Politics«, S. 91.

185 Peter Nettl, *Rosa Luxemburg*, Köln 1967, S. 67 (zu ihren Fehlbildungen); Annelies Laschitza, *Im Lebensrausch, trotz alledem. Rosa Luxemburg. Eine Biographie*, Berlin 1996, S. 25; Jason Schulman (Hg.), *Rosa Luxemburg. Her Life and Legacy*, New York 2013; Mathilde Jacob, *Rosa Luxemburg. An Intimate Portrait*, London 2000; Read, *World on Fire*, S. 29f.

186 Laschitza, *Rosa Luxemburg*, S. 584.

187 Rosa Luxemburg, *Gesammelte Werke*, Bd. 4: *August 1914–Januar 1919*, Berlin 1974, S. 399; Karl Egon Lönne (Hg.), *Die Weimarer Republik 1918–1933. Quellen zum politischen Denken der Deutschen im 19. und 20. Jahrhundert*, Darmstadt 2002, S. 79–82.

188 Ulrich Kluge, *Soldatenräte und Revolution. Studien zur Militärpolitik in Deutschland 1918/19*, Göttingen 1975, S. 241–243; Winkler, *Von der Revolution*, S. 109f.; Stephenson, *The Final Battle*, S. 262–271. Über die Gewalt in dieser Phase der Revolution siehe Jones, »Violence and Politics«, S. 177–196.

189 Eduard Bernstein, *Die deutsche Revolution*, Bd. 1: *Ihr Ursprung, ihr Verlauf und ihr Werk*, Berlin 1921, S. 131–135; Winkler, *Von der Revolution*, S. 120.

190 Winkler, *Weimar*, S. 58.

191 Winkler, *Von der Revolution*, S. 122.

192 Andreas Wirsching, *Vom Weltkrieg zum Bürgerkrieg. Politischer Extremismus in Deutschland und Frankreich 1918–1933/39. Berlin und Paris im Vergleich*, München 1999, S. 134; Winkler, *Von der Revolution*, S. 124; Gustav Noske, *Von Kiel bis Kapp. Zur Geschichte der deutschen Revolution*, Berlin 1920, S. 68.

193 Zu den Freikorps siehe Schulze, *Freikorps und Republik*; Hannsjoachim W. Koch, *Der deutsche Bürgerkrieg. Eine Geschichte der deutschen und österreichischen Freikorps 1918–1923*, Berlin 1978; Wolfram Wette, *Gustav Noske. Eine politische Biographie*, Düsseldorf 1987; Bernhard Sauer, »Freikorps und Antisemitismus«, in *Zeitschrift für Geschichtswissenschaft* 56 (2008), S. 5–29; Klaus Theweleit, *Männerphantasien*, Frankfurt/M. 1986; Rüdiger Bergien, »Republikschützer oder Terroristen? Die Freikorpsbewegung in Deutschland nach dem Ersten Weltkrieg«, in *Militärgeschichte* (2008), S. 14–17; Ders., *Die bellizistische Republik. Wehrkonsens und Wehrhaftmachung in Deutschland 1918–1933*, München 2012, S. 64–69.

194 Starhemberg, »Aufzeichnungen«, S. 26.

195 Robert Gerwarth, »The Central European Counter-Revolution. Paramilitary Violence in Germany, Austria and Hungary after the Great War«, in *Past & Present* 200 (2008), S. 175–209.

196 Ebd.

197 Jürgen Reulecke, *»Ich möchte einer werden so wie die …«. Männerbünde im 20. Jahrhundert*, Frankfurt/M. 2001, S. 89ff.

198 Salomon, *Die Geächteten*, S. 10f.

199 Joseph Roth, *Das Spinnennetz*, Köln/Berlin 1967, S. 6 (in Fortsetzungen erstmals 1923 erschienen).

200 Heinz, *Sprengstoff*, S. 7.

201 Boris Barth, *Dolchstoßlegenden und politische Desintegration. Das Trauma der deutschen Niederlage im Ersten Weltkrieg*, Düsseldorf 2003. Siehe ebenso Gerd Krumeich, »Die Dolchstoß-Legende«, in Etienne François/Hagen Schulze (Hg.), *Deutsche Erinnerungsorte*, München 2001, Bd. 1, S. 585–599; Schivelbusch, *Kultur der Niederlage*, S. 203–247.

202 Manfred von Killinger, *Der Klabautermann. Eine Lebensgeschichte*, München ^{3}1936, S. 263. Zu Killinger siehe Bert Wawrzinek, *Manfred von Killinger (1886–1944). Ein politischer Soldat zwischen Freikorps und Auswärtigem Amt*, Preußisch Oldendorf 2003.

203 Siehe die Protokolle des preußischen Parlaments in *Sammlung der Drucksachen der Verfassunggebenden Preußischen Landesversammlung, Tagung 1919/21*, Bd. 15, Berlin 1921, S. 7705; siehe ebenso Dieter Baudis/Hermann Roth, »Berliner Opfer der Novemberrevolution 1918/19«, in *Jahrbuch für Wirtschaftsgeschichte* (1968), S. 73–149, hier 79.

204 Karl Liebknecht, *Ausgewählte Reden, Briefe und Aufsätze*, Berlin 1952, S. 505–520.

205 Rosa Luxemburg, *Politische Schriften*, hg. von Ossip K. Flechtheim, Frankfurt/M. 1975, Bd. 3, S. 203–209, hier 209.

206 Zur Entdeckung und Verhaftung der beiden siehe Klaus Gietinger, *Eine Leiche im Landwehrkanal. Die Ermordnung Rosa Luxemburgs*, Hamburg 2008, S. 18. Zu Pabst siehe Klaus Gietinger, *Der Konterrevolutionär. Waldemar Pabst – eine deutsche Karriere*, Hamburg 2009.

207 Zur Misshandlung Liebknechts siehe die zusammengefassten Beweisstücke in: BA-MA Ph8v/2, Bl. 206–220: ›Schriftsatz in der Untersuchungssache gegen von Pflugk-Harttung und Genossen. Berlin, den 15 März 1919‹ sowie Bl. 221–227.

208 Eine Schilderung des Mordes an Luxemburg im Tiergarten (wie sie Horst von Pflugk-Harttung tags darauf Ernst von Weizsäcker berichtete) findet sich in Leonidas E. Hill (Hg.), *Die Weizsäcker-Papiere 1900–1934*, Berlin 1982, S. 325; siehe ebenso Gietinger, *Leiche im Landwehrkanal*, S. 37 und 134 (Anhang, Dokument 1). Siehe ferner die Akten unter der Kennung BA-MA PH8v/10, insbesondere Bl. 1–3, »Das Geständnis. Otto Runge, 22 Jan. 1921«.

209 Winkler, *Von der Revolution*, S. 171–182; Jones, »Violence and Politics«, S. 313–350, speziell 339f.

210 Zu Eisner siehe Bernhard Grau, *Kurt Eisner, 1867–1919. Eine Biografie*, München 2001; Allan Mitchell, *Revolution in Bayern 1918/1919. Die Eisner-Regierung und die Räterepublik*, München 1967, S. 56ff.; Read, *The World on Fire*, S. 33–37.

211 Heinrich Hillmayr, »München und die Revolution 1918/1919«, in Karl Bosl (Hg.), *Bayern im Umbruch. Die Revolution von 1918, ihre Voraussetzungen, ihr Verlauf und ihre Folgen*, München/Wien 1969, S. 453–504; Grau, *Eisner*, S. 344; Mitchell, *Revolution in Bayern*, S. 87; David Clay Large, *Hitlers München. Aufstieg und Fall der Hauptstadt der Bewegung*, München 1998, S.115f.; Read, *The World on Fire*, S. 35.

212 Holger Herwig, »Clio Deceived. Patriotic self-censorship in Germany after the Great War«, in *International Security* 12 (1987), S. 5–22, Zitat auf S. 9.

213 Grau, *Eisner*, S. 397ff.

214 Susanne Miller, *Die Bürde der Macht. Die deutsche Sozialdemokratie 1918–1920*, Düsseldorf 1978, S. 457; Grau, *Eisner*, S. 439; Hans von Pranckh, *Der Prozeß gegen den Grafen Anton Arco-Valley, der den bayerischen Ministerpräsidenten Kurt Eisner erschossen hat*, München 1920.

215 Mitchell, *Revolution in Bayern*, S. 236f.; Winkler, *Weimar 1918–1933*, S. 77; Pranckh, *Der Prozeß gegen den Grafen Anton Arco-Valley*.

216 Wilhelm Böhm, *Im Kreuzfeuer zweier Revolutionen*, München 1924, S. 297; Wolfgang Maderthaner, »The Austrian Revolution«, S. 58.

217 Mühsam zitiert in Read, *World on Fire*, S. 151.

218 Ebd., S. 152.

219 Zinoviev zitiert in Mitchell, *1919. Red Mirage*, S. 165.

220 Thomas Mann, *Tagebücher 1918–1921*, Frankfurt/M. 1979, S. 188 (Eintrag vom 7. April 1919).

221 Lansing zitiert in Alan Sharp, »The New Diplomacy and the New Europe«, in Nicholas Doumanis (Hg.), *The Oxford Handbook of Europe 1914–1945*, Oxford/New York 2016, S. 119–137.

222 Zur Flucht nach Bamberg siehe Wette, *Noske*, S. 431. Zu den Ereignissen vom Palmsonntag vgl. Heinrich Hillmayr, *Roter und Weißer Terror in Bayern nach 1918*, München 1974, S. 43; Wette, *Noske*, S. 434; Mitchell, *Revolution in Bayern*, S. 277.

223 Mitchell, *Revolution in Bayern*, S. 266–289.

224 Ernst Toller, *Eine Jugend in Deutschland*, Stuttgart 1978, S. 143–148; Mitchell, *Revolution in Bayern*, S. 280.

225 Wolfgang Zorn, *Bayerns Geschichte im 20. Jahrhundert. Von der Monarchie zum Bundesland*, München 1986, S. 194.

226 Read, *World on Fire*, S. 154; Mitchell, *Revolution in Bayern*, S. 281f.

227 Mitchell, *Revolution in Bayern*, S. 281f.; Read, *World on Fire*, S. 155.

228 Zu diesen Gerüchten siehe Jones, *Violence and Politics*, S. 377f.; Hillmayr, *Roter und weißer Terror in Bayern*, S. 136f.

229 Zitiert in Wette, *Noske*, S. 440.

230 Hillmayr, *Roter und Weißer Terror*, S. 108ff.

231 Thomas Mann, *Tagebücher 1918–1921*, hg. von Peter de Mendelsohn, Frankfurt/M. 1979, S. 218.

232 Victor Klemperer, *Man möchte immer weinen und lachen in einem. Revolutionstagebuch 1919*, Berlin 2015, S. 168.

233 Mitchell, *Revolution in Bayern*, S. 289, Anm. 50.

234 György Borsányi, *The Life of a Communist Revolutionary. Béla Kun*, Boulder 1993, S. 45 (Entlassung aus der Kriegsgefangenschaft) sowie 77 (Ankunft in Budapest).

235 Zu Nahrungsmittelknappheit und politischer Radikalisierung während des Krieges siehe Péter Bihari, *Lövészárkok a hátországban. Középosztály, zsidókérdés, Antiszemitizmus az első világháború Magyarországán*, Budapest 2008, speziell S. 94f.

236 Zum Scheitern der Bodenreform unter Károlyi siehe József Sipos, *A pártok és a földrefom 1918–1919*, Budapest 2009, S. 200–209.

237 *New York Times*, 5. Januar 1919, zitiert in Read, *World on Fire*, S. 157.

238 Miklós Molnár, *From Béla Kun to János Kádár. Seventy Years of Hungarian Communism*, New York 1990, S. 2–4.

239 Für eine Wertung der Räterepublik im Rahmen der ungarischen und europäischen Geschichte siehe Tamás Krausz/Judit Vértes (Hg.), *1919. A Magyarországi Tanácsköztársaság és a kelet-európai forradalmak*, Budapest 2010.

240 *Vörös Újság*, 11. Februar 1919.

241 Eine zeitgenössiche Schilderung vonseiten des für die Verfolgung von Kommunisten zuständigen Staatsanwalts findet sich bei Albert Váry, *A Vörös Uralom Áldozatai Magyarországon*, Szeged 1993. Der Bericht wurde 1922 erstmals veröffentlicht. Siehe außerdem Gusztáv Gratz (Hg.), *A Bolsevizmus Magyarországon*, Budapest 1921; Ladislaus Bizony, *133 Tage Ungarischer Bolschewismus. Die Herrschaft Béla Kuns und Tibor Szamuellys. Die blutigen Ereignisse in Ungarn*, Leipzig/Wien 1920. Eine jüngere Darstellung bietet Konrád Salamon, »Proletárditarúra és a Terror«, *Rubicon* (2011), S. 24–35.

242 Wolfgang Maderthaner, »The Austrian Revolution«, S. 59.

243 Zur Stimmung auf dem Land, siehe Ignác Romsics, *A Duna-Tisza Köze Hatalmi Viszonyai 1918–19-ben*, Budapest 1982.

244 Thomas Sakmyster, *A Communist Odyssey. The Life of József Pogány*, Budapest/New York 2012, S. 44–46.

245 Siehe Peter Pastor, *Hungary between Wilson and Lenin. The Hungarian Revolution of 1918–1919 and the Big Three*, New York 1976.

246 Julius Braunthal, *Geschichte der Internationale*, Bd. 2, Hannover 1963, S. 160.

247 Maderthaner, »Austrian Revolution«, S. 60f.

248 Ebd., S. 61.

249 Eine ausführliche Schilderung findet sich bei Hans Hautmann, *Die Geschichte der Rätebewegung in Österreich 1918–1924*, Wien 1987, S. 329ff.

250 Zur Ablehnung der Regierung Kun vonseiten der katholischen Kirche siehe Gabriel Adriányi, *Fünfzig Jahre ungarischer Kirchengeschichte 1895–1945*, Mainz 1974, S. 53–59.

251 Frank Eckelt, »The Internal Policies of the Hungarian Soviet Republic«, in Iván Völgyes (Hg.), *Hungary in Revolution, 1918–1919*, Lincoln 1971, S. 61–88.

252 Thomas Sakmyster, *Hungary's Admiral on Horseback. Miklós Horthy, 1918–1944*, Boulder 1994.

253 Béla Kelemen, *Adatok a szegedi ellenforradalom és a szegedi kormány történetéhez*, Szeged 1923, S. 495f.

254 Miklós von Kozma, *Makensens ungarische Husaren. Tagebuch eines Frontoffiziers 1914–1918*, Berlin/Wien 1933, S. 459. Zur Konterrevolution in Budapest siehe ebenfalls Eliza Johnson Ablovatski, »*Cleansing the Red Nest*«. *Counterrevolution and White Terror in Munich and Budapest 1919*, unveröffentlichte Dissertation, New York 2004.

255 Kozma, *Ungarische Husaren*, S. 461.

256 Zu den »Roten Amazonen« siehe etwa *Innsbrucker Nachrichten*, 23. März 1919, S. 2. Für den deutschen Fall siehe die klassische Studie von Klaus Theweleit, *Männerphantasien*.

257 Starhemberg, »Aufzeichnungen«, S. 16f. Siehe ebenso Emil Fey, *Schwertbrüder des Deutschen Ordens*, Wien 1937, S. 218–220.

258 Harold Nicolson, *Friedensmacher 1919*, Berlin 1933, S. 286 (Tagebucheintrag vom 4. April 1919).

259 Ebd., S. 293.

260 Francis Deák, *Hungary at the Paris Peace Conference. The Diplomatic History of the Treaty of Trianon*, New York 1942, S. 78.

261 Read, *World on Fire*, S. 192f.

262 Deák, *Hungary at the Peace Conference*, S. 78.

263 Rudolf L. Tőkés, »Bela Kun. The Man and Revolutionary«, in Iván Völgyes (Hg.), *Hungary in Revolution*, Lincoln 1971, S. 170–207, hier 202f.

264 Deák, *Hungary at the Peace Conference*, S. 112–128.

265 Zum Verhalten der rumänischen Soldaten und der Plünderung Budapests siehe Krisztián Ungváry, »Sacco di Budapest, 1919. Gheorghe Mârdârescu tábornok válasza Harry Hill Bandholtz vezérőrnagy nem diplomatikus naplójára«, *Budapesti Negyed* 3–4 (2000), S. 173–203.

266 Miklós Lackó, »The Role of Budapest in Hungarian Literature 1890–1935«, in Tom Bender (Hg.), *Budapest and New York. Studies in Metropolitan Transformation, 1870–1930*, New York 1994, S. 352–366, hier 352ff.

267 Miklós Kozma, *Az összeomlás 1918–1919*, Budapest 1933, S. 380. Zu Kozmas Kriegserfahrungen siehe Kozma, *Ungarische Husaren*. Allgemeinere Schilderungen des »Weißen Terrors« finden sich bei Béla Bodó, »The White Terror in Hungary 1919–21. The Social Worlds of Paramilitary Groups«, in *Austrian History Yearbook* 42 (2011), S. 133–163; Gerwarth, »The Central European Counter-Revolution«, S. 175–209.

268 Zur Ermordung Somogyis und Bacsós siehe Ernő Gergely/Pál Schönwald, *A Somogyi-Bacsó-Gyilkosság*, Budapest 1978.

269 Siehe Rolf Fischer, »Anti-Semitism in Hungary 1882–1932«, in Herbert A. Strauss (Hg.), *Hostages of Modernization. Studies of Modern Antisemitism 1870–1933/39*, Bd. 2: *Austria, Hungary, Poland, Russia*, Berlin/New York

1993, S. 863–892, hier 883f.; Nathaniel Katzburg, *Zsidópolitika Magyarországon, 1919–1943*, Budapest 2002, S. 36–39.

270 Rudolf L. Tőkés, *Béla Kun and the Hungarian Soviet Republic. The Origins and Role of the Communist Party of Hungary in the Revolutions of 1918–1919*, New York/Stanford 1967, S. 159. Siehe ebenso Borsanyi, *The Life*.

271 Pál Prónay, *A határban a halál kaszál. Fejezetek Prónay Pál feljegyzéseiből*, hg. von Ágnes Szabó/Ervin Pamlényi, Budapest 1963, S. 90. Über Prónay selbst siehe Béla Bodó, *Pál Prónay. Paramilitary Violence and Anti-Semitism in Hungary*, Pittsburgh 2011.

272 Gerwarth, »Central European Counter-Revolution«, S. 175–209. Zum historischen Kontext siehe ferner Bruno Thoß, *Der Ludendorff-Kreis. München als Zentrum der mitteleuropäischen Gegenrevolution zwischen Revolution und Hitler-Putsch*, München 1978; Lajos Kerekes, »Die ›weiße‹ Allianz. Bayerisch-österreichisch-ungarische Projekte gegen die Regierung Renner im Jahre 1920«, in *Österreichische Osthefte* 7 (1965), S. 353–366; Ludger Rape, *Die österreichischen Heimwehren und die bayerische Rechte 1920–1923*, Wien 1977; Horst G. Nusser, *Konservative Wehrverbände in Bayern, Preussen und Österreich*, 2 Bde., München 1973.

273 Siehe Hans Jürgen Kuron, *Freikorps und Bund Oberland*, unveröffentlichte Dissertation, Erlangen 1960, S. 134; Sabine Falch, »Zwischen Heimatwehr und Nationalsozialismus. Der ›Bund Oberland‹ in Tirol«, in *Geschichte und Region* 6 (1997), S. 51–86; Verena Lösch, »Die Geschichte der Tiroler Heimatwehr von ihren Anfängen bis zum Korneuburger Eid (1920–1930)«, unveröffentlichte Dissertation, Innsbruck 1986, S. 162.

274 Zum Leben Anton Lehárs siehe Anton Broucek (Hg.), *Anton Lehár. Erinnerungen. Gegenrevolution und Restaurationsversuche in Ungarn 1918–1921*, München 1973. Zu Franz Lehár siehe u.a. Norbert Linke, *Franz Lehár*, Reinbek bei Hamburg 2001.

275 ÖStA, B 1477: »Die Politik des deutschen Widerstands« (1931).

276 Bundesarchiv (Berlin), Nachlass Pabst, NY4035/6, S. 37–39. Zu Pabst siehe außerdem Doris Kachulle, *Waldemar Pabst und die Gegenrevolution. Vorträge, Aufsätze, aus dem Nachlass*, Berlin 2007.

277 Alfred Krauß, *Unser Deutschtum!*, Salzburg 1921, S. 7–13.

278 Alfred Rosenberg, »Die russisch-jüdische Revolution«, in *Auf gut Deutsch*, 24. Mai 1919.

279 Poliakov, *Geschichte des Antisemitismus*, Bd. 8.

280 Mark Levene, *War, Jews, and the New Europe. The Diplomacy of Lucien Wolf, 1914–1919*, Oxford/New York 1992, S. 212. Levene, *Crisis of Genocide*, Bd. 1, Zitat auf S. 184.

281 Winston Churchill, »Zionism versus Bolshevism«, *Illustrated Sunday Herald*, 8. Februar 1920.

282 Cohn, *Warrant for Genocide*.

283 Zum ungarischen Antisemitismus nach 1918 siehe Robert M. Bigler, »Heil Hitler and Heil Horthy! The nature of Hungarian racist nationalism and its impact on German-Hungarian relations 1919–1945«, in *East European*

Quarterly 8 (1974), S. 251–272; Béla Bodó, »›White Terror‹, the Hungarian Press and the Evolution of Hungarian Anti-Semitism after World War I«, in *Yad Vashem Studies* 34 (2006), S. 45–86; Nathaniel Katzburg, *Hungary and the Jews. Policy and Legislation, 1920–1943*, Ramat-Gan 1981; sowie Rolf Fischer, *Entwicklungsstufen des Antisemitismus in Ungarn, 1867–1939. Die Zerstörung der magyarisch-jüdischen Symbiose*, München 1998.

284 Josef Halmi, »Akten über die Pogrome in Ungarn«, in Jakob Krausz, *Martyrium. Ein jüdisches Jahrbuch*, Wien 1922, S. 59–66, hier 59. Siehe auch Oskar Jászi, *Magyariens Schuld. Ungarns Sühne*, München 1923, S. 168–179. Josef Pogány, *Der weiße Terror in Ungarn*, Wien 1920; British Joint Labour Delegation to Hungary (Hg.), *The White Terror in Hungary. Report*, London 1920; The National Archives (TNA), London: FO 371/3558/206720: »The Jews in Hungary. Correspondence with His Majesty's Government, presented to the Jewish Board of Deputies and the Council of the Anglo-Jewish Association«, Oktober 1920.

285 Halmi, »Pogrome«, S. 64.

286 Zur Geschichte des Antisemitismus vor dem Ersten Weltkrieg siehe Peter Pulzer, *Die Entstehung des politischen Antisemitismus in Deutschland und Österreich 1867 bis 1914*, Göttingen 2004; sowie John W. Boyer, »Karl Lueger and the Viennese Jews«, in *Leo Baeck Institute Yearbook* 26 (1981), S. 125–144. Zum Bild des »jüdischen Gewinnlers« im Wien der Kriegsjahre siehe Healy, *Vienna and the Fall*. Zum Antisemitismus an österreichischen Universitäten siehe Michael Gehler, *Studenten und Politik. Der Kampf um die Vorherrschaft an der Universität Innsbruck 1919–1938*, Innsbruck 1990, S. 93–98.

287 Siehe Bruce F. Pauley, »Politischer Antisemitismus im Wien der Zwischenkriegszeit«, in Gerhard Botz u.a. (Hg.), *Eine zerstörte Kultur. Jüdisches Leben und Antisemitismus in Wien seit dem 19. Jahrhundert*, Buchloe 1990, S. 221–223.

288 Steven E. Aschheim, *Brothers and Strangers. The East European Jew in German and German-Jewish Consciousness, 1800–1923*, Madison/London 1982.

289 Lina Heydrich, *Leben mit einem Kriegsverbrecher*, Pfaffenhofen 1976, S. 42f.

290 Krauss, *Unser Deutschtum!*, S. 20.

291 Ebd., S. 16f.

292 Siehe auch die Reihe von Artikeln über die »Rassisch-politischen Ursachen des Zusammenbruchs« in *Neue Tiroler Stimmen*, 9., 10. und 30. Dezember 1918 sowie 2. Januar 1919, zitiert in Francis L. Carsten, *Revolution in Central Europe, 1918–1919*, London 1972, S. 261. Siehe zudem *Innsbrucker Nachrichten*, 8. April 1919. Der größere historische Rahmen findet sich in Paul Rena, *Der christlichsoziale Antisemitismus in Wien 1848–1938*, unveröffentlichte Dissertation, Wien 1991; und Christine Sagoschen, *Judenbilder im Wandel der Zeit. Die Entwicklung des katholischen Antisemitismus am Beispiel jüdischer Stereotypen unter besonderer Berücksichtigung der Entwicklung in der ersten Republik*, unveröffentlichte Dissertation, Wien 1998.

293 Thomas Lorman, »The Right-Radical Ideology in the Hungarian Army, 1921–23«, in *Central Europe* 3 (2005), S. 67–81, speziell 76.

294 Oszkár Szőllősy, »The Criminals of the Dictatorship of the Proletariat«, zitiert in Cecile Tormay, *An Outlaw's Diary*, 2 Bde., London 1923, Bd. 2, S. 226.

295 Thomas Sakmyster, »Gyula Gömbös and the Hungarian Jews, 1918–1936«, in *Hungarian Studies Review* 8 (2006), S. 156–168, hier 161.

296 Bodo, *Paramilitary Violence*, S. 134.

297 Bundesarchiv (Koblenz), Nachlass Bauer, NL 22/69: Erinnerungen von Max Bauers Sekretärin, S. 33.

298 NIOD, Nachlass Rauter, Doc I–1380 Pr 6–12–97, 46–47; OÖLA, Nachlass Starhemberg: Starhemberg, »Meine Stellungnahme zur Judenfrage«.

299 Zu Stambolijski und der BANU siehe u. a. Kăn'o Kožucharov, *Reformatorskoto delo na Aleksandar Stambolijski*, Sofia 1948; Mihail Genovski, *Aleksandăr Stambolijski – otblizo i otdaleko. Dokumentalni spomeni*, Sofia 1982; Evgeni Tanchev, *Darzhavno-pravnite vazgledi na Alexandar Stambolijski*, Sofia 1984.

300 Richard J. Crampton, »The Balkans«, in Robert Gerwarth (Hg.), *Twisted Paths. Europe 1914–1945*, Oxford/New York 2007, S. 237–279, hier 251; Stephane Groueff, *Crown of Thorns. The Reign of King Boris III of Bulgaria, 1918–1943*, Lanham 1987, S. 61ff.

301 Margaret Fitzherbert, *The Man Who Was Greenmantle. A Biography of Aubrey Herbert*, London 1983, S. 235. MacMillan, *Friedensmacher*, S. 195.

302 Groueff, *Crown*, S. 75. MacMillan, *Friedensmacher*, S. 195.

303 Crampton, »The Balkans«, S. 251; Tsocho Bilyarski, *BZNS, Aleksandar Stambolijski i VMRO. Nepoznatata voyna*, Sofia 2009.

304 Stefan Troebst, *Das makedonische Jahrhundert. Von den Anfängen der nationalrevolutionären Bewegung zum Abkommen von Ohrid 1893–2001*, München 2007, S. 85–110; Dimitre Minchev, *Participation of the Population of Macedonia in the First World War*, Sofia 2004, S. 51–93.

305 Crampton, »The Balkans« S. 251.

306 Doncho Daskalov, *1923 – Sadbonosni resheniya i sabitiya*, Sofia 1983, S. 24.

307 Ebd., S. 18.

308 John D. Bell, *Peasants in Power. Alexander Stamboliski and the Bulgarian Agrarian National Union 1899–1923*, Princeton 1977, S. 149.

309 Daskalov, *1923*, S. 25.

310 Einzelheiten über den Staatsstreich und das Ende der Agrarierherrschaft findet sich in Yono Mitev, *Fashistkiyat prevrat na deveti yuni 1923 godina i Yunskoto antifashistko vastanie*, Sofia [2]1973; Nedyu Nedev, *Aleksandăr Stambolijski i zagovorăt*, Sofia 1984; Daskalov, *1923*.

311 *Izvestia na darzhavnite arhivi* 15 (1968), S. 99.

312 Richard J. Crampton, *Bulgaria*, Oxford/New York 2007, S. 96–98; John Paul Newman, »Paramilitärische Gewalt auf dem Balkan. Ursprünge und Vermächtnisse«, in Gerwarth/Horne (Hg.), *Krieg im Frieden*, S. 226–249, hier 236.

313 Simeon Damyanov, »Dokumenti za devetoyunskia prevrat i Septemvriyskoto vastanie prez 1923 g. vav Frenskia diplomaticheski arhiv«, in *Izvestia na darzhavnite arhivi* 30 (1975), S. 167–182, hier 172.

314 Geo Milew, »September«, nachgedichtet von Norbert Randow/Martin Remané, in Ders., *Tag des Zorns. Gedichte*, Berlin 1975, S. 74–92.

315 Andreya Iliev, *Atentatat v »Sveta Nedelya« i teroristite*, Sofia 2011.

316 Zu den kulturellen Auswirkungen des Ersten Weltkriegs auf Spanien siehe Maximiliano Fuentes Codera, *España en la Primera Guerra Mundial. Una movilización cultural*, Madrid 2014; Francisco J. Romero Salvadó, *Spain, 1914–1918. Between War and Revolution*, London 1999. Zu den Arbeitskämpfen Edward E. Malefakis, *Agrarian Reform and Peasant Revolution in Spain. Origins of the Civil War*, New Haven/London 1970; Gerald H. Meaker, *The Revolutionary Left in Spain 1914–1923*, Stanford 1974; Fernando del Rey Reguillo, »El empresario, el sindicalista y el miedo«, in Manuel Pérez Ledesma/Rafael Cruz (Hg.), *Cultura y movilización en la España contemporánea*, Madrid 1997, S. 235–272; Rafael Cruz, »¡Luzbel vuelve al mundo! Las imágenes de la Rusia soviética y la acción colectiva en España«, in Manuel Pérez Ledesma/Ders. (Hg.), *Cultura y movilización en la España contemporánea*, Madrid 1997, S. 273–303.

317 Zur Rezeption der bolschewistischen Revolution in Spanien siehe Juan Avilés Farré, *La fe que vino de Rusia. La revolución bolchevique y los españoles (1917–1931)*, Madrid 2009; Francisco J. Romero Salvadó, *The Foundations of Civil War. Revolution, Social Conflict and Reaction in Liberal Spain, 1916–1923*, London 2008.

318 *La Voz del Cantero*, 11. März 1918, zitiert in Meaker, *The Revolutionary Left*, S. 137. Siehe ebenso Juan Díaz del Moral, *Historia de las agitaciones campesinas andaluzas. Córdoba. Antecedentes para una reforma agraria*, Madrid 1969; Ders., »Historia de las agitaciones campesinas andaluzas«, in Isidoro Moreno Navarro (Hg.), *La identidad cultural de Andalucía, aproximaciones, mixtificaciones, negacionismo y evidencias*, Fundación Pública Andaluza Centro de Estudios Andaluces 2008, S. 61–70.

319 del Rey Reguillo, »El empresario«, S. 235–272; Cruz, »¡Luzbel vuelve al mundo!«, S. 273–303.

320 Zu den Hintergründen der Ausweisungen siehe Mikel Aizpuru, »La expulsión de refugiados extranjeros desde España en 1919. Exiliados rusos y de otros países«, in *Migraciones y Exilios*, 11 (2010), S. 107–126; James Matthew, »Battling Bolshevik Bogeyman. Spain's Cordon Sanitaire against Revolution from a European Perspective, 1917–1923«, in *Journal of Military History* 80 (2016), S. 725–755.

321 Mehr über Primo de Rivera findet sich bei Shlomo Ben-Ami, *Fascism from Above. The Dictatorship of Primo de Rivera in Spain 1923–1930*, Oxford 1983; Alejandro Quiroga, *Making Spaniards. Primo de Rivera and the Nationalization of the Masses, 1923–30*, London/New York 2007. Einige allgemeinere Darstellungen bieten Raymond Carr, *Modern Spain, 1875–1980*, Oxford 1980, sowie in jüngerer Zeit Julián Casanova/Carlos Gil Andrés, *Twentieth Century Spain. A History*, Cambridge/New York 2014.

322 Guy Pedroncini, *Les Mutineries de 1917*, Paris ^{3}1996; Smith u.a., *France and the Great War*, S. 113–145.

323 Horne, »Defending Victory«.
324 Potter Webb, *Diaries 1912–1924*, S. 136 (Eintrag vom 11. November 1918).
325 Lloyd George zitiert in MacMillan, *Friedensmacher*, S. 272.
326 John Buchan, *The Three Hostages*, London 1948, S. 210.
327 Read, *World on Fire*, S. 317; Beverly Gage, *The Day Wall Street Exploded. A Story of America in its First Age of Terror*, Oxford/New York 2008.
328 Bessel, »Revolution«, S. 135.
329 Antonio Gibelli, *La Grande Guerra degli italiani 1915–1918*, Mailand 1998, S. 221. Zur Schlacht von Vittorio Veneto siehe Piero Del Negro, »Vittorio Veneto e l'armistizio sul fronte italiano«, in Stéphane Audoin-Rouzeau/Jean-Jacques Becker (Hg.), *La prima guerra mondiale*, Bd. 2, Turin 2007, S. 333–343.
330 Rino Alessi, *La luminosa visione di Trieste redenta*, »Il Secolo«, 6. November 1918, abgedruckt in Franco Contorbia (Hg.), *Giornalismo italiano*, Bd. 2: *1901–1939*, Mailand 2007, S. 908f.
331 Benedetto Croce, *Pagine sulla guerra*, Neapel 1919, S. 295.
332 Thompson, *The White War*; Fulvio Cammarano (Hg.), *Abbasso la Guerra. Neutralisti in Piazza alla vigilia della Prima Guerra mondiale*, Florenz 2015.
333 Giovanna Procacci, *Warfare-welfare. Intervento dello Stato e diritti dei cittadini (1914–18)*, Rom 2013, S. 128f.; Andrea Fava, »Il ›fronte interno‹ in Italia. Forme politiche della mobilitazione patriottica e delegittimazione della classe dirigente liberale«, in *Ricerche storiche* 27 (1997), S. 503–532. Zur Geburt einer »totalitären Versuchung« während des Ersten Weltkriegs in Bezug auf Italien siehe Angelo Ventrone, *La seduzione totalitaria. Guerra, modernità, violenza politica (1914–1918)*, Rom 2003. Zum Propagandafeldzug siehe Gian Luigi Gatti, *Dopo Caporetto. Gli ufficiali P nella Grande Guerra. Propaganda, assistenza, vigilanza*, Gorizia 2000; Barbara Bracco, »L'Italia e l'Europa da Caporetto alla vittoria nella riflessione degli storici italiani«, in Giampietro Berti/Piero Del Negro (Hg.), *Al di qua e al di là del Piave. L'ultimo anno della Grande guerra*, Mailand 2001, S. 529–548, hier 531f.; Fava, »Il ›fronte interno‹ in Italia«, S. 509–521.
334 Giovanna Procacci, *Dalla rassegnazione alla rivolta. Mentalità e comportamenti popolari nella grande guerra*, Rom 1999.
335 Mussolini zitiert in MacGregor Knox, *To the Threshold of Power, 1922/23. Origins and Dynamics of the Fascist and National Socialist Dictatorship*, New York 2007, S. 222.
336 Siehe Emilio Gentile, *Fascismo e antifascismo. I partiti italiani fra le due guerre*, Florenz 2000, S. 40–46; Simonetta Ortaggi, »Mutamenti sociali e radicalizzazione dei conflitti in Italia tra guerra e dopoguerra«, in *Ricerche storiche* 27 (1997), S. 673–689; Elio Giovannini, *L'Italia massimalista. Socialismo e lotta sociale e politica nel primo dopoguerra italiano*, Rom 2001; Roberto Bianchi, *Pace, pane, terra. Il 1919 in Italia*, Rom 2006.
337 Guido Crainz, *Padania. Il mondo dei braccianti dall'Ottocento alla fuga dalle campagne*, Rom 1994, S. 159.

338 Fabio Fabbri, *Le origini della Guerra civile. L'Italia della Grande Guerra al Fascismo 1918–1921,* Turin 2009, S. 191f.

339 Die beiden Standardwerke zu Mussolinis »Metamorphose« sind Renzo De Felice, *Mussolini il rivoluzionario. 1883–1920,* Turin 1965, sowie Zeev Sternhell, *Naissance de l'idéologie fasciste,* Paris 1989. Eine jüngere Darstellung findet sich in Richard Bosworth, *Mussolini,* S. 100–122.

340 Paul O'Brien, *Mussolini in the First World War; The Journalist, the Soldier, the Fascist,* London 2005.

341 Benito Mussolini, »Col ferro e col fuoco«, in *Popolo d'Italia,* 22. November 1917.

342 Benito Mussolini, »Una politica«, in *Popolo d'Italia,* 23. Februar 1918.

343 Zu Mussolinis ideologischer Neuausrichtung siehe Sternhell, *Naissance de l'idéologie fasciste;* Emilio Gentile, *The Origins of Fascist Ideology, 1918–1925,* New York 2005.

344 Zur sozialen Zusammensetzung der *Fasci* siehe Gentile, *The Sacralization of Politics,* S. 364–366 und 556–558; Roberta Suzzi Valli, »The Myth of Squadrismo in the Fascist Regime«, *in Journal for Contemporary History* 35 (2000), S. 131–150.

345 Siehe Alberto Aquarone, »Violenza e consenso nel fascismo Italiano«, in *Storia contemporanea* 10 (1979), S. 145–155; Adrian Lyttelton, »Fascism and Violence in Post-War Italy. Political Strategy and Social Conflict«, in Wolfgang J. Mommsen/Gerhard Hirschfeld (Hg.), *Social Protest, Violence and Terror in nineteenth- and twentieth-century Europe,* London/New York 1982, S. 257–274; Jens Petersen, »Il problema della violenza nel fascismo italiano«, in *Storia contemporanea* 13 (1982), S. 985–1008; Paolo Nello, »La rivoluzione fascista ovvero dello squadrismo nazionalrivoluzionario«, in *Storia contemporanea* 13 (1982), S. 1009–1025.

346 Siehe u.a. auch das Tagebuch des Squadristen Mario Piazzesi, *Diario di uno Squadrista Toscano. 1919–1922,* Rom 1981, S. 73f. und 77f. Vgl. ebenso Salvatore Lupo, *Il fascismo. La politica in un regime totalitario,* Rom 2000, S. 85; Antonio Gibelli, *Il popolo bambino. Infanzia e nazione dalla Grande Guerra a Salò,* Turin 2005, S. 187–190. Zum historischen Kontext siehe Reichardt, *Faschistische Kampfbünde.*

347 Mussolini benutzte diese Metaphern im April 1920 in seiner berühmten Rede in Ferrara (*Opera omnia,* Florenz 1955, Bd. 16, S. 239–246). Siehe auch Francesca Rigotti, »Il medico-chirurgo dello Stato nel linguaggio metaforico di Mussolini«, in Civiche Raccolte Storiche Milano (Hg.), *Cultura e società negli anni del fascismo,* Mailand 1987, S. 501–517; David Forgacs, »Fascism, Violence and Modernity«, in Jana Howlett/Rod Mengham (Hg.), *The Violent Muse. Violence and the Artistic Imagination in Europe 1910–1939,* Manchester 1994, S. 5–21, hier 5f.

348 Brunella Dalla Casa, »La Bologna di Palazzo d'Accursio«, in Mario Isnenghi/Giulia Albanese (Hg.), *Gli Italiani in guerra. Conflitti, identità, memorie dal Risorgimento ai nostri giorni,* Bd. 4/1: *Il ventennio fascista. Dall'impresa di Fiume alla Seconda guerra mondiale (1919–1940),* Turin 2008, S. 332–338.

349 Fabbri, *Le origini della Guerra civile*, S. 349–358.

350 Diese Statistiken finden sich in Emilio Gentile, *Storia del partito fascista*, Bd. 1: *1919–1922, movimento e milizia*, Rom 1989, S. 472–475.

351 Lupo, *Il fascismo*, S. 86–98.

352 Siehe u.a. Benito Mussolini, »Il ›Pus‹ a congresso«, in *Il Popolo d'Italia*, 14. Januar 1921, abgedruckt in Benito Mussolini, *Opera omnia*, Bd. 16, S. 116f.

353 Richard J. B. Bosworth/Giuseppe Finaldi, »The Italian Empire«, in Robert Gerwarth/Erez Manela (Hg.), *Empires at War 1911–1923*, Oxford 2014, S. 34–51.

354 Zum »Marsch auf Rom« siehe Giulia Albanese, *La marcia su Roma*, Rom/Bari 2006.

355 Adrian Lyttelton, *The Seizure of Power. Fascism in Italy 1919–1929*, London 1973; Phillip Morgan, *Italian Fascism, 1919–1945*, London 1995, S. 51.

356 Siehe die Einleitung in Emilio Gentile, *E fu subito regime. Il fascismo e la marcia su Roma*, Rom/Bari 2012.

357 Siehe etwa Gentile, »Paramilitärische Gewalt in Italien. Das Grundprinzip des Faschismus und die Ursprünge des Totalitarismus«, in Robert Gerwarth/John Horne (Hg.), *Krieg im Frieden. Paramilitärische Gewalt in Europa nach dem Ersten Weltkrieg*, Göttingen 2013, S. 150–174, hier 166f.

358 Siehe u.a. Matteo Millan, *Squadrismo e squadristi nella dittatura fascista*, Rom 2014; Emilio Gentile, »Fascism in Power. The Totalitarian Experiment«, in Adrian Lyttelton (Hg.), *Liberal and Fascist Italy 1900–1945*, Oxford/New York 2002, hier 139–142.

359 Harry Graf Kessler, *Das Tagebuch 1880–1937*, hg. von Roland Kamzelak und Günter Riederer, Bd. 7: *1919–1923*, Stuttgart 2007, S. 564 (Tagebucheintrag vom 29. Oktober 1922).

360 Ernst Deuerlein (Hg.), *Der Hitler-Putsch. Bayerische Dokumente zum 8./9. November 1923*, Stuttgart 1962; Hans Mommsen, »Adolf Hitler und der 9. November 1923«, in Johannes Willms (Hg.), *Der 9. November. Fünf Essays zur deutschen Geschichte*, München ^{2}1995, S. 33–48.

361 Thomas Weber, *Wie Hitler zum Nazi wurde*, Berlin 2016, und Ders., *Hitlers erster Krieg. Der Gefreite Hitler im Weltkrieg – Mythos und Wahrheit*, Berlin 2011.

362 Othmar Plöckinger, *Unter Soldaten und Agitatoren. Hitlers prägende Jahre im deutschen Militär 1918–1920*, Paderborn 2013.

363 Longerich, *Hitler*; Plöckinger, *Unter Soldaten und Agitatoren.*

364 Johannes Erger, *Der Kapp-Lüttwitz-Putsch. Ein Beitrag zur deutschen Innenpolitik 1919–20*, Düsseldorf 1967; Erwin Könnemann/Gerhard Schulze (Hg.), *Der Kapp-Lüttwitz-Ludendorff-Putsch. Dokumente*, München 2002; Read, *World on Fire*, S. 319f.

365 Read, *World on Fire*, S. 320.

366 Ebd., S. 321.

367 Kessler, *Tagebuch*, Bd. 7: *1919–1923*, S. 294 (Tagebucheintrag vom 19. März 1920).

368 Ebd., S. 295 (Tagebucheintrag vom 20. März 1920).

369 Max Zeller zitiert nach Nigel H. Jones, *Hitler's Heralds. The Story of the Freikorps 1918–1923*, London 1987, S. 50.

370 Michael Burleigh, *Die Zeit des Nationalsozialismus. Eine Gesamtdarstellung*, Frankfurt/M. 2000, S. 72f.; Read, *World on Fire*, S. 323.

371 Read, *World on Fire*, S. 323.

372 Deuerlein (Hg.), *Hitler-Putsch*; Mommsen, »Hitler und der 9. November 1923«, S. 33–48.

373 Dabei handelt es sich um einen interpretativen Ansatz, der auf die 1930er Jahre zurückgeht und insbesondere von Angelo Tasca in seinem berühmten, im französischen Exil verfassten Buch *La naissance du fascisme* (Paris 1938) vertreten wird. Eine modernere Formulierung dieses Arguments findet sich in Roberto Vivarelli, *Storia delle origini del fascism. L'Italia dalla grande guerra alla marcia su Roma*, Bologna 2012.

Teil III

1 David Lloyd George, *The Truth About the Peace Treaties*, 2 Bde., London 1938, hier Bd. 1, S. 565; MacMillan, *Friedensmacher*, S. 22; Bruno Cabanes, »1919. Aftermath«, in Jay Winter (Hg.), *Cambridge History of the First World War*, Bd. I, S. 172–197.

2 MacMillan, *Friedensmacher*, S. 89; zur Fiume-Krise siehe ebd., S. 371ff.

3 Bruno Cabanes, *La victoire endeuillée. La sortie de guerre des soldats français (1918–1920)*, Paris 2004.

4 Robert E. Bunselmeyer, *The Cost of War 1914–1919. British Economic War Aims and the Origins of Reparation*, Hamden 1975, S. 141; MacMillan, *Friedensmacher*, S. 261; Reynolds, *Long Shadow*, S. 93; Winkler, *Zeit der Weltkriege*, S. 207f.

5 Leonard V. Smith, »The Wilsonian Challenge to International Law«, in *The Journal of the History of International Law* 13 (2011), S. 179–208. Siehe ebenso Ders., »Les États-Unis et l'échec d'une seconde mobilisation«, in Stéphane Audoin-Rouzeau/Christophe Prochasson (Hg.), *Sortir de la Guerre de 14–18*, Paris 2008, S. 69–91; Manfred F. Boemeke, »Woodrow Wilson's Image of Germany, the War-Guilt Question and the Treaty of Versailles«, in Ders./Gerald D. Feldman/Elisabeth Glaser (Hg.), *The Treaty of Versailles. A Reassessment after 75 Years*, Cambridge/New York 1998, S. 603–614. Vgl. auch Alexander Sedlmaier, *Deutschlandbilder und Deutschlandpolitik. Studien zur Wilson-Administration (1913–1921)*, Stuttgart 2003.

6 Leonard V. Smith, »Empires at the Paris Peace Conference«, in Robert Gerwarth/Erez Manela (Hg.), *Empires at War, 1911–1923*, Oxford 2014, S. 254–276.

7 Adam Tooze, *Sintflut. Die Neuordnung der Welt 1916–1931*, München 2015.

8 Siehe insbesondere Manfred F. Boemeke/Gerald D. Feldman/Elisabeth Glaser (Hg.), *The Treaty of Versailles. A Reassessment after 75 Years*, Cambridge/New York 1998; David A. Andelman, *A Shattered Peace. Versailles*

1919 and the Price We Pay Today, Hoboken 2008; MacMillan, *Friedensmacher*; Alan Sharp, *The Versailles Settlement. Peacemaking after the First World War, 1919–1923*, London [2]2008.

9 Boemeke, *The Treaty*, S. 11–20; Zara Steiner, »The Treaty of Versailles Revisited«, in Michael Dockrill/John Fisher (Hg.), *The Paris Peace Conference 1919. Peace without Victory?*, Basingstoke 2001, S. 13–33; Mark Mazower, »Two Cheers for Versailles«, in *History Today* 49 (1999), S. 8–14; Sharp, *Consequences of Peace*, S. 1–40; Sally Marks, »Mistakes and Myths. The Allies, Germany, and the Versailles Treaty, 1918–1921«, in *Journal of Modern History* 85 (2013), S. 632–659.

10 Siehe etwa David Andelman, *A Shattered Peace. Versailles 1919 and the Price We Pay Today*, Hoboken 2008; Norman Graebner/Edward Bennett, *The Versailles Treaty and its Legacy. The Failure of the Wilsonian Vision*, Cambridge/New York 2011.

11 Aviel Roshwald, *Ethnic Nationalism and the Fall of Empires. Central Europe, Russia and the Middle East, 1914–1923*, London 2001.

12 Siehe dazu die Einleitung und Einzelbeiträge in Robert Gerwarth/Erez Manela (Hg.), *Empires at War, 1911–23*, Oxford/New York 2014; zum Fall Deutschlands siehe speziell Sammartino, *Impossible Border*; Vejas Gabriel Liulevicius, »Der Osten als apokalyptischer Raum. Deutsche Fronterfahrungen im und nach dem Ersten Weltkrieg«, in Gregor Thum (Hg.), *Traumland Osten. Deutsche Bilder vom östlichen Europa im 20. Jahrhundert*, Göttingen 2006, S. 47–65.

13 Zu Irland siehe folgende neuere Studien Diarmaid Ferriter, *A Nation and not a Rabble. The Irish Revolution 1913–1923*, London 2015; Charles Townshend, *The Republic. The Fight for Irish Independence 1918–1923*, London 2013.

14 Erez Manela, *The Wilsonian Moment. Self-Determination and the International Origins of Anticolonial Nationalism*, New York 2007, S. 37–43. Woodrow Wilson, »Fourteen Points, January 8 1918«, in Michael Beschloss (Hg.), *Our Documents. 100 Milestone Documents from the National Archives*, New York 2006, S. 149–151. Zu den unterschiedlichen Visionen Lenins und Wilsons vgl. auch Arno J. Mayer, *Wilson vs. Lenin. Political Origins of the New Democracy, 1917–1918*, Cleveland 1964; Eric D. Weitz, »From the Vienna to the Paris System. International Politics and the Entangled Histories of Human Rights, Forced Deportations, and Civilizing Missions«, in *The American Historical Review* 113 (2008), S. 1313–1343.

15 MacMillan, *Friedensmacher*, S. 97.

16 Fallstudien finden sich bei Gerwarth/Manela (Hg.), *Empires at War*; David M. Anderson/David Killingray (Hg.), *Policing and Decolonisation. Politics, Nationalism, and the Police, 1917–1965*, Manchester 1992; Derek Sayer, »British Reaction to the Amritsar Massacre, 1919–1920«, in *Past and Present* 131 (1991), S. 130–164; Jon Lawrence, »Forging a Peaceable Kingdom. War, Violence and Fear of Brutalization in Post First World War Britain«, in *The Journal of Modern History* 75 (2003), S. 557–589; Susan Kingsley Kent, *After-*

shocks. Politics and Trauma in Britain, 1918–1931, Basingstoke/New York 2009, S. 64–90.

17 Ian Kershaw, *Höllensturz. Europa 1914 bis 1949*, München 2016, S. 178f.

18 Siehe eine ganze Reihe von Aufsätzen in Gerwarth/Manela (Hg.) *Empires at War*, insbesondere Leonard Smith, »Empires at the Paris Peace Conference«, S. 254–276, Christopher Capozzola, »The United States Empire«, S. 235–253, und Frederick R. Dickinson, »The Japanese Empire«, S. 197–213.

19 Mussolini zitiert in Bosworth, *Mussolini*, S. 121.

20 Siehe Béla K. Király, »East Central European Society and Warfare in the Era of the Balkan Wars«, in Ders./Dimitrije Đorđević (Hg.), *East Central European Society and the Balkan Wars*, Boulder 1987, S. 3–13; Peter Bartl, *Albanci, od Srednjeg veka do danas*, Belgrad 2001, S. 124–138.

21 Hall, *The Balkan Wars, 1912–1913*.

22 Uğur Ümit Üngör, »Mass violence against civilians during the Balkan Wars«, in Dominik Geppert/William Mulligan/Andreas Rose (Hg.), *The Wars Before the Great War. Conflict and International Politics Before the Outbreak of the First World War*, Cambridge/New York 2015.

23 Bessel, »Revolution«, S. 127. Siehe ebenso Jeffrey R. Smith, *A People's War. Germany's Political Revolution, 1913–1918*, Lanham 2007, S. 25–49.

24 Robert A. Kann, *Geschichte des Habsburgerreiches 1526 bis 1918*, Wien/Köln 1990, S. 581; Peter Haslinger, »Austria-Hungary«, in Gerwarth/Manela (Hg.), *Empires at War*, S. 73–90.

25 Haslinger, »Austria-Hungary«, S. 74.

26 Mitrović, *Serbia's Great War 1914–1918*, S. 96. Zum allgemeinen historischen Rahmen siehe auch Frédéric Le Moal, *La Serbie. Du martyre à la victorie 1914–1918*, Paris 2008.

27 Siehe Béla K. Kiraály/Nandor F. Dreisiger (Hg.), *East Central European Society in World War I*, New York 1985, S. 305f.; sowie allgemeiner Jonathan E. Gumz, *The Resurrection and Collapse of Empire in Habsburg Serbia, 1914–1918*, Cambridge/New York 2009. Vgl. außerdem Judson, *Habsburg Empire*, S. 406.

28 Miklós Bánffy, *The Phoenix Land. The Memoirs of Count Miklós Bánffy*, London 2003, S. 3f.

29 Healy, *Vienna and the Fall*, S. 279–299; Mark Cornwall, »Morale and Patriotism in the Austro-Hungarian Army, 1914–1918«, in John Horne (Hg.) *State, Society, and Mobilization in Europe during the First World War*, Cambridge 1997, S. 173–191. Siehe ferner John W. Boyer, *Culture and Political Crisis in Vienna. Christian Socialism in Power, 1897–1918*, Chicago 1995, S. 369–443; Cole/Unowsky, *The Limits of Loyalty*.

30 Cornwall, *The Undermining of Austria-Hungary*. Siehe Kenneth J. Calder, *Britain and the Origins of the New Europe, 1914–1918*, Cambridge/New York 1976. Die Forschung zu diesem Thema (in englischer Sprache) war lange Zeit maßgeblich von dieser Kriegspropaganda geprägt. Einflussreiche Historiker wie Oszkár Jászi und C. A. Macartney bauten auf der Arbeit obiger

Autoren auf und argumentierten, das Habsburgerreich sei bereits vor dem Kriegsausbruch im August 1914 aufgrund seiner Nationalitätenkonflikte dem Untergang geweiht gewesen. Oszkár Jászi, *The Dissolution of the Habsburg Monarchy*, Chicago 1929; Carlile A. Macartney, *The Habsburg Empire, 1790–1918*, London 1969. Beispielhaft für die nachfolgende Historikergeneration, die den Krieg lediglich als eine Art Katalysator des anschließenden Niedergangs betrachtete, sind Robert A. Kann, *The Multinational Empire. Nationalism and National Reform in the Habsburg Monarchy, 1848–1918*, 2 Bde., New York 1950, und Alan J. P. Taylor, *The Habsburg Monarchy, 1809–1918. A History of the Austrian Empire and Austria-Hungary*, London 1948.

31 Reynolds, *The Long Shadow*, S. 15.

32 Andrea Orzoff, *Battle for the Castle*, Oxford/New York 2009, S. 24.

33 Haslinger, »Austria-Hungary«.

34 Zitiert nach Francesco Leoncini, »Das Problem der deutschen Minderheit in Böhmen in der internationalen Politik der Jahre 1918/1919«, in *Bohemia* 13/1 (1972), S. 306–335.

35 Levene, *War*, S. 181. Siehe auch Alan Sharp, »›The Genie that Would Not Go Back into the Bottle‹. National Self-Determination and the Legacy of the First World War and the Peace Settlement«, in Seamus Dunn/T. G. Fraser (Hg.), *Europe and Ethnicity. The First World War and Contemporary Ethnic Conflict*, London/New York 1996, S. 10–29, hier 18f.

36 Die Vereinigten Staaten erkannten den neuen Staat am 7. Februar 1919 offiziell an; Frankreich und Großbritannien folgten erst im Juni beim Abschluss des Versailler Vertrags. Andrej Mitrović, *Jugoslavija na konferenciji mira 1919–1920*, Belgrad 1969, S. 62f.

37 Zitiert nach Mark Mazower, *Der dunkle Kontinent. Europa im 20. Jahrhundert*, Berlin 2000, S. 76.

38 Zum Hintergrund des Manifests siehe Rauchensteiner, *Tod des Doppeladlers*, S. 603–608; Edmund Glaise-Horstenau, *The Collapse of the Austro-Hungarian Empire*, London/Toronto 1930, S. 107–109; Judson, *Habsburg Empire*, S. 432; Watson, *Ring of Steel*, S. 541.

39 Leonhard, *Pandora*, S. 896ff.

40 Jan Křen, *Die Konfliktgemeinschaft. Tschechen und Deutsche, 1780–1918*, München 1996, S. 371f.

41 Macartney, *Habsburg Empire*, S. 831.

42 Zum größeren historischen Rahmen siehe Rogan, *The Fall of the Ottomans*.

43 Eine zeitgenössische Rechtfertigung für die Verbundenheit der Franzosen mit der Region findet sich bei Roger Comte de Gontaut-Biron, *Comment la France s'est installée en Syrie, 1918–1919*, Paris 1922, speziell S. 1–10.

44 Zum Sykes-Picot-Abkommen siehe David Fromkin, *A Peace to End All Peace. The Fall of the Ottoman Empire and the Creation of the Modern Middle East*, New York 1989, S. 188–199; David Stevenson, *First World War and International Politics*, Oxford 1988, S. 129f.

45 Gudrun Krämer, *Geschichte Palästinas. Von der osmanischen Eroberung bis zur Gründung des Staates Israel*, München [6]2015, S. 176; Malcolm E. Yapp, *The Making of the Modern Near East. 1792–1923*, London 1987, S. 281–286.
46 Zu Faisal siehe Ali A. Allawi, *Faisal I of Iraq*, New Haven/London 2014; zu Lawrence vgl. Scott Anderson, *Lawrence in Arabia. War, Deceit, Imperial Folly and the Making of the Modern Middle East*, New York 2013.
47 Jonathan Schneer, *The Balfour Declaration. The Origins of the Arab-Israeli Conflict*, London 2010. Siehe ebenso John Darwin, *Britain, Egypt, and the Middle East. Imperial Policy in the Aftermath of War, 1918–1922*, London/Basingstoke 1981, S. 156.
48 Zu Weizmann siehe Jehuda Reinharz, *Chaim Weizmann. The Making of a Statesman*, Oxford/New York [2]1993.
49 Eine ausführlichere Schilderung findet sich bei Schneer, *The Balfour Declaration.*
50 Malcolm E. Yapp, *The Near East Since the First World War. A History to 1995*, London 1996, S. 116.
51 *ha-Herut*, zitiert nach Mustafa Aksakal, »The Ottoman Empire«, in Jay Winter (Hg.), *Cambridge History of the First World War*, Bd. 1, Cambridge 2014, S. 459–478, hier 477. Siehe zudem Abigail Jacobson, *From Empire to Empire. Jerusalem between Ottoman and British Rule*, Syracuse 2011, S. 27.
52 Zu Ben-Gurion siehe Shabtai Teveth, *Ben-Gurion and the Palestinian Arabs. From Peace to War*, Oxford/New York 1985; Ders., *Ben-Gurion. The Burning Ground*, Boston 1987; Anita Shapira, *Ben-Gurion. Father of Modern Israel*, London/New Haven 2014. Zur Jüdischen Legion vgl. Martin Watts, *The Jewish Legion and the First World War*, London/New York 2004.
53 Gingeras, *Fall of the Sultanate*, S. 230.
54 Zitiert in Abigail Jacobson, *From Empire to Empire*, S. 145; Aksakal, »Ottoman Empire«, in Winter (Hg.), *First World War*, S. 477.
55 United States Department of State, *Papers relating to the Foreign Relations of the United States. The Paris Peace Conference, 1919*, U.S. Government Printing Office 1919, Bd. XII, S. 793–795.
56 Bernard Wasserstein, *The British in Palestine. The Mandatory Government and the Arab-Jewish Conflict 1917–1929*, Oxford 1991 [Neuausgabe].
57 Sakmyster, *Hungary's Admiral on Horseback*, S. 11.
58 Watson, *Ring of Steel*, S. 542; Judson, *Habsburg Empire*, S. 437.
59 József Galántai, *Hungary in the First World War*, Budapest 1989, S. 315–322; Judson, *Habsburg Empire*, S. 438f.; Watson, *Ring of Steel*, S. 542.
60 Plaschka/Haselsteiner/Suppan, *Innere Front*, Bd. 2, S. 247–259; Watson, *Ring of Steel*, S. 543.
61 Zum Mord an Tisza siehe Ferenc Pölöskei, *A rejtélyes Tisza-gyilkosság*, Budapest 1988.
62 Plaschka/Haselsteiner/Suppan, *Innere Front*, Bd. 2, S. 260–277. Zu Tiszas Tod siehe ferner May, *Passing of the Hapsburg Monarchy*, Bd. 2, S. 789. Watson, *Ring of Steel*, S. 543.

63 Rauchensteiner, *Tod des Doppeladlers*, S. 614f.; Watson, *Ring of Steel*, S. 543.

64 Zbyněk Zeman, *The Masaryks. The Making of Czechoslovakia*, London 1976, S. 115.

65 Plaschka/Haselsteiner/Suppan, *Innere Front*, Bd. 2, S. 143–158, 184f. und 217. Watson, *Ring of Steel*, S. 544.

66 Ante Pavelić, *Doživljaji*, Zagreb 1996 [Neuauflage], S. 459. Zu Pavelićs Haltung im Jahr 1918 und seiner künftigen Rolle in der Ustascha siehe Fikreta Jelić-Butić, *Ustaše i Nezavisna država Hrvatska 1941–1945*, Zagreb 1977, S. 13f.; Mario Jareb, *Ustaško-domobranski pokret od nastanka do travnja 1941*, Zagreb 2006, S. 33f.

67 Watson, *Ring of Steel*, S. 544; Prusin, *The Lands Between*, S. 72–97; Wróbel, »The Seeds of Violence«.

68 Snyder, *Reconstruction of Nations*, S. 137–141; Judson, *Habsburg Empire*, S. 438.

69 MacMillan, *Friedensmacher*, S. 283.

70 Włodzimierz Borodziej, *Geschichte Polens im 20. Jahrhundert*, München 2010, S. 97; zur American Relief Administration in Polen siehe Matthew Lloyd Adams, *When Cadillacs Crossed Poland. The American Relief Administration in Poland, 1919–1922*, unveröffentlichte Dissertation, Armstrong Atlantic State University 2005; Paul Niebrzydowski, *The American Relief Administration in Poland after the First World War, 1918–1923*, unveröffentlichte Dissertation, Washington 2015; William Remsburgh Grove, *War's Aftermath. Polish Relief in 1919*, New York 1940.

71 Piotr Stefan Wandycz, *The Lands of of Partitioned Poland, 1795–1918*, Seattle 1974, S. 291–293; Norman Davies, *God's Playground*, Bd. 2: *1795 to the present*, Oxford/New York 2005, S. 52f.; MacMillan, *Friedensmacher*, S. 286. Siehe ebenso Jochen Böhler, »Generals and Warlords, Revolutionaries and Nation State Builders«, in Ders./Włodzimierz Borodziej/Joachim von Puttkamer (Hg.), *Legacies of Violence. Eastern Europe's First World War*, München 2014, S. 51–66.

72 Zu Piłsudski siehe u.a. Peter Hetherington, *Unvanquished. Joseph Pilsudski, Resurrected Poland, and the Struggle for Eastern Europe*, Houston ^{2}2012; Wacław Jędrzejewicz, *Pilsudski. A Life for Poland*, New York 1990; Holger Michael, *Marschall Józef Piłsudski 1867–1935. Schöpfer des modernen Polens*, Bonn 2010.

73 Davies, *God's Playground*, Bd. 2, S. 385.

74 Ebd., S. 5f.

75 Jochen Böhler, »Enduring Violence. The Post-War Struggles in East-Central Europe 1917–1921«, in *Journal of Contemporary History* 50 (2015), S. 58–77; Ders., »Generals and Warlords, Revolutionaries and Nation State Builders«.

76 Zum polnisch-ukrainischen Konflikt siehe Wehrhahn, *Die Westukrainische Volksrepublik*, S. 102–112; Mykola Lytvyn, *Ukrayins'ko-pol's'ka viyna 1918–1919rr*, Lemberg 1998; Michał Klimecki, *Polsko-ukraińska wojna o Lwów i Wschodnią Galicję 1918–1919r. Aspekty polityczne I wojskowe*, Warschau 1997.

77 MacMillan, *Friedensmacher*, S. 306.

78 Kay Lundgreen-Nielsen, *The Polish Problem at the Paris Peace Conference. A Study in the Policies of Great Powers and the Poles, 1918–1919*, Odense 1979, S. 222f. und 279–288.

79 Zu Oberschlesien siehe Tim K. Wilson, *Frontiers of Violence. Conflict and Identity in Ulster and Upper Silesia 1918–1922*, Oxford/New York 2010. Zum polnisch-litauischen Konflikt Andrzej Nowak, »Reborn Poland or reconstructed empire? Questions on the course and results of Polish eastern Policy (1918–1921)«, in *Lithuanian Historical Studies* 13 (2008), S. 134–142; Snyder, *Reconstruction of Nations*, S. 57–65.

80 Davies, *White Eagle, Red Star*, S. 152–159; Jerzy Borzęcki, *The Soviet-Polish Peace of 1921 and the Creation of Interwar Europe*, New Haven/London 2008, S. 92.

81 Adam Zamoyski, *Warsaw 1920. Lenin's Failed Conquest of Europe*, London 2008, S. 67; Davies, *White Eagle, Red Star*, S. 141 und 152ff. Zu den Gräueltaten siehe Jerzy Borzęcki, »German Anti-Semitism à la Polonaise. A Report on Poznanian Troops' Abuse of Belarusian Jews in 1919«, in *East European Politics and Cultures* 26 (2012), S. 693–707.

82 Arnold Zweig, *Das ostjüdische Antlitz*, Berlin 1920, S. 10.

83 Zum französischen Engagement im Krieg siehe Frédéric Guelton, »La France et la guerre polono-bolchevique«, in *Annales. Académie Polonaise des Sciences, Centre Scientifique à Paris* 13 (2010), S. 89–124; Ders., »Le capitaine de Gaulle et la Pologne (1919–1921)«, in Bernard Michel/Józef Łaptos (Hg.), *Les relations entre la France et la Pologne au XXe siècle*, Krakau 2002, S. 113–127.

84 Davies, *White Eagle, Red Star*, S. 261ff.; Borzęcki, *The Soviet-Polish Peace of 1921*.

85 Piotr Stefan Wandycz, *France and her Eastern Allies, 1919–25. French-Czechoslovak-Polish Relations from the Paris Peace Conference to Locarno*, Minneapolis 1962, S. 75–91.

86 Robert Howard Lord, »Poland«, in Edward M. House/Charles Seymour (Hg.), *What Really Happened at Paris. The Story of the Peace Conference by American Delegates*, London 1921, S. 67–86., 82f.; zu dieser Streitfrage siehe Harold M. V. Temperley (Hg.), *A History of the Peace Conference of Paris*, 6 Bde., London 1920–1924, hier Bd. 4, S. 348–363.

87 Zu den deutsch-tschechischen Auseinandersetzungen der ersten Zwischenkriegsjahre siehe Karl Braun, »Der 4. März 1919. Zur Herausbildung Sudetendeutscher Identität«, in *Bohemia* 37 (1996), S. 353–380; Johann Wolfgang Brügel, *Tschechen und Deutsche 1918–1938*, München 1967, S. 75–78; Rudolf Kučera, »Exploiting Victory, Sinking into Defeat. Uniformed Violence in the Creation of the New Order in Czechoslovakia and Austria 1918–1922«, in *Journal of Modern History* (im Druck).

88 Zum internationalen Kontext des Krieges siehe Miklos Lojko, *Meddling in Middle Europe. Britain and the ›Lands Between‹, 1919–1925*, Budapest/New York 2006, S. 13–38; Dagmar Perman, *The Shaping of the Czechoslovak*

State. Diplomatic History of the Boundaries of Czechoslovakia, Leiden 1962; Wandycz, *France and Her Eastern Allies*, S. 49–74.

89 Zu den Heimkehrenden siehe Thunig-Nittner, *Die tschechoslowakische Legion*, S. 112–123. Genaueres zur hervorgehobenen Stellung von Mitgliedern der Tschechoslowakischen Legion in der Tchechoslowakischen Republik findet sich in Stegmann, *Kriegsdeutungen – Staatsgründungen – Sozialpolitik*, S. 63–116.

90 Ivan Šedivý, »Zur Loyalität der Legionäre in der ersten Tschechoslowakischen Republik«, in Martin Schulze Wessel (Hg.), *Loyalitäten in der Tschechoslowakischen Republik 1918–1938. Politische, nationale und kulturelle Zugehörigkeiten*, München 2004, S. 141–152; Kučera, »Exploiting Victory, Sinking into Defeat«. Einen Vergleich zwischen Elsass-Lothringen und den tschechoslowakischen Grenzgebieten bietet Tara Zahra, »›The Minority Problem‹. National Classification in the French and Czechoslovak Borderlands«, in *Contemporary European Review* 17 (2008), S. 137–165.

91 Kučera, »Exploiting Victory, Sinking into Defeat«.

92 Peter A. Toma, »The Slovak Soviet Republic of 1919«, in *American Slavic and East European Review* 17 (1958), S. 203–215; Ladislav Lipscher, »Die Lage der Juden in der Tschechoslowakei nach deren Gründung 1918 bis zu den Parlamentswahlen 1920«, in *East Central Europe* 1 (1989), S. 1–38. Zum weiteren mitteleuropäischen Kontext siehe Eliza Ablovatski, »The 1919 Central European Revolutions and the Judeo-Bolshevik Myth«, in *European Review of History* 17 (2010); S. 473–489; Paul Hanebrink, »Transnational Culture War. Christianity, Nation, and the Judeo-Bolshevik Myth in Hungary 1890–1920«, in *Journal of Modern History* (2008), S. 55–80; Kučera, »Exploiting Victory, Sinking into Defeat«.

93 Ebd.

94 Mitrović, *Serbia's Great War*, S. 320; Mile Bjelajac, *Vojska Kraljevine Srba, Hrvata i Slovenaca 1918–1921*, Belgrad 1988, S. 28f.

95 Milorad Ekmečić, *Stvaranje Jugoslavije 1790–1918*, Belgrad 1989, Bd. 2, S. 838; Holm Sundhaussen, *Geschichte Serbiens. 19.–21. Jahrhundert*, Wien 2007.

96 Newman, *Yugoslavia*, S. 189.

97 Mile Bjelajac, »1918. Oslobođenje ili okupacija nesrpskih krajeva?«, in Milan Terzić (Hg.), *Prvi svetski rat i Balkan – 90 godina kasnije*, Belgrad 2010, S. 201–223.

98 Zum Fall Kärntens siehe Mile Bjelajac, *Vojska Kraljevine Srba, Hrvata i Slovenaca 1918–1921*, Belgrad 1988, S. 56; Siegmund Knaus, *Darstellungen aus den Nachkriegskämpfen deutscher Truppen und Freikorps*, Bde. 7 und 8, Berlin 1941/42; Wilhelm Neumann, *Abwehrkampf und Volksabstimmung in Kärnten 1918–1920. Legenden und Tatsachen*, Klagenfurt [2]1985; sowie die autobiographischen Schilderungen von Jaromir Diakow in ÖStA, B727, Nachlass Diakow.

99 Zu Kärnten und einem Abdruck des anonymen Gedichts siehe »Der Sturm auf Völkermarkt am 2. Mai 1919«, in ÖStA, Kriegsarchiv, B 694, Nachlass Knaus, S. 31.

100 MacMillan, *Friedensmacher*, S. 166.

101 Christopher Clark, *Die Schlafwandler. Wie Europa in den Ersten Weltkrieg zog*, München 2013, S. 27–29 und 475–485; MacMillan, *Friedensmacher*, S. 163.

102 Zu den führenden serbischen und kroatischen Politikern in der Entstehungszeit Jugoslawiens und deren Verhältnis siehe Dejan Djokić, *Pašić and Trumbić. The Kingdom of Serbs, Croats, and Slovenes*, London 2010.

103 Ebd.

104 Ebd.

105 Trumbić zitiert in MacMillan, *Friedensmacher*, S. 165f.

106 Mitrović, *Serbia's Great War*, S. 94f.; Branko Petranović, *Istorija Jugoslavije*, Bd. 1, Belgrad 1988, S. 12.

107 MacMillan, *Friedensmacher*, S. 167.

108 Srdja Pavlović, *Balkan Anschluss. The Annexation of Montenegro and the Creation of a Common South Slav State*, Purdue 2008, S. 153; Novica Rakočević, *Crna Gora u Prvom svetskom ratu 1914–1918*, Cetinje 1969, S. 428f.

109 Đjordje Stanković, »Kako je Jugoslavija počela«, in Milan Terzić (Hg.), *Prvi svetski rat i Balkan – 90 godina kasnije*, Belgrad 2010, S. 232–246, hier 242.

110 Newman, *Yugoslavia*.

111 Dejan Djokić, *Elusive Compromise. A History of Interwar Yugoslavia*, Oxford/New York 2007.

112 Bruno Cabanes, »1919. Aftermath«, S. 174.

113 Stéphane Audoin-Rouzeau, »Die Delegation der ›Gueules cassées‹ in Versailles am 28. Juni 1919«, in Gerd Krumeich u.a. (Hg.), *Versailles 1919. Ziele, Wirkung, Wahrnehmung*, Essen 2001, S. 280–287.

114 Edward M. House, *Die vertraulichen Dokumente des Obersten House. Zusammengestellt und mit einem verbindenden Text versehen von Charles Seymour*, Stuttgart/Berlin/Leipzig 1932, S. 419.

115 Zitiert nach Bruno Cabanes, »1919. Aftermath«, S. 172–198.

116 Laird Boswell, »From Liberation to Purge Trials in the ›Mythic Provinces‹. Recasting French Identities in Alsace and Lorraine, 1918–1920«, in *French Historical Studies* 23 (2000), S. 129–162, hier 141.

117 Alan Sharp, »The Paris Peace Conference and its Consequences«, in *1914–1918-online. International Encyclopedia of the First World War*, abrufbar unter http://encyclopedia.1914-1918-online.net/article/the_paris_peace_conference_and_its_consequences.

118 Gotthold Rhode, »Das Deutschtum in Posen und Pommerellen in der Zeit der Weimarer Republik«, in Senatskommission für das Studium des Deutschtums im Osten an der Rheinischen Friedrich-Wilhelms-Universität Bonn, *Studien zum Deutschtum im Osten*, Köln/Graz 1966, S. 99. Andere Schätzungen liegen höher, siehe Richard Blanke, *Orphans of Versailles. The Germans in Western Poland, 1918–1939*, Lexington 1993, S. 32–34.

119 Eine ausführliche Darstellung zur Nationalisierung Oberschlesiens bieten James E. Bjork, *Neither German nor Pole. Catholicism and National Indifference in a Central European Borderland, 1890–1922*, Ann Arbor 2008;

T. Hunt Tooley, »German Political Violence and the Border Plebiscite in Upper Silesia, 1919–1921«, in *Central European History* 21 (1988), S. 56–98; sowie Ders., *National Identity and Weimar Germany. Upper Silesia and the Eastern Border, 1918–22*, Lincoln/London 1997. Siehe ferner Tim K. Wilson, »The Polish-German Ethnic Dispute in Upper Silesia, 1918–1922. A Reply to Tooley«, in *Canadian Review of Studies in Nationalism* 32 (2005), S. 1–26.

120 MacMillan, *Friedensmacher*, S. 289.

121 Waldemar Grosch, *Deutsche und polnische Propaganda während der Volksabstimmung in Oberschlesien 1919–1921*, Dortmund 2003.

122 Großbritannien und Frankreich teilten die deutschen Kolonien Kamerun und Togo unter sich auf. Belgien erhielt Ruanda-Urundi im nordwestlichen Deutsch-Ostafrika, Deutsch-Südwestafrika (das heutige Namibia) fiel als Mandatsgebiet an Südafrika. Im Pazifik gingen alle deutschen Inseln nördlich des Äquators (die Marshall-Inseln, die Karolinen, die Marianen und Palau) sowie das chinesische Kiautschou in japanischen Besitz über. Deutsch-Samoa fiel an Neuseeland, Deutsch-Neuguinea, das Bismarck-Archipel und Nauru an Australien. Sharp, *Versailles*, S. 109–138.

123 Wolfgang Elz, »Versailles und Weimar«, in *Aus Politik und Zeitgeschichte* 50/51 (2008), S. 31–38.

124 Sally Marks, »The Myths of Reparations«, in *Central European History* 11 (1978), S. 231–239; Niall Ferguson, *The Pity of War. Explaining World War I*, London 1998, S. 399–432. Der Londoner Zahlungsplan sollte noch zweimal modifiziert werden, 1924 (als Dawes-Plan) und 1929 (als Young-Plan), bevor er in der Wirtschaftskrise zeitweilig ausgesetzt wurde. Nachdem er 1933 an die Macht gelangt war, stellte Hitler alle weiteren Zahlungen ein. Zwischen 1919 und 1932 leistete Deutschland Reparationszahlungen von etwas über 20 Milliarden Mark (von insgesamt 50 Milliarden Mark, die 1921 als A- und B-Bonds festgelegt worden waren). Siehe Boemeke u.a., *Versailles*, S. 424.

125 Richard J. Evans, *Das Dritte Reich*, Bd. 1: *Aufstieg*, München 2004, S. 128f.; Alan Sharp, »The Paris Peace Conference and its Consequences«; MacMillan, *Friedensmacher*, S. 243.

126 Andreas Krause, *Scapa Flow. Die Selbstversenkung der wilhelminischen Flotte*, Berlin 1999.

127 *Verhandlungen der verfassunggebenden Deutschen Nationalversammlung. Stenographische Berichte*, Berlin 1920, Bd. 327, S. 1083.

128 Watson, *Ring of Steel*, S. 561; MacMillan, *Friedensmacher*, S. 601–608. Zu Wilsons Note vom 23. Oktober siehe Rudin, *Armistice 1918*, S. 173.

129 Sharp, *Versailles*, S. 37–39.

130 Evans, *Das Dritte Reich*, Bd. 1: *Aufstieg*, S. 129ff.

131 Winkler, *Zeit der Weltkriege*, S. 127.

132 John Maynard Keynes, *Die wirtschaftlichen Folgen des Friedensvertrages*, München/Leipzig 1920.

133 Elz, »Versailles und Weimar«, S. 33.

134 Zum Vertrag von St. Germain siehe Nina Almond/Ralph Haswell Lutz (Hg.), *The Treaty of St. Germain. A Documentary History of its Territorial*

and Political Clauses, Stanford 1935; Isabella Ackerl/Rudolf Neck (Hg.), *Saint-Germain 1919. Protokoll des Symposiums am 29. und 30. Mai 1979 in Wien*, Wien 1989; Fritz Fellner, »Der Vertrag von St. Germain«, in Erika Weinzierl/Kurt Skalnik (Hg.), *Österreich 1918–1938*, Bd. 1, Graz/Wien/Köln 1983, S. 85–106; Lorenz Mikoletzky, »Saint-Germain und Karl Renner. Eine Republik wird diktiert«, in Helmut Konrad/Wolfgang Maderthaner (Hg.), *Das Werden der Ersten Republik … der Rest ist Österreich*, Bd. 1, Wien 2008, S. 179–186; Erich Zöllner, *Geschichte Österreichs. Von den Anfängen bis zur Gegenwart*, Wien [8]1990, S. 499.

135 S. W. Gould, »Austrian Attitudes toward Anschluss. October 1918–September 1919«, in *Journal of Modern History* 22 (1950), S. 220–231; Walter Rauscher, »Die Republikgründungen 1918 und 1945«, in Klaus Koch u. a. (Hg.), *Außenpolitische Dokumente der Republik Österreich 1918–1938*, Sonderband: *Von Saint-Germain zum Belvedere. Österreich und Europa 1919–1955*, Wien/München 2007, S. 9–24. Zur deutschen Debatte über den Anschluss siehe Robert Gerwarth, »Republik und Reichsgründung. Bismarcks kleindeutsche Lösung im Meinungsstreit der ersten deutschen Demokratie«, in Heinrich August Winkler (Hg.), *Griff nach der Deutungsmacht. Zur Geschichte der Geschichtspolitik in Deutschland*, Göttingen 2004, S. 115–133.

136 Ivan T. Berend, *Decades of Crisis. Central and Eastern Europe before World War II*, Berkeley/London 1998, S. 224–226.

137 Maureen Healy, *Vienna and the Fall of the Habsburg Empire. Total War and Everyday Life in World War I*, Cambridge/New York 2014, S. 309; Manfried Rauchensteiner, »L'Autriche entre confiance et résignation, 1918–1920«, in Stéphane Audoin-Rouzeau/Christophe Prochasson (Hg.), *Sortir de la Grande Guerre*, Paris 2008, S. 165–185.

138 Francesca M. Wilson, *Rebel Daughter of a Country House. The Life of Eglantyne Jebb, Founder of the Save the Children Fund*, Boston/London 1967, S. 198.

139 Ethel Snowden zitiert in Kershaw, *Höllensturz*, S. 157.

140 Almond/Lutz, *St Germain*, S. 92.

141 Karl Rudolf Stadler, *Hypothek auf die Zukunft. Die Entstehung der österreichischen Republik 1918–1921*, Wien/Frankfurt/M./Zürich 1968, S. 44.

142 Renner zitiert in MacMillan, *Friedensmacher*, S. 334.

143 Richard Schüller, *Unterhändler des Vertrauens*. Aus den nachgelassenen Schriften hg. von Jürgen Nautz, Wien 1990, S. 236. Siehe auch MacMillan, *Friedensmacher*, S. 338.

144 MacMillan, *Friedensmacher*, S. 338.

145 Bauer, zitiert ebd., S. 335.

146 Evans, *Das Dritte Reich*, Bd. 1: *Aufstieg*, S. 124f.; Gerwarth, »Republik und Reichsgründung«.

147 Zur Burgenlandfrage siehe MacMillan, *Friedensmacher*, S. 341f.; Stadler, *Birth of the Austrian Republic*, S. 6–41; József Botlik, *Nyugat-Magyarország sorsa, 1918–1921*, Vasszilvány 2008; Jon Dale Berlin, »The Burgenland Question 1918–1920. From the Collapse of Austria-Hungary to the Treaty of Trianon«, unveröffentlichte Dissertation, Madison 1974; Gerald Schlag,

»Die Grenzziehung Österreich-Ungarn 1922/23«, in Burgenländisches Landesarchiv (Hg.), *Burgenland in seiner pannonischen Umwelt. Festgabe für August Ernst*, Eisenstadt 1984, S. 333–346.

148 Eine allgemeine Darstellung der Auswirkungen des Vertrags von Trianon findet sich bei Robert Evans, »The Successor States«, in Robert Gerwarth (Hg.), *Twisted Paths. Europe 1914–45*, Oxford/New York 2007, S. 210–236; Raymond Pearson, »Hungary. A State Truncated, a Nation Dismembered«, in Seamus Dunn/T. G. Fraser (Hg.), *Europe and Ethnicity. World War I and Contemporary Ethnic Conflict*, London/New York 1996, S. 88–109, hier 95f.; Ignác Romsics, *Der Friedensvertrag von Trianon*, Herne 2005; Dániel Ballabás, *Trianon 90 év távlatából. Konferenciák, műhelybeszélgetések*, Eger 2011.

149 Berend, *Decades of Crisis*, S. 224–226.

150 MacMillan, *Friedensmacher*, S. 346–348; Deák, *Hungary at the Paris Peace Conference*, S. 539–549.

151 Jörg K. Hoensch, *A History of Modern Hungary, 1867–1994*, London/New York 1995, S. 103f.

152 Georgi Petrov Genov, *Das Schicksal Bulgariens. Sein Kampf gegen das Friedensdiktat von Neuilly*, Berlin 1940, S. 31f.; MacMillan, *Friedensmacher*, S. 193–197.

153 Genov, *Schicksal Bulgariens*, S. 25f.; MacMillan, *Friedensmacher*, S. 198f.

154 Nicolson, *Friedensmacher*, S. 38.

155 Brief von Teodor Teodorow an Mr Dutaste, Sekretär der Friedenskonferenz, Neuilly sur Seine, 2. September 1919; Bilyarski/Grigorov (Hg.), *Nyoiskiyat pogrom*, S. 90.

156 Richard J. Crampton, *Aleksandŭr Stamboliĭski. Bulgaria*, Chicago 2009, S. 75–109. Nejiski Mir, *Vojna enciklopedija*, Belgrad 1973, S. 19.

157 MacMillan, *Friedensmacher*, S. 199.

158 Zitiert nach ebd.

159 Daskalov, *1923*, S. 23.

160 Teodora Dragostinova, »Competing Priorities, Ambiguous Loyalties. Challenges of Socioeconomic Adaptation and National Inclusion of the Interwar Bulgarian Refugees«, in *Nationalities Papers* 34 (2006), S. 549–574, hier 553. Eine ausführliche frühe Analyse und höchst aufschlussreiche Deutung der Flüchtlingskrise im Bulgarien der Zwischenkriegszeit findet sich bei Dimitar Popnikolov, *Balgarite ot Trakiya i spogodbite na Balgaria s Gartsia i Turtsia*, Sofia 1928.

161 Einzelheiten zu den gesellschaftlichen und wirtschaftlichen Problemen bei der Aufnahme von Vertriebenen nach dem Ersten Weltkrieg in Bulgarien bieten Georgi Dimitrov, *Nastanyavane i ozemlyavane na balgarskite bezhantsi*, Blagoewgrad 1985, und Karl Hitilov, *Selskostopanskoto nastanyavane na bezhantsite 1927–1932*, Sofia 1932.

162 Brief von Aleksandar Stambolijski an Georges Clemenceau vom 22. November 1919. Siehe Bilyarski/Grigorov (Hg.), *Nyoiskiyat pogrom*, S. 312.

163 Crampton, »The Balkans«, S. 250–252.

164 MacMillan, *Friedensmacher*, S. 495f.

165 Zürcher, »The Ottoman Empire and the Armistice of Moudros«, S. 266–275.

166 Zitiert in George Goldberg, *The Peace to End Peace. The Paris Peace Conference of 1919*, London 1970, S. 196.

167 Michael A. Reynolds, *The Ottoman-Russian Struggle for Eastern Anatolia and the Caucasus, 1908–1918. Identity, Ideology and the Geopolitics of World Order*, unveröffentlichte Dissertation Princeton 2003, S. 377. Für eine nationalistische Sichtweise siehe Justin McCarthy, *Death and Exile. The Ethnic Cleansing of Ottoman Muslims 1821–1922*, Princeton 2004, S. 198–200; Salahi R. Sonyel, *The Great War and the Tragedy of Anatolia. Turks and Armenians in the Maelstrom of Major Powers*, Ankara 2000, S. 161–163.

168 Gingeras, *Fall of the Sultanate*, S. 255.

169 Hasan Kayali, »The Struggle for Independence«, in Reşat Kasaba (Hg.), *The Cambridge History of Turkey*, Bd. 4: *Turkey in the Modern World*, Cambridge/New York 2008, S. 112–146, hier 118ff.

170 Gerd Krumeich (Hg.), *Versailles 1919. Ziele, Wirkung, Wahrnehmung*, Essen 2001.

171 Henryk Batowski, »Nationale Konflikte bei der Entstehung der Nachfolgestaaten«, in Richard Georg Plaschka/Karlheinz Mack (Hg.), *Die Auflösung des Habsburgerreiches. Zusammenbruch und Neuorientierung im Donauraum*, München 1970, S. 338–349.

172 Dudley Kirk, *Europe's Population in the Interwar Years*, New York 1946; Pearson, »Hungary«, S. 98f.; István I. Mócsy, *The Effects of World War I. The Uprooted. Hungarian Refugees and their Impact on Hungary's Domestic Politics, 1918–1921*, New York 1983, S. 10.

173 Arendt, *Elemente und Ursprünge totaler Herrschaft*, S. 352f. Zu diesem Thema im Allgemeinen siehe ebenso Karen Barkey/Mark von Hagen (Hg.), *After Empires. Multiethnic Societies and Nation-Building: The Soviet Union, and the Russian, Ottoman, and Habsburg Empires*, Boulder 1997; Smith, »Empires at the Paris Peace Conference«, in Gerwarth/Manela (Hg.), *Empires at War*, S. 254–276.

174 Norman Davies, *Die Blume Europas. Breslau, Wrocław, Vratislavia – die Geschichte einer mitteleuropäischen Stadt*, München 2002, S. 363.

175 Ebd., S. 389f.

176 Wie Michael Mann gezeigt hat, waren ethnische Deutsche, die nach dem Ende des Ersten Weltkriegs zu Minderheiten in nichtdeutschen Staaten wurden oder aus ehemals deutschen Gebieten vertrieben wurden, vielfach überrepräsentiert unter den Anhängern des Nationalsozialismus und späteren Tätern des Holocaust. Vgl. insbes. Kapitel 8 in Michael Mann, *Die dunkle Seite der Demokratie. Eine Theorie der ethnischen Säuberung*, Hamburg 2007. Siehe auch Mark Mazower, *Hitlers Imperium. Europa unter der Herrschaft des Nationalsozialismus*, München 2009.

177 Statistiken entnommen aus Michael Charles Kaser/Edward Albert Radice (Hg.), *The Economic History of Eastern Europe, 1919–1975*, Bd. 1: *Economic*

Structure and Performance Between the Two Wars, Oxford 1985, S. 25. Siehe ebenso die ausführliche Diskussion dieser Frage in Prusin, *The Lands Between*, S. 11–124.

178 Manela, *Wilsonian Moment*, speziell S. 60f. und 145–147. Zur Bewegung des 4. Mai siehe Rana Mitter, *A Bitter Revolution. China's Struggle with the Modern World*, Oxford/New York 2004.

179 Eric Yellin, *Racism in the Nation's Service. Government Workers and the Color Line in Woodrow Wilson's America*, Chapel Hill 2016. Eine wohlwollendere Darstellung von Wilsons Leben bietet John Milton Cooper, *Woodrow Wilson. A Biography*, New York 2009.

180 Smith, »The Wilsonian Challenge«. Siehe auch Smith, »Les États-Unis et l'échec d'une seconde mobilisation«.

181 Zum Mandatssystem siehe Susan Pedersen, »The Meaning of the Mandates System. An Argument«, in *Geschichte und Gesellschaft* 32 (2006), S. 1–23; Dies., *The Guardians. The League of Nations and the Crisis of Empire*, Oxford/New York 2015, S. 17–44. Siehe ferner Nadine Méouchy/Peter Sluglett (Hg.), *The British and French Mandates in Comparative Perspective*, Leiden 2004; David K. Fieldhouse, *Western Imperialism in the Middle East, 1914–1958*, Oxford/New York 2006, S. 3–20; vgl. ebenso Lutz Raphael, *Imperiale Gewalt und mobilisierte Nation. Europa 1914–1945*, München 2011, S. 74f.

182 Smith, »Empires at the Paris Peace Conference«.

183 Sharp, »The Genie that Would Not Go Back in the Bottle«, S. 25; Pearson, *National Minorities*, S. 136.

184 Levene, *Crisis of Genocide*, Bd. 1, S. 230–240.

185 Zum Vertragstext siehe »Treaty of Peace between the United States of America, the British Empire, France, Italy, and Japan and Poland«, in *American Journal of International Law* 13, Supplement, Official Documents (1919), S. 423–440. Carole Fink, »The Minorities Question at the Paris Peace Conference. The Polish Minority Treaty, June 28, 1919«, in Manfred Boemeke/Gerald Feldman/Elisabeth Glaser (Hg.), *The Treaty of Versailles. A Reassessment after 75 Years*, Cambridge 1998, S. 249–274.

186 Ebd.

187 Jaroslav Kucera, *Minderheit im Nationalstaat. Die Sprachenfrage in den tschechisch-deutschen Beziehungen 1918–1938*, München 1999, S. 307.

188 Carole Fink, *Defending the Rights of Others. The Great Powers, the Jews, and International Minority Protection*, New York 2004, S. 260; Zara Steiner, *The Lights that Failed. European International History 1919–1933*, Oxford/New York 2005, S. 86.

189 Joseph Roth, *Radetzkymarsch*, in Ders., *Romane und Erzählungen*, 4 Bde., Köln 1975, hier Bd. 2, S. 136. Zum kulturellen Kontext siehe Adam Kozuchowski, *Pośmiertne dzieje Austro-Węgier. Obraz monarchii habsburskiej w piśmiennictwie międzywojennym*, Warschau u. a. 2009.

190 Levene, *Crisis of Genocide*, Bd. 1.

191 Mary Heimann, *Czechoslovakia. The State that Failed*, London/New Haven 2009, S. 33f. (Vereinbarung von Pittsburgh) und 61f. (gebrochene Zusagen).

192 Zur Bodenreform siehe Daniel E. Miller, »Colonizing the Hungarian and German Border Areas during the Czechoslovak Land Reform, 1918–1938«, in *Austrian History Yearbook* 34 (2003), S. 303–317.

193 Zitiert nach Mark Cornwall, »National Reparation? The Czech Land Reform and the Sudeten Germans 1918–38«, in *Slavonic and East European Review* 75 (1997), S. 259–280, hier 280. Zu den deutsch-tschechischen Beziehungen der Zwischenkriegszeit im weiteren Sinne siehe Jaroslav Kucera, *Minderheit im Nationalstaat*; Jörg K. Hoensch/Dusan Kovac (Hg.), *Das Scheitern der Verständigung. Tschechen, Deutsche und Slowaken in der Ersten Republik (1918–1938)*, Essen 1994.

194 Zum Revisionismus siehe folgenden Sammelband Marina Cattaruzza/Stefan Dyroff/Dieter Langewiesche (Hg.), *Territorial Revisionism and the Allies of Germany in the Second World War. Goals, Expectations, Practices*, New York/Oxford 2012.

195 Zu Japans Rolle im Ersten Weltkrieg, den Nachkriegsvereinbarungen und dem japanischen Streben nach Rassengleichheit siehe Frederick R. Dickinson, *War and National Reinvention. Japan in the Great War, 1914–1919*, Cambridge 1999; Thomas W. Burkman, *Japan and the League of Nations. Empire and World Order, 1914–1938*, Honolulu 2008; Naoko Shimazu, *Japan, Race and Equality. The Racial Equality Proposal of 1919*, London 1998, S. 117–136.

196 Glenda Sluga, *The Problem of Trieste and the Italo-Yugoslav Border. Difference, Identity, and Sovereignity in Twentieth-Century Europe*, Albany 2001.

197 Misha Glenny, *The Balkans, 1804–1999*, London 1999, S. 307–392, speziell 370–377.

198 Siehe Mario Isnenghi, *L'Italia in piazza. I luoghi della vita pubblica dal 1848 ai giorni nostri*, Mailand 1994, S. 231–236.

199 Zur Kontinuität der expansionistischen Bestrebungen Italiens siehe Claudio G. Segré, »Il colonialismo e la politica estera. Variazioni liberali e fasciste«, in Richard J. B. Bosworth/Sergio Romano (Hg.), *La politica estera italiana 1860–1985*, Bologna 1991, S. 121–146.

200 Siehe beispielsweise Giuseppe Piazza, *La nostra terra promessa. Lettere dalla Tripolitania marzo-maggio 1911*, Rom 1911. Zum historischen Hintergrund siehe Richard J. B. Bosworth, *Italy. The Least of the Great Powers. Italian Foreign Policy before the First World War*, Cambridge 1979, sowie Gianpaolo Ferraioli, *Politica e diplomazia in Italia tra XIX e XX secolo. Vita di Antonino di San Giuliano (1852–1914)*, Soveria Mannelli 2007.

201 Bosworth/Finaldi, »The Italian Empire«; Segré, »Il colonialismo e la politica estera«, S. 123. Siehe ebenso die Studien von Nicola Labanca, *Oltremare. Storia dell'espansione coloniale italiana*, Bologna 2002, und Ders., *La guerra italiana per la Libia, 1911–1931*, Bologna 2012.

202 Angelo Del Boca, *Gli Italiani in Libia, Tripoli bel Suol d'Amore*, Mailand 1993, S. 110; William Stead, *Tripoli and the Treaties or Britain's Duty in this War*, London 1911, S. 59–81; Rachel Simon, *Libya Between Ottomanism and Nationalism. The Ottoman Involvement in Libya During the War with Italy (1911–1919)*, Berlin 1987.

203 Labanca, *Oltremare*, S. 121; Angelo del Boca, *A un passo dalla forca*, Mailand 2007, S. 80.

204 Labanca, *La guerra italiana per la Libia.*

205 Glenny, *The Balkans*, S. 370.

206 Gian Enrico Rusconi, *L'azzardo del 1915. Come l'Italia decide la sua guerra*, Bologna 2005; Luca Riccardi, *Alleati non amici. Le relazioni politiche tra l'Italia e l'Intesa durante la prima Guerra mondiale*, Brescia 1992.

207 Zur Einführung in diesen Themenkomplex siehe Antonio Gibelli, »L'Italia dalla neutralità al Maggio Radioso«, in Stéphane Audoin-Rouzeau/Jean-Jacques Becker (Hg.), *La prima guerra mondiale*, Turin 2007, Bd. 1, S. 185–195.

208 Siehe Matteo Pasetti, *Tra classe e nazione. Rappresentazioni e organizzazione del movimento nazional-sindacalista, 1918–1922*, Rom 2008.

209 Siehe Emilio Gentile, *La Grande Italia. Ascesa e declino del mito della nazione nel ventesimo secolo*, Mailand 1997; Ventrone, *La seduzione totalitarian*, S. 233–255.

210 Michael A. Ledeen, *The First Duce. D'Annunzio at Fiume*, Baltimore/London 1977, S. 13. Glenny, *The Balkans*, S. 371.

211 Siehe Claudia Salaris, *Alla festa della rivoluzione. Artisti e libertari con D'Annunzio a Fiume*, Bologna 2002. Zu Alceste De Ambris vgl. Renzo De Felice (Hg.), *La Carta del Carnaro nei testi di Alceste De Ambris e di Gabriele D'Annunzio*, Bologna 1973.

212 Glenny, *The Balkans*, S. 371f.

213 Zitiert in Goldberg, *The Peace to End Peace*, S. 170.

214 Lucy Hughes-Hallett, *The Pike. Gabrielle D'Annunzio: Poet, Seducer, and Preacher of War*, London 2013, S. 267.

215 Hughes-Hallett, *The Pike*, S. 369.

216 Ledeen, *The First Duce*, S. 2; Glenny, *The Balkans*, S. 372f.

217 Zu Nitti siehe Francesco Barbagallo, *Francesco Saverio Nitti*, Turin 1994.

218 Glenny, *The Balkans*, S. 374.

219 Überraschenderweise gibt es keine jüngeren Arbeiten zu den Arditi. Die beste »klassische« Untersuchung bietet Giorgio Rochat, *Gli arditi della Grande guerra. Origini, battaglie e miti*, Mailand 1981.

220 Hughes-Hallett, *The Pike*, S. 4 und 546.

221 Leeden, *The First Duce*, S. VII. Andere haben seither argumentiert, Fiume sei während der 15-monatigen Besatzung zu einem politischen Versuchslabor (u.a. aufgrund der »Carta del Carnaro«), einem Raum für künstlerische und kulturelle Innovationen wie auch zum Geburtsort der *show politics* geworden. Siehe Salaris, *Alla festa della rivoluzione.*

222 Glenny, *The Balkans*, S. 376.

223 MacMillan, *Friedensmacher*, S. 562.

224 Ebd., S. 568f.

225 Zu Venizelos siehe Thanos Veremis/Elias Nikolakopoulos (Hg.), *O Eleftherios Venizelos ke I epochi tou*, Athen 2005.

226 Glenny, *The Balkans*, S. 380; MacMillan, *Friedensmacher*, S. 443 und 449.

227 Glenny, *The Balkans*, S. 380; Alexandros A. Pallis, *Greece's Anatolian Venture – and After. A Survey of the Diplomatic and Political Aspects of the Greek Expedition to Asia Minor (1915–1922)*, London 1937, S. 22–25.

228 Statistiken zitiert nach Dimitris Stamatopoulos, »I mikrasiatiki ekstratia. I anthropogheografia tis katastrofis«, in Antonis Liakos (Hg.), *To 1922 ke i prosfighes, mia nea matia*, Athen 2011, S. 55–100, hier 57.

229 Ebd., S. 58.

230 Dimitri Pentzopoulos, *The Balkan Exchange of Minorities*, Paris/Den Haag 1962, S. 29f.

231 Michalis Rodas, *I Ellada sti Mikran Asia*, Athen 1950, S. 60f. Rodas diente von 1919 bis 1922 in Smyrna als Leiter der Presse- und Zensurstelle des Hochkommissariats. Siehe ebenso Evangelia Achladi, »De la guerre«, S. 180–195.

232 Llewellyn Smith, *Ionian Vision*, S. 89–91. Noch heute steht in Izmir eine Statue Hasan Tahsins, der im anschließenden Schusswechsel starb. Sie trägt den Namen »İlk Kurşun Anıtı« (»Denkmal des ersten Schusses«).

233 Zitiert in Llewellyn Smith, *Ionian Vision*, S. 89; Glenny, *The Balkans*, S. 382f.

234 Die Angaben bezüglich der Opferzahlen variieren von Quelle zu Quelle. Im Bericht der Alliierten Untersuchungskommission, die später nach Smyrna reiste, um den Vorfällen nachzugehen, ist die Rede von zwei getöteten und sechs verwundeten griechischen Soldaten sowie 60 verwundeten griechischen Zivilisten. Im Bericht ist zudem von 300 bis 400 türkischen Opfern die Rede, wobei nicht zwischen Toten und Verletzten unterschieden wird. Llewellyn Smith, *Ionian Vision*, S. 180.

235 Tasos Kostopoulos, *Polemos ke ethnokatharsi, I ksehasmeni plevra mias dekaetous ethnikis eksormisis, 1912–1922*, Athen 2007, S. 99.

236 Auszug aus dem unveröffentlichten Tagebuch von Epaminondas Kaliontzis, abgedruckt in der Zeitung *Kathimerini* am 20. Mai 2007. Siehe ebenfalls Ioannis A. Gatzolis, *Ghioulbaxes. Vourlas. Erithrea. Anamnisis. Perigrafes. Laografika. Katastrofi 1922*, Chalkidiki 1988, S. 45f.

237 Zitiert nach Temperley (Hg.), *A History of the Paris Peace Conference*, Bd. 6, S. 72.

238 Giorgos Giannakopoulos, »I Ellada sti Mikra Asia. To chroniko tis Mikrasiatikis peripetias«, in Vassilis Panagiotopoulos (Hg.), *Istoria tou Neou Ellinismou, 1770–2000*, Bd. 6, Athen 2003, S. 84–86; Efi Allamani/Christa Panagiotopoulou, »I Ellada sti Mikra Asia«, in *Istoria tou ellinikou ethnous* 15 (1978), S. 118–132.

239 »Bericht der Alliierten Untersuchungskommission«, in Rodas, *I Ellada sti Mikran Asia*, S. 152.

240 Der Kommandeur der griechischen Besatzungsarmee gab die Zahl der Todesopfer mit 1000 und die der ins kleinasiatische Hinterland verschleppten Bewohner mit 500 an. Türkische Quellen hingegen sprachen von 4000 ermordeten Muslimen und 400 getöteten Christen. Siehe Kostopoulos, *Polemos ke ethnokatharsi*, S. 100.

241 Auszug aus Christos Karagiannis, *I istoria enos stratioti (1918–1922)*, hg. von Filippos Drakontaeidis, Athen 2013, S. 117–121.

242 Llewellyn Smith, *Ionian Vision*, S. 111–114.
243 Gingeras, *Fall of the Sultanate*, S. 262.
244 Vamik D. Volkan/Norman Itzkowitz, *The Immortal Atatürk. A Psychobiography*, Chicago 1984, S. 152.
245 Victor Rudenno, *Gallipoli. Attack from the Sea*, London/New Haven 2008, S. 162ff.
246 M. Sükrü Hanioğlu, *Atatürk. An Intellectual Biography*, Princeton 2011, S. 77.
247 Ebd., S. 82.
248 Gingeras, *Fall of the Sultanate*, S. 249.
249 Ryan Gingeras, *Sorrowful Shores. Violence, Ethnicity, and the End of the Ottoman Empire 1912–1923*, Oxford/New York 2009, S. 68ff.
250 Hanioğlu, *Atatürk*, S. 97f. Siehe ebenfalls Gingeras, *Atatürk. Heir to an Empire*.
251 Hanioğlu, *Atatürk*, S. 95–97.
252 Ebd.
253 Ebd.
254 A. E. Montgomery, »The Making of the Treaty of Sevres of 10 August 1920«, in *The Historical Journal* 15 (1972), S. 775–787.
255 Leonard V. Smith, »Empires at the Paris Peace Conference«. Siehe ferner Paul C. Helmreich, *From Paris to Sèvres. The Partition of the Ottoman Empire at the Paris Peace Conference of 1919–1920*, Columbus 1974.
256 Briton Cooper Busch, *Madras to Lausanne, Britain's Frontier in West Asia, 1918–1923*, Albany 1976, S. 207.
257 Christopher J. Walker, *Armenia. The Survival of a Nation*, London ^{2}1990, S. 315f.
258 Gingeras, *Fall of the Sultanate*, S. 279.
259 Vahé Tachjian, *La France en Cilicie et en Haute-Mésopotamie. Aux confins de la Turquie, de la Syrie et de l'Irak, 1919–1933*, Paris 2004.
260 Ein Augenzeugenbericht findet sich in Stanley E. Kerr, *The Lions of Marash. Personal Experiences with American Near East Relief, 1919–1922*, Albany 1973, S. 99–142.
261 Erik Jan Zürcher, *Turkey. A Modern History*, London/New York 2004 [Neuausgabe], S. 154.
262 Peter Kincaid Jensen, »The Greco-Turkish War, 1920–1922«, in *International Journal of Middle East Studies* 10 (1979), S. 553–565.
263 Giorgos Mitrofanis, »Ta dimosia ikonomika. Ikonomiki anorthossi ke polemi, 1909–1922«, in Vassilis Panagiotopoulos (Hg.), *Istoria tou Neou Ellinismou, 1770–2000*, Bd. 6, Athen 2003, S. 124–127.
264 Zitiert in Arnold J. Toynbee, *The Western Question in Greece and Turkey. A Study in the Contact of Civilisations*, Boston 1922, S. 285.
265 Konstantinos Fotiadis, »Der Völkermord an den Griechen des Pontos«, in Tessa Hofmann (Hg.), *Verfolgung, Vertreibung und Vernichtung der Christen im Osmanischen Reich 1912–1922*, Berlin ^{2}2010, S. 193–228.
266 Vgl. die Aussage von Stylianos Savvides aus Neokaisareia bei Katerini in Paschalis M. Kitromilides (Hg.), *Exodos*, Bd. 3, Athen 2013, S. 220–223.

267 Doumanis, *Before the Nation*, S. 161.

268 Kostopoulos, *Polemos ke ethnokatharsi*, S. 241.

269 Ebd., S. 240.

270 Vgl. die Aussage von Savvas Papadopoulos aus Vathylakkos bei Kozani in Kitromilides (Hg.), *Exodos*, Bd. 3, S. 206f.

271 Siehe die Aussage von Stylianos Savvides aus Neokaisareia bei Katerini in Kitromilides (Hg.), *Exodos*, Bd. 3, S. 220–223.

272 Auszug aus Karagiannis, *I istoria enos stratioti*, S. 215.

273 Giorgos Margaritis, »I polemi«, in Christos Hadjiiosif (Hg.), *Istoria tis Elladas tou Ikostou eona*, Athen 2002, Bd. A2, S. 149–187, hier 182, Fußnote 26.

274 Glenny, *The Balkans*, S. 388.

275 Zitiert in Doumanis, *Before the Nation*, S. 162.

276 Margaritis, »I polemi«, S. 186.

277 Kostopoulos, *Polemos ke ethnokatharsi*, S. 138.

278 Victoria Solomonidis, *Greece in Asia Minor. The Greek Administration of the Vilayet of Aidin, 1919–1922*, unveröffentlichte Dissertation, King's College, University of London, 1984, S. 248f.; Llewellyn Smith, *Ionian Vision*, S. 520.

279 George Mavrogordatos, »Metaxi dio polemon. Politiki Istoria 1922–1940«, in Vassilis Panagiotopoulos (Hg.), *Istoria tou Neou Ellinismou*, Bd. 7, Athen 2003, S. 9f.

280 Yiannis Yianoulopoulos, »Exoteriki politiki«, in Christos Chatziiosif (Hg.), *Istoria tis Elladas tou Ikostou eona*, Bd. 2, Athen 2002, S. 140f.

281 *Toronto Star*, 22. Oktober 1922. Siehe in verkürzter Form auch MacMillan, *Friedensmacher*, S. 594.

282 Steiner, *The Lights That Failed*, S. 114–119.

283 MacMillan, *Friedensmacher*, S. 596.

284 Mazower, *Der dunkle Kontinent*, S. 87f.; Levene, *Crisis of Genocide*, Bd. 1, S. 230–240. Siehe ebenso Theodora Dragostinova, *Between two Motherlands. Nationality and Emigration among the Greeks of Bulgaria, 1900–1949*, Ithaca 2011.

285 Levene, *Crisis of Genocide*, Bd. 1, S. 230–240.

286 Aussage von Evripides Lafazanis in Photis D. Apostolopoulos (Hg.), *Hē éxodos*, Bd. 1, Athen 1980, S. 131–136. Der berühmte griechische Schriftsteller Elias Venezis war 18 Jahre alt, als er am Ende des Griechisch-Türkischen Krieges in ein 3000 Mann starkes Arbeitsbataillon gezwungen wurde, und einer von 23, die überlebten. In seinem Roman *Nummer 31328* schildert Venezis seine Erfahrungen in den Arbeitstrupps, erzählt die Geschichte – wie andere prominente Vertriebene auch interessanterweise ohne nationalistische oder antitürkische Ressentiments – und konzentriert sich stattdessen ganz auf die persönlichen Tragödien der Zivilisten, die zuvor gute Beziehungen zu den anderen Volksgruppen gepflegt hatten. Siehe Elias Venezis, *To noumero 31328* (1931), sowie seinen Roman *Galini* (1939) über den kühlen Empfang der kleinasiatischen Flüchtlinge in Griechenland.

287 Zitiert in Mark Mazower, *Salonica, City of Ghosts. Christians, Muslims and Jews, 1430–1950*, New York 2005, S. 335.

288 Lane Ross Hill in Athen an die Zentrale des Roten Kreuzes in Washington, 8. November 1922. Aufzeichnungen des Außenministeriums bezüglich der inneren Angelegenheiten Griechenlands, 1910–1929, National Archives and Record Administration (NARA), M 44, 868.48/297. Ich danke Ayhan Aktar für diesen Quellenhinweis.

289 Henry Morgenthau, Sr., *I Was Sent to Athens*, Garden City 1929, S. 50. Siehe auch Bruce Clark, *Twice a Stranger. How Mass Expulsion Forged Greece and Turkey*, London 2006.

290 Anastasia Karakasidou, *Fields of Wheat, Hills of Blood. Passages to Nationhood in Greek Macedonia, 1870–1990*, Chicago 1997, S. 147; Nikos Marantzidis, »Ethnic Identity, Memory and Political Behavior. The Case of Turkish speaking Pontian Greeks«, in *South European Society and Politics* 5 (2000), S. 56–79, hier 62–64.

291 Stathis Gauntlett, »The Contribution of Asia Minor Refugees to Greek Popular Song, and its Reception«, in Renée Hirschon (Hg.), *Crossing the Aegean. An Appraisal of the 1923 Compulsory Population Exchange between Greece and Turkey*, New York 2003, S. 247–260.

292 Renée Hirschon, »Consequences of the Lausanne Convention. An Overview«, in Ders. (Hg.), *Crossing the Aegean*, S. 14f.; McCarthy, *Death and Exile*, S. 302.

293 Levene, *Crisis of Genocide*, Bd. 1, S. 236f.

294 Ebd.

295 Ebd., S. 233ff. Siehe ebenfalls Norman M. Naimark, *Flammender Haß. Ethnische Säuberungen im 20. Jahrhundert*, München 2004, insbesondere Kapitel 1.

296 Stefan Ihrig, *Atatürk in the Nazi Imagination*, Cambridge, MA, 2014.

Ausblick

1 Zu diesem Aspekt siehe die Beiträge in Robert Gerwarth (Hg.), *Twisted Paths. Europe 1914–1945*, Oxford/New York 2007. Zu wirtschaftlicher Erholung und relativer politischer Stabilität als Folge der Zusammenarbeit von amerikanischem Kapital und politischem Druck aus Großbritannien siehe auch Patrick Cohrs, *The Unfinished Peace after World War I. America, Britain and the Stabilisation of Europe, 1919–1932*, Cambridge/New York 2006.

2 Steiner, *The Lights That Failed.*

3 Paschalis M. Kitromilides (Hg.), *Eleftherios Venizelos. The Trials of Statesmanship*, Edinburgh 2006, S. 223.

4 Patricia Clavin, »Europe and the League of Nations«, in Gerwarth (Hg.), *Twisted Paths*, S. 325–354; Pederson, *Guardians*; Steiner, *The Lights That Failed.* Siehe ebenso Alan Sharp, *Consequences of the Peace. The Versailles Settlement: Aftermath and Legacy 1919–2010*, London 2010, S. 217.

5 Eine Überblicksdarstellung der Weltwirtschaftskrise und deren Auswirkungen bietet Patricia Clavin, *The Great Depression in Europe, 1929–1939*, Basingstoke/New York 2000. Zu Deutschland im Besonderen siehe das

Standardwerk von Harold James, *The German Slump. Politics and Economics 1924–1936*, Oxford/New York 1986.

6 Zu Österreich siehe Eduard März, »Die große Depression in Österreich 1930–1933«, in *Wirtschaft und Gesellschaft* 16 (1990), S. 409–438. Zu Bulgarien und Ungarn siehe Michael Charles Kaser/Edward Albert Radice (Hg.), *The Economic History of Eastern Europe 1919–1975*, Bd. 2: *Interwar Policy, the War and Reconstruction*, Oxford 1986; Richard J. Crampton, *Eastern Europe in the Twentieth Century and After*, London/New York 1997.

7 Zur doppelten wirtschaftlichen wie politischen Krise im Europa der Zwischenkriegszeit siehe Robert Boyce, *The Great Interwar Crisis and the Collapse of Globalization*, Hampshire 2009.

8 Evans, *Das Dritte Reich*, Bd. 1: *Aufstieg*, S. 327–413.

9 Richard J. Overy, *The Interwar Crisis, 1919–1939*, Essex 1994, S. 44ff.; das Zitat Woodrow Wilsons stammt aus einer Rede vor dem US-Kongress vom 2. April 1917, abrufbar unter http://wwi.lib.byu.edu/index.php/Wilson%27s_War_Message_to_Congress.

10 Dimitrina Petrova, *Aleksandăr Cankov i negovata partija 1932–1944*, Sofia 2011; Georgi Naumov, *Aleksandar Tzankov i Andrey Lyapchev v politikata na darzhavnoto upravlenie*, Sofia 2004.

11 Siehe Valentina Zadgorska, *Kragat »Zveno« (1927–1934)*, Sofia 2008, S. 8.

12 Zu Zar Boris III. und seiner Regentschaft siehe Georgi Andreev, *Koburgite i katastrofite na Bulgaria*, Sofia 2005; Nedyu Nedev, *Tsar Boris III. Dvoretsat i tayniyat cabinet*, Plovdiv 2009; Stefan Gruev, *Korona ot trani*, Sofia 2009.

13 Einblicke ins Österreich dieser Zeit bieten u. a. Emmerich Tálos, *Das austrofaschistische Herrschaftssystem. Österreich 1933–1938*, Berlin/Münster/Wien 2013; Jill Lewis, »Austria. Heimwehr, NSDAP and the Christian Social State«, in Aristotle A. Kalis (Hg.), *The Facism Reader*, London/New York 2003, S. 212–222. Zur Gewalt dieser Zeit siehe insbesondere Gerhard Botz, *Gewalt in der Politik. Attentate, Zusammenstöße, Putschversuche, Unruhen in Österreich 1918 bis 1938*, München 1983.

14 Mazower, *Der dunkle Kontinent*, S. 210f. Siehe auch Charles S. Maier, *Leviathan 2.0. Inventing Modern Statehood*, Cambridge, MA, 2014, S. 273.

15 Christoph Kotowski, *Die »moralische Diktatur« in Polen 1926 bis 1939. Faschismus oder autoritäres Militärregime?*, München 2011; zum Personenkult siehe Heidi Hein-Kircher, *Der Piłsudski-Kult und seine Bedeutung für den polnischen Staat 1926–1939*, Marburg 2001.

16 Dmitar Tasić, »The Assassination of King Alexander. The Swan Song of the Internal Macedonian Revolutionary Organization«, in *Donau. Tijdschrift over Zuidost-Europa* (2008), S. 30–39.

17 Gerhard Botz, »Gewaltkonjunkturen, Arbeitslosigkeit und gesellschaftliche Krisen. Formen politischer Gewalt und Gewaltstrategien in der ersten Republik«, in Helmut Konrad/Wolfgang Maderthaner (Hg.), *Das Werden der ersten Republik … der Rest ist Österreich*, Bd. 1, Wien 2008, S. 229–362, hier 341.

18 Archiv Jugoslavije (AJ), 37 (Nachlass von Ministerpräsident Milan Stojadinović), 22/326. Zum historischen Rahmen siehe Stefan Troebst, *Mussolini, Makedonien und die Mächte 1922–1930. Die »Innere Makedonische Revolutionäre Organisation« in der Südosteuropapolitik des faschistischen Italien*, Köln/Wien 1987.

19 Filipe de Meneses, *Salazar. A Political Biography*, New York 2009.

20 Die wissenschaftliche Literatur zu diesem Thema ist äußerst umfangreich. Einige jüngere Studien sind Julián Casanova, *República y guerra civil*, Barcelona u. a. 2007; Nigel Townson, *The Crisis of Democracy in Spain. Centrist Politics under the Second Republic, 1931–1936*, Brighton 2000; Helen Graham, *The Spanish Civil War. A Very Short Introduction*, Oxford/New York 2005; Stanley Payne, *Franco and Hitler. Spain, Germany, and World War II*, New Haven/London 2008; Paul Preston, *The Spanish Civil War. Reaction, Revolution, and Revenge*, New York 2006 [überarbeitete Neuausgabe].

21 Chad Bryant, *Prague in Black. Nazi Rule and Czech Nationalism*, Cambridge, MA, 2007.

22 Robert Edwards, *White Death. Russia's War on Finland 1939–40*, London 2006.

23 Andrzej Olechnowicz, »Liberal Anti-Fascism in the 1930s. The Case of Sir Ernest Barker«, in *Albion. A Quarterly Journal Concerned with British Studies* 36 (2004), S. 636–660, hier 643. Zur British Union of Fascists im Allgemeinen siehe Martin Pugh, *»Hurrah for the Blackshirts!«: Fascists and Fascism in Britain between the Wars*, London 2005.

24 Philippe Bernard/Henri Dubief, *The Decline of the Third Republic, 1914–1958*, Cambridge/New York 1985, S. 290.

25 Christian Gerlach, *Krieg, Ernährung, Völkermord. Deutsche Vernichtungspolitik im Zweiten Weltkrieg*, Zürich/München 2001, S. 11–53.

26 Leonhard, *Pandora*, S. 955; Reynolds, *Long Shadow*.

27 Robert Conquest, *Der große Terror. Sowjetunion 1934–1938*, München 1992; Nicolas Werth, »The NKVD Mass Secret Operation n° 00447 (August 1937–November 1938)«, *Online Encyclopedia of Mass Violence*, abrufbar unter http://www.sciencespo.fr/mass-violence-war-massacre-resistance/en/document/nkvd-mass-secret-national-operations-august-1937-november-1938.

28 Hans-Christof Kraus, *Versailles und die Folgen. Außenpolitik zwischen Revisionismus und Verständigung 1919–1933*, Berlin 2013, S. 15–33.

29 Michael Geyer, »›Endkampf‹ 1918 and 1945. German Nationalism, Annihilation, and Self-Destruction«, in Richard Bessel/Alf Lüdtke/Bernd Weisbrod (Hg.), *No Man's Land of Violence. Extreme Wars of the 20th Century*, Göttingen 2006, S. 37–67. Siehe außerdem Ian Kershaw, *Das Ende. Kampf bis in den Untergang – NS-Deutschland 1944/45*, München 2011.

30 Christopher Duggan, *Fascist Voices. An Intimate History of Mussolini's Italy*, London 2012, S. 151f.

31 Christian Gerlach/Götz Aly, *Das letzte Kapitel. Der Mord an den ungarischen Juden 1944–1945*, Frankfurt/M. 2004.

32 Einen guten Überblick über die Entwicklung des jüdischen Lebens und

den Antisemitismus in Wien bieten Gerhard Botz/Nina Scholz u. a. (Hg.), *Eine zerstörte Kultur. Jüdisches Leben und Antisemitismus in Wien seit dem 19. Jahrhundert*, Wien 2002.

33 Millan, »The Institutionalization of Squadrismo«.

34 Zu Prónays Rolle bei der Verteidigung Budapests siehe Krisztián Ungváry, *A magyar honvédség a második világháborúban*, Budapest 2004, S. 418–420, und Bodó, *Pál Prónay*.

35 In den 1930er Jahren verwarf Starhemberg den Mythos einer jüdischen Weltverschwörung als »Unsinn« und nannte »wissenschaftlichen« Rassismus eine propagandistische »Lüge«. Ernst Rüdiger Starhemberg, »Aufzeichnungen des Fürsten Ernst Rüdiger Starhemberg im Winter 1938/39 in Saint Gervais in Frankreich«, in Nachlass Starhemberg, Oberösterreichisches Landesarchiv Linz.

36 Siehe Burians Gestapo-Akte in ÖStA, B 1394, Nachlass Burian.

37 James E. Bjork/Robert Gerwarth, »The Annaberg as a German-Polish *lieu de mémoire*«, in *German History* 25 (2007), S. 372–400.

38 Elizabeth Wiskemann, *The Rome-Berlin Axis. A History of the Relations between Hitler and Mussolini*, New York/London 1949, S. 68. Siehe ebenfalls Jens Petersen, *Hitler – Mussolini. Die Entstehung der Achse Berlin–Rom 1933–1936*, Tübingen 1973, S. 60.

39 Ian Kershaw, *Hitler*, Bd. 2: *1936–1945*, München 2000, S.59–61.

40 Robert Gerwarth, »The Axis. Germany, Japan and Italy on the Road to War«, in Richard J. B. Bosworth/Joe Maiolo (Hg.), *The Cambridge History of the Second World War*, Bd. 2: *Politics and Ideology*, Cambridge/New York 2015, S. 21–42.

41 Shimazu, *Japan, Race and Equality*; Frederick R. Dickinson, »Commemorating the War in Post-Versailles Japan«, in John W. Steinberg u. a. (Hg.), *The Russo-Japanese War in Global Perspective. World War Zero*, Leiden/Boston 2005, S. 523–543. Siehe ebenso Mark Mazower, *Die Welt regieren. Eine Idee und ihre Geschichte von 1815 bis heute*, München 2013, S. 254–281; sowie Dickinson, *War and National Reinvention. Japan in the Great War, 1914–1919*.

42 Zu den Achsenmächten siehe u.a. Shelley Baranowski, »Axis Imperialism in the Second World War«, in Nicholas Doumanis (Hg.), *The Oxford Handbook of Europe 1914–1945*, Oxford/New York 2016, S. 480–496; MacGregor Knox, *Common Destiny. Dictatorship, Foreign Policy, and War in Fascist Italy and Nazi Germany*, Cambridge/New York 2000; Lutz Klinkhammer/Amedeo Osti Guerrazzi/Thomas Schlemmer (Hg.), *Die »Achse« im Krieg. Politik, Ideologie und Kriegführung 1939–1945*, Paderborn u. a. 2010.

43 Knox, *Common Destiny*, S. 124.

44 Marshall Lee Miller, *Bulgaria during the Second World War*, Stanford 1975.

45 Zu Deutschland in dieser Hinsicht siehe Mark Mazower, *Hitlers Imperium*.

46 Timothy Snyder, *Bloodlands. Europa zwischen Hitler und Stalin*, München 2010.

47 Mitter, *China's War with Japan*; Edward L. Dreyer, *China at War, 1901–1949*,

London 1995; Louise Young, *Japan's Total Empire. Manchuria and the Culture of Wartime Imperialism*, Berkeley 1998; Prasenjit Duara, *Sovereignty and Authenticity. Manchukuo and the East Asian Modern*, Lanham 2003. Zu Mandschukuo siehe außerdem Yoshihisa Tak Matsusaka, *The Making of Japanese Manchuria, 1904–1932*, Cambridge, MA, 2001.

48 Denis Mack Smith, *Mussolini's Roman Empire*, London 1976. Zur internationalen Politik dieser Zeit siehe Zara Steiner, *The Triumph of the Dark. European International History, 1933–1939*, Oxford/New York 2011; Anthony D'Agostino, *The Rise of Global Powers. International Politics in the Era of the World Wars*, Cambridge 2012, S. 295–302.

49 Alberto Sbacchi, *Ethiopia under Mussolini. Fascism and the Colonial Experience*, London 1985; Angelo Del Boca, *La guerra d'Abissinia 1935–1941*, Mailand 1965; David Nicolle, *The Italian Invasion of Abyssinia 1935–1936*, Westminster 1997; George W. Baer, *The Coming of the Italo-Ethiopian War*, Cambridge, MA, 1967; Ders., *Test Case. Italy, Ethiopia, and the League of Nations*, Stanford 1976; H. James Burgwyn, *Italian Foreign Policy in the Interwar Period 1918–1940*, Westport 1997.

50 Knox, *Common Destiny*; Davide Rodogno, *Fascism's European Empire. Italian Occupation during the Second World War*, Cambridge 2008; Gustavo Corni, »Impero e spazio vitale nella visione e nella prassi delle dittature (1919–1945)«, in *Ricerche di Storia Politica* 3 (2006), S. 345–357; Aristotle Kallis, *Fascist Ideology. Territory and Expansionism in Italy and Germany, 1922–1945*, London 2000.

51 Philipp Ther, »Deutsche Geschichte als imperiale Geschichte. Polen, slawophone Minderheiten und das Kaiserreich als kontinentales Empire«, in Sebastian Conrad/Jürgen Osterhammel (Hg.), *Das Kaiserreich transnational. Deutschland in der Welt 1871–1914*, Göttingen 2004, S. 129–148.

52 Liulevicius, *War Land*; Gregor Thum (Hg.), *Traumland Osten. Deutsche Bilder vom östlichen Europa im 20. Jahrhundert*, Göttingen 2006.

53 Peter Duus/Ramon H. Myers/Mark R. Peattie, *The Japanese Wartime Empire, 1931-1945*, Princeton 1996. Zu Korea siehe Alexis Dudden, *Japan's Colonization of Korea. Discourse and Power*, Honolulu 2005.

54 Paul Brooker, *The Faces of Fraternalism. Nazi Germany, Fascist Italy, and Imperial Japan*, Oxford/New York 1991. Zum japanischen Rassismus in Japan vgl. John Dower, *War Without Mercy. Race and Power in the Pacific War*, New York 1986.

55 Terry Martin, *The Affirmative Action Empire. Nations and Nationalism in the Soviet Union, 1923–1939*, Ithaca 2001.

56 Sanborn, *Imperial Apocalypse*.

57 Benito Mussolini, *Opera omnia*, Bd. 29, S. 249f.

58 Ebd., S. 404.

59 Mannerheim zitiert nach Eyal Lewin, *National Resistance during War. Refining the Decision-Making Model*, Lanham 2012, S. 166. Zu Mannerheim siehe Stig Jägerskiöld, *Mannerheim 1867–1951*, Herford 1985.

60 Manela, *Wilsonian Moment*; Gerwarth/Manela, *Empires at War*.

Bibliographie

Quellen

Archive

Bulgarien
Archiv des Historischen Museums Pasardschik (Pasardschik)
Bulgarisches Staatsarchiv (Sofia)
Nationalbibliothek der Heiligen Kyrill und Method (Sofia)
Deutschland
Bundesarchiv (Berlin)
Bundesarchiv (Koblenz)
Bundesarchiv – Militärarchiv (Freiburg)
Staatsarchiv Freiburg (Freiburg)
Herder-Institut (Marburg)
Institut für Zeitgeschichte (München)
Niederlande
NIOD Institut für Kriegs-, Holocaust- und Genozidstudien (Amsterdam)
Österreich
Oberösterreichisches Landesarchiv (Linz)
Österreichisches Staatsarchiv, Kriegsarchiv (Wien)
Serbien
Archiv Jugoslawiens (Belgrad)
Ungarn
Ungarisches Militärarchiv (Budapest)
Ungarisches Nationalarchiv (Budapest)
Vereinigte Staaten von Amerika
National Archives and Record Administration (NARA)
Vereinigtes Königreich
Imperial War Museum (London)
The National Archives (London)

Zeitungen und Zeitschriften

Berliner Tageblatt, Daily Mail, Illustrated Sunday Herald, Innsbrucker Nachrichten, Il Popolo d'Italia, Münchner Neueste Nachrichten, Münchener Post, Neue Tiroler Stimmen, Neues Wiener Tagblatt, Die Rote Fahne, Tagespost (Graz), Vörös Újság, Toronto Star, Vorwärts

Gedruckte Quellen

Almond, Nina/Lutz, Ralph Haswell (Hg.), *The Treaty of St. Germain. A Documentary History of its Territorial and Political Clauses*, Stanford 1935.

Balla, Erich, *Landsknechte wurden wir. Abenteuer aus dem Baltikum*, Berlin 1932.

Bánffy, Miklós, *The Phoenix Land. The Memoirs of Count Miklós Bánffy*, London 2003.

Beschloss, Michael (Hg.), *Our Documents. 100 Milestone Documents from the National Archives*, Oxford/New York 2006.

Bischoff, Josef, *Die letzte Front. Geschichte der Eisernen Division im Baltikum 1919*, Berlin 1935.

Bizony, Ladislaus, *133 Tage Ungarischer Bolschewismus. Die Herrschaft Béla Kuns und Tibor Szamuellys. Die blutigen Ereignisse in Ungarn*, Leipzig/Wien 1920.

Böhm, Wilhelm, *Im Kreuzfeuer zweier Revolutionen*, München 1924.

Brandl, Franz, *Kaiser, Politiker und Menschen. Erinnerungen eines Wiener Polizeipräsidenten*, Wien/Leipzig 1936.

British Joint Labour Delegation to Hungary (Hg.), *The White Terror in Hungary. Report*, London 1920.

Browder, Robert Paul/Kerensky, Alexander F. (Hg.), *The Russian Provisional Government 1917. Documents*, 3 Bde., Stanford 1961.

Buchan, John, *Die drei Geiseln*, Zürich 1980

Bülow, Bernhard von, *Denkwürdigkeiten*, Berlin 1931.

Carnegie Endowment for International Peace (Hg.), *Report of the International Commission to Inquire into the Causes and Conduct of the Balkan Wars*, Reprint, Washington 2014.

Committee of the Jewish Delegations (Hg.), *The Pogroms in the Ukraine under the Ukrainian Governments (1917–1920)*, London 1927.

Croce, Benedetto, *Pagine sulla guerra*, Neapel 1919.

Deuerlein, Ernst (Hg.), *Der Hitler-Putsch. Bayerische Dokumente zum 8./9. November 1923*, Stuttgart 1962.

Fey, Emil, *Schwertbrüder des Deutschen Ordens*, Wien 1937.

Genov, Georgi Petrov, *Das Schicksal Bulgariens. Sein Kampf gegen das Friedensdiktat von Neuilly*, Berlin 1940.

Glaise-Horstenau, Edmund, *Die Katastrophe. Die Zertrümmerung Österreich-Ungarns und das Werden der Nachfolgestaaten*, Wien 1928.

Goltz, Rüdiger von der, *Meine Sendung in Finnland und im Baltikum*, Leipzig 1920.

Gontaut-Biron, Roger Comte de, *Comment la France s'est installée en Syrie, 1918–1919*, Paris 1922.

Gorki, Maxim, *Vom russischen Bauern*, Berlin 1922.

Habrman, Gustav, *Mé vzpomínky z války*, Prag 1928.

Halmi, Josef, »Akten über die Pogrome in Ungarn«, in Jakob Krausz, *Martyrium. Ein jüdisches Jahrbuch*, Wien 1922, S. 59–66.

Hampe, Karl, *Kriegstagebuch 1914–1919*, hg. von Folker Reichert/Eike Wolgast, München [2]2007.

Heifetz, Elias, *The Slaughter of the Jews in the Ukraine in 1919*, New York 1921.
Hemingway, Ernest, *In unserer Zeit*, Berlin 1932.
Heydrich, Lina, *Leben mit einem Kriegsverbrecher*, Pfaffenhofen 1976.
Höß, Rudolf, *Kommandant in Auschwitz. Autobiographische Aufzeichnungen*, eingeleitet und kommentiert von Martin Broszat, Stuttgart 1958.
Jünger, Ernst, *Kriegstagebuch 1914–1918*, hg. von Helmuth Kiesel, Stuttgart 2010.
– *In Stahlgewittern*, historisch-kritische Ausgabe, hg. von Helmuth Kiesel, Stuttgart 2013.
Kerr, Stanley E., *The Lions of Marash. Personal Experiences with American Near East Relief, 1919–1922*, Albany 1973.
Kessler, Harry Graf, *Das Tagebuch 1880–1937*, hg. von Roland Kamzelak und Günter Riederer, Bde. 5–7, Stuttgart 2006–2008.
Kesyakov, Bogdan, *Prinos kym diplomaticheskata istoriya na Bulgaria (1918–1925). Dogovori, konventsii, spogodbi, protokoli i drugi syglashenia i diplomaticheski aktove s kratki belejki*, Sofia 1925.
Keynes, John Maynard, *Krieg und Frieden. Die wirtschaftlichen Folgen des Vertrags von Versailles*, hg. und eingeleitet von Dorothea Hauser, Berlin 2006.
Killinger, Manfred von, *Der Klabautermann. Eine Lebensgeschichte*, München [3]1936.
Klemperer, Victor, *Man möchte immer weinen und lachen in einem. Revolutionstagebuch 1919*, Berlin 2015.
Knaus, Siegmund, *Darstellungen aus den Nachkriegskämpfen deutscher Truppen und Freikorps*, Bde. 7 and 8, Berlin 1941f.
Könnemann, Erwin/Schulze, Gerhard (Hg.), *Der Kapp-Lüttwitz-Ludendorff-Putsch. Dokumente*, München 2002.
Kozma, Miklós von, *Az összeomlás 1918–1919*, Budapest 1933.
– *Mackensens ungarische Husaren. Tagebuch eines Frontoffiziers 1914–1918*, Berlin/Wien 1933.
Krauß, Alfred, *Unser Deutschtum!*, Salzburg 1921.
Krausz, Jakob (Hg.), *Martyrium. Ein jüdisches Jahrbuch*, Wien 1922.
Kühlmann, Richard von, *Erinnerungen*, Heidelberg 1948.
Lenin, Wladimir Iljitsch, *Werke*, Berlin 1956–1972.
Liebknecht, Karl, *Ausgewählte Reden, Briefe und Aufsätze*, Berlin 1952.
Lloyd George, David, *The Truth About the Peace Treaties*, 2 Bde., London 1938.
Lord, Robert Howard, »Poland«, in Edward M. House/Charles Seymour (Hg.), *What Really Happened at Paris. The Story of the Peace Conference by American Delegates*, London 1921, S. 67–86.
Luxemburg, Rosa, *Gesammelte Werke*, Bd. 4: *August 1914–Januar 1919*, Berlin 1974.
– *Politische Schriften*, hg. von Ossip K. Flechtheim, Bd. 3, Frankfurt/M. 1975.
Mann, Thomas, *Tagebücher 1918–1921, 1933–1934, 1935–1936* und *1937–1939*, hg. von Peter de Mendelsohn, 4 Bde., Frankfurt/M. 1977–1980.
Marhefka, Edmund (Hg.), *Der Waffenstillstand 1918–1919. Das Dokumenten-Material der Waffenstillstands-Verhandlungen von Compiègne, Spa, Trier*

und Brüssel, Bd. 1: *Der Waffenstillstandsvertrag von Compiègne und seine Verlängerungen nebst den finanziellen Bestimmungen*, Berlin 1928.

Michaelis, Herbert/Schraepler, Ernst/Scheel, Günter (Hg.), *Ursachen und Folgen*, Bd. 2: *Der militärische Zusammenbruch und das Ende des Kaiserreichs*, Berlin 1959.

Milew, Geo, *Tag des Zorns. Gedichte*, Berlin 1975.

Müller, Georg Alexander von, *Regierte der Kaiser? Kriegstagebücher, Aufzeichnungen und Briefe des Chefs des Marine-Kabinetts Admiral Georg Alexander von Müller 1914–1918*, hg. von Walter Görlitz, Göttingen/Berlin/Frankfurt/M. 1959.

Mussolini, Benito, *Opera omnia*, Bde. 16 und 29, Florenz 1955 und 1959.

Nicolson, Harold, *Friedensmacher 1919*, Berlin 1933.

Nowak, Karl Friedrich (Hg.), *Die Aufzeichnungen des Generalmajors Max Hoffmann*, 2 Bde., Berlin 1929.

Pavelić, Ante, *Doživljaji*, Zagreb 1996 [Neuauflage].

Philipp, Albrecht (Hg.), *Die Ursachen des deutschen Zusammenbruchs im Jahre 1918*. Zweite Abteilung, Bd. 6: *Der innere Zusammenbruch*, Berlin 1928.

Piazzesi, Mario, *Diario di uno squadrista toscano, 1919–1922*, Rom 1981.

Pirie-Gordon, Charles Harry Clinton (Hg.), *A Brief Record of the Advance of the Egyptian Expeditionary Force under the Command of General Sir Edmund H. H. Allenby, G.C.B., G.C.M.G. July 1917 to October 1918*, London 1919.

Pogány, Josef, *Der weiße Terror in Ungarn*, Wien 1920.

Potter Webb, Beatrice, *Diaries 1912–1924*, hg. von Margaret Cole, London 1952.

Pranckh, Hans von (Hg.), *Der Prozeß gegen den Grafen Anton Arco-Valley, der den bayerischen Ministerpräsidenten Kurt Eisner erschossen hat*, München 1920.

Prónay, Pál, *A határban a halál kaszál. Fejezetek Prónay Pál feljegyzéseiből*, hg. von Ágnes Szabó/Ervin Pamlényi, Budapest 1963.

Report of the International Commission to Inquire into the Causes and Conduct of the Balkan Wars, Washington 1914.

Roth, Joseph, *Radetzkymarsch*, Berlin 1932.

– *Das Spinnennetz*, Köln/Berlin 1967.

Salomon, Ernst von, *Die Geächteten*, Berlin 1923.

Sammlung der Drucksachen der Verfassunggebenden Preußischen Landesversammlung, Tagung 1919/21, Bd. 15, Berlin 1921.

Thaer, Albrecht von, *Generalstabsdienst an der Front und in der OHL. Aus Briefen und Tagebuchaufzeichnungen, 1915–1919*, Göttingen 1958.

Toller, Ernst, *Eine Jugend in Deutschland*, hg. von Wolfgang Frühwald, Stuttgart 2011.

»Treaty of Peace between the United States of America, the British Empire, France, Italy, and Japan and Poland«, in *American Journal of International Law* 13, Supplement, Official Documents (1919), S. 423–440.

Trotzki, Leo, *Mein Leben*, Berlin 1929.

Tschechow, Anton, *Der Kirschgarten*, München 2009.

»Turquie. Convention d'armistice 30 Octobre 1918«, in *Guerre Européenne. Documents 1918. Conventions d'armistice passées avec la Turquie, la Bulgarie, l'Autriche-Hongrie et l'Allemagne par les puissances Alliées et associées*, Paris 1919.

Ulrich, Bernd/Ziemann, Benjamin (Hg.), *Frontalltag im Ersten Weltkrieg. Wahn und Wirklichkeit. Quellen und Dokumente*, Frankfurt/M. 1994.

Verhandlungen der verfassunggebenden Deutschen Nationalversammlung. Stenographische Berichte, Bd. 327, Berlin 1920.

Wilson, Francesca M., *Rebel Daughter of a Country House. The Life of Eglantyne Jebb, Founder of the Save the Children Fund*, Boston/London 1967.

Wilson, Woodrow, Rede vor dem US-Kongress am 2. April 1917, abrufbar unter https://wwi.lib.byu.edu/index.php/Wilson's_War_Message_to_Congress.

Yourcenar, Marguerite, *Der Fangschuss*, Köln/Berlin 1968.

Zweig, Arnold, *Das ostjüdische Antlitz*, Berlin 1920.

Darstellungen

Ablovatski, Eliza, *»Cleansing the Red Nest«. Counter-Revolution and White Terror in München and Budapest, 1919*, unveröffentlichte Dissertation, New York 2004.

– »The 1919 Central European Revolutions and the Judeo-Bolshevik Myth«, in *European Review of History* 17 (2010), S. 473–489.

Achladi, Evangelia, »De la guerre à l'administration grecque. La fin de la Smyrne cosmopolite«, in Marie-Carmen Smyrnelis (Hg.), *Smyrne, la ville oubliée? 1830–1930: Mémoires d'un grand port ottoman*, Paris 2006, S. 180–195.

Ackerl, Isabella/Neck, Rudolf (Hg.), *Saint-Germain 1919. Protokoll des Symposiums am 29. und 30. Mai 1979 in Wien*, Wien 1989.

Adamets, Sergueï, *Guerre civile et famine en Russie. Le pouvoir bolchevique et la population face à la catastrophe démographique 1917–1923*, Paris 2003.

Adams, Matthew Lloyd, *When Cadillacs Crossed Poland. The American Relief Administration in Poland 1919–1922*, unveröffentlichte Dissertation, Armstrong Atlantic State University, 2005.

Adriányi, Gabriel, *Fünfzig Jahre ungarischer Kirchengeschichte 1895–1945*, Mainz 1974.

Aizpuru, Mikel, »La expulsión de refugiados extranjeros desde España en 1919. Exiliados rusos y de otros países«, in *Migraciones y Exilios* 11 (2010), S. 107–126.

Aksakal, Mustafa, *The Ottoman Road to War in 1914. The Ottoman Empire and the First World War*, Cambridge/New York 2008.

– »The Ottoman Empire«, in Gerwarth/Manela (Hg.), *Empires at War*, Oxford/New York 2014, S. 17–33.

– »The Ottoman Empire«, in Jay Winter (Hg.), *Cambridge History of the First World War*, Bd. 1, Cambridge 2014, S. 459–478.

Alapuro, Risto, *State and Revolution in Finland*, Berkeley 1988.

Albanese, Giulia, *Mussolinis Marsch auf Rom. Die Kapitulation des liberalen Staates vor dem Faschismus*, Paderborn 2015.

Alder, Douglas D., »Friedrich Adler. Evolution of a Revolutionary«, in *German Studies Review* 1 (1978), S. 260–284.

Aleshin, D. D., »Aziatskaya Odisseya«, in Sergej L. Kuz'min (Hg.), *Baron Ungern v dokumentach i memuarach*, Moskau 2004, S. 415–430.

Allamani, Efi/Panagiotopoulou, Christa, »I Ellada sti Mikra Asia«, in *Istoria tou ellinikou ethnous* 15 (1978), S. 118–132.

Allawi, Ali A., *Faisal I of Iraq*, New Haven/London 2014.

Alpern Engel, Barbara, »Not by Bread Alone. Subsistence Riots in Russia during World War I«, in *Journal of Modern History* 69 (1997), S. 696–721.

Altrichter, Helmut, *Rußland 1917. Ein Land auf der Suche nach sich selbst*, Paderborn 1997.

Andelman, David A., *A Shattered Peace. Versailles 1919 and the Price We Pay Today*, Hoboken 2008.

Anderson, David M./Killingray, David (Hg.), *Policing and Decolonisation. Politics, Nationalism, and the Police, 1917–1965*, Manchester 1992.

Anderson, Scott, *Lawrence in Arabia. War, Deceit, Imperial Folly and the Making of the Modern Middle East*, New York 2013.

Andreev, Georgi, *Koburgite i katastrofite na Bulgaria*, Sofia 2005.

Andreyev, Catherine/Savicky, Ivan, *Russia Abroad. Prague and the Russian Diaspora 1918–1938*, New Haven/London 2004.

Anichkov, Vladimir Petrovich, *Ekaterinburg – Vladivostok 1917–1922*, Moskau 1998.

Apostolopoulos, Photis D. (Hg.), *Hē éxodos*, Bd. 1, Athen 1980.

Aquarone, Alberto, »Violenza e consenso nel fascismo Italiano«, in *Storia contemporanea* 10 (1979), S. 145–155.

Arendt, Hannah, *Elemente und Ursprünge totaler Herrschaft*, Frankfurt/M. 1955.

Arens, Olavi, »The Estonian Question at Brest-Litovsk«, in *Journal of Baltic Studies* 25 (1994), S. 305–330.

Ascher, Harvey, »The Kornilov Affair. A Reinterpretation«, in *Russian Review* 29 (1970), S. 286–300.

Aschheim, Steven E., *Brothers and Strangers. The East European Jew in German and German-Jewish Consciousness 1800–1923*, Madison/London 1982.

Audoin-Rouzeau, Stéphane, »Die Delegation der ›Gueules cassées‹ in Versailles am 28. Juni 1919«, in Gerd Krumeich u. a. (Hg.), *Versailles 1919. Ziele, Wirkung, Wahrnehmung*, Essen 2001, S. 280–287.

– /Becker, Annette/Smith, Leonard V., *France and the Great War, 1914–1918*, Cambridge/New York 2003.

– /Becker, Jean-Jacques (Hg.), *La prima guerra mondiale*, 2 Bde., Turin 2007.

– /Prochasson, Christophe (Hg.), *Sortir de la Grande Guerre. Le monde et l'après-1918*, Paris 2008.

Aves, Jonathan, *Workers against Lenin. Labour Protest and Bolshevik Dictatorship*, London 1996.

Avilés Farré, Juan, *La fe que vino de Rusia. La revolución bolchevique y los españoles (1917–1931)*, Madrid 2009.

Azmanov, Dimitar/Lechev, Rumen, »Probivat na Dobro pole prez sptemvri 1918 godina«, in *Voennoistoricheski sbornik* 67 (1998), S. 154–175.
Baberowski, Jörg, *Der Feind ist überall. Stalinismus im Kaukasus*, München 2003.
Baer, George W., *The Coming of the Italo-Ethiopian War*, Cambridge, MA, 1967.
– *Test Case. Italy, Ethiopia, and the League of Nations*, Stanford 1976.
Balbirnie, Steven, *British Imperialism in the Arctic. The British Occupation of Archangel and Murmansk, 1918–1919*, unveröffentlichte Dissertation, University College Dublin, 2015.
Balkelis, Tomas, »Von Bürgern zu Soldaten. Baltische paramilitärische Bewegungen nach dem Ersten Weltkrieg«, in Gerwarth/Horne (Hg.), *Krieg im Frieden*, S. 201–225.
Ball, Alan, »Building a New State and Society. NEP 1921–1928«, in Ronald Grigor Suny (Hg.), *The Cambridge History of Russia*, Bd. 3, Cambridge 2006, S. 168–191.
Ballabás, Dániel, *Trianon 90 év távlatából. Konferenciák, mű helybeszélgetések*, Eger 2011.
Baranowski, Shelley, »Axis Imperialism in the Second World War«, in Nicholas Doumanis (Hg.), *The Oxford Handbook of Europe 1914–1945*, Oxford/New York 2016, S. 480–496.
Barbagallo, Francesco, *Francesco Saverio Nitti*, Turin 1994.
Barkey, Karen/Hagen, Mark von (Hg.), *After Empires. Multiethnic Societies and Nation-Building. The Soviet Union, and the Russian, Ottoman, and Habsburg Empires*, Boulder 1997.
Barkmann, Udo B., *Geschichte der Mongolei oder die »Mongolische Frage«. Die Mongolen auf ihrem Weg zum eigenen Nationalstaat*, Bonn 1999.
Baron, Nick/Gatrell, Peter, »Population Displacement, State-Building and Social Identity in the Lands of the Former Russian Empire 1917–1923«, in *Kritika. Explorations in Russian and Eurasian History* 4 (2003), S. 51–100.
Barth, Boris, *Dolchstoßlegenden und politische Desintegration. Das Trauma der deutschen Niederlage im Ersten Weltkrieg*, Düsseldorf 2003.
Bartl, Peter, *Albanci, od Srednjeg veka do danas*, Belgrad 2001.
Batowski, Henryk, »Nationale Konflikte bei der Entstehung der Nachfolgestaaten«, in Richard Georg Plaschka/Karlheinz Mack (Hg.), *Die Auflösung des Habsburgerreiches. Zusammenbruch und Neuorientierung im Donauraum*, München 1970, S. 338–349.
Baudis, Dieter/Roth, Hermann, »Berliner Opfer der Novemberrevolution 1918/19«, in *Jahrbuch für Wirtschaftsgeschichte* (1968), S. 73–149.
Bauer, Frieder/Vögele, Jörg, »Die ›Spanische Grippe‹ in der deutschen Armee 1918. Perspektive der Ärzte und Generäle«, in *Medizinhistorisches Journal* 48 (2013), S. 117–152.
Bauer, Otto, *Die österreichische Revolution*, Wien 1923.
Baumgart, Winfried, *Deutsche Ostpolitik 1918. Von Brest-Litovsk bis zum Ende des Ersten Weltkriegs*, Wien/München 1966.
Becker, Seymour, *Nobility and Privilege in Late Imperial Russia*, DeKalb 1985.

Becker, Winfried, *Frederic von Rosenberg (1874–1937). Diplomat vom späten Kaiserreich bis zum Dritten Reich, Außenminister der Weimarer Republik*, Göttingen 2011.

Bell, John D., *Peasants in Power. Alexander Stamboliski and the Bulgarian Agrarian National Union 1899–1923*, Princeton 1977.

Beller, Steven, *A Concise History of Austria*, Cambridge 2006.

Ben-Ami, Shlomo, *Fascism from Above. The Dictatorship of Primo de Rivera in Spain 1923–1930*, Oxford 1983.

Berend, Ivan T., *Decades of Crisis. Central and Eastern Europe before World War II*, Berkeley/London 1998.

Bergien, Rüdiger, »Republikschützer oder Terroristen? Die Freikorpsbewegung in Deutschland nach dem Ersten Weltkrieg«, in *Militärgeschichte* (2008), S. 14–17.

– *Die bellizistische Republik. Wehrkonsens und Wehrhaftmachung in Deutschland, 1918–1933*, München 2012.

Berlin, Jon Dale, *The Burgenland Question 1918–1920. From the Collapse of Austria-Hungary to the Treaty of Trianon*, unveröffentlichte Dissertation, Madison, WI, 1974.

Bernard, Philippe/Dubief, Henri, *The Decline of the Third Republic, 1914–1958*, Cambridge/New York 1985.

Bernstein, Eduard, *Die deutsche Revolution*, Bd. 1: *Ihr Ursprung, ihr Verlauf und ihr Werk*, Berlin 1921.

Bessel, Richard, *Germany after the First World War*, Oxford 1993.

– »Revolution«, in Jay Winter (Hg.), *The Cambridge History of the First World War*, Bd. 2, Cambridge/New York 2014, S. 126–144.

Beyrau, Dietrich, »Brutalization Revisited. The Case of Bolshevik Russia«, in *Journal of Contemporary History* 50 (2015), S. 15–37.

– »Post-War Societies (Russian Empire)«, in *1914–1918 online. International Encyclopedia of the First World War*, abrufbar unter http://encyclopedia.1914-1918-online.net/article/post-war_societies_russian_empire.

– /Shcherbinin, Pavel P., »Alles für die Front. Russland im Krieg 1914–1922«, in Horst Bauerkämper/Elise Julien (Hg.), *Durchhalten! Krieg und Gesellschaft im Vergleich 1914–1918*, Göttingen 2010, S. 151–177.

Bianchi, Roberto, *Pace, pane, terra. Il 1919 in Italia*, Rom 2006.

Bigler, Robert M., »Heil Hitler and Heil Horthy! The Nature of Hungarian Racist Nationalism and its Impact on German-Hungarian Relations 1919–1945«, in *East European Quarterly* 8 (1974), S. 251–272.

Bihari, Péter, *Lövészárkok a hátországban. Középosztály, zsidókérdés, Antiszemitizmus az első világháború Magyarországán*, Budapest 2008.

Bihl, Wolfdieter, *Österreich-Ungarn und die Friedensschlüsse von Brest-Litovsk*, Wien/Köln/Graz 1970.

Bilyarski, Tsocho, *BZNS, Aleksandar Stambolijski i VMRO. Nepoznatata voyna*, Sofia 2009.

– /Grigorov, Nikola (Hg.), *Nyoiskiyat pogrom i terorat na bulgarite. Sbornik dokumenti i materiali*, Sofia 2009.

Bischof, Günther/Plasser, Fritz/Berger, Peter (Hg.), *From Empire to Republic. Post-World War I Austria*, Innsbruck 2010.

Bjelajac, Mile, *Vojska Kraljevine Srba, Hrvata i Slovenaca 1918–1921*, Belgrad 1988.

– »1918. Oslobođenje ili okupacija nesrpskih krajeva?«, in Milan Terzić (Hg.), *Prvi svetski rat i Balkan – 90 godina*, Belgrad 2010, S. 201–223.

Bjork, James E./Gerwarth, Robert, »The Annaberg as a German-Polish lieu de mémoire«, in *German History* 25 (2007), S. 372–400.

– *Neither German Nor Pole. Catholicism and National Indifference in a Central European Borderland 1890–1922*, Ann Arbor 2008.

Blackbourn, David/Eley, Geoff, *The Peculiarities of German History. Bourgeois Society and Politics in Nineteenth-Century Germany*, Oxford/New York 1984.

Blanke, Richard, *Orphans of Versailles. The Germans in Western Poland 1918–1939*, Lexington 1993.

Bloxham, Donald, »The First World War and the Development of the Armenian Genocide«, in Ronald Grigor Suny/Fatma Müge Göçek/Norman M. Naimark (Hg.), *A Question of Genocide. Armenians and Turks at the End of the Ottoman Empire*, Oxford/New York 2011, S. 260–275.

Bodó, Béla, »›White Terror‹, the Hungarian Press and the Evolution of Hungarian Anti-Semitism after World War I«, in *Yad Vashem Studies* 34 (2006), S. 45–86.

– *Pál Prónay. Paramilitary Violence and Anti-Semitism in Hungary 1919–1921*, Pittsburgh 2011.

– »The White Terror in Hungary 1919–21. The Social Worlds of Paramilitary Groups«, in *Austrian History Yearbook* 42 (2011), S. 133–163.

Boemeke, Manfred F./Feldman, Gerald D./Glaser, Elisabeth (Hg.), *The Treaty of Versailles. A Reassessment after 75 years*, Cambridge/New York 1998.

– »Woodrow Wilson's Image of Germany, the War-Guilt Question and the Treaty of Versailles«, in Ders./Gerald D. Feldman/Elisabeth Glaser (Hg.), *The Treaty of Versailles. A Reassessment after 75 Years*, Cambridge/New York 1998, S. 603–614.

Bogdanov, K., *Admiral Kolchak. Biograficheskaia povest-khronika*, St. Petersburg 1993.

Böhler, Jochen, »Generals and Warlords, Revolutionaries and Nation State Builders. The First World War and its Aftermath in Central and Eastern Europe«, in Ders./Wlodzimierz Borodziej/Joachim von Puttkamer (Hg.), *Legacies of Violence. Eastern Europe's First World War*, München 2014, S. 51–66.

– »Enduring Violence. The Post-War Struggles in East-Central Europe 1917–1921«, in *Journal of Contemporary History* 50 (2015), S. 58–77.

Borodziej, Włodzimierz, *Geschichte Polens im 20. Jahrhundert*, München 2010.

Borowsky, Peter, »Germany's Ukrainian Policy during World War I and the Revolution of 1918–19«, in Hans-Joachim Torke/John-Paul Himka (Hg.), *German-Ukrainian Relations in Historical Perspective*, Edmonton 1994, S. 84–94.

Borsányi, György, *The Life of a Communist Revolutionary. Béla Kun*, Boulder 1993.

Borzęcki, Jerzy, *The Soviet-Polish Peace of 1921 and the Creation of Interwar Europe*, New Haven, CT/London 2008.

– »German Anti-Semitism à la Polonaise. A Report on Poznanian Troops' Abuse of Belarusian Jews in 1919«, in *East European Politics and Cultures* 26 (2012), S. 693–707.

Boswell, Laird, »From Liberation to Purge Trials in the ›Mythic Provinces‹. Recasting French Identities in Alsace and Lorraine, 1918–1920«, in *French Historical Studies* 23 (2000), S. 129–162.

Bosworth, Richard J. B., *Italy. The Least of the Great Powers. Italian Foreign Policy before the First World War*, Cambridge 1979.

– *Mussolini*, London 2002.

– /Finaldi, Giuseppe, »The Italian Empire«, in Robert Gerwarth/Erez Manela (Hg.), *Empires at War 1911–1923*, Oxford 2014, S. 34–51.

Botlik, József, *Nyugat-Magyarország sorsa 1918–1921*, Vasszilvány 2008.

Botz, Gerhard, *Gewalt in der Politik. Attentate, Zusammenstöße, Putschversuche, Unruhen in Österreich 1918 bis 1938*, München 1983.

– »Gewaltkonjunkturen, Arbeitslosigkeit und gesellschaftliche Krisen. Formen politischer Gewalt und Gewaltstrategien in der ersten Republik«, in Helmut Konrad/Wolfgang Maderthaner (Hg.), *Das Werden der ersten Republik … der Rest ist Österreich*, Bd. 1, Wien 2008, S. 229–362.

– /Scholz, Nina/Pollak, Michael/Oxaal, Ivar (Hg.), *Eine zerstörte Kultur. Jüdisches Leben und Antisemitismus in Wien seit dem 19. Jahrhundert*, Wien 2002.

Bowers, Katherine/Kokobobo, Ani, *Russian Writers and the Fin de Siècle. The Twilight of Realism*, Cambridge/New York 2015.

Boyce, Robert, *The Great Interwar Crisis and the Collapse of Globalization*, Basingstoke 2009.

Boychev, Petar, *Tutrakanska epopeia*, Tutrakan 2003.

– /Milachkov, Volodya, *Tutrakanskata epopeya i voynata na Severnia front 1916–1918*, Silistra 2007.

Boyer, John W., »Karl Lueger and the Viennese Jews«, in *Leo Baeck Institute Yearbook* 26 (1981), S. 125–144.

– *Culture and Political Crisis in Vienna. Christian Socialism in Power 1897–1918*, Chicago 1995.

– »Boundaries and Transitions in Modern Austrian History«, in Günter Bischof/Fritz Plasser (Hg.), *From Empire to Republic. Post-World War I Austria*, New Orleans 2010, S. 13–23.

Boylan, Catherine Margaret, *The North Russia Relief Force. A Study of Military Morale and Motivation in the Post-First World War World*, unveröffentlichte Dissertation, King's College London, 2015.

Bracco, Barbara, »L'Italia e l'Europa da Caporetto alla vittoria nella riflessione degli storici italiani«, in Giampietro Berti/Piero del Negro (Hg.), *Al di qua e al di là del Piave. L'ultimo anno della Grande Guerra*, Mailand 2001, S. 529–548.

Bradley, John F. N., *The Czechoslovak Legion in Russia 1914–1920*, Boulder 1991.
Braun, Bernd, »Die ›Generation Ebert‹«, in Ders./Klaus Schönhoven (Hg.), *Generationen in der Arbeiterbewegung*, München 2005, S. 69–86.
Braun, Karl, »Der 4. März 1919. Zur Herausbildung Sudetendeutscher Identität«, in *Bohemia* 37 (1996), S. 353–380.
Braunthal, Julius, *Geschichte der Internationale*, Bd. 2, Hannover 1963.
Brooker, Paul, *The Faces of Fraternalism. Nazi Germany, Fascist Italy, and Imperial Japan*, Oxford/New York 1991.
Broucek, Anton (Hg.), *Anton Lehár. Erinnerungen. Gegenrevolution und Restaurationsversuche in Ungarn 1918–1921*, München 1973.
Broucek, Peter, *Karl I. (IV.). Der politische Weg des letzten Herrschers der Donaumonarchie*, Wien 1997.
Brovkin, Vladimir N., *Behind the Frontlines of the Civil War. Political Parties and Social Movements in Russia, 1918–1922*, Princeton 1994.
Brown, Archie, *Aufstieg und Fall des Kommunismus*, Berlin 2009.
Brügel, Johann Wolfgang, *Tschechen und Deutsche 1918–1938*, München 1967.
Bryant, Chad, *Prague in Black. Nazi Rule and Czech Nationalism*, Cambridge, MA, 2007.
Budnitskij, Oleg, *Russian Jews between the Reds and Whites, 1917–1920*, Philadelphia 2011.
Bührer, Tanja, *Die Kaiserliche Schutztruppe für Deutsch-Ostafrika. Koloniale Sicherheitspolitik und transkulturelle Kriegführung 1885 bis 1918*, München 2011.
Bullock, David, *The Czech Legion, 1914–20*, Oxford 2008.
Bunselmeyer, Robert E., *The Cost of War 1914–1919. British Economic War Aims and the Origins of Reparation*, Hamden 1975.
Burgwyn, H. James, *Italian Foreign Policy in the Interwar Period 1918–1940*, Westport 1997.
Burkman, Thomas W., *Japan and the League of Nations. Empire and World Order, 1914–1938*, Honolulu 2008.
Burleigh, Michael, *Die Zeit des Nationalsozialismus. Eine Gesamtdarstellung*, Frankfurt/M. 2000.
Busch, Briton Cooper, *Madras to Lausanne. Britain's Frontier in West Asia, 1918–1923*, Albany 1976.
Cabanes, Bruno, *La victoire endeuillée. La sortie de guerre des soldats français (1918–1920)*, Paris 2004.
– *The Great War and the Origins of Humanitarianism 1918–1924*, Cambridge/New York 2014.
– »1919. Aftermath«, in Jay Winter (Hg.), *Cambridge History of the First World War*, Bd. 1, Cambridge 2014, S. 172–198.
Calder, Kenneth J., *Britain and the Origins of the New Europe, 1914–1918*, Cambridge/New York 1976.
Calvert, Peter, *A Study of Revolution*, Oxford/New York 1970.
Cammarano, Fulvio (Hg.), *Abbasso la Guerra. Neutralisti in Piazza alla vigilia della Prima Guerra mondiale*, Florenz 2015.

Campos, Michelle U., *Ottoman Brothers. Muslims, Christians, and Jews in Early Twentieth-Century Palestine*, Stanford 2011.

Canning, Kathleen, »The Politics of Symbols, Semantics, and Sentiments in the Weimar Republic«, in *Central European History* 43 (2010), S. 567–580.

Capozzola, Christopher, »The United States Empire«, in Gerwarth/Manela (Hg.), *Empires at War*, S. 235–253.

Carr, Edward Hallett, *The Bolshevik Revolution 1917–1923*, London 1950.

– »The Origins and Status of the Cheka«, in *Soviet Studies* 10 (1958), S. 1–11.

Carr, Raymond, *Modern Spain, 1875–1980*, Oxford 1980.

Carrère d'Encausse, Hélène, *Réforme et révolution chez les musulmans de l'empire russe*, Paris ²1981 [engl. Ausgabe: *Islam and the Russian Empire. Reform and Revolution in Central Asia*, Berkeley, CA,/London 1988].

– *Nikolaus II. Das Drama des letzten Zaren*, Wien 1998.

– *Lenin*, München/Zürich 2000.

Carsten, Francis L., *Revolution in Mitteleuropa 1918–1919*, Köln 1973.

– *Faschismus in Österreich. Von Schönerer zu Hitler*, München 1977.

– *Die Erste Österreichische Republik im Spiegel zeitgenössischer Quellen*, Wien 1988.

Casa, Brunella Dalla, »La Bologna di Palazzo d'Accursio«, in Mario Isnenghi/Giulia Albanese (Hg.), *Gli Italiani in guerra. Conflitti, identità, memorie dal Risorgimento ai nostri giorni*, Bd. 4/1: *Il ventennio fascista. Dall'impresa di Fiume alla Seconda Guerra mondiale (1919–1940)*, Turin 2008, S. 332–338.

Casanova, Julián, *República y guerra civil*, Barcelona u. a. 2007 [engl. Ausgabe: *The Spanish Republic and Civil War*, Cambridge/New York 2010].

– /Gil Andrés, Carlos, *Historia de España en el siglo XX*, Barcelona 2009 [engl. Ausgabe: *Twentieth-Century Spain. A History*, Cambridge/New York 2014].

Cattaruzza, Marina/Dyroff, Stefan/Langewiesche, Dieter (Hg.), *Territorial Revisionism and the Allies of Germany in the Second World War. Goals, Expectations, Practices*, New York/Oxford 2012.

Channon, John, »Siberia in Revolution and Civil War, 1917–1921«, in Alan Wood (Hg.), *The History of Siberia. From Russian Conquest to Revolution*, London/New York 1991, S. 158–180.

Chickering, Roger, *Imperial Germany and the Great War, 1914–1918*, Cambridge/New York 1998.

Childs, Timothy W., *Italo-Turkish Diplomacy and the War over Libya, 1911–1912*, New York 1990.

Chromow, Semen S., *Feliks Dzierżyński. Biographie*, Berlin ³1989.

Cĭuljat, Tomislav, »Nejiski mir«, in *Vojna enciklopedija*, Bd. 6: *Nauloh–Podvodni*, Belgrad ²1973.

Clark, Bruce, *Twice a Stranger. How Mass Expulsion Forged Greece and Turkey*, London 2006.

Clark, Christopher, *Preußen. Aufstieg und Niedergang 1600–1947*, München 2007.

– *Die Schlafwandler. Wie Europa in den Ersten Weltkrieg zog*, München 2013.

Clavin, Patricia, *The Great Depression in Europe, 1929–1939*, Basingstoke/New York 2000.

– »Europe and the League of Nations«, in Robert Gerwarth (Hg.), *Twisted Paths. Europe 1914–1945*, Oxford/New York 2007, S. 325–354.

Cohen, Gary B., »Nationalist Politics and the Dynamics of State and Civil Society in the Habsburg Monarchy 1867–1914«, in *Central European History* 40 (2007), S. 241–278.

Cohn, Norman, *Die Protokolle der Weisen von Zion. Der Mythos von der jüdischen Weltverschwörung*, Köln/Berlin 1969.

Cohrs, Patrick, *The Unfinished Peace after World War I. America, Britain and the Stabilisation of Europe, 1919–1932*, Cambridge/New York 2006.

Cole, Laurence/Unowsky, Daniel L. (Hg.), *The Limits of Loyalty. Imperial Symbolism, Popular Allegiances and State Patriotism in the Late Habsburg Monarchy*, New York/Oxford 2007.

Conquest, Robert, *Ernte des Todes. Stalins Holocaust in der Ukraine 1929–1933*, München 1988.

– *Der große Terror. Sowjetunion 1934–1938*, München 1992.

Contorbia, Franco (Hg.), *Giornalismo italiano*, Bd. 2: *1901–1939*, Mailand 2007.

Cooper, John Milton, *Woodrow Wilson. A Biography*, New York 2009.

Corni, Gustavo, »Impero e spazio vitale nella visione e nella prassi delle dittature (1919–1945)«, in *Ricerche di Storia Politica* 3 (2006), S. 345–357.

Cornwall, Mark, »Morale and Patriotism in the Austro-Hungarian Army, 1914–1918«, in John Horne (Hg.), *State, Society, and Mobilization in Europe during the First World War*, Cambridge 1997, S. 173–192.

– »National Reparation? The Czech Land Reform and the Sudeten Germans 1918–38«, in *Slavonic and East European Review* 75 (1997), S. 259–280.

– *The Undermining of Austria-Hungary. The Battle for Hearts and Minds*, Basingstoke 2000.

Crainz, Guido, *Padania. Il mondo dei braccianti dall'Ottocento alla fuga dalle campagne*, Rom 1994.

Crampton, Richard J., *Eastern Europe in the Twentieth Century and After*, London/New York 1997.

– *Bulgaria*, Oxford/New York 2007.

– »The Balkans«, in Robert Gerwarth (Hg.), *Twisted Paths. Europe 1914–1945*, Oxford/New York 2007, S. 237–270.

– *Aleksandŭr Stamboliĭski. Bulgaria*, Chicago 2009.

Cruz, Rafael, »¡Luzbel vuelve al mundo! Las imágenes de la Rusia soviética y la acción colectiva en España«, in Manuel Ledesma Pérez/Ders. (Hg.), *Cultura y movilización en la España contemporánea*, Madrid 1997, S. 273–303.

D'Agostino, Anthony, *The Rise of Global Powers. International Politics in the Era of the World Wars*, Cambridge 2012.

Daly, Mary E. (Hg.), *Roger Casement in Irish and World History*, Dublin 2005.

Damyanov, Simeon, »Dokumenti za devetoyunskia prevrat i Septemvriyskoto vastanie prez 1923 g. vav Frenskia diplomaticheski arhiv«, in *Izvestia na darzhavnite arhivi* 30 (1975), S. 167–182.

Danilov, Viktor P./Kondrashin, Viktor V./Shanin, Teodor (Hg.), *Nestor Makhno. M. Kubanin, Makhnovshchina. Krest'janskoe dviženie na Ukraine 1918–1921 gg. Dokumenty i Materialy*, Moskau 2006.

Darwin, John, *Britain, Egypt, and the Middle East. Imperial Policy in the Aftermath of War, 1918–1922*, London/Basingstoke 1981.

Daskalov, Doncho, *1923 – Sadbonosni resheniya i sabitiya*, Sofia 1983.

Davies, Norman, *Die Blume Europas. Breslau, Wrocław, Vratislavia – die Geschichte einer mitteleuropäischen Stadt*, München 2002.

– *White Eagle, Red Star. The Polish-Soviet War, 1919–1920 and »the Miracle on the Vistula«*, London [2]2004 [zuerst New York 1972].

– *God's Playground*, Bd. 2: *1795 to the Present*, Oxford/New York 2005.

De Felice, Renzo, *Mussolini il rivoluzionario, 1883–1920*, Turin 1965.

– (Hg.), *La Carta del Carnaro nei testi di Alceste De Ambris e di Gabriele D'Annunzio*, Bologna 1973.

Deák, Francis, *Hungary at the Paris Peace Conference. The Diplomatic History of the Treaty of Trianon*, New York 1942.

Deák, István, *Der K.(u.)K. Offizier 1848–1918*, Wien/Köln/Weimar [2]1995.

Deak, John, »The Great War and the Forgotten Realm. The Habsburg Monarchy and the First World War«, in *The Journal of Modern History* 86 (2014), S. 336–380.

Dedijer, Vladimir, *Novi prilozi za biografiju Josipa Broza Tita 1*, Reprint der Originalausgabe von 1953, Zagreb/Rijeka 1980.

Deist, Wilhelm, »Die Politik der Seekriegsleitung und die Rebellion der Flotte Ende Oktober 1918«, in *Vierteljahrshefte für Zeitgeschichte* 14 (1966), S. 341–368.

– »Verdeckter Militärstreik im Kriegsjahr 1918?«, in Wolfram Wette (Hg.), *Der Krieg des kleinen Mannes. Eine Militärgeschichte von unten*, München/Zürich 1998, S. 146–167.

Del Boca, Angelo, *La guerra d'Abissinia 1935–1941*, Mailand 1965 [engl. Ausgabe: *The Ethiopian War 1935–1941*, Chicago 1969].

– *Gli Italiani in Libia, Tripoli bel Suol d'Amore*, Mailand 1993.

– *A un passo dalla forca*, Mailand 2007.

Deliyski, Bozhan, *Doyranskata epopeia – zabravena i nezabravima*, Sofia 1993.

Deutscher, Isaac, *Trotzki*, Bd. 1: *Der bewaffnete Prophet 1879–1921*, Stuttgart 1962.

Díaz del Moral, Juan, *Historia de las agitaciones campesinas andaluzas, Córdoba. Antecedentes para una reforma agraria*, Madrid 1969.

– »Historia de las agitaciones campesinas andaluzas«, in Isidoro Moreno Navarro (Hg.), *La identidad cultural de Andalucía. Aproximaciones, mixtificaciones, negacionismo y evidencias*, Sevilla 2008, S. 61–70.

Dickinson, Frederick R., *War and National Reinvention. Japan in the Great War, 1914–1919*, Cambridge, MA/London 1999.

– »Commemorating the War in Post-Versailles Japan«, in John W. Steinberg u. a. (Hg.), *The Russo-Japanese War in Global Perspective. World War Zero*, Leiden/Boston 2005, S. 523–543.

– »The Japanese Empire«, in Gerwarth/Manela (Hg.), *Empires at War*, S. 197–213.

Dimitrov, Georgi, *Nastanyavane i ozemlyavane na balgarskite bezhantsi*, Blagoewgrad 1985.

Djokić, Dejan, *Elusive Compromise. A History of Interwar Yugoslavia*, Oxford/New York 2007.

– *Pašić and Trumbić. The Kingdom of Serbs, Croats, and Slovenes*, London 2010.

Dobkin, Marjorie Housepian, *Smyrna 1922. The Destruction of a City*, London 1972.

Doerries, Reinhard R., *Prelude to the Easter Rising. Sir Roger Casement in Imperial Germany*, London/Portland 2000.

Doumanis, Nicholas, *Before the Nation. Muslim-Christian Coexistence and its Destruction in Late Ottoman Anatolia*, Oxford/New York 2013.

– (Hg.), *The Oxford Handbook of Europe 1914–1945*, Oxford/New York 2016.

Dowe, Dieter/Witt, Peter-Christian, *Friedrich Ebert 1871–1925. Vom Arbeiterführer zum Reichspräsidenten*, Bonn 1987.

Dower, John, *War Without Mercy. Race and Power in the Pacific War*, New York 1986.

Dowler, Wayne, *Russia in 1913*, DeKalb 2010.

Draev, Ivan, *Bŭlgarskata osemnadeseta godina. Istoricheski ocherk za Vladayskoto vastanie*, Sofia 1970.

Dragostinova, Teodora, »Competing Priorities, Ambiguous Loyalties. Challenges of Socioeconomic Adaptation and National Inclusion of the Interwar Bulgarian Refugees«, in *Nationalities Papers* 34 (2006), S. 549–574.

– *Between Two Motherlands. Nationality and Emigration among the Greeks of Bulgaria, 1900–1949*, Ithaca 2011.

Dreyer, Edward L., *China at War, 1901–1949*, London 1995.

Duara, Prasenjit, *Sovereignty and Authenticity. Manchukuo and the East Asian Modern*, Lanham 2003.

Dudden, Alexis, *Japan's Colonization of Korea. Discourse and Power*, Honolulu 2005.

Duggan, Christopher, *Fascist Voices. An Intimate History of Mussolini's Italy*, London 2012.

Duus, Peter/Myers, Ramon H./Peattie, Mark R., *The Japanese Wartime Empire, 1931–1945*, Princeton 1996.

Dyer, Gwynne, »The Turkish Armistice of 1918. 2: A Lost Opportunity. The Armistice Negotiations of Moudros«, in *Middle Eastern Studies* 3 (1972), S. 313–348.

Eckelt, Frank, »The Internal Policies of the Hungarian Soviet Republic«, in Iván Völgyes (Hg.), *Hungary in Revolution, 1918–1919*, Lincoln 1971, S. 61–88.

Edwards, Robert, *White Death. Russia's War on Finland 1939–40*, London 2006.

Eichenberg, Julia, »The Dark Side of Independence. Paramilitary Violence in Ireland and Poland after the First World War«, in *Contemporary European History* 19 (2010), S. 231–248.

Ekmečić, Milorad, *Stvaranje Jugoslavije 1790–1918*, Bd. 2, Belgrad 1989.

Elz, Wolfgang, »Versailles und Weimar«, in *Aus Politik und Zeitgeschichte* 50/51 (2008), S. 31–38.

Engelmann, Dieter/Naumann, Horst, *Hugo Haase. Lebensweg und politisches Vermächtnis eines streitbaren Sozialisten*, Berlin 1999.

Erger, Johannes, *Der Kapp-Lüttwitz-Putsch. Ein Beitrag zur deutschen Innenpolitik 1919–1920*, Düsseldorf 1967.

Erickson, Edward J., *Ordered to Die. A History of the Ottoman Army in the First World War*, Westport/London 2001.

Evans, Richard J., *Das Dritte Reich*, Bd. 1: *Aufstieg*, München 2004.

Evans, Robert, »The Successor States«, in Robert Gerwarth (Hg.), *Twisted Paths. Europe 1914–45*, Oxford/New York 2007, S. 210–236.

Fabbri, Fabio, *Le origini della Guerra civile. L'Italia dalla Grande Guerra al Fascismo 1918–1921*, Turin 2009.

Falch, Sabine, »Zwischen Heimatwehr und Nationalsozialismus. Der ›Bund Oberland‹ in Tirol«, in *Geschichte und Region* 6 (1997), S. 51–86.

Falkus, Malcolm E., *The Industrialization of Russia, 1700–1914*, London 1972.

Fava, Andrea, »Il ›fronte interno‹ in Italia. Forme politiche della mobilitazione patriottica e delegittimazione della classe dirigente liberale«, in *Ricerche storiche* 27 (1997), S. 503–532.

Fedor, Julie, *Russia and the Cult of State Security. The Chekist Tradition, from Lenin to Putin*, London 2011.

Fedyshyn, Oleh S., *Germany's Drive to the East and the Ukrainian Revolution, 1917–1918*, New Brunswick 1971.

Feldman, Gerald D., »Das deutsche Unternehmertum zwischen Krieg und Revolution. Die Entstehung des Stinnes-Legien-Abkommens«, in Ders., *Vom Weltkrieg zur Weltwirtschaftskrise. Studien zur deutschen Wirtschafts- und Sozialgeschichte 1914–1932*, Göttingen 1984, S. 100–127.

– /Steinisch, Irmgard, *Industrie und Gewerkschaften 1918–1924. Die überforderte Zentralarbeitsgemeinschaft*, Stuttgart 1985.

Fellner, Fritz, »Der Vertrag von St. Germain«, in Erika Weinzierl/Kurt Skalnik (Hg.), *Österreich 1918–1938*, Bd. 1, Graz/Wien/Köln 1983, S. 85–106.

Ferguson, Niall, *Der falsche Krieg. Der Erste Weltkrieg und das 20. Jahrhundert*, Stuttgart 1999.

Ferraioli, Gianpaolo, *Politica e diplomazia in Italia tra XIX e XX secolo. Vita di Antonino di San Giuliano (1852–1914)*, Soveria Mannelli 2007.

Ferriter, Diarmaid, *A Nation and not a Rabble. The Irish Revolution 1913–1923*, London 2015.

Ferro, Marc, *La révolution de 1917*, Bd. 2: *Octobre. Naissance d'une sociéte*, Paris 1976 [engl. Ausgabe: *October 1917. A Social History of the Russian Revolution*, London 1980].

Fic, Victor M., *The Bolsheviks and the Czechoslovak Legion. The Origins of their Armed Conflict (March–May 1918)*, Neu-Delhi 1978.

Fieldhouse, David K., *Western Imperialism in the Middle East, 1914–1958*, Oxford/New York 2006.

Figes, Orlando, *Peasant Russia, Civil War. The Volga Countryside in Revolution, 1917–21*, Oxford/New York 1989.

– *Die Tragödie eines Volkes. Die Epoche der russischen Revolution 1891 bis 1924*, Berlin 1998.

Fink, Carole, »The Minorities Question at the Paris Peace Conference. The Polish Minority Treaty, June 28, 1919«, in Manfred Boemeke/Gerald Feldman/Elisabeth Glaser (Hg.), *The Treaty of Versailles. A Reassessment after 75 Years*, Cambridge 1998, S. 249–274.

– *Defending the Rights of Others. The Great Powers, the Jews, and International Minority Protection*, Cambridge/New *Austria, Hungary, Poland, Russia,* York 2004.

Finkel, Caroline, *Osman's Dream. The Story of the Ottoman Empire, 1300–1923*, London 2005.

Fischer, Rolf, »Anti-Semitism in Hungary 1882–1932«, in Herbert A. Strauss (Hg.), *Hostages of Modernization. Studies of Modern Antisemitism 1870–1933/39*, Bd. 2: *Austria, Hungary, Poland, Russia*, Berlin/New York 1993, S. 863–892.

– *Entwicklungsstufen des Antisemitismus in Ungarn 1867–1939. Die Zerstörung der magyarisch-jüdischen Symbiose*, München 1998.

Fitzherbert, Margaret, *The Man Who Was Greenmantle. A Biography of Aubrey Herbert*, London 1983.

Fleming, Peter, *The Fate of Admiral Kolchak*, London 1963.

Foerster, Wolfgang, *Der Feldherr Ludendorff im Unglück. Eine Studie über seine seelische Haltung in der Endphase des ersten Weltkrieges*, Wiesbaden 1952.

Foley, Robert, »From Victory to Defeat. The German Army in 1918«, in Ashley Ekins (Hg.), *1918. Year of Victory*, Auckland/Wollombi 2010, S. 69–88.

Fong, Giordan, »The Movement of German Divisions to the Western Front, Winter 1917–1918«, in *War in History* 7 (2000), S. 225–235.

Forgacs, David, »Fascism, Violence and Modernity«, in Jana Howlett/Rod Mengham (Hg.), *The Violent Muse. Violence and the Artistic Imagination in Europe, 1910–1939*, Manchester 1994, S. 5–21.

Fotiadis, Konstantinos, »Der Völkermord an den Griechen des Pontos«, in Tessa Hofmann (Hg.), *Verfolgung, Vertreibung und Vernichtung der Christen im Osmanischen Reich 1912–1922*, Berlin ²2010, S. 193–228.

Fromkin, David, *A Peace to End All Peace. The Fall of the Ottoman Empire and the Creation of the Modern Middle East*, New York 1989.

Fuentes, Maximiliano Codera, *España en la Primera Guerra Mundial. Una movilización cultural*, Madrid 2014.

Gage, Beverly, *The Day Wall Street Exploded. A Story of America in its First Age of Terror*, Oxford/New York 2008.

Galántai, József, *Hungary in the First World War*, Budapest 1989.

Gatrell, Peter, *A Whole Empire Walking. Refugees in Russia during World War I*, Bloomington 1999.

– *Russia's First World War, 1914–1917. A Social and Economic History*, London 2005.

– »Wars after the War. Conflicts 1919–1923«, in John Horne (Hg.), *A Companion to World War I*, Chichester 2010, S. 558–575.

Gatti, Gian Luigi, *Dopo Caporetto. Gli ufficiali P nella Grande Guerra: propaganda, assistenza, vigilanza*, Gorizia 2000.

Gatzolis, Ioannis A., *Ghioulbaxes. Vourlas. Erithrea. Anamnisis. Perigrafes. Laografika. Katastrofi 1922*, Chalkidiki 1988.

Gauntlett, Stathis, »The Contribution of Asia Minor Refugees to Greek Popular Song, and its Reception«, in Renée Hirschon (Hg.), *Crossing the Aegean. An Appraisal of the 1923 Compulsory Population Exchange between Greece and Turkey*, New York 2003, S. 247–260.

Gautschi, Willi, *Lenin als Emigrant in der Schweiz*, Zürich 1973.

Gehler, Michael, *Studenten und Politik. Der Kampf um die Vorherrschaft an der Universität Innsbruck 1919–1938*, Innsbruck 1990.

Geifman, Anna, *Thou Shalt Kill. Revolutionary Terrorism in Russia, 1894–1917*, Princeton 1993.

Genovski, Mihail, *Aleksandăr Stambolijski otblizo i otdaleko. Dokumentalni spomeni*, Sofia 1982.

Gentile, Emilio, *Le origini dell'ideologia fascista (1918–1925)*, Rom 1975 [engl. Ausgabe: The Origins of Fascist Ideology, 1918–1925, New York 2005].

– *Storia del partito fascista*, Bd. 1: *1919–1922, movimento e milizia*, Rom 1989.

– *The Sacralization of Politics in Fascist Italy*, Cambridge 1996.

– *La Grande Italia. Ascesa e declino del mito della nazione nel ventesimo secolo*, Mailand 1997.

– *Fascismo e antifascismo. I partiti italiani fra le due guerre*, Florenz 2000.

– »Fascism in Power. The Totalitarian Experiment«, in Adrian Lyttelton (Hg.), *Liberal and Fascist Italy 1900–1945*, Oxford/New York 2002.

– *E fu subito regime. Il fascismo e la Marcia su Roma*, Rom/Bari 2012.

– »Paramilitärische Gewalt in Italien. Das Grundprinzip des Faschismus und die Ursprünge des Totalitarismus«, in Gerwarth/Horne (Hg.), *Krieg im Frieden*, S. 150–174.

Georgiev, Georgi, *Propusnata pobeda – Voynishkoto vastanie, 1918*, Sofia 1989.

Geppert, Dominik/Gerwarth, Robert (Hg.), *Wilhelmine Germany and Edwardian Britain. Essays on Cultural Affinity*, Oxford/New York 2008.

Gergely, Ernő/Schönwald, Pál, *A Somogyi-Bacsó-Gyilkosság*, Budapest 1978.

Gerlach, Christian, *Krieg, Ernährung, Völkermord. Deutsche Vernichtungspolitik im Zweiten Weltkrieg*, Zürich/München 2001.

– /Aly, Götz, *Das letzte Kapitel. Der Mord an den ungarischen Juden 1944–1945*, Frankfurt/M. 2004.

Ģērmanis, Uldis, *Oberst Vācietis und die lettischen Schützen im Weltkrieg und in der Oktoberrevolution*, Stockholm 1974.

Gerschenkron, Alexander, *Economic Backwardness in Historical Perspective. A Book of Essays*, Cambridge 1962.

Gerwarth, Robert, »Republik und Reichsgründung. Bismarcks kleindeutsche

Lösung im Meinungsstreit der ersten deutschen Demokratie«, in Heinrich August Winkler (Hg.), *Griff nach der Deutungsmacht. Zur Geschichte der Geschichtspolitik in Deutschland*, Göttingen 2004, S. 115–133.
– (Hg.), *Twisted Paths. Europe 1914–1945*, Oxford/New York 2007.
– »The Central European Counter-Revolution. Paramilitary Violence in Germany, Austria and Hungary after the Great War«, in *Past & Present* 200 (2008), S. 175–209.
– »The Axis. Germany, Japan and Italy on the Road to War«, in Richard J. B. Bosworth/Joe Maiolo (Hg.), *The Cambridge History of the Second World War*, Bd. 2: *Politics and Ideology*, Cambridge/New York 2015, S. 21–42.
– /Conway, Martin, »Revolution and Counter-Revolution«, in Donald Bloxham/Robert Gerwarth (Hg.), *Political Violence in Twentieth-Century Europe*, Cambridge/New York 2011, S. 140–175.
– /Horne, John (Hg.), »Vectors of Violence. Paramilitarism in Europe after the Great War, 1917–1923«, in *The Journal of Modern History* 83 (2011), S. 489–512.
– /Horne, John, »Bolschewismus als Fantasie. Revolutionsangst und konterrevolutionäre Gewalt 1917 bis 1923«, in Gerwarth/Horne (Hg.), *Krieg im Frieden*, Göttingen 2013, S. 94–107.
– /Horne, John (Hg.), *Krieg im Frieden. Paramilitärische Gewalt nach dem Ersten Weltkrieg*, Göttingen 2013.
– /Manela, Erez (Hg.), *Empires at War, 1911–1923*, Oxford/New York 2014.
Geyer, Michael, *Deutsche Rüstungspolitik 1860–1980*, Frankfurt/M. 1984.
– »›Endkampf‹ 1918 and 1945. German Nationalism, Annihilation, and Self-Destruction«, in Richard Bessel/Alf Lüdtke/Bernd Weisbrod (Hg.), *No Man's Land of Violence. Extreme Wars of the 20th Century*, Göttingen 2006, S. 37–67.
Giannakopoulos, Giorgos, »I Ellada sti Mikra Asia. To chroniko tis Mikrasiatikis peripetias«, in Vassilis Panagiotopoulos (Hg.), *Istoria tou Neou Ellinismou, 1770–2000*, Bd. 6, Athen 2003, S. 84–86.
Gibelli, Antonio, *La Grande Guerra degli italiani 1915–1918*, Mailand 1998.
– *Il popolo bambino. Infanzia e nazione dalla Grande Guerra a Salò*, Turin 2005.
– »L'Italia dalla neutralità al Maggio Radioso«, in Audoin-Rouzeau/Becker (Hg.), *La prima guerra mondiale*, Bd. 1, S. 185–195.
Gietinger, Klaus, *Eine Leiche im Landwehrkanal. Die Ermordung Rosa Luxemburgs*, Hamburg 2008.
– *Der Konterrevolutionär. Waldemar Pabst – eine deutsche Karriere*, Hamburg 2009.
Gilbert, Martin, *Winston Churchill*, Bd. IV, Teil 3: *April 1921–November 1922*, London 1977.
Gill, Graeme J., *Peasants and Government in the Russian Revolution*, New York 1979.
Gingeras, Ryan, *Sorrowful Shores. Violence, Ethnicity, and the End of the Ottoman Empire 1912–1923*, Oxford/New York 2009.

– *Mustafa Kemal Atatürk. Heir to an Empire*, Oxford/New York 2015.
– *Fall of the Sultanate. The Great War and the End of the Ottoman Empire, 1908–1922*, Oxford/New York 2016.
– »Nation-States, Minorities, and Refugees, 1914–1923«, in Nicholas Doumanis (Hg.), *The Oxford Handbook of Europe 1914–1945*, Oxford/New York 2016, S. 138–159.

Giovannini, Elio, *L'Italia massimalista. Socialismo e lotta sociale e politica nel primo dopoguerra italiano*, Rom 2001.

Gitelman, Zvi Y., *Jewish Nationality and Soviet Politics. The Jewish Sections of the CPSU 1917–1930*, Princeton 1972.

Glenny, Michael/Stone, Norman (Hg.), *The Other Russia. The Experience of Exile*, London 1990.

Glenny, Misha, *The Balkans, 1804–1999. Nationalism, War and the Great Powers*, London 1999 [aktualisierte Neuausgabe *The Balkans, 1804–2011*, New York 2012].

Goebel, Stefan, »Re-Membered and Re-Mobilized. The ›Sleeping Dead‹ in Interwar Germany and Britain«, in *Journal of Contemporary History* 39 (2004), S. 487–501.

Goehrke, Carsten, *Russischer Alltag. Geschichte in neun Zeitbildern*, Bd. 2, Zürich 2003.

Golczewski, Frank, *Polnisch-jüdische Beziehungen 1881–1922. Eine Studie zur Geschichte des Antisemitismus in Osteuropa*, Wiesbaden 1981.
– *Deutsche und Ukrainer 1914–1939*, Paderborn 2010.

Goldberg, George, *The Peace to End Peace. The Paris Peace Conference of 1919*, London 1970.

Gordeev, Yu. N., *General Denikin. Voenno-istoricheski Ocherk*, Moskau 1993.

Gould, S. W., »Austrian Attitudes toward Anschluss. October 1918–September 1919«, in *Journal of Modern History* 22 (1950), S. 220–231.

Goussef, Catherine, *L'Exil russe. La fabrique du réfugié apatride (1920–1939)*, Paris 2008.

Graebner, Norman/Bennett, Edward, *The Versailles Treaty and its Legacy. The Failure of the Wilsonian Vision*, Cambridge/New York 2011.

Graham, Helen, *The Spanish Civil War. A Very Short Introduction*, Oxford/New York 2005.

Gratz, Gusztáv (Hg.), *A Bolsevizmus Magyarországon*, Budapest 1921.

Grau, Bernhard, *Kurt Eisner, 1867–1919. Eine Biographie*, München 2001.

Graziosi, Andrea, *The Great Soviet Peasant War. Bolsheviks and Peasants, 1917–1933*, Cambridge, MA, 1996.

Greenhalgh, Elizabeth, *Victory through Coalition. Politics, Command and Supply in Britain and France, 1914–1918*, Cambridge/New York 2005.

Grenzer, Andreas, *Adel und Landbesitz im ausgehenden Zarenreich*, Stuttgart 1995.

Grosch, Waldemar, *Deutsche und polnische Propaganda während der Volksabstimmung in Oberschlesien 1919–1921*, Dortmund 2003.

Groß, Gerhard P., »Eine Frage der Ehre? Die Marineführung und der letzte

Flottenvorstoß 1918«, in Jörg Duppler/Ders. (Hg.), *Kriegsende 1918. Ereignis, Wirkung, Nachwirkung*, München 1999, S. 349–365.
Groueff, Stephane, *Crown of Thorns. The Reign of King Boris III of Bulgaria, 1918–1943*, Lanham 1987.
Grove, William Remsburgh, *War's Aftermath. Polish Relief in 1919*, New York 1940.
Grozev, Tsvetan, *Voynishkoto vastanie, 1918. Sbornik dokumenti i spomeni*, Sofia 1967.
Gruev, Stefan, *Korona ot trani*, Sofia 2009.
Guelton, Frédéric, »Le capitaine de Gaulle et la Pologne (1919–1921)«, in Bernard Michel/Józef Łaptos (Hg.), *Les relations entre la France et la Pologne au XXe siècle*, Krakau 2002, S. 113–127.
– »La France et la guerre polono-bolchevique«, in *Annales* [Académie Polonaise des Sciences, Centre Scientifique à Paris] 13 (2010), S. 89–124.
Gueslin, Julien, »Riga, de la métropole russe à la capitale de la Lettonie 1915–1919«, in Philippe Chassaigne/Jean-Marc Largeaud (Hg.), *Villes en guerre (1914–1945)*, Paris 2004, S. 185–195.
Gumz, Jonathan E., *The Resurrection and Collapse of Empire in Habsburg Serbia, 1914–1918*, Cambridge/New York 2009.
Haapala, Pertti/Tikka, Marko, »Revolution, Bürgerkrieg und Terror in Finnland 1918«, in Gerwarth/Horne (Hg.), *Krieg im Frieden*, S. 134–149.
Hagen, Mark von, *Soldiers in the Proletarian Dictatorship. The Red Army and the Soviet Socialist State, 1917–1930*, Ithaca 1990.
– *War in a European Borderland. Occupations and Occupation Plans in Galicia and Ukraine, 1914–1918*, Seattle 2007.
Hagen, William W., »The Moral Economy of Ethnic Violence. The Pogrom in Lwów, November 1918«, in *Geschichte und Gesellschaft* 31 (2005), S. 203–226.
Hahlweg, Werner, *Der Diktatfrieden von Brest-Litowsk 1918 und die bolschewistische Weltrevolution*, Münster 1960.
Haimson, Leopold, »The Problem of Stability in Urban Russia, 1905–1917«, in *Slavic Review* 23 (1964), S. 619–642, und 24 (1965), S. 1–22.
Hall, Richard C., *The Balkan Wars, 1912–1913. Prelude to the First World War*, London/New York 2000.
– *Balkan Breakthrough. The Battle of Dobro Pole 1918*, Bloomington 2010.
– »Balkan Wars 1912–1913«, in *1914–1918 online. International Encyclopedia of the First World War*, abrufbar unter http://encyclopedia.1914-1918-online.net/article/balkan_wars_1912-1913.
– »Bulgaria in the First World War«, in *Russia's Great War*, abrufbar unter http://russiasgreatwar.org/media/arc/bulgaria.shtml.
Haller, Oliver, »German Defeat in World War I, Influenza and Postwar Memory«, in Klaus Weinhauer/Anthony McElligott/Kirsten Heinsohn (Hg.), *Germany 1916–23. A Revolution in Context*, Bielefeld 2015, S. 151–180.
Hanebrink, Paul, »Transnational Culture War. Christianity, Nation, and the

Judeo-Bolshevik Myth in Hungary 1890–1920«, in *Journal of Modern History* (2008), S. 55–80.

Hanioğlu, M. Sükrü, *A Brief History of the Late Ottoman Empire*, Princeton 2006.

– *Atatürk. Visionär einer modernen Türkei*, Darmstadt 2015.

Harris, J. Paul, *Douglas Haig and the First World War*, Cambridge/New York 2008.

Hasegawa, Tsuyoshi, »The February Revolution«, in Edward Acton/Vladimir Iu. Cherniaev/William G. Rosenberg, (Hg.), *Critical Companion to the Russian Revolution 1914–1921*, London 1997, S. 48–61.

Haslinger, Peter, »Austria-Hungary«, in Gerwarth/Manela (Hg.), *Empires at War*, S. 73–90.

Haumann, Heiko, *Beginn der Planwirtschaft. Elektrifizierung, Wirtschaftsplanung und gesellschaftliche Entwicklung Sowjetrusslands 1917–1921*, Düsseldorf 1974.

Haupt, Georges, *Der Kongreß fand nicht statt. Die Sozialistische Internationale 1914*, Wien (u. a) 1967.

– *Socialism and the Great War. The Collapse of the Second International*, Oxford 1972.

Hautmann, Hans, *Die Geschichte der Rätebewegung in Österreich 1918–1924*, Wien 1987.

Hawkins, Nigel, *The Starvation Blockades. Naval Blockades of World War I*, Barnsley 2002.

Healy, Maureen, *Vienna and the Fall of the Habsburg Empire. Total War and Everyday Life in World War I*, Cambridge/New York 2004.

Heifetz, Elias, *The Slaughter of the Jews in the Ukraine in 1919*, New York 1921.

Heimann, Mary, *Czechoslovakia. The State that Failed*, New Haven, CT/London 2009.

Hein-Kircher, Heidi, *Der Piłsudski-Kult und seine Bedeutung für den polnischen Staat 1926–1939*, Marburg 2001.

Heinz, Friedrich Wilhelm, *Sprengstoff*, Berlin 1930.

Helmreich, Paul C., *From Paris to Sèvres. The Partition of the Ottoman Empire at the Paris Peace Conference of 1919–1920*, Columbus 1974.

Herwig, Holger, *»Luxury« Fleet. The Imperial German Navy 1888–1918*, London [2]1987.

– »Clio Deceived. Patriotic Self-Censorship in Germany after the Great War«, in *International Security* 12 (1987), S. 5–22.

– *The First World War. Germany and Austria-Hungary, 1914–1918*, London 1996.

Hetherington, Peter, *Unvanquished. Joseph Pilsudski, Resurrected Poland, and the Struggle for Eastern Europe*, Houston [2]2012.

Hiden, John, *The Baltic States and Weimar Ostpolitik*, Cambridge/New York 1987.

– /Housden, Martyn, *Neighbours or Enemies? Germans, the Baltic, and Beyond*, Amsterdam/New York 2008.

Hildermeier, Manfred, »Der russische Adel von 1700 bis 1917«, in Hans-Ulrich Wehler (Hg.), *Europäischer Adel 1750–1950*, Göttingen 1990, S. 166–216.

– *Geschichte der Sowjetunion 1917–1991. Entstehung und Niedergang des ersten sozialistischen Staates*, München 1998

– *Die Sowjetunion 1917–1991*, Berlin [3]2016.

Hillmayr, Heinrich, »München und die Revolution 1918/1919«, in Karl Bosl (Hg.), *Bayern im Umbruch. Die Revolution von 1918, ihre Voraussetzungen, ihr Verlauf und ihre Folgen*, München/Wien 1969, S. 453–504.

– *Roter und weißer Terror in Bayern nach 1918*, München 1974.

Hirschon, Renée, »Consequences of the Lausanne Convention. An Overview«, in Ders. (Hg.), *Crossing the Aegean. An Appraisal of the 1923 Compulsory Population Exchange between Greece and Turkey*, New York 2003, S. 13–20.

Hitchins, Keith, *Rumania, 1866–1947*, Oxford/New York 1994.

Hitilov, Karl, *Selskostopanskoto nastanyavane na bezhantsite 1927–1932*, Sofia 1932.

Hock, Klaus, *Die Gesetzgebung des Rates der Volksbeauftragten*, Pfaffenweiler 1987.

Hoensch, Jörg K., *Geschichte Ungarns, 1867–1983*, Stuttgart 1984 [aktualisierte engl. Ausgabe: *A History of Modern Hungary, 1867–1994*, London/New York 1995].

– /Kovac, Dusan (Hg.), *Das Scheitern der Verständigung. Tschechen, Deutsche und Slowaken in der Ersten Republik (1918–1938)*, Essen 1994.

Holquist, Peter, *Making War, Forging Revolution. Russia's Continuum of Crisis, 1914–1921*, Cambridge, MA, 2002.

– »Violent Russia, Deadly Marxism? Russia in the Epoch of Violence, 1905–21«, in *Kritika. Explorations in Russian and Eurasian History* 4 (2003), S. 627–652.

Hoppu, Tuomas/Haapala, Pertti (Hg.), *Tampere 1918. A Town in the Civil War*, Tampere 2010.

Horak, Stephan M., *The First Treaty of World War I. Ukraine's Treaty with the Central Powers of February 9, 1918*, Boulder 1988.

Horn, Daniel, *Mutiny on the High Seas. Imperial German Naval Mutinies of World War One*, London 1973.

Horne, John, »Verteidigung des Sieges. Paramilitärische Politik in Frankreich von 1918 bis 1926. Ein Gegenbeispiel«, in Gerwarth/Horne (Hg.), *Krieg im Frieden*, S. 320–343.

Houlihan, Patrick J., »Was There an Austrian Stab-in-the-Back Myth? Interwar Military Interpretations of Defeat«, in Günther Bischof/Fritz Plasser/Peter Berger (Hg.), *From Empire to Republic. Post-World War I Austria*, Innsbruck 2010, S. 67–89.

Housden, Martyn, »When the Baltic Sea was a Bridge for Humanitarian Action. The League of Nations, the Red Cross and the Repatriation of Prisoners of War between Russia and Central Europe, 1920–22«, in *Journal of Baltic Studies* 38 (2007), S. 61–83.

House, Edward M., *Die vertraulichen Dokumente des Obersten House. Zusammengestellt und mit einem verbindenden Text versehen von Charles Seymour*, Stuttgart/Berlin/Leipzig 1932.

Howard, Nick P., »The Social and Political Consequences of the Allied Food Blockade of Germany, 1918–19«, in *German History* 11 (1993), S. 161–168.

Hughes-Hallett, Lucy, *The Pike. Gabriele D'Annunzio: Poet, Seducer, and Preacher of War*, New York 2013.

Huntford, Roland, *Nansen. The Explorer as Hero*, New York 1998.

Hürten, Heinz (Hg.), *Zwischen Revolution und Kapp-Putsch. Militär und Innenpolitik, 1918–1920*, Düsseldorf 1977.

Ignatieff, Michael, *Isaiah Berlin. Ein Leben*, München 2000.

Ihrig, Stefan, *Atatürk in the Nazi Imagination*, Cambridge, MA, 2014.

Iliev, Andreya, *Atentatat v »Sveta Nedelya« i teroristite*, Sofia 2011.

Isnenghi, Mario, *L'Italia in piazza. I luoghi della vita pubblica dal 1848 ai giorni nostri*, Mailand 1994.

– /Rochat, Giorgio, *La Grande Guerra 1914–1918*, Mailand 2000.

Jacob, Mathilde, *Rosa Luxemburg. An Intimate Portrait*, London 2000.

Jacobson, Abigail, *From Empire to Empire. Jerusalem between Ottoman and British Rule*, Syracuse 2011.

Jägerskiöld, Stig, *Mannerheim 1867–1951*, Herford 1985.

James, Harold, *Deutschland in der Weltwirtschaftskrise 1924–1936*, Stuttgart 1988.

Janz, Oliver, *14 – Der große Krieg*, Frankfurt/M. 2013.

Jareb, Mario, *Ustaško-domobranski pokret od nastanka do travnja 1941*, Zagreb 2006.

Jászi, Oszkár, *Magyariens Schuld. Ungarns Sühne. Revolution und Gegenrevolution in Ungarn*, München 1923.

– *The Dissolution of the Habsburg Monarchy*, Chicago 1929.

Jędrzejewicz, Wacław, *Józef Piłsudski 1867–1935. Zyciorys*, London 1982 [engl. Ausgabe: *Pilsudski. A Life for Poland*, New York 1990].

Jelić-Butić, Fikreta, *Ustaše i Nezavisna država Hrvatska 1941–1945*, Zagreb 1977.

Jena, Detlef, *Die Zarinnen Rußlands (1547–1918)*, Graz 1999.

Jensen, Peter Kincaid, »The Greco-Turkish War, 1920–1922«, in *International Journal of Middle East Studies* 10 (1979), S. 553–565.

Jessen-Klingenberg, Manfred, »Die Ausrufung der Republik durch Philipp Scheidemann am 9. November 1918«, in *Geschichte in Wissenschaft und Unterricht* 19 (1968), S. 649–656.

Jones, Mark William, *Violence and Politics in the German Revolution, 1918–19*, unveröffentlichte Dissertation, European University Institute Florenz, 2011.

Jones, Nigel H., *Hitler's Heralds. The Story of the Freikorps 1918–1923*, London 1987.

Judson, Pieter M., *The Habsburg Empire. A New History*, Cambridge, MA, 2016.

Kachulle, Doris, *Waldemar Pabst und die Gegenrevolution. Vorträge, Aufsätze, aus dem Nachlass*, Berlin 2007.

Kallis, Aristotle, *Fascist Ideology. Territory and Expansionism in Italy and Germany, 1922–1945*, London 2000.

Kann, Robert A., *The Multinational Empire. Nationalism and National Reform in the Habsburg Monarchy, 1848–1918*, 2 Bde., New York 1950.
– *Geschichte des Habsburgerreiches 1526 bis 1918*, Wien/Köln 1990.
Kappeler, Andreas, *Russland als Vielvölkerreich. Entstehung – Geschichte – Zerfall*, München [2]1993.
Karagiannis, Christos, *I istoria enos stratioti (1918–1922)*, hg. von Filippos Drakontaeidis, Athen 2013.
Karakasidou, Anastasia, *Fields of Wheat, Hills of Blood. Passages to Nationhood in Greek Macedonia, 1870–1990*, Chicago 1997.
Kasekamp, Andres, *A History of the Baltic States*, New York 2010.
Kaser, Michael Charles/Radice, Edward Albert (Hg.), *The Economic History of Eastern Europe, 1919–1975*, Bd. 1: *Economic Structure and Performance Between the Two Wars*, Bd. 2: *Interwar Policy, the War and Reconstruction*, Oxford 1985f.
Kastelov, Boyan, *Ot fronta do Vladaya. Dokumentalen ocherk*, Sofia 1978.
– *Bulgaria – ot voyna kam vastanie*, Sofia 1988.
Katkov, George, *The Kornilov Affair. Kerensky and the Breakup of the Russian Army*, London/New York 1980.
Katzburg, Nathaniel, *Hungary and the Jews. Policy and Legislation, 1920–1943*, Ramat-Gan 1981.
– *Zsidópolitika Magyarországon, 1919–1943*, Budapest 2002.
Katzer, Nikolaus, *Die weiße Bewegung. Herrschaftsbildung, praktische Politik und politische Programmatik im Bürgerkrieg*, Köln/Weimar/Wien 1999.
– »Der weiße Mythos. Russischer Antibolschewismus im europäischen Nachkrieg«, in Robert Gerwarth/John Horne (Hg.), *Krieg im Frieden. Paramilitärische Gewalt in Europa nach dem Ersten Weltkrieg*, Göttingen 2013, S. 57–93.
Kayali, Hasan, »The Struggle for Independence«, in Reşat Kasaba (Hg.), *The Cambridge History of Turkey*, Bd. 4: *Turkey in the Modern World*, Cambridge/New York 2008, S. 112–146.
Kedourie, Elie, »The End of the Ottoman Empire«, in *Journal of Contemporary History* 2 (1968), S. 19–28.
Keep, John, »1917. The Tyranny of Paris over Petrograd«, in *Soviet Studies* 20 (1968), S. 22–35.
Kelemen, Béla, *Adatok a szegedi ellenforradalom és a szegedi kormány történetéhez*, Szeged 1923.
Kellogg, Michael, *The Russian Roots of Nazism. White Émigrés and the Making of National Socialism, 1917–1945*, Cambridge/New York 2005.
Kelly, Matthew J., *The Fenian Ideal and Irish Nationalism, 1882–1916*, Woodbridge 2006.
Kennan, George F., *Bismarcks europäisches System in der Auflösung. Die französisch-russische Annäherung 1875–1890*, Frankfurt/M./Berlin/Wien 1981.
Kennedy, David, *Over Here. The First World War and American Society*, Oxford/New York 1980.

Kerekes, Lajos, »Die ›weiße‹ Allianz. Bayerisch-österreichisch-ungarische Projekte gegen die Regierung Renner im Jahre 1920«, in *Österreichische Osthefte* 7 (1965), S. 353–366.

Kershaw, Ian, *Hitler*, Bd. 1: *1889–1936*, Bd. 2 *1936–1945*, München 1998/2000.

– *Das Ende. Kampf bis in den Untergang – NS-Deutschland 1944/45*, München 2011.

– *Höllensturz. Europa 1914 bis 1949*, München 2016.

Kiesel, Helmuth, *Ernst Jünger. Die Biographie*, München 2007.

Kimerling Wirtschafter, Elise, *Social Identity in Imperial Russia*, DeKalb 1997.

King, Greg/Wilson, Penny, *The Fate of the Romanovs*, Hoboken 2003.

Kingsley Kent, Susan, *Aftershocks. Politics and Trauma in Britain, 1918–1931*, Basingstoke/New York 2009.

Kinross, Patrick, *Atatürk. A Biography of Mustafa Kemal, Father of Modern Turkey*, London 1964.

Király, Béla K., »East Central European Society and Warfare in the Era of the Balkan Wars«, in Ders./Dimitrije Đorđević (Hg.), *East Central European Society and the Balkan Wars*, Boulder 1987, S. 3–13.

– /Dreisiger, Nandor F. (Hg.), *East Central European Society in World War I*, New York 1985.

Kirby, David, *A Concise History of Finland*, Cambridge/New York 2006.

Kirk, Dudley, *Europe's Population in the Interwar Years*, Genf/New York 1946.

Kitchen, James, *The British Imperial Army in the Middle East*, London 2014.

Kitchen, Martin, *The Silent Dictatorship. The Politics of the German High Command under Hindenburg and Ludendorff, 1916–1918*, New York 1976.

Kitromilides, Paschalis M. (Hg.), *Eleftherios Venizelos. The Trials of Statesmanship*, Edinburgh 2006.

– (Hg.), *Exodos*, Bd. 3, Athen 2013.

Klimecki, Michał, *Polsko-ukraińska wojna o Lwów i Wschodnią Galicję 1918–1919 r. Aspekty polityczne I wojskowe*, Warschau 1997.

Klinkhammer, Lutz/Guerrazzi, Amedeo Osti/Schlemmer, Thomas (Hg.), *Die »Achse« im Krieg. Politik, Ideologie und Kriegführung 1939–1945*, Paderborn u. a. 2010.

Kluge, Ulrich, *Soldatenräte und Revolution. Studien zur Militärpolitik in Deutschland 1918/19*, Göttingen 1975.

– »Militärrevolte und Staatsumsturz. Ausbreitung und Konsolidierung der Räteorganisation im rheinisch-westfälischen Industriegebiet«, in Reinhard Rürup (Hg.), *Arbeiter- und Soldatenräte im rheinisch-westfälischen Industriegebiet. Studien zur Geschichte der Revolution 1918/19*, Wuppertal 1975, S. 39–82.

Knox, MacGregor, *Common Destiny. Dictatorship, Foreign Policy, and War in Fascist Italy and Nazi Germany*, Cambridge 2000.

– *To the Threshold of Power, 1922/23. Origins and Dynamics of the Fascist and National Socialist Dictatorship*, New York 2007.

Koch, Hannsjoachim W., *Der deutsche Bürgerkrieg. Eine Geschichte der deutschen und österreichischen Freikorps 1918–1923*, Berlin 1978.

Koenen, Gerd, *Der Russland-Komplex. Die Deutschen und der Osten 1900–1945*, München 2005.

Kopisto, Lauri, *The British Intervention in South Russia 1918–1920*, unveröffentlichte Dissertation, Universität Helsinki, 2011.

Kostopoulos, Tasos, *Polemos ke ethnokatharsi, I ksehasmeni plevra mias dekaetous ethnikis eksormisis, 1912–1922*, Athen 2007.

Kotowski, Christoph, *Die »moralische Diktatur« in Polen 1926 bis 1939. Faschismus oder autoritäres Militärregime?*, München 2011.

Kožucharov, Kăn'o, *Radomirskata republika 1918–1948*, Sofia 1948.

– *Reformatorskoto delo na Aleksandar Stambolijski*, Sofia 1948.

Kozuchowski, Adam, *Pośmiertne dzieje Austro-Węgier. Obraz monarchii habsburskiej w piśmiennictwie międzywojennym*, Warschau u.a. 2009 [engl. Ausgabe: *The Afterlife of Austria-Hungary. The Image of the Habsburg Monarchy in Interwar Europe*, Pittsburgh 2013].

Kramer, Alan, *Dynamic of Destruction. Culture and Mass Killing in the First World War*, Oxford/New York 2007.

– »Deportationen«, in Gerhard Hirschfeld/Gerd Krumeich/Irina Renz (Hg.), *Enzyklopädie Erster Weltkrieg*, Paderborn 2009, S. 434f.

Krämer, Gudrun, *Geschichte Palästinas. Von der osmanischen Eroberung bis zur Gründung des Staates Israel*, München [6]2015.

Kraus, Hans-Christof, *Versailles und die Folgen. Außenpolitik zwischen Revisionismus und Verständigung 1919–1933*, Berlin 2013.

Krause, Andreas, *Scapa Flow. Die Selbstversenkung der wilhelminischen Flotte*, Berlin 1999.

Krausz, Tamás/Vértes, Judit (Hg.), *1919. A Magyarországi Tanácsköztársaság és a kelet-európai forradalmak*, Budapest 2010.

Kreis, Georg, *Insel der unsicheren Geborgenheit. Die Schweiz in den Kriegsjahren 1914–1918*, Zürich 2014.

Křen, Jan, *Die Konfliktgemeinschaft. Tschechen und Deutsche 1780–1918*, München 1996.

Krethlow, Carl Alexander, *Generalfeldmarschall Colmar Freiherr von der Goltz Pascha. Eine Biographie*, Paderborn 2012.

Krispin, Martin, *»Für ein freies Russland …«. Die Bauernaufstände in den Gouvernements Tambov und Tjumen 1920–1922*, Heidelberg 2010

Krumeich, Gerd (Hg.), *Versailles 1919. Ziele, Wirkung, Wahrnehmung*, Essen 2001.

– »Die Dolchstoß-Legende«, in Etienne François/Hagen Schulze (Hg.), *Deutsche Erinnerungsorte*, Bd. 1, München 2001, S. 585–599.

Kucera, Jaroslav, *Minderheit im Nationalstaat. Die Sprachenfrage in den tschechisch-deutschen Beziehungen 1918–1938*, München 1999.

Kučera, Rudolf, »Exploiting Victory, Sinking into Defeat. Uniformed Violence in the Creation of the New Order in Czechoslovakia and Austria 1918–1922«, in *Journal of Modern History* (im Druck).

Kurayev, Oleksii, *Politika Nimechchini i Avstro-Uhorshchini v Pershii svitovij vijni. Ukrayinskii napryamok*, Kiew 2009.

Kuromiya, Hiroaki, *Freedom and Terror in the Donbas. A Ukrainian-Russian Borderland 1870s–1990s*, Cambridge/New York 1998.

Kuron, Hans Jürgen, *Freikorps und Bund Oberland*, unveröffentlichte Dissertation, Erlangen 1960.

Kusber, Jan, *Krieg und Revolution in Russland 1904–1906. Das Militär im Verhältnis zu Wirtschaft, Autokratie und Gesellschaft*, Stuttgart 1997.

Labanca, Nicola, *Oltremare. Storia dell'espansione coloniale italiana*, Bologna 2002.

– »La guerra sul fronte italiano e Caporetto«, in Stéphane Audoin-Rouzeau/Jean-Jacques Becker (Hg.), *La prima guerra mondiale*, Bd. 1, Turin 2007, S. 443–460.

– *La guerra italiana per la Libia, 1911–1931*, Bologna 2012.

Lackó, Miklós, »The Role of Budapest in Hungarian Literature 1890–1935«, in Tom Bender (Hg.), *Budapest and New York. Studies in Metropolitan Transformation, 1870–1930*, New York 1994, S. 352–366.

Large, David Clay, *Hitlers München. Aufstieg und Fall der Hauptstadt der Bewegung*, München 1998.

Laschitza, Annelies, *Im Lebensrausch, trotz alledem. Rosa Luxemburg. Eine Biographie*, Berlin 1996.

– *Die Liebknechts. Karl und Sophie, Politik und Familie*, Berlin 2009.

– /Keller, Elke, *Karl Liebknecht. Eine Biographie in Dokumenten*, Berlin 1982.

Lavery, Jason, »Finland 1917–19. Three Conflicts, One Country«, in *Scandinavian Review* 94 (2006), S. 6–14.

Lawrence, Jon, »Forging a Peaceable Kingdom. War, Violence, and Fear of Brutalization in Post-First World War Britain«, in *Journal of Modern History* 75 (2003), S. 557–589.

Le Moal, Frédéric, *La Serbie. Du martyre à la victoire 1914–1918*, Paris 2008.

Lechovič, Dimitrij V., *White against Red. The Life of General Anton Denikin*, New York 1974.

Ledeen, Michael A., *The First Duce. D'Annunzio at Fiume*, Baltimore/London 1977.

Leggett, George, *The Cheka. Lenin's Political Police, the All-Russian Extraordinary Commission for Combating Counterrevolution and Sabotage (December 1917 to February 1922)*, Oxford 1981.

Leidinger, Hannes, »Der Kieler Aufstand und die deutsche Revolution«, in Ders./Verena Moritz (Hg.), *Die Nacht des Kirpitschnikow. Eine andere Geschichte des Ersten Weltkriegs*, Wien 2006, S. 220–235.

– /Moritz, Verena, *Gefangenschaft, Revolution, Heimkehr. Die Bedeutung der Kriegsgefangenproblematik für die Geschichte des Kommunismus in Mittel- und Osteuropa 1917–1920*, Wien/Köln/Weimar 2003.

Leoncini, Francesco, »Das Problem der deutschen Minderheit in Böhmen in der internationalen Politik der Jahre 1918/1919«, in *Bohemia* 13/1 (1972), S. 306–335.

Leonhard, Jörn, *Die Büchse der Pandora. Geschichte des Ersten Weltkriegs*, München 2014.

Levene, Mark, *War, Jews, and the New Europe. The Diplomacy of Lucien Wolf, 1914–1919*, Oxford/New York 1992.
– *Crisis of Genocide*, Bd. 1: *The European Rimlands 1912–1938*, Oxford/New York 2014.
Lewin, Eyal, *National Resistance during War. Refining the Decision-Making Model*, Lanham 2012.
Lewis, Jill, »Austria. Heimwehr, NSDAP and the Christian Social State«, in Aristotle A. Kallis (Hg.), *The Fascism Reader*, London/New York 2003, S. 212–222.
Lieven, Dominic C. B., *Russian Rulers under the Old Regime*, New Haven, CT/London 1989.
– *Nicholas II. Emperor of all the Russians*, London 1994.
Lincoln, W. Bruce, *In War's Dark Shadow. The Russians Before the Great War*, London 1983.
– *Passage through Armageddon. The Russians in War and Revolution 1914–1918*, New York 1986.
– *Red Victory. A History of the Russian Civil War*, New York 1989.
Linke, Norbert, *Franz Lehár*, Reinbek bei Hamburg 2001.
Lipscher, Ladislav, »Die Lage der Juden in der Tschechoslowakei nach deren Gründung 1918 bis zu den Parlamentswahlen 1920«, in *East Central Europe* 1 (1989), S. 1–38.
Liulevicius, Vejas Gabriel, *War Land on the Eastern Front. Culture, National Identity, and German Occupation in World War I*, Cambridge/New York 2000.
– »Der Osten als apokalyptischer Raum. Deutsche Fronterfahrungen im und nach dem Ersten Weltkrieg«, in Gregor Thum (Hg.), *Traumland Osten. Deutsche Bilder vom östlichen Europa im 20. Jahrhundert*, Göttingen 2006, S. 47–65.
Lojko, Miklos, *Meddling in Middle Europe. Britain and the »Lands Between«, 1919–1925*, Budapest/New York 2006.
Longerich, Peter, *Hitler. Biographie*, München 2015.
Lönne, Karl Egon (Hg.), *Die Weimarer Republik, 1918–1933. Quellen zum politischen Denken der Deutschen im 19. und 20. Jahrhundert*, Darmstadt 2002.
Lorman, Thomas, »The Right-Radical Ideology in the Hungarian Army, 1921–23«, in *Central Europe* 3 (2005), S. 67–81.
Lösch, Verena, *Die Geschichte der Tiroler Heimatwehr von ihren Anfängen bis zum Korneuburger Eid (1920–1930)*, unveröffentlichte Dissertation, Innsbruck 1986.
Łossowski, Piotr, *Konflikt polsko-litewski 1918–1920*, Warschau ²1996.
Luban, Ottokar, »Die Massenstreiks für Frieden und Demokratie im Ersten Weltkrieg«, in Chajal Boebel/Lothar Wentzel (Hg.), *Streiken gegen den Krieg. Die Bedeutung der Massenstreiks in der Metallindustrie vom Januar 1918*, Hamburg 2008, S. 11–27.
Lüdke, Tilman, *Jihad Made in Germany. Ottoman and German Propaganda and Intelligence Operations in the First World War*, Münster 2005.

Lundgreen-Nielsen, Kay, *The Polish Problem at the Paris Peace Conference. A Study of the Policies of the Great Powers and the Poles, 1918–1919*, Odense 1979.

Lupo, Salvatore, *Il fascismo. La politica in un regime totalitario*, Rom 2000.

Lyttelton, Adrian, *The Seizure of Power. Fascism in Italy 1919–1929*, London 1973.

– »Fascism and Violence in Post-War Italy. Political Strategy and Social Conflict«, in Wolfgang J. Mommsen/Gerhard Hirschfeld (Hg.), *Social Protest, Violence and Terror in nineteenth- and twentieth-century Europe*, London/New York 1982, S. 257–274.

Lytvyn, Mykola R., *Ukrayins'ko-pol's'ka viyna 1918–1919 rr*, Lviv 1998.

Macartney, Carlile A., *National States and National Minorities*, Oxford/New York 1934.

– *The Habsburg Empire, 1790–1918*, London 1969.

Mace, James E., *Communism and the Dilemmas of National Liberation. National Communism in Soviet Ukraine 1918–1933*, Cambridge, MA, 1983.

Machtan, Lothar, *Die Abdankung. Wie Deutschlands gekrönte Häupter aus der Geschichte fielen*, Berlin 2008.

– *Prinz Max von Baden. Der letzte Kanzler des Kaisers*, Berlin 2013.

Mack Smith, Denis, *Mussolini's Roman Empire*, London 1976.

MacMillan, Margaret, *Die Friedensmacher. Wie der Versailler Vertrag die Welt veränderte*, Berlin 2015.

Maderthaner, Wolfgang, »Die eigenartige Größe der Beschränkung. Österreichs Revolution im mitteleuropäischen Spannungsfeld«, in Helmut Konrad/Ders. (Hg.), *Das Werden der Ersten Republik … der Rest ist Österreich*, Bd. 1, Wien 2008, S. 187–206.

– »Utopian Perspectives and Political Restraint. The Austrian Revolution in the Context of Central European Conflicts«, in Günter Bischof/Fritz Plasser/Peter Berger (Hg.), *From Empire to Republic. Post-World War I Austria*, New Orleans/Innsbruck 2010, S. 52–66.

Maier, Charles S., *Leviathan 2.0. Inventing Modern Statehood*, Cambridge, MA, 2014.

Maier, Michaela/Maderthaner, Wolfgang (Hg.), *Physik und Revolution. Friedrich Adler – Albert Einstein. Briefe, Dokumente, Stellungnahmen*, Wien 2006.

Malefakis, Edward E., *Agrarian Reform and Peasant Revolution in Spain. Origins of the Civil War*, New Haven/London 1970.

Malinowski, Stephan, *Vom König zum Führer. Sozialer Niedergang und politische Radikalisierung im deutschen Adel zwischen Kaiserreich und NS-Staat*, Frankfurt/M. 2003.

Manela, Erez, *The Wilsonian Moment. Self-Determination and the International Origins of Anticolonial Nationalism*, Oxford/New York 2007.

Mann, Michael, *Die dunkle Seite der Demokratie. Eine Theorie der ethnischen Säuberung*, Hamburg 2007.

Marantzidis, Nikos, »Ethnic Identity, Memory and Political Behavior. The Case of Turkish-Speaking Pontian Greeks«, in *South European Society and Politics* 5 (2000), S. 56–79.

Margaritis, Giorgos, »I polemi«, in Christos Hadjiiosif (Hg.), *Istoria tis Elladas tou Ikostou eona*, Bd. A2, Athen 2002, S. 149–187.
Mark, Rudolf A., *Krieg an fernen Fronten. Die Deutschen in Zentralasien und am Hindukusch 1914–1924*, Paderborn 2013.
Markov, Georgi, *Goljamata vojna i bălgarskijat ključ za evropejskija pogreb (1914–1916)*, Sofia 1995.
– *Goljamata vojna i Bălgarskata straža meždu Sredna Evropa i Orienta (1916–1919 g.)*, Sofia 2006.
– *Bulgaria v Balkanskia sayuz sreshtu Osmanskata imperia (1911–1913)*, Sofia 2012.
Marks, Sally, »The Myths of Reparations«, in *Central European History* 11 (1978), S. 231–239.
– »Mistakes and Myths. The Allies, Germany, and the Versailles Treaty, 1918–1921«, in *Journal of Modern History* 85 (2013), S. 632–659.
Martin, Terry, *The Affirmative Action Empire. Nations and Nationalism in the Soviet Union, 1923–1939*, Ithaca 2001.
März, Eduard,»Die große Depression in Österreich 1930–1933«, in *Wirtschaft und Gesellschaft* 16 (1990), S. 409–438.
Matsusaka, Yoshihisa Tak, *The Making of Japanese Manchuria, 1904–1932*, Cambridge, MA, 2001.
Matthew, James, »Battling Bolshevik Bogeymen. Spain's Cordon Sanitaire against Revolution from a European Perspective, 1917–1923«, in *Journal of Military History* 80 (2016), S. 725–755.
Mavrogordatos, George, »Metaxi dio polemon. Politiki Istoria 1922–1940«, in Vassilis Panagiotopoulos (Hg.), *Istoria tou Neou Ellinismou*, Bd. 7, Athen 2003, S. 9f.
Mawdsley, Evan, *The Russian Civil War*, Boston/London 1987.
– »International Responses to the Russian Civil War (Russian Empire)«, *in 1914–1918 online. International Encyclopedia of the First World War*, abrufbar unter http://encyclopedia.1914-1918-online.net/article/international_responses_to_the_russian_civil_war_russian_empire.
May, Arthur, *The Passing of the Habsburg Monarchy*, Bd. 2, Philadelphia 1966.
Mayer, Arno J., *Wilson vs. Lenin. Political Origins of the New Democracy, 1917–1918*, Cleveland 1964.
– *The Furies. Violence and Terror in the French and Russian Revolutions*, Princeton 2000.
Mazower, Mark, »Minorities and the League of Nations in Interwar Europe«, in *Daedalus* 126 (1997), S. 47–63.
– »Two Cheers for Versailles«, in *History Today* 49 (1999), S. 8–14.
– *Der dunkle Kontinent. Europa im 20. Jahrhundert*, Berlin 2000.
– *Salonica, City of Ghosts. Christians, Muslims and Jews, 1430–1950*, New York 2005.
– *Hitlers Imperium. Europa unter der Herrschaft des Nationalsozialismus*, München 2009.

– *Die Welt regieren. Eine Idee und ihre Geschichte von 1815 bis heute*, München 2013.

McAuley, Mary, *Bread and Justice. State and Society in Petrograd, 1917–1922*, Oxford 1991.

McCarthy, Justin, *Death and Exile. The Ethnic Cleansing of Ottoman Muslims 1821–1922*, Princeton 2004.

– *The Ottoman Peoples and the End of Empire*, London 2005.

McElligott, Anthony, *Rethinking the Weimar Republic. Authority and Authoritarianism, 1916–1936*, London 2014.

McMeekin, Sean, *History's Greatest Heist. The Looting of Russia by the Bolsheviks*, New Haven, CT/London 2009.

McRandle, James/Quirk, James, »The Blood Test Revisited. A New Look at German Casualty Counts in World War I«, in *Journal of Military History* 70 (2006), S. 667–702.

Meaker, Gerald H., *The Revolutionary Left in Spain 1914–1923*, Stanford 1974.

Melancon, Michael S., *The Lena Goldfields Massacre and the Crisis of the Late Tsarist State*, College Station 2006.

Meneses, Filipe de, *Salazar. A Political Biography*, New York 2009.

Méouchy, Nadine/Sluglett, Peter (Hg.), *The British and French Mandates in Comparative Perspective*, Leiden 2004.

Merridale, Catherine, *Lenin on the Train*, London 2016.

Meyer, Gert, *Studien zur sozialökonomischen Entwicklung Sowjetrusslands 1921–1923. Die Beziehungen zwischen Stadt und Land zu Beginn der Neuen Ökonomischen Politik*, Köln 1974.

Michael, Holger, *Marschall Józef Piłsudski 1867–1935. Schöpfer des modernen Polens*, Bonn 2010.

Michels, Eckard, »Die ›Spanische Grippe‹ 1918/19. Verlauf, Folgen und Deutungen in Deutschland im Kontext des Ersten Weltkriegs«, in *Vierteljahrshefte für Zeitgeschichte* (2010), H. 1, S. 1–33.

Mick, Christoph, »Vielerlei Kriege. Osteuropa 1918–1921«, in Dietrich Beyrau u. a. (Hg.), *Formen des Krieges von der Antike bis zur Gegenwart*, Paderborn 2007, S. 311–326.

– *Kriegserfahrungen in einer multiethnischen Stadt. Lemberg 1914–1947*, Wiesbaden 2010.

Middlebrook, Martin, *Der 21. März 1918. Die Kaiserschlacht*, Berlin/Frankfurt/M./Wien 1979.

Mierau, Fritz, *Russen in Berlin, 1918–1933*, Berlin 1988.

Mikoletzky, Lorenz, »Saint-Germain und Karl Renner. Eine Republik wird diktiert«, in Konrad/Maderthaner (Hg.), *Das Werden der Ersten Republik … der Rest ist Österreich*, Bd. 1, S. 179–186.

Millan, Matteo, »The Institutionalization of Squadrismo. Disciplining Paramilitary Violence in the Fascist Dictatorship«, in *Contemporary European History* 22 (2013), S. 551–574.

– *Squadrismo e squadristi nella dittatura fascista*, Rom 2014.

Miller, Daniel E., »Colonizing the Hungarian and German Border Areas during

the Czechoslovak Land Reform, 1918–1938«, in *Austrian History Yearbook* 34 (2003), S. 303–317.
Miller, Marshall Lee, *Bulgaria during the Second World War*, Stanford 1975.
Miller, Susanne, *Die Bürde der Macht. Die deutsche Sozialdemokratie 1918–1920*, Düsseldorf 1978.
Milow, Caroline, *Die ukrainische Frage 1917–1923 im Spannungsfeld der europäischen Diplomatie*, Wiesbaden 2002.
Milton, Giles, *Paradise Lost. Smyrna 1922, the Destruction of Islam's City of Tolerance*, London 2008.
Minchev, Dimitre, *Participation of the Population of Macedonia in the First World War*, Sofia 2004.
Mir, Nejiski, *Vojna enciklopedija*, Belgrad 1973.
Mitchell, Allan, *Revolution in Bayern 1918/1919. Die Eisner-Regierung und die Räterepublik*, München 1967.
Mitchell, David, *1919. Red Mirage*, London 1970.
Mitev, Yono, *Fashistkiyat prevrat na deveti yuni 1923 godina i Yunskoto antifashistko vastanie*, Sofia ²1973.
Mitrofanis, Giorgos, »Ta dimosia ikonomika. Ikonomiki anorthossi ke polemi, 1909–1922«, in Vassilis Panagiotopoulos (Hg.), *Istoria tou Neou Ellinismou, 1770–2000*, Bd. 6, Athen 2003, S. 124–127.
Mitrović, Andrej, *Jugoslavija na Konferenciji mira 1919–1920*, Belgrad 1969.
– *Serbia's Great War, 1914–1918*, London 2007.
Mitter, Rana, *A Bitter Revolution. China's Struggle with the Modern World*, Oxford/New York 2004.
– *China's War with Japan, 1937–1945. The Struggle for Survival*, London 2014.
Mizov, Nikolay, *Vliyanieto na Velikata oktomvriyska sotsialisticheska revolyutsia varhu Vladayskoto vaorazheno vastanie na voynishkite masi u nas prez septembri 1918 godina*, Sofia 1957.
Mócsy, István I., *The Effects of World War I. The Uprooted. Hungarian Refugees and their Impact on Hungary's Domestic Politics, 1918–1921*, New York 1983.
Molnár, Miklós, *From Béla Kun to János Kádár. Seventy Years of Hungarian Communism*, New York 1990.
Mommsen, Hans, »Adolf Hitler und der 9. November 1923«, in Johannes Willms (Hg.), *Der 9. November. Fünf Essays zur deutschen Geschichte*, München ²1995, S. 33–48.
Montgomery, A. E., »The Making of the Treaty of Sèvres of 10 August 1920«, in *The Historical Journal* 15 (1972), S. 775–787.
Morgan, Philip, *Italian Fascism, 1919–1945*, London 1995.
Morgenthau, Henry, *I Was Sent to Athens. Illustrations from photographs*, Garden City 1929.
Mosse, George L., *Gefallen für das Vaterland. Nationales Heldentum und namenloses Sterben*, Stuttgart 1993.
Mroczka, Ludwik, »Przyczynek do kwestii żydowskiej w Galicji u progu Drugiej Rzeczpospolitej«, in Feliksa Kiryka (Hg.), *Żydzi w Małopolsce. Studia z dziejów osadnictwa i życia społecznego*, Przemyśl 1991, S. 297–308.

Mühlhausen, Walter, *Friedrich Ebert 1871–1925. Reichspräsident der Weimarer Republik*, Bonn 2006.

Mulligan, William, *The Great War for Peace*, New Haven, CT/London 2014.

Nachtigal, Reinhard, *Kriegsgefangenschaft an der Ostfront 1914–1918. Literaturbericht zu einem neuen Forschungsfeld*, Frankfurt/M. 2003.

– *Russland und seine österreichisch-ungarischen Kriegsgefangenen (1914–1918)*, Remshalden 2003.

– »Die kriegsgefangene k.u.k. Generalität in Russland während des Ersten Weltkriegs«, in *Österreich in Geschichte und Literatur* 47 (2003), S. 258–274.

Naimark, Norman M., *Flammender Haß. Ethnische Säuberungen im 20. Jahrhundert*, München 2004.

Naumov, Georgi, *Aleksandar Tzankov i Andrey Lyapchev v politikata na darzhavnoto upravlenie*, Sofia 2004.

Nebelin, Manfred, *Ludendorff. Diktator im Ersten Weltkrieg*, München 2010.

Neck, Rudolf (Hg.), *Österreich im Jahre 1918. Berichte und Dokumente*, Wien 1968.

Nedev, Nedyu, *Aleksandăr Stambolijski i zagovorăt*, Sofia 1984.

– *Tsar Boris III. Dvoretsat i tayniyat cabinet*, Plovdiv 2009.

Nedev, Nikola/Bilyarski, Tsocho, *Doyranskata epopeia, 1915–1918*, Sofia 2009.

Negro, Piero del, »Vittorio Veneto e l'armistizio sul fronte italiano«, in Audoin-Rouzeau/Becker (Hg.), *La prima guerra mondiale*, Bd. 2, Turin 2007, S. 333–343.

Neiberg, Michael S., *The Second Battle of the Marne*, Bloomington 2008.

Nello, Paolo, »La rivoluzione fascista ovvero dello squadrismo nazional rivoluzionario«, in *Storia contemporanea* 13 (1982), Nr. 1, S. 1009–1025.

Nettl, Peter, *Rosa Luxemburg*, Köln 1967.

Neumann, Wilhelm, *Abwehrkampf und Volksabstimmung in Kärnten 1918–1920. Legenden und Tatsachen*, Klagenfurt ²1985.

Neutatz, Dietmar, *Träume und Alpträume. Eine Geschichte Russlands im 20. Jahrhundert*, München 2013.

Newman, John Paul, »Serbian Integral Nationalism and Mass Violence in the Balkans 1903–1945«, in *Tijdschrift voor Geschiedenis* 124 (2011), S. 448–463.

– »Paramilitärische Gewalt auf dem Balkan. Ursprünge und Vermächtnisse«, in Gerwarth/Horne (Hg.), *Krieg im Frieden*, S. 226–249.

– *Yugoslavia in the Shadow of War. Veterans and the Limits of State Building, 1903–1945*, Cambridge/New York 2015.

Nicolle, David, *The Italian Invasion of Abyssinia 1935–1936*, Westminster 1997.

Niebrzydowski, Paul, *The American Relief Administration in Poland after the First World War, 1918–1923*, unveröffentlichte Dissertation, Washington 2015.

Nikolov, Kosta, *Kletvoprestăpnicite. Vladayskite săbitija prez septemvri 1918*, Sofia 2002.

Nivet, Philippe, *Les réfugiés français de la Grande Guerre, 1914–1920. Les »boches du nord«*, Paris 2004.

Noske, Gustav, *Von Kiel bis Kapp. Zur Geschichte der deutschen Revolution*, Berlin 1920.

Nowak, Andrzej, »Reborn Poland or Reconstructed Empire? Questions on the Course and Results of Polish Eastern Policy (1918–1921)«, in *Lithuanian Historical Studies* 13 (2008), S. 134–142.

Nusser, Horst G., *Konservative Wehrverbände in Bayern, Preußen und Österreich mit einer Biographie von Georg Escherich 1870–1941*, 2 Bde., München 1973.

O'Brien, Paul, *Mussolini in the First World War. The Journalist, the Soldier, the Fascist*, London 2005.

Ognyanov, Lyubomir, *Voynishkoto vastanie 1918*, Sofia 1988.

Olechnowicz, Andrzej, »Liberal Anti-Fascism in the 1930s. The Case of Sir Ernest Barker«, in *Albion: A Quarterly Journal Concerned with British Studies* 36 (2004), S. 636–660.

Orga, İrfan/Orga, Margarete, *Atatürk*, London 1962.

Ortaggi, Simonetta, »Mutamenti sociali e radicalizzazione dei conflitti in Italia tra guerra e dopoguerra«, in *Ricerche storiche* 27 (1997), S. 673–689.

Orzoff, Andrea, *Battle for the Castle*, Oxford/New York 2009.

Osborne, Eric W., *Britain's Economic Blockade of Germany, 1914–1919*, London/New York 2004.

Osipova, Taisia, »Peasant Rebellions. Origins, Scope, Dynamics, and Consequences«, in Vladimir N. Brovkin (Hg.), *The Bolsheviks in Russian Society. The Revolution and the Civil Wars*, New Haven/London 1997, S. 154–176.

Overmans, Rüdiger, »Kriegsverluste«, in Gerhard Hirschfeld/Gerd Krumeich/Irina Renz (Hg.), *Enzyklopädie Erster Weltkrieg*, Paderborn [2]2004, S. 663–666.

Overy, Richard J., *The Interwar Crisis, 1919–1939*, Essex 1994.

Pallis, Alexandros A., *Greece's Anatolian Venture – and After. A Survey of the Diplomatic and Political Aspects of the Greek Expedition to Asia Minor (1915–1922)*, London 1937.

Palmer, James, *Der blutige weiße Baron. Die Geschichte eines Adeligen, der zum letzten Khan der Mongolei wurde*, Frankfurt/M. 2010.

Pasetti, Matteo, *Tra classe e nazione. Rappresentazioni e organizzazione del movimento nazional-sindacalista, 1918–1922*, Rom 2008.

Pastor, Peter, *Hungary between Wilson and Lenin. The Hungarian Revolution of 1918–1919 and the Big Three*, New York 1976.

Patenaude, Bertrand M., *The Big Show in Bololand. The American Relief Expedition to Soviet Russia in the Famine of 1921*, Stanford 2002.

Pauley, Bruce F., »Politischer Antisemitismus im Wien der Zwischenkriegszeit«, in Gerhard Botz/Ivar Oxaal (Hg.), *Eine zerstörte Kultur. Jüdisches Leben und Antisemitismus in Wien seit dem 19. Jahrhundert*, Buchloe 1990, S. 221–223.

– *Eine Geschichte des österreichischen Antisemitismus. Von der Ausgrenzung zur Auslöschung*, Wien 1993.

Pavlović, Srdja, *Balkan Anschluss. The Annexation of Montenegro and the Creation of a Common South Slav State*, West Lafayette 2008.

Payne, Stanley, *Franco and Hitler. Spain, Germany, and World War II*, New Haven/London 2008.

Pearson, Raymond, *National Minorities in Eastern Europe, 1848–1945*, London 1983.

– »Hungary. A State Truncated, a Nation Dismembered«, in Seamus Dunn/T. G. Fraser (Hg.), *Europe and Ethnicity. World War I and Contemporary Ethnic Conflict*, London/New York 1996, S. 88–109.

Pedersen, Susan, »The Meaning of the Mandates System. An Argument«, in *Geschichte und Gesellschaft* 32 (2006), S. 1–23.

– *The Guardians. The League of Nations and the Crisis of Empire*, Oxford/New York 2015.

Pedroncini, Guy, *Les Mutineries de 1917*, Paris ^{3}1996.

Pentzopoulos, Dimitri, *The Balkan Exchange of Minorities*, Paris/Den Haag 2002.

Pereira, Norman G. O., *White Siberia. The Politics of Civil War*, Montreal 1996.

Perman, Dagmar, *The Shaping of the Czechoslovak State. Diplomatic History of the Boundaries of Czechoslovakia*, Leiden 1962.

Petersen, Jens, *Hitler – Mussolini. Die Entstehung der Achse Berlin–Rom 1933–1936*, Tübingen 1973.

– »Il problema della violenza nel fascismo italiano«, in *Storia contemporanea* 13 (1982), S. 985–1008.

Petranović, Branko, *Istorija Jugoslavije*, Bd. 1, Belgrad 1988.

Petrov, Ivan Metodiev, *Voynata v Makedonia (1915–1918)*, Sofia 2008.

Petrov, Viktor, »The Town on the Sungari«, in Stone/Glenny (Hg.), *The Other Russia*, S. 205–221.

Petrova, Dimitrina, *Aleksandăr Cankov i negovata partija 1932–1944*, Sofia 2011.

Phillips, Howard/Killingray, David (Hg.), *The Spanish Influenza Pandemic of 1918–19. New Perspectives*, London/New York 2003.

Piazza, Giuseppe, *La nostra terra promessa. Lettere dalla Tripolitania marzo–maggio 1911*, Rom 1911.

Pichlík, Karel, »Der militärische Zusammenbruch der Mittelmächte im Jahre 1918«, in Richard Georg Plaschka/Karlheinz Mack (Hg.), *Die Auflösung des Habsburgerreiches. Zusammenbruch und Neuorientierung im Donauraum*, München 1970, S. 249–265.

Pipes, Richard, *Die russische Revolution*, 3 Bde., Berlin 1992f.

– *Russia under the Bolshevik Regime*, New York 1993.

Pistohlkors, Gert von (Hg.), *Deutsche Geschichte im Osten Europas. Baltische Länder*, Berlin 1994.

Pitt-Rivers, George, *The World Significance of the Russian Revolution*, London 1920.

Plakans, Andrejs, *The Latvians. A Short History*, Stanford 1995.

– *A Concise History of the Baltic States*, Cambridge/New York 2011.

Plaschka, Richard Georg/Haselsteiner, Horst/Suppan, Arnold, *Innere Front. Militärassistenz, Widerstand und Umsturz in der Donaumonarchie 1918*, 2 Bde., Wien 1974.

Plöckinger, Othmar, *Unter Soldaten und Agitatoren. Hitlers prägende Jahre im deutschen Militär 1918–1920*, Paderborn 2013.

Plowman, Matthew, »Irish Republicans and the Indo-German Conspiracy of World War I«, in *New Hibernia Review* 7 (2003), S. 81–105.

Poliakov, Léon, *Geschichte des Antisemitismus*, Bd. 6: *Emanzipation und Rassenwahn*, Bd. 7: *Emanzipation und Rassenwahn*, Bd. 8: *Am Vorabend des Holocaust*, Frankfurt/M. 1987f.

Poljakov, Jurij Aleksandrovič u. a., *Naselenie Rossii v XX veke. Istoričeskie očerki*, Moskau 2000.

Pölöskei, Ferenc, *A rejtélyes Tisza-gyilkosság*, Budapest 1988.

Popnikolov, Dimitar, *Balgarite ot Trakiya i spogodbite na Balgaria s Gartsia i Turtsia*, Sofia 1928.

Porjazov, Delčo R., *Pogromăt nad trakijskite bălgari prez 1913 g. Razorenie i etničesko iztreblenie*, Sofia 2009.

Pourchier-Plasseraud, Suzanne, »Riga 1905–2005. A City with Conflicting Identities«, in *Nordost-Archiv* 15 (2006), S. 175–194.

Preston, Paul, *The Spanish Civil War. Reaction, Revolution, and Revenge*, New York 2006 [überarbeitete Neuausgabe].

Priestland, David, *Weltgeschichte des Kommunismus. Von der Französischen Revolution bis heute*, München 2009.

Procacci, Giovanna, *Dalla rassegnazione alla rivolta. Mentalità e comportamenti popolari nella Grande Guerra*, Rom 1999.

– *Warfare – welfare. Intervento dello stato e diritti dei cittadini 1914–1918*, Rom 2013.

Prost, Antoine, »The Impact of War on French and German Political Cultures«, in *The Historical Journal* 37 (1994), S. 209–217.

– /Winter, Jay (Hg.), *The Great War in History. Debates and Controversies, 1914 to the Present*, Cambridge/New York 2005.

Provence, Michael, »Ottoman Modernity, Colonialism, and Insurgency in the Arab Middle East«, in *International Journal of Middle East Studies* 43 (2011), S. 205–225.

Prusin, Alexander V., *The Lands Between. Conflict in the East European Borderlands, 1870–1992*, Oxford/New York 2010.

Pugh, Martin, *»Hurrah for the Blackshirts!«: Fascists and Fascism in Britain between the Wars*, London 2005.

Pulzer, Peter, *Die Entstehung des politischen Antisemitismus in Deutschland und Österreich 1867 bis 1914*, Göttingen 2004.

Purseigle, Pierre, »A ›Wave on to Our Shores‹. The Exile and Resettlement of Refugees from the Western Front, 1914–1918«, in *Contemporary European History* 16 (2007), S. 427–444.

Quiroga, Alejandro, *Making Spaniards. Primo de Rivera and the Nationalization of the Masses, 1923–30*, London/New York 2007.

Rabinowitch, Alexander, *Die Sowjetmacht. Das erste Jahr*, Essen 2010.

Rachamimov, Alon, *POWs and the Great War. Captivity on the Eastern Front*, Oxford/New York 2002.

Radzinskij, Ėdvard Stanislavovič, *Nikolaus II. Der letzte Zar und seine Zeit*, München 1992.

Raef, Marc, *Russia Abroad. A Cultural History of the Russian Emigration, 1919–1939*, Oxford/New York 1990.

Rakočević, Novica, *Crna Gora u prvom svetskom ratu 1914–1918*, Cetinje 1969.

Raleigh, Donald J., *Experiencing Russia's Civil War. Politics, Society and Revolutionary Culture in Saratov, 1917–1922*, Princeton 2002.

– »The Russian Civil War 1917–1922«, in Ronald Grigor Suny (Hg.), *The Cambridge History of Russia*, Bd. 3, Cambridge 2006, S. 140–167.

Rape, Ludger, *Die österreichischen Heimwehren und die bayerische Rechte 1920–1923*, Wien 1977.

Raphael, Lutz, *Imperiale Gewalt und mobilisierte Nation. Europa 1914–1945*, München 2011.

Rappaport, Helen, *Conspirator. Lenin in Exile*, New York 2010.

Rauch, Georg von, *The Baltic States. The Years of Independence: Estonia, Latvia, Lithuania, 1917–1940*, Berkeley 1974.

Rauchensteiner, Manfried, *Der Tod des Doppeladlers. Österreich-Ungarn und der Erste Weltkrieg*, Graz 1993.

– »L'Autriche entre confiance et résignation, 1918–1920«, in Audoin-Rouzeau/Prochasson (Hg.), *Sortir de la Grande Guerre*, S. 165–185.

Raun, Toivo U., »The Revolution of 1905 in the Baltic Provinces and Finland«, in *Slavic Review* 43 (1984), S. 453–467.

Rauscher, Walter, »Die Republikgründungen 1918 und 1945«, in Klaus Koch u. a. (Hg.), *Außenpolitische Dokumente der Republik Österreich 1918–1938*. Sonderband: *Von Saint-Germain zum Belvedere: Österreich und Europa 1919–1955*, Wien/München 2007, S. 9–24.

Raymond, Boris/Jones, David R., *The Russian Diaspora 1917–1941*, Lanham 2000.

Read, Anthony, *The World on Fire. 1919 and the Battle with Bolshevism*, London 2009.

Read, Christopher, *From Tsar to Soviets. The Russian People and their Revolution, 1917–1921*, Oxford/New York 1996.

– *Lenin. A Revolutionary Life*, Abingdon/New York 2005.

Reichardt, Sven, *Faschistische Kampfbünde. Gewalt und Gemeinschaft im italienischen Squadrismus und in der deutschen SA*, Köln/Weimar/Wien 2002.

Reinharz, Jehuda, *Chaim Weizmann. The Making of a Statesman*, Oxford/New York [2]1993.

Rena, Paul, *Der christlichsoziale Antisemitismus in Wien 1848–1938*, unveröffentlichte Dissertation, Wien 1991.

Reulecke, Jürgen, *»Ich möchte einer werden so wie die …«. Männerbünde im 20. Jahrhundert*, Frankfurt/M. 2001.

Rey Reguillo, Fernando del, »El empresario, el sindicalista y el miedo«, in Manuel Pérez Ledesma/Rafael Cruz (Hg.), *Cultura y movilización en la España contemporánea*, Madrid 1997, S. 235–272.

Reynolds, David, *The Long Shadow. The Great War and the Twentieth Century*, London 2013.

Reynolds, Michael A., *The Ottoman-Russian Struggle for Eastern Anatolia and the Caucasus, 1908–1918. Identity, Ideology and the Geopolitics of World Order*, unveröffentlichte Dissertation, Princeton University, 2003.

– *Shattering Empires. The Clash and Collapse of the Ottoman and Russian Empires, 1908–1918*, Cambridge/New York 2011.

Rhode, Gotthold, »Das Deutschtum in Posen und Pommerellen in der Zeit der Weimarer Republik«, in Senatskommission für das Studium des Deutschtums im Osten an der Rheinischen Friedrich-Wilhelms-Universität Bonn (Hg.), *Studien zum Deutschtum im Osten*, Köln/Graz 1966, S. 88–132.

Riasanovsky, Nicholas Valentine/Steinberg, Mark, *A History of Russia*, Oxford/New York [7]2005.

Riccardi, Luca, *Alleati non amici. Le relazioni politiche tra l'Italia e l'Intesa durante la prima guerra mondiale*, Brescia 1992.

Riecker, Joachim, *Hitlers 9. November. Wie der Erste Weltkrieg zum Holocaust führte*, Berlin 2009.

Rigotti, Francesca, »Il medico-chirurgo dello Stato nel linguaggio metaforico di Mussolini«, in Civiche Raccolte Storiche Milano (Hg.), *Cultura e società negli anni del fascismo*, Mailand 1987, S. 501–517.

Robinson, Paul, *The White Russian Army in Exile, 1920–1941*, Oxford/New York 2002.

Rochat, Giorgio, *Gli arditi della grande guerra. Origini, battaglie e miti*, Mailand 1981.

Rodas, Michalis, *I Ellada sti Mikran Asia*, Athen 1950.

Rodogno, Davide, *Fascism's European Empire. Italian Occupation during the Second World War*, Cambridge 2008.

Rogan, Eugene, *The Fall of the Ottomans. The Great War in the Middle East, 1914–1920*, London 2015.

Rogger, Hans, *Russia in the Age of Modernization and Revolution, 1881–1917*, London 1983.

Romero Salvadó, Francisco J., *Spain, 1914–1918. Between War and Revolution*, London 1999.

– *The Foundations of Civil War. Revolution, Social Conflict and Reaction in Liberal Spain, 1916–1923*, London 2008.

Romsics, Gergely, *Mítosz és emlékezet. A Habsburg birodalom felbomlása az osztrák és a magyar politikai elit emlékirat-irodalomban*, Budapest 2004 [engl. Ausgabe: *Myth and Remembrance. The Dissolution of the Habsburg Empire in the Memoir Literature of the Austro-Hungarian Political Elite*, New York 2006].

Romsics, Ignác, *A Duna-Tisza Köze Hatalmi Viszonyai 1918–19-ben*, Budapest 1982.

– *Der Friedensvertrag von Trianon*, Herne 2005.

Rosenberg, Alfred, »Die russisch-jüdische Revolution«, in *Auf gut Deutsch*, 24. Mai 1919.

Rosenberg, William G., *The Liberals in the Russian Revolution. The Constitutional Democratic Party, 1917–1921*, Princeton 1974.

– »Paramilitärische Gewalt in Russlands Bürgerkriegen (1918–1920)«, in Gerwarth/Horne (Hg.), *Krieg im Frieden*, S. 31–56.

Roshwald, Aviel, *Ethnic Nationalism and the Fall of Empires. Central Europe, Russia and the Middle East, 1914–1923*, London 2001.

Rossfeld, Roman/Buomberger, Thomas/Kury, Patrick (Hg.), *14/18. Die Schweiz und der Grosse Krieg*, Baden 2014.

Rothenberg, Gunther, *The Army of Francis Joseph*, West Lafayette 1997.

Rubenstein, Joshua, *Leon Trotsky. A Revolutionary's Life*, New Haven/London 2006.

Rudenno, Victor, *Gallipoli. Attack from the Sea*, New Haven/London 2008.

Rudin, Harry Rudolph, *Armistice 1918*, New Haven/London 1944.

Rummel, Rudolph Joseph, *Lethal Politics. Soviet Genocide and Mass Murder since 1917*, Piscataway 1990.

Rürup, Reinhard, »Demokratische Revolution und der ›dritte Weg‹. Die deutsche Revolution von 1918/19 in der neueren wissenschaftlichen Diskussion«, in *Geschichte und Gesellschaft* 9 (1983), S. 278–301.

Rusconi, Gian Enrico, *L'azzardo del 1915. Come l'Italia decide la sua Guerra*, Bologna 2005.

Rust, Christian, »Self-Determination at the Beginning of 1918 and the German Reaction«, in *Lithuanian Historical Studies* 13 (2008), S. 41–66.

Sabrow, Martin, *Die verdrängte Verschwörung. Der Rathenau-Mord und die deutsche Gegenrevolution*, Frankfurt/M. 1999.

Sagoschen, Christine, *Judenbilder im Wandel der Zeit. Die Entwicklung des katholischen Antisemitismus am Beispiel jüdischer Stereotypen unter besonderer Berücksichtigung der Entwicklung in der ersten Republik*, unveröffentlichte Dissertation, Wien 1998.

Sakmyster, Thomas, *Hungary's Admiral on Horseback. Miklós Horthy, 1918–1944*, Boulder 1994.

– »Gyula Gömbös and the Hungarian Jews, 1918–1936«, in *Hungarian Studies Review* 8 (2006), S. 156–168.

– *A Communist Odyssey. The Life of József Pogány*, Budapest/New York 2012.

Salamon, Konrád, »Proletárditarúra és a Terror«, in *Rubicon* (2011), S. 24–35.

Salaris, Claudia, *Alla festa della rivoluzione. Artisti e libertari con D'Annunzio a Fiume*, Bologna 2002.

Sammartino, Annemarie H., *The Impossible Border. Germany and the East, 1914–1922*, Ithaca, NY/London 2010.

Sanborn, Joshua A., *Drafting the Russian Nation. Military Conscription, Total War, and Mass Politics, 1905–1925*, DeKalb 2003.

– »Unsettling the Empire. Violent Migrations and Social Disaster in Russia during World War I«, in *The Journal of Modern History* 77 (2005), S. 290–324.

– *Imperial Apocalypse. The Great War and the Destruction of the Russian Empire*, Oxford/New York 2014.

Sauer, Bernhard, »Vom ›Mythos eines ewigen Soldatentums‹. Der Feldzug deutscher Freikorps im Baltikum im Jahre 1919«, in *Zeitschrift für Geschichtswissenschaft* 43 (1995), S. 869–902.

– »Freikorps und Antisemitismus«, in *Zeitschrift für Geschichtswissenschaft* 56 (2008), S. 5–29.

Saunders, David, »The First World War and the End of Tsarism«, in Ian D. Thatcher (Hg.), *Reinterpreting Revolutionary Russia. Essays in Honour of James D. White*, Basingstoke 2006, S. 55–71.

Sayer, Derek, »British Reaction to the Amritsar Massacre, 1919–1920«, in *Past & Present* 131 (1991), S. 130–164.

Sbacchi, Alberto, *Ethiopia under Mussolini. Fascism and the Colonial Experience*, London 1985.

Schapiro, Leonard, »The Role of Jews in the Russian Revolutionary Movement«, in *The Slavonic and East European Review* 40 (1961), Nr. 94, S. 148–167.

Schivelbusch, Wolfgang, *Die Kultur der Niederlage. Der amerikanische Süden 1865, Frankreich 1871, Deutschland 1918*, Berlin 2001.

Schlag, Gerald, »Die Grenzziehung Österreich-Ungarn 1922/23«, in Burgenländisches Landesarchiv (Hg.), *Burgenland in seiner pannonischen Umwelt. Festgabe für August Ernst*, Eisenstadt 1984, S. 333–346.

Schlögel, Karl (Hg.), *Chronik russischen Lebens in Deutschland, 1918 bis 1941*, Berlin 1999.

Schneer, Jonathan, *The Balfour Declaration. The Origins of the Arab-Israeli Conflict*, London 2010.

Schnell, Felix, *Ordnungshüter auf Abwegen? Herrschaft und illegitime polizeiliche Gewalt in Moskau 1905–1914*, Wiesbaden 2006.

– »Der Sinn der Gewalt. Der Ataman Volynec und der Dauerpogrom von Gajsyn im russischen Bürgerkrieg«, in *Zeithistorische Forschung* 5 (2008), S. 18–39.

– *Räume des Schreckens. Gewalt und Gruppenmilitanz in der Ukraine 1905–1933*, Hamburg 2012.

Schulman, Jason (Hg.), *Rosa Luxemburg. Her Life and Legacy*, New York 2013.

Schulze, Hagen, *Freikorps und Republik, 1918–1920*, Boppard am Rhein 1969.

Schumann, Dirk, »Europa, der Erste Weltkrieg und die Nachkriegszeit. Eine Kontinuität der Gewalt?«, in *Journal of Modern European History* 1 (2003), S. 24–43.

Schuster, Frank M., *Zwischen allen Fronten. Osteuropäische Juden während des Ersten Weltkriegs (1914–1919)*, Köln 2004.

Šedivý, Ivan, »Zur Loyalität der Legionäre in der ersten Tschechoslowakischen Republik«, in Martin Schulze Wessel (Hg.), *Loyalitäten in der Tschechoslowakischen Republik 1918–1938. Politische, nationale und kulturelle Zugehörigkeiten*, München 2004, S. 141–152.

Sedlmaier, Alexander, *Deutschlandbilder und Deutschlandpolitik Studien zur Wilson-Administration (1913–1921)*, Stuttgart 2003.

Segré, Claudio G., »Il colonialismo e la politica estera. Variazioni liberali e fasciste«, in Richard J. B. Bosworth/Sergio Romano (Hg.), *La politica estera italiana 1860–1985*, Bologna 1991, S. 121–146.

Seipp, Adam, *The Ordeal of Demobilization and the Urban Experience in Britain and Germany, 1917–1921*, Farnham 2009.

Semov, Minčo, *Pobediteljat prosi mir. Balkanskite vojni 1912–1913*, Sofia 1995.

Service, Robert, *Lenin. Eine Biographie*, München 2000.

– *Comrades! World History of Communism*, Cambridge, MA, 2007.

– *Trotzki. Eine Biographie*, Berlin 2012.

Shapira, Anita, *Ben-Gurion. Father of Modern Israel*, New Haven/London 2014.

Sharp, Alan, »›The Genie that Would Not Go Back into the Bottle‹. National Self-Determination and the Legacy of the First World War and the Peace Settlement«, in Seamus Dunn/T. G. Fraser (Hg.), *Europe and Ethnicity. The First World War and Contemporary Ethnic Conflict*, London/New York 1996, S. 10–29.

– *The Versailles Settlement. Peacemaking after the First World War, 1919–1923*, London [2]2008.

– *Consequences of the Peace. The Versailles Settlement – Aftermath and Legacy 1919–2010*, London 2010.

– »The New Diplomacy and the New Europe«, in Nicholas Doumanis (Hg.), *The Oxford Handbook of Europe 1914–1945*, Oxford/New York, 2016, S. 119–137.

– »The Paris Peace Conference and its Consequences«, in *1914–1918 online. International Encyclopedia of The First World War*, abrufbar unter http://encyclopedia.1914-1918-online.net/article/the_paris_peace_conference_and_its_consequences.

Sheehan, James, *Kontinent der Gewalt. Europas langer Weg zum Frieden*, München 2008.

Shimazu, Naoko, *Japan, Race and Equality. The Racial Equality Proposal of 1919*, London 1998.

Siebrecht, Claudia, *The Aesthetics of Loss. German Women's Art of the First World War*, Oxford/New York 2013.

Sieder, Reinhard J., »Behind the Lines. Working-Class Family Life in Wartime Vienna«, in Richard Wall/Jay Winter (Hg.), *The Upheaval of War. Family, Work and Welfare in Europe, 1914–1918*, Cambridge/New York 1988, S. 109–138.

Simeonov, Radoslav/Mikhaĭlova, Velichka/Vasileva, Donka, *Dobrichkata epopeia 1916*, Dobritsch 2006.

Simon, Rachel, *Libya Between Ottomanism and Nationalism. The Ottoman Involvement in Libya During the War with Italy (1911–1919)*, Berlin 1987.

Sipos, József, *A pártok és a földrefom 1918–1919-ben*, Budapest 2009.

Sluga, Glenda, *The Problem of Trieste and the Italo-Yugoslav Border. Difference, Identity, and Sovereignty in Twentieth-Century Europe*, Albany 2001.

Smele, Jonathan D., *Civil War in Siberia. The Anti-Bolshevik Government of Admiral Kolchak, 1918–1920*, Cambridge 1996.

– *The »Russian« Civil Wars 1916–1926. Ten Years that Shook the World*, Oxford 2015.

Smith, Canfield F., »The Ungernovščina – How and Why?«, in *Jahrbücher für Geschichte Osteuropas* 28 (1980), S. 590–595.

Smith, Douglas, *Der letzte Tanz. Der Untergang der russischen Aristokratie*, Frankfurt/M. 2014.

Smith, Jeffrey R., *A People's War. Germany's Political Revolution, 1913–1918*, Lanham 2007.

Smith, Leonard V., »Les États-Unis et l'échec d'une seconde mobilisation«, in Stéphane Audoin-Rouzeau/Christophe Prochasson (Hg.), *Sortir de la Guerre de 14–18*, Paris 2008, S. 69–91.

– »Empires at the Paris Peace Conference«, in Gerwarth/Manela (Hg.), *Empires at War*, S. 254–276.

– »The Wilsonian Challenge to International Law«, in *The Journal of the History of International Law* 13 (2011), S. 179–208.

– /Audoin-Rouzeau, Stéphane/Becker, Annette, *France and the Great War, 1914–1918*, Cambridge/New York 2003.

Smith, Michael Llewellyn, *Ionian Vision. Greece in Asia Minor 1919–1922*, London 1973.

Smith, Robert E. F. (Hg.), *The Russian Peasant, 1920 and 1984*, London 1977.

Smith, Stephen, *Red Petrograd. Revolution in the Factories, 1917–1918*, Cambridge 1983.

– *The Russian Revolution. A Very Short Introduction*, Oxford/New York 2002.

Snyder, Timothy, *The Reconstruction of Nations. Poland, Ukraine, Lithuania, Belarus 1569–1999*, New Haven/London 2003.

– *Bloodlands. Europa zwischen Hitler und Stalin*, München 2010.

Solomonidis, Victoria, *Greece in Asia Minor. The Greek Administration of the Vilayet of Aidin, 1919–1922*, unveröffentlichte Dissertation, King's College, University of London, 1984.

Sondhaus, Lawrence, *World War I. The Global Revolution*, Cambridge/New York 2011.

Sonyel, Salahi R., *The Great War and the Tragedy of Anatolia. Turks and Armenians in the Maelstrom of Major Powers*, Ankara 2000.

Sprenger, Matthias, *Landsknechte auf dem Weg ins Dritte Reich? Zu Genese und Wandel des Freikorpsmythos*, Paderborn 2008.

Stadler, Karl Rudolf, *Hypothek auf die Zukunft. Die Entstehung der österreichischen Republik 1918–1921*, Wien/Frankfurt/M./Zürich 1968.

Stamatopoulos, Dimitris, »I mikrasiatiki ekstratia. I anthropogheografia tis katastrofis«, in Antonis Liakos (Hg.), *To 1922 ke i prosfighes, mia nea matia*, Athen 2011, S. 55–100.

Stanković, Đjordje, »Kako je Jugoslavija počela«, in Milan Terzić (Hg.), *Prvi svetski rat i Balkan – 90 godina kasnije. Tematski zbornik radova*, Belgrad 2010, S. 232–246.

Stead, William, *Tripoli and the Treaties or Britain's Duty in this War*, London 1911.

Stegmann, Natali, *Kriegsdeutungen, Staatsgründungen, Sozialpolitik. Der Helden- und Opferdiskurs in der Tschechoslowakei 1918–1948*, München 2010.

Steiner, Zara, *The Lights that Failed. European International History, 1919–1933*, Oxford/New York 2005.

– *The Triumph of the Dark. European International History, 1933–1939*, Oxford/New York 2011.

Stephenson, Scott, *The Final Battle. Soldiers of the Western Front and the German Revolution of 1918*, Cambridge/New York 2009.

Sternhell, Zeev, *Naissance de l'idéologie fasciste*, Paris 1989.

Stevenson, David, *The First World War and International Politics*, Oxford 1988.

– *With Our Backs to the Wall. Victory and Defeat in 1918*, London 2011.

Stewart, Matthew, »It Was All a Pleasant Business. The Historical Context of ›On the Quai at Smyrna‹«, in *Hemingway Review* 23 (2003), S. 58–71.

Stone, David, *The Russian Army in the Great War. The Eastern Front, 1914–1917*, Lawrence 2015.

Stranga, Aivars, »Communist Dictatorship in Latvia, December 1918–January 1920. Ethnic Policy«, in *Lithuanian Historical Studies* 13 (2008), S. 161–178.

Straub, Eberhard, *Albert Ballin. Der Reeder des Kaisers*, Berlin 2001.

Sullivan, Charles L., »The 1919 German Campaign in the Baltic. The Final Phase«, in V. Stanley Vardys/Romuald Misiunas (Hg.), *The Baltic States in Peace and War, 1917–1945*, London 1978, S. 31–42.

Sumpf, Alexandre, »Russian Civil War«, in *1914–1918 online. International Encyclopedia of the First World War*, abrufbar unter http://encyclopedia.1914-1918-online.net/article/russian_civil_war.

Sunderland, Willard, *The Baron's Cloak. A History of the Russian Empire in War and Revolution*, Ithaca/London 2014.

Sundhaussen, Holm, *Geschichte Serbiens. 19.–21. Jahrhundert*, Wien 2007.

Suny, Ronald Grigor, »Toward a Social History of the October Revolution«, in *American Historical Review* 88 (1983), S. 31–52.

– »Explaining Genocide. The Fate of the Armenians in the Late Ottoman Empire«, in Richard Bessel/Claudia Haake (Hg.), *Removing Peoples. Forced Removal in the Modern World*, Oxford/New York 2009, S. 209–253.

– *The Structure of Soviet History. Essays and Documents*, Oxford/New York 2014.

Swain, Geoffrey, »Trotsky and the Russian Civil War«, in Ian D. Thatcher (Hg.), *Reinterpreting Revolutionary Russia. Essays in Honour of James D. White*, Basingstoke 2006, S. 86–104.

– *Trotsky and the Russian Revolution*, London/New York 2014.

Tachjian, Vahé, *La France en Cilicie et en Haute-Mésopotamie. Aux confins de la Turquie, de la Syrie et de l'Irak, 1919–1933*, Paris 2004.

Tálos, Emmerich, *Das austrofaschistische Herrschaftssystem. Österreich 1933–1938*, Berlin, Münster/Wien 2013.

Tamari, Salim (Hg.), *Year of the Locust. A Soldier's Diary and the Erasure of Palestine's Ottoman Past*, Berkeley 2011.

Tanchev, Evgeni, *Darzhavno-pravnite vazgledi na Alexandar Stambolijski*, Sofia 1984.

Tankova, Vasilka Atanasova u. a., *Balkanskite vojni 1912–1913g. Pamet i istoriija*, Sofia 2012.

Tasca, Angelo, La Naissance du fascism. *L'Italie de 1918 à 1922*, Paris 1938.

Tasić, Dmitar, »The Assassination of King Alexander. The Swan Song of the Internal Macedonian Revolutionary Organization«, in *Donau. Tijdschrift over Zuidost-Europa* (2008), S. 30–39.

Taylor, Alan J. P., *The Habsburg Monarchy, 1809–1918. A History of the Austrian Empire and Austria-Hungary*, London 1948.

Temperley, Harold M. V. (Hg.), *A History of the Peace Conference of Paris*, 6 Bde., London 1920–1924.

Teveth, Shabtai, *Ben-Gurion and the Palestinian Arabs. From Peace to War*, Oxford/New York 1985.

– *Ben-Gurion, the Burning Ground*, Boston 1987.

Ther, Philipp, »Deutsche Geschichte als imperiale Geschichte. Polen, slawophone Minderheiten und das Kaiserreich als kontinentales Empire«, in Sebastian Conrad/Jürgen Osterhammel (Hg.), *Das Kaiserreich transnational. Deutschland in der Welt 1871–1914*, Göttingen 2004, S. 129–148.

Theweleit, Klaus, *Männerphantasien*, Frankfurt/M. 1986 [zuerst in 2 Bde., Reinbek bei Hamburg 1980].

Thomas, Ludmilla, *Geschichte Sibiriens. Von den Anfängen bis zur Gegenwart*, Berlin 1982.

Thompson, Elizabeth F., *Colonial Citizens. Republican Rights, Paternal Privilege, and Gender in French Syria and Lebanon*, New York 2000.

Thompson, Mark, *The White War. Life and Death on the Italian Front 1915–1919*, London 2009.

Thompson Manning, Roberta, *The Crisis of the Old Order in Russia. Gentry and Government*, Princeton 1983.

Thoß, Bruno, *Der Ludendorff-Kreis. München als Zentrum der mitteleuropäischen Gegenrevolution zwischen Revolution und Hitler-Putsch*, München 1978.

Thum, Gregor (Hg.), *Traumland Osten. Deutsche Bilder vom östlichen Europa im 20. Jahrhundert*, Göttingen 2006.

Thunig-Nittner, Gerburg, *Die tschechoslowakische Legion in Rußland. Ihre Geschichte und Bedeutung bei der Entstehung der 1. Tschechoslowakischen Republik*, Wiesbaden 1970.

Tőkés, Rudolf L., *Béla Kun and the Hungarian Soviet Republic. The Origins and Role of the Communist Party of Hungary in the Revolutions of 1918–1919*, New York/Stanford 1967.

– »Bela Kun. The Man and Revolutionary«, in Iván Völgyes (Hg.), *Hungary in Revolution*, Lincoln 1971, S. 170–207.

Toma, Peter A., »The Slovak Soviet Republic of 1919«, in *American Slavic and East European Review* 17 (1958), S. 203–215.

Tooley, T. Hunt, »German Political Violence and the Border Plebiscite in Upper Silesia, 1919–1921«, in *Central European History* 21 (1988), S. 56–98.

– *National Identity and Weimar Germany. Upper Silesia and the Eastern Border, 1918–22*, Lincoln/London 1997.

Tooze, Adam, *Sintflut. Die Neuordnung der Welt 1916–1931*, München 2015.

Tormay, Cecile, *An Outlaw's Diary*, 2 Bde., London 1923.

Townshend, Charles, *The Republic. The Fight for Irish Independence 1918–1923*, London 2013.

Townson, Nigel, *The Crisis of Democracy in Spain. Centrist Politics under the Second Republic, 1931–1936*, Brighton 2000.

Toynbee, Arnold J., *The Western Question in Greece and Turkey. A Study in the Contact of Civilisations*, Boston 1922.

Traverso, Enzo, *Im Bann der Gewalt. Der europäische Bürgerkrieg 1914–1945*, München 2008.

Troebst, Stefan, *Mussolini, Makedonien und die Mächte 1922–1930. Die »Innere Makedonische Revolutionäre Organisation« in der Südosteuropapolitik des faschistischen Italien*, Köln/Wien 1987.

– *Das makedonische Jahrhundert. Von den Anfängen der nationalrevolutionären Bewegung zum Abkommen von Ohrid 1893–2001*, München 2007.

Trotnow, Helmut, *Karl Liebknecht. Eine politische Biographie*, Köln 1980.

Tunstall, Greyton A., *Blood on the Snow. The Carpathian Winter War of 1915*, Lawrence 2010.

Üngör, Uğur Ümit, *The Making of Modern Turkey. Nation and State in Eastern Anatolia, 1913–1950*, Oxford/New York 2011.

– »Mass Violence against Civilians during the Balkan Wars«, in Dominik Geppert/William Mulligan/Andreas Rose (Hg.), *The Wars Before the Great War. Conflict and International Politics Before the Outbreak of the First World War*, Cambridge/New York 2015, S. 76–91.

Ungváry, Krisztián, »Sacco di Budapest, 1919. Gheorghe Mârdârescu tábornok válasza Harry Hill Bandholtz vezérőrnagy nem diplomatikus naplójára«, in *Budapesti Negyed* 3–4 (2000), S. 173–203.

– *A magyar honvédség a második világháborúban*, Budapest 2004.

Upton, Anthony, *The Finnish Revolution, 1917–18*, Minneapolis 1980.

Valli, Roberta Suzzi, »The Myth of Squadrismo in the Fascist Regime«, in *Journal for Contemporary History* 35 (2000), S. 131–150.

Váry, Albert, *A vörös uralom áldozatai Magyarországon*, Budapest 1922 (wieder Szeged 1993).

Ventrone, Angelo, *La seduzione totalitaria. Guerra, modernità, violenza politica (1914–1918)*, Rom 2003.

Veremis, Thanos/Nikolakopoulos, Elias (Hg.), *O Eleftherios Venizelos ke I epochi tou*, Athen 2005.

Vincent, C. Paul, *The Politics of Hunger. The Allied Blockade of Germany, 1915–1919*, Athens, OH 1985.

Vivarelli, Roberto, *Storia delle origini del fascismo. L'Italia dalla grande guerra alla marcia su Roma*, Bologna 2012.

Volkan, Vamik D./Itzkowitz, Norman, *The Immortal Atatürk. A Psychobiography*, Chicago 1984.

Volkmann, Hans-Erich, *Die deutsche Baltikumpolitik zwischen Brest-Litovsk und Compiègne. Ein Beitrag zur Kriegszieldiskussion*, Köln/Wien 1970.

Vukov, Nikolai, »The Aftermaths of Defeat. The Fallen, the Catastrophe, and the Public Response of Women to the End of the First World War in Bulgaria«, in Ingrid Sharp/Matthew Stibbe (Hg.), *Aftermaths of War. Women's Movements and Female Activists, 1918–1923*, Leiden 2011, S. 29–47.

– »Commemorating the Dead and the Dynamics of Forgetting. ›Post-Mortem‹ Interpretations of World War I in Bulgaria«, in Oto Luthar (Hg.), *The Great War and Memory in Central and South-Eastern Europe*, Leiden 2016, S. 162–187.

Wachs, Friedrich-Carl, *Das Verordnungswerk des Reichsdemobilmachungsamtes. Stabilisierender Faktor zu Beginn der Weimarer Republik*, Frankfurt/M. u. a. 1991.

Wade, Rex A., *Red Guards and Workers' Militias in the Russian Revolution*, Palo Alto 1984.

– *The Russian Revolution*, 1917, Cambridge/New York 2000.

– »The October Revolution, the Constituent Assembly, and the End of the Russian Revolution«, in Ian D. Thatcher (Hg.), *Reinterpreting Revolutionary Russia. Essays in Honour of James D. White*, London 2006, S. 72–85.

Waite, Robert G. L., *Vanguard of Nazism. The Free Corps Movement in Postwar Germany, 1918–1923*, Cambridge, MA, 1952.

Walker, Christopher J., *Armenia. The Survival of a Nation*, London [2]1990.

Wandycz, Piotr Stefan, *France and her Eastern Allies, 1919–25. French-Czechoslovak-Polish Relations from the Paris Peace Conference to Locarno*, Minneapolis 1962.

– *The Lands of Partitioned Poland, 1795–1918*, Seattle 1974.

Wargelin, Clifford F., »A High Price for Bread. The First Treaty of Brest-Litovsk and the Break-up of Austria-Hungary, 1917–1918«, in *The International History Review* 19 (1997), S. 757–788.

Wasserstein, Bernard, *The British in Palestine. The Mandatory Government and the Arab-Jewish Conflict 1917–1929*, Oxford 1991 [Neuausgabe].

Watson, Alexander, *Enduring the Great War. Combat, Morale and Collapse in the German and British Armies, 1914–1918*, Cambridge/New York 2008.

– *Ring of Steel. Germany and Austria-Hungary at War, 1914–1918*, London 2014.

Watts, Martin, *The Jewish Legion and the First World War*, London/New York 2004.

Wawrzinek, Bert, *Manfred von Killinger (1886–1944). Ein politischer Soldat zwischen Freikorps und Auswärtigem Amt*, Preußisch Oldendorf 2003.

Weber, Thomas, *Hitlers erster Krieg. Der Gefreite Hitler im Weltkrieg – Mythos und Wahrheit*, Berlin 2011.

– *Wie Hitler zum Nazi wurde*, Berlin 2016.

Wehrhahn, Torsten, *Die Westukrainische Volksrepublik. Zu den polnisch-ukrainischen Beziehungen und dem Problem der ukrainischen Staatlichkeit in den Jahren 1918 bis 1923*, Berlin 2004.

Weitz, Eric D., »From the Vienna to the Paris System. International Politics and the Entangled Histories of Human Rights, Forced Deportations, and Civilizing Missions«, in *The American Historical Review* 113 (2008), S. 1313–1343.

– /Bartov, Omer (Hg.), *Shatterzones of Empires. Coexistence and Violence in the German, Habsburg, Russian, and Ottoman Borderlands*, Bloomington 2013.

Werth, Nicolas, »L'ex-Empire russe, 1918–1921. Les mutations d'une guerre prolongée«, in Stéphane Audoin-Rouzeau/Christophe Prochasson (Hg.), *Sortir de la Grande Guerre. Le monde et l'après-1918*, Paris 2008, S. 285–306.

– »The NKVD Mass Secret National Operations (August 1937–November 1938)«, in *Online Encyclopedia of Mass Violence*, 24. Mai 2010, abrufbar unter http://www.sciencespo.fr/mass-violence-war-massacre-resistance/en/document/nkvd-mass-secret-national-operations-august-1937-november-1938.

Wette, Wolfram, *Gustav Noske. Eine politische Biographie*, Düsseldorf 1987.

White, James D., »National Communism and World Revolution. The Political Consequences of German Military Withdrawal from the Baltic Area in 1918–19«, in *Europe-Asia Studies* 8 (1994), S. 1349–1369.

Wiel, Jérôme aan de, *The Irish Factor 1899–1919. Ireland's Strategic and Diplomatic Importance for Foreign Powers*, Dublin 2008.

Wildman, Allan K., *The End of the Russian Imperial Army*, Bd. 1: *The Old Army and the Soldiers' Revolt (March–April 1917)*, Bd. 2: *The Road to Soviet Power and Peace*, Princeton 1980/1987.

Williams, Robert C., *Culture in Exile. Russian Emigrés in Germany, 1881–1941*, Ithaca 1972.

Wilson, Tim K., »The Polish-German Ethnic Dispute in Upper Silesia, 1918–1922. A Reply to Tooley«, in *Canadian Review of Studies in Nationalism* 32 (2005), S. 1–26.

– *Frontiers of Violence. Conflict and Identity in Ulster and Upper Silesia, 1918–1922*, Oxford/New York 2010.

Winkler, Heinrich August, *Von der Revolution zur Stabilisierung. Arbeiter und Arbeiterbewegung in der Weimarer Republik, 1918 bis 1924*, Berlin 1984.

– *Weimar 1918–1933. Die Geschichte der ersten deutschen Demokratie*, München 1993.

– *Geschichte des Westens*, Bd. 2: *Die Zeit der Weltkriege 1914–1945*, München ^{2}2015.

Winter, Jay, *Sites of Memory, Sites of Mourning. The Great War in European Cultural History*, Cambridge/New York 1995.

Wirsching, Andreas, *Vom Weltkrieg zum Bürgerkrieg. Politischer Extremismus in Deutschland und Frankreich 1918–1933/39. Berlin und Paris im Vergleich*, München 1999.

Wiskemann, Elizabeth, *The Rome-Berlin Axis. A History of the Relations between Hitler and Mussolini*, New York/London 1949.

Wohlgemuth, Heinz, *Karl Liebknecht. Eine Biographie*, Berlin 1975.

Wróbel, Piotr J., »The Seeds of Violence. The Brutalization of an East European Region 1917–1921«, in *Journal of Modern European History* 1 (2003), S. 125–149.

Yapp, Malcolm E., *The Making of the Modern Near East. 1792–1923*, London 1987.

– *The Near East Since the First World War. A History to 1995*, London 1996.

Yekelchyk, Serhy, »Freischärler als Baumeister der Nation? Rebellion und Ideologie im ukrainischen Bürgerkrieg«, in Gerwarth/Horne (Hg.), *Krieg im Frieden*, S. 177–200.

Yellin, Eric, *Racism in the Nation's Service. Government Workers and the Color Line in Woodrow Wilson's America*, Chapel Hill 2016.

Yianoulopoulos, Yiannis, »Exoteriki politiki«, in Christos Chatziiosif (Hg.), *Istoria tis Elladas tou Ikostou eona*, Bd. 2, Athen 2002, S. 140f.

Young, Louise, *Japan's Total Empire. Manchuria and the Culture of Wartime Imperialism*, Berkeley 1998.

Zabecki, David T., *The German 1918 Offensives. A Case Study in the Operational Level of War*, New York 2006.

Zadgorska, Valentina, *Kragat »Zveno« (1927–1934)*, Sofia 2008.

Zahra, Tara, *Kidnapped Souls. National Indifference and the Battle for Children in the Bohemian Lands, 1900–1948*, Ithaca 2008.

– »The ›Minority Problem‹. National Classification in the French and Czechoslovak Borderlands«, in *Contemporary European Review* 17 (2008), S. 137–165.

Zamoyski, Adam, *Warsaw 1920. Lenin's Failed Conquest of Europe*, London 2008.

Zeman, Zbyněk, *The Masaryks. The Making of Czechoslovakia*, London 1976.

Ziemann, Benjamin, *Front und Heimat. Ländliche Kriegserfahrungen im südlichen Bayern 1914–1923*, Essen 1997.

– *Veteranen der Republik. Kriegserinnerung und demokratische Politik 1918–1933*, Bonn 2014.

Zimmermann, John, *»Von der Bluttat eines Unseligen«. Das Attentat Friedrich Adlers und seine Rezeption in der sozialdemokratischen Presse*, Hamburg 2000.

Zöllner, Erich, *Geschichte Österreichs. Von den Anfängen bis zur Gegenwart*, Wien ^{8}1990.

Zorn, Wolfgang, *Bayerns Geschichte im 20. Jahrhundert. Von der Monarchie zum Bundesland*, München 1986.

Zürcher, Erik Jan, »The Ottoman Empire and the Armistice of Moudros«, in Hugh Cecil/Peter H. Liddle (Hg.), *At the Eleventh Hour. Reflections, Hopes, and Anxieties at the Closing of the Great War 1918*, London 1998, S. 266–275.

– *Turkey. A Modern History*, London/New York 2004 [Neuausgabe].

– *The Young Turk Legacy and Nation Building. From the Ottoman Empire to Atatürk's Turkey*, London 2010.

Personenregister

Ortsregister

Bildnachweis

Seite 13 Alamy
Seite 48 PA Photos
Seite 55 Scherl/Süddeutsche Zeitung Photo
Seite 64 © Imperial War Museum, London (Q 47997)
Seite 68 DPA/PA Photos
Seite 75 © Imperial War Museum, London (Q 25946)
Seite 78 Mondadori/Getty Images
Seite 90 ullstein bild/Getty Images
Seite 97 Herder Institut, Marburg (DSHI)
Seite 110 Stapleton Collection/Heritage Images/TopFoto
Seite 125 Scherl/Süddeutsche Zeitung Photo
Seite 131 Tampere Museums, Vapriikki Photo Archives, Finnland
Seite 146 Quelle unbekannt
Seite 156 Scherl/Süddeutsche Zeitung Photo
Seite 163 Bundesarchiv Koblenz (Bild 102-0145A)
Seite 171 Scherl/Süddeutsche Zeitung Photo
Seite 174 De Agostini/Getty Images
Seite 176 Süddeutsche Zeitung Photo
Seite 181 De Agostini/Getty Images
Seite 182 ullstein bild/akg-images
Seite 187 Budapest Poster Gallery, http://budapestposter.com
Seite 193 National Library »Cyril and Methodius«, Sofia (C II 1292)
Seite 197 Süddeutsche Zeitung Photo
Seite 211 BIPs/Getty Images
Seite 251 Scherl/Süddeutsche Zeitung Photo
Seite 257 Scherl/Süddeutsche Zeitung Photo
Seite 266 © Peter Palm, Berlin
Seite 271 © Peter Palm, Berlin
Seite 295 TopFoto
Seite 297 Scherl/Süddeutsche Zeitung Photo
Seite 311 Getty Images
Seite 329 Scherl/Süddeutsche Zeitung Photo
Seite 341 Bundesarchiv Koblenz (Bild 146-2004-0147)